曹锦清——著

【全新修订版】

黄河边的中国

一个学者对乡村社会的观察与思考

上册

人民东方出版传媒
People's Oriental Publishing & Media

东方出版社
The Oriental Press

图书在版编目（CIP）数据

黄河边的中国／曹锦清 著. —北京：东方出版社，2023.10
ISBN 978-7-5207-3490-5

Ⅰ.①黄…　Ⅱ.①曹…　Ⅲ.①农村社会学—研究—河南　Ⅳ.①C912.82

中国国家版本馆 CIP 数据核字（2023）第 096723 号

黄河边的中国

（HUANGHEBIAN DE ZHONGGUO）

作　　者：曹锦清
策划编辑：吴晓月
责任编辑：吴晓月
出　　版：东方出版社
发　　行：人民东方出版传媒有限公司
地　　址：北京市东城区朝阳门内大街 166 号
邮　　编：100010
印　　刷：北京明恒达印务有限公司
版　　次：2023 年 10 月第 1 版
印　　次：2023 年 10 月第 1 次印刷
开　　本：660 毫米×960 毫米　1/16
印　　张：54.75
字　　数：736 千
书　　号：ISBN 978-7-5207-3490-5
定　　价：128.00 元（全两册）
发行电话：(010) 85924663　85924644　85924641

全新修订本说明

本书自 2000 年出版以来，深受读者欢迎，一直重印不断。在 2013 年时出版方对本书初版进行了内容增补，增补 8 万余字，是为读者所见第二版《黄河边的中国（增补本）》。本版为本书第三次全新修订本，在前两版的基础上做了如下优化工作，以飨读者。

（一）重新对内容文字进行严格细致的审校，进一步提高书的文字质量。

（二）原书体例简单，以日记的形式记录作者的社会调研结果。然因每日所记皆为当日所见所闻所思所感，内容难免庞杂。故此次对内容结构进行重新梳理，一是在原有框架上为读者梳理出作者两次出入中原时的行动路线轨迹，以便读者在阅读时对作者所处的地理位置有更加清晰的认知；二是依据每篇日记中的叙事逻辑，为内容划定更加合理的叙事层次，以三个 * 号作为分隔线，增加读者的阅读体验；三是为适当划分的段落添加小标题，以明示段落的主题。

（三）本书初版在 2000 年，距今已 20 年有余，中国社会也发生了翻天覆地的变化。故在文后增加附录，所增加内容主要为作者对这 20 余年中国所发生的变化与本书所述 20 世纪 90 年代之情况所做的比较，以便读者知悉时移世易，辩证地看问题之变化。另收录一篇《〈黄河边的中国〉前后的故事》，讲述作者出版此书的原因、背景和其后的影响，以帮助读者对本书有更深的认识。

本版编者
2023 年 5 月

前 言

奉献在读者面前的这部书，可以说是《当代浙北乡村的社会文化变迁》（1995年12月第1版上海远东出版社）的姊妹篇。这对姐妹，神应契合，貌却相异。说其"貌异"，是因为这两部书的调查范围、时间跨度与叙述体例各不相同；说其"神合"，是因为这两部书有着共同的企盼，即为这个我们身处其内并搅得我们心神不宁的社会文化急剧变动过程，提供一点真切的感受与切实的理解。

观察转型过程中的中国社会，可以有两个不同的"视点"（或说"立场"），每一个"视点"可以有两个不同的"视角"：第一个"视点"的两个"视角"是"**从外向内看**"与"**从上向下看**"；第二个"视点"的两个"视角"是"从内向外看"与"从下向上看"。何谓"外、内""上、下"？所谓"外"，就是西方社会科学理论与范畴。"从外向内看"，就是通过"译语"来考察中国社会的现代化过程。所谓"内"，即中国自身的历史与现实，尤其指依然活跃在人们头脑中的习惯观念与行为方式中的强大传统。所谓"上"，是指中央，指传递、贯彻中央各项现代化政策的整个行政系统。"从上向下看"，就是通过"官语"来考察中国社会的现代化过程。所谓"下"，意指与公共领域相对应的社会领域，尤其是指广大的农民、农业与农村社会。所以，"从内向外看"与"从下向上看"，就是站在社会生活本身看在"官语"与"译语"指导下的中国社会，尤其是中国农村社会的实际变化过程。

这两个"视点"具有相同的重要性。虽然由于"视点"不同，"视域"各异，但可相辅相成，共同深化我们对自身所处的社会状况的认识。就我本人的经历而言，却有一个由"从外向内看"到"从内向外看"的认识转移。1988 年前，我一头钻入"译语"。"译语"中不仅有着令人兴奋的成套价值目标，也为我们提供各种认识工具。然而，源于西方社会的价值目标能否作为我们民族的"应该"而铸入中国社会现实中去？光停留在"应该如何的多嘴多舌之中"（黑格尔语），不如去研究"应该"何以悬浮于嘴上而难以进入实践的社会方面根源：源于西方社会的认识工具一旦移译到中国，也往往失其所指而单纯成为"应该"，无所指而强为之指，或削足适履，或指鹿为马。这番经历使我认识到，必须走出"译语"，从另一端去观察中国社会。1988 年 10 月，我与我的朋友打点行装，重新返回农村。前后四年，便有《当代浙北乡村社会文化变迁》一书的出版。1996 年 5 月，我只身来到河南，漫游中州大地，沿途**所看、所听、所谈、所思、所虑**便是这部《黄河边的中国》。

中原乡村社会是"向内、向下看"的理想场所。这不仅仅是因为中原乡村相对于"现代化"起步较早较快的沿海地带而言属于"内地"的范围，乡村社会相对于政府而言属于"下"的范围，更是因为这片古老的黄土地是我们中华农耕文化得以发源、定型且连绵不绝的基地。传统从来都是一种现实的力量，它既记录在历代典籍之中，也活在人们的观念、习俗与行为方式之中，并直接影响着各项制度的实际运作过程，不管这些制度是用什么样的现代名称来显现。因而，在某种意义上，所谓"从内向外""从下向上"，即从传统的角度去看现代化过程。这一视角的重要意义在于：中国现代化的目标、实现途径及速度，归根到底是受中国农民、农业与农村现代化的目标、实现途径与速度制约的。

对于乡村社会调查来说，第一个大问题是如何"**入场**"，第二个大问题是如何保存"**现场**"。对于调查者来说，中国逐级划定的行政区划受其行政长官的严格管控，在其管辖地内到处树立着一块无形的"闲人莫入"的告示。官员的防范与村民的疑虑足以使陌生的调查者裹足难前。正式的"入场"方式只有一途，那就是通过官方的许可与支持，自上而下地逐级深入。这一"入场方式"的缺陷是，"入场"环节太多，应酬耗时太多，且官员陪同入场本身极易"破坏"现场，从而使调查失实。另一条非正式的"入场"途径是：启用亲友关系网络。依据这条传统习惯所认可的途径，既可"入场"，又能"保存现场"。此次中原调查，我就是沿着市、县党校的各位朋友所提供的"亲友关系网"而直达村落、农舍的。

访谈式的田野调查，既不是单纯地按预先拟定好的理论框架去收集资料，也不是根据调查资料归纳出一般的结论。一切预设的理论框架差不多直接或间接地来源于"译语"。有了它，很可能套裁"事实"，从而歪曲真相；但没有它，我们甚至无法发现"社会事实"。为了解决社会调查过程中必然遇到的这个"两难问题"，我所采取的方法是：暂时把预设的理论框架"悬置"起来。所谓"悬置"，既非"抛弃"，又非用以套裁社会事实，而是让一切可供借用、参考的理论、概念处于一种"待命"状态，调查者本人则时时处于一种"无知"与"好奇"的状态，直观社会生活本身。"无知"是相对于"熟悉"而言的，而"熟悉"或"习以为常"恰恰是理解的最大敌人。只有"无知""陌生"而引起的"好奇"，才能让开放的心灵去直接感受来自生活本身的声音，然后去寻找各种表达的概念。调查过程，其实是"理论"与"经验"两个层面往返交流，相互修正、补充的过程。只有通过这条艰辛之路，才能有望找到能够理解社会生活的真正理论。

然而，我并没有找到能够有效地解释农村社会并指明现代化出路的理论。我期待于这部"纪实"的作品，能够替中原乡村社会保留一段信史，恰如摄制若干照片。在所看、所谈之中，夹杂着一些思考，但这些思考远未形成理论，更多的是一些关切与忧虑。在中原大地沿路凡一切有墙的地方，差不多都写着诸如"大跨度，超常规，争一流""谁发财，谁光荣；谁贫穷，谁无用"之类的口号，一向"知足常乐"的村舍与村落也概无例外地卷入竞逐财富的行列之中。各级政府官员都在制定雄心勃勃的追赶计划，然而，实际状况是，日益庞大、权力逐渐集中的地方政府，到处在与农民争食那块很难做大的老蛋糕，地方财政用于"吃饭""办公"尚且拮据，遑论"办事"。恰如陷入泥潭而高速运行的车轮，无法推动车身前进，徒耗能源而已。看来，单纯的赶超战略，已经走到了它的尽头。我们应该把注意的重心从"应该"如何转到"是怎样的"及"可能如何"方面来，并重新确立我们的"应该"——确定我们民族的主体意识与主体目标。这是一个关涉到我们民族前途与命运的大问题。的确，穷有穷病，富有富病，与穷病、富病相比，穷而急富之病更为可怕，因为此病可能使自我迷失，结果便是"邯郸学步"或"东施效颦"。

该项调查得到上海市现代管理中心宴小宝先生的大力支持，在此表示真诚的谢意。在确切的意义上说，这部著作乃是一项集体写作。河南大学的孟庆琦处长、徐义明博士，开封市委党校的程子良副校长、李永成老师、汤小平老师，驻马店地委党校的杨安民老师、吕老先生，信阳市委党校的马聪教授，等等，正是他们带我"入场"，他们的学识也给我以启发。至于此次调查所及的十数县，二十来个乡镇，数十个行政村的无数官员、干部所给予我的信任与支持，实非"感谢"一词能表达我的感谢之情。我曾借宿蹲点的农户与村民们所提供的材料，更是构成本调查的主要内容。我只不过是这部"集体创作"的执笔者而已。倘若"实录"有误，其责在我。可惜的是，在一个依然充满忌讳的文化中，我不能一一实录其地与其名。

按原来的计划，全书分成三大部分：（一）总报告与若干分报告；（二）逐日访谈纪要；（三）历史与理论。结果取消第一、第三部分，只保留第二部分。出版界的朋友们建议：第一部分的内容全都包括在第二部分之内，似无必要归类论述；第三部分似乎要在第二部分的基础上"拔高"到历史与理论高度来论述，大有替代读者思考之意，似也不必。逐日访谈纪要，引领读者进入调查者的所观、所闻、所谈、所思、所虑，或有一种身临其境的真实感。他们建议：给每日所记增加标题，便于读者翻阅；删除一些忌讳语，以便出版。我接受行家们的上述建议，并在此一并感谢。

曹锦清

1998 年 12 月 1 日

目 录
Contents

上编 初入中原
（1996 年 5 月 12 日—6 月 26 日）

I

下编　再入中原

（1996 年 9 月 6 日—11 月 21 日）

河

黄

一、开始调查之前

▶ 5月12日 用何种方式进入调查现场

在车站月台与前来送行的妻子话别。清晨6时30分，138次快车载我驶往中原调查的大本营——河南省开封市。

位于黄河中下游的河南，自古为华夏腹地。《尚书·禹贡》序列九州，豫州独处中央，故名"中州"。因大河纵横、平原广阔，故河南又称"中原"。这片松软肥沃的土地，是中华农耕文化的发祥地之一。据考古学家说，河南新郑裴李岗发掘的村落遗址，是我国目前最早的村落遗址，距今已有8000年以上的历史了。河南汤阴白营发掘的村落遗址内已有水井，它证明距今4000—5000年前，我华夏民族已进入"**井耕文化**"阶段，井对村落与农业的意义，无论怎样估计也不会过高。这次河南之行，让我仿佛有一种"回归故里"的感觉。我要亲临黄河，聆听她的千年倾诉；我要踏上这块古老的黄河冲积平原，看看至今依然从事农耕的村民与村落。

不过，这次中原之行，并非那么轻松愉快。能否完成上海现代管理研究中心托付给我的调查任务，说实在的，我并没把握。要对中原农民、农业、农村及村、乡、县地方政权之现状做一综合性考察，以一人之力实有不胜重负之感。且不说观察、访谈式的调查方法本身的局限性，关键的问题在于，**如何顺利地进入调查现场**。

我曾考虑过两种进入调查现场的方法。一是获取一份通行全国的记

3

者证，凭记者身份进入调查现场。但几经努力，我无法取得记者证。再说，单凭记者身份就能随意进入村落与农户吗？单凭记者身份，就能从乡、村官员口中获取我所要的真实资料吗？肯定不行。二是与中央或省的有关党政部门取得联系，争取他们的理解与支持，而后自上而下地进入调查现场。这一方法我曾试用过，但效果甚差。凡官方色彩过浓的调查，往往有两个弊端，其一是大量的时间耗在各种官场的应酬上，其二是上级官吏的陪同本身会干扰调查现场，从而收集不到客观真实的调查资料。

那么，以何种新的办法进入河南乡村的调查现场呢？这个新办法就是我们中国人最为熟悉并习惯了的老办法：**沿着私人的亲情朋友关系网络进入调查现场**。我的 1988—1990 年的浙北乡村调查，就是利用这一颇具中国特色的社会调查方法。我与我的学友都是浙江人，我们的父母或祖父母、外祖父母辈就生活在浙江乡村，在我们故乡有许多亲友及其延伸到各地的亲属关系。然而，我在中原地区却没有现成的亲情关系可资利用。在河南，我唯一的社会关系资源只有开封河南大学（以下简称河大）的三位朋友。

现在河大管理系任教的徐义明是我大学的同班学友。现任河大学生处处长的孟庆琦是徐义明的世交，岳梁是他俩的同事与朋友。1995 年11 月，徐陪孟、岳来上海，与我深谈数日，皆有相见恨晚之感。当时我便对他们谈及我的河南调查计划与方法，他们表示将鼎力相助。三人辞别之际，还赠诗一首：

> 为求真经来沪城，学府深处访仁兄。
>
> 滔滔纵论经世事，侃侃横议纬宙情。
>
> 赐教真知并灼见，引见名人与高僧。
>
> 借得东风鼓征帆，来年报答在汴京。

诗本身之优劣姑且不论，然真情厚意溢于言表。"涓滴之恩，涌泉相报"，这是中原人士的美德。我相信他们会倾全力协助我的河南调查。

我的忧虑是，单凭他们所提供的"关系网"，能否把我带到我所想去的调查现场呢？中国人习惯的交往方式是："亲戚的亲戚，也是我的亲戚；朋友的朋友，便是我的朋友。"据此，私人交往的关系网是可以无限地向外延伸的。所以，我只有到开封再作商量了。过多的忧虑实属徒劳。

＊　　＊　　＊

列车向北疾驶，我无心观赏沿途的风光，便与邻座的几个上海人聊起天来。其中两个人是"文革"前的大学毕业生，在上海某船舶研究所工作，经常出差，对正在急剧变化中的社会有较多的感受与体会。他们从中国船舶工业的现状，谈到中原人表达感情的待客之道；从国有企业的衰败，大批职工的下岗失业，谈到"穷庙富方丈"的现象；从地区间的贫富差距，谈到社会阶层的贫富分化；从社会治安的恶化，谈到党政腐败问题。总之，无话不谈。中国的古训是："逢人只说三分话，未可全抛一片心。"这在聚散匆匆的"旅途朋友"间未必适用。这场由政治家自觉发动的改革，如今似乎走上了自发的道路。由改革引发出来的社会自发力量，如今已形成一股汹涌澎湃的潮流，冲击着社会各阶层的生活秩序与观念。政治家们试图将各种盲目的、自发的社会力量纳入政策法令的预设轨道，思想家们则试图从理论上去认识它们。但处于社会急速转变过程中的广大民众只有感觉、情绪与纷乱的识见。理论必须源于这些普遍的感受、情绪与意见，同时又必须高于它们。所谓"高于"，一是说理论是用概念判断**组织起来**的感觉与思考，二是说理论还得揭示其原因及实现之途径。

这里又涉及社会调查的方法与意义问题了。社会调查的目的是收集社会事实。但社会事实不同于物理事实，因为所有社会事实都是由有感受、有思虑、有欲求、有激情的人参与的。当我们分析任何一个社会事实时，应将其区分为**社会事件与社会心理**两个方面。在闲聊式的访谈中，"受访者"并没有意识到自己在"受访"而谈到许多社会现象（社会事件）。但他们为什么谈这些社会事件，怎样谈，他们对这些社会事件有怎样的主观评价，则属于社会心理的调查范围。在我看来，**社会心**

理比社会事件更为重要。同时，"向下"的社会调查与"向上"的理论概括，实质上是同一条路，不明此理，便不是一个合格的社会研究者。

晚九十点钟，车到开封，我与这几位旅途朋友握手话别。其中一人对我说："与君一席言，胜读十年书。"他们不是在恭维我，而是对理论的尊重，虽然我的那点理论也是支离破碎的。

徐、孟二兄已在开封站外等候，于是驱车到开封汴京饭店下榻，说是河大招待所已经客满。在饭店客房坐定，我即向徐、孟汇报此次河南之行的目的、计划、时间与方法。孟说，此周就在开封市内，一是陪我游览开封的名胜古迹，二是把他们的朋友引见给我，以便建立起通往调查现场的关系网。在我来开封前，交游广泛的老孟已将我介绍给他在河南大学、开封大学、开封市委党校的朋友，这三所学校都给我安排了学术报告会。我想，老孟一定在他的朋友圈内大大地将我吹捧了一通。

晚12时，徐、孟二兄告辞。宾馆的热水供应已经停止了。

▶ 5 月 13 日　认识汤小平

对河南农民、农业、农村与基层政权做广泛的社会调查，必须采用点面结合的办法。有点无面，失在狭窄；有面无点，失在空泛。以点为主，以面为辅，点面结合，方能完成本次调查的预设目标。调查面要尽可能地广，豫东、豫西、豫南、豫北都要选若干县、乡；调查点尽可能地深入，最好住在农户家，与村民和地方干部交朋友。不设防的闲谈状态，最易收集到真实的资料。

这一周有两个目的：一是建立起进入调查现场的社会关系网络，我将逐一拜访孟、徐、岳引见给我的朋友；二是抽空参观开封古城的名胜古迹，看看横贯开封市北的地上悬河——黄河。其实，在更广泛的意义上说，我一到开封，便进入"调查现场"了。一切所看、所访、所谈，皆是我的调查对象。社会生活是个有机的整体，从相互关联的社会现象中选取某类现象作为调查与研究对象，总有人为割裂的意味。研究者在一定时空内若不将自己的研究限制在一定对象与范围之内，则无法进行研究；但若仅限于某一对象与范围，也无法对该类问题做出全面的分析。

上午 9 时，徐来旅舍作陪，谈及内地知识分子目前的所思所虑。说当今所谓治学，大抵为稻粱谋。大学教员忙于编教材、写文章、撰著作，全冲着职称与住房而来。至于为天下国家而思考者，实寥若晨星。又云，内地知识分子，官欲特炽，小小的一个教研室主任，可以争个头破血流，更不必说系院主任之职了。若有机会往县、市、省的官场跑，更是义无反顾，竞奔逐走。他说，如今知识分子不知从何处去找个安身立命之地。

我说，"学而优则仕"是孔老夫子的训示。"书中自有黄金屋，书中自有颜如玉"是宋明的官谣，用金钱与女色来奖掖知识分了，实非当代的发明。如今知识分子用文凭、学历、文章来敲职称、住房、官职之门，实自古而然。改革开放以后，沿海城市中的知识分子，一可下海经商，二可出国，发财机会比内地多些，不必全往官场挤。内地发财机会相对少些，故多想往官场跑，形势使然。至于安身立命之地，绝不在他处、远处，就在你脚下。职称既有，住房已分，工资亦能养家糊口，又不想参与追逐名利，那么学问中自有清净与乐趣。打一口深井，自有清泉，有人要买，可得名利；不顾名利，也可赠人济世；若无人要，亦足可自娱。徐说，所言甚是，但做起来甚难。

＊　　＊　　＊

中午，老孟设宴，替我接风，河南大学学生处一干人马作陪。中原人士待客，依然十分讲究礼节，一律按尊卑长幼排座，上菜敬酒，一概以客为中心。在诸道菜肴中，鲤鱼不可缺少，且鱼头对准首席客人。吃鱼劝酒，各有礼数。老孟因我初到河南，故逐一指点。说，河南酒文化、鱼文化很是讲究。借鱼劝酒，有"头三，尾四，肚五，背六"之说。主人陪客人，各饮三杯，客人方能下箸吃鱼，而后挨次分食。鱼尾所对者与客人各饮四杯。鱼肚鱼背所对者敬客人各五杯与六杯酒。这样，光此一道菜，客人就得喝18小杯白酒，约半斤，令我着实吃一大惊。经此一巡，客人方取得回敬主人的资格。孟说，若主人推辞，客人可以箸指鱼目，说**"请高看一眼"**，或以箸指鱼鳃，曰**"给个面子"**，则万难推辞，不得不喝了。孟说，中原请客喝酒之风很盛，劝酒文化特别发达，当然也有推辞、回敬的各种战术，否则非被主人灌得大醉不可。在河南搞社会调查，就得学会这一套，因为这是中原人士用以表达尊敬与情感的方式。

在酒席礼仪与语言中，有风俗，更有人情。且有许多值得记取的调查资料。当今中国似乎有三套语言。一是传媒官话，空洞无物。二是校园讲义，没有根基。这套从西方传入的学术语言，在中国这块土地上找不到它们的所指，成为漂浮在知识分子表层思维与语言中的浮萍。三是民间语言，尤其是酒席语言，反映出变动着的**社会事实与社会情绪**，语言活泼而富有生气。普遍的社会情绪，往往凝聚在广为流传的民歌民谣中。在此类酒席中，经常能收集到许多民谣。这次就得到两首，其中一首从未听说过：

1. 早上围着车轮转，中午围着盘子转，晚上围着裙子转。
2. 车头尖尖，车轮圆圆。道路走过千千万，桥梁过了万万千。翻车没有，从来没有。(司机)

笔头尖尖，笔杆圆圆。文章写了千千万，报告做了万万千。有用没有，从来没有。(宣传部部长)

塔顶尖尖，塔底圆圆。干部提了千千万，党员发展万万千。考察没有，从来没有。(组织部部长)

嘴唇尖尖，肚子圆圆。好酒喝了千千万，好菜吃了万万千。掏钱没有，从来没有。(党委书记)

* * *

酒席散后，略有醉意，回旅舍休息片刻，便独自去逛"宋御街"。据说，张择端在《清明上河图》上描绘的那个繁华汴京，早被溃堤的黄河泥沙埋到七八米深的地下去了。如今的"宋御街"是 20 世纪 80 年代新建的旅游景点，不足百米。"御街"北端是重建的"龙亭"。"龙亭"原址，系唐代汴州节度使衙署所在地。五代时为后梁、后晋、后汉、后周及北宋与金诸王朝的故宫遗址。明代为周王府，明末被黄河泥沙埋没。清初在此建贡院。康熙三十年（1691），此处建供奉皇帝牌位的万寿亭，始称"龙亭"。雍正时扩建为万寿宫，为地方官员在节日时叩拜朝贺皇帝之处。乾隆年间，万寿宫为道教活动场所，更名为万寿观。新中国成立后，辟为人民公园。内有左右两湖，湖面不大，然碧波荡漾，绿柳成荫，有江南风光之美，令我喜悦。

步出龙亭，顺原路回河大招待所。开封城市布局，道路南北垂直，北方平原的乡村与城镇皆如此。沿街大多旧式平房，店面甚小，间或能看到几幢新建大楼。时值晚六七时，沿街推车摆设的小吃摊甚多。制作粗糙，量大，价格亦低，但甚脏乱。陈旧、破落是开封给我的第一印象。据说，自省府迁往郑州后，开封一直没有振兴过。历届市政府的努力，只是造了几个仿古景点，但吸引不了外地游客。投资甚大，效益甚低。

* * *

回旅舍不久，在河大管理系任教的岳梁来访，商量社会调查事宜。他的老家在豫西卢氏县——豫陕两省交界处的众山之中。那里矿产资源比较丰富，各农户私自开采，凡有矿脉处，皆被掘得千疮百孔，不少人因此而发家致富，地方政府以此为税收来源。岳之父曾担任过地方官员，其亲属中有不少人从事开矿与冶炼。

我一直认为，缺乏协商与合作的精神与能力，是中国农民与农村中的一大问题。合作化、集体化运动，似乎并没有教会我们农民兄弟的合作意识与能力。如今分田到户，且大量农村劳动力转向非农产业，迫切需要在协商、契约的基础上建立起各种超家庭超血缘关系的经济联合体。在私人开采与冶炼集中的地方，是否能培育出各种有效的经济组织及合作意识呢？这是一个令我十分关注的问题。岳梁说，这学期的教学任务很重，无法脱身，待7月份放暑假，方能陪我前往他的家乡调查。他是教管理科学的，对我提出的问题也很感兴趣。

岳梁辞别，已是晚9点，刚想出去吃晚饭，老孟陪同一朋友来访。此人名汤小平，原是老孟大学时代的同学，现在开封市委党校任教，年龄与我相仿。汤说，市党校的学员，皆是市、县、乡的党政官员。学校为配合教学，专门设一调研机构从事社会调查，但研究力量十分薄弱，迫切希望得到我的帮助。

我突然意识到，中国的党校是一个组织十分完备的系统，这个系统的研究机构与人员，能够配合我的调查；这个系统的学员，本身就是我的调查对象；这个系统还是当地"社会关系网"的一个重要"组结"。沿着党校的师生与亲友关系能把我引向我想到达的任何一个"调查现场"。一直为进入调查现场而犯难的我，一时如释重负。于是当即表示，非常乐意与他们进行合作研究，然后向他简要地介绍了我这次河南之行的目的与调查方法。他听后很是兴奋。他说，开封市委党校的现任校长曾历任乡长、乡党委书记、县长、县委书记与副市长。他本人对农民、农业与农村问题，对地方党政运作的实际状况十分熟悉，对照搬课本的教育很感不满，去年便抽调一些有科研能力的骨干教师充实到社会调研部门，他对我的到来一定会热诚欢迎的。

　　临别时，老孟笑着对我说："我给你找来了一位好帮手、好向导。"又对汤说："我给你找来一位好专家。"我说："我千里迢迢来中原调查，即是无知而想知啊，何专家之有呢？中国社会正处于急剧的变革之中，这谁都感觉到了，但谁也没有准确、全面地理解这场变革的过程与方向。"孟、汤对我的这一说法，皆以为然。

▶ 5 月 14 日　参观大相国寺

心理时间随着生活内容的变化或重复而有快慢之分。到开封只有三天，但给我的感觉是离开上海已有许多时日了。

中午，河南大学管理系主任、副主任、总支书记等一干人马共八九人在招待所设宴欢迎我。频频劝酒，轮番轰炸，实难招架。其劝酒方式之多、之妙，对答之机敏，实在令人惊叹。北方人士用这种方式来表达对客人的敬意与盛情，我只得"入乡随俗"。

既为管理系，自然谈及管理问题。问及管理系的课程设置及所学与所用的实际状况，他们承认，目前的课程设置与政府组织、企业组织的实际管理过程存在着严重的脱节现象。由于教学任务繁重，他们没有对这方面存在的问题展开调查研究。

我说，管理并不单纯是一种规章与技术，而是与一个民族的心理、文化及习惯行为方式密切相关的大问题。将产生于西方社会心理、文化与行为习惯的管理科学引入另一种心理、文化与习惯行为的环境中时，完全有可能被"悬置"起来，或发生惊人的"扭曲"现象。在经济学、法学、社会学中，我们也发现这一现象。这理应引起我们教学界的充分注意。

我接着说，有组织方有管理，而组织的目的，是通过分工协作以完成非单个人所能完成的事。故"所做之事"为组织目的，分工协作是其方法。管理的实质在于，尽可能地降低组织内部的协调成本，以提高办事效率。中国各种组织管理中最大的问题就出在组织内部协调成本太高，因而办事效率太低。因此，中国管理学的当务之急是要研究各种组织内部协调成本高昂的诸种原因。岗位设置的不合理，产权的不明晰，权力分配的模糊，合作所产生的"红利"分配不公，等等，这些是已被讨论的问题。但在我看来，关键的问题或在于，我们民族千百年来在村落文化中形成的习惯行为和合作方式与现代管理要求之间的冲突。或说，是普遍化的规章制度与我们习惯的人情交往方式的冲突。带有私人与情感色彩的人情关系，要求我们根据亲疏远近的原则对不同人采取不同的对待方式，而一切规章制度总是按"提高办事效率"的原则制定的。组织要办的是事，组织起来的是人。在从事管理学研究的人的眼中，人是办事的人，而不是有各种不同人情关系的人。然而进入超家庭、超村落组织的中国人，总把人置于亲疏远近的关系网络之中，然后与之发生不同的行为关系。这是我们各种组织内部人事关系复杂且摩擦甚多的一个根本原因。

当韦伯说现代科学组织是一种合理化的组织时，他的意思是指，这种组织是**"不合情"**的，即把人情关系从组织内部排除出去，使之成为单纯的"办事机构"。在中国，在具有浓烈人情文化的中国，能否将人情关系排除出组织并只限定在私人生活的范围内？这是管理学必须研究的重大课题。在座的几位教员对我的议论做出了反应，说我道出了中国管理问题的症结所在。

* * *

酒席后，我回旅舍休息了两个小时，醉意稍退，便驱车赶到开封市内的大相国寺。时非周末，游人稀少。大相国寺的建筑布局与江南寺庙相似：天王殿居首，大雄宝殿居中，但大雄宝殿之后是八角亭，中间供奉千手观音，众罗汉、菩萨环列四周，其中有关云长塑像。讲"春秋大义"的关羽不知何时被中国佛教徒请到他们的众神殿内，且中国的道教也把这位武圣请入他们的神殿。三国纷争，人才辈出，独关羽由将而王，由王而帝，由帝而神，且成为儒、佛、道共同供奉的神。我不知有谁研究过这一"关羽现象"没有。在这里，我认为可以了解到我们民族心理与文化的许多重要信息。

在八角亭之后还有一殿，供奉一尊白玉观音。一寺庙设**两殿**供奉同一菩萨，说明中国人对观音菩萨的喜爱。据云，菩萨无性别，何独观音到中国后变为女儿身？我也不知观音在印度是否也有"千手千眼"相。

我确信，在东传的佛教众神内，观音菩萨彻底中国化了。我想，如果我们对"观音现象"进行深入的研究，一定能透露出我们民族内在的隐秘愿望。这次中原之行，我的另一个动因，是到黄河身边来寻找我们古老民族的这个自我的。近百年来，我们这个民族似乎失去了"自我"，以至于处于大改革时代的我们这一代人，向前忙乱地跑了一阵之后，突然彷徨四顾，既找不到来路，又看不清去路，内心积压着焦虑与困惑。不知我们从哪里来，要到哪里去，如今又处在何时何地？

＊　　＊　　＊

白玉观音殿左侧，是供奉唐代日本和尚空海之庙。空海塑像为日本佛界所赠。据说，空海和尚在唐代来华求学，从汉草书中借取偏旁，从梵音借取读音，创平假名，是为日本有文字之始。

在空海寺遇一寺庙管理人员，我便向其问及寺庙和尚情况。他告诉我，本寺现有和尚约三十人。有原来还俗成家而后又出家的老和尚，也有通过各种私人关系来此的年轻和尚。在年轻和尚中，出家又返俗很是自由。现在做和尚的有工资，平均每月三四百元，与开封普通职工的收入差不多。但如全部算起来，他们的实际收入比一般职工要高。一是衣、食、住皆在寺庙，无须自掏腰包。二是另有私人创收，如俗人来寺庙请菩萨，请和尚举行"开光仪式"要付钱。做水陆道场，超度亡灵，有收入。这位俗人对"出家人"的评价是："现在的和尚挺富有的，远不是新中国成立前的和尚，只吃一碗饭而已。"和尚如今成了一种职业，寺庙成了打工挣钱之地。出家做和尚，也得拉关系，走后门。不少人"出家"的目的仅在于"还家"，或说建立一个家庭。在物欲炽盛的市场经济社会内，佛教与世俗到底是"谁改造谁"呢？俗话说"无事不登三宝殿"，又说"临时抱佛脚"，这实在是绝大多数中国人对佛教的基本态度。

孔子说"未知生，焉知死"，中国人所关注的是**此生此世**，对灵魂、天国的有无向来存而不问。嫦娥偷食灵丹，孤居广寒宫，至今追悔；织女神及已修炼成精的白蛇，皆恋慕人间的世俗生活，都是中国人现世精神的反映。现世精神，对具有基督教传统的西方社会来说，是一种非常近代的精神。中国学术界把"文革"之后的社会生活流向视为"世俗化"的运动，这实在是食洋不化，盲目地搬运西方概念。

出大相国寺，抬头方见雕刻在佛殿屋脊的八个大字：**风调雨顺，国泰民安**。这不正是黄河流域农耕文化内最普遍的心愿吗？诚然，我们的现代化目标早已超出了这一要求，但黄河流域的广大民众是否切实地感受到了这一点，并准备好付出代价以达到这一超越传统的生活目标呢？

独自步行回旅舍，已近晚 8 点。沿路买了两个煎饼带回，权当晚餐。写了一会儿日记，半途而辍。颇感疲劳，洗澡就寝。

▶ 5月15日　得到开封市委党校的协助

上午，汤小平带三人来访，一位是开封市委党校程副校长，分管教学与科研，是位学者，著有《开封城市史》一书；一位是科研处田主任；一位是哲学教研室李主任。这次如约来访，主要是商讨合作研究之事。校长、主任齐出动，说明他们对合作的诚恳与重视。

我向他们四人详细汇报了我这次中原调查的目的、内容与方法。

我说，中国的现代化，以农业现代化，即广义上说的农业、农民与农村的现代化最为关键，任务也最为繁重。精耕细作的小农经济，在古代一切农耕文明中是最先进的一种生产方式，是我国古代文化长期领先于世界各文明古国的经济基础；但恰恰也是小农经济，成为我国近代落伍的一个深刻原因。

之所以这样说，是因为这一精耕细作的农业所要养活的庞大人口，对有限的土地资源构成了越来越重的压力，而将积压在农业中的大量剩余劳动力转入第二、第三产业，实非朝夕之间所能完成。

毛泽东的农业合作化、集体化是进行中国农业、农民、农村现代化的一次伟大尝试，单纯地用成功或失败并不足以评价这场规模空前的运动。中国目前正在进行中的改革，始于农村，始于公社集体耕作制的主动废除与土地家庭联产承包责任制的推行。这一改革确实解决了农业产量与农民生活长期停滞不前的大问题，但其所引发出来的一系列经济、政治与文化后果，一部分已开始显现，一部分还深藏在未来的发展之中。

千百万分散经营的农户如何适应这一变化了的现实环境，建立在计划经济条件下的地方政府与部门如何转变职能以更有效地管理农村社会，这是放在我们面前的大问题。在向市场经济推进的过程中，农村社会走上了它的自发之路，它的实际状况到底是怎样的，它的发展方向与我们预计的现代化目标是否有偏离，或者说，对于中西部广大农村来说，应该而且可能实现的现代化发展目标究竟是什么？要回答诸如此类的问题，必须对农村社会及基层政权的实际状况与问题做广泛深入的调查研究。

我集中向他们介绍了这次社会调查所采用的方法，说明了我不采用大规模**社会问卷**调查方法而只采用**观察访谈**的理由。

观察访谈实质上是研究者与被研究对象的一场持续深入的对话。这种亲密的接触，使研究者的领悟与观察访谈所获得的生活信息处于不停顿的交流之中。由此而获得的调查资料不仅是真实可信的，而且是可亲的。它的唯一缺陷是太受个人精力与时空的限制，弥补的方法便是把调查的点与面有机地结合起来。

要使调查到的农村社会生活保持**如其所是的那个样子**，直接显现在调查者的眼前，调查者进入调查现场的方式及其主观状态起着决定性的作用。利用延伸到村落的亲友关系而进入调查现场，是村民把调查者当作"自家人"的唯一途径。村民社会用费孝通的话来说是个熟人社会，是个有着亲疏远近区别的社会，是个有着许多忌讳与防范的社会。只有凭借亲友关系才能进入这样的调查现场，也只有进入村民认可的亲友关系网络，才能尽可能地保持调查现场。

至于调查者的主观状态，我指的是两层含义。一是调查者的知识储备。学科的划分与专业的设置实出于研究与教学的需要，但社会生活本身涉及诸多方面的知识，进行社会综合调查的人不可能什么都懂，但应尽可能多懂一点。二是调查者的**"无知"状态**。对我们生于农村的人来说，农村社会并不是一个完全陌生的领域，甚至可以说"很熟悉"，但"熟悉"与"习以为常"恰恰是理性追问的大敌。理性往往在"熟悉"与"习以为常"面前停止了分析与追问，原因恰恰在于"我已经知道了"。因此，"无知"状态能把一切熟悉的现象当作不熟悉的东西而加以观察、提问与思考。

同时，"无知"状态还包括**"理论上的悬置"**。所谓"悬置"状态，即将我们头脑中已有的理论、概念与假设，在调查过程中暂时地悬置起来。这就是说，不要用先入为主的概念去套裁经验材料，而应让概念与经验事实自由地结合，或依据经验事实对概念做出必要的修正。由于我们社会科学中的重要概念、理论都是从西方社会移译过来的，并不完全适合中国的社会现实，因此这种"悬置"方法就显得尤为重要。

他们非常认真地听取我这番带有几分玄气的议论，我也确实找不到更通俗的语言表达我的想法。实非故弄玄虚，伪装深刻。程校长说："听君一席言，胜读十年书。"诚然，这是出于初次见面的礼节，但双方合作的意向更明确了。程校长当场建议我下午即迁居到党校招待所去。一是替党校师生做场学术报告，二是与他们的科研老师进一步商定合作调查计划。我被请入党校，等于获得了进入河南各调查现场的通行证。中原调查有此良好开端，实令我暗自惊喜。

＊　＊　＊

下午3时，汤老师随车前来接我到党校，在二楼小会议室听取他前一阶段农村调查的情况介绍。这些调查报告大体上是对具体问题、具体事件的情况说明。在调查课题的选择，调查方法，资料的收集、整理与分析诸方面确实存在不少有待改进与完善之处。社会调查，向下收集资料的过程与向上理论综合的过程，其实是同一研究过程的两个方面。向上之路（从具体到抽象）与向下之路（从抽象到具体）实质上是同一条路。在他们的情况介绍中，有几点值得重视。

——为落实农村计划生育任务，乡村干部使用各种他们认为行之有效的手段：从罚款到体罚；从牵牛羊、搬家具到破门、毁屋；从直系亲属连保到邻里连保。然而，内地乡村的超生率依然高达 25%—30%。

——超生罚款成为内地不少村、乡、县"预算外收入"的重要来源。某县计生委将人均 10 元的指标分摊到各乡镇，并要求各乡镇政府预先垫付缴纳。超生罚款的分配，乡镇留存 50%，上缴县 20%，返回村委 30%。若县按人均 10 元分摊，则乡镇必须按人均 50 元征收。各乡镇超生率有高有低，超生率低的乡镇，超生者的罚款量势必更高，征款任务势必更重。故为了征收到足额的超生罚款，乡镇往往放松生育控制。罚款从手段成为目的，而罚款的目的也便走向它的反面。

——自改革开放以来，县、乡两级机构日趋膨胀，冗员日趋增多，如今乡镇党政人员，通常一二百人。在缺乏乡镇企业税收支持的乡镇，不断增加的财政支出是农民负担不断加重的基本原因。

——在"奔小康""现代化""争一流""赶超"等口号下，浮夸风越刮越烈，这与1958年的浮夸风十分相似。

——分田到户后，分散经营的农户缺乏一个真正保护自己利益的组织。面对权力渐趋集中的地方政府与名目繁多的税收，农户先是**忍气吞声**，**继而上访、上告**，最后必然是"官逼民反"。

这些问题集中到一点，即是地方政府与农民的关系问题。如果我们将中国的农村放到"从传统向现代化发展"这一历史过程中加以思考的话，那么能否及如何建设一个**精简、廉洁**且**高效**的地方政府，是关涉到中国共产党能否领导我们这个依然是农民占多数的民族完成现代化任务的根本性问题。看来，应将实证调查研究与历史研究结合起来，尤其要重视对明清两朝地方政治的研究。现实与历史的比较研究，可以相互参照，相互发明，同时深化对现实与历史的认识。

* * *

听取他们的调查情况介绍之后，请他们介绍各自的"社会关系资源"。汤的老家在杞县某乡，那里还有许多亲戚；田在商丘插过队，至今与当地乡亲与地方官员相往来；李在兰考某乡搞过调查，与当地农户与干部十分熟悉。更重要的是，开封市所辖各县、乡官员中，有不少是他们的学生兼朋友，李还是开封县①的首席顾问。总之，利用他们的"乡村老家"可直接进入村落与农户，利用他们的"师生关系"，可直接进入县、乡党政各部门，有他们的陪同，便是直接进入"调查现场"的通行证。

---

① 2014年，撤销开封县，设立开封市祥符区。——本版编者注

晚上，党校程副校长设宴款待，田、汤、李诸人及校后勤主任共六七人作陪。后勤主任是回族人，席间，突然向我"请教"两个宗教问题：一是伊斯兰教堂内为何没有神画与神像，甚至连想象真主的模样也有罪过；二是改革开放后，为什么信教的人反而日渐增多。他说，这两个问题在心里藏了多年，也向阿訇请教过，但仍不得其解。我曾读过《古兰经》《伊斯兰教史》，因此，从穆罕默德的反偶像崇拜的明确训示讲到阿拉伯文字作为伊斯兰教堂的唯一装饰物而发展成为一种能与汉书法相媲美的精美书法艺术，一席折服。至于第二个问题，则从改革后的生存环境、社会心理与宗教政策变化的角度加以分析，也令他深感满意。我在此录些小插曲，并非自炫，而在于说明，调查者的诚恳与博识对于迅速建立并拓展进入调查现场的私人关系网络具有十分重要的意义。

▶ 5 月 16 日　信步铁塔公园

与党校的李、汤二兄商定于 18 日上午出发，到开封市所辖的 K 县 L 乡某村的刘氏家"蹲点"调查。这是我河南调查的第一站。重点是调查普通农户的全年"财政"收支状况。幸赖朋友们的大力支持，使我来河南一周，即转入正题。

然而，"人在江湖，身不由己"。河南大学的老孟突然把我的 18 日下午与 20 日晚上的两段时间"定购"去了：请我到开封大学与河南大学各做一场学术报告，说是已联系好了。孟的用意是通过学术报告，替我做一番宣传，以期获得更多的"社会关系资源"。这样，下村调查的时间只得向后推移。

上下午皆在旅舍定讲题，拟讲稿，搞得头昏脑涨。说实在的，自 1989 年以来，我一直在各地农村转悠，或在书斋读书、写作，没有给大学生做过什么学术报告。对如今在校学生的思想状况及关心的问题，我感到很有隔膜，真不知讲些什么才好。下午 4 时许，我决定独自出去走走。

＊　＊　＊

据云，开封自宋代以来几经黄河的冲毁，幸存至今的铁塔是《清明上河图》描绘的那个繁华东京的唯一见证。坐落在铁塔公园内的这座顽强的古塔就在河南大学北面不远处，于是信步而往。

买票入园，迎面便是一座接引殿，其内供奉一尊接引虔诚信徒进入极乐世界的菩萨。旁有一副对联："诸恶莫作，众善奉行，已了如来真实意；四大本空，五蕴非有，是为波罗蜜多心。"上联是俗谛，下联是真谛。真俗并举，雅俗共赏。俗谛是对中下根器众人的说法，真谛是对上根器众人的说法，针对不同的对象，进行不同的教育，佛教所谓"方便"，我们称之为"因材施教"。**一个社会的意识形态，核心是确定善**

恶标准。那么善恶标准的基础或根源在何处呢？它既不在个人之内，也不在社会之外，而在**社会共同体**内。然而问题恰恰出在这个"社会共同体"：因为社会共同体内部的各个成员，既相互依赖，又相互对抗。古代的贤哲们大概是看到了这一无情的事实，故而从社会外去寻找道德的基础与标准。老庄的道，宋明儒学的理，释教的佛，基督教的上帝，伊斯兰教的真主，古希腊哲学中的逻各斯（Logics），近代西方哲学中的规律，便是用来奠定人间社会善恶的基石。然而，聪明的现代人不信这套说教，于是善恶标准便模糊起来了，只得用法律从外部规定人们的行为标准。老子说"失德后有礼，失礼后有法"，实在是一种深刻的洞见。

在社会之外寻找到的善恶标准，毕竟要到社会之内付诸实行。倘使行善者必有好报，作恶者必有恶报，那么人间的善恶无须诸神的监督与审判，便能自动维持。人间道德实践的一个令人尴尬的问题是，人们暗中都渴望作恶，但又害怕别人对他作恶，故而善恶标准只活跃在人们的道德评价中，而不是落实在各自的道德实践中。儒学对人性的这一普遍弱点从来没有深切地认识到，但是佛学看到了，并积极地为之预防，那就是它的"三世报应"说。但"三世报应"的基础是"灵魂不死"，这个在俗谛中承认的说法，在真谛内又加以否认。倘若"四大皆空，五蕴非有"，那么一生行善而受苦的人何能祈盼极乐世界的报偿呢？当然，悟空之人肯定会嘲笑我这个俗人的问题。

接引殿内，有一幅极乐世界图。楼阁华美，鲜花争艳，清泉潺潺，百鸟和鸣，美女歌舞。世俗所欲而难求之物尽显于极乐世界。伊斯兰教的天国，是沙漠中的一块绿洲：清泉、椰枣、葡萄与羊群对他们来说已经足够了。基督教的伊甸园，也只有河流与果树，还有一些珍珠与玛瑙。这比起佛教的极乐世界要逊色得多了。造成这种差异的原因，不知是沙漠民族的世俗比较质朴，还是农耕民族的想象力比较丰富。

不过，与现代人比起来，古代世界的欲求是相当质朴且有限的。现代人发明了科学，又发明了市场经济与民主政治，在人的自然需求之上增长着无穷无尽的人为需求。到处活跃着的激情、利益与偏好汹涌澎湃。无限的贪欲被现代经济学家视为推动生产发展与社会进步的基本动力。现在的问题是，大部分注定无法满足的欲求完全有可能冲毁道德与法律设置的脆弱堤坝。一切宗教的目的在于将这股无法在世间实现的欲流引向天国，从而维持世间的秩序。如今，从穷乡僻壤到繁华都市，到处充塞着希望一夜致富的骚动人群。用加快发展经济来满足更多的欲求，这是一回事；总有更多的欲求得不到满足，又是另一回事。那么如何来对付这些注定无法在现实中实现的欲求呢？

带着一堆困惑步出接引殿，眼前便是著名的铁塔。据塔下木牌上的文字说明，该塔建于宋皇祐元年。皇祐是宋仁宗的年号，在庆历之后，算来距今已有九百余年。塔用琉璃瓦、琉璃砖面，呈铁锈色，故名铁塔。就其经多次黄河水灾而至今巍然屹立，也该是座铁塔了。塔呈八角形，共十三层。佛塔一般是单数，通常十三层，这说明"十三"在佛教中是个吉祥数。何以上海人用"十三点"来骂人？不知典出何处。开封人将此塔誉为"天下第一塔"，或言过其实。既然济南人能将趵突泉称为"天下第一泉"，杭州人能将虎跑泉称为"天下第一泉"，那么开封人将此塔称为"天下第一塔"，也无不可。在中国，被当地人誉为"天下第一"的所在多有。若有心人将其收集起来，可编一部"天下第一"的书。在20世纪80年代的知识界，到处可以碰到"唯我独尊，老子天下第一"的人，不知是否与上述的"天下第一"的观念有关。

＊　＊　＊

我一面参观，一面胡思乱想。蹀回旅舍已是晚6时30分。孟、徐二兄要我赶紧吃饭，说河南大学"1996文化学术节"的首场报告会于7时开场，届时请我到台前就座。河大今年的文化艺术节举办十场学术报告会，第一讲请北京著名学者讲中国传统道德，我是第二讲，放在下周一。今天是首场报告兼开幕式，格外隆重。于是我匆匆吃过晚饭，被"隆重"地请到台上，陪坐两个小时。那浑身的不自在实为生平第一次体验到。

在六七百名学生的热烈掌声中，老先生开始讲儒家的**理欲、义利与**

公私之辨，意在反对当今社会流行的个人主义、享乐主义和拜金主义。老先生陈义甚高，而终显迂阔。一个时代普遍的社会心理与观念乃是社会存在的反映。随着人们生存方式与社会结构的变化，社会心理与观念也发生了变化。当然在人性中也有某种恒定不变的东西，如佛学中的所谓"贪嗔痴"三毒和分别智，以及由分别智引起的攀比竞胜，但攀比与竞胜的内容与方式却随着生存方式与社会环境的不断变化而变化。

古人生活在家族之内，国家之中。家族对于古人来说，不只是一个共同体，用黑格尔的话来说，是一个伦理实体，而且是一个继往开来的长长系列。每个人的生活位置、行为方式及生活意义差不多由此而规定。国家也不仅仅是某一个人建立并世袭的王朝，而被理解为天命之所寄。它的存在自有其现实的伦理目标。中国儒家将道德建立在国家之上，并能较有效地发挥作用，是有其客观基础的。现代人将爱情理解为婚姻的基础，又将契约理解为政治社会的基础。将捉摸不定的爱情作为合法婚姻结合的基础，实为消除婚姻实行同居铺平了道路；将统一作为国家的基础，唯一可行的便是西方式的民主制，这使得一切以革命手段夺取并建立的政权，在寻找合法性证明时遇到难以克服的困难。与此同时，市场经济所形成的所谓"市民社会"，正如黑格尔在其《法哲学》中所说的"每个人都以自身为目的"。因为市场经济的本性就是将一个又一个的人从他们各自所属的家族伦理共同体与国家伦理共同体内"揪出来替自己服务"。不仅各种生产组织而且家庭与国家都得为满足个人的需要服务。我们向"市场经济"要效率与富裕，市场经济社会同时给了我们个人主义、享乐主义与拜金主义。因为摆脱了家庭、单位、国家伦理制约的个人，只有用财富的占有、享受及比较才能获得自己存在的证明。而金钱，无非是易于保存与兑现的一般财富。

我们已经急不可待地闯进了这个陌生的社会，能否从古代的道德智慧中寻找医治这个社会内已到处发作的心理与精神疾病呢？报告才进行了半小时，便有学生退场，报告会将结束之际，已走掉了近半数学生。这似乎已提供了部分答案。

理论是灰色的，生活之树常青。由改革开放引动的社会生活走上了自己的道路，虽然方向尚不明朗。一切关注中国社会变革的头脑，首先要研究改革"是什么""可能如何"，河南调查就是据此目的而来的。在黄河流域这块古老的土地上，古老的村落内生活了数千年的村民，如今在做些什么，在想些什么呢？他们的普遍情绪和要求与我们的知识分子头脑中的理想化了的"现代化"目标是否一致或冲突呢？与实现的可能性之间又存在怎样的距离与矛盾呢？这些村落居民是否被所谓的"市场经济"拖进了个人主义与享乐主义呢？我真的想及早下村去，我听够了过多的空谈。

▶ 5月17日　包公祠断想

开封市委党校诸友要我拟一份调查提纲，说明这次的调查目的、项目、方法与日程安排，以便他们采取配合行动。北方人士热情、爽直，只要以诚相待，就迅速成为挚友。整个上午，在旅舍拟订调查计划。就在我草拟调查提纲的过程中，来了几个"调查对象"：他们是招待所请来修理各客房内空调器的修理工，共四人。三个小伙子在拆装空调器，一个中年人抽着烟，在一旁看着。于是我与这位中年男子闲聊起来。

问："你们这一行，每月能挣多少钱？"答："临时工说不准，时多时少。"问："那平均算下来呢？"答："千把元。"这个月收入数，在开封实属高薪。在本招待所的临时工，合同工每月只有二三百元，在岗的正式职工一般三五百元。于是问正在干活儿的小伙子，回答是"每月三百多元"。于是我估计这位中年人与小伙子的关系是包工头与雇工关系。事实也正是如此。

我又问这位中年人："你原来是干什么的?"答："农民。开封近郊农民。"他告诉我，前几年，他村里的耕地被有关部门全部征用，失去土地的原村民所得报酬是：凡年满18岁以上者，每人每月可领取100元。既不再安排就业，也没有医疗保险，但人自由了，爱干什么都行。我暗自思忖，这位中年人失去了土地，但一是得到每月百元固定收入，二是做了小包工头，每月收入肯定超过"千把元"，该是这场改革的受益者。不料恰恰相反。

我问："你们觉得人民公社时期好还是改革开放这个时期好呢？""那还用问，当然是人民公社那个时期好，现在差远了。""没有改革开放政策，你的生活水平能提高得那么快吗？"然而他却有不同的看法。他说："从生活水平来说，现在确实比公社时期提高好几倍了。但我是一个有技术的人，出来做事还容易些，可村里绝大多数是没技术的农民，失去了土地，只能一清早去批发点蔬菜来叫卖，那才辛苦呢！""生活、挣钱，哪能不辛苦？过去在人民公社时期，干活儿不是也十分辛苦，却很贫困？"听我这么一说，他笑了起来。沉默了片刻，他又说："现在社会风气实在太坏。被毛主席消灭了的嫖娼、吸毒、拐骗、抢劫、杀人，什么都出来了。过去可以做到夜不闭户，如今一点安全感都没有。还有，现在的干部贪污个十万八万元，一点也不稀奇。在以前他们敢这样放肆吗？"我笑着对他说："你如今做小老板雇工剥削工人，在过去不是早被人揪出来批斗了吗？"一句话说得他又笑了起来。过了一会儿，他说："如今十有八九的人都说人民公社时期好、现在不好。穷的人，城里工资发不出的人，下岗待业的人，得到好处甚至多少发了点财的人也这么说。这件事情我也弄不明白。"

中国的百姓既要**富裕**，又要**安全**，还要一点**平均主义**。至于这三大目标能否与怎样协调，这是一个令理论界与政治家们头痛的大问题。在改革开放过程中成长起来的新一代，一般接受了这个有自由、有竞争、有贫富差异的新秩序，但中老年那一代人，无论他们目前的社会处境与地位如何，往往用原有的社会价值标准来衡量、评价这一新的社会秩序。若要他们真的退回到那个安全得毫无人身自由、平等得普遍贫困的公社时代去，恐怕极少有人会赞同。至于这位改革开放的实际得利者也说现在这个时代不好，理论宣传部分的人或应承担相当一部分责任。"端起碗来吃肉，放下筷子骂娘"，这一社会心理应该引起人们的注意。

＊　　＊　　＊

中午，调查提纲拟好。党校汤老师如约来取，回校打印若干份。我饭后稍事休息，便独自去参观开封市内的包公祠。

替包拯建祠，始于金朝，元明清以降，屡毁、屡建。现在建于开封包公湖畔的包公祠，是 20 世纪 80 年代中期重建的，规模宏大。有大殿、二殿、东西配殿、半壁廊与碑亭。大殿内塑有包公坐像，像前有一箱，内有大半箱人民币，箱前有跪拜垫，如佛殿然。这说明人们到此不只是参观，且跪拜，足见包公还活在人们的心中。包公至今活着，又说明包公当年所反对的腐败现象还活着。反过来说，或更准确地说，正因为地方政府中存在着腐败现象，人民怨恨难申，故希望包青天再世。包公历元明清而威望日增，既是包公的幸运，更是他的不幸。

殿内陈列包公的历史文物、典籍与包氏族谱。山墙上绘有反映包公政绩的壁画。二殿陈列《开封府题名记》碑刻、包公画像、墨迹、诗篇和家训的拓片。东西配殿绘有包公的历史故事与传说。一路看去，细细品赏，脑海中翻腾着历史与现实的穿插对照，历史与现实的场景时而拉开，时而融为一体，心情顿时变得沉重起来。

《开封府题名记》碑载，从建隆元年到崇宁四年这 145 年时间内，担任过开封知府的府尹（今人所谓"市长"）共计 183 名，每任的平均任期不足十个月。包公是第 93 任，任期是一年零四个月，从嘉祐二年三月正上任到次年六月离任。可见，包公在开封的任期还算是长的。秦汉后，官僚制取代世卿世禄制，故官职有任期。宋代地方官职通常三年一任，但从宋代开封府的情况来看，满任调迁的只是特例。又宋代广泛采用回避制，本地人通常不出任本地官。如今，回避制与频繁调任制都被继承下来。这次河南调查，对县、乡主要官员的实际任期及利弊，应给予充分重视。

包拯被时人尊为"青天"，关键在于"不徇私情，不畏权贵，**执法如山**"，以及"**为民作主**"。殿内所示的包公事迹，大多集中于此。宋代便有民谣称包公"**关节不到，有阎罗老包**"。"关节"一词，至今活在我们的日常语言与行为方式中。**中国人讲的是私情，行的是"关节"**。习惯于用攀亲戚、拉关系、请客送礼等方式解决自己的事，故而**在人们的习惯行为方式与人们的政治要求之间存在着深刻的矛盾**。有法不依，执法不严，甚至徇私枉法，其病与其说在于人，倒不如说在于我们传统的习惯行为方式之中。这个问题，应该引起我们的高度重视。

包公一生为官清廉，但怕其子孙为官贪滥，故死前定家训，刻石碑，竖于堂屋东墙。其文记入《宋史》："后世子孙仕宦，有犯赃滥者，不得放归本家；亡殁之后，不得葬于大茔之中。不从吾志，非吾子孙。"

不知包公后裔有几人出仕，是否遵从祖训。我想这条家诫，在古代或有一点作用。因为古人的家族观念不同于今日。在古人看来，家是一个悠长的过程，继往开来，连绵不绝，"祖墓"与"子孙"都是家庭的一部分。"有家难归"，在现世便没有了他的立足之处；死后不能归葬祖墓，便不得血食，成为孤魂野鬼。如今出仕为官者，皆奉唯物主义，哪还信这一套。当今包公不知以何来训诫他的子孙。

"一切历史都是当代史"，这是意大利历史学家克罗齐的一句名言。过去，我只把这句话单纯地理解为当代史学家总是从当代的条件兴趣与识见出发去描述并解释历史，如今看来太肤浅了。这一判断的实际含义或在于，一切历史都流传到当代，当代只是历史的一种延续，当然，变化是有的。在我们自以为摆脱了传统纠缠的变革时代，自以为进入一个全新时代的今天，猛然回头，历史依然在我们的身边，在我们的观念里、习惯行为里，甚至在用新的形式装潢起来的语言与制度里。

▶ 5 月 18 日　在开封大学演讲
——从包公现象谈传统与现代化

一周晴朗，气温逐渐上升，像是进入初夏的样子。

上午 8 时 30 分，开封大学科研处处长驱车前来接我到开封大学做题为《传统与现代化》的学术演讲，河大的孟、徐陪我前往。开封大学是 20 世纪 80 年代新建的地方院校，现有学生近 3000 人，皆专科，且以工科为主。能容纳五六百人的礼堂座无虚席。

我从他们所熟悉的包公祠与包公现象讲起，分析中国封建时代道德与法的利弊得失，有法难依、执法不严的文化根源，中国小农"为民作主"政治意识的经济根源，以及个人的权利与义务、民主与法制建设在中国现代化推进过程中的重大意义与困难所在。整个演讲近两小时。在听众专注的眼神与热烈的掌声中，我感受到了演讲的效果与理论思维的力量。

中午，老孟请我到他家吃饭，席间谈到河南的行政区划及各地经济发展状况。省辖市（地）、市辖县、县辖乡，全省共 110 个县，各县人口规模不一，小者三四十万，多者百余万。全省人口近一亿，仅次于四川。① 元末战乱，河南人口锐减。历史记载，在洪武年间，河南的信阳、方城、兰考、柘城、夏邑、宁陵、新蔡、泌阳、新野、延津、唐河诸州县，人口不足千户。从洪武二年（1369 年）到永乐五年（1407 年），中央政府组织山西人移垦河南，分布在河南 8 府，12 州，88 个县。当时，官府在山西平阳府洪洞县广济寺内设总迁移机构，办理移民迁徙手续。据云，广济寺有棵大槐树，来自山西各县的移民在此编队遣送，洪洞大槐树变成了山西移民离别故乡的启行地。如今，多数河南村民皆云来自

---

① 所述为 1996 年时河南人口概况。截至 2022 年，全国常住人口最多的省份为广东，第二是山东，第三是河南。

洪洞大槐树。中国农民向来安土重迁，离乡背井者必定是失去土地的贫雇农阶层，文化素养低下，这是否是导致明后河南经济文化落后的一大原因？清乾隆年间出任河南巡抚的尹令一，巡察河南后的结论是：1."豫省民俗，素称淳朴，非江浙浮奢可比，但不善经营，别无生财之道，其公私用度，皆借于地之所产"；2."水利失修，旱涝无备，全赖天时"；3."百姓罔知气候"，不识农时；4. 农田粪少，耕作不细；5. 盐碱沙地多，大半荒废；6. 棉花产自豫省，而贩于江南，本省"旷废女工，家有机杼者，百不得一"。尹令一巡抚河南，距明初移民已历三百五十年左右，尚且如此。如今距尹令一抚豫时已有二百五六十年，值此改革开放大潮，这些洪洞后裔与江浙村民各做出何种不同的反应呢？这次河南乡村考察，对此应加以充分注意。

下午4时，告辞，回旅舍休息。躺在床上读刚购置的《中国的现代化》。此书是美国学者吉尔伯特·罗兹曼主编的，读来饶有趣味，资料翔实，持论亦较中肯，且不乏卓见。我们就"生活在其内"，要对自己所处的社会及其变化过程做出有效的思考，有两个前提条件。一是欲求之心须从目前的名利营谋、计算、比较与竞逐中超拔出来。用佛学语言来说，即所谓"出世"或"脱轮回"。只有"出世"方能将社会生活作为一个对象来加以**审视**，所谓"寂而能照"。这里的"能照"还只是一种可能性，而要卓有成效地考察并理解我们生存于其内的社会，还必须有方法与理论。二是从当代西方理论界所提供的各种理论方法中寻找能够透视我们生活的概念与假说。既要向他们学习，又不受他们迷惑，这是对中国学者的一大考验。

▶ 5月19日　亲临黄河

这次中原之行的主要目的，是想看看我们民族的母亲河——黄河，考察散处在黄河流域的村落，了解居住在村落之内的农民与建立在村落之上的地方政府在改革开放大潮中的实际反应与变化。学术界用"社会转型"这一范畴来分析这场使一切人都卷入其内的历史性变革。但那个正在解体中的"社会形态"到底是个什么样的社会形态，这个将转向的"社会形态"又具有怎样的性质，谁也说不清楚。然而我隐约地感到，中国的思想理论界正酝酿着一场有关这一问题的大论战。

改革是个**自觉**能动的过程，但改革所引发出来的诸多利益、激情与愿望所形成的一股自发洪流，将最终决定"社会转型"的实际进程。若要广泛而深入地分析现实社会生活如其所是的那个样子，实证研究具有重大的意义。在实证研究的过程中，要注意**历史的分析与自然生态环境**的考察。**历史与环境**这两个视角对我们透视社会生活现象的意义，是有着积极作用的。

*　　*　　*

清晨7时许，我独自一人乘出租车去黄河柳园口看黄河。

黄河柳园口距开封城北17公里。车出城北，络绎不绝的自行车洪流迎面而来。司机说："这是进城打工的北郊农民，以建筑小工为主。若往城东、南、西三个方向开，便看不到那么多一早进城打工的农民了。因为那一带的乡村企业比较发达。"沿途的小麦长势良好，农民们已开始收割油菜。已完成油菜收割任务的农户开始翻地灌水，准备种植水稻。道路两旁的村落农舍，大多是砖墙瓦顶或平顶的房屋，间或有几幢二层楼房。司机说："直到20世纪70年代，这一带绝大部分是土坯墙、茅草屋。80年代，陆续翻建砖瓦房，如今残留的少量土坯房，一般做贮藏柴草农具之用，不再住人。"在短短的十几年间，这里的农民便告别了相沿数千年之久的土墙草屋，这确实是改革开放之功。

车上黄河柳园口大坝，我原以为就能看到浩荡东去的黄河，不料展现在眼前的只是一片滚滚的麦浪。在宽阔的黄河滩内还有村庄，极目远望，看不到北大堤，隐约可见一条白带。司机说："那便是黄河，距我们所在地或有十余里，无车路可通。你若要看黄河，或到黄河大桥上去，或七八月份再来，那是黄河的汛期。"在相距数公里或十数公里的黄河南北大堤内，是一片广阔的黄河滩地；在滩地之内，滚动着一条黄河，黄河水量在一年之内相差甚大，且自孟津以下黄河河床高于两岸平原，这便是我初见黄河时的印象。

在黄河柳园口的防洪大坝上，有一纪念亭，亭内的碑刻记述了新中国成立之初毛泽东到此视察黄河的情况，并在此发出"一定要把黄河的事情办好"的号召。这条给我们民族带来无穷的灾祸与巨大恩赐的黄河，在铸造我们民族的性格与文化方面到底起着何种作用呢？我突然想到，作为中华民族的图腾——巨龙——的原型，不就是黄河吗？它的暴怒与平静，它的任性与驯服，它的灾祸与福泽，不正是龙的性格吗？

＊　＊　＊

决定到 20 世纪 80 年代建成通车的开封黄河大桥去看黄河，顺便去参观离大桥不远处的陈桥镇——这是当年赵匡胤发动"陈桥兵变"的地方。

车上开封黄河大桥，在靠近北大堤处，方见宽二三百米的黄河自西向东缓缓流去，宁静而安详。这条孕育着我们民族文化的母亲河，在这个季节最为温驯。此处的南北大堤，相距约十数里，从南堤到黄河的大片滩地上，播种着一片待收的小麦，居住在河滩内的农民，不是在与黄河争夺"生存空间"吗？司机说，黄河汛期在 7 月间，其时滩内小麦已收割完，再说，近些年来，黄河水量减少，即使在汛期，也只是淹没部分滩地，淹及建在滩地高处的村落的情况很少发生。他还说，开封县、兰考县各有一个乡，全部在黄河滩内。

沿着黄河北大堤向西而行。堤面的简易公路倒也平整宽阔，道路两侧种着北方白杨，高大挺拔，是堤坝的守护神。大堤内侧每隔一段距离便有一石砌的"小岛"伸向河床，这大概是在黄河汛期保护大堤的设施。我在钱塘江曾见过这种设施，但忘了其名。大堤上，每隔数百米便有一小屋，墙上标有号码与黄河管理条例。司机说，这是为黄河汛期时昼夜值班用的。有些路段整齐地堆放着石块，是用来加固堤坝的。黄河自孟津以下便是一条自由任性的"地上悬河"，它需要极宽阔的河床与河滩来回自由地滚动，它是不会温驯地约束于由它带来的泥沙所筑成的堤坝之内的。故而弄得耕种河滩土地的两岸村民对它爱也不是，恨也不是。我想，若有人将黄河与埃及的尼罗河、印度的恒河、伊拉克的双河（即底格里斯河和幼发拉底河）加以比较研究，或能加深对这四大河流域所孕育的四大农耕文化异同的理解。如今，面对强大的西方文化的挑战，在迈向现代化的历史进程中，人们或许面临着共同的困惑与问题。

沿黄河北堤行6公里，便是陈桥镇，"陈桥兵变"的纪念馆就在该小镇内。纪念馆占地一亩左右，院内左右两厢是新建的平房，里面空无一物。正殿为光绪年间的旧建筑，内有若干塑像，再现当年"黄袍加身"的场景。看门的老人说，只有那株早已枯死的老槐树是当年赵匡胤系马之处。古树前有两块石碑，一块刻于顺治年间，一块刻于乾隆年间，记述当年"陈桥兵变"的事由与经过，其词录自史乘，并无异说。匆匆参观之后，我便与在纪念馆门口闲聊的六七个庄稼汉搭起话来。他们说，陈桥镇现有人口近四千，姓氏很杂，是明末（其实是明初）从山西洪洞迁移来的。在此以前的村民因黄河泛滥或逃或死，早已近乎绝代了。

我问坐在门槛上的老汉，现在生活得怎样。老汉嘟哝着说："好哇，现在俺都作不了主了。"我一时没听清，转问旁边一位中年农民，他解释说："他说他的儿子媳妇不听他的话。"原来，儿子结婚与老汉分家过日子，老汉的一亩承包地归儿子耕种，儿子给他一点口粮柴草，并每月给他三五元零用。但高兴时给，不高兴就不给，故而老汉抱怨。这位中年人说如今村里年轻人娶了老婆，忘了老父老母，往往有之。""如今年轻人不讲孝道了。"这是他对年青一代的评价。

我问那几位老乡，如今生活比新中国成立前怎么样。"咱凭良心讲，要比新中国成立前好多了。现在**吃得饱，穿得暖**了。"他们指着前面一栋低矮破旧的老屋说，"从前只住这样的屋子，如今差不多都住上了这样的房子。"他所指的是一幢新盖不久的砖瓦房，有围墙。他们说，如今盖一幢有围墙的砖瓦房，需要一两万元。这里的村民依然以务农为主，农闲外出打工、挣钱，村民盖新房所需的钱，一部分来自农业的积累，一部分来自打工收入。我又问他们对人民公社和改革开放两个时期怎么看，他们回答说："都好。"我还想进一步问下去，站在一旁的出租车司机示意我可以返程了。我不想误了司机的赚钱时间，只得与老乡告辞。

一上车，司机便说："现在的农民鬼得很。你问哪个时代谁好，他们尽说都好，明明是人民公社时代比现在好，不知要好多少倍呢！这他们心里都明白，还说都好。"我问为什么这样说，司机便发起牢骚来："现在办事，不送礼不行，送了礼也未必替你办事。大小官员整天公款吃喝，有的甚至公款嫖娼。养情妇已成为时髦。去年开封市某银行行长，被其情妇咬断了生殖器，弄得满城皆知。某银行营业所五个干部职员，到一家饭店集体嫖娼，被公安局抓住押留。营业所的业务瘫痪，后所长出面保释，与公安局讨价还价，交保释金，又请公安局人员大吃大喝。名为抓嫖禁黄，实是打劫分赃。如今开封市下岗工人或在岗而发不出工资的工人多得很，有谁来管他们？为了生活，没有法子，只得去摆地摊，挣几个小钱糊口。"

他接着说："如今社会上攀比之风盛行。我有一个亲戚，在大学教书，因没有评上教授，老婆竟提出离婚。他老婆整天在家里唠叨，说某某人怎样赚钱发了财，某某人升了官，某某人家里布置得如何讲究，唠叨得丈夫不敢回家。升官发财，一要凭关系，二要靠运气，哪里都能升官发财呢？开封有句老话，叫作'货比货，该扔；人比人，该死'。如今社会这样攀比下去，绝大多数人真的要给比死了。"

在他一路不停的牢骚中，听得出来，他把如今"压得他喘不过气来"的"攀比之风"归咎于改革开放，而将党政腐败与社会风气的恶化也归咎于改革开放。

从闲聊中得知，他如今 35 岁，有一子在读小学，妻子在石油公司工作，月薪 800 元，在开封属于"高薪"。他本人只有小学四年级文化程度。十年前就从单位出来，套过外币，贩过香烟。开出租车已有六年时间，平均月收入有 2000 余元，是开封平均月薪的五六倍。这位改革开放的受益者为什么有那么多牢骚和不满呢？

我对这位牢骚满腹的司机说："你现在是否比过去**自由**多了？"他说："是的。"我又问："你现在是否比过去**富裕**多了？"他说："那还用说。"我于是说："**自由与富裕**，这是改革开放给中国人民带来的两样最重要的东西。现在的问题是，有许多人得了自由而任性妄为，目无法纪，看到别人比自己更富裕，心怀嫉妒与不满。一旦看到个别党政官员以权谋私，更是愤恨不平。这怎么能怪改革开放本身呢？再说，你们办事都习惯于请客送礼，这不是促成官员腐败的一个重要原因吗？"我诸如此类地说了一通，他感慨起来："有文化的与我们这些没文化的相比，到底不同呀！听你这样一说，我心里服了，怨气也消了。有学问的人看问题就是比我们透彻。"由此我感到，我们的宣传部门实在没有尽到自己的责任。守着一些自己也未必信奉的教条，而不去研究变动着的社会生活与社会心理，如何能解决目前存在的大量思想问题呢？

▶ 5月20日　在河南大学演讲
——再谈传统与现代化

上午，独自在旅舍草拟今晚在河南大学做的演讲提纲。下午整理行李，准备明日上午赴乡村调查。来开封一周有余，方铺平进入乡村农户的路。说句自我宽慰的话，我一进入开封，即进入"调查现场"。访朋友，逛名胜，探黄河，所见所谈，所感所思，所获颇多。

晚7时半，能容纳一千五百人的河大礼堂座无虚席，这自然是学生处大力宣传与精心组织的结果。我今晚演讲的题目是"传统与现代化"。与上次在开封大学的讲题一样，但内容做了重大的调整。要点如下。

1. 对传统文化的研究有两种不同的途径：一是典籍释读，二是实证调查。因为一切传统都是传到现代并统一到人们心理、习惯、风俗与制度中去的活着的因素。将这两种方法结合起来，方能对"活传统"有一个清晰的认识。

2. 中国古代社会只有两种组织：一是作为生产组织的家，一是作为政治组织的国。其余一切社会中间组织差不多都是模仿家组织原则构建的。

3. 任何一个小农家庭都处于四重关系之中：一是与土地、与自然的物质交换关系；二是利用血缘与情感相维系的非市场的人情交换关系；三是与市场（在古代主要指集市）相交换；四是家与国之间的"交换"，即农民用"赋税"换取国家的"替民作主"。土地承包制的推行，似乎恢复了这四种关系。

4. 人情交换关系大量侵入现代政治过程，是有法不依、执法不严及党政腐败的一大文化根源。小农只有与集市相交换的经验，参与国内、国际大市场的交换经验尚待创新，新的合作组织或是一条出路。一部分地方官员在赋税外加征各种杂费，又不替民作主，是当前地方政治的一大问题。

5. 公社集体耕作制解体后，获得人身自由的农民通过市场，通过第二、第三产业而展开争取优势地位的竞争（或说发家致富）。各种独立和具有分歧的利益应与法律相结合，自由应与义务相结合，才能建立起新的社会秩序，但这有一个过程。如今的社会混乱之根本原因恰在于这一结合尚未完成。

6. 政治上从"替民作主"向"现代民主"转变是一个相当长的历史过程。当前政治改革的核心任务，是如何从体制上确保官员必须"为民作主"。

7. 当代大学生要同"流俗"保持一定的精神距离，从各种当前的卑微的营谋中超拔出来，积极关注我们民族的现代化历史进程。要理解我们民族的过去，目前所处的位置及所愿、所能达到的目标。**确立民族的自我及其所愿、所能的现代化目标**，是当代价值重建的关键任务。

会场很快进入它的凝聚状态，在千百双期待的眼神里，我获得了演讲的激情与灵感。演讲的提纲恰似黄河的南北大堤，而演讲的实际过程恰如在广阔河床上自由滚动奔流的黄河水。把整个会场纷乱的思绪集中到演讲者的语言、激情与逻辑中来，这确实是演讲艺术的生命所在。掌声，一阵又一阵的掌声，我已久违多年了。演讲结束后，我便处在一群意犹未尽的学生的包围之中，回答他们的问题，确实是**思的动力**，更是**思者的责任**。

二、豫东之行——访开封市

▶ 5 月 21 日　中原乡村调查第一站
——D 乡 L 村

　　河南乡村蹲点调查的第一个点，选择在 K 县的 D 乡 L 村。该村坐落在开（开封）兰（兰考）公路的南侧，距开封市东四五十公里。5 月 12 日离开上海，21 日进村调查，这四五十公里的路足足走了一个星期的时间。

　　上午 8 时，开封市委党校李、汤、田三位老师驱车前来陪同我到 L 村刘氏家。河南大学的孟、徐及校学生处另两位朋友前来送行。车上，李对 L 村的刘氏家庭状况做一简要的介绍：户主现年 52 岁，党员、复员军人，为人忠厚，务农。妻 48 岁，务农。生有三女一男。长女已出嫁，次女曾做过李的保姆，如今在开封某厂打工。幼女小学毕业后在家务农，幼子在读初中。按恰亚诺夫家庭生长周期学说，该家庭正处于生长的鼎盛时期。在未受计划生育政策影响的这一代人中，这种家庭人口规模很是普遍。

　　车到 L 村的老刘家已是上午 10 时左右。这对看上去比实际年龄苍老得多的农家夫妇，对我们的到来十分高兴。宾主在他新盖不久的楼房客厅里坐定之后，李老师向他说明了来意及要求他协助的事项，憨厚的老刘一一承诺。李在刘家吃过便饭后便回开封去了，他有课，这次不能陪同我调查。田老师明日　早回校，由汤老师陪我全程调查。他说，他此行有三大任务：一是负责我的安全，二是做我的向导，三是跟我学习调查技术。

刘家离开兰公路只有二三百米。一条穿越公路的引黄灌溉河渠从刘家门口缓缓流过。砖墙围成的院落占地半亩有余。内有两幢房屋：一幢是砖瓦结构的老式平房，三间，山墙左侧另搭建两间简易房，一间是厨房，一间堆放草物、农具。另一幢是新建的楼房，下三间，上一间。楼上的平顶用于晒谷物，这在北方十分普遍。底层的客厅内有几张简易沙发，一张矮方桌，用于招待宾客。左间堆放着数千斤稻谷，是家庭粮仓。老刘说："谷价太贱，一直堆放在家里。多数农户有数千斤余粮。"右间是他女儿的闺房：一张简易大床，一只大衣柜，一台落地电风扇，一台缝纫机。在床头墙上，贴着几张港台歌星、影星的剧照，还有几张身穿泳装的西洋美女，其中一张是三点式的，很是性感。用这些东西装饰卧室，在乡村男女青年中似乎已成为一种时髦。改革开放后，乡村文化明显受到城市文化的影响，而城市文化则明显受到港台文化的影响，而港台文化其实便是欧美消费文化的翻版。

中午，老刘备酒菜相款待。虽然我们反复叮嘱他，在他家暂住期间与他们平时一样地吃，但他还是不知从何处搞了一些菜。这一带村民很少种菜，平时也很少买菜吃。在吃饭时，我们要老刘的妻子、女儿一块上桌来吃。老刘说，乡下人没有这个习惯，**村民请客吃饭，妻女不上桌**，这一风俗习惯在 20 世纪八九十年代的江浙一带乡村似已破除，但这里依然保存着。这一习俗的保存与消除，似与乡村经济状况有密切的关系。

＊　＊　＊

下午，老刘帮我们请来几个村民闲谈，了解村落与村民的概况。我们存心不问及**农民负担、计划生育与干群关系**问题，为的是避免给村民留下这样的印象：我们是上级政府或新闻机构派来专门调查这些问题的。一下午的访谈，所得资料归纳如下。

一、该行政村的概况

黄庄、任庄、马庄、小陈庄这四个相邻的自然村，同属黄庄行政

村。黄庄分三个村民小组，共 200 来户，900 来口人；任庄分四个村民
小组，共 200 余户，900 余口人；马庄分两个村民小组，140 余户，600
来口人；小陈庄自成一个村民小组，40 户，160 人。在这四个自然村
中，任庄为**首富。原因是引黄河渠从该自然村流过，因而绝大部分耕地
能得黄河水灌溉之便利。其他三个自然村只有部分土地能得引黄灌溉
之便。**

这条引黄河渠名曰泉涨河。据村民说，该河渠是从离此 40 公里的
引黄总干渠引来的，下游一直延伸到杞县，离此约 45 公里。该河渠从
1971 年动工开掘，到 1973 年完成。在 1973 年前，这一带全部是盐碱
地，经十余年，引含泥沙量极大的黄河水淤地，将盐碱地覆盖，变为良
田，并逐渐扩大水灌面积，栽种水稻。黄河水是有偿且分配使用。上下
游的县、乡为争夺黄河水，常起纷争。

二、该行政村的种植结构

该行政村人口约 2500 人，总耕地面积 4000 余亩，人均 1.6 亩。在
泉涨河开通以前，种植结构是一熟小麦、一熟玉米（或红薯，或棉花）。
这里的红薯是"三年困难时期"后方从南方引进的。自 1973 年后，逐
渐扩大水稻播种面积，到 20 世纪 90 年代，任庄的全部耕地都用于水稻
种植。种植结构变为一熟小麦，一熟水稻。凡浇不上黄河水的地方，依
然是麦棉（或玉米）结构。曾在 20 世纪 60 年代救荒中起过很大作用的
红薯，则被经济效益更高的水稻排挤出去了。村民说，凡能得到黄河水
浇灌的土地，一亩小麦平均收 700—800 斤，一亩水稻平均产 1000 斤稻
谷。当然，这些年来，种子的改良，化肥、农药的使用，对单产的提高
也起了很大作用。人均 1.6 亩耕地，年亩均产量 1800 斤，则全年人均
谷物 2880 斤。**中国在人口对土地压力持续增长的历史条件下，只能走
提高农业单产的道路，而提高农业单产关键在于水利。这是一个千真万
确的真理。**

三、关于村民住房问题

在 1979 年实行土地家庭承包制前，该村土坯草房占 60%，砖瓦结

构的平房占 40%。当时造房所用的砖块，基本上由各农户自己打土坯烧制。到 80 年代末，经过近十年的努力，全行政村范围内，土坯草屋全部拆除，盖上砖瓦平房。砖瓦购买于附近的窑厂。自己打土坯烧制的农户已很少见。到 90 年代初，开始建造二层楼房。如今约 15% 的农户住进楼房。

农村盖房用工，向来由亲邻帮工，由东家管伙食，并不支付工钱。这一习惯到 20 世纪 80 年代初迅速消失。问及原因，村民们说："**算下来，还是承包给工程队省事、省钱。一是招待帮工的菜、酒、烟、钱一路上升，算下来接近甚至超过承包费；二是还欠着那么多人情。**"这是村民的说法。在我看来，80 年代中期后，这一带外出打工渐成风气，农闲时的农村剩余劳动力进入劳动力市场，因而有了**日工价意识**。这个意识在从前是不可能有的。正是这个日工价意识，使亲邻帮工建房的古老习惯再也维持不下去了。但在红（结婚）、白（丧葬）事上，这里依然保留亲邻义务相帮的古老习俗。在抢收抢种的大忙季节，或打水井工程方面，分田单干后的村民往往用**换工协作**方式解决各自困难，并不直接支付工钱。

四、老刘家的劳动力分配情况

老刘家有六口人（大女儿前几年出嫁，但承包地依然在本村），总计 9.6 亩承包地。自备一辆四轮拖拉机（主要用于耕地，兼搞一点运输）。三夏双抢大忙，前后二十来天，是全年劳动强度最大的季节。三秋拖的时间比较长，抓紧一点得一个半月，慢一点要两个月左右的时间，劳动强度较小，基本上用自家劳动力（到时出嫁及外出打工的女儿要回家帮忙）。这就是说，在农业上的时间，全年集中在夏、秋两个时段，总共不超过三个月的时间，另有九个月的时间实际上处于空闲状态。我问老刘："在你家现有劳动力的情况下，配置一台四轮拖拉机与收割、脱粒机，你能耕种几亩土地？"他说："**五六十亩应该不成问题。**"我想，如果拥有五六十亩土地的家庭农场能成为北方农村的基本生产单位，中国的农业、农村与农民的现代化问题便解决了。对农村社会乃至整个中国社会起着**稳定作用**的人均土地分配制却阻碍着耕地的有效集中。

五、村内的宗族状况

谈及这四个自然村内各宗族来源、结构及有无宗族矛盾时，村民说，这一带没有族谱，在新中国成立前也没有祠堂与祠田。听老人们说，最初村里的人是明初从山西洪洞县迁来的，方圆百里的村民都那么说。各自然村有一两个或两三个大姓，两三个或四五个小姓。这一带很少有单姓村。**在村里，大宗族欺负小宗族的事从来没有发生过，但大户欺负小户的现象倒时常发生**。我之所以把他们的这句话用着重号标出来，是因为涉及我们对**北方村落、宗族与家族关系的认识问题**。至少对开封这一著名的黄泛区而言，因历史上常遭水灾，这块土地上的村民经常迁移。如今的村民，很难说就是明初迁来此地的人的后裔。这一带在新中国成立前就没有族谱、祠堂与祠田，在 20 世纪 80 年代后也没听说重修族谱之事。**这里的宗族意识或淡化到接近于无**。如果我们把同一传说中的祖先下的后代们称为**宗族**，将同一祖父母下的若干家庭叫作**家族**，将同一父母的若干兄弟称为**家庭**，那么，说这一带村落内几乎没有宗族意识，但依然有浓厚的家族意识，这一判断大概是符合实际情况的。当然，最核心的共同体意识是家庭。故而村内时常发生大户欺小户的现象，但没有大宗欺小宗的现象。

村民说，分田单干之后，村内**大户欺小户**主要表现在**争宅基地**与**争灌溉用水**这两件事上。这里的"大户""小户"，**可能是异姓，也可能是同姓**。他们举了些实例来说明这一问题。他们所提到的另一现象更引起我的注意：**凡做村支书、村主任的人，都来自兄弟众多的大户人家，"他们兄弟多，势力大，村里没有人敢惹他们"**，他们这样说，但不肯提供更具体的说明。在传统意义上，行政村干部只是一种**职役**而非**官职**，在当前乡村中，**愿意**并**能够**充任这一职役的是些什么人，他们与明清时代的**保长**与公社时期的**大队干部**有什么异同，值得深入研究。

座谈会开到晚饭时分结束。晚饭后，老刘将其女儿的房间腾出，作为我们的临时宿舍。我与汤、田二兄谈调查与治学诸事，凌晨 1 时方入睡。

▶ 5 月 22 日　刘家年收支明细账

　　早饭时分，与老刘谈村里的贫富分化状况。这里人均耕地较多，且得引黄灌溉之便，故依然以农业为主，只要将二熟种好，则**温饱解决，且略有结余**。对长期处于半饥饿状态的中老年农民来说，这已是一种满足的境界了，向外谋求发展的冲动并不强烈。土地家庭承包制后的农业经济，贫富分化不可能十分明显。老刘说，他有一辆拖拉机，帮人耕地，或在农闲时搞点运输，也有一些经济收入。

　　在未能继续升学的初、高中生中，外出打工者较多。在农闲时，还是就近打工的更为普遍。老刘说，如今农村造房皆搞承包，故泥水木工需求量很大，有拖拉机的，主要是运输建材，黄沙、水泥、预制板、砖瓦等，也有些人做粮食买卖。"村里发点财的，也只有五六户。有几户是搞建筑承包的，另有几户是搞粮食买卖的。他们在国营粮站有亲戚，没有这层关系，是做不了这个买卖的。"被村里公认为贫困的农户只有三户。老刘向我们简单地介绍了这三家贫困户之后，我请他陪我去他们家看看，顺便到任庄去转转。

　　建在北方平原上的村落，内部街道南北垂直，院落排列较为整齐，不像南方丘陵或河汊之地，住房依山势或河流而建，布局凌乱。这里的院落结构大同小异：方整的围墙、庭院，住房与做厨房的配房通常分开。庭院内往往会栽种几棵树，装潢得最考究的是进入院落的大门，大门两侧贴着瓷砖烧制的对联。在北方村落内行走，你便会理解中国人"装门面"一词的起源与含义了。前几年，我到山东曲阜乡村去考察，就发现"门面"是所有"先富裕"起来的农户的重点装修对象。某行政村的村公所还是公社时代的遗留建筑物，十分破旧，但他们办村企业赚到的第一笔钱就用在装建一个豪华的门楼。其实，我们在中国一切企事业与党政机关的入口处，都能看到这种"门面"意识的表现。**这种意**

识起源于村落，起源于村落内各家族争取优势地位这一更深层的心理因素。

＊　　＊　　＊

老刘陪我们往访的第一家贫困户的户主姓刘。他现年 50 余岁，因"成分不好"（地主成分），在"以阶级斗争为纲"的集体化时期娶不到妻子，直至 20 世纪 80 年代末，才从甘肃贫困山区找到了一个比他小 20 岁的痴呆姑娘。婚后生有二女，长女七八岁，幼女两三岁。这一形式上完整、实质上残缺的家庭正处于家庭生长周期的低谷。此家没有院墙，只有三间破旧的砖瓦结构的平房。三间住房之间没有间隔之物，故一进门，全家情况一览无余。户主不在家，痴呆的妻子望着我们痴痴地发笑。两三岁的幼女还钻在床上的破被里。床有两张，所谓床，仅是用砖头垫起的几块木板而已，没有箱子与衣柜，许多衣物凌乱地堆放在床角。客厅只有一张方桌，几只矮凳，左间杂乱堆放着一些简陋农具，还有几袋谷物。除了一辆自行车外，别无一点"现代"之物。老刘说，该户主忙里忙外，很是辛苦，能填饱一家人的肚子就算不错了。

第二家贫困户，户主也姓刘，现年 50 余岁，人挺能干，生有二子，长子在长春某大学读书，次子在县重点中学读高一。他家的贫困，主要是妻子身患重病，一病就是十几年，到处求医，一是误了工时，二是高额的医疗费用把他彻底拖垮了。妻子去年病故，欠下两万余元的债务。幸而他的哥哥在深圳某公司做顾问，念其两个侄子很能读书，学杂费全部由其哥哥承担。他家的境况似比前一家略好一点：有三间砖瓦平房，另有两间配房，虽然也称得上"家徒四壁"，但收拾得挺干净。户主对他家的不幸遭遇似乎一无抱怨："老婆患病，总想治好她，虽然死了，也算对得起她了。所借之钱，慢慢还就是了。如今唯一的心愿，是让两个孩子能大学毕业，找一份好工作，不要像我这样辛苦一辈子。"

第三家贫困户的大门紧闭。老刘说，他家与第一家差不多。户主姓周，四五十岁，低能，又比较懒。同样种一亩地，亩产只有别人的一半。妻子也是从甘肃、山西那一带弄来的，也有点"神经"。生有一子，脑子好像也有点问题。家里像一个狗窝，但填饱肚皮没有什么大问题。

在任庄这个自然村落的一百五六十户农户中，被村民一致认为是贫困户的就此三家。老刘说，周围各村的情况差不多都是这样。实行土地家庭承包制后，绝大多数的农户生活水平比从前提高了。发财的只是少数，像上面三家那样贫困的更是少数。这一带几乎没有乡村企业，发财的几户，不是搞建筑承包，就是搞粮食买卖。搞粮食买卖而能发财，是因为国营粮站有亲戚。在这一轮争取家庭优势地位的竞争中落伍，似乎是由三个原因造成的：一是**低能**，二是**懒惰**，三是**疾病**。老刘完全同意这一分析："如今农民最怕的就是生病，医疗费实在太贵，全家有一个人重病，这一家肯定要垮下去。"

＊　　＊　　＊

昨天下午前来参加座谈的一中年村民正在他新落成的屋内做门窗，见我们路过，便招呼我们进去喝茶。搬出矮凳在庭院里坐定，便谈起房子的事。这位年近五十的村民说："农民一生辛苦，只为两件事，一是填饱肚皮，二是替儿子娶妻造房。如今农村造房标准越来越高，压得人喘不过气来。"他生有三女一男，三个女儿次第出嫁，儿子初中毕业，没考上高中，在家里也不干事。院前这四间新式的平房是替儿子结婚准备的。总耗资近2万元，负了5000多元的债务。他自己住的三间砖瓦平房，是20世纪70年代盖的。全部砖块（近2万元）都是他打土坯烧制的，很是辛苦。

话题从生儿育女、娶媳造房转到当地的**继承习惯**上去。他说："某户如只生女儿，没有儿子，就算是'绝户'，这可是农民**最为担忧害怕**的事。因为他一生劳累辛苦积累起来的家产（主要是房产，新中国成立前还有土地）将没后代继承了。按当地风俗习惯，这一农户的家产应由过继给他的侄子继承。但侄子肯不肯过继，则视叔伯的家产多少而定。如果家产还不够他们的丧葬费，侄子往往不肯过继。如果家产远多于丧葬费，也有争着过继的。所以侄子过继，实在是件麻烦事。如今许多没有男孩的农户，情愿到外地去领养男孩。我们村里就有三四例，其中两个男孩是从上海孤儿院里领来的。"他还说了一件发生在邻村的女儿与侄儿争家产的官司。"农村没有男孩就是麻烦大,邻村某户只生两个女儿,没有男孩。户主死后,出嫁的女儿回来争房产而告到法院,法院将房产判给两个女儿,但无法落实,如今还是侄子占着他的房子。因为这里的习惯力量很大。"如此看来,**如果新制定的成文法与依然在村民头脑中活跃的习惯法相冲突的话,习惯往往取得最后的胜利。**老刘说:**"出嫁的女儿将父母的房产留给叔伯兄弟是有道理的,因为这里还是她的娘家,有什么事,还可以来找本家兄弟帮忙。如果她们取走了老家的房产,不是断了娘家路吗?她们有事,谁肯去帮忙呢?"**原来如此!看来习惯、习俗并非只是一种可以割去的"阑尾",只要它们还起着实际的功效,便不会被法律的小刀轻易割去。

由继承习惯又谈到计划生育,谈到农户非生男孩不可的理由,站在一旁听我们闲聊的主妇说:"女人嫁给男人,就得替他生个男孩。如生不出男孩,可就倒霉了,在家里、村里都抬不起头来,公婆会整天唠叨,说咱没有用。要咱滚回娘家去,甚至打骂。丈夫也会这样对待自己的老婆。"又说:"如果老婆只会生女儿,不会生男孩,男人即使不打骂,也会整日唉声叹气,根本没心思干活儿。"接着他举了邻村的一个例子,该农户一连生了三个女孩,被乡政府抓去做了绝育手术。这家男人便整天躺在床上,不干活儿,说:**"没有男孩,我干活儿还有什么意思呢?"**女人气得跑回娘家去了。这些语言与故事并不是从讨论古代文化传统的书上读到的,而是在当代中国村落内听到或看到的。

*　*　*

下午,与老刘谈家庭财政,计算全年的收支。

刘现年 52 岁,妻 48 岁。有三女一男。长女已出嫁,但承包地及附着于承包地的农业税与农负依然在家,农忙时回来帮忙。次女在开封打工,但时续时断,农忙时也回家帮忙。幼女已 18 岁,在家务农。儿子在读初中。承包地 9.6 亩,全年麦稻二熟。刘在农闲时用自备拖拉机搞点运输,或在附近做泥水工,是家庭非农收入的主要来源。农村实行严厉的计划生育政策始于 20 世纪 80 年代末，此时刘家已完成生育任务，故无高额的超生罚款支出。据刘本人说，他家的经济状况在全村范围内处于中等偏上，这或许是有点保守的自我估计。另外，农用物资及稻麦价格按 1995 年的价格计算。

一、小麦收入

（一）一亩小麦的物资投入。

种子 50 元（农民用自有麦子按 2∶1 或 2.5∶1 的比率到乡种子公司换小麦良种，每亩用种 25—30 斤），化肥 100 元左右（这里施尿素与磷肥，尿素每亩施 70 斤，磷肥 100 斤），农药 86 元（农药由乡农技站统一配制、发放与施洒，施何种农药许多农民说不清楚），浇水、耕地、播种共 28 元（这里引黄浇水，计亩收费，小麦亩均 8 元。这一带耕地全部机械化，播种基本上实现机械化。据老刘估计，全村 20% 农户拥有小三轮或小四轮拖拉机）。

1 亩小麦的物资投入共 264 元。9.6 亩的总投入共 2534 元。

（二）一亩小麦的劳动用工量。

平整土地与播种，计 1 工（用拖拉机耕、播，也需人工辅助）。

施洒农药前后 3 次，计 1 工。浇水 2 次，计 1 工。施肥 2 次，计 1 工。锄地、除草 3 工。收割运输 3 工。脱粒扬晒、装袋贮藏 3 工。

1 亩小麦的劳动用工共 13 工。9.6 亩的总计 125 工。

（三）产量、价格与毛收入。

平均亩产 750 斤（凡得引黄灌溉之便，平均亩产在 700—800 斤，若精心管理，如多施农家肥，及时除草除虫等，亩产可超千斤。亩产 750 斤，是近三年来的平均估值）。每百斤售价 86 元（1995 年，小麦的市场价格较高，每百斤 82—88 元）。

9.6 亩小麦的总产量 7200 斤，总价值 6192 元。

每亩的毛收入 =645 元-264 元=381 元。

9.6 亩的毛收入 =6192 元-2534 元=3658 元。

每工值＝每亩毛收入÷每亩总用工＝381元÷13工＝29.3元。

二、水稻收入

（一）一亩水稻的物资投入。

种子36元（每亩用良种15斤）。化肥136元（其中秧田17元，大田119元，大田尿素一袋80斤，95元，磷肥一袋百斤24元）。农药30元（前后施洒三四次，由乡农技站统一配制、发放与施洒）。浇水11元。耕地10元。

一亩水稻的物资投入共223元。9.6亩的总投入2141元。

（二）一亩水稻的劳动用工量。

秧田2工。拔秧插秧3工。平整水田3工。拔草3工（若用除草剂可节省2个多工时）。除虫2工。施肥二次，计1工，浇水二三次计1工，收割3工，登场1工，脱粒2工，晒装1工。

1亩水稻劳动用工计22工。9.6亩总计211工。

（三）产量、价格与毛收入。

水稻平均亩产1000斤，折合大米700斤，大米每百斤平均价150元，亩均1050元。

9.6亩水稻总产量（折合大米）6720斤，总价值10080元。

每亩毛收入＝1050元－223元＝827元。

9.6亩的毛收入：827元×9.6亩＝7939元。

每工值＝每亩毛收入÷每亩总工时＝827元÷22工＝37.6元。

三、工副业收入

（一）养猪业收入。

当地村民多数家庭养猪，但没有"养猪专业户"。一年有出栏一两头的，也有三四头的。按村民的说法，养猪不赚钱。但为什么还养猪？一是农家总有些青饲料或剩余饭菜，弃之可惜，喂猪正好。二是积肥。刘家每年出栏两头猪，每百斤猪价在350元波动，总售价在800—1000元。"除去购买小猪的钱及精饲料，基本上不赚钱。养猪只是积平时小钱为大钱，故不能将这 1000 元列入家庭收入。"老刘是这样说的。但我们还是给他算 300 元的毛收入。

（二）其他工副业收入。

当地村民在农闲时主要从事乡村、集镇的建筑业，通常称为泥水工、木工，还从事与乡镇建筑业配合的运输业，主要运输砖、沙、预制板等建材，亦替数十公里外的造纸厂拉麦秆。村里的年轻人大多到郑州、开封去打工，农忙时回来。老刘在农闲时搞点运输。一年从事运输约 3 至 4 个月，能赚 3000—4000 元。

（三）次女在开封的打工收入。

次女在开封打工，月薪在 200—250 元，有时也能找到月薪 300 元以上的活儿，至今没有找到一个稳定的职业。开封下岗职工甚多，在岗的职工平均月薪三四百元，临时工仅二三百元，甚至更低。老刘说："反正在家闲着没事，到外面多少能挣几个钱，至少可以不在家吃闲饭，还能挣钱买点衣服，家里从不问她要钱。"在开封打工每年约 8 至 10 个月，每月以 300 元计，该有 1600—2000 元收入。老刘说："给她一个人吃用还不够，怎么能算家庭收入？"但我们给她算 1500 元。

（四）全年全家的总收入。

全年全家的工副业总收入在 4800—5800 元。

全年全家的总收入＝农业收入＋工副业收入＝小麦毛收入＋稻米毛收入＋工副业收入＝3658 元＋7939 元＋4800 元＝16397 元。

其中，农业约占总收入的 71%，工副业约占总收入的 29%。

土地家庭承包制加上劳动力市场的开放，使得这一地区大部分农户成为**亦农亦工户**。在亦农亦工户的两头，一边是**纯农户**，一边是**纯工商户**。家庭经济收入的重心，在从农业向非农移动，移动的速度准确地标示出各地经济发展的速度，以及贫富分化的速度。在该村，纯农户占 10%—15%，基本上由两类家庭构成：一类是残缺家庭，包括低智商与疾病，他们无法或无力从事非农产业；二是儿女分家后的老年家庭。该村没有村办企业，故纯工商户意味着脱离土地到城市谋生。老刘说，本村没有这样的农户。这或许与这里的人均耕地较多，且水稻效益较高有关，或也与附近城市经济发展速度太慢有关。总之，这里的绝大多数农户依然以农为主，兼营他业。刘家的这一收入结构，颇具典型性。

＊　＊　＊

刘家的全年支出情况如下。

一、全年诸种税费支出(按 1995 年计算)

(一)"皇粮"。

当地村民按传统习惯将地方政府收取的各种税费统称为"皇粮"。按理说，"皇粮"仅指农业税，国务院规定的合理农负仅指村提留与乡统筹，共 8 个项目，且征收总量不得超过农户上年纯收入的 5%。但地方政府往往附加许多征收项目，一律计入"皇粮"。实物交入粮站，地方政府从中取值。农民并不知内含的征收项目及各项的款额。这一情况十分普遍。

"皇粮"按夏秋两季征收。夏熟交麦，秋熟交稻谷。夏麦人均 190 斤，每百斤按 86 元计，人均缴纳 163.4 元。刘家 6 人承包土地，共交麦 1140 斤，折合人民币 980.4 元。秋粮交稻米，人均 67.5 斤，每百斤 150 元，人均缴纳 101.25 元。全家 6 人，共交付 607.5 元。两项合计，人均负担 264.65 元。全家共计约 1588 元。

(二) 其他税费。

车船税每年 146 元（刘家有一辆小四轮）。城市建设费 80 元。拾穗费 50 元（学校农忙放假，要学生拾麦稻穗 50 斤交到学校，支援学校建设。不拾穗者，可以交钱）。挖河费 90 元（每年有若干义务工，搞水利建设，凡不参加者，可交钱免役，1995 年人均 15 元）。上述四项支出，共计 366 元。

(一)、(二) 两项合计共 1954 元，约占家庭农业毛收入的 16.8%，约占全年家庭总收入的 12%。

二、家庭吃用支出

（一）粮食。

每人每天以 1.5 斤计。1.5×6×365＝3285 斤。按村民的饮食习惯，以食馍面为主，米饭为辅。米占 20%，麦占 80%。这是一个很模糊的估计。这样食用大米 657 斤，小麦 2628 斤。大米按 1.5 元一斤计，小麦按 0.86 元一斤计，共折合人民币约 3246 元。

（二）菜（包括肉类、豆制品类）。

当地人平时吃菜十分简单，以自制的酱与咸菜为主。逢年过节或请客时，才上街割肉买菜。

春节 300 元，中秋节 100 元，平时按一日一元计（包括请客）为 365 元，共计 765 元。

（三）烟酒。

酒 100 元。烟每两天一盒，每盒 2 元，计 365 元。共 465 元。

（四）日用调料。

油、盐、酱、醋等调味品 150 元。

（五）燃料。

当地农户主要烧煤，购买煤粉，自制煤饼，每百斤 7.5 元，全年 150 元。

（六）礼费。

婚丧送礼，是乡风习俗，平均每年两三次，每次送礼金 50—100 元不等，约 200 元。

（七）衣物。

平均每人以 100 元计，共 500 元（大女儿已嫁，不计入内）。

（八）电费。

300—400 元，以 350 元计。

上述 8 项支出，共 5826 元。其中，粮食一项约占 55.7%。如将前 5 项概括在"食物"一项内，则食物约占此 8 项支出的 82%，约占全家农业收入的 41.2%。

三、教育医疗费用支出

1995 年，只有一子在读初中，全年学杂费 500 元。这几年刘家没有人生大病。"如今治伤风感冒，也需几十元。农民患小毛病，并不去求医吃药"，刘这样解释全年无医疗费支出的原因。

全家全年总收入：16397 元。家庭人均年收入约 2733 元，比村统计的人均收入（1800 元）高 52 个百分点。

全家全年总支出：8280 元。其中，"皇粮"杂税占 24%，家庭日用占 76%。

每年积余：16397 元－8280 元＝8117 元。

老刘看了看自己计算出来的全年收支余额说："没有那么多，咱是自己人，跟你们说实话，一年辛苦，省吃俭用，精打细算，五六千元的积余是有的。家里平时花钱从不记录，有些花费也记不起来了。这些年的积蓄就盖了个房子，用掉将近 2 万元，买了一台拖拉机，也近 2 万元，家里实在没剩几个钱。家里两个女儿还要出嫁，儿子读高中，都得花钱。"

▶ 5 月 23 日 一场意想不到的风波

为了与刘氏这家"中上经济水平"的农户做一比较分析,我想在村里找一家"富户"、一家"贫困户",分别计算他们的全年收支状况。老刘说:"如今发了财的都怕露富,请来也不会实说。村里人都知道这几家发了财,但谁也不知他们到底发了多少财。"那个娶了痴呆女人的户主,是老刘的"本家",时值农闲,一请便到。

刘某,现年 55 岁,中等身材,很是憨厚。妻子 32 岁,是个痴呆女人,什么事也不会做,但会生孩子。长女已 11 岁,刚上小学。次女两三岁,属于超生,但隐瞒未报户口。村民将此类孩子叫作"黑孩子",当然也不分配承包地。全家耕种 4.5 亩承包地,一家生活全赖于此。"皇粮"杂税与村民一样缴纳,并无减免。

一、小麦收入

(一)一亩小麦的物资投入。

种子 40 元(也是在乡种子公司换的良种,但比老刘少 10 元)。化肥 80 元(只施 70 斤左右尿素,为了省钱,没有施磷肥,尽可能多用一点农家肥。这样比老刘节省 20 元)。农药 38.7 元(他说是上面发的农药,农药费从上缴的"皇粮"中扣除,所以不知道是多少钱。我们也按每亩 8.6 元计,但这个数字可能估计过高)。耕地、浇水费共 20 元(其中,耕地 12 元,浇水 8 元,自己播种可省钱)。打场 7 元(当地村民将脱粒叫作打场,因只有他一个劳动力,忙不过来,故请人打场)。

1 亩小麦的物资投入(不计农家肥)共 233 元。4.5 亩总投入 1048.5 元。

(二)一亩小麦的劳动用工量。

整地与播种 1 工。施洒农药三四次,1.5 工。施肥 1.5 工。浇水二次,1.6 工。锄地拔草 3 工。收割、拉麦登场 3 工。打场、扬晒装袋

3 工。

1 亩小麦的总用工量 14.6 工。4.5 亩的总用工量 65.7 工。

（三）产量、价格与毛收入。

平均亩产 500 余斤（去年村里的平均亩产是 750 斤左右，问他的亩产为什么比别人低 250 斤，他的解释是，家里没钱买磷肥与铵肥。老刘后来告诉我，为了省钱，他用的是自留的种子，没有去换良种）。每百斤的市价是 86 元。

一亩小麦的总价是 430 元，一亩小麦的毛利 = 430 元 - 233 元 = 197 元。

4.5 亩小麦总产 2250 斤，总价值 1935 元，总毛利 886.5 元。

每工值 = 197 元 ÷ 14.6 工 ≈ 13.5 元。

二、水稻收入

（一）一亩水稻的物资投入。

种子 34 元（每亩 14 斤种子，到乡种子公司购买）。化肥 107 元（其中尿素 80 斤，86 元，二铵 15 斤，每斤 1.4 元，计 21 元。为省钱，没有施磷肥）。农药 12 元（钾铵磷，稻瘟气，金纳霉素施三四次）。浇水 11 元。犁耙耕地 15 元。脱粒 3 元（亲戚帮忙，只付点柴油费）。

1 亩水稻物资总投入 182 元。4.5 亩的总投入 819 元。

（二）一亩水稻的劳动用工量。

育秧苗 2 工，平整水田 3 工，拔秧插秧 6 工，施肥打药 2 工，除草 2 工（别人用除草剂，省事；自己除草，可省钱），浇水与田间管理 10 工，收割及运到打谷场 3 工，脱粒扬晒及入库 1.5 工（因请人帮忙）。

1 亩水稻劳动用工量计 29.5 工。4.5 亩总用工量约 133 工。

（三）产量、价格与毛收入。

水稻平均亩产 800 斤（比老刘家低 200 斤）。折合大米 560 斤（按 70% 出米率计）。

4.5 亩总产大米 560 斤 × 4.5 = 2520 斤，总价值 3780 元（按每白斤

150 元计，1995 年的大米市价在每百斤 120—170 元，视米质优劣与行情而定）。

每亩水稻毛收入＝840 元－182 元＝658 元。4.5 亩总毛收入 2961 元。

每亩水稻工值＝658 元÷29.5 工≈22.3 元。

4.5 亩稻麦全部毛收入＝886.5 元＋2961 元＝3847.5 元。

这便是该四口之家全年的全部收入。他说，既做父，又做母，忙了外面忙里面，没有时间外出打工，也没时间养猪，"人还养不过来呢"。出售一部分稻草麦秆，也有一二百元收入，将此项收入计算在内，全年总收入在 4000 元左右。

＊ ＊ ＊

该贫困户家的全年支出情况如下。

一、"皇粮"杂税费支出

人均缴纳夏粮 190 斤。按 3 人计（因一人未报户口，没有承包地，但也逃过了高额的超生罚款。村干部因其家实在无款可罚，也睁一只眼，闭一只眼），共缴"皇粮"570 斤。按每百斤 86 元计，共缴纳约 490 元。秋粮人均 67.5 斤（米），折合人民币人均 101 元，全家 303 元。

1995 年疏通引黄干渠，人均缴纳 15 元，一家 3 人，共缴纳 45 元。

上述三项"农负"，共计 838 元，约占全年总收入的 21%。

二、家庭吃用支出

（一）粮食。

按人均每天食粮 1.3 斤计，四人共 5.2 斤。全年食粮 1898 斤。

其中，大米约 300 斤，每百斤 150 元，计 450 元。

麦 1598 斤，每百斤 86 元，计约 1374 元。

两项共计 1824 元，占家庭总收入的 45.6%。刘某说，这几年的夏粮，除缴"皇粮"外，只够家里吃的，他基本没有出售过小麦。

（二）菜（包括少量肉类、豆制品）。

春节 120 元，中秋节 85 元，平时 250 元（刘某说家里有小孩儿，总要买点菜，这里没有种菜的习惯，要吃菜就到附近市场上去买）。共计455元。

（三）油、盐等调料100元。

（四）燃料120元（买煤粉自制煤饼）。

（五）礼100元。

（六）衣物150元。

（七）电费加其他日用150元。

上述七项共计2899元。

三、教育医疗费

（一）教育费180元（其长女上小学一年级）。

（二）医药费200元（他本人有胃病，两个小孩儿也常患病）。

上述两项共计380元。

全年家庭总收入4000元。

全年家庭总支出838元+2899元+380元＝4117元。

家庭财政核算结果：1995年有117元的"财政赤字"。事实上，他很少向别人借钱，因为他知道自己没有钱还别人。这就是说，他总努力保持家庭收支的平衡，而保持收支平衡的唯一办法是节省开支，甚至把明知会影响产量的农业投入也尽可能地"节省"掉了。我对他说："你如增加50元的化肥投入，能增加100到150元的产出，前后相减，每亩不是能增加50到100元的收入吗？"他说："当时家里实在没有钱。"我说："借钱也是划得来的呀。"他嘟哝着说："怕还不起。"贫困似乎成了他进一步贫困的原因。

老刘家的人均收入差不多是该贫困户的三倍。在依然以农业收入为主、非农收入为副的乡村，各农户间的贫富差异看来主要由两个因素决定的：一是家庭劳动力的**体力**与**智力**的**高低**；二是**家庭劳动力**与**纯消费者**的**比率**大小。就第一个因素而言，该农户夫妇明显低于老刘家；就第二个因素而言，该农户的比率是1∶3，而老刘家是4∶1。在实行土地家庭承包制的条件下，贫富的分化只能发生在非农收入领域。在家庭经济收入的重心由农业向非农业转移的过程中，家庭成员的智商与可资利用的外部资源，尤其是城市中的**亲友关系网**的有无与多寡起着决定性的作用。能靠经营粮食买卖而成为本村的首富（据云已积累了数十万元资产），是因为他有一个在国营粮站工作的亲戚。

* * *

中午时分，老刘陪我们转了几家农户。主要想去看看村民平时吃些什么及家境的一般状况。这里是稻产区，但主食依然是小麦，水稻被他们视为如同棉花一样的经济作物。中午是面汤加白馍，或稀粥加白馍，菜肴十分简单，有的桌上只有一碗咸菜，有的炒个蔬菜，除非逢年过节或请客，平时很少吃肉。蔬菜是从集市上买来的。这里的农户没有自种蔬菜的习惯，最多种点萝卜或白菜，做腌制咸菜之用。没有专门的菜园子。在南方村庄里生活过的我，自然会提这样的问题："为什么不搞个菜园子？"这里的村民所提供的解释不出两条，一是"蔬菜要经常浇水，太麻烦"；二是"你种，别人不种，菜要被人偷掉"。

与南方村民相比，北方村民简直是只吃饭，不吃菜。这与其说是北方村民比南方贫穷，倒不如说是出于习惯。以小麦为主食，对菜肴的要求或许没有以大米为主食高。这里的多数农户家里也没有一件像样的家具，甚至连叠放衣物的衣柜也没有，全家老小的衣服或堆放在床边，或是挂在一根绳子上。当然，新盖了屋，成了家的年青一代，似乎开始追求城里人的风尚，家具做工虽然粗糙，但款式很时髦。近年来，彩电已成为婚嫁必备之物。有的甚至把农村生活中极少用的冰箱、洗衣机也作为嫁妆搬进新房。用港台歌影星或半裸体美女装饰墙壁也成为青年人的时尚。这里似乎透视出内地年轻人对"现代生活"的理解与追求。这与他们父辈的生活、与他们桌上吃的东西形成十分鲜明的反差。

* * *

下午，请老刘所属的第三村民组组长介绍该组的情况。我想由农户而组，由组而村，由村而乡，自下而上逐级调查。调查有两个项目，一是村民组组长的任务与报酬，二是全组各农户的人口、年龄、文化程度以及兼职状况。计划生育是个敏感问题，但可以通过家庭人口结构与年龄状况的调查间接反映出来。

一、村民组组长的任务与报酬

这位 36 岁的村民组组长对他所任职务的总评价是："**村民组组长是个劳多酬少的苦差事**。"村民组组长全年的任务有六项：一是夏秋两次催征公粮，需 10 天时间；二是计划生育，这项工作主要由妇女主任负责；三是调节村民间的矛盾，全年需 15 天时间；四是组织村民统一喷施农药，需 10 天时间；五是组织村民参加县、乡的水利工程或村里的道路、桥梁维修工程，这项任务每年需 20—30 天时间；六是参加村、乡两级会议，全年近 30 天。这六项任务，全年要耽误他 80—90 个工作日（这一估算很可能偏高了一些）。

我又问组长："在春秋两次的公粮内，到底有几个征派项目，各项目占多少钱粮？"组长说："我们从来没有搞清楚过，这是村里管的事，他们说今年夏粮每个人交多少斤，今年秋粮每人交多少斤，就由各农户到粮站去交，我只负责挨户去催。"我问老刘："你们为什么不到村里去问个清楚？"他说："别人都不去问，你去问干什么？"又补充说："谁敢去问?!"凡县、乡范围的水利工程，每年都规定**义务工**，自备饭菜。若不出工，可以出钱，每工 15 元。凡能得到水利工程好处的村，积极性较高；反之，就很低，村组动员时就有困难。农业外收入比较高的村，一般都以钱代工。

要村民组组长出面调解的主要矛盾，一是分家时闹的矛盾，二是农户间的宅基地纠纷。倘若同姓两家发生争执，往往由叔伯兄弟相互劝解；异姓两家发生争执，同姓之间往往各相卫护，这时需组长或村里出面调解。村里的小姓一般不敢去惹大姓，他们有自卑感，尽可能不去惹是生非，自找麻烦，明知有理，也往往主动去息事宁人；村里的大姓一般仗着人多势众，有优越感，大姓内的大家族，这种优越感更强烈。这种情况，在无事时是看不出来的，一旦有事便能感觉到。看来，**不以曲**

直而是以亲疏论是非，是村落文化内的一个很普遍的现象。

村民组组长的全年工作任务很重（据他自己估计有八九十个工作日用于组内事务），但报酬很低，平均每月只有45元。管计划生育的村妇女主任平均每月只有15元（各组还有1名保卫干部分管治安，没有报酬）。报酬一年分两次发放，并不是每月发放。整个行政村共分10个村民组。村委共6人，村支书与村主任每月100元，村会计与村妇女主任每月90元，另有2名副村主任，每人每月80元。合算起来，整个行政村全年干部"工资"总额是13680元。按政策规定，这笔钱由村提留款来支付，全村2400人，人均5.7元。

二、该组的家庭人口、劳动力兼业状况与超生状况

该村民小组共44户，210人左右，户均4.77人。其中，四代同堂家庭1户，三代的11户，两代的32户。这里的三代、四代同堂，并非原来意义上的"大家庭"，而是祖父母（或祖父、或祖母）与其中一子过日子，其余兄弟则分出去了。全组共有劳动力125人，其中从事农业外兼业的52人。已婚的中青年男子绝大多数从事农业外兼业（共28人）。所谓"兼业"，主要是利用农闲时间做**泥水木工**，拥有拖拉机的搞点运输，也是围绕乡村住房建筑而做的。外出打工的只有几个人，且不固定。已婚中青年妇女通常在村务农，照料家务。辍学未婚的青年男女，则积极谋求向外发展。到开封市打工的有5人，到郑州打工的有6人，到广州打工的只有1人。总之，该组依然以农业为主。这一方面表现在44户中，纯农户占10户（纯农户所占比例约为22.7%，组长说，在整个行政村范围内也是这样）。另一方面，在所谓兼业户中，家庭收入的主要来源仍然是农业，家庭经济收入的重心已转入工商业的只有1户。

该组人均耕地较多，且得引黄灌溉之便，水稻经济效益较高（一亩稻麦二熟毛收入1000元左右，在无引黄灌溉便利地区，小麦、玉米二熟，一亩毛收入只有五六百元），这或许是该村剩余劳动力向外谋求挣钱机会的冲动相对较弱的一个原因。从这位组长所述的家庭人口与年龄

结构材料的分析中，可以得出这样的结论：超生情况十分严重。该组
1988 年后诞生的小孩儿共 31 人，属于超生的计 16 人，超生率高达约
51.6%（其中，超生 1 胎的 13 人，超生 2 胎的 1 人，超生 3 胎的 2 人）。
这一统计包含着这样一个假定：严格的一夫一妻一胎制的计划生育政策
在该地始于 1988 年，故 1988 年前出生而拥有两个以上孩子的家庭，不
算超生户。我们从这一小调查样本中统计出来的超生率，能否大体上反
映该地区的一般状况呢？这尚待调查。陪我调查的汤老师说，据他所
知，情况大体如此。

　　计划生育与农民负担是引发农村社会干群关系紧张的两大基本原
因。通过"私人关系"进行"微服私访"的我，要尽可能地避免给受
访者以这样的印象：我是专门为调查这两个问题而来的。但通过调查家
庭的人口与年龄结构，完全可以将超生状况调查清楚。

＊　＊　＊

　　下午 3 时许，该组各农户家庭状况调查尚未结束，突然发生了一件
意想不到的事。

　　当陪同我们调查的老刘被叫出去时，并没有引起我的注意。数分钟
后，神色慌张的老刘跑进屋来，说："**乡里要找你们去谈谈。**"我心想：
"**我进村才两天，怎么就惊动乡镇官员了？**"汤老师对老刘说："你去对
来人说，叫他去把乡长叫来，我有话对他说。"老刘出去不知对外面的
人说了些什么。汤老师示意我不要说话，此事由他来对付。

　　不一会儿，一位村干部模样的人随老刘进屋来，一脸阴沉严肃地
说："你们来此调查，**上面（指乡政府官员）不知道。**村里人传说纷纷。
有人说你们是**中央派来的**，有的说是**省里派来的**，也有的说是**中央电视
台《焦点访谈》的记者**，各种说法都有，搞得**人心惶惶的**，上面要找你
们谈谈话。"

　　汤老师对他说："我是开封市委党校的老师，这位是上海的大学老
师，不是上头派来的，也不是什么记者。我只陪这位上海老师来看看北
方农村的情况。我们到这里来，×××是知道的（他曾做过此县的县委书

记）。你们的县委书记×××、县长×××、组织部部长×××都是我的老熟人。有什么事，**你叫你们的乡长来见我**。"汤老师搬出几位大官的名字，果然把这位村干部镇住了，他默默无言地退了出去。

不久，我听到汽车驶来的声音，停在老刘的院门外，有人将老刘叫了出去，好久不见回来。我意识到来者不善，很可能要发生什么事。在此访谈只有两天，村里怎么就议论纷纷了呢？老百姓为什么把我当成中央派来民间私访的官员或中央电视台《焦点访谈》节目的记者呢？这反映了怎样一种社会心态呢？这批来者不善的地方官将会如何处置我呢？我对汤老师说："恐怕有麻烦了。"汤老师说："你别吭声，由我来对付他们。**对付这批平时横行乡里的人，我自有办法**。"此时，接受我们访谈的村民组组长，坐又不是，走又不是，显出十分惊恐不安的神情。

约莫过了十分钟，一班人马开了进来，一副兴师问罪的架势。老刘神色黯然，取出凳子让他们坐定，倒上茶水。我数了一下，共来了七个人，其中两个气势汹汹，一副打手模样。一个身着西装的人首先开口："你们来此调查，事前没与我们打招呼，乡里也不知道。村民议论纷纷。如果是上头派来的干部、记者，我们有保护的责任，否则，在此出了什么问题，我们可吃罪不起。前些日子，省里就抓了一名冒名的中央记者。你们身份不明，所以我们前来看看。"

看来，他们是来抓我这个"冒牌记者"的。汤老师说："冒牌记者到省、市里去行骗才有油水，怎么会跑到农民家来，他们有什么东西好骗的？我是开封市委党校的老师，他是上海的大学老师，我陪他到北方农村来看看。是我们的校党委书记，也就是你们的前任县委书记要我陪他来的。"然后列数县委、县政府官员的名单，向他们明确示意，这些官员不仅是汤老师的学生且交谊甚厚。俗话说，官高一级压死人，用这层关系吓唬这些中国政权最末位的官吏，确能收到立竿见影的作用。这确实是他们唯一能理解并能改变他们态度的语言。

待室内气氛稍加缓和，我取出名片给几个当官模样的人各发一张，然后向他们说明我此行的目的。看得出来，他们表面上气势汹汹，其实内心恐惧，怕我们的"微服私访"揭露他们平日的胡作非为。"我是上海某大学教员，此次来开封讲学，顺便看看改革开放过程中北方农村的生活变化情况，不是上级政府或新闻单位派来调查情况的，也不向什么高级领导汇报什么。我的访问决不会给地方政府与官员带来任何麻烦。"我把刚才的调查记录给那个穿西服的人看。他一面看，我一面说："我们只了解这里村民农业收入与工商业收入的状况，以及农村剩余劳动力从农业向非农业的转移情况。"他拿出我的记录稿看了半天，想必看不出什么名堂来。接着我又向他解释没有通知乡、村领导班子的原因："我们的调查计划是由农户而村、由村而乡，最后去拜访你们的县委书记。""如果自上而下地调查，你们肯定要忙于接待，这不是会给你们带来麻烦吗？"诸如此类地解释一通。

这位中国最低级别的行政"官员"带着他的原班人马撤退时说："我作为本村的负责人，听到群众的议论，应该来看一看。既然你们是来搞纯学术调查的（这一概念是我们提供的），我们不会来干涉你们的工作。"他们走后，我问老刘他们是些什么人。刘说，与我们说话的那个是村支书，其他的人一个是村主任，一个是副主任，还有两个村委委员，一个**乡派出所干部**，一个**吉普车**司机。看来，如果我们真是"微服私访"的记者，他们会把我们**请到**乡政府去招待；如果我们是"假冒"的——就是说如果没有与他们的县委书记有"私人关系"的话——他们会把我们**抓到**乡派出所去**关押**。

这场风波在我头脑中激起两个十分强烈的想法。一是中国乡村的行政区域，其实受各级党政官员的严格管控。在其管辖地的进出口处，到处竖着**"非经同意，不得入内"**的路牌。中国自己的学者无法在自己的土地上自由调查，获取所需的调查资料。我们没有经过乡、村官员的同意而私自进入村落与农户，在他们看来是违禁的。如果没有党校老师的陪同，如果没有党校老师与县、乡干部的"师生关系"，一个上海的学者是根本无法直接到达村落与农户这一调查现场的。二是乡、村干部与村民处于十分紧张的关系之中。**村民们把我当成是中央派来"微服私**

访"的官员或记者。他们中有人正准备来向我反映乡、村干部的各种劣
迹(这是事后老刘告诉我的)。作为一个调查者,应从侧面去调查这类情
况,并避免卷入干群冲突的旋涡中去。否则必然会遭到地方官员的驱逐
甚或拘押,无法完成调查任务。

▶ 5 月 24 日 "护身符" 与 "明白人"

上午，李老师从开封来到调查点，特地给我们送来了开封市委党校开的调查介绍信，恰如给我们送来了一道护身符。整个上午，与汤、李两老师谈 **"利用亲友关系直接深入村落与农户"** 的调查方法。他们说，近两年来，党校也搞了一些农村调查，**如果到某村调查某事，一般程序是由县而乡，由乡而村，并由各级官员陪同下乡调查。** 其好处是，接待得很热情；其弊端是，由于地方官员在场，村民往往不说或不敢说实话，听地方官员的汇报也往往失实。所以，当我提出"利用亲友关系直接进入基层调查现场"的方法时，他们认为这是克服以往调查弊端的好方法。但他们对这一方法的困难与可能招致的麻烦总有些担心。昨日的那场风波，证实了他们的预感。

为了我的人身安全与调查的顺利进行，他们在替我选择调查点时，又附加了一层保险因素，即调查点所在的县、乡党政官员中也有他们的熟人与朋友。事先不与他们打招呼，而利用村落亲友关系直入村落与农户，若有问题，再找县、乡官员疏通。这时我方知道，他们为了我的调查，曾做了周密的安排，故而昨天汤老师处乱不惊。

下午，老刘陪同我们去拜访村会计。村会计现年五十余岁，原是位小学教员。前不久，他的儿子在村北的开兰公路上被过往车辆轧死，留下一媳一孙。老会计正承受着突然降临的巨大灾祸。当我们进他家门时，他正把自己关在昏暗的屋内，黯然伤神。老刘向他说明来意，汤老师递上介绍信，他方强打精神接受我们的访谈。看来，他并不知道昨日发生的那场"风波"。访谈围绕两个问题展开，一是该村农民生活的一般状况，二是村委的产生、职能与工作中的困难。下面是访谈纪要。

一、该行政村的概况

全行政村 2369 人，分属四个自然村落，划分为 10 个村民组，其

65

560 户。村、组的划分是依据公社时期的生产大队与生产小队。在全乡
29 个行政村中，该村人口规模属于中等偏上（最大的行政村 3000 余人，
最小的 450 人）。从村民的生活水平来说，也是中等偏上。全村耕地
3650 余亩，人均耕地 1.54 亩。

二、该行政村村民生活的基本状况

该村一般村民生活的基本状况，可用一句话来概括："**吃穿问题解
决了，但缺钱花。**"吃穿问题的解决主要得益于单位亩产量的提高，尤
其是水稻种植面积的扩大。缺钱花，主要是由于当地乡、村两级企业极
不发达。

在新中国成立前和新中国成立之初，这一带是著名的黄泛区，多风
沙盐碱地，粮食产量很低，小麦亩产 150 斤左右，高粱、谷子（即小
米）的亩产也在 150 斤左右；到 70 年代初、中期，小麦平均亩产达到
250—300 斤；80 年代初亩产上升到 400—500 斤；到 90 年代上升到平均
亩产 700—800 斤。1982 年前，该村的水稻播种面积只有数百亩，如今
扩大到近 2500 亩，占全村耕地面积的三分之二，平均亩产达到 800—
1000 斤。在 20 世纪 50 年代初，小麦、玉米二熟，平均亩产 300—400
斤；到 70 年代中期，小麦、玉米二熟，平均亩产 700—800 斤；如今麦
稻二熟，平均亩产高达 1600—2000 斤。单位亩产提高的主要原因有三
个：一是**引黄灌溉工程**改良了土地，扩大了水浇地的面积；二是种子不
断得到改良；三是农药、化肥的使用。其中**关键的因素是水利建设**。全
村共有 3650 亩耕地，能用上黄河水的耕地占三分之二，另有三分之一
的耕地只能靠井水浇灌，因而无法种植水稻。现在面临的问题是，近三
四年来黄河经常发生断流。黄河流水量的减少，实在令人担忧。如今地
下水的水位也不断降低。在 20 世纪 70 年代，打三四十米便能见水，如
今要打到 70 米以下才能有水。打一口机井，每米是 50 元。七八十米深
的机井，就得花三四千元，加上设备，一口机井得花五六千元。农业成
本越来越高了。尽管如此，单位粮食产量还是比从前增加了四倍。所
以，全村人口虽然比新中国成立之初增长了一倍，但吃穿问题仍得到了

解决。

粮食问题是解决了，但农民缺钱花。如今农民要用钱的地方越来越多，但靠农业赚钱，实在是有限。农民说："吃饭靠种田，花钱靠打工。"该村村民挣钱，主要是靠打工。打工的主要途径，一是到开封、郑州及外省城里去打工；二是建筑业；三是商业服务业，规模很小；四是搞运输，该村拥有 100 来台拖拉机，主要是三轮的，也有四轮的。小三轮每台如今要 6000 元左右，四轮卖到 8000 到 10000 元，除耕地外，主要用来搞运输。全村 560 户中，**多少有点非农业收入的占三分之二，另有三分之一是纯农户，没有农业外的货币收入。对纯农户来说，只能是温饱得以解决，依然很贫困。**通过承包建筑、粮食买卖或搞运输而致富的农户，在全村也只有十来户。据估计，该村有 10 万元左右积累的农户，也就五六家；有两三万元存款的农户，已算是富裕户了。

三、该行政村的村办企业状况

该村没有村办企业，就是在全乡 29 个行政村中，像样一点的村办企业也只有几个，绝大多数与该村一样。不是不想办，而是办不起来。这些年来，县里不断给乡里、乡里不断给村里下指标、定任务，要求办村集体企业。但这里一不靠山，没有矿产资源；二不靠水，发展不了养殖业。况且要资金没有资金，要技术没有技术，怎么办村集体企业？

事实上，在上面不断的加压催促下，1994 年该村办过一个冶金粉末加工厂，总投资 24 万元，是与天津一个老板联合搞的。这位老板以机器作投入，作价 12 万元。其余 12 万元，乡政府投入 6 万元，该村投 6 万元。在该村的 6 万元之中，村干部集资 3 万元，向银行贷款 3 万元。厂房是村里原有的，不计价。按合同规定，原料购买、技术与产品销售由天津老板负责。那位老板将作价 12 万元的机器运来了，然后拿走村里筹集的 12 万元，说是去购买原料，结果一去不返。后来据内行人说，那台机器只不过是堆废铜烂铁，最多值几千元，如今还在村里放着。

上面硬要村里办企业，结果上当受骗。其实**全乡大部分村都办过企业，或企业还没有办起来，资金就被人骗走了，或管理不善，或原材料**

涨价，或产品质量差，销不出去，都垮掉了，结果欠了许多银行与私人的债，无法偿还。现在谁也不敢谈办企业的事了，村干部更是谈企业而色变。我们说，没有钱，怎么办企业，上面说，正因为没有钱，才要办企业；我们说，我们世代务农从来没有办过企业，上面说，凡事总有个开头。各说各的道理，但上面不断给我们加压，点名批评，逼着上马搞企业，实在是败得多，成得很少，往往是"赔了夫人又折兵"。上面硬要上报村办企业的年产值与利润，大家只得把村头路边的小杂货铺、小饭馆都算上去，其实是逼得大家弄虚作假。

四、村内剩余劳动力去向

正因为没有村办企业，所以村里的剩余劳动力只能到外面去寻找机会。刚推行土地家庭承包制的那几年，村民还主要集中在农业方面。近三四年来，剩余劳动力向外发展的速度加快了。初、高中毕业而未能进一步升学的青年人，都想到外面去碰运气。主要是向开封县城、开封市与郑州市流动，也有去深圳的，去年到深圳打工的有十余人。在城里找到一个稳定且收入较高的职业，从而将家人迁入城市的，全村已有五六户。他们**租房，买城市户口（买户口主要是为了小孩儿读书）**，将村里的承包地转包给他们的父母、兄弟或其他亲戚。

下午的访谈持续了3个小时，时近傍晚，与村会计相约明天再谈。在任何一个村里，总有几个明白人，在他们的头脑中，似乎储存着调查者所需的绝大部分信息；但对多数糊涂人来说，访谈的话题一旦越出他们的家庭范围，便无法表述清楚了。**在乡村做社会调查，关键是要找到这样的明白人。**

晚，请老刘去叫三四个村民来聊聊天。老刘到村里转了一圈后回来说："他们都不敢来了。他们说你们是中央电视台《焦点访谈》派来的记者，到这里来微服私访。你们如果把他们反映的情况报告到上面去，那还了得！你们走了，他们可走不了。这可是死罪呀！不死，也得被整死呢！他们还劝我别管这麻子事，当心给小鞋穿！"很显然，昨日发生的"风波"已在村内传开，并产生了村干部所希望产生的那种影响。我到北方乡村的第一个调查点才数天，对有关村民与乡政府、与官员关系的问题尚未展开调查，进入这一"调查现场"的大门就被关闭了。

听了老刘带回的信息，我的心头掠过一阵悲凉：在这片辽阔平原上居住着的古代农民的嫡传后裔，血管里流动着他们先辈的血，头脑里保留着他们先辈的观念。一个陌生人来村里调查，他们唯一的反应是中央派来"微服私访"的官员。他们也把我理解为"中央电视台《焦点访谈》派来的记者"，或这一非常现代化的传媒工具在这一代已经十分普及。但他们对《焦点访谈》的反应，依然是十分传统的，他们怕事、怕官、怕管。**看来这些缺乏自我管理能力的中国农民，既需要别人来管理他们，又最怕别人来管理。**他们在政治上的最高理想，古代是，现在似乎依然是要求一个包公式的"青天大老爷"来掌管他们的"公共事务"。然而，千百年来，他们遇到过几个这样的"青天大老爷"来替他们作主呢？

是晚，与汤老师谈论当代村民的民主意识问题，凌晨方入睡。

▶ 5月25日 再访村会计

上午，如约再访村会计。路上老刘对我说邻村有两位村民一早来找他，说**他们有事，想写封信，请我们带到北京去，让中央干部知道。**刘对他们说，我们不是中央派来的记者，而是大学里教书的教授，只来了解这里农民的生活情况，不管那些事情。他们听后没再说什么，便回去了。我问老刘，他们到底会有什么事。老刘说："如今村民对乡、村干部的意见很大，他们可能是告乡、村干部吧。"到了村会计家，村会计说上午有事，约好下午再谈。见他满面愁容，神情颓废，便宽慰了几句：儿子新丧，不能复活，媳妇改嫁，也无可奈何。对自己无法改变的事，只能看开一点。长期悲伤痛苦而不能自拔，这不是在一大打击之下又给自己增加一大打击吗？内心痛苦，最伤身体，而缓解痛苦，只能靠自己，切不可整天关在家里，与痛苦做伴。诸如此类，说了一通。这位思路清晰、善于表达的老高中生，听了我的宽慰之词，连声道谢。

从村会计家出来，我们转去拜访公社集体化时期的老大队会计，想具体了解一下该村在公社时代的种植结构、单产与总产及分配情况。老会计正在门口与儿媳一起搅拌煤粉，自制家用的蜂窝煤。河南西部产煤，这一带村民皆购买煤粉，和以泥土与水，自制蜂窝煤。每百斤煤粉仅7元，一家四五口，全年燃料费百元左右。

老会计处的旧会计资料早已散失。他说，按规定，村会计资料只保存三年，自分田单干，至今已十余年，村会计换过好几任了。他家残存的会计资料前两年还有一些，后因盖房子时东西搬进搬出，会计资料不知放到什么地方去了。老会计的儿子春节结了婚，客厅、卧室内新婚气息犹存，于是我们一边参观新房，一边转换话题，与老会计谈起月前乡村青年婚姻时尚与费用。

新房内一套新式的家具，是从开封市家具店买来的，近3000元。

一台彩电，这是近两年结婚时的必需之物（据说，全村90%的农户皆有电视机，绝大多数是黑白的）。一台双缸洗衣机与一台双门冰箱，依然封存，尚未启用。这两件"现代化家用电器"在此处乡村还派不上用场，但具象征意义，急于模仿城市生活方式的乡村青年在心理上需要这些象征城市生活标准的现代装饰。还有一台缝纫机与一辆自行车。这些物品加上四季衣服、被褥，少则六七千元，多则上万元。结婚用房符合"体面"标准的，是二层楼房。一栋二层楼房，如今造价，少则近两万元，通常三四万元。至于婚礼宴请的费用，一般是"收支平衡"。如此说来，符合"体面"与"礼仪"标准的婚礼，需花费三万到五万元。从该村多数农户的实际经济状况来看，只是**"温饱解决，略有积余"，城市消费文化向乡村的迅速传播所激起的新需求，是根本无法从土地上得到满足的**。正是这一新需求成为促使乡村劳动力，尤其是青年男女向外流动的一个强大动因。

返回途中，迎面驶来一辆摩托车，后面坐着的正是前天下午前来查讯我这个"来路不明者"的村支书。我请他定个时间好去拜访，他说今晚到老刘家来。我们等候了一个晚上，并不见他的踪影。显然，这位精明的年轻人拒绝接受我们的采访。

下午，我们再次前往村会计家。这是第三次接触，彼此之间似乎已建立起一定的信任感与亲近感，谈话也就更无拘束了，可以说是相当自然与坦诚。下面是访谈纪要。

一、村委班子的组成概况

村委领导班子的组成，各村并不完全一样。大村一般7人，小村只有5人：一名村支书，一名村主任，一名村会计，一名村副主任（兼民兵连长与治安保卫），一名妇女主任（主管计划生育）。按道理，村委会是个行政机构，村支部是个党组织，应各司其职，但在农村，长期以来这两个机构一直是合二为一的，村支书是第一把手，兼管党政。村支书名义上是由村党支部全体党员选举产生，实际上绝大多数是由上面任命，村主任、村委员的选举也是如此。在此，我向这位"乡村知识分子"提出两个问题，**一是村民有没有选举村干部的要求，二是让村民民主选举的话，他们能不能选出真正代表他们利益的村干部。**他回答说："**村民是有选举要求的，而且很强烈。如果让村民自由选举，我认为他们是能够选出代表他们利益的村干部来的。**因为在一个行政村范围内，四五百家两三千口人，大家彼此是熟悉的，谁好、谁差、谁能干、谁没用，乡里乡亲的，平时心里总有个数，但在全乡范围内选个乡长什么的，那就很难说了。"

这时，老刘插话说："自1982年分田到户到今年，我们只开过两次全村党员会议（全村共有党员五十余名，绝大多数是参军时入的党），说是要我们选举村支部书记与村委。最近一次选举在去年年末，因为村支书调到乡里分管教育，村里要调整领导班子。选举采用无记名投票方式，但并不当场唱票，而是由乡里派来监督选举的人把选票封好带回乡里，过20天后，乡广播站宣布由谁做我们的村支书，其实是由他们一手操办的。至于全体村民大会，没有开过一次，对此村民确实很有意见，但也没有办法。"

如此看来，村里的党员都知道选举村党支部书记是他们党内的一项民主权利，许多村民也知道选举村主任、村委是他们的一项民主权利。**在这一狭小的范围内，他们既愿意，也有能力选举自己的领导人物。这是不是可以视为中国共产党数十年来在中国乡村所进行的民主教育重要而积极的进展呢？我认为是的。**乡村干部中的腐败现象有力地促进了村民民主权利的觉醒，而这一宝贵的村民民主意识不正是防止乡村干部腐败的有力武器吗？然而，乡村民主的实践却往往遭到扼杀，这确实应引起高层领导的重视。

村会计说，乡党政配备村委班子的基本原则是"**完得成任务，稳得住阵脚**"。如果村委班子软弱无力，或内部分裂，或激起民愤，乡党委就会派人来改组村委班子。形式上要经过村党员大会选举（不是全体村民大会），实际上村支书由乡党委确定，村委由乡党委与村支书协商后产生。如果村委能"完成任务，稳住阵脚"，一般可以长期干下去。

二、村委所承担的主要职责

在很多农民眼里，村委的主要任务正如一句顺口溜所说的："要粮、要钱、要命"，或说"催粮派款，刮宫流产"。催粮，就是催征公粮，其中包括农业税与村提留、乡统筹等农民负担；派款就是催征其他各种税费与罚款。我问去年本村农负状况，村会计翻出一份农民负担费用汇总表。

农民负担费用汇总表上列三大项目。

一是乡统筹项目及数额，其中：1. 教育附加费 40396 元；2. 优抚费 4507 元；3. 五保费 1500 元；4. 乡村道路费 16240 元；5. 民兵训练费 1015 元；6. 计划生育费 4060 元。共计 67718 元。

二是村提留项目及数额，其中：1. 公积金 26938 元，公益金 13479 元；2. 管理费 26938 元。共计 67355 元。

三是交费出工记录，其中：1. 义务工 20300 元；2. 积累工 40600 元（全村人口 2369 人，实际承包人口是 2030 人，去年每个承包人口承担 1 个义务工、2 个积累工，若不出工，每工交付 10 元），共计 60900 元。

在计算农民负担比率时，只计算第一项和第二项农民负担。这两项总计 135073 元，全村人均约 66.5 元，去年人均纯收入 1528 元，人均农负率约为 4.35%。恰好在国务院规定的 5% 农负率之内。

这份按国务院精神而不是按实际征收情况制定的表格，是**给上面看的**。第一，去年每个义务工、积累工（如不出工而交钱的话）是 15 元，而不是 10 元。第二，去年仅夏粮人均就缴纳 190 斤小麦，折合人民币 163.4 元，而不是 66.5 元。就按人均所缴纳的夏粮计算，人均农负率达 10.7%，远远高于国务院所限定的 5%。为了不影响访谈气氛，我没有就此追问下去。

村会计说，村委还要替有关部门征收各种税费，如屠宰税、车船使用费、城建费，等等。一辆拖拉机，每年要上缴一二百元，拖拉机不准进城，不准在某些路段开，否则也要村民交钱，大家意见很人。有些拖拉机有牌照，有的没有牌照，有些农户购拖拉机主要用于耕地，有的兼搞运输，情况十分复杂。如果只征收有牌照的，他们心里不服。一方面是征收十分困难，一方面是上头下来的任务，必须完成。为了省事，**便按全村人头均摊，计入公粮。不独该村如此，其他各村也是这样办的。**

村会计接着说，当前农村最为头痛、工作量最重的任务是计划生育与征缴超生罚款。乡政府一二十个部门，百余名工作人员，计划生育办就占去三四十人，是乡政府内最重要，也是最庞大的机构。去年通过考核，精简机构，压缩到 16 人，但因任务繁重，数月后又恢复到原来的规模。农民嘛，总想生个男孩，你对他们说，如今男女平等，生男生女都一样，那是没有用的。**农业劳动，需要男劳动力；传宗接代，养儿防老，需生男孩；支撑家族门面更需要男孩。这些确实是很实在的理由，光靠说服教育是解决不了问题的。**村里只有那么点耕地，不搞计划生育，总有一天大家会没饭吃。这个道理，农民也是清楚的。所以，农民对计划生育政策十分矛盾，在**道理上接受，临到自家，则做不到。**

村会计又说，村里为了控制超生，各种土政策、土办法都用上了。最常用的办法是罚款。超生一胎，前五六年只罚五六百元，以后逐年提高，从 1995 年起，超生一胎罚款 9800 元。超生两胎则加倍，在这一带附近乡村，因超生罚款而倾家荡产者不乏其例。家徒四壁，依然逃着超生，也无可奈何。近两年来，除了加重罚款外，还加强了预防措施，规定每个育龄妇女单月到乡政府做孕检，每年 6 次。凡在规定日期不去受检的，要罚款，罚款数有 50 元的，有 100 元的，上面并无具体规定。定期孕检措施，看来还很管用。

[附：在结束访谈回来的路上，老刘对我说，这些保甲长（他把乡村干部称为"保甲长"与"保丁"），对付农民的土办法可多着呢，超生交不出罚款，他们就带着人来搬粮食、牵牛羊，甚至破门拆屋。如今又发明出"亲邻连保"的办法，沿街百米之内，或一石之内（向外扔一石，以该石下落处为半径的范围之内），若有一户超生，其余各户皆受株连，替他分担超生罚款。去年，乡村干部在乡派出所武装人员的保

护下进入该村，推行连保土政策，群情激愤，乡亲们说："**共产党说'儿子犯法，父不抵罪'，为什么他家超生，我们也受株连，天理王法何在?!**"那次，乡村干部只把超生户家的粮食、牛羊、家具搬走，并未进入邻家，冲突才没有起来。当这帮"保丁"走后，村民当场约定："**如他们下次再来推行株连，我们就和他们对着干!**"我问："他们后来怎么样?"老刘说："幸好没有再来，否则真的要干起仗来了。"

田野蹲点调查的一个突出优点是：**有许多重要的社会事实，会在随意的闲谈中显露出来**。当然，能否抓住并释读出"社会事实"的深层意义，这涉及调查者的理论知识的储备与生活的感悟能力。**连环保与村民反应**是一个社会事实；村民们把公粮称为"**皇粮**"，把乡村干部称为"**保甲长**"，把道理与法称为"**天理王法**"，是一个社会事实；把"儿子犯法，父不抵罪"视为"共产党的王法"，也是一个社会事实。我们只有把这些社会事实放在中国历史与现代意识的双重透视内，方能解释它们的深层意义。]

村会计接着说，村委的另一项任务是发展经济。土地早已分掉，村里在农业方面，主要是组织一点水利建设，与统一施洒农药。前几年，在上面的不断催迫下搞村办企业，结果失败。这几年，县里又提出"**发展牛羊，奔小康**"的口号，要求乡、村两级干部带头养牛羊，奔小康，给村民树立榜样，并规定每个乡村干部集资 2000 元，用于购买小牛、小羊。前几年倒还是赚钱的，但全县推广、养的人多了，价格便下降了，且卖不出去，所以，今年养牛赔的多。靠副业致富，其实是十分困难的。此时我问村会计："村口路边墙上到处写着'3513 工程'，到底是什么意思?"（我曾问过老刘与其他村民，他们都说不清楚。）他解释说："第一个'3'，指 1995 年人均增收 300 元；第二个'5'，指 1995 年县财政增收 5000 万元；第三个'1'，指创一流县、一流乡，各项工作创第一；第四个'3'，指村、乡、县三级范围内无群众上访上告。"这是县里提出的发展目标。

三、村干部的报酬与村委全年支出

村会计说，村干部的工作很辛苦，又很容易得罪村民，但所得报酬实在太低。村委三个主要干部（村支书、村主任、村会计）的全年工作量超过200天，或说全年有三分之二的时间替村里工作。而所做的催粮收款、计划生育，哪一件都会得罪农民。村支书、村主任、村会计每月报酬是100元，其他几个村干部每月80元，村民小组长每月只有45元。该乡规定，村支书、村主任、村会计如工作到60岁，可享受保险补助，乡里出一点，村里贴一点。但如中途被撤换，没干到60岁或村里没有钱，就享受不到这个待遇。

村委全年支出通常有四个项目：一是村组干部的工资，二是办公费，三是公共事务费，四是招待费。他取出去年的村委支出报表给我看。全年工资支出16000元，办公费8000元，公共事务15000元，招待费10000元，全年共支出49000元。

[附：村委全年收入来源于村提留款，该款按规定是乡管村用。去年该村的村提留款总计67355元。根据统计表，应有18355元的积余。其实村里并无余款。我知道，村里的各种统计表差不多是做给上面看的。]

村会计说，村委全年支出通常在五六万元。在这四项支出中，公共事务费与招待费最有伸缩性，村里的道路、桥梁、小学校舍的建造与维修、水利建设，有钱多做，没钱不做，招待费用多用少也没个底。县、乡干部来村检查工作，要酒菜招待，村干部陪吃，花费不少。该乡某村委就在公路边，县、乡干部乘小车来检查，出入方便，去的次数自然比离公路远的村委多一些，招待费随之增加。据说去年他们吃掉了五六万元，村民颇有意见。

四、村民之间常见的矛盾纠纷

村会计说，在需要由村民小组、村委或乡有关部门出面调解的各种纠纷中，以**宅基地纠纷**最为突出，几乎占各种纠纷的三分之一，其次是**赡养纠纷**，再次是**借贷纠纷**，最后是**分家与遗产继承纠纷**。

我详细询问了引发宅基地纠纷的诸种情况。村会计说，一是村民建新屋，宅基地边线往往向外移动，引起邻里的不满而起纷争；二是屋檐外伸，滴水流入邻里的围墙与院落而起纷争；三是庭院内栽树太靠近院墙，树枝伸入邻里庭院，引起纷争；四是村民建房，习惯上**北高南低，东高西低**（即南面住房高度不能超过北面住房），如今谁有钱，谁起楼房，违反习惯，引起纷争；五是老屋宅基地，习惯上被认为是祖传私产，但在理论上是集体土地，村里可批给有需要的村民，由此往往引起纷争。我曾读过古罗马查士丁尼编写的《法学阶梯》与近代法国的《拿破仑法典》，这两本书对与上述类似的纷争都做出过十分明确的法律规定，而我们乡村调节这类纷争的传统民事习惯已不足以对付当代农村的现实需要，且民法从未对此做出具体规定。这种现象应引起我们法律界的充分重视。

村会计与老刘说，只有一个儿子的农户，不会发生赡养纠纷，儿子越多，越容易发生赡养纠纷。几个儿子媳妇之间，你出得少，我出得多；你不出钱，我也不出，结果苦了老人。这种情况，从前村里很少听到，现在好像多了起来。但总的来说，还是个别现象。至于遗产继承，按村里的老习惯，某户只有女儿，没有儿子，遗产（主要是房产）由其侄子继承，现在出嫁的女儿往往根据新法律提出遗产诉讼，法院也通常将遗产判给女儿，于是引起纷争。我村与邻村近几年就发生过两三起这样的案子，结果还是侄子得到继承权。法院即使将房产判归女儿，但她搬不走房子，也卖不掉，因为村里没人敢买这样的房产。我问："如果父亲有遗嘱将房子交给他的女儿行不行？"他们说："那也没有用，除非她招女婿，住在村里。"由此我们可知，**习惯是一种活生生的力量**。现代法律如与村里的传统民事习惯发生冲突，胜利的还是习惯。村支书说，出嫁的女儿提出房产要求的毕竟不多（以前都没有听说过），因为女儿出嫁总得与本村本家族叔伯兄弟保持往来，有事也可以有个照应，不会为房产而与本家兄弟撕破脸面，断了回娘家的路。

借贷方面的纠纷，近几年多了起来。合伙经商，借钱经商，亏了往往还不出钱，甚至有赖账的，引起纷争。村民之间的借贷，一般不立字据，故发生这类纠纷，法院难以判决。在我看来，经常性的商业借贷，对当地村民来说是件新鲜事。村内传统的借贷习惯，看来已不再适合新情况了。

▶ 5 月 26 日　谁在发家致富竞比中占据优先地位?

今天, 就**干群关系**(或说农民与地方政府关系) 及改革开放过程中的**村民对改革开放前后两个时期的态度**(看法) 做一番调查。明日准备结束此行, 打道回府。

上次"风波"之后, 许多村民不敢接受我们的采访, 我只好叫老刘去请他的几个"本家兄弟"来, 临行还特地关照: "就说是来随便拉拉家常, 如果他们为难, 也不必勉强。"不久, 老刘请来三位"本家", **坐定算起辈分, 都在五服之内**。本村刘氏家族按"忠、克、振、已"排辈分。算辈分, 定本家, 十分容易。他们说, 村内多数宗族已不再遵守"论字排辈"这一乡村古老的习俗, 尤其是如今出生的孩子, 父母都是随意取名的。

因为是请他们来拉家常的, 于是我便把所要调查的问题混杂在漫不经心的闲谈之内, 这种调查方式, 往往会有意外的收获。下面是本次访谈纪要。

一、关于土地家庭承包制与村民对现在生活的评价

他们一致认为土地家庭承包制好, 对现行的土地分配与使用制度并没有感到有何不便之处, 也没有进一步改进的要求。这几年, 经历过农业集体化时期的农民, 对分田到户后所带来的变化, 有两个共同的感受: 一是**生活水平**确实比过去**提高**很多; 二是人比过去**自由**多了。他们说, 在分田单干以前, 村民所食, 以杂粮为主, 以精粮(指小麦)为辅, 一年人均能分到五六十斤小麦已算很不错了。分田单干后, 全年都能吃上白馍、米饭了。温饱问题解决是由于粮食单产的提高, 而粮食单产的提高, 他们将一部分原因归于"土地家庭承包制提高了农民积极性", 而将更多的原因归于引黄灌溉, 种子、化肥与农药方面的进展。近十几年来, 村民居住条件的改善也很明显, 电视机基本普及(主要是

黑白电视机），不少农户拥有自己的拖拉机。

二、对改革开放前后两个时期的评价

虽然他们对改革开放后出现的"生活水平提高"与"人身自由"给予了肯定评价，但他们还是认为过去优于现在。其所持的理由归纳起来有两条：一是如今整个**社会风气**变坏了；二是**当官的只顾自己发财，贪污腐败**。他们所谓的"社会风气"，主要指人们的道德状况与社会治安状况。所谓"当官"的，主要指乡、村两级干部，对县及县以上级干部则模糊不清。并说，中央电视台的《焦点访谈》是替老百姓说话的，中央官员是好的，"好经给下面这帮坏和尚念歪了"。

似乎可以将他们的观点概括如下：就生活水平来说，现在比过去提高了很多，但从乡村政治状况与乡村社会状况两方面来说，则过去比现在好得多。

我问："你们对乡村干部有那么多不满，是否是由'征粮派款，刮宫流产'引起的呢？"他们说，**农民种地纳粮，天经地义，历朝历代都是这样的，如今人多地少，不搞计划生育也是不行的，超生罚款也是应该的**。问题是，各种名目的税收太多太重，超出一般农民的承受能力，且交什么款项、交多少，从来不向村民说清楚；乡、村干部在征粮款时，往往层层加码，自己大吃大喝，中饱私囊。我问："你们说乡、村干部贪污腐败，有何根据？"他们说："看看他们的房子就可以知道了。如今乡里的好房子，不是发了财的，就是当官的。"另一个直接引起村民强烈不满的是乡、村干部工作作风简单粗暴，如用亲邻株连法对付超生户，带乡派出所人员武装入村征缴罚款，等等。

此时，他们说起一件三年前发生在本村的事。

本村有一任姓农户，任某年50余，妻40岁，生有两子一女。妻子时常抱怨丈夫没能耐，不会挣钱。三年前离家出走，独自跑到开封与某法院一名鳏居的人同居。消息传出，任某带几个亲邻赶到开封，将其妻带回。次日，同居者开一辆警车，带一帮警员携带手铐入村来抢任妻，惊动乡邻，大家围住来人评理。这些警官以"妨碍公务罪"给痛哭阻留母亲的儿子与 12 名村民戴上手铐，并将其拖上警车，带去关押。愤怒的村民当晚集议，选派代表到省法院上访（通过省法院的一个熟人）。在省法院干预下，终于将任的儿子及村民放回。他们在县法院被关 15 天，放回的条件是罚款若干。但任妻仍然与该法院人员同居。事情并没解决，但无可奈何。执法者犯法，村民到哪里去告?! 去年，法院的那个同居者突然病故，任妻春节回来，被丈夫与儿子拒之门外，任妻如今不知去向，或云在娘家。事情经过是否如他们所述，我未做进一步的调查。

看来，村民对改革开放前后两个时期的评价，仅仅是对他们所处的乡村社会状况与地方政治状态评价的一种反映。

三、谁在发家致富的竞比中，占据优先地位？

在问及村内谁最富裕及用何方法致富时，他们提到了两户。一户在开封做生意。据说已有家资百万，在开封买了房，妻子女儿皆迁入开封，经济生活重心已全部转入城市。一户依然在本村，是做粮食买卖发的财，据说家资也近百万。这两富户是兄弟俩。问及他们的家庭背景时，他们说，"土改"时，其父划为地主。该地主生有四子：长子在 20 世纪 50 年代因读书外出，现在某铁路局任职，次子与第三子，即上述两户，幼子现年三十余岁，前几年出任村委员会主任。他们还谈到，本村在新中国成立前与新中国成立之初通过**升学**的途径而外出工作的"地主子女"有三人：一刘姓，现年六十余岁，原在深圳大学任教，退休后在某大公司任职，生有两女一男，皆大学毕业；一刘姓，现年也有六十余岁，原在河大毕业留教，生有三女两男，其中三个已大学毕业，两个在读高中；一周姓，原在郑州医学院任教，已故，生有三子一女，也全部大学毕业。

乡村地主之子代或**孙代**，在集体化时期，政治上受到全面压制。在农村改革开放浪潮中，这些绝了"政治爬升"之望的"地主子孙"在工商领域率先致富者往往而有。其中致富者与他们的那个"阶级出身"的人数比起来，**有 个相当高的比例**。我在江浙一带调查时已发现这一现象，如今在北方农村再次听到这一情况。这在全国范围内是不是一个十分有趣且普遍的现象呢？如果是一个普遍现象，那必然存在一个普遍性的原因：**或许是这一"阶级"的子孙对改变自己曾十分低下的社会地位，有着更强烈的冲动。**改革开放虽向一切人提供了人身自由与经济机会，但他们更早，也更强烈地利用这一机会。另一个原因是**这一"阶级"的子孙在城市里有较多的可资利用的社会关系。**缺乏可资利用的城市社会关系资源的村民，单凭自己的努力，是难以在工商领域内发迹的，这是一个普通农民都懂得的道理。

▶ 5 月 27 日　农民与乡村民主问题

上午，与老刘辞行。数日相处，别时依依。此次蹲点调查，前后共 6 天。

回开封后，依然住在河大招待所。给孟、徐二兄挂电话，约晚上见面。我独自在旅舍整理调查资料，其中有若干问题需待进一步研究。

一、关于村民与村落

北方平原上的村落人口规模，通常比南方大，甚至大得多。从村落中心到村落边缘的**耕作距离**，与村落规模大小成正比。故村落规模过大，会给耕种带来诸多不便。北方村落通常有数百户人家，上千户的也不少见，不知这是否与**村落自身防务**需要有关，因为在历史上，北方战乱明显多于南方。

中国古代乡村社会中，村民与村落到底是一种什么关系？换句话说，新中国成立前一个相当长的历史时期内，**村落具有什么样的性质？在我看来，这个问题关涉到我们对中国传统社会文化与中国现代化进程的理解。**

关于村落性质，有三种学说。一种是马克思的"马铃薯"说，该学说认为，集居在同一村落内的各农户在生产与生活条件上十分相似，他们各自主要与土地相交换，很少发生横向的经济联系，独立自足。如此说来，村落只是各独立农户的集合村。一种是阶级分化说，这一学说其实是我们进行土地革命的理论依据。该学说把村落内各农户分成若干阶级，各阶级彼此间开展阶级斗争。一种是**共同体说**，新中国成立前的梁漱溟先生力主此说。该学说认为整个村落是一个宗族或准宗族的共同体。这三种学说或许都有一定的道理，因为在散处于不同地域的无数村落中，它们都能找到各自的理论原型。或许"马铃薯型"与"共同体型"只是中国村落的两种极端类型，而最大量的村落结构介丁两种类型之间。

村落的"共同体型"与"马铃薯型"其实是由**村落土地所有权性质**所决定的。如果村落全部耕地属于村落全体村民，或属于村落之上的"领主"或"国家"，那么，村落便是一个共同体，无论土地由村落集体耕作还是按一定规则（如计口授田）分散给各农户耕作，情况都是这样。如果村落的全部土地属于各农户所有，各家庭成为相对独立自足的经济与生活实体，那么村落便是个"马铃薯"的集合体而已。从秦汉及宋明清的历史典籍来看，中国的村落基本上是"马铃薯型"的。故而国家的税赋单位是"户"而不是"村落"。乡村基层的行政管理是以"户"为中心的保甲制，而非村落。中国乡村绝大多数不存在古代印度式或俄罗斯式的"村社"这种共同体。

中国乡村各村落内，农户之间一直存在着**竞争与合作**。竞争不仅在各宗族之间，也存在于同宗的各家之间，甚至存在于分家析产的兄弟之间。竞争的主要对象是土地。村落内部"阶层"划分的标准，其实是**家庭劳动力与家庭耕地的比例**：需租入耕地以适应家庭劳动力之需的，是为佃农；家庭劳动力与耕地比例适中，是为中农，或自耕农；家庭劳动力在农忙时不足，需雇用短工的，是为富农；靠出租土地即能生活，无须参加耕作的，是为地主。倘若没有"商业资本"与"官僚资本"侵入村落，那么，农户之间的竞争将导致村落内部成为一个阶层性流动的社会。俗话说"三十年风水轮流转"，指的正是这一现象。**在这种村落内部，无法形成"共同体意识"，也不可能自发地形成管理村落共同事务的村落组织**。这不仅在于各家庭之间存在竞争，更在于家庭这种组织能较好地完成农业生产的各方面要求。**因而需要各农户协作解决的村落共同事务既少，又不经常有**，没有必要建立一个经常性的村落组织来解决这些公共事务。

当乡村社会治安成为一个经常性的威胁时，经常性的共同防务之需，往往促成村落成为一个"联防共同体"。在村落内，各农户力求自给自足，对那些无法自给自足的家庭需要，通常是**依靠血缘关系网络**内的"礼尚往来"方式来解决的。**"礼尚往来"其实是一种劳务与物资交换方式**。"礼"或"人情"在村落内既是一种礼节与**情感**,又是一种可计量的物品与劳务,只是这种交换方式,与市场交换方式相比,有其不同的特征罢了。我在《当代浙北乡村的社会文化变迁》一书中,曾列专节论述,在此不再重复了。这种交换方式已经成为村民的习惯行为,反过来也致使"公共事务"意识不可能从村落内部产生出来。在我看来,**在研究当前农村的"村民委员会自治制度"与乡村民主与法治建设时,必须深入地研究这一重大问题。**

如何对农业集体化运动做出正确的评价?有些学者从大规模的农田水利基本建设方面,对集体化给予积极的评价;有些学者从这种组织形式束缚了农民人身自由与生产积极性的角度给予消极的评价。其实,**整个农村集体化运动,无非是给"马铃薯"们套上一个坚实的麻袋,使之成为一个"共同体"**。被孙中山指责为"一盘散沙"的农村,于是成为"铁板一块"的农村。对此的功过,我们不去评说。我所关心的问题是:**主要依靠政治力量而造成的村落共同体**(生产小队,相当于一个村落)**内,是否可以通过共同利益的形成与诸如村民会议、选举等近代民主形式的输入而培育出村民的公共事务的意识,以及是否具备通过一个民主组织来解决公共事务的合作能力?**换句话说,经过数十年"麻袋装束"的当代村民,是否成为"新型的马铃薯",从而愿意并有能力掌管他们自己的公共事务——至少在村一级范围是这样的呢?我带着这一问题去蹲点调查,又带着这一问题回来,这就是说,我现在还无法回答这一问题。这次调查只给了我两点印象:1. 老刘说他们十分愿意并有能力选举代表他们意愿的村委会;2. 村委会实质上是乡政府的一个派出机构,主要执行"征粮派款、刮宫流产"的职能。

二、再谈农民与乡村民主问题

单家独户的小农,他们对自身利益的透视很少超出村落边界。在家庭庭院的围墙之内,是他们利益关注的中心。一般说来,他们在政治上、在公共事务方面不能代表自己的利益,而只能由"别人"米代表他们。这个"别人"，按马克思的理解，一定是高高在上的皇权。小农将自己最大的政治理想寄托于这个凌驾其上的皇权，希望从上面洒下"雨露与阳光"。因此，**要深入考察中国乡村地方政治的变革过程，重点在于考察农民自我代表意识与能力的发育过程。**如果在这一方面没有任何实质性的进展，那么中国地方政治的变化，与其说是政治本身，不如说只是政体变化；与其说是地方政体变化，还不如说是政治术语的演变。

如果单纯从农村经济方面来看，可以说我们近50年来取得了重要进展，单位产量在50年内提高了三至五倍，甚至更多。大规模的农业水利基本建设，种子的改良，化肥、农药及其他技术的推广，是单产得以大幅度提高的关键因素。由于单产的提高，我们这个只占世界耕地7%的国家，能够养活占世界22%的人口。农业总产量的提高，可以依靠三种方法：一是扩大耕地面积，二是通过规模经营提高效益，三是提高单位产量。但由于中国数百年来人口对耕地已产生持续压力，可耕土地悉数利用，同时也不可能走规模农业的道路。**历史规定我们只能走提高单产的道路，今后也只能继续沿着这条路走下去，很难有别的选择。**因为这样的奇迹不会在数年之内出现：90%以上的农业人口通过乡镇企业而转入第二、三产业。这种奇迹只能发生在极少数的乡村。

如果我们单纯地从农业生产组织来看问题，集体组织对大规模的农田水利建设确实是有效的，因而对提高单产也有重要的效应。但若从经济效益、从单产的进一步提高来说，家庭这一古老而原始的农业生产组织则更为有效，这便是我们解散集体、恢复家庭生产职能的一个最基本的理由。然而，分田单干所产生的社会效果便是村落共同体的解体，村落重新恢复到"马铃薯"状态。

我们现在从乡村地方政治方面来考虑问题。我们在"形式制度"内引入了不少"现代"形式：我们有"村民自治委员会"（简称村委会或村委），在理论上赋予全体村民广泛的自我管理权利。有各级人民代表大会制，赋予村民以广泛参政、议政、管理乡村公共事务的权利。然而，在其他已经实现现代化国家的强大压力下选择了"现代化之路"的一切不发达国家内，**引入一项"现代制度"只是一个开端，而要培育起使该"现代制度"有效运作的"社会心理文化"，是一项远为艰难的任务。**在我看来，已进入我们乡村地方政治的诸"外来术语"，只不过是漂浮在广大深厚的传统文化与行为方式之上的点滴浮油而已。急于把中国拖入现代化的知识分子忙于"观念更新"与"制度建设"，往往把"形式制度"与"现代术语"视为生活本身，结果既误别人，也复自误。在广大乡村，一方面是不能自我代表，另一方面是不让自我代表。这个"不能"与"不让"，**依然是乡村社会政治意识与政治过程的基本内容。**如果有人能**用事实证明**我这一判断是过于保守的，那我愿向他致以真诚的谢意。

政治统治的合法性，在于它的**"代表性"**。在这一点上，中国古代的政治哲学与近现代西方的民主制政治哲学是相同或说是相通的。重要的区别在于**代表的程序。**中国古代的皇权主义认为在地上行政的皇权，其合法性来源于天意或天命。至于这个天意或天命是高深莫测的，还是通过天象可测的，那是另一回事。他们一致同意，**从民意看天意，**故有"得民心者得天下，失民心者失天下"之说。

其实，一方面，皇权合法性的最终根源在于对**"民意"**的**"代表性"**，故而皇权的最大职能是"替民作主"；另一方面，分散经营的小农也无力替自己作主，而需要一个凌驾其上的皇权来"替民作主"。而近代西方市民社会主张由全民选举产生的政府组织来代表他们的公共利益，保护每个公民的生命与财产。简言之，中国的"替民作主"的政治传统与西方"民主"传统，在"代表"的程序上是有重大区别的，但在实质上是否存在着一定的贯通之处呢？

在我看来，这一问题直接关涉到在中国乡村建立怎样的"民主政治"，以及怎样建设这一具有"中国特色"的"民主政治"问题。考虑这一问题的出发点是：**不是一味地高谈"应该怎样"，而应注意"是怎样的"以及"较好的可能是怎样的"。**

中国乡村的民主建设可以分两路进行。一是替"替民作主"建立有效的制度保障。"当官不为民作主,不如回家卖红薯",这是古代"学而优则仕"的士大夫的信念。这种"替民作主"的道德信念固然十分重要,但需要建立一套防止不替民作主,甚至以权谋私、侵剥村民的制度设施。能否在这方面进行制度创新,直接关涉到地方政权的代表能力问题。一是在行政村一级推行直接民主制。在村落或由若干村落组成的行政村范围内,当代村民是否会愿意并能有效地行使自我代表的权利呢?这个问题确实难以**实证地回答**。一个真正的"替民作主"者理应真心实意培育广大村民的自我作主精神,一旦村民学会自我作主,便无须再替他们作主了。恰如一个小孩儿成熟到已会自己走路,何必再由父母抱着走呢?所以,判断村民能否"自我代表",最好的方法是让他们在村范围内行使他们的民主权力,通过村级公共事务的管理,培养他们所缺乏的合作协商的能力,然后逐级向上扩大。

我以为,两种方法并举,是当代中国乡村政治"现代化"的根本途径。

*　*　*

晚与老孟、义明夫妇共进晚餐。席间闲聊,颇有所得,兹录于下。

一、宗族与乡村民主建设问题

老孟的老家在杞县,那里有不少的单姓村(自然村)。老孟说,在人民公社时期,大队(即现在行政村)领导班子的产生,既有任命,又有选举,但在多数情况下是各宗族或同一宗族内部各大支综合平衡的结果。他说,农民看问题,首先是家庭,其次是家族(自家人),再次是宗族,最后是同村。所以通过村民选举,能否选出真正代表全村利益的村领导班子,实在是个问题。

我必须承认,留存在我头脑里的一切有关"民主"的观念,全部是从西方著作中看来的,并作为"专制政治"的对立物。用学得的,且理想化的"民主概念"来分析当代中国乡村"民主建设",本身是否有方法论上的问题?如此一想,令我深感苦恼。当然,我对乡村民主问题的关心,并不是对西方民主制有一往情深的偏好,而是我确实感到分散而缺乏自理与代表自己利益能力的村民，到处受到有组织的地方官吏的侵犯。如何来解决当代农村，尤其是内地农村中这个普遍存在的问题呢？我一直在苦苦思索。

二、沿海与内地的经济差异

义明的妻子在开封市某医院工作，因效益差，工资低，决定到美国去做护士，正在办理出国手续。在上海，医务工作者的月收入普遍比教育工作者高，这里怎么会出现相反情况呢？她说，原来各医院的收入，主要靠公费医疗这一大块，其次是附近农民的自费医疗。如今，开封市的国有企业大多处于停产或半停产状态，根本无法支付职工的医疗费用。不少农民抬着病人来治病，一听如此高昂的医疗药物费，吓得又把病人抬了回去。近几年，前来医院治病的人锐减，各医院发生"抢病人"的现象：凡介绍一个有支付能力的病人，医院给一定的回扣。原来如此。这从一个侧面反映出沿海与内地经济发展的巨大差异。

三、"仕而优则学"

义明说："河南教界、学界，亦以官为本位。官阶之高低，是衡量个人社会地位、甚至是学术水平高低的基本标准。在高等学府，人们的求官心情十分急切。小小的科长、处长也成为明争暗斗的争抢目标。"孔夫子替中国读书人设计的"学而优则仕"之路，自科举制废除后便中止。高校按官阶高低定学位高低，而不是以学术水平为标准；官场则通过各种名不副实的"学习班""研究生班"获取本科、研究生学历。升官便有权力、轿车、住房、地位、荣誉，甚至学历、学位。"一官"而"多能"，这也难怪清贫士子竞相奔逐了。

但也有临死方悟的。据义明说，河南某大学有位历史学教授，治中国近代史卓然有成。1984 年谋到河南社会科学院院长一职，官阶是正局级。一入官场，为固位、连任，为进一步升迁，为处理日常杂务，为应酬而心神焦虑。居官位而不忍离去，处官场而不胜其烦，以致忧烦致疾，死于院长第三任上，年仅六十。死前对其亲友说其终身憾事：未能将其生平所学著成一书，以留后世，官场碌碌，耗其后半生。

《大学》云："知止而后能定。"这位先生临死方悟，其生所"定"在于学术，而却"止"在官场。一生依违"官""学"之间，心神为之焦虑，足为致病之因，不亦悲乎？临死方悟，不亦晚乎？然较之至死不悟者，可谓稍高一筹。

老孟说，沿海人士往海外往商场钻，中原人士往官场钻，实是殊途同归，百虑一致：皆为名利计耳。

▶ 5月28日　如何理解"三农"与地方政权之关系？

上午在旅舍继续整理调查资料。对中部地区的农民、农业、农村的现状及与地方政权的关系，进行实证调查，是为了解决"是怎样"及"可能是怎样"的问题。当知识界的主流思想集中于"应当怎样"之时，这种实证研究更显重要。在调查过程中，无数经验素材纷乱杂陈，我们凭什么只选取某些材料而忽视另一些材料？我们又凭什么将所取材料联系起来进行分析？这里涉及理论假设到调查提纲，再到经验材料，以及经验材料到调查提纲，再到理论假设的双向运动过程。这一过程在整个调查过程中不断循环往复，相互修正，以达到认识现实之目的。"实事求是"之说，过于简单了。

农民、农业、农村与地方政权之现状，应放在"传统与现代化"这一视角来加以透视，但当我们说"现代化"时，已在心目中确立了一个**"应该"**。这个"应该"中包含的情绪与要求，虽是我们民族的渴望，但其**目标**却是从已现代化国家及其理论中提取出来的。一个民族可以且应该向另一个更为发达的民族学习，这是没有疑问的，但无论如何学习，也成不了另一个民族。盲目崇洋，其弊不在于媚外之嫌，而在于忘却民族的自我，单纯的模仿而激发出来的需要，往往并非一个民族最真实的需要，而且是注定实现不了的需要。我们在谈论"应该"时，更多地要认清我们民族的自我，认清占民族多数成员的最紧迫的要求，以及这些要求在最近的将来实现的可能性。我们应该从这一角度来看待"具有中国特色的现代化"。

从经济学的角度来看，农民、农业与农村的现代化，实质是农业现代化。如果单纯从"应该"的角度来说，农业现代化不仅意味着用现代技术装备农业，更意味着**规模经营**。所谓"规模经营"，是指家庭劳动力（假如我们认为家庭组织是农业经济的有效组织的话）、现代技术

(如拖拉机、联合收割机) 与耕地面积的有效配置。据此，拥有两三个劳动力的四五口之家，凭借目前所能获得的机械与技术，能耕作 50—100 亩土地，也就是说人均 10—20 亩的家庭农场，方能达到"应该"的理想状态。然而，这条农业现代化之路，在中国是行不通的。至少在二三十年之内，看不出有推行的可能性。那些乡镇企业发达到吸收了本村的全部劳动力，从而使分散的土地重新集中，进行规模经营的地方，只能是一个例外。全国有 2000 余个县，5 万余个乡镇，90 万个行政村。能将十分之九的劳动力吸引到第二、三产业的村，恐怕只是少数。

人均只有 1 亩多一点的耕地，这是我们思考中国农业现代化的一个基本出发点。在普遍被农民接受的土地家庭承包制基础上，考虑中国农业现代化——这里的"现代化"一词，只是"比现在更进一步"的意思——似乎只有三个方面。一是继续走**稳产、高产**的老路。除改良种子、发展高效低毒农药与高效化肥外，**关键是加大对水利农田基本建设的投入。问题是由谁来投入，由谁来实施，自集体组织解体后，这是当前农业中的一个突出问题。**二是要找到一种能够将千百万分散、狭小且雷同的家庭农场与国内、国际大市场联系起来的有效组织。问题同样是由谁来组织并支付组织成本？靠农户自己？靠中间商？靠公司加农户？靠政府？靠一种新型的合作组织？我们依然没有探索出一条有效的路子。三是尽可能地割断那些经济重心已转入城市的"农民"与承包土地的联系。承包土地作为一项"人均分配的福利"与社会安全保障，对那些已进入第二、三产业的"农户"有拉动作用，而城市户籍制对他们有"拒斥"作用。如我们用"城镇户籍"来换取他们的承包地，我想他们中的多数是乐于接受的。

"传统"，这也是一个令人困惑的问题，到黄河流域的村落来考察传统文化，应该说是一个方便的场所。然而，"传统文化"到底指称什么呢？**仅是指一套世代相传的习惯观念与行为方式吗？**如果世代相传的观念习俗与当代村民的实际生活发生了强烈而持久的冲突，人们会牢守传统观念而使自己的生活陷入混乱吗？这种可能性是有的，但不会持久。

人们迟早要适应变化了的实际社会环境。因此，当我们在村民的观念与行为方式中看到活跃着的"传统"时，应从两个视角去分析：一是旧习惯的残留作用；二是传统依然是他们对付生活之需的东西，换句话说，**传统依然是他们生活方式的一个组成部分，而并不单纯是一种"多余、甚至是有害的残留物"**。分田到户后，集体化的农民重新成为小农。与土地相交换，依然是他们主要的生活之源。各农户间的竞争与合作，再现出村落社会内的古老方式。缺乏自我代表能力的小农，依然面对着替他们作主（或不作主）的地方政府与官吏。农民与地方政府间的互动关系，我们在古代乡村社会也能够看到。农村剩余劳力（绝对剩余与季节性剩余）要到外面寻找机会，自古而然，但如今流动的规模，却达到空前的状况。小农既需要一个"人情关系网"，也需要一个"集市贸易"，分田到户后，这两种交换方式都得到很大发展，如此等等。这说明，传统绝不单纯是一种过去时代的残留物，而是村民依然生活其内的生活世界的重要组成部分。

"批判传统文化"的旗帜只有在生活方式本身已开始变化之时方起作用；而主张"保卫"或"恢复"传统文化，则表明传统已不再是生活方式的有机内容，而当传统依然是绝大多数村民生活其内的一种生活方式时，无论是"批判"还是"恢复"，基本上只是一种理论上的空谈。

晚上，孟、汤、李诸友来访，商谈下一个调查点。李下周才有空陪我到兰考县某村去，这几天整理消化调查资料，读点书，同时到设在开封市的黄河水利学院去拜访几位专家学者，以便对黄河有一个更深入的了解。

▶ 5月29日 杨教授的"黄河课"

上午，孟、汤陪同我前往开封黄河水利学院。75岁高龄的黄河水利专家杨教授在悬挂着大幅黄河流域图的会议室内热情地接待了我们。

他说，据地质学家考证，黄河已有两三亿年的悠长历史。远在人类诞生以前，黄河就做着如今依然在做的工作：把黄土高原的泥沙搬运入海。但她进入我们民族的史册，却十分晚近：周定王二年（公元前605年），距平王东迁165年，古黄河最早经华北平原中北部流入渤海，以后逐渐南移，明末夺淮河入海，这是黄河南移的最南线。现在的河道是在清咸丰年间形成的。这是黄河河道变迁的大体情况。

杨教授说：黄河从源头至孟津，为中上游，河床十分稳定。孟津至郑州——开封一段，河床相对稳定。自开封——兰考段开始，黄河并无固定的河床。原因是：黄河中段经黄土高原，从该段冲刷而下的大量泥沙，出孟津后开始沉淀，河床高出地面，成为"地上悬河"。黄河含沙量在世界各大河流中堪称第一，每立方米水内含沙量在34—90公斤。黄河每年要搬运16亿吨泥沙。其中4亿吨在郑州、开封一段沉淀，故该段河床差不多每10年增高1米。黄河历次泛滥、改道皆发生于郑州、开封——兰考段，原因即在于此。另有12亿吨泥沙被带入东海，致使出海口的滩地每年向外延伸100米左右。

杨教授说，黄河有四大特点。一是**含沙量大**，如前所述。二是水沙异源。黄河兰州段以上，水占58%，沙占9%；从托克托段到龙门段，水量占13%，泥沙占90%。黄河全年携运的16亿吨泥沙，基本上来于此段。黄河实因黄土高原而变黄。黄土高原使这条大河成为黄河，使华北平原成为黄土平原。在其上生长的小麦、谷子也呈黄色，而我们民族的肤色也是黄色。"黄色"也便成为我们民族崇尚的"国色"了。三是枯水期呈周期性。大体上是10年有一小枯水期，枯水期间引起黄河断流。断流，一般发生在济南以下，但今年（1996）上延至兰考县，且历时 180 余天。四是黄河洪水，往往引发河流改道。据考证，在至今 2500 余年内，黄河改道达百余次，大的改道，有 6 次说、12 次说与 24 次说。黄河改道皆发生在郑州至开封—兰考一段，最北是夺海河入海，最南是夺淮河入海。黄河多次改道的原因，如前所说，是黄河经黄土高原所携带的大量泥沙出孟津后大量沉积，致使这段黄河成为"地上悬河"。在黄河郑州段，黄河大堤堤面高出地面 24 米，在开封段，大堤堤面高出开封地面 40 余米。1952 年毛主席到黄河柳园口视察时问："黄河大堤随河面升高而不断加高，何时才能了结？"无人能回答这个问题。近四五十年来，黄河大堤加宽、加高了三次。

又谈及黄河治理工程，引黄灌溉工程与南水北调工程。杨教授说，全国七大水系皆设管理委员会，分属水利部。全年总资金约 6 亿元，其中，黄委会占用 3 亿元，但投入仍觉太少。这些钱充其量只能确保黄河不决口而已。20 世纪 90 年代启动的黄河小浪底工程，动态投资 357 亿元，集防洪、减淤、灌溉、发电、城市供水于一体。这一工程的建设，能使黄河下游的防洪问题基本上得到解决。引黄灌溉，能解决沙碱地改造与灌溉两大问题。在这方面，新中国成立后做了大量工作，成绩卓著。问题是，黄河水量比长江少得多，且近十余年来有不断减少的趋势。整个华北平原的灌溉用水主要是地下水。随着降水量的减少、用水量的增多，地下水位逐年下降，这是一个令人焦虑的问题。故水利专家近年来不断呼吁启动南水北调工程。南水北调工程有三个设计方案：一是从长江镇江段取水北调；二是从长江支流（汉水）取水，经南阳、郑州北上；三是引长江上游通天河的水注入黄河上游。

以上是杨教授的"黄河课"之要点，他谈的是黄河，而我关注的是**黄河与黄河流域的农耕文化之内在关系**。他的讲课给我几点启发与联想。

1. 黄河自孟津至入海口，尤其是郑州至开封—兰考段，**是一条"地上悬河"**。这意味着，**在黄河下游，不存在汇入黄河的支流**。黄河入海口淤积大量泥沙，因而无法通航。从通航这一角度来说，黄河与海洋割断了联系，这与长江有明显的差别。黄河下游不通航，黄河与大海不通航，这对黄河流域的经济及黄河文化所产生的影响，给我们留下广泛探索与想象的余地。

2. 散布在黄河冲积平原上的大小村落的村民，饮用与灌溉主要靠**井水**而不是**河水**。这对黄河冲积平原上村民的**生存方式**有何影响？长江流域主要靠河水、湖水灌溉，南方丘陵地区主要靠池塘灌溉，华北平原主要靠井水灌溉。据此我提出三个概念：一曰"**井耕**文化"，二曰"**河耕**文化"，三曰"**塘耕**文化"。相对而言，**井耕文化**最具**封闭**性。是否如此，尚待研究。

3. 一般说来，**中国南方的农耕文化是黄河农耕文化的扩张**。但在量的扩张过程中，是否形成某种新质？南方长江水系**通航**的便利条件，使得长江及沿海的**商品经济**有了一个较大的发展。黄河冲积平原，从土壤与气候这两方面来说过于同质，加上"井耕"，其商品经济的发展不可能达到长江流域的水平。这一问题有待研究。

下午，到河南大学校门口两家书店购得几部书：一部是侯仁之主编的《黄河文化》，一部是美国学者罗兹曼主编的《中国的现代化》，一部是英国道逊著的《中华帝国的文明》，一部是汪圣铎写的《两宋财政史》，一部是朱德新写的《二十世纪三四十年代河南冀东保甲制度研究》。实证调查，关键在于对**经验事实的选择及意义释读**，这需要多方面的**理论**与**历史**知识。调查研究，绝非"按图索骥"。整个下午与晚上，我独自在旅舍浏览所购之书。

▶ 5 月 30 日　来到 X 乡
——一个李永成所熟悉的人情网络

上午在旅舍读书，做点笔记，突然接到开封市委党校李永成老师来电，说是下午即陪同我到兰考县 X 乡小靳庄去调查。该乡地处河南、山东交界处，是一个经济较落后的乡。半年前，永成曾在那里搞过调查，与当地乡、村干部很熟悉，尤其与该乡某村农户李某关系十分密切，可暂住他家。再说，兰考县党政有几个官员，是他的学生与朋友。有这些"社会关系"，看来不会发生上次的"调查风波"了。

下午二三时许，我与永成赶到开封长途汽车站。两位姑娘已在车站等候：一位是小靳庄李氏的长女，前几年出嫁，怀里抱着一个女孩；一位是她的小姑，初中毕业后在家务农。她们这次来开封，是要李老师陪她们在开封游玩的。于是劝她们一起到小靳庄去，待调查结束后，再陪她们玩两天。因此五人同行，搭乘前往兰考县的班车。

兰考县是焦裕禄的故乡，在 20 世纪 60 年代中期，任兰考县委书记的焦裕禄带领人们改造盐碱地、风沙地，因积劳成疾而死于任上，"文革"初被树为道德英雄而在全国家喻户晓。在我的印象中，焦裕禄是与兰考联系在一起的，而兰考是与茫茫的盐碱地、风沙地，与贫困，与他所推广的泡桐树联系在一起的。如今 30 年过去了，这里的情况发生了怎样的变化呢？

进入兰考县境，只见一排排高大树木矗立在纵横交错的阡陌沟渠之旁。就在一望无际、行将开镰收割的小麦中间，也栽种着不少树木，沿途的所有村落，全部掩映在树丛里。推想起来，这便是焦裕禄当年提倡种植的泡桐树了。散布在兰考全境的泡桐树，成为这一带乡村的特有景观。永成说，泡桐树邻近各县皆种植，但以兰考为多。泡桐，木质疏松，但生长期短，四五年即可成材。且根部垂直向下，不与庄稼争水、争肥，但遮阳蔽日也会影响一点小麦产量。权衡利弊之后，决定大量种植泡桐，如今泡桐已成为农户的一项重要收入来源，各乡村的木板加工厂也端赖于此。再说，非常适应盐碱地的泡桐，更有防风沙的作用。的确，就沿路所见而言，印象中的盐碱风沙地是看不见了（只在零星地段尚能看到它的残迹），沿道小麦长势不错，估计平均亩产在 500—600 斤。这与得引黄灌溉便利的地区相比，自然稍逊一筹，那里平均亩产可达七八百斤。黄河从开封至兰考县境，突然折而北上。兰考以东，接山东境界，地势渐高，故在兰考引黄自流灌溉，及引黄积淤、改造盐碱地比在开封县困难得多。这里整治盐碱地的主要方法是将表层盐碱土埋于深沟之下。工程浩繁，可以想见。

从开封到兰考，是市—县公交；从兰考到 X 乡，是县—乡公交。路况与车况皆每况愈下。如今河南市、县的公交公司皆搞承包，其实是土地家庭承包制的一种推广形式：**"路线"属各公司所有，车辆实行拍卖。**这一改革的结果是，服务态度确大有改善，但车主"役使"车辆的程度似更厉害：虽然车辆属于他们自己，仍是十分脏乱、破旧，车内根本找不到一块干净的坐处。细想起来，也只能如此：这类汽车的旅客，全是农民。**他们只要票价便宜，因而车主们不可能将资金投到座位与车内环境的改善上去。**由此，我体悟到伪劣品肆行中国的经济原因了：**尚未脱贫致富的人们需要购买便宜货。**"便宜没好货"，这似乎是一条经济学真理。从 X 乡到董堂庄，只得搭乘村民的拖拉机，在高低不平的泥路上颠簸，双手得紧紧抓住车沿，以免被颠出车外。从董堂庄（行政村）到最后的目的地——小靳庄李氏家——只得全靠徒步了。从出发点到目的地约一百五六十公里，足足费了五六个小时。

*   *   *

到达小靳庄李氏家，已是晚上 8 时。在低矮的土墙门口，蹲着一位中年农人，这便是刚从郑州打工回来，准备夏收的户主李氏。出来迎接的女主人，好生眼熟，令我想起我老家的表嫂。他的长子与其女友在家复习功课，准备参加今年的高考。李永成告诉我，这位温柔美丽的少女，是河南大学某教授的女儿。在此穷乡僻壤，竟有这样一对做着"金榜题名"美梦的恋人，实在令人惊讶与感动。原以为旧戏舞台上的"才子佳人"故事，只不过是明清寒士们的白日梦，证之于出现在眼前的这对"才子佳人"，想必有其真实的基础。户主的次子在读初三，也正农忙放假在家。如今，我与永成又帮他们带来他的女儿与外甥女，全家得以团聚，平时冷落的农舍，顿时变得热闹欢快起来。

李家有两幢房屋，没有围墙：一幢是 20 世纪 70 年代盖的老屋，土墙瓦顶，两间，堆放一些农具、杂物。如今清理出来，放了两张简易木床，作为我与永成的下榻处。一幢是 1986 年才盖的新屋，砖瓦结构，三间，内无墙壁间隔，只有一床被单将卧室与客厅分开。室内除了两张木床，一张旧书桌，一张旧香案，一张吃饭用的方矮桌与几只自制木凳外，别无他物。家庭经济的贫困状况，一望而知。据主人说，他负债累累，负银行本息近 2 万元，负亲邻数千元。

造成家庭经济陷入如此困顿的原因有三个：一是 1985 年向银行贷款购车搞运输失败；二是 1991 年将全家 4 亩承包地中的 3 亩改种苹果，至今未有产出，但粮食减少，近两年来一直处于青黄不接的局面；三是用外出打工挣来的钱，苦苦支持着两个儿子的教育费用。入不敷出，造成债台高筑的局面。

正当我们与户主闲聊之际，他的妻子花了两个小时给我们准备好了晚餐：四瓶啤酒，五六盘蔬菜。真不知她从何处变出来的。合家围坐一张低矮的小方桌，一点烛光在农舍的餐桌上摇曳，一轮明月悬挂在庭院高大泡桐树的树梢。我怎么也无法将村落的宁静与农舍的贫寒统一起来。

饭后已近深夜 12 点，洗漱就寝，但无法入睡。

▶ 5月31日 乡政府的困境

上午8时，请李氏陪同我们先去拜访村支书、村主任与村会计。我吸取了上次调查的教训：在农户调查之前，最好先去拜访该村的首脑人物：一是向他说明来意，以释嫌疑；二是对全村状况有一个整体了解。李说他原来便是村主任，这几年外出打工，辞了。村支书与村会计是他的乡亲与同事，叫他们来便是了。于是客随主便，我与永成在家静候。

过了好长一会儿，年过六十的村支书带着孙女前来，永成向他出示开封市委党校的介绍信，做了自我介绍，讲明调查目的，请他介绍本村有关户数、人口、耕地、产量等基本情况。谈了半天，对村里的这些基本状况并无一个确切的说法。他说，家里有全村的花名册，取来看看便知道了。于是请他去取花名册。花名册共有四册，是1989年人口普查的统计表。当我在翻览统计表时，老支书一直在旁边站着，既不肯坐下，又不愿离去。我突然意识到，他心里担忧着什么。他不愿将花名册留在这里让我们慢慢翻览，于是即刻奉还，请他回去照顾他的孙女。

李氏又去请来村会计。这位村会计是个壮实的青年农民，高中生，参过军。我们向他说明来意，于是他开始介绍本村概况。

村会计说："小靳庄共有130余户，512人，耕地620亩。"据此，该村人均耕地应超过1亩，可为什么李说的五口之家只有4亩承包地呢？这位村会计解释说："全村620亩耕地是1975年确定的数目。全村公粮是按这个字数摊派的。自1975年以后，村民宅基地的扩张，用掉不少耕地；乡、村开渠、修路又用掉一些耕地。"我说："按人均8分地计算，全村如今只有400余亩耕地，20年来，怎么会减少200亩耕地呢？其中宅基地、开渠与筑路，又各占去多少耕地呢？"他也说不出一个所以然来，很显然，他是第一次意识到这是个问题：20年来，全村怎么少掉了200亩耕地呢？他也觉得很惊讶！

全村状况说不清楚，便请他介绍该村民小组的情况。该村分四个村民组，村会计属第三村民组，共 35 户。于是请他逐户介绍家庭人口结构、年龄、性别、文化程度与兼业状况。当他说到第三户时，突然提出到老会计处取有关资料。我们等了他足足有一个多小时，李的妻子才带来了村会计的消息，村会计说：**"这两个人不知是来干啥的，又没有乡里开出的证明，我对他们说这些话，会不会出什么问题?"** 原来如此，他托故跑掉了。我无法判断他是说不清楚，还是不肯实说，或两者兼而有之。

在中国乡村最基层的村干部，对一切"来路不明者"皆觉"形迹可疑"。一般说来，这也是闭塞乡村内村民的一般心态。恰如费孝通先生所说的，村落社会是个熟人社会。在这个社会内，熟人与陌生人，自己人与外人，有着一条无形但严格的界线。若在村落内只与某一普通村民相熟，那么只能对数家农户做为期一两天的"闪电式访问"；若要在行政村范围调查，必须得到村支书的理解与支持。若无法直接打通村支书的"私人关系网络"，余下一途，只有去找乡镇干部帮忙了：村干部会接受来自上面的指令。于是午饭后决定与永成到乡政府去。

* * *

从小靳庄到乡政府所在地约 4 公里，一条由小、中、大路相连的泥路，被拖拉机辗得车辙交错，坑坑洼洼。两人骑着破车，一路颠簸来到乡政府，恰遇乡党委书记：一位 35 岁上下的青年人。他在开封市委党校听过李永成的课，算有师生之谊，半年前又在此接待过李永成的社会调查，算有私谊。当李永成一面向他说明来意，一面递过党校出具的介绍信时，他并未接介绍信便满口应诺：他的辖区，全境向我们开放。李永成向这位乡党委书记介绍我的身份"是河南大学与开封市委党校从上海请来讲学的客座教授"，主要来调查"改革开放过程中乡党政机构与职能之变化及村民生活状况之改善"，并强调"这是纯学术研究，不是官方的察访，也非记者的采访"。这是我与永成在路上商量好的说辞。

由于联系顺利，气氛融洽，下午决定在乡政府召开两个座谈会。一是与部分乡党政官员谈乡镇级党政机构与职能的状况，二是与党委书记本人谈改革开放过程中乡级工作的问题与困难。

这位年轻而爽朗的书记根据我们的调查要求，请来了副乡长、乡政府办主任、农经站站长、财政所所长、武装部部长及一位已离任的老乡长，共6人。下面是座谈纪要。

一、改革开放过程，也就是乡党政机构不断膨胀的过程

他们说，乡党政机构，一部分是计划经济时代保留下来的，如组织部、宣传部、团委、妇联、农机站、林业站、畜牧站、民政所、水利站、广播站、文教所、卫生所等；一部分是根据新的需要而设立的，如计生办、土地所、农经站、派出所、财政所等。原来在乡范围内，只有1名公安特派员，如今为了适应乡村社会治安管理的需要，专设一个派出所，人员增加到10名，其中有正式编制的公安干警4名，乡联防队员6名。原来乡财政负责人只有1人，如今专设乡财政所，人员扩张至20名，其中，在编人员6人，不在编人员12人。在乡党政各部门中，分管计划生育的部门人员扩张最快。原来全乡只有1名负责计划生育的干部，如今增至30名。在人民公社制晚期，全乡党政两套班子总共只有20余人，如今增至150人左右。人员扩张了五六倍。这在各乡镇是一个极普遍的现象。

二、乡党政机构与人员逐年扩张的原因

据他们分析，共有四个原因。一是在从公社体制向乡体制转轨过程中，原有的职能虽大大萎缩，但机构犹存，人员未去，新机构随新需要而不断增设，人员随之扩大。这已如上所说。二是县人事劳动部门，每年硬性向乡摊派复员军人与大中专毕业生。本乡几乎没有乡、村两级集体企业，只能安插在乡政府与乡中学内。这是造成乡党政机构人员逐年扩张的主要原因。三是上级各主管部门的官员安排他们的子女、亲友就业。"如不给安排，就是不给上级领导面子，你不给他面子，他不给你办事，谁顶得住啊？"四是乡党政主要官员调动频繁，换一茬官员，便增加若干编制，吃"皇粮"。**随老关系而来的不会随老关系而去，凭新关系进来的不断增加。**

江浙沿海许多乡镇内，最发达的部门是主管乡、村集体企业的"企业公司"，这里却是"计划生育"部门。前者以抓工业生产为中心，后者以堵人口生产为急务，反差实在太鲜明了。在沿海与内地的诸差别中，这是不是一个带有普遍性的差别呢？在该乡，计划生育、公安、财政这三大机构人员占全部乡党政人员近一小半，这又说明了什么问题呢？是由于这三大部门任务繁重而引起的吗？还是由于这三大部门的"油水丰厚"而引起的呢？或兼而有之？计划生育、公安部门有"**罚款权**"，财政部门有"**征收权**"，**这是两个重要且极具弹性的权力，**或许是此三大部门人员充塞的一大原因。

三、乡财政状况

财政所所长说，乡财政收入由两部分构成，一部分来自本乡的税费与罚款收入，一部分是县财政拨款。税种有工商税、农业特产税、契税、耕地占用税。农业税由乡代征，但不返乡。农业税征收实物，每亩征小麦 10 斤，很轻。罚款名目甚多，主要是超生罚款。因本乡的第二、第三产业极不发达，工商税极其有限，故乡财政对**农业特产税及罚款**的依赖甚大。农业特产税的征收范围，包括水产养殖、水生植物、果树、西瓜、大宗特产（如大蒜、树苗、食用菌、畜产品）等。**税源分散且难估值，分别征收十分困难，实际上按承包地或人头均摊。本乡如此，其他各乡皆然。**

财政所所长说，本乡 1994 年**税收收入**只有 29 万元（其中上缴县财政 8 万元）。1995 年增至 63 万元（其中 10 万元上缴县财政）。1996 年，县上要求他们完成 85 万元的征缴，乡党政要求他们完成 108 万元。（我暗自思忖，税源绝不可能在三年内持续翻番。我估计他们只能以"农业特产税"的名义分摊到各农户。但我没有问这样的问题。）他说，1995 年乡财政收入是 53 万元（征收 63 万元，上缴 10 万元），加上 29 万元县财政拨款，计 82 万元，另有罚款 5 万元（今年的**任务**是罚款 24 万元，不包括计划生育的超生罚款。关于全乡超生罚款数额我没有问，因为这是一个过于敏感的数字）。

谈到县财政支出时，财政所所长说，基本上是**干部**与**教师**的工资，占全乡财政支出的90%以上。在全部工资支出中，教师占大头。这些年来，上面不断强调教师工资优先发放，不能拖欠。但乡干部们的工资却是一再拖欠，数月领不到工资是常事。"说我们是'吃饭财政'，还算是客气的。"该乡财政状况在全县各乡镇处于中等水平。

四、乡级政权庞大而低效的现状

我问这些乡干部："若要完成乡政府现有的全部工作量，最多需要多少人？"经过一阵议论，他们取得较为一致的意见：30人左右。现在有150人左右。如果他们的这一估计是比较确切的话，那就意味着乡党政内有五分之四是冗员。这不能不说是中国乡村基层政权建设中的一个十分严重的问题，如何解决尚无良策。

五、谁也说不清楚全乡现有人口数

问及全乡现有人口数，他们报出三个数字：管理村提留、乡统筹的农经站站长提供的数字是23192人，乡派出所统计的是25000人，计划生育办公室统计的是26000人。他们说不清楚实有人口数目，并非他们糊涂。人口本是个动态过程，在我看来，乡计生办的统计比较接近实际人口数。为逃避超生罚款，各村皆有被农户隐瞒下来的"黑孩子"，若加上这部分人口，则为实际人口数。

* * *

座谈会结束后，便找乡党委书记单独会谈。这位具有大专学历的乡党委书记在乡镇一级官场已转悠了十余年，他的学历、他的智力、他的经验及他的坦诚，使他对我所提出的问题皆有深刻的认识。

一、关于"条块关系"

他说，在乡镇级政府，并无独立的适应自身需要的机构设置。乡党政的全部机构，都是各垂直条条的延伸，但延伸到乡镇行政区划内的

"条"，有不少是在乡党政管辖之外的。如银行、信用社、粮管所、电站、工商税务所的人、财、物，乡党政机构是一点也管不了的。多年来，人们一直在说"条块结合，双重领导"，但到底怎么一个"结合"法，怎么个"领导"法，从来没有一个明确的规定。从加快发展地方经济、协调地方综合治理与提高地方政府的行政效率的角度来说，**必须加强块块的权力，弱化"条"对"块"的干预与制约**。作为中国最基层一级党政首脑的乡党委书记，其实只是执行各条条下达的各项任务而已。若要发展地方经济，他们几乎没有什么真正的权力。或者说，**义务多，权力少**。如今，关于条块关系的实际状况是：在乡镇行政区划内所设的各机构，**如果有钱的，条上就收权归他们自己管辖；凡是钱少甚或根本无钱的，条上就将包袱放归块管**。

二、关于乡镇官员的困境

这位乡党委书记用**"对上顶不住，对下压不住"**这句话来概括他们的实际处境："当来自上面各部门的'土政策'与农民实际利益发生冲突时，我们便处于一个十分难堪的地位：如果大力执行上级部门的'土政策'，有可能引发村民的上访、上告。轻则被批评，重则遭撤职，上面借我们来平息民愤。如果照顾到农民利益，对上级的政策执行不力，也有可能挨批评，丢乌纱帽。既要完成上面下达的任务，又要不使村民上访、上告，甚至聚众闹事，实在是一个令人头痛的大问题。"李氏说："上面各部门要我们订阅的杂志有五六十种，报纸有六七种，全年乡政府光这项支出就得花十余万元。我们只得将这笔支出转入'乡统筹'，全乡人均分摊 4 元钱。上面一边叫减轻农民负担，一边在切切实实地加重农民负担，你叫我们怎么办？如今，上面各部门下达的各项达标任务很多，如计划生育部门，要我们搞一个'宣传档案室'，宣传部门要我们在乡、村两级建立'电视教育室'，等等。我们穷得连乡干部的工资都不能如月发放，哪里有钱搞这些东西？但他们要来检查、评比，不应付也不行，要应付，又得加重农民负担。"

三、关于村委干部状况及发展趋势

处于"对上顶不住，对下压不住"状态的乡镇政府，前面还有一道微弱的防线，那便是**村委**。他说，村委在名义上是一个村自治组织，其实是乡政府的执行机构。村委的第一把手是村支书。他说，**村支书的素质如今有下降甚至恶化的趋势**。他希望我在农村调查时，充分注意这一现象。

这位富有观察力的乡党委书记说："村支书，直接面对数百农户，许多得罪村民的事要他去干。没有**大族强宗**的背后支持，是干不成事的，因为没有人会听他的话，也可能在村选举中落选。如今改革开放，农民自由了，村里能干的人，自己外出去找各种赚钱的门路，他们根本不想去干这种吃力不讨好的苦差事。那些没有能力的人，想干也干不成。乡政府为了推行各项农村工作，只能去找那些想干且有能力干的人来当村支书，当村主任。在目前这个情势下，想谋求这一职位的人，往往有谋求私利的动机，而能干者往往有大宗强族的支持。这样，村干部拉帮结派、欺压弱小、贪污腐败之事往往而有。这就是说**村委一级存在着宗族化、地痞化的极大可能性**。当然，已经宗族化、地痞化的村委，如今毕竟是极少数，但苗头已出现。"我请他举例来说明他的观察，但他未接这一话题，我也不便再追问。**村级政权的现状及其演变**，是乡村政治学与社会学应共同关注的大问题。然而，很难就这一课题展开有效的研究。

一直谈到晚6时，书记邀请我们吃了便饭再回去。

*　*　*

晚上，月光如水。我们与户主李氏坐在庭院内高大的泡桐树下，拉家常，话村情。李氏现年46岁，妻子45岁，生一女两男。长女初中毕业，因家贫辍学，前年出嫁。长子今年高中毕业，在家温课迎考。幼子在县高中上高一，学业甚佳。"我拼死拼活，也得将他们送入大学，这是我生活的希望。"他说，自分田单干后，他便做着发家致富的美梦。1986年，向乡信用社贷款5000元，再东借西凑3500元，用8500元购得一辆旧车搞运输，不但没有赚钱，反而赔了钱。1989 年将车卖掉，只得 2000 元。还掉部分亲友的借款，还欠着信用社的债务，连本带利，如今已近 2 万元。问及投资运输失败的原因，他做了如下解释："这是一辆从意大利进口的旧车，一跑就出问题，配件也难找，只得开开停停。另外没钱去办驾驶执照，不敢跑远路。"1989 年任村主任，做村主任没有什么报酬，又容易得罪乡里乡亲，再说，在家守着 4 亩承包地也不是个办法。1992 年经人介绍到灵宝（陕西、山西、河南交界处）火车站当装卸工。1993 年到北京做泥水工。外出打工，跑得太远，照顾不到家里的农活儿。1994 年在家，1995 年到郑州去修理自行车。每年农闲外出打工，平均七八个月，每月收入除掉吃住开销，能赚个一两百元带回来已算不错了。

他说，除搞运输失败外，另一项投资如今看来也成问题。1992 年他在灵宝打工时，看到那一带种苹果的很来钱。一棵果树，能结 400—500 斤苹果。当时每斤收购价 2.80 元。算下来，一棵苹果树的一年毛利有 1000 余元。他认识的一个农户，只种 3 亩苹果，每年投资 5000 元，获毛利 10 余万元。于是心动，在那里购得果树苗，1992 年将 4 亩承包地的 3 亩改种苹果，如今已有四五年，果树长大，但不结果。这两年因无法套种小麦、玉米，故粮食不足，全年断粮数月，需购买。问及苹果树为什么不结果，他的解释是："一是没有钱投入；二是外出打工，没有时间管理。"

全家主要的支出，是供养两个儿子读书。两人住校，学杂费加上食宿费，全年得花 5000 元。但家庭年收入，最多也不过三四千元。所以，近 10 年来，整个家庭一直处于"负债经营"状态。"为了支付学杂费，大儿子背着我们卖过好几次血。"言及此，这位北方的中年汉子不禁潸然泪下。

只得转移话题。谈及村里的小麦产量，他说，这一带是黄泛区，黄河故道就在村东数百米处。听村里老人说，在新中国成立前，这一带最好的土地，亩产小麦也不过百来斤。在 1982 年分出单干前，小麦亩产

200 来斤，能得到黄河水浇灌的土地，亩产可达到 400—500 斤，当时叫人来参观，算是高产样板地。在集体化后期，全年人均能分到三五十斤小麦已算不错了。全年主食是**红薯**（这里的红薯亩产能达 2000 斤），其次是高粱、玉米。1982 年分田单干后，由于使用了良种与磷肥，小麦产量增加到 500 斤左右，在能得到黄河水浇灌的土地，亩产可达到七八百斤。如今村里人的食物以小麦为主，兼点杂粮。他家这两年来缺粮好几个月，那是特殊情况。

他说，该村人多地少，基本不种油菜，故农户全年食油量很少，平时不吃炒菜，也不需要用油。人多地少，粮食也刚够人吃，所以绝大多数农户不养猪。过去也没有养猪的习惯，养鸡鸭与牛羊的农户这一带也很少。

是夕，一直聊到深夜 12 时方就寝。明日准备持乡里的介绍信再访村支书。

▶ 6 月 1 日　一边修族谱一边外出打工

上午 8 时，我们拿着乡政府出具的介绍信再访小靳庄村支书。这位谨慎的老支书拿着乡里的介绍信认真阅读后，才似乎弄清了我们的"来路"，放下心来回答我们的提问。谈话纪要如下。

一、小勒庄的概况

小靳庄是个自然村，也是一个行政村，下辖 4 个村民小组。全村 132 户，563 人。全村只有两姓：一姓靳，集中居住在村东，占全村人数的 65%；一姓李，集中居住在村西，占全村人数的 35%。族谱记载，本村两姓都是明永乐年间从山西洪洞县迁来的。我问："靳、李两姓都有族谱吗？"老书记与陪同我们的李氏答："都有族谱，20 世纪 80 年代重修过。"我又问重修族谱在这一带普遍吗？他们说，**很普遍**。耕地 620 亩，各组的人均耕地并不一致。第二组人均 0.8 亩，最少；第四组人均 0.92 亩，最多；第一、第三组人均 0.88 亩。这时我取出计算器来计算，对老支书说，全村 563 人，耕地 620 亩，人均耕地应该是 1.1 亩，怎么四个组都没有超过人均 1 亩的呢？村支书解释说，620 亩是 1982 年分田到户时统计的。这十几年来村民盖新房、修路占掉一些耕地，但缴公粮还是按 620 亩缴的。（我大体估算，现有耕地约 566 亩，14 年来减少了 54 亩耕地。）

二、小勒庄剩余劳动力外出打工情况

该村人多地少，大量剩余劳动力积极寻找新的出路。全村没有集体企业，也没有个体私营企业。剩余劳动力或在本村从事家庭副业或外出打工，而以外出打工为主。全村约有 70% 的家庭有一人或两人外出打工。有在附近打工的，也有出远门打工的。我详细询问了**"到何地打工"，以及"是如何出去的"**这两个问题。支书与李氏说，外出打工，

一是到北京，一是到洛阳以北的孟县①。**李的一个叔叔（本村）参军时的一个战友是北京人**，该战友复员回北京在某建筑工程公司工作。1985年（即分田到户后第三年），李的叔叔到北京找到他的战友，经其介绍在工程公司打工。站稳脚跟后，其叔将其儿子与两个侄子也带到北京打工，以后拖亲带故，至今全村有 40 余人入京打工，以建筑小工为主，也有从事饮食服务业的。其中五六人已在北京近郊租房，携带妻儿在京定居。村里的承包地则转让给父母、兄弟或亲戚耕种，**这种转让包括落到承包地上的各项税费与摊派**。在经济重心已全部转入城市的"农户"中，承包地的这种转让方式最为普遍。该村到孟县黄河滩**租地种瓜**的有10 余人。最初也是**通过战友**关系到孟县，因经济收益不错，然后拖亲带故，如今发展至 10 余人。雇主是当地的行政村，由雇主出土地、化肥与技术，他们租地耕作与管理，三七分成，雇主取七，雇工取三。一熟瓜，数月辛劳。据说一个劳动力能赚 3000 元。另外，到邻近的曹县、菏泽（山东境内）、开封、郑州打工的，共计有六七人。

外出打工以中青年男子为主，尤其是未婚男青年。已婚妇女通常在家，未婚女青年外出打工的极少。外出打工挣钱的一个主要动机是**盖房娶亲**。村支书说，1985 年前，该村 85% 是土坯房。10 年后，砖瓦房已达到 85% 以上。（我到村里转过一圈，看到所造的砖瓦房皆是三间平房，近几年造的平房，只是高大宽敞一点而已。造价 1.5 万元左右，有砖砌围墙的庭院并不多。大多依然是土围墙，且十分低矮。村里尚有不少旧式土坯房，没有一栋楼房。）村里的自行车已经普及，拥有黑白电视机的约 20 余家，没有彩电。三轮拖拉机有 10 余辆，主要用于耕地，也有帮附近砖瓦厂运砖瓦的。

村支书说，分田到户以后，本村的温饱问题基本解决，贫富差异主要是看各户打工收入的多少，这主要与家庭劳动力有关。穷户也能填饱肚子，富的能盖上新房，最富的把房子盖得好一点，把婚礼办得体面

———————————
① 1996 年国务院批准，孟县撤县建市，设立孟州市，所辖区域不变。

些。造成农户贫困的原因主要有两个，一是家里缺劳力，或长年患病。如今农民最怕的就是生病。二是超生罚款。超生一胎，罚款 4100 元，分 7 年还清；超生两胎罚款11000 元，分 14 年还清。一家节衣缩食，一年仅有的一点积余都给罚走了，哪能不穷。(我没有追问本村的超生及罚款情况。) 谈及超生罚款，李永成补充了一段曾一度在地方官吏中流行的宣传口号：

1. 该扎不扎，房倒屋塌；该流不流，锯树牵牛。
2. 上吊给绳，喝药给瓶；宁肯家破，不要国亡。

听起来惊心动魄。

三、该村及附近一带乡村依然保留的风俗习惯

这里仍旧保留的风俗习惯兹在此引录数条，供研究村落文化者参考。

1. 父亲不能打闺女，但母亲能打。父亲可以打儿子，但不能打儿媳。

丈夫可以打妻子，妻子不能打丈夫。(违此习惯者，定被村民非议，或指责为"不懂事"；或传为笑话，说丈夫"没出息"。)

2. 兄弟各娶妻分家。兄到弟家，叫弟弟出来到外面说话，不能直接找弟媳。但弟到兄家，兄如不在家，可直接进屋与嫂子说话。

3. 寡妇若有子，一般不能改嫁。

4. 村民相互称谓，**只论辈分，不论年龄**。(60 岁的老人称 20 岁年轻人为叔，为伯，习以为常。)

我恍然觉得，这一带村落似乎是传统村落文化的化石。不知已经伸入村落的现代传媒（电视）与向外寻找机会的年青一代能给村落带来什么新东西。

* * *

下午，请李到李氏"大家长"（即族长）家，借得《李氏家谱》一部八册。该谱修于 1980 年，只记录男性子嗣的婚配及各代男性子嗣姓

名，十分简约。前有一序，是该族一位曾做过县中学教员的退休老先生所作。全部序文抄录于下：

> 李氏始祖自永乐初由山西洪洞县奉上迁居河南古仪封县（即今开封）。乾隆四十六年，黄河泛滥，陷城界湮，归平考城。祖传始居李韩寨，迁三家庄，后又移复唐村。初迁时萃居一处，无需用谱。后散迁数十处，甚有移迁处境者，相距数百里，人口日增，年远代湮，修谱之事不易。年代越远，愈难。其间修谱无人，有不失其传者乎？
>
> 自始祖以来九世矣。谱系失传，印字失考，未敢妄为。至十世祖元明修起**谱轴**，余遵老谱轴抄写，世世可考，代代可稽。余修此谱也，焉敢妄修乎？噫，**修谱之事，曾二次矣**。初修，仅将全族人名册抄集一处，迄今廿余年矣。余二次复修，修前敬约合族人协议，翕然意同。复修斯谱，**盖追远睦族之意耳**。为详世系，溯源流支派，上以昭祖德，下以续昭穆也。我族人今卜居者数十村矣，人丁日增，达千余口。**尊卑之位有等，亲疏之位有别**。长幼门次，明若日月，不待智者而后知也。作谱之请，谁能克耳？作谱之所载，谁能记之哉？斯谱之功伟大矣！斯谱之成就，求作序者不得其人焉。合族人命余作序。余实才疏学陋，刓弃学之人，又沉桑榆，晚年视荒发苍，年逾花甲，实不能文族人之意，焉敢辞乎？聊作斯序的志之，敢云序焉？以待后世子孙，踵修继续，绵绵不绝，重纂之，永垂不朽云尔。

读是序，有以下几点感触与思考。

1. 一个需要判断又难以判断的问题："从传统向现代化推进的历史过程中，世居村落内的'村落民'到底处在哪个位置上？"如将1980年所作的此序放到明清，甚至唐宋的族谱序内，谁能鉴别出它是出于今人的手笔？

2. 血缘与地缘结合的村落文化，实是中国传统文化的自然载体。或说，中国传统文化即村落文化。作为调节家庭内基本关系的准则——尊卑有等，亲疏有别——是村落文化之核心要义。在这一文化内，不可能发育出独立、平等个体间的契约合作关系与民主精神。

3. 如今，有大量青年离开村落向外谋求就业机会，是否可视为中国农村现代化的真正起点？然而，他们向城市攀缘并带去的依然是他们所熟悉的**亲情关系网络**，而带回来的资金满足的是一个世代共同的愿望：盖房娶亲。现代化的社会学含义是否必然意味着**社会关系**的原则与基础从亲情关系向以个人为中心的契约关系的转移呢？现在我们似乎还看不太清楚。

4. 持续 30 年之久的中国农业集体化及持续不断的意识形态灌输，对村落文化到底有哪些冲击？农业集体化时期是否只给了中国村落一个外在的组织与一个外在的观念？如今随着改革开放的进行，中国村落民众是否又失去了组织合作观念呢？

看来，此次社会调查，更多的是用文化学的视角去透视纷乱杂陈的经验资料。

作序的老先生已故，否则我一定往访。

▶ 6月2日　一位普通农户的收支情况

选一典型农户，调查其全年收支状况。所谓"典型"，是指该农户能反映或能代表全村多数农户的一般经济状况。当然，户主有一定文化程度，且头脑清晰也是选择条件之一。与李家关系密切的近邻靳氏，恰符合我的调查要求。

靳某，现年30岁，高二辍学，在家务农，兼搞纱线加工与销售，妻31岁，文盲，务农。有一子一女，儿子现年7岁，刚上小学，女儿4岁（属超生）。母亲1994年病故，75岁的老父与他一起过活，全家五口（有一长兄，已分家，四姐妹皆出嫁邻村）。承包土地4亩，实耕3.5亩，另0.5亩作宅基地。（该村规定，新屋所需的宅基地皆在自家承包地内划取。）该农户以土坯作庭院围墙，大门处建有简易门楼，做夏日吃饭、纳凉之用。院内有猪栏、鸡舍，猪尿流溢，与手压式提水井处的水汇成一处。有房屋两栋，正屋三间砖瓦房，为20世纪90年代结婚时新盖。另有两间配房，做厨房、贮藏间之用。正屋三间，无墙板间隔，室内除床、桌、板凳之外，别无像样的家具，现代家庭的唯一标志是一台14英寸黑白电视。整个访谈持续一天。

一、夏粮的农用成本、工时与收入（1995年种3亩小麦，半亩蔬菜）

（一）每亩小麦农用物资成本。

1. 耕地10元（请人机耕）。2. 种子20斤（用普通小麦换良种，按2:1比例。普通小麦1996年市价0.86元），34.4元。3. 化肥碳铵两袋，每袋32元，磷肥一袋，每袋24元，合计88元。4. 农药施3次，约7元。5. 浇水，一般浇两次，以每小时10元计，约34元。6. 脱粒7元。

1亩农用成本合计176.4元。3亩共计529.2元。

（二）每亩小麦用工（以8小时为一工计）。

1. 积肥2工。2. 施有机肥1.5工。3. 除草3次4工。4. 耕地辅助0.3工。5. 播种0.3工。6. 浇水0.7工。7. 施化肥0.7工。8. 施农药0.7工。9. 收割0.7工。10. 运麦0.7工。11. 打场入库1.5工。

总计约14工。3亩总工时14×3＝42工。

（三）小麦纯收入。

亩产500斤（这是3年来的平均亩产），每百斤86元。共计430元。

3亩小麦纯收入＝430×3-529＝761元。

1亩小麦纯收入约254元。每工时约18元。

（四）0.5亩蔬菜（主要自食，收割后用于腌制咸菜）。

按蔬菜产量及市价估计，毛收入200元，农用成本20元，用20工。

0.5亩蔬菜纯收入180元。

（五）夏熟总纯收入＝761＋180＝941元。

二、秋熟的农用成本、工时与收入（2亩玉米，1亩棉花，半亩红薯）

（一）每亩玉米的农用成本。

1. 耕地10元。2. 种子4.5斤，每斤4元，计18元。3. 化肥碳铵100斤，32元。4. 浇一次水，10元。（玉米可不施农药，有机肥5车，计入工时。）

1亩玉米投入共70元，2亩共计140元。

（二）每亩玉米工时数。

1. 机耕辅助0.5工。2. 点种1工。3. 除草4工。4. 浇水1工。5. 施肥（包括施有机肥）1工。6. 收割2工。7. 脱粒入库3工。8. 积有机肥5工。

每亩玉米总用工17.5工，2亩总工时35工。

（三）玉米的产量、价格与收入。

玉米亩产600斤（3年平均计算），玉米1996年一般市价每百斤64

115

元左右，每亩毛收入 64×6＝384 元。纯收入 384-70＝314 元。

2 亩玉米纯收入 314×2＝628 元，平均每工时约 18 元。

（四）每亩棉花的农用成本。

1. 耕地 10 元。2. 种子 2.5 斤，近 10 元。3. 化肥碳铵一袋 32 元。4. 农药 100 余元（户主说，如今棉花虫害，越来越难治了）。5. 浇水 10 元。共计 162 元农用投入。

（五）每亩棉花的投工量。

1. 施肥 1 工。2. 打药除虫 6 工（每月 5 次，前后三四个月）。3. 补苗整枝 10 工。4. 锄草浇水 5 工。5. 摘棉花 8 工。6. 拣、晒棉花 3 工。7. 人工除虫 15 工（农药不管用，得人工除虫）。8. 卖棉 1 工。共计 49 工。

（六）棉花的亩产与收入。

亩产 80 斤皮棉（去年虫害，只收 50 斤，但当地一般年份亩产量是 80 斤左右，按 80 斤计），每斤 8.4 元。毛收入 8.4×80＝672 元。另有棉籽 24 斤，每斤 0.7 元，计 16.8 元。

1 亩棉花毛收入＝672+16.8＝688.8 元。

1 亩棉花纯收入＝688.8-162＝526.8 元。

每工时 10.75 元。

（七）每亩红薯的农用成本。

1. 耕地 10 元。2. 种子 40 元。3. 化肥一袋半碳铵 48 元，一袋磷肥 24 元，合计 72 元。(土家肥 5 车，计入工时，红薯不打农药，不浇水。)

1 亩红薯农用投入共 122 元，0.5 亩农用成本＝122×0.5＝61 元。

（八）每亩红薯用工时数。

1. 耕与种 2 工。2. 施肥 1 工。3. 积农家肥与施肥 7 工。4. 翻藤锄草 3 工。5. 收割入库 4 工。共计 17 工。

（九）红薯的产量、价格与收入。

每亩红薯 3000 斤，每百斤 20 元，计 600 元。

每亩红薯纯收入 600-122＝478 元。0.5 亩红薯纯收入 239 元。

每工时约 28 元。

三、1996 年该农户种植业纯收入

761（3 亩小麦）+180（0.5 亩蔬菜）+628（2 亩玉米）+688.8（1 亩棉花）+239（0.5 亩红薯）= 2496.8 元。

四、家庭畜养业

（一）养猪。

集体化时期，本村极少有农户养猪，坐在一旁看我们计算的老父亲说："那时，人都吃不饱，哪有东西喂猪。"但各农户都养鸡，以备来客。分田到户后，粮食增产，养猪者渐多，如今多数农户每年出栏一至两头猪，养鸡十来只。农民都说养猪不赚钱，但依然养猪。一是为了肥料，二是积小钱为大钱。该户今年养猪两头。种蔬菜与红薯，一个很重要的原因是获取青饲料。

1. 一头猪的成本投入，共计 449 元。

① 小猪 70 元（通常 20 余斤，论斤定价，每斤 3.5 元左右）。

② 精饲料（麦麸、玉米），每日平均 2.5 斤，每斤 0.64 元，计 1.6 元。出栏期通常为 7—8 个月。以 240 天计，共需 384 元。

③ 青饲料，只计工时，不计钱。

2. 猪价与收入。

每头猪以 200 斤计，每斤 2.7 元（肥猪价比瘦肉型猪价便宜些），计 540 元。一头猪的纯收入 540－449＝91 元。（户主说，再加上青饲料钱，差不多收支相抵。养猪的真正好处是每头猪能出十余车肥料。土地光靠化肥是不行的，多少得施一些农家肥。）但我们依然把它算作纯收入，两头猪的纯收入是 91×2＝182 元。

（二）养鸡。

1. 10 只鸡的成本投入共 199 元。

① 小鸡，每只 0.7 元，共 7 元。

② 精饲料（麦麸、玉米），每日 1 斤计，每斤 0.64 元，一年以 300

天计，合计 192 元。

2. 10 只鸡的毛收入与纯收入。

每只鸡平均一年下蛋 4 个月，平均每隔一天下一只蛋，共 60 只蛋，10 只鸡全年共下 600 只蛋，每只蛋 0.30 元左右，共计 180 元。又假如 10 只母鸡年末全部出售，每只鸡平均 3 斤，每斤 2.5 元，计 7.5 元，10 只鸡共得 75 元。

鸡与蛋合计：192+75＝267 元。

3. 10 只鸡的纯利为 267−199＝68 元。

（三）该农户畜养业的全年纯收入为 182+68＝250 元。

五、非农收入

该户主从邻县一家毛巾厂购得棉纱，夫妇俩在家加工后运到曹县销售。每年农闲皆操此业，约六七个月。至今已三年。每年可获利 2000—3000 元。对农户自报的这项收入，我宁可取其上限：每年 3000 元。

六、该农户全年三项（种植、饲养、工商）总收入

三项总计 2496.8＋250＋3000＝5746.8 元。全家五口，人均年收入 1149.36 元。种植、饲养业收入约占全年总收入的 48%，工商约占 52%。

＊　＊　＊

全年家庭总支出包括农民负担、食物、衣物、农具日用品、教育医疗与礼费。具体如下。

一、农民负担

1. 村提留，乡统筹款。

① 夏粮人均 102 斤小麦，全家五口共缴纳 510 斤，折合人民币 438.6 元。

② 秋季征收货币，人均 30 元，全家五口，共计 150 元。

2. 水利建设义务工折款，每户出一劳力，一工折款 10 元，三工共计 30 元。

3. 超生罚款，超生一胎，罚 680 元，分 7 年还清。1995 年始超生

罚款增至 4100 元，每年罚款 240 元。

三项共计 858.6 元。

二、食物

本村及附近一带村民平时的饮食结构如下：

早饭：玉米糊+馍+咸菜（自种自腌）

中饭：面条+馍+咸菜

晚饭：面汤+馍+咸菜

每年平时（非节日）很少吃肉与炒菜，靳氏根据他家的情况，估计全家每年平时吃肉五六斤。平均四天炒一蔬菜，这在村里已算是中上生活水平了。

1. 粮食。

① 每月小麦 200 斤（合面粉 160 斤，麦麸用于喂猪），全年 2400 斤，折合 2064 元。

② 每月玉米 45 斤，全年 540 斤，折合 345.6 元。

2. 蔬菜。

① 0.5 亩蔬菜自种自食，折合 180 元。

② 平时购买部分约 150 元。

③ 油、盐、酱等调料。

 A. 食油全年 15 斤左右，每斤 4 元，计 60 元。

 B. 盐、酱等其他调料计 40 元。

3. 全年三大节日，必须吃肉、炒菜、置酒。

① 春节 150 元。

② 中秋节 40 元（糕点通常自制）。

③ 麦收节 30 元。

4. 燃料。

全年燃料主要是棉秆、玉米秆或麦秆（未列收入，不计支出）。

5. 烟、酒。

全家平时不喝酒，户主父亲有抽烟习惯，每日一盒，每盒 1.5 元，全年合计 500 元。

6. 两个小孩子的零食，每月以近 10 元计，全年约 100 元。

三、衣被鞋帽，全年全家约 400 元

四、其他日用品及小农具约 200 元

五、教育医疗费

长子上小学一年级，全年 200 元。医药费 100 元。合计 300 元。

六、礼费 100 元

七、家庭全年支出

总计 5518.2 元，其中，农负 858.6 元，约占全年总支出的 16%；食物 3641.6 元，约占 66%；其他 1000 元，约占 18%。

八、全年收支平衡状况

总收入－总支出＝5746.8－5518.2＝228.6 元。

调查结束时，这位具有农村高中学历的村民感叹地说："我成家已近十年，**今天才知道我家全年的收支状况**。人家都说，农民会精打细算，其实都是稀里糊涂地过日子，只要填饱肚皮就行了。"我问："你种 3 亩小麦，年产才 1500 斤，交掉 500 斤，家里只剩千把斤小麦，而你家全年要吃掉 2400 斤小麦，这是怎么个说法？"他说："这几年都得购买一部分。是否买那么多，实在记不清楚。红薯收获时，就多吃一点红薯，有时在馍里掺一点玉米粉。我家有孩子、老人，我又有点其他收入，平时还是以小麦为主。我村人多地少，光吃自种的小麦是不够的，通常将小麦与玉米、红薯等杂粮混合着吃。条件好的以小麦为主，条件差一点的，玉米、红薯的比重占得大一些。这几年反正肚皮是能填饱的。"

因座谈气氛十分坦诚融洽，转而谈及农民负担、计划生育与超生罚款。这位憨厚壮实的村民说："种地纳粮，农民自古就有这个习惯。前些年农负不重，这几年逐渐加重了点，多数村民们能承受，但有些缺劳

力、有病的纯农户，确实感到太重了一点。计划生育，谁都说要搞，我村人多地少，现在还可以勉强凑合，再生下去，饭都吃不上了。这个道理谁都懂。问题是，农民生了一个男孩，想再生一个女孩；生了一个女孩，必定想再生一个男孩。没有男孩，便是绝户。这是农民最担忧、最害怕的事。既然超生，便得罚款，自作自受，都认了。问题是超生罚款越来越重。如今超生一胎，罚到4100元，分7年还清，每年得交近600元，实在难以承受。村里的贫困户，除有病、缺劳力的外，差不多都是被超生罚款罚穷的。"又问及村里的超生情况，他说："很普遍，有超生一胎的，也有两胎甚至更多的。为了逃避超生罚款，超生的人家往往隐瞒人口，附近各村这类'黑孩子'不少。"我问本村大概有多少，他说："如今农户各管各的，说不准确，一二十个是有的吧。"我问："乡里对这一情况清楚吗？"他说："谁知道他们清楚不清楚呢？"我问："村支书、村主任该清楚的吧？"他说："村支书当然是清楚的。但睁一眼、闭一眼，不是亲，便是邻，得罪谁去？况且他自己的儿子还超生呢。"

▶ 6月3日 难以统计的"黑孩子"

今天想对该村的超生及超生罚款状况做进一步的调查。昨晚，李氏的两家东邻妇女为小孩儿打架而发动了一场持续将近一小时的舌战，结果引来七八个妇女与一二十个小孩子前来观战。(男人对女人间的吵架，一般不出来劝架，更不出来助战。当地风俗如此。)在这一群小孩子中，"擅自"出生者恐怕不在少数。但要全面准确地统计出全村的"超生"人数，几乎是不可能的，农民怕罚款而隐瞒超生，乡村官员怕丢乌纱帽，也要隐瞒超生，所以只能采用迂回调查法。

上午，李氏帮我们请来了该村一组的村民组长，要他向我们提供全组各农户的**年龄、性别、文化程度**及**兼业状况**。说是调查农村剩余劳动力外出打工的情况。从家庭代际结构与年龄、性别这三个信息中，就能统计出各户的超生人数。

该组共40户，192人（其中22人已出嫁，婚嫁距离在5公里范围之内），户均4.8人，若除去已嫁者，户均4.25人。全组10岁以下儿童（包括10岁）共31人，其中属于超生的16人，超生率近52%。在16个超生者中，超生一胎者12人，超生两胎者4人，该组40户农户中，每户都有一个或两个劳动力从事兼业。已婚妇女全部在家务农、照料家务，丈夫（老年除外）与成年的儿子基本上各有非农兼业。兼业范围甚广，如从事缝纫、饮食、家电修理、家具、运输、砖窑、鞋帽、孵化小鸡、采煤等。从距离上说，远至北京，近在本村。这位组长说，本村人均耕地只有七八分，不足一亩。光靠农业这点收入管住肚皮也算不错了。如今农民用钱的地方越来越多，买农药、化肥要钱，小孩儿读书要钱，盖房起屋、结婚更需要钱，因此，家里凡有男性劳力的，都得到外面去挣钱。至于到什么地方去，寻找什么职业，那得看各人的关系了。挣多挣少，看各人的本事。有的外出打工半年，连个回家的路费都没有，有的能挣个三四千元。打工收入很不稳定，一般说来，一年打工六七个月或七八个月，挣个两三千元也算不错了。

下午，李陪我们去访一家"贫困户"（事先已征得户主的同意，该户主靳姓）。该户没有围墙，正屋三间陈旧简陋的砖瓦房，右侧是一间土坯砌成的厨房，已十分破旧，正屋左侧有两间新盖不久的砖瓦房，也很简易。三间正屋之内，除了三张破旧的木板床及堆放其上的破被旧衣，以及一些农具杂物外，也就没有什么了，可谓家徒四壁。在新盖不久的两间砖瓦房内，也有两张木板床，收拾得稍微干净一点。另有一台老式织布机，据户主说，在20世纪六七十年代，村里还有不少农户拥有这样的织布机，如今已不多见了。我问户主："这台织布机是否还在使用？"他指着床上的床单与几件衣服说："这都是自己织的布，可以省几个钱。"在土墙已开裂的厨房内，只有一灶、二锅、一面板、一擀面杖而已。揭开大锅一看，里面有七八个掺杂着玉米粉的馍馍、一碗黑色的咸菜。在由正屋、灶间及另两间新屋围成的庭院内，他的妻子与女儿们正在加工其兄从附近棉纺厂购来的棉纱。所谓"加工"，即把各种颜色的细棉纱合成一股，然后在两根插在地上、相距四五米的木柱上来回缠绕，两个女孩各执一木柱，妻子来回跑，很是劳累。加工后的棉纱，由其哥运到邻县集市去销售，一部分用于自己织布。户主说，近几年来，邻县的土布市场日益衰落，自织土布主要供自己用，很少出售了。

他一家有5张床，或许有许多孩子，**我带着照相机，提议给他全家合影（因为院里还有不少邻里的小孩儿），他拒绝了**。于是请户主到李氏家去聊天。问及家庭经济及超生情况时，他先是吞吞吐吐，不久便消除顾虑，一吐他讳莫如深的家庭隐私。其实，这也是他的邻居（包括李氏夫妇）甚至全村替他守着的秘密：**超生四胎！**

他现年42岁，妻子40岁。15年前结婚后，妻子一连给他生了**五个女孩**。"我只想要一个男孩。谁知生来生去还是女孩。"他说，去年乡计划生育人员把他妻子抓到乡政府给结扎了，方死了生男孩的心。但他还是东借西凑5000元，托人买了一个两三岁的男孩。（向谁买，怎样买，

我没有问。）全家共有六个孩子：长女现已 14 岁，二女 12 岁，三女 10
岁，四女 8 岁，皆超过学龄，但因家贫无力送她们上学。在乡政府计划
生育办公室的名册上，只记着他超生两胎，并只按超生两胎罚款，共罚
款 11000 元。在户籍登记册上，他一家五口，分得五人的承包地，并按
五口缴纳各种税费。其余三人不在户籍，因而是"黑孩子"。他们没有
承包地，也不用缴纳各项税费，更"逃避"了高额罚款。这便是这对夫
妇一直生活在警觉与惊恐中的原因所在。

这对终年辛劳、不得休息的中年夫妇，唯一的生活目标是养活六个
孩子，根本没有能力供他们读书求知了。我粗略地估计了他家全年的收
支状况：五人承包 4 亩耕地，全年的农业收入为 2000—2500 元。农业外
收入有两项：一是棉纱加工，全年在 1000—2000 元；二是孵小鸡出售
（李说他是孵小鸡的能手），每年收入在 1000—1500 元。这样，全家全
年收入在 4000—5500 元。全年农负是 860 元，超生罚款 786 元，共计
1646 元。这样用于家庭日常支出的钱在 2354—3854 元，或说 3000 元左
右，年人均 375 元，每月只有 31 元。能填饱肚皮，实属不易了。他说，
他家全年几乎不吃肉，不吃油。

我望着这位被劳累与贫困压得精神有些麻木的中年村民，实在说不
清内心的感受是悲哀还是同情。我对这位拖着六个孩子的父亲说："你
生了那么一大帮孩子，整天为填饱他们的肚皮而操心，为对付上面来的
检查而担惊受怕，被 14 年的罚款而搞得贫困不堪。你们夫妇为了生个
男孩而把自己搞到这个地步，还有什么人生乐趣呢？再说，你们夫妇俩
一年到头拼死累活地干，只能对付全家八张嘴巴，再也没有力量送孩子
去读书。在现代社会，你养的一群女文盲只能配一群男文盲啊，她们将
永远在社会底层苦苦挣扎，没有知识与能力改善她们的生活，到那时，
五个女儿都回家来指责你这个父亲：为什么要把她们生出来？为什么让
她们成为文盲而受穷？到那时，你将何言以对呢?!"此刻，他的眼眶似
乎湿润起来，默默地低下了头，一语未说。

事后，李氏对我说："你把计划生育的道理讲到农民的心里去了。

如果公社干部（在乡村，依然可以听到农民把乡政府称为公社，把村民称为社员）能到村里来开个社员大会，对农民也说上那么一番道理，他们是听得进去的。可惜，如今的干部只知道罚款。"我想，村民的传统生育观念毕竟是村落内传统生存方式的反映，在传统的生存方式发生重大变革之前，传统观念能否通过宣传教育而得到转变？"导之以德"固然重要，"齐之以刑"也出于无奈，更何况重罚之下，超生一胎依然十分普遍，不生出一个男孩不肯罢休的农户，往往有之。

* * *

傍晚时分，李氏陪着我们逛村落，访农户。

该村各农户的住房、庭院结构十分相似，三间砖瓦平房坐北朝南，室内各间并无板、墙间隔。除了床与吃饭的方矮桌及几只矮凳外，很少有其他像样的家具。衣服堆在床角，或是挂在绳上，只有少数农户拥有衣柜衣箱。做厨房或贮藏室用的配房，往往坐东面西。厨房内有土灶、擀面板、水缸一类的东西。燃料通常是棉花秆、玉米秆或麦秆，并不烧煤。多数农户有猪栅、鸡栏，还有一台手压式水井。庭院内都栽有泡桐树，多少不一。庭院的围墙大多是低矮的土墙。庭院一般占地 0.5 亩，在整个村落内，还有不少荒废着的宅基地。李告诉我，**近十年来，整个村落的面积扩大了整整一倍。**令我感到惊奇的是，**这个人均耕地不足一亩的村落，每个院落为什么要占那么大面积？村落内为什么还有许多荒废的宅基地？**李说："小麦、玉米登场脱粒、扬晒都在院子内。村内的老宅基地是祖上传下的，归各子孙所有，别人不好去盖房。村里没有好好规划，也是一个原因。"

行至村北，有一条东西向的地上水渠，长数百米，渠南是小靳庄，渠北是该村的麦地。我们沿堤坝向东走去。堤坝高低不平，有些地段被挖开，有几段渠底被挖得很深。看得出来，这条两旁种着杨树、槐树、泡桐的渠道已废弃多年。我问老李，这条水渠为什么被搞成这个样子？他说，前几年整条水渠被分掉了。他指着渠北的麦地说，谁家的承包地对着的那段渠道，就是属于谁家的。我问："水渠怎么能分，分了又有什么用？"他说："反正水渠没有水，分掉了，可以取土填房基。"原来如此。统一的水渠也能分，中国**农民分的劲头和分的彻底性**实令我惊叹！是啊，毛泽东不就是利用农民均分土地的强烈要求发动土地革命的吗？而他将农民重新"合起来"的路，走得又何等艰辛。一旦中央对"分还是合"开始犹豫起来的时候，我们的农民就动手分掉集体的一切家当了。在这里，连水渠也切成一段一段地分掉了。

然而，这条水渠的东端数百米不仅没有被分掉，且土渠被修成水泥渠。原来，那一段是与小靳庄村相邻的董园村的水渠。我们沿着水泥渠走到东端尽头，看到有一个抽水站，站下有一条宽四五米的河道。老李说，这条河道直通黄河故道，常年有水。得到黄河水浇灌的董园村的大批小麦，长势比小靳庄村的小麦好得多。董园村的小麦平均亩产七八百斤，而小靳庄的小麦平均亩产只有 500 斤左右，两相比较，相差二三百斤。当我们踅而回到两渠交界处时，恰有四五个村民在那里聊天，于是我与他们谈起水渠的事来：

"你们这条水渠是哪年修造的？"

"七八年了吧"，"大概是 1988 年开始修造的。"

"什么时候废弃不用的？"

"已有四五年了。"

"东边水渠里的水，为什么不流到你们的水渠里来呢？"

"董园村的人不让我们用他们的水，**有什么办法呢!**"

"你们可以与他们商量啊!"

"商量？不中（没有用的），俺村干部不行，**他们不去说，叫我们怎么办？**"

"村干部不行，你们也可联合起来，开个会，商量个办法嘛。"

"要我们商量啥？"

"他们浇上水的麦子，亩产可达七八百斤；你们这边的小麦，亩产最多 500 来斤。如每浇一亩地，给他们 50 斤麦子，你们每亩不是还可增收 200 来斤吗？每亩给他们 50 斤麦，总肯让你们用水的吧？"

　　四五个村民讨论开来，但我没听清楚他们说什么。返回的路上，老李对我说："即使我们出钱买水，他们会在那边放闸偷水，你有什么办法?"我说："放水时，可派人看守啊，整条河渠才几百米，派一个人就解决了。"老李说："**那也不行**。他们会说，你们的水经过我们的土地，我用你一点水，还要计较吗?"他的结论是："**如今分田单干，各人有各人的打算，谁也不管这码子事。反正全村都浇不上水，靠天吃饭，大家都没有话说。**"

　　同一条河渠，分成两段，分属两个行政村：一个村把水渠割成一段一段，分配到户；一个村把土渠修成水泥渠，统一管理与使用。一个村小麦亩产四五百斤，一个村七八百斤。这是怎么回事呢? 问老李，他说："一个村的干部有能耐，一个村的干部不管事。"那么老百姓呢? 他们为什么不能联合起来商量个办法来解决问题呢? 为什么在需要合作协商的地方，我们往往能听到诸如"**没有人管**"或"**没有办法**"的答复呢? "没有人管""没有办法"或许是村落社会内最为普遍的一种心态，我们千万不要低估这两句村民习用语的文化学含义。"没有人管"，是说"**要有一个人来管他们**"；"没有办法"是说**他们无力通过合作协商想出一个办法**，而只能靠"别人"来替他们作主。看来，董园村便有这样一个替村民作主的人。明日决定走访董园村。

▶ 6月4日 "能人"与"村霸"

访董园村村支书。

李氏与董园村村支书相善。当我们提出往访董园村村支书时，他一口应诺。当然我们也带着乡里开具的介绍信。这种"公私兼顾、上下结合"的"入场"方式，很是有效。

董园村与小靳庄村一样，既是一个自然村，又是一个行政村。两村之间相距三四里地。董园村以东，便是山东省曹县地界。从村民院落的围墙与住房结构上来看，董园村的经济状况似乎比小靳庄好一些。村支书的住宅院落与周围的村民相比，似没有什么特别的地方，只是客厅内有两排对放的简易沙发，中间一张茶几及一排起间隔卧室与客厅作用的简易衣柜略显出一点差异：这也是招待经常来访的乡干部们所必需的。唯一能显示他与众不同的大概是那辆停放在门口的摩托车。

这位具有高中文化程度的村支书，年近40岁，看上去很年轻。这位为创办村集体企业而转过大半个中国的村支书，其见识与抱负确实高出普通村民，他不仅能"管事"，且有"办法"。下面是这次的访谈纪要。

一、全村人口与耕地概况

全村206户。关于人口，村支书报了两个数，一是乡农经站统计的数目：827人。这就是说，村提留、乡统筹及其他各项税费是按这个人数摊派的。一是乡计划生育办公室统计的人数：856人。由于土地承包制一定数年不变，在这数年内新增的人口，因无承包地，从而不缴纳各项税费与农负（超生罚款除外）。一般来说，全村现有实际人口要略超过乡计划生育办统计的数目，因各村都有若干为逃避超生罚款而隐瞒下来的"黑孩子"。全村耕地789亩，那是推行土地家庭承包制那年定下的，这些年，由于修水渠、道路，村民新盖房占去一些耕地，现有实际耕地多少，并未清查丈量过。人均耕地，名义上将近 1 亩（789÷827），实际上只有 8 分多一点。

二、全村的姓氏与宗族

全村 206 户，只有两户刘姓，余皆董姓，基本上是个单姓村，董姓属同一宗族。明朝永乐年间从山西洪洞县迁移此地。村支书说，20 世纪 80 年代挖沟开河时得一古碑，证明此说为真。这就是说，董氏宗族明初从山西迁移到河南，最早的落脚点便是董园村一带。经数百年繁衍，董氏各支脉散处兰考县内若干村落，有一支流入山东曹县张湾乡。自 80 年代以来，散处河南、山东各乡村的董氏子嗣纷纷来此寻根，并从保留在本村的古碑与旧族谱续各支脉的家谱。据此估计出董氏子孙，现近 2 万人。

村支书说，董氏不仅保存了完整的**族谱**（1980 年重修过一次），而且一直有**族长**。在这一带各大姓中，这是一个十分普遍的现象。他们把族长称为**"大家长"**，由辈高望重者充任。大家长至今行使两大职能：一是主持同族的婚丧仪式；二是协助村委民调主任调解同族各家之间或家庭内部的冲突。一般而言，大家长并不干预村委的工作。

三、出任村支书的家族背景

村支书说，如今出任村支书，必须具备三个条件：一是下有家族势力的支持（他所谓的家族主要是同一父母的若干兄弟），二是上有乡政府的支持，三是个人的能力。他说没有上下两头的支持，做不了村支书；孤门独户者，做不了村支书，因为受到大族或同族内大家族的抵制而无法执行、推动乡政府的各项政策；没有个人能力，做不好村支书，"你不能带领村民致富，他们就不会拥护你"，他说。

这位村支书恰恰具备这三个条件。其父原是大队会计。其父母共生有六男一女。姐夫在兰考县工商稽查大队任职；村支书是长子，高中毕业，现年 39 岁。大弟开封师专①毕业，现任兰考县财务办公室主任；二

---

① 即开封师范高等专科学校，已于 2000 年并入河南大学。

弟郑州农学院毕业，现任驻马店市某农场司法员；三弟河南大学毕业，现任兰考县政府秘书办主任；四弟高中毕业，现在乡财政办任职；五弟现就读于开封税务学校。这位支书在自报家门时，很是自豪，说："**我们在县、乡政府，在财税、司法、工商部门都有人。**"的确，在村民眼里，这一家族不仅人丁兴旺，且势强力壮。在乡政府眼里，有这样家族背景的人出任村支书一职，实属理想。

这是一个十分典型的案例，**说明在中国广大乡村的行政村一级的政权与家族权相结合的一般趋向。**这是一切研究乡村政治的学者必须首先加以重视的现象。**行政村的干部，只是一种职役，而非官职。该职位的权力名义上来自乡政府的授予，实际来源于家族势力的支援及其本人秉公办事的德与才。这是村政权与家族相结合的最为深刻的根源。**在这种情况下，容易产生两种不同类型的村干部（尤其是村支书），一是替村民作主的"能人"，二是役使村民的"村霸"。在宗族共同体意识较强的单姓村内，似乎较多地产生第一类人物。在若干大姓并存，或杂姓村内，容易产生第二类人物。当然，这个结论尚待进一步调查研究。

四、董园村村支书的经历与抱负——一个村落"能人"现象的个案

董庆献，现年39岁，高中文化程度。1986年任村会计，1990年出任村支书。"本村地少人多，靠天吃饭，最好的年成，平均亩产不过四五百斤。为彻底解决村民的温饱问题，并能腾出一部分土地来发展高效农业，首先必须提高单产。要提高单产，必须修水利，这是一个简单的道理。打井灌溉，我们这里成本太高，因为450米以上皆是苦水，450米以下才有甜水。在我们村东数百米处，有一条黄河古道，常年有水。若开一条河引水至村边，再建一引水站，便能实行引黄自流灌溉。1988年，村委由我负责实施这一计划。这一计划的实施，主要有两大困难，一是说服县水利局投资30万元；二是说服邻里的乡村、农户，让我们在他们的土地上挖河引水。

"因为我在县里有亲戚，说服县水利局来此考察还是比较容易的，但在县水利局资金十分紧张的情况下，投给我们 30 万元，可不是件容易的事。1988 年冬，县水利局派人来考察，跑到黄河故道一看，河水太浅，认为开了河也无水可提，说我这个计划行不通。我当时不顾一切跑进冰冷的河心，双脚跪下，河水及胸。水利局的同志或被我的诚意所感动，或以为黄河故道在冬季也有一两米的水位，终于当场同意拨款。困难的事情还在后头，因为我们与邻县分属两个省，加之分田单干，土地全分到各农户，要动用邻省、邻县、邻乡的土地本来就很难，何况得占用农户的承包地。我公私兼顾，到曹县水利局、邻乡水利站找负责人谈，又通过亲戚朋友找沿途的农户谈。往返百余次，终于打通各种公私关系，总耗费 3.5 万元。这笔钱是向村民集资的，他们信任我。1989 年，我们挖成一条数百米的河渠，建成一座引水站，一条百余米的地上干渠。全村数百亩土地实现自流灌溉。自 1990 年以来，我村的小麦亩产均保持在七八百斤以上，玉米、棉花亩产也得到大幅度提高。"说到此，他提议我们去参观"我的水灌站"（其实，我们昨天就参观过了），因为村支书兴致很高，我们便跟随他去参观。

董庆献一边带引我们参观他的水灌站，一边欣赏着一片丰收在望的小麦——他把全村的小麦称为**"我的麦地"**，一边给我们计算该水利工程给全村带来的好处。他说："全村 789 亩耕地，每亩因得黄河水浇灌而平均增收 200 斤的话，全村一熟小麦就增收 15 万余斤，加上玉米一熟，共增收粮食 30 万斤以上。价值 20 余万元。投入 30 万元，三熟就能拿回来。水利投入实在是划得来的呀！"经他如此一算，我对水利投入与农业的关系也增加了一份切实的认识。

"粮食增收了，温饱彻底解决了，又有了水，我们便可分出一部分土地来发展高效农业。一是盖塑料大棚，种植各类蔬菜，每亩产值可以提高 3—5 倍，继而搞暖室种植，每亩产值可进一步提高。如今全村塑料大棚加暖室已有七八十个。"他指着村东头的一长溜高岗地说："这是黄河故道的堤岸，是我村的荒废地，只能种些树。今年，我们打算在此建 座窑厂，可以制砖瓦，土取用完后，在平地上可以再盖一些塑料大棚，或搞饲养业。这不是一举两得吗?"看来，这位村支书不仅能管全村的事，而且有一套主意，一套办法，一套发展计划。我一边听着他的谈话，一边却思索着这样一个问题：在中国的村落文化中，何以能产生这样**德才兼备**的人物呢?（所谓德，仅指愿为村民办好事、办实事；所谓才，指有能力替村民办事。而他们的主要报酬在于村民的感激与拥戴。）

返回村支书家，支书硬留我们吃顿便饭，由于言犹未尽，故客随主便。饭后继续上午的话题。

村支书接着说："搞水利，能解决村民的温饱问题，但要真正地脱贫致富，只有发展工业。无论是私人的还是股份制的，抑或是村集体的，都行。说实在的，我是全村第一个想搞工业的人。远在1985年，我就投资10来万元办起泡桐板加工厂。兰考一带，村庄里、田野上到处是泡桐树，办一个木板加工厂，就可以就地取材。我向银行贷一点，向亲友集资一点，自己出一点，凑齐10万元，然而由于技术问题解决不了，结果失败。紧接着转产石膏天花板，因为我看到城里人都用它来装潢天花板，又是技术问题导致失败。我欠了许多债务，但学到了一些办企业的经验，即**在创业阶段，一定要搞技术上有把握且投资少、见效快的东西**，于是转向室内装潢。起初只有3个人，到1990年我任村支书时，我的装潢公司已发展到50余人。如今分成两个装潢公司，每个公司年利润10万元左右。"

村支书又说："我是一个不肯认输的人。创小业，做小难；创大业，做大难；不创业，做穷难。与其做穷难，不如做大难。1990年我任村支书后，投资100万元（贷款50万元，集股50万元）再办泡桐板加工厂。这次技术问题终于解决，如今有工人60人，加工好的木板出口到日本。为适应村民建房用砖需要，我们又以股份制形式办起一家窑厂，现有职工七八十人（今年我们想再办一家窑厂），同时积极鼓励农户办皮毛加工厂和复制品厂。虽然这些企业规模很小，管理上、技术上都比较差，但这是我们这些祖祖辈辈靠土地生活的农民第一次办起企业，第一次走出村庄，与外部世界发生广泛的联系。就我本人而言，为了办企业，为了推销产品，几乎跑遍了大半个中国，北至济南、青岛、天津、北京、丹东与哈尔滨，东至无锡、苏州与上海；南至广州，西至开封、兰州、洛阳、西安和宝鸡。确实是见了世面。如今，村里的大小企业与高效农业吸收了全村绝大部分剩余劳动力，还有110人在天津、广州一带打工。随着村办企业的发展，这些外出打工的人肯定会陆续回来的。"

令这位村支书颇为得意的是，1995年，董园村修成全县第一条村级柏油马路。他说："要发展农业，必须搞水利建设；要发展村办企业，必须修路。在兰考，县与乡、乡与乡之间的路面已经硬化了，但乡与村之间还是土路。平时高低不平，雨天无法行驶。我村到X乡政府有4公里土路。到邻县大寨乡的公路有1公里的小道。所以修柏油路有两种方案。一是直修到X乡，一是与山东曹县的大寨乡接通。第一种方案的好处是有现存的土路，但路长、投资大，乡政府没钱，邻村也不愿集资，要我们一村出钱修路，供大家使用，我们不干。第二种方案的优点是投资少，只需8万元，但要征用邻乡、邻村的土地，难度很大。为了说服他们同意我们修路占地，我上下游说，请客送礼，来回跑了百余次，总算大功告成。"

村支书说："经过六七年的努力，本村的温饱与住房问题已经解决了。当然吃穿与住房还有个提高质量的问题。全村206户中，黑白电视机基本普及，拥有彩电的有30户。全村有摩托车10余辆，三轮拖拉机30余辆。全村有20万元积累的有2户，10万元左右积累的3户，四五万元积累的10户，一两万元积累的约50户。农民有了钱，首先考虑的是改善住房条件。到20世纪80年代末，全村的土坯草屋消失了，全都住进了砖瓦平房。这几年开始，青年结婚，要盖楼房，或更高大宽敞的新式平房了。新一轮的住房改建，在本村刚刚起步。再过几年，我们可能达到小康村的水平。"

访谈结束后，村支书陪我们去参观他的泡桐板加工厂。路上我问他："如果你离村出走，会出现怎样的局面？"他十分自信地说："**百分之**

百会垮下来！"

五、一点思考

土地家庭承包制的推行，恢复了家庭传统的经济职能。重新分散独立经营的农户，在农田水利基本建设，在产前、产中、产后的活动中，在剩余劳动力合理使用方面，有着相似的处境、利益与困难。**值得研究的问题是，中国农民对关系到自身利益与困难问题的处理方式或行为方式是怎样的。**一般来说，各农户都力求自己解决。如各种农具尽可能备齐，做到小而全，不求他人，他们不以为这在经济上是一种浪费。若家庭内无法解决，则求助于亲友的私人关系网络，村民间的"人情往来"，其实是一种非市场的物资与劳务交换体系。小农经济是不是上述行为方式的充分原因，我还不太清楚。但这种在中国农民中普遍存在的行为方式，却有力地阻碍着从农户的**相似处境、利益与困难**中产生出或说上升为**共同的利益与困难**。缺乏这种共同利益与共同意识，当然也不可能产生解决这种共同利益与困难的**有效方法与组织**。在长达数年的农村调查中，我十分注意这一问题，希望看到分田单干后的村民在平等协商的基础上建立某种合作组织，以解决各分散农户做不了或做不好的各类事务。但至今没有发现这样的案例。

在中国广大村民中，**自己的处境、利益和困难与共同利益和困难之**间，**似存在一条难以跨越的鸿沟。"没人管事"**与**"没有办法"**之所以成为广大村民的习惯用语，是上述状况的反映。不过，在村落文化内部，有时会孕育出一种"能管事"且"有办法"的人物，这种人物绝不是村民协商选举产生的，而是自己冒出来的（这种人物与村落文化背景到底存在什么样的内在联系，我说不清楚）。这种人物一旦产生，就有能力认识全村的共同利益，并有能力带领村民去实现这种共同利益。这种人物越是无私，越是能代表共同利益，便越能赢得村民的信赖与尊重，从而凝聚起一股强大的集体力量，他的威望与智慧成为公共事业发展的基本保障。董园村的村支书是否是这样的人物，一次专访，单方面的谈话不足以证明。但从李氏对他的评价及村民遇到他时流露出来的尊重来看，他似乎可以归于这一类人物。陪同我调查的李老师说，河南临颍县南街村的王洪彬、巩义市竹林村的赵铭恩、新乡市小冀镇的刘志华就是这样的人物。

问题是，这样德才兼备的"能人"，毕竟是可遇而难求。相反，利用掌管村公共事务的权力而谋取本家庭、本家族特殊私利的现象却甚为普遍。当家族势力与村政权相结合一旦以谋逐私利为目的时，"村霸"便产生了。在"不会管事"与"没有办法"的村民之上，凌驾着一个"替他们管事"的谋取私利，甚至巧取豪夺的"村霸"。我不是说如今的乡村社会内，除了少数"能人"外，便是"村霸"的世界，而是说存在这一发展趋势。个别地方已经产生了"村霸"。近几年，新闻界对乡村"能人"与"村霸"现象有所报道，但似乎未引起理论界的重视。

我以为，对上述问题的研究，关涉到我国精神文明建设的方向与内容问题。一个方向是**大力培育德才兼备的"能人"，不是偶尔地产生，而是要提供大批大批产生这种"能人"的文化前提与制度保障**。问题是，通过发扬传统美德、集体主义道德与民主集中制的建设能达到这一目的吗？另一方向是把"不会管事""没有办法"的村民提高到有办法、有能力管理自身公共事务的现代公民。问题是，在村民传统的生存方式没有根本变化之前，通过民主与法制建设能达到这一目标吗？

在此，我向一切关注中国传统与现代化关系及中国未来发展的人们，提出这两个问题。我承认，我现在还无力回答此重大问题。

▶ 6月5日 访农民企业家蔡化幸

小靳庄南面数里处，便是董堂自然村。李永成说，该村有位村支书是兰考县著名的农民企业家蔡化幸，半年前他来 X 乡调查时，与其相识，既然研究村落宗族与"能人"现象，何不便道访一访？曾多次受到省、市、县领导接见、表彰的"农民企业家"一定是个大能人。上午，李永成独自去商量会见的时间与地点。

下午 2 时，我们如约赶到设在村集体企业——光华鞋帽公司——内的村委会。在村委会等了半个多小时，不见这位总经理兼村支书的踪影。李永成说，乡下人没有准时赴约的习惯，除非上级官员来检查工作，他们才不敢怠慢。在此干等，不如直接到他家去。

这位"农民企业家"的家，堪称一流的"府第"：临街而建，坐南面北。一排七大间，高大无比。中间门楼独占一间位置，左右各三大间。红墙灰瓦，很是气派。进得门楼，一条很大的狼狗突然蹿出，狂吠不已。幸而铁链锁颈，东奔西突，犹令人心惊胆战。庭院内与门楼相对处有一照壁，照壁前栽有数株石榴，满枝红花；照壁之后，栽种各色月季，争芳斗艳。庭院之东西两侧，各有一幢三间开平房，亦甚高大宽敞。庭院南墙之外，是一片树林，高大的桐杨树木，荫庇府旁。主人闻讯，出来叫住狼狗，把我们迎进客厅，客厅内沙发茶几，台桌香案，甚为干净。卧室与客厅相连，各式家具，一应俱全。全村唯一的一部私人电话，亦安装在主人卧室之内。在此穷乡僻壤，有此豪华府邸，富甲一方，令人惊奇。

宾主坐定，李永成递过乡里开具的介绍信，说明我们的来意。我提的问题是："在迅速发展的乡村集体企业的背后，都有一位起主导作用的"能人"，这种"能人"有带领村民共同致富的信念，又有创办集体企业的能力。这种"能人"何以能在各自发家致富的村民中产生出来？

具备什么样的条件，才能促进这样集体致富的带头人大量地产生，而不只是个别现象？"坐在一旁的蔡氏儿子——现在开封大学文秘系读书的大学生——立即领会了我的意思，对其满腹疑惑的父亲说："这位教授所提的问题水平之高，不要说在开封大学，就是在河南大学也是没有的。"他的这番恭维话，大概只引起其父对我来访的重视。这位善于挣钱的总经理似乎不善于理解我的问题，自然也不会理解他儿子的话。于是我转而请他介绍本村及企业发展的情况。访谈纪要如下。

一、宗族、自然村与行政村

在介绍董堂村的概况时，这位村支书是从宗族分析开始的。他说："董堂村是个大自然村，全村有 3 个大姓——董、蔡、赵，另有 16 个小姓、杂姓。董、蔡、赵三姓人口约占全村人口的 80%，三大姓之间的人口比例大致相等。三大姓都是明初从山西洪洞迁移此地的，如今各有族谱，有大家长。族谱在 20 世纪 80 年代重修过一次。按规定，族谱每隔二三十年重修一次。"

"1988 年前，整个自然村划分为 3 个行政村。1988 年后，乡政府将 3 个行政村合为 1 个行政村，我出任村主任。合了 2 年，又分为 4 个行政村：董东村、董南村、董西村、董中村。我出任董中村的村支书。董中村近 700 户，2600 余人，其中蔡氏姓占 80% 左右，余为 9 个杂姓。"

我问："行政村分分合合，合合分分，是否与各宗族矛盾有关？"这位村支书对此做了肯定的答复："合成一个行政村，乡政府的出发点是好的，但村委人选很难安排，也很难协调工作。"他说："台湾有名的蔡氏兄弟集团在 20 世纪 80 年代末到河南开封来寻根。据统计，在开封市范围内，蔡氏共有 8000 余人。迁来河南的蔡氏始祖很可能就落脚在我村。前些年，为了吸引蔡氏兄弟来开封投资，市里决定建立蔡氏研究会。主要考证台湾蔡氏与开封蔡氏，尤其是我村蔡氏的关系。我是蔡氏研究会的副主任。"

农村的改革开放（分田单干，乡村企业，市场经济，劳动力的全国性流动）是促进了村民固有的传统祖先意识、宗族意识与人情往来的增强呢，还是加速了传统文化的弱化？**如今看来，向前的"弱化过程"与向后的强化过程同时发生。**血缘或准血缘关系及建立于其上的习惯行为方式怎么会向两个不同方向同时运动呢？是否是一种**旧瓶装新酒**现象呢？这需要做进一步的调查研究。

二、村支书的创业史

现年 48 岁的蔡化幸只有小学五年级的文化程度。但这位精明的村民在分田单干时就意识到，光守着几亩土地是永远富不了的。当地村民在冬季有戴帽子的习惯，于是在分田单干的第三年（1986 年）他就办起全村第一家私人帽厂，雇用七八个人在家制帽，自己到处搞推销。1988 年，董堂村合为一个行政村，"乡里要我出任村主任。我一年大部分时间在外忙碌，顾不上村里的事，答应每年拿出 1 万元给村委，多少解决一点村委的财政困难"。1990 年，行政村重新划分，"我出任董中村村支书，决定搞村集体企业。乡政府也有这个要求。我先带了村委几个人到郑州西部、山东烟台、江苏江阴去考察当地的乡村企业，让他们的头脑开开窍。1992 年筹建村集体帽厂。当年投资 40 余万元，全部是私人集资（按：其实是村委及村支书亲属共计 12 户的股份合作制企业，挂名村集体企业），村委并无资金投入，但规定占 40% 干股（按：建厂的土地是村集体的）。1993 年投产，获利税 17 万元。村集体得利部分，用于减免村民的农负，平均每人减免公粮小麦 30 斤（按：原规定人均上交 100 余斤公粮）。1994 年再按上述方法办同样性质的企业，村委利用集体所得免除村民的大部分农负。1995 年再建一厂，村委免除了村民的全部农负。"我问共减免多少钱，蔡说约 100 万元。我粗略估计该村全部农负的款项，以人均夏粮小麦 100 斤，秋熟征钱 30 元计，人均近 120 元，全村 2700 人，全村农负总额是 32.4 万元。由此可见，蔡在夸耀他的政绩时，有不少虚夸成分。

蔡支书继续说："1996 年，在老厂内又增设一针织厂，**我一年办一个厂**。截止到现在，四个厂的总投资规模已近 1000 万元，其中贷款 25%，1995 年利税达 100 万元。"我暗自思忖，这位声名卓著的农民企业家实在是信口开河：总投资近 1000 万元，其中 25% 来自银行贷款，说明他们的自有资金是 750 万元，这笔巨款来于何处？在短短的三四年内，靠这几个小帽厂能挣那么多钱吗？事后，一位乡干部证实了我的怀疑。其实，他的四个厂，是同一企业内的四个车间，总投资约 300 万元，其中绝大部分来自银行的贷款，能够搞到贷款，确实是他的本事。

在 X 乡 29 个行政村中，蔡化幸说只有 7 个行政村有村办企业。在 7 个有村办企业的行政村中，以董中村的规模最大。从 1992 年始，一年办一个厂，且办一个厂成功一个厂，这样的发展速度在全县范围内是没有的。因而他迅速获得"农民企业家"的头衔。从乡、县、市到省，各级政府给他颁发了各种奖状、奖品。说到此，他到卧室取出一大堆奖状，足足有十几种！在各类奖励中，最令他兴奋的是 1995 年他被县、乡政府正式聘为**国家干部**，并享受副乡长待遇。（按：1995 年，兰考县专门拿出 10 个国家干部编制名额，授予带领群众致富的村支书。凡受此殊荣的村支书，其一名子女可以"农转非"。这位率先致富的村支书，在一大堆奖励中，唯独对此感到特别荣耀，反映了村民对改变自己**社会身份**的热切愿望。在他们的心目中，以"国家干部"为标志的**政治地位**远远高于以财富占有为标志的**经济地位**。这一观念，依然是十分传统的。）

三、村集体企业的性质

按照西方经济学的概念与分类，我们无法确定这类企业的特殊性质。蔡化幸创办的光华鞋帽有限公司（我去参观过这一企业），在名义上是村集体的。但这个**"集体"**，有时指**企业的若干投资者**，有时指**村委**，有时指**全村村民**。从理论上说，村委代表全村村民，但村委成员都是企业的大股东，其中最大的股东便是村支书本人。各分厂厂长及会计都是蔡本人的亲信，掌握着企业兴衰命运的供销人员都由蔡本人培养出来。蔡说："办企业的关键在于培养一批推销员。这三年来，我亲自带出 24 名推销员。我给他们规定产品的出厂价，而供销人员的全部车旅伙食费、工资、奖金都出在他们的销售价与出厂价的差价内，以此推动他们的推销积极性，全年在外奔跑，每个供销员平均每年可得纯利 2 万元，好的可达 3 万—4 万元。"各分厂厂长、会计、供销员只对蔡本人负责，故这样的集体企业，也可称为蔡氏企业。

的确，企业给村民提供了百来个就业机会，企业利润也给全体村民带来一定的实惠（虽然没有他说的那样丰厚），但此种类型的企业，因受到各级地方政府的保护与扶持，而使蔡氏本人获得远非私人企业所能得到的经济、政治及名誉诸方面的巨大益处。蔡氏踌躇满志地说："我要坚决干下去，除非身体不好，群众不支持，上级不让干。"

四、蔡氏的心愿

蔡支书说："我只有两个心愿，一是让我的四个孩子都受到大学教育，二是替村民办点好事。"现年 48 岁的他，生有三子一女。长子初中毕业未能考上高中，他自费送长子进河南某医学院，借宿于该院长之家。如今已取得医学学士文凭，在本村开医疗诊所。现年 25 岁的次子初中毕业，亦未考上高中，后当兵转业，安排到县工商局工作，一边读成人高校。第三子高考落榜，自费进入开封大学读文秘专业，尚未毕业，出路已安排好了：任县长秘书。幼女还在读初中，蔡氏在介绍其幼女时，特别强调她的学习成绩，在班上名列前茅。他指望她能考上大学。中国的科举制已废除了近百年，但"学而优则仕"的观念在稍有头脑的村民中，依然十分强烈。村民对子女教育投入的背后，是希望子女脱离土地与农民身份的急切愿望。

"能为村民办点好事，是人生最大的乐趣。"我相信蔡氏的这番自我表白多少是真诚的。董中村 80% 的村民是同一祖先的后裔，虽然分田单干后各家为己，但在这依然保留宗族共同体意识的村落内，似乎依稀残留着"守望相助，患难相恤，有无相通"的文化传统，在这种传统文化内，确有可能产生"想代表并有能力代表村民利益"的人物。至于代表村民群众利益的程度，则完全视具体个人而定。当然，这类村落领袖的利益视野很少越出"本村"之外。

▶ 6月6日 "为官一任，造福一方"
——参观焦裕禄陵园

原打算就下列三大问题做进一步的调查：一是董堂村的宗族问题（包括各大宗族与行政村分合及村委人选的关系、各大姓之间及各大姓与杂姓之间的关系）；二是董中村村集体企业的资金、经营及分配状况；三是到乡政府调查乡财政、计划生育状况及与乡党委书记谈行政村中的"能人"与"村霸"现象。然而，由于下述两个原因，决定提前结束该点的调查。一是原先同意陪同我们调查的蔡氏父子一早到县城去了，原先同意再次接受我们采访的乡党委书记也要接待县上的检查，没空儿接受我们的采访。乡、村两级同时取消约会，不能不引起我的怀疑：他们是在有意回避我这个"来路不明者"。回避的指令或来自县里。同时与我们同车前来的李文升之女闹着要回开封去，她回娘家住了几天，与其弟发生口角。只身在外搞调查，实在是身不由己啊！

社会生活的真实，绝不会主动地向调查者敞开。"家丑不可外扬"与"熟人、陌生人之间的界线"，是村落文化内固有的两大特征。前者，家长、村主任、乡长们各自小心翼翼地遮蔽起来；后者，使一切陌生人成为"来路不明，形迹可疑"者。乡村社会生活的这种遮盖性与防范性，使得调查者难以自由"入场"，既"入场"，也难以畅通地获取所需的经验资料。西方社会学中常用的"问卷统计"调查法，在中国社会学研究中基本上是无效的。因为使得问卷法有效的基本前提——社会生活的敞开性和无防范性——在中国是不存在的，或说基本上不存在。我们的田野调查，且有层层防设，遑论问卷法了。

下午，由于李永成的联系，乡政府派车送我们至兰考县，再从兰考县搭班车回开封。当我坐上乡政府的轿车时，有一种被"客客气气地遣送出境"的感觉。下午5时，车到兰考，便道祭拜这位由于"为官一任，造福一方"而积劳成疾、死于任上的县长——焦裕禄。"为官一任，造福一方"的古代儒家官箴，至今悬挂在兰考县政府大楼的门楣上。

焦裕禄陵园占地数十亩。陵园正中是烈士纪念碑，从右侧拾级而上，便是这位已故县长永久安息之地。这位带领全县人民治风沙、治盐碱、植泡桐而劳死于任上的县长，理应受到后人的敬仰。在陵墓左侧，是新落成的焦裕禄生平事迹展览室，规模甚大，把我带回到一个曾经十分熟悉，如今已变得如此陌生的思想氛围中去。馆内各部分图片及说明，将焦裕禄精神概括为**"一不为名，二不为利，三不怕苦，四不怕死，一心为着人民的利益"**。我面对着这句20世纪六七十年代老生常谈到失去意义的豪言壮语，突然悟出了一番新意——其实是古意。

名、利，为人称之所好。世人竞逐奔走而不得休息者，为名利计耳。苦与死为人性之所恶，求生避苦，实乃世人之常情。畏死避苦，追名，逐利，即佛教所谓世俗，所谓红尘，所谓生死轮回，然市场经济却用之于自身运作的内在动力。不计名利，离竞逐，息攀比，禅宗所谓出世，所谓超脱轮回。为天下苍生治国平天下是儒家最高政治伦理信念，如今我们把它称为"为人民服务"。此谓儒学的入世精神。出世者未必入世，但唯有出世，方能入世，否则称为在世。所谓在世，即在名利、声色场内。**出世而入世，儒释合一乃宋明心学之根本要义。故"一不为名，二不为利，三不怕苦，四不怕死（即出世），一心为着人民利益（即入世）"，其实是释儒合一的现代表达方式。**不知儒释之要义，何能体悟这句现代口号之精神？而无儒释之境界者，又何能身体力行？回首中国古代官场，又有几人能身体力行？宋元明清的启蒙读物，公然鼓吹"书中自有黄金屋，书中自有颜如玉"。读书做官者，大抵如《红楼梦》中的贾雨村一类人物。而如包公，如海瑞，如板桥，如焦裕禄一类"为官一任，造福一方"的清官，实在难遇，更不可求。**现实政治所能期待者，一是当官而不作恶，二是作恶即能罢免。**这就是说，政治必须走民主化、法治化的现代之路。并非法治优于德治，而是德治不足凭信，唯有求助法耳。

晚8时，回河大招待所。旅途劳顿，早早就寝。

三、豫中之行——访名村

▶ 6月7日　闻名遐迩的南街村

上午，永成兄如约前来旅舍，商议下一站的调查行程。永成说，昨晚回校，即向党校正、副校长汇报了此次兰考之行。他们对我的此类调查甚感兴趣，并说这也是市级党校应该积极从事的研究。同时也为我的这种深入农村、深入生活的笃学精神所感动，让他积极配合我的调查工作，还要他向我传达两个口信：一是聘我做开封市委党校的特聘教授与调研处顾问；二是本月12日、13日到开封市委党校给全体师生做两场学术报告，报告题目由我自定。永成还说，学校为了配合我的调查，已减去他的大部分课程。中原人士依然保存那份古道热肠，只要他们认为你是一个可信赖的朋友，只要他们认为你所从事的调查具有意义，他们就会倾其全力帮助你，从不计较个人的报酬。

从今天到做学术报告的日期，还有六七天的时间。永成说，在这些天内，有两种可供选择的方案：一是陪我到开封县内任何一个乡（永成曾兼任开封县党委的顾问，故有此把握）调查乡党政机构、人员、职能的沿革及财政状况（这是我此次调查的一个子项目）；二是陪同我到漯河市临颍县的南街村去考察。被誉为"中原大地四朵金花"之一的南街村，闻名遐迩，我在上海已看过有关它的多篇报道，有誉有毁，疑者更多。作为颇具中国特色的"能人"现象之谜底，或许能在南街村找到。在我看来，这　谜底关涉重大。人们到底按照什么样的原则结合在同一个组织内？如何确保该组织持续有效地运转？如何分配共同合作所产生的利益？这不仅是经济学而且也是社会学、伦理学甚至是政治学与法学共同关心的大问题。夸张一点说，我们民族能否创造出具有中国特色的"社会主义市场经济"的新模式、新版本，似乎也与这一谜底有关。简单点说，我们透过"能人"现象，能否发现不同于西方人的东方人所特有的人际结合方式呢？于是决定，立即往访南街村。

如何进入"南街村"这个调查现场？在南街村，我们一无亲、二无友，连个熟人都没有。开封市委党校不少老师到南街村去参观过，但未"入场"调查过。看来只有通过党校系统层层下转。决定第一站先到漯河市委党校（永成在该校有几个同事与熟人），由漯河市委党校老师陪同进入第二站——漯河市委党校下属的临颍县党校，而后由临颍县党校校长陪我们进入南街村。主意已定，立即收拾行李，搭乘长途公交车前往漯河市委党校。

从开封到漯河市，路程不足 200 公里，一辆破车开开停停，停停开开，足足花了八九个小时才到漯河市。好在在南方丘陵地带长大的我，对如此广袤的北方平原景观还有一种新奇感，虽然它单调得几乎千篇一律。除了一望无际即将开镰收割的小麦，还是一望无垠的小麦。

在开封市境内，引黄河渠与水井这两种灌溉设施并存。出开封境界，基本上是机井灌溉，机井疏密不一，不少地方还是靠天吃饭。（沿途很少见到河流，更无塘池与湖泊，这与江南乡村是完全不同的。）以平房建筑为主体的村落，掩映在树丛中。此处华北平原的村落与江南平原相比，有两个特点，一是相隔距离较大，二是村落规模较大。**整个黄河冲积平原，有相似的土壤结构与气候条件，造成了相似的种植结构。在一个个相似的村落与住宅庭院内，居住着有相似心态、习惯与行为方式的村民。这或许是黄河文化高度同质性——既是空间上的同质，又是时间上的同质——的根源所在吧。**中华民族的统一性，有人说统一于对**历史**的共同认同，有人说统一于**政治**，有人说统一于共同的**文字**，我更愿意说统一于**村落文化**。在古代中国，除**村落文化**外，别无所谓**城市文**

化。然而，处于改革开放的历史性大潮中，中国村落文化的现状与命运又将怎样呢？要研究这一个大问题，得先有一预设的理论分析的框架，然而，理论架构又只能产生于艰辛研究之后。近八年来，我在这两个悖论之间来回奔波，至今依然在彷徨困惑之中。早过"不惑之年"的我，依然处于"惑"中，实在是愧对孔老夫子啊！

晚8时，抵达漯河市。车站一带新楼林立，宾馆甚多，街道宽阔，随便找一宾馆下榻。我住的那一楼面，一二十套客房，大概只有三四套租出，空荡荡的。问服务员，方知这一带宾馆皆然。一日颠簸，鞍马劳顿。到外面摊店胡乱吃过便饭，即回旅舍沐浴就寝。

▶ 6月8日　只能参观不能"入场"的南街村

上午8时，我与永成来到漯河市委党校。永成在校门口便遇见了熟人——一位40岁上下的党校女教员。我们说明来意后，她即热情地把我们引至校长办公室。这位中年校长对我们此行的调查计划与目的非常感兴趣，但在表示积极支持我们的研究工作的同时，他又说："对南街村做较深入的蹲点调查太困难了。南街村这一典型出在我市，我们市委党校本来就有研究总结的责任。我们多次组织人到南街村去调查，但都参观了一圈便回来了，实在深入不下去。"

一听此言，我们不免暗自吃惊：市委党校校长既可通过市、县党校系统，也可通过市、县、乡、村的党政系统进入南街村调查，如果他们只能"绕场转一圈"，那我这个外省市的"陌生人"，何以能"入场"调查呢？莫非声名在外的"典型"，设防更严吗？

于是向校长请教难以深入下去的原因。校长说："每天到南街村去参观访问的人络绎不绝。据说，1995年达到23万人次，平均每天有600余人。为了接待一批又一批的来访者，他们设有专门的接待办公室，对前来参观的人有一固定的接待程序：登记，送一份介绍资料，到录像厅看录像，然后自己沿街逛逛，打道回府。企业内是不允许参观的，因为要影响他们的生产。南街村的大小领导都忙得很，哪有时间来接待你，除非是中央、省市的官员前往参观，主要干部方出来接驾。他们见过的中央大官不在少数，我这个党校校长算什么官呢？他们的接待站主任出来陪你吃顿饭，算是看得起你了。而他们所谈的，与公开材料上所写的也差不多。"原来如此。

校长因校务繁忙，无法脱身陪我们去调查，他为我们挂了长途电话给临颍县党校校长，请他协助，另指派漯河市委党校教务处处长小高专程陪同我们前往临颍县。

临颍在漯河与许昌之间，离漯河约 30 余公里。搭上公交车，我们便与小高聊起天来。据他说，漯河是河南省对外开放的四市之一，原是个坐落在大沙河（淮河支流）之南的一座小县城。20 世纪 80 年代中期，列入对外开放城市，升地级市，下辖三县一地区，人口二三百万。近 10 年来，城镇人口从数万猛增至 20 余万。城市基础设施发展更快，新辟的街道，其车道、路灯、绿化皆按一流标准，两旁建筑颇具现代风格，俨然一座新兴的现代城市。宾馆林立，但客住率甚低；商店栉比，但销售额不高；商品房不少，但销售不动。问房价，曰：每平方米 300 余元。"如此低廉的房价，为何销售不动？"曰："漯河市职工的平均月薪不过二三百元，养家糊口，尚属勉强，哪有余钱买房？有购买能力者，毕竟是少数。"

我想，中国近 10 年来的城市开发，很多属于政府行为，在一定程度上并不是市场行为。由此而造成的经济、政治与社会效果，实在值得研究。市场经济内活动的主体是"**经济人**"，而"社会主义市场经济"内，起主导作用的却是"**政治人**"。我们要研究"政治人"在经济行为时的背后**观念、心态与利益**。现代样式的道路、楼房与内部装潢，通常被地方各级政府官员理解为"**现代化的基本特征**"。这是观念上的问题。这些现代化硬件，因其外显性与可衡量性，而在官吏升迁的"政绩"考评中占据主要地位，故"政府行为"在很大程度上是官吏在实现自己的"政绩投资"。城市基建投资所需的巨额资金来自何处？在内地恐怕一是向**银行贷款**，二是向**农民收敛**。因为他们没有沿海城市吸引外资的便利。在缺乏透明度与监督的情况下，各承包商以贿赂形式争取承包权，实难避免。索取这种巨额且隐蔽的贿赂或是"政治人"实现政绩背后的利益动机。将那么多银行贷款凝固在"现代化样式"的钢筋水泥中去，对中国经济的今后发展将带来何种影响？这是需要经济学家告诉我们的。

又谈及村落、宗族与村委的情况。小高说，他老家所在村落只有一二百户人家，不大。全村有三大姓，高姓是其中之一，另有一些杂姓。

三大姓皆有族谱，是 20 世纪 80 年代重修的，他这一代依然按宗族字辈排名。他本人上了大学，进了城，娶妻生子，给孩子胡乱取名，不再按字辈了。问其各大姓间有无矛盾，大姓有无欺负小姓的现象，他说没有；问其大姓在村政权中是否占些便宜，他也说没有；但问其村支书、村主任、村会计的姓氏，他逐一回忆，方知皆是高姓，于是笑了起来。村内尚有一老父，年 60 余岁。他兄弟三人或经商，或读大学而移居城市。老家三人的承包地共 3 亩，全部租让给亲邻耕种。承租者除承担落到每亩耕地上的"公粮"（包括村提留、乡统筹及其他款项）外，还需给其父 300 斤小麦，3 亩共 900 斤，足够老父一人全年衣食。我说，你父亲不是成二地主了吗？小高说，这种现象在农村很普遍，习以为常。况且政府也承认承包地的有偿转让。又说，老父在家倒也清闲，养两只羊消遣消遣，不愿到城里跟儿媳们过活。儿子们回家，给父亲一点零花钱，多少并不固定。

说话之间，车到临颍，已是上午 10 时许。小高引领我们至县党校，校长已在校门口迎候。在内地，你处处能感受到上下级之间的尊卑关系。我环顾一下县党校校舍，两三幢不知盖于什么年代的平房，门窗皆已破损，里面空无一人。校长说，正值麦收时节，老师与学员都回家收麦去了。在校舍之后，有一排近年来新建的二层楼房，约五六个单元。自东而西，书记住第一单元，校长住第二单元。

校长领我们到书记家，他正忙于打电话，说是正替我们联系南街村的熟人。书记说，到南街村搞调查，怕不容易，每天来南街参观访问的人那么多，村领导们一般不出来接见。我说，就找几个你所熟悉的朋友来聊聊天。他说，南街村的宣传科科长是他的朋友，其余的人并不太熟悉，更少交往。我原以为，县党校的书记、校长，应对近在咫尺的南街村情况十分熟悉，然而他们却所知甚少，令人惊奇。不知是他们出于谨慎，还是"墙里开花，墙外香"。于是请他陪我们去找南街村的宣传科科长。

* * *

宣传科大门紧闭，科长不知去向。只得到南街村接待办去找王主任。有市、县党校人员的陪同、介绍，这位50来岁、中学教员模样的王主任将接待档次稍加提高：他没有把我们引向"登记、购买材料、看录像，到商店里、厂门外、宿舍区走一圈，而后打道回府"的参观人流，而是进入他的办公室。宾主坐定，说明来意：我自我标榜的身份是"上海某著名大学的专家教授"，因慕南街村"高举毛泽东思想旗帜、坚持走集体化道路"之名而不远千里，专程到此，目的是了解"集体经济的带头人与集体经济高速发展之间的关系"。在此调查3天，找几个村领导、村民与外来打工者聊聊天。

他的答复极为干脆："村领导们诸务繁忙，无法接见来访者；南街村详情书内都有，你既然是远道而来，可以赠书一套；至于找村民、职工谈话，只要他们有空，你随时可找，我们没有任何限制。"说着，从书柜内取出四部书（一部《南街村话语》20余万字；一部《中原风——南街人讲的故事》20余万字；一部《理想之光——南街共产主义小区在建设中》，上下两册，近40万字）赠送给我，并说："看完后再有什么问题，可以来找我。"看来，我的南街之行的唯一收获，便是这四部书。调查成了阅读宣传品，甚为可笑。

已到午饭时分，王主任看了看手表，说："市、县党校来客，理应由我招待，在此请吃顿便饭再走。你们两位（指永成与我）自费吃饭。我这人实话直说。"虽听了不是滋味，但说得也在理。于是一同随他吃饭去。饭局设在一新落成不久的饭店二楼雅间。说是便饭，烟酒、冷盘、热炒一应俱全。王主任请来饭店经理（姓耿，40来岁）一同入席，六人一桌。这种"公私费"合伙吃法，我生平实为头一次遇到。然酒酣耳热、放言纵谈之际，也不失为调查之良机。现将王、耿两人的谈话要点整理如下。

——南街村现有村民805户，3130人，2006亩耕地。村设党委，下辖15个村民组，村企业组织—— 河南省中原工贸公司，公司下设力便面厂、食品厂、包装材料厂、中外合资彩印厂、胶印厂、啤酒厂等 26 个企业，职工 1200 余人。农业这一块，在 20 世纪 80 年代初推行几年家庭联产承包责任制后，重新实行统一经营，建立集体农场，实现浇水喷灌自动化，耕播收打机械化。近几年来，小麦亩产平均 450 公斤以上。村办集体企业发展极为迅速，1991 年，年产值超亿元。1992 年实现产值 2.1 亿元，到 1995 年完成产值 12 亿元。1996 年产值目标 15 亿元，利税 1.5 亿元。在河南村集体企业中，名列第一。

随着村集体经济的逐年壮大，村民生活水平也逐渐提高。高标准的现代化六层村民集体住宅楼相继建成，绝大多数村民住进三室一厅或两室一厅的公寓。家用电器、家具、炊具、制冷取暖设备由村集体统一配备，村集体免费对村民供应水、电、气、食用油、面粉等；村民的入学、入托、防疫治病、人身保险、各项村提留、乡统筹，一概由村集体负担。总而言之，南街村正向各尽所能、按需分配的共产主义小区过渡。

这一切成就的取得，王、耿两人都把它**归功于南街村出了个好带头人、引路人——王洪彬，归功于王洪彬带出来的好领导班子**。是他高举毛泽东思想的伟大旗帜，坚持走集体化与共同富裕的道路。(每当谈到他们的好班子时，二人都流露出无限爱戴与崇敬之情。)

——王、耿两人对分田到户后农村社会出现的一些现象有些不满意：农民各自为己，贫富分化，集体主义精神荡然无存；土地分割细碎，农田水利失修，农业产量自 1984 年、1985 年以来，一直徘徊不前；地方各级官吏为民服务意识日益淡薄，只搞所谓"政绩"，急于提升，不计经济效果，甚至贪污腐败；地方治安日益恶化，光靠严打无法从根本上解决问题。

——这几年，南街村出了名。南街村之所以成为全国人民关注的对象或有两个原因：一是南街村集体经济的高速增长；二是高举毛泽东思想的伟大旗帜，走集体化、共同富裕的道路。正因为我们依然高举毛泽东思想的旗帜，所以，持不同观点的学者、记者都到南街村来找他们各自需要的东西。有些人是来找精神认同的。当毛主席的塑像被纷纷推倒之时，我们这里却竖起一尊汉白玉的毛主席塑像，由民兵日夜守卫；在毛泽东思想受到怀疑、批判的年代，我们这里公开举起毛泽东思想的大旗，坚持走集体化、共同富裕之路，而且是那样成功。不少仍对毛泽东本人、对毛泽东思想深怀崇敬与信仰的群众、干部、学者、记者都到我们这里来寻找精神认同。这方面留下了许许多多感人肺腑的故事，他们的鼓励成为我们坚持走社会主义道路的一种精神力量。也有些人是来找碴儿挑刺的，想证明南街村搞的是"挂羊头，卖狗肉"，说是"标新立异，欺世盗名"。当然，纯粹出于好奇，来南街看看的，也不在少数。

南街村的发展模式，受到中央、省市领导的积极支持与称誉。时任全国人大常委会委员长乔石、全国政协副主席王恩茂、国务院原副总理张爱萍、国家计委主任宋健、中纪委副书记侯宗宾、省委书记李长春等都到南街来参观过，都对我们的工作给予鼓励与表彰。

——当我问及南街近四五年来的各项重大投资决策为什么无一失败时，王说："我们在北京有一个专门的投资决策班子。"当我进一步追问北京决策班子的人员时，王笑而未答。

因席间谈得比较投机，我的这顿自费午餐，变成了免费招待。

* * *

饭后，县、市党校的陪同人员各自回去，我与永成在南街村找了个下榻处。

下午，与永成逛南街村。

河南省临颍县南街村地处豫中平原，位于临颍城南，紧靠贯通中国南北、直穿临颍县城的107国道（京深公路），交通十分便利。该村的土地，除村东南角尚存数百亩耕地外，全被现代化的道路、现代化的厂房、村委办公大楼、商店、宾馆、现代化的学校、托儿所，以及数十栋现代化的村民楼房占据。就从硬件建设的标准来看，与我近八年所参观过的数十个小康村相比，其"现代化"标准，堪称第一。在号称经济发达的浙江沿海，或许也找不到能与南街这样的"现代化"程度相媲美的地方。

南街村内的"一条街",仅一两千米,但十分宽阔。在有限耕地上铺建如此宽阔的"标准化"大道,与其说出于交通需要,倒不如说供参观之用。沿街两侧的大楼、厂房墙壁上,悬挂着各式标语。各企业的厂房上,写着"**政治挂帅,思想领先**,信用第一,用户至上"的标语。间或能看到"**用毛泽东思想统率一切**"的标语。这些口号给人的醒目感,恰恰不在于它们的新颖,而在于它们的"陈旧"。对于四五十岁以上的一代人来说,如今已变得陌生的口号,在 20 年前可以说在中国一切有墙的地方,皆可看到。在南街村的标语口号中,有一条属于创新:"**坚持外圆闯商海,严守内方治南街。**"这就是南街经验的一个自我总结吗?可能是的。

在大街东侧圆形广场上,矗立着一尊毛泽东汉白玉雕像。雕像前,有两位民兵昼夜站岗,雕像座底东侧刻有南街村党委书记王洪彬撰写的题为"饮水思源,重教后人"的碑文。大意是:禾苗生长靠雨露阳光,南街村兴旺靠毛泽东思想,正是毛泽东思想的光辉照耀着南街人从黑暗走向光明,从贫困走向富裕,在南街村开辟出一块"没有腐败,没有贫富悬殊,没有精神滑坡的净土"。这座汉白玉的毛泽东雕像耗资二三十万元,竖于 1993 年 12 月 26 日,那一天是毛泽东百年诞辰的纪念日。

沿南街村的商业区、工厂区、教学区、住宅区转了一圈,回到宿舍,身临其境,方知在南街找人访谈是十分困难的,因为前来参观者太多。东逛西转,也看不出一个名堂来,于是回来读王主任赠送给我的四部书。

晚上继续看书,其中确有不少我所需的材料,尤其是作家张宇所写的那部《南街村话语》。张宇在南街村泡了整整一年,其所看所访,自然十分深入;其所思所虑,与我有不少暗合之处。一直看到凌晨 1 点,方蒙眬入睡。

▶ 6月9日　南街村的"能人"现象

清晨6时30分，被南街村高音广播中传来的《东方红》乐曲声所惊醒。我被这熟悉的乐曲唤起，真有一点恍如隔世。这里，每日清晨的《东方红》乐曲，汉白玉的大理石雕像，满墙的"用毛泽东思想统率一切"的标语，仅是一种形式，还是具有真实的内容呢？到傍晚时分，我在旅舍读完了王主任赠送的四部书。善读书者仍可从这些宣传物中找到问题的部分答案。

一、关于南街村与其他村的异同比较

南街村（地处临颍县城南街，故名），现有805户，3130人口，原有耕地2006亩（其中1200亩耕地已被工厂、道路、学校、村民楼房所占据），若按原耕地面积计算，人均耕地0.64亩，凡河南各市、县城乡接合部的村，人均耕地通常低于全市、县人均耕地面积。在新中国成立前，凡市、县城乡接合部的村民，大多兼工商业，就此而言，南街村与河南其他各县的东、西、南、北街村并无二致。

王所赠送的四部书内，并没有单独提供该村宗族、姓氏结构的说明。从零星的资料来看，该村姓氏很杂，且有回族村民，但以王姓为多。这在村党政主要领导成员的姓氏结构内也有所反映：四名正副书记、三名正副村主任中王姓占四名，至于这四名王姓干部是否属于同一宗族，书内没有任何资讯可寻。但我估计是同一宗族的。一般而言，在城乡接合部的行政村内，姓氏结构较复杂，且宗族观念较弱，就此而言，南街村与县城四周的村没有什么不同。

1981年，全县推行土地家庭承包制，南街村也不例外。处城乡接合部的南街村得地理位置之便，加之土地十分稀缺与历史上的经商习惯，全村剩余劳动力迅速向非农经济转移：一是在县城内设摊卖烟、卖菜，或搞饮食业；二是到外地务工经商。随着家庭劳动力与经济重心的转移，家庭承包的土地或转让出租，或粗放经营，或任其荒芜，这在全国城乡接合部是一个十分普遍的现象（指 20 世纪 80 年代初的几年内）。1981 年，南街村已办起两个集体小企业，一是砖瓦厂，二是面粉加工厂。此时也推行个人承包。结果是承包者个人发了财，集体欠了债，村民并没有得到什么好处。就此而言，南街村与其他市、县近郊各村并无差异：农业这一块非但不增，反有下降趋势；农户非农收入迅速增长，但贫富开始分化。

南街村之所以成为如今的那个样子，起始于 1984 年。是年，村党政班子做出一项重大选择：**重新走集体化的道路**。第一步是将两个承包给个人的小企业重新收归村集体，由集体承包。但这已不是通常意义上的承包制了。因为由村委任命的厂长，只领工资，既无奖金，更不参与企业利润的分配。第二步是在村民自愿的基础上，重新将承包土地陆续收归集体：这项重新集体化工作始于 1986 年，完成于 1993 年。随着村集体企业的迅速发展，全部农业劳动力转入村企业，使这项土地耕作重新集体化与企业化的工作得以顺利进行。当村集体企业及绝大部分，甚至全部劳动力皆吸纳其内时，废除土地家庭承包制并重新集体化与企业化的做法，并非南街村的首创。当然，就全国范围而言，只有极少数的行政村能走此道路（全国有 90 余万个行政村）。南街村集体承包的特点在于企业厂长主要是一种**责任承包**，没有所谓的"个人利益激励机制"。承包者不参与企业利润的分配，与计划经济时代的国有企业厂长相似。

从表面上看，南街村有两个显著的特点：一是在这种"企业集体承包制"下，集体工业经济得到迅速发展；二是他们所一再宣称的"毛泽东思想挂帅"。

村集体经济的发展速度是惊人的。据他们自己的统计，1984 年产值 70 万元，1985 年 130 万元，1986 年 320 万元，1987 年 730 万元，1988 年 1400 万元，1989 年 2100 万元，1990 年 4100 万元，1991 年突破亿元大关，1992 年 2.11 亿元，1993 年 4.2 亿元，1994 年突破 8 亿元，1995 年达 12 亿元。各年的利税占总产值的 10% 左右。这些统计数字是否可靠，有无水分在内，我们无法核实。且在四本书内的统计数字并不一致。但南街村各项"现代化硬件设施"明摆在那个地方：他们确实很富有。南街村从 1984 年仅有两个小企业，发展到 1995 年拥有 26 个企业的大企业集团，一部分原因归于村党政班子的投资决策：围绕农副产品深加工办企业，围绕着龙头产品上配套项目。这就是他们所谓的"双围绕"发展战略。从这 26 个企业的产品结构来看，确实是这样的。面粉厂、食品厂、方便面厂、啤酒厂、包装厂、运输公司、养鸡场，等等，都是围绕粮食加工与深加工转的。

就此而言，只能说这是南街村引人注目的一个原因，但绝非主要原因，因为全国的"亿元村"，见诸历年报纸的就有数十个之多。引起世人关注并争议的是，他们对村集体经济快速增长的解释是高举毛泽东思想伟大旗帜——这是突出政治的结果。人们不禁要问：南街村的"毛泽东思想"只是一种外在形式，还是具有实质性内容呢？

问题的答案可能是：两种回答皆不符合南街村的实际情况。

二、南街村的村集体（或说村落共同体）：村落文化与毛泽东思想

1984 年，南街村重新走向集体化之路。经历 10 余年的发展，这个拥有 800 余户，3000 余人的行政村成为一个集体资产雄厚且具有很高凝聚力的**真正集体**或说**真正的共同体**，一个参与市场经济竞争并依靠市场竞争而发展壮大的村民集体。**一个行政村，何以能形成一个真正的集体，并以集体法人的资格参与市场竞争呢？这一现象，一直引起我的高度兴趣与关注。**因为这个问题，在我看来，直接关涉到"社会主义市场经济"是否可能的重大问题。为了深入地分析南街现象，让我们先来谈一点理论问题。

邓小平在南方谈话中说，市场经济与计划经济只是一种经济手段。中国的经济学家们补充说，市场经济只是一种经济**资源的配置手段与方法**。在经济资源诸要素中，劳动力是最重要的要素之一。这也是经济学家们一致同意的，**然而，在不同性质的社会内，人们的行为目的与方式**

是各不相同的，人们的合作原则及由合作而产生的盈利之分配方式也是各不相同的，**这个问题恰恰被中国的经济学家们忘却了**。黑格尔在其《法哲学》中曾经说过，市场经济社会具有一种惊人的力量，把个人从他们各自所属的集体或群体中揪出来，使原集体成员相互之间变得生疏，并承认他们都是独立自主的人。市场经济把人扯到自身一边来，要求他替它工作，要求他的一切都通过它，并依赖它而活动。在市场经济中，每个人都以自身为目的，所谓他人与组织，只是实现个人利益的一种工具。在市场经济中，一切激情的巨浪，汹涌澎湃。中国推行市场经济的实践过程，为黑格尔的上述论述提供了新的注释，以致无须我们做进一步的分析了。

于是，一个十分重大的理论与实践的问题被提出：以集体所有制为基础的村集体，**何以能把它的成员约束在集体之内，并自觉地效忠于集体呢？** 有两大因素足以导致村集体的瓦解：一是村落内部的传统因素，一是市场经济因素。市场经济因素正如黑格尔所说，但从中国目前的实践来看，"市场"瓦解"集体"采取两种方法：其一是**直接将集体成员从集体内部拉出来，成为市场经济内追逐个人利益的独立自主的个人**；其二是依然处在集体之内，但在观念与行为方式上已被"市场"所揪出，从而在集体内利用集体组织与资产谋求个人利益的最大化。这便是在中国各国有企业、各集体企业内普遍发生的以权谋私、损公肥私的"腐败行为"——这里的"腐败"是从集体或国家利益的角度来定义的。村落内部的传统因素存在于家（或家庭）与村集体组织的关系之内。行政村是由数百户独立家庭所组成的，将行政村转变为一个真正的集体，一个有着共同利益及有着共同精神认同的共同体，必须与各家庭小群体内的家庭利己主义作斗争。如果户户各顾其家（在中国村民中，发家致富的愿望一直是十分强烈的），村集体势必瓦解。由此可见，处于传统村落文化与市场经济双重制约影响下的行政村，要巩固和发展集体组织与集体经济，必须以**精神文化建设为中心**：一方面反对市场经济中的利己主义对集体内部的侵入，但又充分利用市场；另一方面，反对村落内部的家庭利己主义，同时充分利用村落内存在着的各种伦理资源。

为了巩固和发展集体经济，南街村的主要领导确实十分重视以集体主义为中心的精神文化建设，而精神文化的思想资源，一是来自毛泽东思想，二是来自村落文化。

关于村落传统文化，王洪彬说："南街的农民绝不是沿海一带的农民。开放意识、思想观念和沿海农民与城市居民相比，都有距离。咱们南街村不少人身上始终保持着传统的思想观念。我不以为传统观念和作风都是错误的，很多东西是中华民族的传统美德，必须继续保持与发扬。"南街村为分配集体福利而开展"十星级评比"活动，每月一次。在十项评比标准中，**有思想品德、尊师重教、家庭伦理、邻里关系与造福乡里**。这与古代乡村社会的村规民约没有什么不同。更为重要的是，南街村集体组织内部的**权力来源与运作方式、干部与村民关系，带有极其浓厚的村落传统伦理特征**。

我先引《南街村话语》作者的几则调查材料及其感受："南街村许多老人说起他们的班长（指王洪彬），就像说自己的孩子那样洋溢着一种亲情。……这些话语里，表现了南街村内一种特殊的干群关系。""有些村民亲口对我说：'俺班长从小就是个好娃子，俺班长是俺们的主心骨，王洪彬是俺南街村的带头人，王洪彬是毛主席在俺南街的接班人。'"南街村推销员穆国灿，在回顾第一次到北京打开市场的那段艰辛的日子时说："王洪彬对我说，你记住你是个推销员，但和别处的推销员不同，那就是你出门在外，君命可以不受。班长说，你在外就是代表咱全村老少爷们儿，出门在外，你就是我王洪彬。可以全权处理业务。这种**信任和支持，我穆国灿就是死在外边，心也甘哪。**"这种**信任与忠诚，只有在村落共同体内才有可能产生**。"王洪彬有个习惯，动不动就在群众大会上和群众**谈良心**。他常常说，我别的没本事，但我敢和别人比良心，只要老少爷们儿发现我王洪彬背良心，我就下台。"在由陌生人组成的市场经济社会内，只讲规则，不讲良心。"良心"一词只有在村落群体之内，才能获得它固有的意义与力量。村集体领导在村民大会上动辄讲良心，且敢于讲良心，既是一种自信，更是一种力量。若在市场经济社会内，人们就会问："良心值几个钱？"良心，或是弱者的自慰，或是强者的巧饰。

南街村之所以成为它今天所是的那个样子，原因甚多，但其中最重要的一条，用南街村民的话来说，就是："南街村出了个王洪彬。""王洪彬带出了一套好班子，好班子带领全村村民走集体化与共同富裕的道路。"**从社会学的角度来说，南街村是一个伦理共同体而不是一个契约化的集体组织。**王洪彬是一个为村民作主的领袖，而不是村民选举的干部（虽然村民会一致选举他）；村集体内的主要行为规则源于王洪彬的"以身作则"，而不是全体村民协商达成的规章制度，即"以法作则"。而王洪彬之所以能"以身作则"，是因为他的"良心"。而他的"良心"，即是全体村民利益与意志的一种内化。古代儒家的"修、齐、治、平"说，实渊源于同一村落文化之内。

关于毛泽东思想，王洪彬说："南街为什么要坚持用毛泽东思想教育人？当1984年把承包权收回来后，支部一班人就坐下来进行讨论，南街为什么要发展集体经济？为什么要办集体企业？这个问题好回答：为了挣钱。挣钱目的又是啥？是让南街人都富起来。再继续讨论，钱怎样才能挣出来？大家议论纷纷：要选好项目，要有好设备，要出好产品，要选好人，选懂经营、会管理的'能人'。当然，要办好一个企业，不管它是什么性质的，必须具备以上几个条件。但咱们的企业是集体性质的。即使具备上述条件，挣了钱，但钱完全有可能到不了集体与村民手中，而是流到个人手里。因此，要搞好集体企业，要确保钱回到集体手中，需要有全心全意为人民服务的人。那么，怎样才能使南街人都成为具有全心全意为人民服务的人？找来找去，还得把毛泽东思想端出来。用毛泽东思想反对一切损公肥己、以权谋私的腐败行为，发展集体经济，……要反对以权谋私、损公肥己行为，毛泽东思想是最有效、最锐利的武器。"的确，在同一市场经济海洋中运行的不同所有制性质的企业组织，对外必须服从同一市场竞争规律，然而内部的权力来源与运行及分配方式随所有制结构的不同而不同。**村集体企业必须有集体主义的精神，必须将一切腐蚀、破坏集体的行为排除出去。南街村即选择了他们所理解的毛泽东思想——主要是一种集体伦理思想。**

三、南街村巩固与发展集体经济、走共同富裕之路的三大措施

（一）实行低工资、高福利的分配制度。

南街村为什么推行低工资、高福利的分配制度？王洪彬说，为了限制与消除产生以权谋私、损公肥私等腐败现象的最终根源——私心。最有趣的是，王洪彬将人的私心理解为**相互攀比、相互争胜之心**。

他说："人们没有私心，有权的不会以权谋私，不会搞腐败，没权的人就不会损公肥私。这一切错误的、消极的、腐败的现象都是由于私心而产生的。如何在南街消除或缩小私心的滋生蔓延，找来找去，没有其他办法，只有从所有制这个问题上去解决，……我们认为，私有制的成分越大，人们所产生的私心就越多。……这几年，南街村的生产资料已全部公有化了，人们不再因生产资料而产生私心。但是，仅有这还不行，人们的私心还会产生。因为目前的生活资料还有部分是私有制。要想解决生活资料公有制，必须通过分配这个渠道去解决。如果不解决生活资料私有制问题，**人们还要比**。他的一家比咱们吃得好，穿得好，住得好，**攀比消费水平**，有积蓄的可以拿积蓄来赶上人家的消费水平。家里没钱的，就会想歪点子。有权的搞以权谋私，没有权的，就搞损公肥私。这两样都不能搞的，便去偷，去抢，去骗，违法犯罪。所以，咱们在解决了生产资料公有制后，还要下功夫解决生活资料公有制问题。现在咱们新建起村民楼，配套下来每户8万多元。里面的大件东西全部姓'公'，小件东西如衣、被、鞋、袜还是姓'私'的，这些要随南街集体经济的发展，逐步把现在姓'私'的东西都变为姓'公'；**让南街人富得个人一分钱存款都没有**。到那时，不存在私有的东西了，人们的私心就会大大减少，**但不可能全部没有，那时，人们的私心会体现在谁的官职大一点，谁的权力大一点，谁的名气高一点，要去争，去比，去计**

较。私心会体现在这几个方面。但不再以权谋私，损公肥私，不再去偷拿公家的财物了。"

实行生产资料的公有制，缩小工资分配上的差别，扩大公共福利中的平均分配份额，这一思想确实是源于毛泽东思想。毛泽东曾在全国范围内推行这一制度，但失败了。王洪彬在他小小的"王国"推行共产主义试验，会成功吗？

据云，自 1988 年以来，王洪彬固定月薪 250 元。这样，村党政主要干部一律 250 元。各分厂厂长月薪在 300—350 元，说是以工资体现社会主义按劳分配原则，其实只具有象征意义。值得指出的是，公共福利这块的分配，只涉及南街村村民范围之内。截至 1996 年，南街企业集团共有职工 12000 名，其中属于南街村的，至多 2000 人，其余万名职工来自南街村之外，他们无权参与"高福利"的分配。

（二）在南街集体企业的管理上，坚持"集体承包"，不搞个人承包制。

王洪彬在解释这项制度时说："根据南街过去承包的教训，在南街咱们认为个人承包是一种懒办法，是一种没办法的办法，是表明一级党组织无能的办法。咱们还认为，在南街奖金越发，人的私心越重；奖金越发，人的觉悟越低；奖金越发，人与人的关系越淡薄；奖金越发，党组织的形象越差，党群关系越紧张。"

的确，由个人承包乡村集体企业的大量实践表明，承包者往往利用集体企业组织来获取个人管理经验，建立私人供销渠道，积累私有资金，然后转为私人企业。在这个意义上，个人承包制往往是从集体所有制向私人所有制的一种过渡形式。南街村为防止村集体成员间的贫富分化，推行集体承包。这种承包制的前提条件是，各集体企业的经营管理者必须在精神、动机上对村集体"效忠"。这也便是他们强调"政治挂帅"的基本原因了。当然，取消了个人物质激励机制的集体企业负责人，之所以积极工作，一是靠王洪彬为首的领导班子的"以身作则"，二是南街村集体通过高福利分配制度已让他们富得无需更多的货币，三是在南街村发扬光大的毛泽东遗产——学习与**斗私会制度。**

（三）南街村的斗私会。

在南街村深入采访一年之久的张宇告诉我们："深入采访，我们发现南街村从上到下现在还经常召开斗私会。从形式上看，很像过去极'左'思潮时期的批判会和斗私批修。"

他曾出席过南街村委班子内部的一次斗私会："挨批的是一个领导班子成员，他拿着一个本子，低着头，红着脸，一看就知道是批评对象。他是南街村销售公司总经理，其他人围坐在那里，发言很积极，争着一条一条摆事实，讲道理。副村主任郭全忠嗓门最大，和斗争坏人一样严厉。会场虽然不大，人也不算太多，但非常严肃，那种气氛让人感到紧张和压抑。"

副村主任郭全忠本人也挨过比这更严厉的批评，张宇说："当初工人们修柏油路时巴结他，往他家门口拐了十来米，他没拒绝，默认了这一事实。但郭全忠的父亲却放心不下，夜里竟睡不着觉，半夜去敲王洪彬的门，告了儿子一状。王洪彬等郭自己来做检讨，但一直等了40天，郭一直没有主动做检讨。有一次开群众大会，王洪彬在大会上把这件事讲了出来：'身为副村主任，还不如他老爹觉悟高。占这么大便宜不检讨，这还像不像一个共产党员。我一直等，等了你一个多月，不见动静。现在你站出来，给全村的老少爷们儿说说，你这表现丢人不丢人，都要这么干，村主任们还不都成了自私自利的人？那样的话，群众如何相信我们？'郭全忠只好站出来，当众给村民做检讨。事发突然，他有点慌乱，又是事实，就脸红脖子粗，开始时脸上冒汗，后来就眼里流泪，公开认了错，群众才让他过了关。"据说，班子所有成员，都当过批评对象，班长王洪彬，也在几千人的群众大会上做过检讨。

村里的领导班子内部是一种斗私形式，对待群众是另外一种斗私形式。负责群众斗私问题的副村主任告诉《南街村话语》的作者说："对待群众，这问题很复杂，要分层次，区别对待。一般问题由村干部进行批评教育，帮助群众把问题解决就完了，一般不上斗私会。但问题严重的，一定要上斗私会。开斗私会不是目的，目的是不但教育本人，更重要的是通过典型事例教育大家。"在南街村几乎每年都搞一次大规模的政治教育活动。如1991年年初，南街村四位年轻厂长一度居功自傲，被"停职检查，接受批评"，一时间，广播、报纸、大辩论、小型座谈会等多种批评形式，铺天盖地而来。1992年，发动全村对党员、干部、职工开展三评议活动，通过评议，有错误的受到处理，不合格的就地免职，先进的予以表扬。以后，一年一度的三评议活动定为制度。1994年，南街村开展以"反官僚主义，反以权谋私，反弄虚作假，反无所作为，反铺张浪费"为内容的整风活动。如此等等。

四、关于南街村经验的若干思考

（一）南街村经验引来了许多赞誉，也遭到不少怀疑与否定。

褒之者将南街誉为"中州大地的一方净土"；怀疑者认为他们的"政治挂帅"，挂的是羊头，卖的是狗肉；贬之者认为南街实践完全不符合现代文明准则，带有鲜明的极左印记与原始村社的痕迹。褒贬者各以其所是攻其所非，甚无谓也。我们所能肯定的是：**南街村是一个集体，他们正在走共同富裕的道路。**这在全国推行家庭联产承包责任制与市场经济的条件下，在一个行政村范围内，重新将分散、独立的村民在自愿基础上重新组成一个集体，并以集体经济的名义，参与市场经济，从而发展集体经济，这确实是一条艰难的道路。在这方面，南街村做出了自己成功的探索。我们所关心的是，这个集体得以存在与发展的条件是什么？它能否成为"社会主义市场经济"内具有普遍意义的经济主体？

（二）"资本主义市场经济"与"社会主义市场经济"如果还有什么本质区别的话，那么其区别不在于"市场经济"，而在于"在市场经济海洋"内各独立运行的经济主体的性质。

若在"市场经济海洋"内各独立运行的"大小船只"是私有制性质的，那么，它是资本主义市场经济。若在"市场经济海洋"中各独立运行的"大小船只"是国有制或集体所有制性质的，那么，它便是社会主义市场经济。当然，在社会主义初级阶段，"允许多种经济成分并存"，但以国有制与集体所有制为主体。

众所周知，中国的农业经济在计划经济条件下建立起来的各集体组织早已解体，亿万规模狭小且相似的家庭成为农业经济的独立主体。迅速兴起的乡、村集体企业，绝大多数只是名义上的——普遍推行的"集体企业私人承包制"，往往是从集体所有制向私人所有制的一种过渡形式。国有制企业由于种种原因也处于急剧的衰落之中，私有经济成分越来越占据重要地位。我们往往以为，集体企业性质的蜕变与国有企业的衰落，只是一个体制问题、机制问题，其实是人固有的"发家致富"欲望与市场经济固有的力量与精神（如黑格尔所说的那样）对集体主义精神与集体利益侵蚀与分解的必然结果。

恰如南街村王洪彬所清醒地认识到的那样：如何保证集体企业赚到的钱落到集体手中，而不流入私人腰包，这不仅仅是一个规章制度的问题，更是一个集体主义的思想文化建设的大问题。南街村的"政治挂帅""毛泽东思想领导"，以及他们的各种形式的"斗私会"都是为此目标而服务的。要使每个村民成为村集体的一员，并自觉地服从集体利益，这对于集体经济的巩固与发展，确实具有头等重要的意义。

市场经济中的所有企业，无论是什么性质的，概以营利为目标，亏损必然破产，这是没有争议的。办企业要资金、土地与劳动力，企业盈利要靠内部的科学管理及生产出适合市场需要的产品，这也是没有问题的。但作为集体企业，还有一个确保合作创造的盈利如何回到集体手中的问题，因此必须有一种与此相适应的规章制度。但要使这一规章制度有效运作，还需要一种与此相适应的精神，这种精神，只能是集体主义精神。

（三）在各独立农户之上如何形成一个集体组织？这是一个十分重要而又过于复杂的问题。

在我国广大的村民中，能否通过平等的协商，通过一种民主程序，制定一套契约化的规章制度，并选举自己的领导人执行这些制度，从而使之成为一个集体并有效地合作呢？一个较不乐观的估计是，**至少目前尚不具备这一条件。**因为在中国村落文化中的各种人际合作的传统方式中，没有一丝一毫现代民主与法制的因素。虽然，开大会、选举、定章程这套现代民主程序也已经输入乡村，但村民依然无力按现代民主程序自发地形成超家庭的各种集体合作形式。**村民的集体利益与集体意志是要由一个"别人"来认识、来代表的。**"南街出了个王洪彬，王洪彬带出了一个好班子，好班子带领村民走共同富裕的道路"，这句话的意义与力量，只有在村落文化内才能得到理解。从"为民作主"到"民主"，从"以**身**作则"到"以**法**作则"，我们民族还有很长一段路要走。问题在于，王洪彬这类人物的产生，往往出于偶然。虽然我们在这类人物的身上能找到村落文化的因素，但村落文化并不必然促成这类人物在绝大部分村落内成批成批地产生出来。这也正是南街之所以成为南街，且南街经验无法推广普及的一个根本原因。假如王洪彬突然从南街村消失，南街是否还能长期保持它如今所是的那个样子？我敢大胆地预言：不可能。

这里涉及一个更大的理论问题。社会主义市场经济能否建成，关键在于它能否创造出一种在市场中有效运作的**集体组织形式**，这种集体组织既无法通过契约方式产生，那只能求助于王洪彬式的人物。但这种人物又只能是可遇而难求的。那么，我们能否创造一种新的精神文化，使得王洪彬式的人物成批地产生出来呢？我无法回答这个问题。

（四）*南街村的集体，主要是对南街村原村民而言的。*

就南街集体企业集团而论，如今已拥有12000名职工。其中属于南街村集体成员并有权享受村集体福利的职工，至多不超过2000人。其余10000余人来源于外村、外乡、外县甚至外省市的打工者。他们参与了南街村集体福利的创造，但基本上享受不到比工资丰厚得多的集体福利。据此，有人将南街集体企业称为**"集体资本主义"**。这一概念是否有经济学上的根据，姑且不论，但它所指称的现实是明摆着的。

▶ 6月10日　八里桥话关帝
——谈以恩报观念为中心的结合精神

上午，终于在电话中找到了南街的宣传科科长，然而他婉言谢绝了我们的采访。他说："那几本资料上所写的，比我所讲的要详细得多，我实在没有更多的东西可以告诉你们。"我们转而去找前天陪同我们吃饭的耿经理，得到的答复是他去参加集体收割劳动去了。夏麦开镰收割，大小干部一律参加农业劳动，这是南街的一条制度。看来，没有中央与省市的官方背景，到南街只能"参观"，无法深入"调查"。南街所有企业的大门口，都写有"工作时间，谢绝参观"的字牌。如贸然闯到村民住宅区去，既不方便，也问不出什么名堂来。于是决计离开南街村，前往巩义县的竹林村。巩义县的竹林村与临颍县的南街村、新乡县的刘庄、小冀镇的第五村民组，同为河南省的"四朵金花"。

中午时分，车抵许昌。忽然想起许昌乃曹操定都之地。曹操当年在此屯田积谷，东征西讨，或仍有遗迹可供观瞻。永成说，有一八里桥，相传是关羽挑袍辞曹处，今有纪念馆。于是在车站寄了行李，搭车前往八里桥。

八里桥如今已辟为公园。宽阔的穹形石桥横跨数十米的河上，桥前矗立一尊关羽跃马持刀的高大石像，由数百块石头嵌拼而成，粗犷雄伟。雕像四周围着石栏，石栏前有两块碑石。从碑文中得知，关羽雕像及石桥是两位台商出资建造的，为的是表彰这位**"千古第一义士"**。过石桥，有一规模甚大的关帝庙。据说，现存的关帝庙是清代重建，在20世纪80年代由许昌市政府拨款百万重修的。该庙有山门、仪门、拜殿、暖阁与东西庑廊。在东西庑廊壁上绘制着关羽生平事迹的壁画，材料皆取自《三国演义》。据该庙管理人员说，每年来此进香祭拜的中国港台地区和东南亚华商不在少数。据山门前的说明词，在此立庙祭祀关羽，始于宋代。岳飞北上抗金，途经此地，曾设土坛祭拜关羽，当时关羽的头衔是"昭烈忠义**关王爷**"。此后，此处关羽庙屡毁屡建，在明崇祯年间，地方乡绅请旨重修关羽庙，关羽晋封为"降魔护国关圣帝君"。为什么关羽死后近一千年内默默无闻，一千年后却由将而王、由王而圣、由圣而帝而神，且为儒、释、道三教所共同信奉的神灵？我不知道有谁是否研究过我们民族的这一精神文化现象。

《三国志》内列传人物或有二三百人，其中著名将领或有百余，何独关羽近千年后由将而王、而圣、而帝、而神？实一"**义**"字耳。当一个社会开始大力表彰某一伦理精神及具有该伦理精神的道德英雄时，说明该社会迫切需要这一精神但又缺乏这一精神。中国自宋后，家族内部的分化及社会流动似乎加快了。各种超家族的社会中间组织进入了它的发展时期。那么，各种从家族村落内分离出来的异姓成员以何种原则与精神结合在同一个组织之内呢？是依靠家族之内的**孝悌原则**吗？是依靠各独立成员平等协商的**契约原则**吗？看来都不是，而是介于两者之间的一种新型的原则，那便是**"义气"原则**。这种组织是自愿达成的，多少带有契约性质，但又结成类似于家族内部成员的伦理关系。这种伦理关系的基础是"恩报"（感恩图报）。

建安五年，曹操率军击小沛，擒关羽，却待若上宾，礼之甚厚。关羽感恩，助曹操击杀袁绍大将颜良，解白马之围。曹操表封关羽为汉寿亭侯。曹操有久留关羽之意，派张辽去打听关羽的去留意向，关羽叹曰："吾极知曹公待我厚，然吾受刘将军（备）**厚恩，誓以共死，不可背之，吾终不留**。吾要当立效以报曹公乃去。"曹操知其必去，重加赏赐，关羽尽封其所赐，拜书告辞，而奔先主（刘备）于袁军。《三国演义》据此敷演出一段"屯土山关公约三事，挂印封金；长桥挑袍，过五关斩六将"的故事。这说明**刘、关、张**这一军事政治组织的结合原则是**恩报伦理关系**。我们在明清，直到民国时期的各种秘密结社、商业组织，乃至读书人的文社、诗社内，都可以看到这一结合原则的具体运用。因而都需要关羽的"忠义精神"。

我之所以重视对关羽现象的研究，是因为这种以恩报为中心的结合精神至今依然活跃着。在我看来，南街村的王洪彬与他的干部、村民的关系，他的威望的形成，权力的运作，都与恩报关系密不可分。

*   *   *

下午 2 点 30 分，离开许昌。3 点 30 分经长葛市。4 点到达新郑市。新郑，古郑国之国都。5 点至河南省府郑州。6 点 50 分经荥阳，当年刘、项的拉锯战就在这一带，但楚河、汉界的鸿沟早已不复存在。7 点至上街区。上街向西，进入丘陵地区。初见窑洞，甚觉新奇，以前我只在电影里看到过陕北的窑洞。7 点 25 分进入巩义县城，如今已晋升为巩义市。水泥厂、耐火砖厂很是密集。近晚 8 时，抵达郑—洛公路旁的竹林村，如今已升格为竹林镇。时间已晚，就在建在公路边的"竹林镇接待站"下榻。悬挂在接待站大楼前的"热烈欢迎江总书记莅临竹林视察"的大幅标语尚未撤除。(6 月 4 日，江泽民曾来此视察。)

一路颠簸，饥肠辘辘。幸而招待所食堂还供应饭菜。整个餐厅只有我们两个人就餐。竹林比起南街，清冷得多。永成说，南街出名比竹林晚，但近几年来名声盖过竹林，故慕名而往南街者每日有数百上千。

我们要了一瓶啤酒，三盘炒菜，顺便与一服务小姐——一位十七八岁的乡村姑娘——聊天。她的老家在巩义市 40 里外的大峪沟。前几个月，经熟人介绍来此做招待员，月薪二三百元，管吃、管住。这里的"老板"待她挺好的，她很满意这里的工作。以前，她在洛阳给人做保姆，工作很不稳定。她说，她初中一年级便辍学，原因是学费太贵，交不起。山区中学，往返不便，一般都要住读。学生自备粮食，全年需交纳各种费用 1000 余元。学校克扣学生伙食费，因而伙食甚差，学生普遍营养不良。农忙时节，老师们常差遣学生们去耕种老师的责任田，而作业往往交给家长或成绩好的学生去批改。她说，她的那个班级，到初中二年级时，大部分学生都退学了。

问及她的父母时，这位姑娘黯然神伤，几不能言。她说，前几年，她父亲因宅基地与邻居发生纠纷。邻居的女婿用石块击破她父亲的头部，致使父亲重病在家，几乎丧失劳动能力。邻居的连襟是中学教师，唆使学生殴打她的哥哥，如今她的哥哥辍学到广州打工。家里还有一弟，在读小学。全家五口，承包 5 亩责任田。今年遭旱灾，加上家里缺劳力，只收 1300 斤麦子（注：平均亩产 260 斤），交了公粮所余无几。（问她今年每人要交多少斤公粮，她说这几个月没回家，不清楚。）

这番闲聊，引起我两点思考。一是贫困山区高辍学率之根本原因是家庭贫困和学杂费太高。学杂费过高的原因是教员的工资福利水平提高了，而地方政府财政无法满足教员"日益增长的物质需求"。故而变出各种名堂向学生家长搜刮。如上述分析大体正确的话，那么"希望工程"对降低辍学率所起的作用是有限的。如今，"体面的生活标准"对一切人都是一道无形的但又是强制性的"律令"，它迫使一切人向它看齐。地方党政官员与教员自然不例外。二是在公社体制向乡镇体制转轨的过程中，一部分行政村一级的党政机构处于瘫痪与半瘫痪，或宗族化甚至"村霸"化的状态，乡村社会似乎重新回到了它的"**自在状态**"，各家各自为政，各家族之间恃强凌弱，恃众暴寡，贫弱无依者忍气吞声。

晚 10 时，回旅舍就寝。整个四层大楼内没有卫生间，旅舍内只有半桶水供两人早晚之用。问服务员，说，竹林村无水源，每日用水从七八里外运来，那只能将就点儿了。

▶6月11日　竹林村的带头人
——赵铭恩

上午 8 时许，退了招待所的客房，打点行李，前往坐落在半山腰的竹林村委接待站。1995 年年末，经省政府批准，竹林村已改为镇建制。经十余年的超速发展，位处郑—洛公路两侧的小山村，如今已成为高度工业化的小城镇。一大转盘式的桥梁横跨郑—洛 310 国道，将南北两山连接起来。一条十分宽阔的水泥公路从大转盘处沿着山坡向山顶延伸。公路两旁有两排龙墙卫护，围墙之内，是毗连着的企业。我们提着行李，沿着笔直宽阔的公路来到坐落在半山腰的竹林镇政府所在地，接待办主任是位年近花甲的老人，看上去像个乡村老教师。

我向接待办主任提了三个问题，作为我此行的目的：1. 凡迅速崛起的村集体企业集团之内，皆有一德才兼备的带头人，在村落与村民之中，何以能产生这样德才兼备的人物？2. 全村集体之兴衰安危系于一人，那么如何能在“此人不在”时，确保产生另一个集体事业的带头人？3. 随着村集体经济的发展，外来职工超过本村职工人数，这两部分职工之间关系如何处理？接待办主任撕下一纸，匆匆记下这三大问题，说是向领导请示，以安排我的采访。接着把我们引到附近一幢按星级标准建造的“竹林宾馆”下榻，先让我们在宾馆客房内稍事休息，然后外出帮我联系调查访谈事宜。

约莫过了半小时，主任送来三本介绍竹林村情况的书：一是中共中央党校出版社出版的《竹林腾飞之路》，一是中央省市领导的题词集，分上下两册，一是竹林精神文明守则。主任请我们先看起来，说刚有一个从郑州来的全国人大代表参观团，他要先去接待。中午 11 点，主任复来，说刚送走全国人大代表参观团，并说铭恩（即竹林的带头人赵铭恩）下午要到郑州去，实在抽不出空接受我们的采访，由他做全权代表，回答我所提出的问题。饭前的访谈要点记录如下。

一、竹林村的人口和宗族等基本情况

竹林村现有 600 来户，2300 余人口，散居六沟六岭的 13 个自然村，原有耕地 1407 亩。全村有三大姓：李姓占 80% 以上，其次邵姓近 10%，再次赵姓约 8%，另有几户张、曹两姓。张姓在"土改"时，因分得房子与土地而定居该村，曹姓是上门女婿，后复归本姓。明清时，该村大姓是刘氏，当时有刘员外者，在宫廷做过御厨。后子孙不繁，人丁渐稀，新中国成立后仅存 3 户，如今已绝户。赵姓在新中国成立前尚称殷实，人口发展十分平稳。邵姓原来只有几户，如今人丁兴旺。该村只有李氏在新中国成立前建有祠堂，存有族谱。李家祠堂至今犹存。（注：各村落内，都有一部宗族兴衰史，小宗族发展而为大族，大宗族降为小族，甚至绝户。各宗族、各家族在争夺土地资源与地位的竞争，一直是村落社会的中心内容。）

竹林村有两位带头人，一是赵铭恩，二是李淑转（女）。赵原任村支书，李任村主任，如今竹林建立集体企业集团，赵任**党委书记兼公司董事长**，李任村主任兼党委副书记兼集团总公司的总经理。在村内拟制的辈分上，赵为叔辈，李为侄辈。李淑转全力拥戴赵铭恩，李说："一个单位只能有一个中心，中心多了人心就不齐。赵书记是俺竹林的中心，我是赵书记的参谋。"（注：从材料上看得出来，赵在村高层人事安排上，确实充分考虑到李氏大姓的优先地位。）

二、竹林村的资源禀赋及村办企业情况

地处嵩山北麓末端的竹林村，一缺土地，二缺水，农业生态环境极其恶劣。我问，此地无水、无竹，何名竹林村。李主任说，史料记载，该村在魏晋时"两山相夹、竹林茂盛"。但到嘉庆年间，竹林村便既无竹，更无水了。人畜用水要到近十里外的地方去挑，或下雨天贮存起来的雨水，庄稼全部是靠天了。新中国成立后，历届党支部一直把打井找水作为首要任务，全村至今已打了十几个窟窿，就是没有水。这些年，

村里有了钱，花了三四百万元，请钻井队打了三四口数百米深井，还是没有水。如今全村用水，都是每天用车从外面运来的。该村发展农业是没有条件的。对发展农业而言，这里是荒山秃岭；但对发展工业而言，竹林村山山岭岭几乎全是宝。该村蕴藏着数千万吨的**铝矾矿、铁矿石，还有煤矿**。在公社时期，竹林大队就建立副业队，开采铝铁矿石，建熟石窑，烧铝矾土。赵铭恩就是从第一个村办企业厂长兼采购员起家的。到 1978 年年末，全村已有三个小集体企业，其中耐火砖厂的年产值达三四十万元。该村已成为公社里的先进单位。经过十余年的艰苦创业，如今的竹林集团总公司下属十大公司，每公司下属若干企业，涉及耐火砖、建材、化工、机械、印刷、药品、包装、食品等近 50 个大小企业。职工人数近 5000 人，其中外来职工近 4000 人。十大公司实行经济独立核算，由公司经理承包，承包奖金视其效益而定，推销员也实行多推销多得利的政策。一般来说，厂级干部月薪 2000 元，车间主任一级 1000 余元，一般职工人均 300—400 元，外来职工包吃包住。效益好的经理、厂长，年终可获奖数万甚至数十万元，去年某推销员获奖 11 万元。

三、竹林村实行土地家庭承包制后的情况

我问李主任，竹林村实行土地家庭承包制，不是也会引发贫富两极分化吗？他说："铭恩早已考虑到这一点。为了搞活企业，激发厂长经理的积极性，有必要推行个人承包制。推行承包制，在分配方面必然拉开差距。铭恩用两个办法来解决这个问题：一是将大部分高额奖金转入企业的私人股，留在企业内使用；二是把钱引入住房建设。铭恩说，从前赚钱，是为了**置地买砖**。如今，土地是国家的，不能买卖。村民手里有了钱，为防止其用于吃喝嫖赌，就得把手里多余的钱引到**造房添家具**方面去。在十余年内，竹林村民的住房更新换代已经三次，如今进入第四代——盖洋房别墅。如今竹林村民比什么？**比谁的贡献大，谁的住房盖得豪华。"**

我问李主任两个问题：一是如果全村都盖起了洋房别墅，他们还**比什么呢**？二是将承包奖转入私人股份，这对增加企业的投入，抑制消费

171

是有好处的，但如果私人股比例越来越高，集体企业有无可能变为私人企业呢？他说，他没有考虑过这两个问题。

四、关于"能人"现象的讨论

谈到12点半，李主任请我们吃饭，在宾馆雅间设宴款待我们。数杯下肚，谈话更投机了。我说："在村落与村民中间，有赵铭恩之才干者往往而有，但有赵铭恩之德者，或数村难遇一人。如赵铭恩那样德才兼备者，更是少之又少。竹林村出了个赵铭恩，故有竹林村的今天，反之，不出赵铭恩这样的人物，便没有竹林村的今天，或会出许多私人老板，但不会有如此规模的集体经济。**故而，这类典型，无法为别村所仿效，星星之火，难以燎原。**十几年来，每天都有数批访问者到南街、到竹林来参观、取经。但河南省有几个南街、几个竹林？如果竹林失去赵铭恩，你们保证能产生类似赵铭恩一样的接班人吗？**这样德才兼备的领导人看来不是培养出来的，而是自己冒出来的。**"

这位言辞谨慎的接待办主任听到此处，忽然动容，说"顿开茅塞"。于是谈话转入开诚布公、推心置腹的阶段了。他说："我们一个乡，就有20来个村，挨着竹林的村，都学不了竹林。看来，问题就在于不是每个村都能出带领村民共同致富的人物。"

席间，我又问李主任："你们村自20世纪80年代初以来，历次重大的投资决策为什么能一直保证不失误呢？"他说："赵铭恩现有两大顾问班子：一是以中央委员×××为主的政治顾问班子，二是高层经济决策顾问班子。竹林的重大经济政治决策，皆征询两大顾问班子的建议，那还错得了吗？"

饭后，李主任又去请示领导，问他们能否接见我这位远道而来的学者。他带回来的只是领导的指示：要李主任整个下午陪同我们参观访问。下午3点，一辆轿车在宾馆处等候，李主任陪同我们参观耐火材料厂、机械加工厂与药厂。厂长皆在厂门口迎候，陪同参观，并随时回答我们提出的问题。然后绕后山村民住宅区一圈，返回宾馆。各单门独户的小楼，卧于半山腰，掩映于绿林丛中，大有山间别墅之韵味。如今村民住房的样式，正从第三代向第四代过渡之中：第一代，从土石窟里搬出，多为以砖、水泥板为主的一层或二层住房；第二代，全是二层楼房，内外墙皆粉刷，内铺水磨石地板；第三代，外以瓷片装饰，内按宾馆标准装修；第四代是设计别具一格的洋房别墅，造价或在十数万元至数十万元。

*　*　*

晚上，在竹林宾馆的旅舍内读《竹林腾飞之路》，其中有不少我所感兴趣的资料。

一、"是先进，到处都开绿灯"

我所下榻的竹林山庄建于 1992 年年初，总投资 250 万元。有单人间、双人间、三人间客房 28 间，可容纳客人 93 人。大小餐厅 12 个，会议室、娱乐室一应俱全。竹林投巨资建此宾馆的目的是"**接待上级领导、专家名流与客商**"。竹林人懂得，发展商品经济，需要科技、信息、市场，涉及政治、经济、法律等，因此，他们**不惜一切代价**聘请大批各方面的知名人士、专家名流，组织了庞大的顾问团，为竹林经济飞跃出计献策。现在他们组织了**政治顾问团**、法律顾问团、市场顾问团、医药顾问团、耐火顾问团、化工顾问团，共计 243 人。这些顾问团的成员，有**党政领导**，有从事经济管理和经济研究工作的专家，有搞经营管理的专业人员，有法律专家，等等。竹林山庄接待的第一位客人是时任河南省委书记李长春。

我想，类似南街、竹林这类集体经济高速增长的典型，在多大意义上是他们自己艰苦创业干出来的，又在多大程度上是高层党政作为榜样而树起来的，这个问题值得研究。的确，这类"典型"在出名之前，有一段艰苦摸索与创业过程，有一德才兼备的"能人"在起着主导作用。一旦他们获得了一定成绩，并受到县、市、省，甚至中央高层重视与表彰之后，他们便获得了一份越来越丰厚的**政治资源**。正是这份独特的政治资源，使得这类典型驶入了经济高速增长的快车道。该书内记述了这样一个故事：

"有一位中央领导人来竹林视察，那时竹林在省里已有了名气，领导人问赵铭恩一个很棘手的问题：'你们出门咋办事，特别是出了省，出了市？'赵铭恩一时不知该怎样回答。旁边一位省里的负责人**怕他太直漏了底**，忙替他解围：'**他们是先进，到处都开绿灯。**'中央领导又问：'那当先进以前呢？'憨厚朴实的赵铭恩发窘了。此时，李淑转笑着对中央领导人说：'我们随行就市。'中央与省领导都笑了起来。"

所谓"**随行就市**"，即南街口号"内方外圆"中的"外圆"。乡村企业要获得资金、原料与销售市场，往往使用攀亲戚、拉关系、请客、送礼、搞回扣等他们所熟悉且行之有效的竞争手段。在与外商的交往中，还得满足他们的生活习惯与特殊偏好，如此等等。（南街的高明处，在于把"外圆"与"内方"严格划分开来。）既然凡乡镇企业皆采取这些竞争手段，竹林在这方面并无特殊优势，他们的优势恰恰在于"是先进，到处都开绿灯"。因而在贷款与立项审批等方面具有很大的优先权。"1986年年末，竹林贷款97万元，发展了集体企业，彻底解决了村民的温饱问题……1987年7月，李淑转在村党政及各企业领导参加的会议上提出，再贷2000万元，一次上8个项目，并在产业结构上进行大调整。……赵铭恩通过当时的县委书记张灵东……从西安方面借款400万元……""1992年，竹林通过郑州农业银行代发3000万元债券。"因此，在某种意义上，这类"典型"的经验是：一努力成为"先进"，二利用"先进"而获得的政治资源，使"先进"更"先进"。人们在总结这类"典型"的经验时，恰恰把这条经验遗漏了。

二、关于赵铭恩其人其事

赵铭恩，1978年任竹林村党支部副书记，分管队办企业。1980年任村党支部书记，创办小型的耐火材料厂，这是村集体企业的起点。1982年推行土地家庭承包制，但这家集体企业分还是不分？《竹林腾飞之路》一书告诉我们"从开始实行土地承包到1983年上半年，竹林村围绕着这家企业的分与合，不知经过了多少风波"。地委书记亲自来竹林视察，督促分厂："老赵，分吧，早分早主动，晚分就被动。分了好，分吧。"村里也有人挤着争着想分。但赵铭恩抓住中央文件中一句含混的话头:"宜统则统,宜分则分。"他的看法是,土地可分,集体企业不可分,也不应分。此时,村支委五个人中,有三人搞私人企业或合伙企业去了。1983年6月25日,赵铭恩与李淑转决定召开全村党员扩大会议。该会议的主题是:"竹林村是走集体致富,个人致富,还是以个人致富带动全村致富的道路?"赵在会上有一重要讲话:"咱村能率先富起来的无非是三种人:一是党员,'能人'才能入党,党员都是'能人';二是干部,外面交际广,朋友多,门路大;三是复退军人,在外跑了几年,见多识广,战友亦多。全村这三部分人总共不足六七十人,但全村有2300来人,剩下的2000余人,谁来管,咋个富?"据说,会议开了整整七天,与会者的绝大多数决定跟赵铭恩、李淑转走"共同富裕"的道路。《竹林腾飞之路》一书这样评价这次会议:"七天会议决定了竹林的命运,是竹林历史上的伟大转折。从此,竹林群众紧紧凝聚在以赵铭恩为核心的党组织周围,真正迈开了改革的坚定步伐,沿着共同富裕的道路,谱写了由穷变富的历史新篇章。没有这次会议,没有赵铭恩、李淑转……的正确选择,就没有竹林的今天,没有竹林以后的进步与发展。"

七天会议决定了集体企业的经营方式是"集体承包,厂长负责,定额上缴,超利润分成"。超额部分按3∶3∶4分成:三分留厂,三分交村,四分做干部职工奖金。会后决定再创办一个耐火砖厂,是名"二耐"。到1985年,"二耐"的年产值就达160万元,"一耐"年产值近100万元,铝矾土矿年产值四五十万元,同时还打了两口小煤井,效益颇佳。由此引起县、市、省领导的高度重视。1986年后,他们利用越给越多的政治资源,到处为这一个"典型"的发展开绿灯,发展到如今的这个规模。赵铭恩、李淑转这两位带头人,也获得上级党政部门赠予的一顶顶荣誉桂冠,竹林村也便成了名闻全省全国的先进典型。中共两任总书记都巡察过这个小小的乡村。

关于赵铭恩、李淑转在竹林集体经济发展壮大中的作用,《竹林腾飞之路》写道:"每提及竹林何以有今天,为什么短短十年会发生这么巨大的变化,竹林群众会毫不犹豫地回答你,因为有党的好政策,**有赵铭恩、李淑转这样的好带头人,有他们带出的一班人。……赵铭恩与李淑转,是竹林男女老少所公认的好带头人。他们怎么领路,群众就怎么走;他们怎么要求,干部就怎么干,大家对他们充满了拥戴与信赖。""在竹林乡亲们的眼里,赵铭恩是个具有特殊权威的人,有些长者,视他为神灵一般。"**"在竹林的发展过程中,赵铭恩起到了举足轻重的作用。从某种意义上讲,没有赵铭恩在关键时刻起到的关键作用,竹林不可能会有今天这么大的变化。"自1988年以来,我曾访问过十几家出了名的村集体企业集团,在那里都有一个德才兼备的集体致富的带头人,凝聚起一批忠心耿耿的追随者,并赢得全体村民如神般的崇拜。上述对赵铭恩评价的话,若移到这些带头人的身上,也完全适用。这类乡村集体组织内部的权力来源及其运行原则确实在于"**这一个人**"的**人格魅力**。

这样的人物性格能产生在中国的村落、村民之中,或许是因为中国的某些村落内尚存在着"有无相通、守望相助、患难相恤"的古老传统。中国的村落内不能普遍地产生这样的人物,是因为中国村落内的这种文化传统资源十分稀缺,这类集体致富的带头人,或可遇,实难求。**中国农民历来善分,分到家庭而后止,从来不善于在平等协商基础上进行各种形式的联合,除非出现一个能发现他们的共同利益并能全心全意代表他们共同利益的"带头人",如南街的王洪彬、竹林的赵铭恩那样。**

各级党政官员对此类典型的扶持、鼓励与表彰,也是此类人物得以存在的一个重要原因。赵铭恩曾说过:"咱竹林,啥时候来过省委书记这样大的官?在过去,这可是八府巡按一品大员哩,能来咱山沟沟,为咱们竹林的发展出主意,做指示,咱如果再不干,再干不好,能对得起省委、市委、县委吗?能对得起各级政府吗?干,再累,再苦,咱也得干。"这说明类似赵铭恩这样的村集体共同致富的带头人,不单纯有村落文化的背景,更有政治文化的背景。问题是,这两种文化都不足以保证这类村集体共同致富的带头人在中国的乡村普遍地产生出来，因而这类集体很难成为村民组织的一般形式。

　　传统村落文化中的家庭至上主义，缺乏协商合作的精神，以及市场经济固有的本性——把群体成员从他们各自所属的集体中揪出来，成为在市场中追求自身利益的独立个性——使得南街、竹林这类村民集体成为一个十分孤立的"典型"：**只供参观，但无法效仿。**

四、重返开封

▶ 6月12日 谁来支付高昂的水利投资？

上午8时许，与前来送行的竹林接待办李主任在车站挥手辞别，重返开封。

一路上，有关中国的农业、农村、农民、典型、能力、先富、共富等问题在脑海里颠簸旋转起来。中国国土实在太辽阔了，各省、市、县、乡、村的差异实在太大。宏观的统计分析，其弊有二：一是统计数据严重失实，二是将差别淹没在平均数字内。然而个案的微观研究，虽注意到了具体与差别，但却很难形成一个一般性的观点，依靠若干点上的调查资料估计面上的一般情况，也不踏实。这是研究方法上的问题。

中国农业的根本问题是人均耕地面积太少。自清代以来，中国七大流域的可耕地悉行开辟，日益膨胀的农业人口，凭借元、明时代传入中国的红薯和玉米，与山区的草树争土地。竹林的李主任说，公社化时期，农业学大寨，竹林山山沟沟，凡有土壤的地方都变成大小不等的梯田或坡地，种上红薯与玉米，仍养不活全村的人口。缺水少地的竹林幸赖满山的矿石，从而从农业转入工业，那么无矿藏资源的贫瘠山区呢？在耕地面积再也无法扩大的情况下，中国农业只有走一条提高单产的道路，提高复种指数，改良种子，提高灌溉条件。关键是水利建设。然而水利建设的前提是要有水。如竹林那样，硬是找不到水，那怎么办呢？即使有水，在山区，如此高昂的水利建设投入，由谁来支付呢？开封黄河水利学院的老教授说，黄河之水，不足以灌溉黄河流域的耕地，故指望南水北调。那么长江之水能否弥补黄河的不足呢？**中国的现代化，受到了土地与水的双重制约。**

中国村落农民，历来善分而不善合。依靠毛泽东思想的巨大个人威望与新政权的强大行政力量将各分散的农户组织在一个政社合一的集体之中。然而，这个集体与其内的各家庭组织的张力并没消除。这个集体生产与分配组织，消除了各农户间的贫富差别，但并未兑现曾经许诺的共同富裕。邓小平的分田到户，实在是**"顺乎天，应乎民"**。民者，中国农民也；天者，农民之普遍心理也。如今，各重新独立的家庭在全国范围内开展"发家致富"、争取超越邻人的竞争。由于土地的均分，致富竞争主要在非农产业内展开。然而，先富者能够帮助后富者们致富，从而共同富裕吗？如南街的王洪彬、竹林的赵铭恩，这类完全有能力个人致富，而放弃个人致富，带领村民走共同致富道路的村集体企业带头人，只是凤毛麟角。如南街、竹林这类"典型"，因其过于特殊而不具备推动一般的作用。

善分，并非中国农民的弱点。西方人比东方人更善分。中国农民分到家庭而止，西方人分到个人。**中国农民的天然弱点在于不善合。**他们只知道自己的眼前利益，但看不到长远利益。更看不到在长远利益基础上形成的各农户间的共同利益。因为看不到共同利益，所以不能在平等协商基础上建立起超家庭的各种形式的经济联合体。或说，村民间的共同利益在客观上是存在的，但在主观上并不存在。因而，他们需要有一个"别人"来替他们识别共同利益并代表他们的共同利益。他们对共同利益的代表者的态度是**感恩与崇拜**。崇拜是因为这个代表者能识别他们认识不到的共同利益，感恩是代表者替他们实现了共同利益。南街的王洪彬、竹林的赵铭恩就是这样的代表人物，因而受到村民的感恩与崇拜。问题在于，在席卷全国的发家致富的竞赛中，这样的代表者只能是极其个别的现象。再说，在全国 90 余万个行政村中，能够创办村集体企业的只是一个少数。

中国激进知识分了好谈专制与民主。他们只把专制与民主视为一种

政治制度，又将政治制度视为一件可以随时替换的衣服。他们被西方政治概念蒙住了眼睛，看不到政治制度赖以有效运作的社会心理与习惯。当广大村落农民尚未学会自我代表，且需别人来代表时，一切法律与民主的制度建设，只能是一层浮在水面上的油。

正沉思间，车已过中牟县。永成指着窗外的一座人造景观，说："这里就是曹、袁官渡之战的纪念馆。"纪念馆规模甚大，但游人稀少，甚是冷清。千余年来，这里屡经黄河泛滥，遗迹早已荡然无存，如今政府开发旅游资源，投巨资建景观，往往得不偿失。突然想起官渡之战的一段掌故，便对永成说：官渡一战，袁绍大败，引残兵渡河北逃。曹操于袁绍丢弃的图书、车仗、金帛内搜到书信一捆，全是许昌及军中诸人与袁绍暗通之书。当时有人劝曹操依书信而查内奸，一一加以清除。曹却命人悉数烧毁，说："当时袁绍强大，我尚难以自保，其他人暗与袁绍相通，亦有情可原。"三国时代，**以忠义相尚**。从这段掌故看来，当时的忠义道德理论与道德实践之间已出现巨大的裂痕了。曹操既表彰关羽的义，又尚法，实在高明。老子有言："失道而后德，失德而后仁，失仁而后义，失义而后礼。礼者，忠信之薄，而乱之首。"这里的"礼"，可作"法"解释。故老子的话可改为"法者，忠信之薄，而乱之首"也。其实我们应该这样说："忠信义之薄，故需法来治乱。"我们当前向社会主义市场经济推进，**人与人之间实际结合的原则是什么，有效的结合原则应是什么，官方所倡导的伦理原则在现实生活中是否发生作用？这是值得深入研究的大问题。**

中牟县以东，直至开封城西，数十公里间，依然是一片沙丘之地，村落甚是稀疏。此处近临黄河，为什么不像开封县那样，引黄河水来改造沙丘地呢？

中午时分，车到开封。永成先回党校，我依然回河大招待所。这次出访，历时六天，行程数百公里，实感劳顿。匆匆吃了午饭，洗澡，休息，一直睡到5点。后给妻子挂电话，通报行程。晚在旅舍整理资料，直至深夜12时，疲劳，然无睡意。各调查场景交错，思绪纷至沓来，凌晨2时半，方蒙眬入睡。

▶ 6月13日　当代采风

上午八九时许，永成来河大招待所，商议以后几天的日程安排：13日下午3时，前往开封市委党校，住党校招待所。14日上午，给全校三个班级学员做《传统与现代化》学术报告。15日上午，给党校全体教师做《调查与治学》学术报告。16日上午，由汤小平老师陪同我到他的杞县老家做调查。19日返回党校。20日，由李永成陪同我到开封县某乡调查。

到开封市委党校做两场学术报告，对于我的下一步调查具有十分重要的意义——这三个班的学员，都是市、县、乡的党政官员。他们本身就是一个调查资料库，且通过他们可顺利到达各调查现场，党校老师也可为我提供更多的社会关系资源。

下午4时，永成随车来接我至开封市委党校。党校坐落在开封市西北角，占地80余亩，环境幽静。永成刚给我在招待所安排停当，副校长程子良、科研处处长田野即来宿舍表示欢迎。四人坐定，话题很自然地转到农民负担、计划生育、贫富分化及地方党政腐败一类问题上去。他们说，知识分子聚在一起经常议论这些问题，但大多就事论事，且夹杂着许多忧虑和牢骚。

晚饭后，田、李陪驻马店地委党校的老师小杨来我宿舍过夜。他们都来自北方农村，对村落情况比较熟悉，因而谈及**北方的村落规模与宗族姓氏结构。**

我说，中国南方山区丘陵一带，或因受**地形、水源**与**耕作距离**的影响，村落规模一般较小，且农户住宅、庭院及村内道路的布局很不规则。小到三家村，大多二三十户或四五十户人家。只有在河谷川地才能看到规模一二百户的大村落。就是在杭、嘉、湖与苏、锡、常平原一带，村落规模也以四五十户人家为主。但华北平原的村落一二百户人家的规模十分普遍，三五百户的也不少，有的村落甚至达到一二千户。所有村落内住宅、庭院排列有致，村内道路南北垂直，这种整齐的规划似乎是北方城市的原型。但北方村落的规模为什么普遍比南方大呢？要知道，村落规模过大，势必增加从农户到耕作地的往返距离。

李、杨说，这倒是个有趣的问题。但他们生活在北方，习以为常，从来没有思考过这个问题。他们说，开封一带的村落，大多可以追溯到明朝初年。这一带村民的祖先大多是明洪武年间从山西迁来，历经五六百年，故村落规模较大。我说，一对夫妇经五六百年的繁衍，如今后裔足有数万之多，哪有那么大的村落。历史长短是一个因素，但决定村落规模的根本因素，一是平原村落的耕地皆在村落四周，不像南方丘陵山区的耕地那样分散。因而，一二百户甚至三四百户的村落，其中心到村边耕地的距离不过数百米，最多千米。二是北方的人、畜饮水皆来自水井。古代社会打井并不容易，全村赖此井为生，故村庄规模较大。

在商丘有六年农村插队经历的田野说，初到商丘地区，给他的突出印象是那一带村落规模小而密集。二三十户、四五十户规模的村落十分普遍，上百户已算是大村落了。商丘地区在开封以东，同处华北平原，两地村落规模为什么有那么大差异？是历史年代的长短吗？不是，因为那一带村民传说他们的祖先也是明洪武年间从山西洪洞迁来的。那里的村民也饮用井水。据他分析，很可能是与新中国成立前很长一段历史时期内两地社会治安状况好坏有关。开封一带，水旱频仍，兵匪出没，地方治安状况历来很差。村落规模较大是为了聚村自保，共同防范土匪骚扰掳掠，这或可备一说。

我说，全村一姓一族的称为单姓村；有一二或二三大姓兼有若干小姓的称主姓村；姓氏较多，且分不出主次的，叫杂姓村。据此分类，华北地区的村落以何类村落为主？他们说，从开封、商丘、驻马店地区来看，单姓村与杂姓村较少，绝大多数村落是主姓村。田野说，他在商丘插队的那个村，就是一个主姓村，全村 26 户（据 1975 年统计），只有三四户为两个小姓，余皆姓马。小杨说，他的老家在驻马店平舆县，也是一个主姓村。当问及主姓村内各小姓的来源时，他们说有三个来源：一是投亲靠友的，二是佃农、长工在"土改"时落户的，三是上门女婿。当然，大姓未必是村内最古老的宗族。同一村落内的宗族成员的多少，往往与男性子嗣的繁衍速度密切相关。老宗族传数代或十数代而绝户的往往而有。

我想，中国社会学应建立农村社会学，而农村社会学内，应设立一门村落社会学。这不仅是因为至今还有三分之二的人生活在村落内，而且村落乃是中国传统文化的自然载体。若要研究中国传统文化的现代命运，必须从村落开始。

* * *

晚9时许。李、田告辞。我与小杨躺在床上继续闲聊。小杨毕业于郑州大学哲学系。前几年分配到驻马店地委党校任教。当我问及地方吏治状况时，他告诉我许多顺口溜：

1. 股级升副科，得花八千多；副科升正科，得花一万多。
   正科到副县，得花三五万；副县到正县，也得七八万。
2. 要想富，调干部。
3. 只跑不送，原地不动；
   又跑又送，提拔重用；
   不跑不送，降级使用。
4. 村哄乡，乡哄县，一直哄到国务院。
5. 三五场酒宴不醉，三五夜麻将不瞌睡。
   三五个女人不累，三五万不算受贿。
6. 早晨吃小鸡，中午喝小曲，晚上搂小妞。
7. 喝酒，你请我，我请你，
   麻将，我邀你，你邀我，
   睡觉，你搂我，我搂你。

我问小杨，这些民谣是从哪里听来的，他说，**都是党校学员们告诉**

他的。地委党校学员，都是地市、县、乡地方党政官员或公务人员。我一直想查询此类民谣的制作者与传播者属于哪一社会阶层。是广大村民群众吗？看来不是。一是我所走访过的村落中，从未听说过这类民谣的流传。二是一般村民对乡及乡以上官场情况是不熟悉的。是大中学校中的知识分子吗？看来也不是，他们可能参与传播，但非制作者。

此类民谣的真正制作者与主要传播者，很可能是地方官场本身。因为他们熟悉官场内部的各种情况。那么为什么官吏本身制作与传播讽喻自己腐败行为的民谣呢？原因或有两个。其一，在地方各级党政机构与部门内，有权力腐败的毕竟是少数人，未腐败者对已腐败者不仅心怀嫉妒，且有一种道德愤怒。民谣便是这些道德愤怒的表达。其二，沾染腐败习气的官吏对自己的腐败行为未必加以道德认同，尤其近些年来，有大量的受过高等教育的青年知识分子进入地方各级党政机关，他们有能力制作民谣并乐于传播民谣。大小宴席中，饭前酒后的谈话往往是这类民谣的传播之地。小杨同意我的上述分析。

或许民谣并无具体的作者，它是一种"集体创作"，一首民谣在流传的过程中，往往存在"再创作"的过程，从而形成不同版本。**民谣也非实录，而是普遍的社会心理的反映**。因此，民谣所指的，与其说是一个法律意义上的"客观事实"，不如说是一个社会心理学意义上的"客观事实"。民谣的**广为流传**这一事实本身，说明它表达了普遍的**态度**与**情绪**。社会学调查中，应将这类态度与情绪视为一种重要的客观的"社会事实"。民谣虽非实录，但确有一定的**客观根据**。民谣大多是"**事出有因，查无实据**"，并非没有实据，而是很难找到实据。唐代专设"采风使"一职，四处收集民歌民谣以观地方吏治与民风，实是一种优良制度。可惜这一良法美意废之久矣。

聊罢民谣，小杨又告诉我一件颇具神秘色彩的奇事：**两三年前，在驻马店某县某乡某村某农户的土墙上，突然显现出毛泽东、周恩来、朱德的影像**。消息传出，前去参观者络绎不绝。有人以为是毛泽东显灵，故而前往烧香礼拜者不少。在朝拜者中，有普通百姓，也有地方官员，有知识分子，也有退休军官。据说，该户主因收受供品与礼钱而发了财，盖起新房，老房子变成专门供人祭拜的神庙了。

我来河南才一月，深感毛泽东的神灵在中原大地上到处游荡。乡村农民、城市工人、出租司机，甚至在地方官吏与教员中，怀念、颂扬、崇拜毛泽东的言论可谓不绝于耳。河南是受"大跃进"之害的重点省份，驻马店、信阳地区更是重灾之中的重灾区。改革开放后，这里的农民才第一次得到温饱。为什么会出现这种怀旧的现象？我决定亲往"显灵"处考察。小杨说，他也只听传闻，愿陪我前往参观。

是夜，两人一直聊到凌晨 3 时。

▶ 6月14日　内地的跑官、买官现象

上午8点30分，给党校三班120余名学生做题为《传统与现代化》的学术报告。这一报告，我在开封大学、河南大学都讲过。今天的听众是地方党政官员，故重点略有所变动。

我说，地方党政干部的主要工作对象是千百万分散独立经营的小农，工作的主要目标是引导农民走向现代化之路。要完成这一艰难伟大的任务，首先得认识农民。有些地方干部或许会这样想，我们本来就来自农村，长期与农民打交道，难道还不熟悉农民吗？我说，正因为你们中的大部分人**来自农村**，正因为你们**很熟悉**农民，故而往往**不理解农民。因为习惯和熟悉常常是理解的大敌。理解，必须从熟悉中超拔出来。**土地家庭承包制下的农民，与新中国成立前土地私有制下的农民，以及与计划经济条件下的公社社员，在行为方式上有何异同，这是一个全新的课题，必须花大力气去研究。

土地家庭承包制下的当代农民，具有一般小农经济的四大特点。

一是各农户主要还是与土地相交换。这就是说，以家庭劳力与承包土地为主的自给经济依然占据很重的比例。在人均耕地不足一亩的乡村，各农户从事农业经济的主要目的在于粮食自给。

二是利用血缘与情感维系的非市场的人情交换。虽然各农户在经营各自的狭小农场的过程中，尽可能做到自给自足，但总有一些事务非单家独户所能解决，这便是各农户都要维持与巩固一个亲友关系网络的原因。他们用人情关系、礼尚往来维持一个非市场性质的物资与劳务交换网络。故而"人情"既指私人间的感情，亦指一定的物品与劳务；"礼"既指一种礼仪，也指一定的物品与劳务。故在乡民社会中，有"欠你一个人情"之说，"礼"也可与"物"合称，叫作"礼物"。"人情"与"市场"虽然都承担着交换互惠功能，但在交换方式上，两者间具有非

常不同的特征。**随着农户家庭生产职能的恢复与经济活动范围的扩大，我们到处能看到亲友人情关系网络的扩张。**地方官员也都处于各自的亲友人情关系的网络之内，而且往往是复杂的人情关系网络上的一个纽结。因此，中国村民所习惯的交换、互惠方式向地方政治过程的大量渗透，在我看来是地方政治过程腐败的一个文化上的深刻原因。

三是农民与市场的关系。传统农民只有与**周围集市**相交换的经验，从来没有与**国内大市场**相交换的经验。由于农民交换经验规模过于狭小，能向市场提供的商品量很少，进入国内市场的成本过于高昂，因此各分散经营、独立决策的农民根本无法与大市场相衔接。这是一个十分重大的问题。各分散农民如何通过有效的合作组织，并通过合作组织参与国内甚至国际市场，这个问题依然没有解决。

四是农民与地方政府的关系。**农民的基本特点是他们无力在各自利益的基础上，通过平等协商的途径形成共同利益，缺乏共同利益的意识，也就不可能通过平等协商的途径建立共同的合作组织，并通过有约束力的章程与领导来解决自己的共同事务。**或说，分散经营的农户在**客观上**存在共同利益，但在**主观上**无法形成共同利益的意识，**这就决定了农民只能依赖别人来认识并代表他们的共同利益。这个"别人"，在一般情况下是地方政府的官吏。**这是中国农民的"清官"意识与"替民作主"意识根深蒂固的最为深刻的根源。问题在于，地方官吏如不替民作主，那怎么办？有些地方官吏不仅不替民作主，反而利用公共权力来欺压剥削农民，那又怎么办？这是当前党政建设的关键问题。中国农民对那些欺压百姓的地方官员的一般反应模式是什么？这也是一个值得研究的问题。在我看来，农民对不合理的地方政权的一般反应模式是：**一忍耐，二上告，三下跪，四揭竿而起。**如今，数村范围内的农民小股"起义"已时有所闻，这不能不引起我们的高度重视。

不少地方官员将现代化单纯地理解为经济增长与人均消费水平的提高，**甚至只将现代化理解为现代高楼与道路**，因而向银行贷款，或向农民高额征收来搞道路与楼房。前者是对现代化的一种片面理解，后者是一种误解。在我看来，**将缺乏自我表达与自我组织的广大村民引导到能够自我表达与自我组织的现代公民之路上去，是中国农村现代化的核心任务**。这一任务不解决，我们无法完成小农经济与大市场的有效衔接问题，也无法解决乡村社会的民主与法制建设问题。**让千百万村民学会自我组织与自我管理，是农村现代化的基本发展目标**。我今天只是向诸位提出这一问题，希望诸位与我一起来思考这一问题得以解决的有效途径。

由于听众情绪高涨，报告持续了两个半小时。

会后，有许多学员围着我，提出这样那样的问题，我一一做了解答。市精神文明办的一位官员说："我平时感觉到但弄不清楚的问题，经你那么一说，突然清楚了、理解了。"的确，把**普遍的感觉上升到理论，这便是理解与理论的功效**。从西方输入的一切理论一旦脱离西方社会经验而移入我国，对我们来说只能是一种**思想资料**，而不是理论本身。要使思想资料恢复它们的理论品格，必须与当前中国社会的经验，即普遍的感觉结合起来。这个"结合"是一个异常困难的过程，绝非简单地套用。

＊　＊　＊

回宿舍休息时，开封县常务副县长邀请我到他的宿舍聊天。他说："你的报告对我有很大启发。源于村落文化的人情关系侵入地方政治与法律过程，这确实是每日每时发生的普遍现象。你说得很对，这些侵入政治与法律过程的人情往来，从传统村落文化看，是所有人都**习以为常的礼俗**，但从现代政治与法律要求看，是一种以权谋私的腐败行为。问题是，有许多官员还意识不到这一点。"

他告诉我一件小事："有一农户的几亩瓜田遭人破坏，报到乡派出所，同时通过他的一个亲戚找到我家，要我帮忙处理这件事。农民嘛，对法律总不太信任，总想找个有权的人替他们作主，这才放心。农民上门托人办事，手里总拎点礼物，替他办了事，虽然这是地方官的职责，他们还要感谢送礼。如果对农民说：'替你办事是我的职责，礼品请带回去。'他们一定不高兴。你不能不收下。县里的大部分官员的老家就在本县。亲戚、朋友、同学、上下级、老同事关系特别多。谁都处于人情关系网络之中，谁也摆脱不了这个网络，谁都得遵守这个网络内的行为关系准则。要划清人情与腐败的关系确实是很难的。'人情关'确实比'金钱关''女色关'还难过啊。"

这位副县长谈到地方政府与农民的关系时说，即使"替民作主"，也没那么容易。一是什么是农民的共同利益与长远利益，往往弄不清楚，故好心办坏事的也不少。二是即使认识到农民的共同利益与长远利益，替农民办几件好事、实事，但要农民出钱出力，也会招来民怨。他引用新中国成立前流行的一句民谣说："贾鲁河一开，民众怨来；贾鲁河一通，民众感动。"我说，这一现象自古而然，替秦国搞改革的商鞅就说过："民不可与始虑，而可与乐成。"农民无力通过协商途径形成共同利益，并利用自我合作力量来实现共同利益，这种情况至今依然如此。这就决定中国的现代化任务是由政治家与知识分子提出来，然后通过行政力量注入乡村社会的。在这种情况下，一方面，如何确保地方党政替民作主，作好主，并按量力而行的原则进行乡村现代化所需的公共事务建设，这便是地方政府的头等大事；另一方面，如何通过各种合作组织的典型示范，通过村、乡两级的民主选举与管理来培育广大村民的自我作主能力，更是地方政府的一项长远而重大的任务。

* * *

中午，程校长请市节水办的两位官员与我一起吃饭，李、田两位老师与后勤部科长作陪。席间因为市节水办官员在座，于是问及北方水资源状况。他们说北方数省皆缺水。黄河水量近十余年来呈持续下降趋势。黄河下游的每年断流期拉长，断流段不断向上延伸。北方的城市用水与农业用水，主要依赖地下水。由于近十几年来城市用水不断增加，故在各城市之下形成大小不一的"**干漏斗**"。各地农用灌溉水井也越打越深。这是一个令人忧虑的大问题。

他们说，在河南省，缺水以河南中部的许昌地区为甚。许昌市与邻近的平顶山市为争夺水资源而各不相让，最后由省成立一个水资源综合利用委员会来协调解决。在开封市所辖各县，人们为争夺黄河水资源也闹得不可开交，甚至反目成仇。在北方地区，水资源的严重缺乏与人口严重过剩，是制约北方经济发展的两大主要因素。我问，拟议中南水北调工程能否缓解北方的缺水问题。他们说，对若干大城市的供水问题或可缓解，但对如此广大的农村而言，南水北调也只能是杯水车薪。对北方农业而言，**只能走节水农业一路**。

*　*　*

晚上，全校断电断水，一屋漆黑。邻宿住着三位学员，一位是某县人大常委会副主任，另两位是某县委组织部干部。我与小杨同他们闲聊夜话。

当问及民谣流行情况时，这位县人大老同志说："民谣有很多。"但他能够背出的只有两首：

1. 贴着玻璃往里看，里面坐着一大帮，统一拉出来枪毙，没有一个是冤枉——全是贪官。

2. 说话不能说太明，说明不够朋友情。

我们又谈及跑官、买官现象，县委组织部那两位官员说："这类现象，**可能有，但绝不普遍**。"小杨说："跑官、买官现象，**肯定存在，且较为普遍**。"因话不投机，两位县委组织部官员稍坐片刻，便回自己宿舍休息去了。

县人大常委会副主任说："跑官、买官，各地传闻确实不少，但很少查实。如仅据传闻，则此类现象看上去很是普遍，但据查实法办的，那是少而又少。有些传闻虽然比较确切，但未必有人据此去查处。即使此类现象是个别的，但如不加制止，肯定会蔓延开来。如果官以贿得，共产党的统治也就垮台了。"他又说："如今关键的问题是**权力太集中**。在县级党政，能管乌纱帽的只有四人：一是县委书记，二是分管组织的县委副书记，三是组织部部长，四是分管人事的组织部副主任。在这四个人中，权力往往集中到县委书记一人手中。有些县的县委书记直接兼任县人大常委会主任一职，县委副书记兼纪律检查委员会主任一职，监察权被党政权力兼掉了，更谈不上什么监察作用。全县党政权力集中在县党委书记一人手中，乡镇党政权力集中在乡党委书记手中，村党政权力集中在村支书手中，这种权力集中的状况，很容易产生党政腐败现象。"

县人大常委会副主任接着说："据我观察，近五六年来，权力越来越向第一把手集中。这种权力过于集中的状况，利少弊多。在目前情况下，能自我约束、以身作则的一把手毕竟是少数。如今，村党政一把手政治上向上升迁的可能性极小，故而谋求经济利益的冲动很强。在乡、县两级，官员流动升迁的速度加快了。好一点的，搞政绩等迁升；差一点的，势必发生跑官现象。跑官是为了联络感情，但正如你在讲话中所说的，他们跑官，总不见得空着手去。进见礼与贿赂之间的关系，确实是个说不清楚的问题，私人感情与利用关系也是个说不清楚的问题。"

我说："内地省、市、县依然以农业为主，工商业很不发达，故而稍有一点抱负与才能的人，往往向各级党政部门拥挤。因为人之所喜好的财富地位与名誉依然集中在政府部门，且财富、地位与名誉按官阶大小高低而分配。**故而挤入官场，并向上爬升成为这些人最焦虑最普遍的心态。**他们按什么原则来竞得官职呢？一般说来按**政绩**，那么什么是政绩，以及如何来评价政绩呢？这个关键问题，我们没有解决好。按共产党的宗旨，应以替群众办实事、好事为政绩，以民众的满意程度为评价标准。然而在实际上，一些官员是以完成上级党政部门下达的各种高指示为政绩，以上级部门的检查结果为判断政绩的标准。于是，浮夸、虚报、弄虚作假随之而起。另一得官途径便是利用私人关系网络。人情关系中的'礼尚往来'原则一旦侵入组织人事领域，必然会向跑官、买官发展。关于利用政绩考核与私人关系获得升迁，其利弊古已有之，至今犹然。要解决这一大问题，**看来得把官吏的委任制与民众的评议制切实地结合起来。**中国的农民，虽然还没有成熟到直接参政，选举乡、县两级的官吏，但公正地评议地方官吏的优劣还是可以做到的。"

► 6月15日 "8·16"事件

上午8时半,如约拜会党校张校长。

李、汤、田诸老师曾多次谈到他们的校长:他是一位凭自己的能力与一连串的政绩而逐步升迁到副市长的地方官员。他当过八年村支书,两年乡党委书记,六年副县长,六年县委书记,两年副市长。前年出任开封市委党校校长。据说,凡他工作过的乡、县,群众至今还怀念着他。对这样一位有着如此丰富地方工作经验的校长,应趁拜会之际向他请教若干问题。

一、土地家庭承包制下的中国农民与新中国成立前农民之异同

张校长说,土地家庭承包制下的当代农民与新中国成立前的农民不可同日而语。当代农民中,四五十岁以上的这一代农民经历过农业集体化,对土地的集体所有制性质有明确的意识;现今二三十岁的青年农民,文化素质大有提高,大多在第二、第三产业兼业,在全国流动,寻找各种机会,不再是闭塞的村民。他们受城市文化,尤其是城市生活方式、消费观念影响很深。由于土地按人均实行家庭承包,一方面,农业这块收入各农户十分接近,故要发家致富,必须到工商业方面去动脑筋;另一方面,因土地不好买卖,故农民剩余的钱大多投入住房建设。就农业方面而言,农业技术提高了一大步,灌溉条件、种子、化肥、农药都有很大发展。

我说,土地家庭承包制下的当代农民与新中国成立前土地私有制下的农民,甚至与集体化时期的农民确实存在很大差别:文化程度提高了,掌握的农业技术增多了,与村落外的世界联系更密切了。但作为农民,他们之间依然保留着一些重要的共同特征。我指的是农民**互惠交换的结合方式并没有改变**。当代中国农民,虽然经历了合作化、集体化,也实行过会议、选举、制定章程之类的合作形式,但从分田单干后的大量事实来看，他们依然按老习惯解决新问题，而没有学会用平等协商的程序建立超家庭的合作组织。**在我看来，从亲友私人网络型关系向非人情非网络的联合组织发展是中国农民进步的真正起点。**在向社会主义市场经济推进的过程中，协商一致的合作方式有其客观的需要，但村民对此并无意识，依然用人情往来方式解决自己的事务。这是我最困惑的大问题。

二、分田单干后，农村工作的最大困难是什么？

这位有着十余年乡、县领导工作经验的校长说，当前乡、县政府在农村工作中最困难的问题是**办集体公共事业**。如引黄灌溉工程，这是对农民十分有利的公共事业。（注：李老师说，张在开封县任职六年，搞引黄工程，扩大水浇地 60 万亩，改造盐碱沙地 15 万亩。）这样的水利工程，依靠一家一户的力量是根本不行的，只能依靠集体力量。国家没有钱，只能向群众集资。集资，通常按户均摊，但用水有先后与多少的问题，还得侵占部分已承包出去的耕地。于是意见纷纷，怨声四起。张校长的原则是，只要认准引黄工程对全县绝大多数农民有利，就不顾反对意见强行推动。一旦工程完成，农民得到实利，自然会怨愤消失，颂声四起，甚至送匾感恩。讲到此，他引了一段历代相传的民谣：

贾鲁①治黄河，恩多怨也多。

百年千载后，恩留怨消除。

我对校长说："贾鲁与你相距六七百年，但村民对此类公共工程的前后反应态度却完全一样，这说明什么呢？"他没有回答这一问题。

三、对当前行政村干部的基本评价

校长说，村民也能民主选举出村支书、村主任，但被选之人往往不

---

① 贾鲁（1297—1353），历任监察御史、工部郎中等职。元至正四年黄河决口，河道北移。至正十一年，贾任工部尚书总治河防使，主张疏、浚、塞并举，使黄河恢复故道，南流合淮入海。

愿干。因为这一职务好处甚少，且容易得罪乡邻。有能力的人可以外出挣钱，没有外出的也不愿得罪乡邻。故而目前各村的支书、村主任基本上由乡镇政府指定。若有选举，大多也流于形式。在这种情况下，想干者往往是希望从中得到某种好处，而能干者必定有家族势力的支持。他们通过这一职务结交乡镇官员，找政治靠山，扩张社会关系网。对村民往往仗势欺压，谋求更多的好处。并不是说，如今所有村干部都是这样恶劣，但这一发展趋势是存在着的。(注：这与许河乡党委书记的估计十分接近。)

四、关于地方党政腐败问题

张校长说，用道德教育、党纪国法来消除目前普遍蔓延的政治腐败现象，效果如何，可用两句话来概括：一是收效甚微；二是没有上述措施，腐败更加猖獗。如今推行市场经济，允许甚至鼓励一部分人先富起来，而且事实上，确实有一部分人通过各种门路富了起来，在这种情况下，要求党政官员安心于他那几百元月薪，过苦日子，洁身自好，不是说绝对做不到，至少也是十分困难的。地方党政官员手中有权，社会关系多，求他们办事的人亦多，要他们不利用手中的权力挤入先富起来的行列中去，那是很难做到的。另外，权力集中到一人手中，人大、纪检如何监督？除非第一把手为政清廉，以身作则，抓下级的廉政，那是管用的。但这样的干部毕竟是少数。公社时期用一个接着一个的群众运动、阶级斗争来清除党政腐败，腐败现象是治住了，但代价太高。恰如用猛药、重药治一种病，这一病症消失了，但全身给治坏了。如今光用教育、纪检来治，只能有所抑制，无法根除。中国的历代王朝，兴而复亡，亡在何处，都是亡在内部腐败上，弄得官逼民反。我是一个老共产党员，当然希望共产党长治久安。但你看看周围的现实，看看这些大小官员在想什么，在干些什么，你怎么能不忧心？

下午3时，给党校全体教师做题为《调查与治学》的学术报告，颇受欢迎。

* * *

晚上，请永成谈兰考县三义寨乡"8·16"事件始末。永成与汤小平曾到该乡调查过此事件。

1995年8月8日，兰考县三义寨乡政府发布公告。公告大意是：原定分七年还清的超生罚款（注：超生一胎，罚款4100元），现改为，自公告发布之日起若干天内一次结清，不得延期。今后若有超生者，罚款4万元。

该乡党委、计生委之所以采取如此激烈的罚款征缴措施，说是该乡在全县计划生育评比中，连续两次倒数第一。他们决心变"落后"为"先进"。强化罚款征收力度，提高罚款数额，严格控制超生。据说，县有关部门正等待该乡取得突破性进展，并预定到三义寨乡召开经验总结兼表彰大会，以推动全县的计划生育工作。

自公告发布后，乡政府组织近200人的庞大征款队伍，开进各村各户征收所欠的超生罚款。突击收缴了16万元，初战告捷。随后准备组织第二次突击行动。8月16日，七个自然村突然以鸣爆竹为号，一时集合起数百村民（乡政府上报说约200人，下面传闻说2000余人）到乡政府找乡党委书记评理。乡党委书记闻讯逃到县城，其余乡干部各自躲避，只留一名副书记留守。愤怒的村民找不到他们最痛恨的党委书记，抓住留守的副书记痛打一顿，并将其抛入水沟。砸毁乡政府办公大楼的所有门窗及电视机、摩托车。发泄过后，方各自回村（事后统计损失，价值13万元），是为"8·16"事件。震动了省委书记。

省纪委闻讯，即派人前来调查，结论是四个字：官逼民反。县里的主流意见是将大事化小，小事化了。另一种意见是要查处打砸乡政府、打伤官员的为首分子。但省纪委督促甚严，市委开始干预，准备将三义寨乡党委书记、计生办主任两人调离该乡，并中止公告的执行。省纪委认为处理太轻。结果做如下处理：1. 三义寨乡党委书记受党纪处分，降一级使用；2. 分管计生办的副书记（即计生办主任）留党察看两年；3. 留守乡政府的副书记免予处分。这大概是考虑到他已受到群众用拳头的直接处分了。

    三义寨乡离兰考县城十余里，处黄河滩边。该乡党委书记以办事果断而闻名县、乡官场，然百姓对他恨之入骨。据官方统计，此类村民暴乱，在河南去年一年内有 12 起。当然，所谓"官方统计"，也是一个传闻。永成说，今年三、四月间，开封县朱仙镇也发生一起"官逼民反"事件。原定明天陪同我到杞县调查的汤小平出差郑州，未归，故请永成明日陪我先到朱仙镇。关于河南的朱仙镇，我只知道两个掌故：一是岳家军北伐，曾在此大败金兵，后被十二道金牌召回杭州；二是鲁迅先生曾收集并表彰过朱仙镇的版画。

▶ 6 月 16 日 "4·28" 事件

上午 8 时许，我与永成到党校大门口等车，准备前往朱仙镇。在门口候车期间，看到老师们全部骑自行车上班，而前来上课的学员大多乘坐轿车。这一景观细思起来，本不奇怪，但看上去总是不顺眼，于是与60 开外的老门卫攀谈起来。

老门卫说，县级班学员工作忙，基本不住校，坐轿车到校上课也说得过去。乡镇干部学习班学员按规定得住校学习。这帮学员下午一下课，便三五成群，开着轿车到城里吃饭、喝酒，每天喝得醉醺醺的，直到深夜十一二点方回校，在大门外乱喊乱叫，稍晚点开门，就骂人。这些乡镇官员，别看他们官职不大，但个个神气活现的。腰带 BP 机，手提大哥大，乘坐的轿车比县级干部还高级，起码是桑塔纳。说到此，他凑近我，悄悄地说："他们口袋里的钱多得很，拿出来都一叠一叠的，都是一百元一张的。"停了一会儿，又补充说："他们的月工资不过三四百元，这么多钱哪来的，还不是老百姓的血汗钱！"

在开往朱仙镇的路上，李永成向我简要地介绍了朱仙镇、"4·28"事件及朱仙镇新任党委书记杨剑峰的情况。

朱仙镇，相传为战国时朱亥故里，故名。北宋建都开封。开封地处平原，无山关险要可资屏障，故在开封城四周 45 里处设四大军事重镇拱卫京城。地处开封西南的朱仙镇便是其中之一。明中晚叶，地处水陆要冲的朱仙镇与汉口镇、景德镇、佛山镇齐名，为中国四大名镇之一，成为万商辐辏的繁华商业城镇。清道光年间，黄河泛滥，流往朱仙镇并通往淮河的贾鲁河渐被泥沙淤塞，航运阻绝，从此日趋衰落。到新中国成立前后，这个曾经拥有 20 余万人的华北重镇已衰败为仅数千人的小镇。

1994 年年末 1995 年年初，年轻气盛的尚某调往朱仙镇任党委书记。

他雄心勃勃，想大干一番，以显政绩。提出"两年再造一个朱仙镇"的浮夸口号。拆旧房，修马路，疏河道，建旅游景观，造商场，盖镇办公大楼。大规模基建投资的钱从何处来？一是召集各工程队带资参建，二是贷款，三是向全镇村民高额征集。据说，1995 年向每人摊派四五百元之多，相当于村民全年一半以上的家庭收入，于是民怨四起，接连上告。1996 年 4 月 28 日，数千名村民围攻镇政府，痛打镇党委书记。事发后，县委书记亲往解决，将这位镇党委书记就地免职，同时将颇有政誉的杨剑峰从陈留镇调到朱仙镇，风波始见平息。

杨剑峰原任陈留镇党委书记，生活十分朴素，作风踏实，很有能力。经常骑一辆破自行车，深入田间与农户家，且自备干粮。这几年，全县 20 几个乡镇一、二把手皆配备桑塔纳轿车与大哥大，而在全县最富裕的陈留镇任党委书记的杨剑峰，却依然乘坐上任书记留下的旧北京吉普。据说，当他调离陈留的消息传出时，前来送行的村民有数百人之多。

*　　*　　*

上午 10 时许，到达朱仙镇。走进镇政府大院，空荡荡的，望着院内这幢颇具"现代化"的四层办公大楼，心里有一股说不出的感觉。这栋耗资近百万的豪华办公楼，是上任书记"政绩显示"的一部分。如今只遗留后任，自己却被村民围攻而落职。永成在楼内转了一圈，找到了值班室主任，说杨书记一早到县里开会去了，镇长到各村去检查夏麦收割进度去了。他们要到下午方能回来。如今恰值麦收大忙季节，全镇党政机关、各企事业单位、学校，全部放假，回家收麦。

利用这段时间，我们在镇政府通讯员小张的陪同下，前往参观岳王庙、关帝庙等处，看看这座曾经辉煌而今衰败的中原古镇。

据说，岳王庙在全国有四座：岳飞的汤阴故里一座，武汉蛇山、杭州灵隐各一座，朱仙镇一座。该庙的结构分山门、前院、东西厢房、正殿、后院。东西厢房与后寝宫，恰似岳飞一家的住宅大院。参观的过程中，我想到了三个问题。

1. 岳飞抗金，实华夷之争。然在该庙山门后有一块清乾隆的御制石碑来表彰岳飞的"精忠报国"，清以"夷"的身份入主中原，为什么表彰这位抗"夷"英雄呢？

2. 岳飞抗金的主力是岳家军。当宋朝正规军溃退到南方后，在北方坚持抗金的各地方自发武装力量，基本是以家庭、宗族为中心组织起来的。这说明南北宋之交的华北平原，宗族组织与宗族势力还是十分强大的。为什么明末清初之际，我们很少看到这类以宗族组织为中心的抗清自发军事组织呢？金元在北方的长期统治，是不是北方宗族组织与宗族势力衰落的一个重要原因呢？

3. 我们现在宣传的"民族主义"指的是什么呢？中国全境有汉、蒙古、藏、回、满等 56 个民族，如果"民族主义"指的是各民族，则有碍民族团结，岳飞精神只具有历史意义而不具有现实意义。如果指的是"中华民族"，则这个"天下共为一家，华夷共为一族"的历史太短暂了。再说"中华"两字，"中"本对"四夷"而言。"华"是"华夏"之简称，也是针对"四夷"而言的，或说"中"以地域而言，"华"对民族而言，以"中华民族"指称 56 个民族组成的共同体，这是辛亥革命后逐渐形成的一种崭新的概念。

* * *

关帝庙的大门紧闭，找不到管理人员，从门前说明文字得知为明清**晋商**所建造。关羽、关帝庙与山西商人、商业之间到底有何种关系呢？关于明清时代晋商的辉煌显赫的历史，新中国成立前后学者多有研究与著述，但与关羽、关帝庙的关系少有涉及。关羽是山西人，这是一回事；晋商势力扩张到哪里，便在哪里建立起会馆与关帝庙合一的机构，这又是一回事。关羽地位在明清持续上升，是否与晋商的大力表彰有关呢？那么，晋商为何如此尊信关羽呢？**这关系到晋商的组织原则与商业活动的基本精神。**如按照韦伯的思路，我们应该提出这样一个问题，**关羽伦理与晋商的商业精神**有何关系呢？

我随身带着一本陈其田的《山西票庄考略》，其中分析山西票号在辛亥革命后一败涂地的原因：一是此类组织重人不重法；二是票庄经理交结官僚，过分依赖政治权力；三是票庄经营太重口头承诺，不重契约；四是票庄分为三帮，各行其是，在其上没有统一组织。

在我看来，中国旧时的工商组织其原型是"桃园结义"，其维系精神也在一个"义"字。晋商之成在此，其败也在此。我们在考察过的南街村、竹林村此类集体经济组织中，似乎也能看到这种组织原则与精神。值此社会转型之际，**各社会成员以何种原则相结合，并以何种原则分配合作的红利，仍是我们考察社会关系变动的基本视角。故而必须重视这方面的实证研究。**可惜的是，中国的社会学家很少意识到这一点。

＊　＊　＊

下午 3 时整，刚回来不久的杨书记与镇长在二楼宽大的会议厅里热情接待我们的来访。我这次来访的主要目的是想了解"4·28"事件的缘由始末，然而，访谈只能从乡镇党政与村民的关系开始。

一、最困难的问题：如何处理好"对上"与"对下"的关系

对于中国农村最基层一级政权机构来说，最重要、也是最困难的问题是如何处理好"对上"与"对下"的关系。杨书记说，从理论上说，乡、村两级干部应通过村民民主选举程序产生出来，乡村干部应是本辖区内全体村民的政治代表。然而实际上，乡镇党政主要干部是上级组织部门直接任命的。通俗点讲，我们的乌纱帽是捏在上头而不是捏在全体村民手里的。从理论上讲，共产党是为人民服务的政党，对上负责与对下负责应该是一致的。然而，这并不能保证上面出台的各项政策都符合人民的真正利益。当来自上面的某项政策不符合村民利益的时候，要同时处理好"对上"与"对下"的关系，就异常困难。如果不考虑乡镇辖区内的实际情况，不考虑群众的实际利益，不考虑村民的情绪和要求，只"唯上"，甚至简单粗暴地执行上级指示，侵犯村民的利益，那么农民群众会始而**忍耐**，继而**责难**，再而**上访上告**，最后有可能发生**小规模的暴乱**。如果不处理好"对上"的关系，更是不行，因为"乌纱帽"就捏在他们的手里，随时可将你撤职，结束你的政治前途。许多

干部之所以只"对上"负责,而不"对下"负责,确实有个政治体制方面的原因。但如一味地"唯一",甚至用层层加码的办法搞政绩,以求上级表扬和升迁,结果激起民愤,引起冲突,倒霉的还是你自己。因为上面会将你就地免职,以泄民愤。我镇的前任书记就是一例。

二、如何处理好"条条"与"块块"的关系

杨书记说,除了要处理好"对上"与"对下"的关系之外,还得处理好"条条"与"块块"的关系。这是一个讲了多年但至今没有得到解决的大问题。**乡镇政府最头痛的事,就是上面各职能部门的事都通过乡镇政府转变为政府行为。**"上有千条线,下面一根针",收税、收贷、提留、安全、合作医疗,甚至买卖、书报发行,这些条条或部门的业务都成了**行政指令**,都要通过行政力量去推行。上面根据完成任务的情况来考核乡镇干部的政绩。从理论上说,块块也好,条条也好,都是同一个共产党所领导的,都应该为老百姓服务。然而近些年来,块块有块块的特殊利益,各条条也即各部门也有各部门的特殊利益,这些特殊利益都牵涉到各自的奖金与福利。有些职能部门,利用乡镇政权做自己的买卖,名义上是为农民服务,但价格高于市价,或卖给农民所不需要的东西,有些达到强行摊派的程度。

三、关于如何做好乡镇领导工作

杨书记说:"关键在于两个字——**权威**。"他说,上面把你放在乡镇领导岗位上,你便有了权,这个权只是一种职权。但职权还不是权威,权威除了**职权**外,还要有**威信**,而威信是建立在**信义**基础之上的。如今讲法治,这很重要,但中国农民依然习惯于人治。人治的关键在于领导者本人的素质,在于他有无**威信**。做好乡镇长,关键在于取得老百姓的信任。要使老百姓信服你,就得帮助老百姓做实事,做好事。中国的农民是很厚道的,也是通情达理的。如果你真的能帮助农民解决他们自己所不能解决的问题与困难,他们就信任你,感激你,拥戴你。如果你获得了老百姓的信任与爱戴,即使你不能不执行某些来自上面,但又违背

他们利益的政策，他们为了不使你为难，也会去执行这一政策。例如，1994年，河南省下达文件说，农民是否种棉，种多少，可由农户自己选择，政府不加干涉。这一年，陈留镇的棉花产量由原来国家定购的300万斤下降到50万斤。然而某中央领导来河南视察，重申国家收购的原定指标，于是陈留镇便有250万斤的收购缺口。当时的定购价是每百斤450元，而市场价每百斤800元以上。这样，陈留镇村民只能到邻县按市价收购棉花，并按定购价卖给国家，光这一项就增加了陈留村民共计八九百万元的负担。陈留村民都掉着眼泪到邻县去收购棉花，并按期完成棉花定购任务。看了真叫人感动。说实在的，与其说农民在执行中央政策，倒不如说是在还我这个镇委书记的人情。开封全市五县近百个乡镇，陈留镇的农民负担历年最轻，从来没有超过国务院规定的标准。

四、官风问题

杨书记说，如今官风不正，确实是个大问题。既当官，总想谋求向上升迁。政治前途，谁都在考虑。谁说他不考虑，这是假话。但升官之权捏在上头手中，你好好干但不去跑，不去联络联络感情，是很难升迁的。有的跑得勤，甚至搞贿赂，往往得到提拔。如果你埋头苦干，老百姓说你好，但老百姓又不当权。在乡、县两级官场内，确实存在着把职权当商品来买卖的现象。上面考评干部，往往只看上报数字，看表面成绩，很少深入群众中去了解实际情况，其实真正的成绩，应在老百姓的满意之中。如今，党的群众路线的传统，在地方干部考核与选拔中，差不多是忘掉了。如上面掌管乌纱帽的人，只凭私人关系，只看表面文章与听话程度，往往要出问题，有时要出大问题。一味地听话，盲目地唯上，不顾本地区的实际情况与客观条件，迷信自己手中的行政权力，强行推行上面的政策，即使是好政策，也会出问题。这些年来，这方面的折腾确实不少。前几年，省里搞"富民工程"，动机是好的，但要村村都办一个面粉加工厂，户户都养牛羊，搞蔬菜塑料大棚，往往以富民开始，以坑民终止。这样的教训很多。在市场经济条件下，以行政力量搞经济工程往往适得其反。

杨书记说，中国政治的关键在于用人。一人用好，安定一方，富裕一方；一人用坏，乱了一方，甚至坑了一方。在权力集中到党政一、二把手的政治体制内，选好、用好党政一、二把手确实是个关键问题。在谈到当前农村的状况时，他说，**无权无钱的在骂娘，有权有势的在以权牟钱，有钱无权的在以钱买权，以谋更大利益。经工商而发财的人讲享受，讲攀比；地方官员也跟着讲享受，讲攀比。比办公大楼的高大豪华，比轿车的档次，比大哥大的型号，比宴请的丰盛。**这些都需要钱，需要很多钱，有能耐的办乡村企业搞钱，办不成乡村企业的就直接向农民要。名目繁多的税收与罚款由此而起。农民负担欲减还增，根源主要在此。这也是当前干群关系紧张的根本原因之一。不过话说回来，在允许一部分人先富起来的大政策前提下，要叫共产党的干部不受暴发户们讲享受、讲攀比的影响，实在太困难了。不以享受攀比为念，只以百姓苦乐为怀的地方干部，实在是不多见的。

*   *   *

话题转到朱仙镇的"4·28"事件上去。杨书记说，他对"4·28"事件前因后果并不清楚。因为"4·28"事件后，前任的撤职与他的调任十分突然，没有进行通常必须进行的交接程序，他至今没有与在医院治伤的前任书记会过面。况且全开封市所辖 5 县、94 个乡镇级官场中，对同行说三道四是很忌讳的。他只关心自己辖区的事。如硬要对"4·28"事件起因做一评说，那便是："急功近利，方法简单。"他所能告诉我的，是到任一个半月间的善后工作，为"平泄民愤，稳定人心"，新一届镇政府采取以下几项措施。

1. 废除前任一切"好大喜功，急功近利"的口号，如"两年再造一个朱仙镇"，"学林县、学外国，争创全省第一流"，等等。

2. 封存镇政府的一辆蓝鸟牌豪华轿车。另一辆桑塔纳转赠给朱仙镇清真寺做接待之用。其余车辆可出租，出租价格低于市价 30%。

3. 乡镇干部下村检查指导工作，一律骑自行车，下村不准喝酒，农忙时自备干粮。

4. 凡市、县来镇检查、指导工作的大小官员，一律在食堂便饭招待。(镇长说，今年5月份，此项招待费降至783元，为历年最低。)

5. 切实解决群众在生产与生活中的各种实际困难。如前不久对全镇特困户进行摸底调查，共184户，给予补助。调进数台联合收割机，协助收割小麦，对特困户实行免费。

这几项措施的颁布落实，全镇民心迅速稳定。

* * *

傍晚6时半许，访谈结束。我们辞别杨书记与镇长，乘车返回开封。

这次简短的访问，虽没弄清"4·28"事件的前因后果之详情，但这位在乡镇政府转悠了十余年的"亲民官"之一席谈，引发了我许多的思考。我想起了马克斯·韦伯的一些观点。在西方社会学史上，韦伯与孔德、斯宾塞、涂尔干等人一样，主要分析的是西方社会的转型与危机。我们能否借用他们的理论来分析当代中国社会转型过程中的诸多现象呢？

韦伯说，对财富的贪欲，在一切社会都存在，但为什么获取财富，以及如何获取财富，各社会并不一致。新教伦理允许人们以生产与交换方式获取财富，并把获取、积累与扩大财富视为世人履行的一种天职。从而有效地抑制了当前的消费与享乐，使原始积累与扩大再生产成为可能。然而，当前中国人获取财富的贪欲汹涌澎湃，而获取财富的普遍动机，除生存与安全外，便是以享受与消费为标志的攀比。在先行富裕起来的人中，很少是通过诚实的劳动与交换的途径获取财富的。以财富的占有与消费作为攀比社会地位高低的主导原则一旦确立，政治腐败便难以遏制。如此看来，**要消除政治腐败的问题，关键在我们能否确立指导人们经济行为背后的精神、伦理原则。然而，一个时代的精神伦理绝非人为所能创立，只能从民族精神生活深处流溢出来。**如今流溢出来的只是享受与攀比，一种以高消费为标准的攀比。

韦伯说，政治权力合法性的基础从奇里斯马型、传统习惯型向法理型的转变，是政治现代化过程的核心内容。并说科层制组织是实现法理型统治的一种理想形式。如果从形式上看，中国的地方政权的组织形式也是一种科层制。然而在地方政治的实际运作过程中，充满了各种非理性的因素：一人可以兴邦，如杨剑峰之治理陈留镇；一人可以乱邦，如朱仙镇之前任治理朱仙镇。在正式确立的科层机构内，充塞着各种无形的私人关系网络，在这一张私人关系网络之内，活跃着请客、送礼，请托，通关节，礼尚往来的权钱交易，以及跑官、要官与买官。**这些源于村落文化与封建官场的行为方式成为涌动在正式制度之下的强大洪流。**

关于西方社会转型过程，我们似乎知之甚多；而我们目前正处于的社会转型过程，我们反而是知之甚少。我们从何处转过来，又将往何处去，依然混沌一片。在我看来，中国社会学的当务之急，是依据中国自身的经验系统建立具有中国特色的**转型社会学**。

▶ 6月17日　穷病与富病

开封市委党校的汤老师定于19日陪同我到他杞县老家蹲点调查。今明两天，河大学生处处长老孟与开封市委党校科研处处长田野分别设宴请客。中原人士特别重情好客。

中午赴老孟家宴。同请的有老孟的世交，也是我的同学徐义明，还有两位刚从驻马店来访的客人：一位是老孟的王表弟，30余岁，原在商业局某办公室工作，前年挂职下海，经办私营企业；一位是某县法院的张法官。五人一席，席间所谈有不少我所感兴趣的"社会事实"可供记述。

一、关于私营小企业的组织、管理与劳资状况

王表弟说，在商业局机关端铁饭碗虽然安全，但月薪低，又无所事事，年轻人嘛，应趁这个机会出去锻炼锻炼，发财倒是一个次要目的。1995年年初，他挂职下海，在离驻马店市数十公里外办起一家私营采石企业。当初为什么想到办采石企业呢？一是投资比较少，总投资20来万元。二是技术不复杂，极易掌握，说实在的，看一看就会了。用雷管将山石炸开，搬到粉碎机上加工成小石子，便是成品。三是销路不错。当时估计一两年就能收回投资，但一年多辛苦下来，几乎没有盈利。

产品既有销路，资金回收状况良好，为什么没有什么盈利呢？王表弟说是"管理不善"。我问："只有一二十人的小企业，哪会管理不善呢？"他叹了口气说："**农民工实在太难管理了**。施'威'则一走了之，使企业停产，损失的是我；施'恩'，徒增他们的胃口，我是小本经营，付不起更高的工资。从前在书上读到，是老板剥削工人，工人乖乖地听老板的话，忍受老板的剥削。如今自己做了小老板，发现情况根本不是这样。如今的农民工不是看老板的脸色行事，而是老板们给工人说好话。我对这批恩威不吃、自由散漫的农民工一点办法也没有。"

我问:"在其他采石企业中是否存在同样的问题呢?"他说:"那还用说,这是一个普遍存在的问题。"我又问:"既然是同类企业都面临的共同问题,那么老板们是否在一起议论过这一问题,并提出解决问题的办法呢?"他说:"在整个采石场,每隔40米就是一家企业。总共有二三百家,职工人数从一二十人到四五十人不等。私人企业嘛,各自为政。有谁来组织他们开会讨论呢?但在几个同行朋友间还是经常议论此事的。如何使各企业的职工固定下来,接受统一的工资,服从统一的劳动纪律,但想来想去,想不出个好法子。"

我说:"**农民的流动性大,或与土地家庭承包制下的农民工的工作动机有关。**如今的农民工,在家乡都有承包土地,依靠土地,温饱问题基本上是能解决的。在农闲时间外出打工,是在温饱问题解决后追求更多一点货币收入。他们可不是新中国成立前失去土地的农民,只能靠老板提供给他们的职业与工资为生。因此,土地承包制下的农民工与企业老板的关系与新中国成立前的工人与老板关系是不一样的。要使农民工能固定下来,并努力工作,是否可以从以下两个方面想办法:一是变固定工资制为工资加奖金的分配制度,严格实行多劳多得,至于奖金总额占利润比例的高低,则视经营状况而定;二是使用外地的农民工。外地农民工在此举目无亲,更多地依赖老板,加以善待他们,报酬合理,并关心他们的生活,他们是会替企业好好干的。"王说:"有的老板也想到这一层了,他们到四川贫困山区去招农民工,效果不错。听曹老师这么一分析,我决定今年下半年也到四川去招民工。"

我又对王表弟说:"一个采石场,有二三百个企业,职工少则一二十人,多则四五十人,各自为政,规模太小,管理、经营、销售的成本太高,你们为什么不联合起来搞规模经营呢?这样不就能大大地降低成本,提高经济效益,工人的工资也可得到提高,职工队伍不也可以稳定些了吗?"他回答说:"采取股份合作制,扩大经营规模,对大家都是有利的,这一点我们不是不知道。事实上,在创办企业时,有不少人采取合伙制或股份合作制。但**合伙、股份制企业差不多有一个共同的结局:**

闹翻、散伙。合伙干实在太难了。有的只合作了五六个月，最长的合作不足一年，就散了伙。中国人搞合作，共苦尚可以，同甘往往不行。合股各方都以为自己干得多，拿得少，甚至怀疑对方暗中搞小动作。先是忍耐，后是争吵翻脸。称兄道弟的朋友，往往成了相互指责的敌人，闹得不欢而散，甚至大动干戈。这种事例在我们采石场有好多起。"

我想，无论是分散经营的农业，还是各自为政的私营企业，都存在着**协商合作**的现实需要。然而在农业方面，我很少看到村民自发的联合；在乡村小企业中，有过不少合作的尝试，但绝大多数以散伙而告终。这说明我们的农民**缺少一种平等协商合作的精神与经验**。这又导致如下两个后果：一是在农业家庭经营与小企业的私人经营基础上无法产生各种有效的经济联合体，以扩大经营规模与提高经济效益；二是在已有的各类经济组织内，管理成为一个日益突出的问题。由此我想，一个民族的**经济理性主义**是从何处产生的呢？是先从宗教伦理内产生而后注入经济活动中去，还是在经济活动的迫切需要中，通过尝试—失败，再尝试—再失败，直至成功的漫长探索而逐渐积累与发展出来的呢？

二、关于赚钱的**手段**与**目的**

王、张说，如今社会一切以赚钱为中心，手段可以说是无所不用其极。他们说，驻马店某县农民前几年开始种植罂粟花，在县城内有地下加工厂，提炼鸦片与海洛因，主要销往西安。有些地方官员的态度是"睁一只眼，闭一只眼"，甚至暗中保护。又云：在该县公路边的大小饭店、美容店，大多兼营娼妓业。另外，该县伪造各种名牌香烟的地下工厂，甚为发达。我说，在缺乏地下资源的农业贫困大县，急于暴富的人们往往走上"黄、伪"一路。至于在内地种植罂粟，则前所未闻。我问他们是否亲眼看到种植罂粟，他们说，传闻而已。

谈到伪劣商品，老孟说了一段有趣的故事：前不久，他到巩义市某镇出差。该镇地下矿藏资源极其丰富，大小私营企业很是发达。他们靠生产伪劣的化肥、水泥、耐火砖、电线大发其财。1994年受到中央电视台《焦点访谈》的曝光。原以为此镇的产品从此失去销路，人人陷入恐慌之中。不料，电视台曝光不久，全国各地商人纷纷前来订货。1995 年该镇的产值利润猛增。原来**伪劣商品对经商人员而言，意味着廉价与高回扣。廉价与高回扣**是中国目前伪劣产品大肆泛滥的经济原因。中央电视台的曝光反而替他们免费做了广告。

我说，这样看来，企业主、商人与地方政府结成一个共同经济利益的联盟，利用伪劣产品排挤名优产品，坑害分散、无组织的广大消费者。在这一坚固的经济联盟面前，法律必然显得软弱无力。

老孟说："该镇凭着它丰富的地下矿藏资源、发达的乡镇企业与伪劣产品而富冠全市。既富之后，吃喝嫖赌之风大盛，管仲所谓'仓廪实而知礼节'，徒虚语耳。去年春节，大年初一，某富户之子一夜豪赌，输掉 18 万元。其母气急，服毒身亡，成为一大新闻。至于嫖赌而家庭破裂，往往而有。据说夫妇离婚，该镇有一协议价（8 万元）。"

我说："管仲只道其一，未道其二，既富之后，还有'思淫欲'的一面。古语云：'饱暖思淫欲。'人性的这一层，管仲是知道的，只是不说。证据是，齐之临淄，娼妓业与工商业同样发达。中国官办妓院的创始人，据云就是管仲。故而管仲成为历代娼妓的保护神。民众既富之后有两种可能性。故而孔子云'富之，教之'。既富之后，还需要教育，方能使之知礼节，否则势必流入淫荡一路。我们这代人经历了两个时代，如今方知，贫困会产生贫困病，富裕也会产生富裕病。这两种病相比较，**贫困病好治一点，富裕病反而难治。**如今贫富分化，两种病症同时发作，且相互加强，孔夫子复生，不知他老先生何以教导他的民族。"一席话，引起满座感叹。

我继续议论说："在当前中国，赚钱的目的与手段似乎是不言而喻的。变化中的社会风尚似乎自动地培育着各种赚钱手段与目的，很少受到什么伦理精神的调节与制约。我们的法律试图对赚钱手段做出合法与不合法的规定，但十分软弱，且法律并不对目的做出规定。对于早已超出生存与安全需要的少数富裕户来说，赚钱的基本动机便是享受与攀比。他们通过消费来攀比，从而将消费标准逐渐提高到社会一般消费能力之上，并无形中规定着消费的内容与方式。这便成为真正制约人们观念与行为的意识形态。从这个意义上来说，**当前中国意识形态的领导权，既不在官方手中，也不在知识分子手中，而在先富者的集体无意识之中，即通过享受与攀比形成的消费标准与消费方式中。**当然，乡村社会内的这个标准来源于城市。就此而言，社会主义精神文明建设的中心任务在于能否给出一个为我们民族多数成员真正接受的、关于所谓'好生活'的标准，这个问题若不加解决，社会主义市场经济只能是一句空话。"一座皆以为然。

晚饭连着中饭。晚8时，王、张两人要赶回驻马店。王建议我到他们采石场去看看，帮他研究一下"管理问题"。因这几天已做了安排，答应有机会一定去拜访他。

▶ 6月18日　"杞人"之忧

上午，在河大招待所准备杞县之行的调查提纲。中午，应邀出席开封市委党校科研处处长田野的家庭聚会。同时受邀的还有党校正、副校长及田野的两个同事——李、汤两位老师。席间议论问题十分广泛，择其要者，记述如下。

一、关于中国社会现状与发展方向问题

他们说，如何解释并解决当前社会经济、政治与意识形态中存在的令人忧虑的问题？中国社会正朝着什么方向转型？如今，开封市的国有企业大部分处于停产与半停产状态。下岗失业职工几点原职工人数的2/3。但又有百万、千万，甚至亿万富翁都大量出现，这批暴发户在如此短的时间内聚敛起如此庞大的财富，是社会主义所允许的吗？如今人们信奉什么？一是金钱，二是菩萨。

我说，在考察当代中国社会变革的时候，我们要将**"应该向什么方向变化"**与**"实际可能朝什么方向变化"**这两个问题明确地区别开来。就"应该"而言，就有三种说法：邓的路线及邓所反对的左、右两派的发展路线。左派想走回头路，但此路不通。中央即使想"回去"也是回不去了。首先8亿农民就不想回到农业集体化的老路上去。右派想走到欧美的道路上去。如今绝大部分第三世界国家，其发展道路皆以欧美为楷模，但都走不到欧美的路上去。中国13亿人口，只有那么点土地资源与矿藏资源，你能达到美国的消费水平吗？所以，我们只能根据中国的历史与国情条件，走第三条路，即有中国特色的社会主义道路。但这个"只能"，其实也是一种"应该"。我说，讲"应该"是一回事，"实际可能"又是另一回事。中国社会目前正在走的路，很可能全然不是左、中、右三派所讲的"应该"之路。黑格尔说：**"社会生活走着自己的路，它不以人的意志为转移。"**如今搞市场经济，亿万群众各自的利益、动机、激情、意志所汇集而成的生活洪流，很可能突破各种"应该"，走到我们无法预料的什么地方去。在这样的时代，我们只能要求一切关心民族前途的知识分子加紧实证调查研究与理论研究，而不能只是指望中央领导替我们制定一个说明并解释一切的理论。

二、关于中西部与东南沿海经济发展的差距问题

他们说，"让一部分地区先富裕起来"的发展战略，使得东南沿海省份与中西部省份的经济发展差距越来越大。这些年来，河南乡镇及乡镇以上主要官员几乎全到东南经济发达地区参观过、学习过。十几年来，内地官员也做过不少努力发展经济。如发展乡镇企业、旅游业，搞城镇规划建设，这几年又搞"富民工程"，但总是投入大、收效低。全省百余个县，还有二三十个贫困县，半数以上县的财政，只是吃饭财政。我们说，让一部分地区先富起来，然后带动后进地区，走共同致富的道路，这只是一种可能性。其实还有另一种可能性，即先富裕起来的地区将中西部地区变成廉价劳动力与原材料的供应地和商品的销售地。这样的话，中西部地区不成了东西沿海发达地区的"殖民地"了吗？

我说，这里有两个问题需分开讨论：一是东南沿海省市与中西部省份经济发展的差异，在南北朝时期就逐渐形成了，隋炀帝开凿大运河的一个重要动因，便是南粮北调、东粮西调。唐宋时代，经济重心移到江浙；政治、军事、文化中心依然在北方。南宋后，政治、文化中心也转移到南方，北方只保留军事优势。明清时期，政治、军事重心移到北方；南方是一个经济、文化中心。近代以来，东南沿海沿江文化与西方文化的长期对话中，中国的沿海沿江地区首先进入近代化，更加大了与中西部地区的发展距离。所以说，东南沿海与中西部的经济发展距离是历史地形成的。二是"一部分地区优先发展战略"，是否会使中西部地区沦为发达地区的"殖民地"问题，如果中国**实际上**采取 20 世纪五六十年代南美各国的"现代化发展战略"，则有可能。如中国的现代化努

力只造成若干发达的中心城市与一批暴发户阶层有能力效仿西方富裕阶层的生活方式，那么，改革就真的走到邪路上去了。

三、关于中国的官吏、知识分子与农民的思想痼疾

我说，**中国的官吏、知识分子与农民各有一大病症。官吏之病在于唯上而不唯下，知识分子之病在于唯书而不唯实，广大农民之病在于好分而不善合。此三种病，自古而然，堪称国病。**毛泽东想用"群众路线"来治官病，用"理论联系实际"来治知识分子之病，用"集体化"来治小农之病。用药虽猛，无奈千年顽症难以根除。如今旧病复发，大有变本加厉之势。陈云同志说："**不唯上，不唯书，要唯实**"，言简意赅。官吏的"唯上不唯下"，关涉到我们的整个政治体制，改起来很难。知识分子的唯书不唯实，关涉到中国知识分子的整个思维方式，也很难改。至于小农的善分与不善合，更关涉到他们的整个生活方式，他们只有建立并通过"关系网络"发生交换互惠的习惯经验，缺乏通过"**平等协商**"方式合作的经验。在业已分化的家庭利益与个人利益基础之上，通过平等协商形成共同利益，并建立各种合作组织来实现共同利益，在我看来，这是**中国农村现代化的真正起点**。因为现代社会所需的权利义务意识、民主法制意识只有在平等协商的合作组织内才能发育起来。他们对我的上述观点甚感兴趣，以为"新鲜而深刻"。

边说边聊，酒足饭饱。与中原人士相晤一室，你能感受到与烈酒一样浓的人情。然而，恰恰是这个令人心醉的人情，妨碍着我们民族的个体进行等距离的理性合作。韦伯说，现代组织制度的理性化过程就是将人情关系排除出组织的过程，并推动着组织内部行政效率的极大提高，成为现代经济增长的一个条件。然而又说，失去人情的组织人是一种"非人化"。这是人类为了效率而建立理性化科层组织的一个无可奈何的沉重代价。我突然理解了韦伯的心情。

兴尽而散，已是下午 4 时半。

► 6月19日　村民对来访者的防范之心

按计划，下午赴杞县宗店乡汤庄村做为期四五天的蹲点调查。汤庄是汤老师的老家。汤老师说，汤氏在河南的始祖据说也是从山西洪洞迁来的。最初的迁移地是否在汤庄，已不可考。其祖辈都在汤庄务农为生。到其父辈这一代，只有他父亲通过读书而在开封某地教书。如今在汤庄的近亲还有两三家，一直保持往来。其堂兄汤某58岁，在村务农，经济条件一般；堂弟近40岁，因兼做一点粮食、棉花买卖，家境好一些。汤老师因其堂兄对村里的情况熟悉些，建议我们住到他堂兄家。汤老师说，他生在开封市，没有在老家住过，有事回老家，也是行程匆匆，对老家的情况不甚了解。

长期以来，我一直对**自然村落**有浓厚的兴趣。研究中国传统文化有两个途径：一是释读中国的历史典籍，一是研究自然村落。传到当代并统入人们习惯与行为方式中去的"传统文化"，完全可以置于实证研究的基础之上。但按何种理论来分析自然村落的现状及其改革开放过程中的诸种变化，至今令我困惑。宗族、家族、承包制，一般农户的收支状况，贫富分化，剩余劳动力的流向，生育与农负状况，党群关系，合作方式与冲突，诸多调查项目多少带有**问题调查**的特点，即缺乏微观实证研究的宏观分析，失之于空疏；缺乏宏观分析背景的实证调查，失之于支离。本质上从西方移入的中国社会学，恰恰具有这两大缺憾。要克服这两大缺憾，建立中国特色的社会学，还得**上**(转型期的社会宏观分析框架)**下**(具体的实证研究)而"求索"，然而却常令人感到"其路茫茫"。

下午1时许，我与汤老师离汴赴杞。杞县距开封东南五六十公里，从杞县城沿106国道南行一二十公里，便是宗店乡了。路经杞县城时，我问汤："杞县是不是就是'杞人忧天'的那个杞国故都?"汤老师说：

"正是。这个倒霉的成语，至今令杞县人脸上无光。"我笑着对汤说："我今天给'杞人忧天'新下一解，保管叫你这个杞人脸上增光。"我说，"杞人忧天"的通常解释是"天下本无事，庸人自扰之"的意思。古人说"居安思危"，何况天下总是有事的，说天下无事，往往是政治要求与文人出自各种需要粉饰太平的结果。再说，古之所谓天，主要指的是**天道**。天道者，社会道德，信仰之所寄也。道德、信仰，社会秩序之保障也。故而杞人忧天，实忧社会道德之失范，社会秩序之失序，杞人的这种忧患意识，实在是中国古代贤哲之良知，在当代中国应大加弘扬才是。庸人所忧者，大抵日常生活琐细事，以天道及天下国家为忧者，非贤哲而何?！汤说："杞县志办主任是我的朋友，我一定将你的新解告诉他，一洗杞人蒙受的千年之冤。"

* * *

下午4时，车到宗店乡，下车沿土路西行五六里，便到汤庄。堂兄家只有一位80余岁的老奶奶。汤氏夫妇还在田里，于是请邻人将其叫回来。麦收大忙时节到村调查，确实不是时候。

汤老师对其堂兄说明来意，在连连的"中、中"（即好）允诺声中，能感受到他的心存疑虑之意。汤老师对他解释说："曹老师是我们党校请来讲学的上海教授，他不是记者，也不是上面派来调查情况的官，他只是到北方农村来看看，看看这里农民的生活情况。他是我的好朋友，请你放心，没有事的。"这位年近60岁的庄稼汉说："**如今农民一听调查组就感到害怕**。前几个月，省调查队派人到邻乡某村调查农民负担什么的。调查队走后，向调查队反映过情况的人可倒了大霉。乡村干部找其他借口进行报复。"我问："他们是如何报复的呢?"他说："其中一户计划外超生，欠着罚款未还。乡村干部到他家牵牛搬粮，还掀了他家的屋顶。"我问："后来怎么样呢?"他说："此事后来闹大了，该户恰好有一远房亲戚在北京的一个什么机关工作，他就通过北京的亲戚告到中央去，然后一级级追查下来，县里要乡政府赔偿其全部损失。要是在北京没有亲戚帮他出头，还不是白认倒霉。"听着他的讲述，我仿佛在听一件发生在中国古代社会里的故事。

为了消除堂兄的顾虑，汤小平决定先去找村支书打个招呼。半小时后，汤返回家来，对其堂兄说："我已与你们村支书打过招呼了，没问题的。你尽管放心，出了问题由我顶着。"我问汤老师，你是如何向他打招呼的。他笑笑说："这你别管了，校长不是说过吗，要我做你的向导并保护你的安全。我对付这批乡村干部，还是有办法的。你要知道，杞县的党政主要官员，差不多都是我的学生啊，用大官来压小官，保管一路顺风。"后面的一句话，其实是说给他的堂兄听的。这一招果然灵验。中国的农民，对小官是又恨又怕，但对大官则尊重到迷信的程度。

＊　　＊　　＊

晚饭时，与汤某谈及本村宗族与族谱一事。晚饭后，他带我们去看他的堂叔，说是汤氏族谱之事，堂叔比他知道得更清楚。堂叔现年六十七八岁，贫困与地主成分使他失去婚姻机会。至今独居小院，内有三间破旧平房。

他们说，1989—1990 年，邻县（睢县）城关乡的汤氏族人来汤庄，商议重修族谱之事。据称，族谱每隔 40 年续修一次。据族谱记载，汤氏宗族的远祖是明洪武年间从山西迁移而来，如今主要分布在杞县与睢县的五六个村落内，共有人口 4000 左右。1951 年曾修过一次族谱，当时由汤小平的四爷主其事。谱修成后，奉行祭祀仪式。这次续修，历时三个月才完成，由本村已退休的前任村支书主其事，经费由同族各家均摊。族谱修成，也举行祭祖、看戏等仪式。据他们反映，在 20 世纪 80 年代中期到 90 年代初，附近各乡的强宗大姓都举行续修族谱的活动。

当我问及续修族谱的作用时，这两位老农说："主要有两个作用：一是**定辈分**，二是**避祖讳**。定辈分才能定称呼，否则同村同宗之人，上下辈分不清，亲戚关系不明，怎么相互称呼？若错乱了称呼，那成什么体统。父亲给儿子取名，不能与祖先同名。不修族谱，不知祖讳，往往会犯忌。"我问："除了这两大作用外，还有什么作用呢？"他俩略思片刻，说："没有其他用场了。"于是我又追问："对加强宗族团结有无作用呢?"他们说:"**也有那么一点意思**。不过,汤氏宗族分散在五六个村里,平时也没有往来。就是同村之内也分成好几支,血缘关系早已出了五服。曾祖、高祖所传子孙,三堂四堂之内,即算是本家。凡本家兄弟,通过续谱增强感情联系,促进相互帮助,那是有可能的。"

在谈到同村的大小宗族的关系时,他们说:"村里邻里间的矛盾是难免的,但各宗族之间的冲突是没有的。大宗欺负小宗或杂姓、小姓的事,也是没有的。"在闲谈中,他们提到一件事,汤庄主要有两个姓,汤姓与刘姓。汤姓占全村人口的75%左右,刘姓占10%左右。族谱记载,汤庄的这两大姓同样古老。汤姓人口大大超过刘姓,完全是子孙繁衍的昌与不昌的结果。汤姓在共同隐瞒超生孩子方面,远比刘姓团结得多。汤姓没有登记入册的"黑孩子"比例比刘姓高得多。我想,这一事实有力地说明"宗族势力"的意识是存在的。很可惜,对这个村民忌讳甚深的问题无法付之详细调查。

我问汤氏是否还有族长,他们说"没有"。在新中国成立前,这一带的大族差不多都有**祠堂**与**族长**,但有祠田的并不多。

一直聊到晚11时,天气炎热,取板搭床,在庭院内睡觉。幸而蚊子不多,得以入睡几个小时。

▶ 6月20日 "有白馍吃，我们都心满意足了"

汤某的庭院占地近半亩。在简陋的门楼与土坯围成的院墙内有两栋呈"L"形布局的平房。朝南的正屋做客厅与卧室之用，西向的配房做厨房与贮藏室之用。外砖内坯的墙壁显得特别厚实。户主说："土坯是自己打制的，砖也是自己烧制的，建房所需的木料是自己栽种的，只有屋顶上的瓦，一部分是购买的，一部分拆自老屋。村里在20世纪七八十年代盖的房子都是这样。在20世纪60年代盖的房子中，土坯墙、麦秆顶占大部分。如今这样的坯墙草屋已不多了。"在客厅与卧室之间并无板壁相隔，这或是为了节省材料；后墙不开窗，户主说，这是出于习惯。庭院内养着两头黄牛，一大一小，一只羊，若干鸡，还有几只鸽子，没有养猪。户主说："养猪耗粮，养牛吃麦秆还能耕地，前几年养牛能赚钱，今年价格下跌了。"院内有一架手压式水井。

汤某全家五口人，一妻二子还有一位84岁的老母亲。长女在杞县小学教书，不常回家。次子正准备今年考高中，如今放假在家，帮家里干点农活儿。"只要他能考上高中、大学，我们总设法让他读上去。做农民实在太辛苦了。"老汤这样说。他家虽然五人，但承包了六个人的耕地。前几年老父病故，承包地没有重新调整。汤庄人均承包地2亩多一点，比其他村组略高。户主说："俺村'土改'时人均有五六亩地。"汤庄人均耕地为什么比邻村多呢？"俺村在新中国成立前有四五户地主。最大的一户有土地360余亩。"也正因为该村人均耕地较多，四五十岁以上的这一代人至今仍向土地讨生活，很少向外谋求发展的机会，这恐怕是一个带规律性的现象。江苏省南通、海门一带在公社时期，人均耕地不足半亩的村甚为普遍，在改革开放中发展出无数走遍全国的大中型建筑工程队。在全国第一个实行土地家庭承包制的安徽凤阳小岗村，人均耕地有四五亩，据说至今在土地里刨食。汤某全家五口，两个农业劳动力，承包十二三亩耕地，加上家庭饲养业，够他夫妇俩终岁劳碌了。

吃早饭时，我们一边吃红薯片汤与馍馍，一边谈这一带村民的主食问题。

我问汤某："如今农民生活怎么样？"他说："生活好多了。"又问："生活好多了，表现在哪里呢？"他提起手里的馍说："**如今全年能吃上白馍了**。"一个上海知识分子若不听完他下面的一席话，是无法理解这一答复的全部意义的。

这位年近六旬的老农说："新中国成立前，俺村有四五户地主，其中一户有耕地 360 余亩，其余几户有百亩左右。在北方，有 360 亩土地，算得上大地主了。**全村只有这一户大地主家才全年吃白馍**。他家有七八口人，能全年吃白馍的也只有两人：一是地主本人，一是地主的老娘。他的妻子、儿女也只有在农忙与节日才能吃白馍、喝小米粥。一般农户吃的是红薯干片与高粱窝窝头。农忙时吃三餐，农闲时两餐。高粱窝窝头是连壳打成粉制成的，粗糙难咽。而且，这还是正常年景，一遇水旱之灾，连这也吃不上。

"在'土改'、合作化期间，社会生活安定了，在吃的方面也有所提高。逢年过节与农忙时能吃上麦粉加高粱粉的馍馍。在 1959 年到 1961 年，人们吃榆树、柳树、槐树叶，村里饿死不少人，那是特殊情况，不去说它。1962 年从安徽引进一种高产红薯，一直到 20 世纪 80 年代初，我们这一带的主食都是红薯。将红薯切片晒干后煮着吃，将薯干磨成粉，做成红薯窝窝头，或制成红薯粉条。在整个六七十年代，全年每人能分配 50 斤左右小麦。少的年份只有二三十斤，最高的年份（1980 年）才 90 斤。这年小麦特大丰收，每人分到 90 斤，在全县范围内还是第一次。杞县广播站还为此事做过一次专门报道呢！

"1983 年实行土地承包后，全村的主食才由红薯片换上白馍。**现在有白馍吃，我们都心满意足了**。新中国成立前，只有大地主才能吃上白馍哪。**要我说起来，还是改革开放好**。"

我问："如今全村的农户都能常年吃白馍吗？"他说："一般来说，都能吃上白馍。在全村四五百户人家中，真正的缺粮户大约有一二十家。"我说："人均二亩耕地，怎么还会缺粮呢？"他说："我们这一带土地比较瘠薄，灌溉条件较差。平常年份亩产五六百斤，也算不错了。有些人家也只有三四百斤。这些人家底子薄，化肥用得少，浇水遍数少，肯定影响产量。有的缺乏劳动力，管理得差。这一二十家贫困户，每年缺粮一两个月或两三个月，要靠亲戚朋友的接济。"

我在北方村落农户的采访中发现，村民尤其是中老年村民大多以"能否吃上白馍，在全年有多少时间吃上白馍"作为衡量新中国成立前后、改革开放前后**生活水平**变化的主要标准。每次他们言及"如今能常年吃上白馍"之时，欣喜满意之情都溢于言表。至于视"能常年吃白馍"为当然的乡村年青一代，他们以城里人的生活水平与生活方式，尤其以暴发户的消费方式为参考线，他们的所思所虑所求，与他们的父辈已很不一样了。

＊　＊　＊

早饭之后，汤氏夫妇下地干活儿。汤老师陪我到村里转了一圈，看看住房状况，与相遇的村民聊上几句。在村头碰到推板车下地干活儿的年轻村支书，约好下午去拜访他。回来后，与汤老师继续讨论吃的问题。

1. "常年吃小麦"，只是说小麦在北方农村已成为主粮。秋粮中的玉米、红薯、小米等杂粮还起着辅助粮作用。如何提高小麦的单位产量，依然是北方麦产区的大问题。

2. 历史选择家庭作为农业生产的基本单位，自有它必然的原因。土地家庭承包制使各农户的人均耕地齐一化（当然各组、各村并不相同），但家庭劳力配置状况受许多情况的制约。汤庄四五百户中有近二十户缺粮，同样的耕地，使用效率明显低于一般水平。这些既弱且贫的家庭，无力添置必要的农具，或无钱增加化肥、农药的投入，或缺乏必要的劳动投入，致使单位产量低于平均水平，更无力获取农业外收入，成为村里的贫困户。父辈的贫困又会成为子辈贫困的一个原因。对各村皆存在的此类特殊农户如何进行社会救济，也是一大社会问题。

3. 从我所调查过的三个村（开封县之任庄，兰考县小靳庄，杞县之汤庄）来看，村民只是"吃饱"而已。绝大多数农户平时所食之菜，只是自制的咸菜与酱两种。食油、蔬菜、肉类，主要集中在三大节日（麦收节、中秋节、春节）与招待来客。汤小平说，开封所辖五县村民所食基本如此。北方各农户很少有专门的菜园子，没有自种蔬菜的习惯。问其所以，有的说怕偷，有的说缺水。1988 年年末，我到海南省苗黎山村去调查，也发现他们没有种食蔬菜的习惯，究其缘由，也说怕偷。

4."大吃大喝"被村民视为一种奢侈性消费行为。在以"吃饱"为目标的生存经济中，"大吃大喝"既是一种富裕的显示，也是一种慷慨待客的礼节。在中国官场内的"吃喝之风"屡禁不止，或与乡村文化内发展出来的这种待客礼仪有关。村民所指责的地方官吏腐败行为，很大一部分是指乡村干部的大吃大喝，但他们所指责的行为，恰恰是他们自己所习惯的行为。

*　*　*

下午，如约往访年近 30 岁的汤支书。汤支书高考落榜，回家务农，由村团支部书记而升任村党支部书记。访谈纪要如下。

一、宗店乡的基本情况

宗店乡共有 15 个行政村，汤庄村为全乡第二大村。据 1992 年人口普查，全村 3152 人。现有户数、人口数目，他并不太清楚，因他上任才数月。村辖 11 个村民小组，共有 3 个自然村。汤庄自然村，以汤姓为主，占全自然村人数的约 80%，刘姓约 10%，其余五六杂姓不足 10%。王魏自然村，魏姓占 50%，王姓约 40%，其余二三小姓近 10%。张广地自然村，张姓占 90% 以上，余为三四杂姓。各村大姓，在 20 世纪 80 年代中期至 90 年代初，几乎都重修过族谱。"村支书在处理农户间矛盾冲突时，一要秉公办事，二要考虑到宗族关系。"农户间的矛盾纠纷，通常不会发展为他们各自所属的两大宗族之间的矛盾，但很有可能成为两人家族（注：这里的家族，指同一祖父母或父母的兄弟姐妹各家庭之总和）之间的冲突。在年青一代的交往中，感情的深浅似乎比血缘更重要。

二、关于农业剩余劳动力向外、向非农转移的情况

汤支书说，宗店乡有若干乡办集体企业，如纺纱厂、织布厂、翻砂厂、砖瓦厂、面粉厂。规模很小，且实行个人承包，吸纳本乡农业剩余劳动力的能力极其有限。全乡 15 个行政村，在县、乡政府的一再督促之下，都试办过各种各样的村集体企业，但或由于缺乏资金、技术或产品没销路或内部不团结等原因，皆失败。至今全乡没有村办集体企业。本村前些年集资办集体养猪场，栏舍盖好了，但没钱购买饲料与猪仔，再向村民集资，村民不同意，搁置了下来。"如今要办集体公益事业很难，一是要向村民集资，他们不愿意；二是村民对乡村干部普遍不信任。"

汤支书说："仅汤庄一个自然村，近十年来历届高中生有 30 余人，初中毕业未考取高中者更多。我们聚在一起，谈论得最多的问题是怎样赚钱，到何处去赚钱。办企业，一是缺乏资金，二是风险太大。前几年我们几个落榜高中生一起商议，想利用村里的池塘养鳖，但一算投资，要七八万元，且技术比较复杂，风险太大，议而未果。村里的中老年人全部从事农业，二三十岁的年轻人也大多从事农业。只是在农闲时，有些人做点化肥、农药或粮食买卖，赚不了几个钱；有些人随乡建筑工程队做泥水木工；有几个人花上二三百元买一台爆米花机，到开封、郑州一带去爆米花，据说还能赚钱。总之，经过初、高中教育的这代年轻村民，都感到窝在村里，守着这么一点土地是不行的。说实在的，土地只能管个肚皮，要花钱，还得找其他门路，但机会很少。在我们村里，光是杂货店就好几家，你办我也办，结果大家都赚不了几个钱。

"要在城市里站住脚跟，谋求发展是十分困难的。能否在城市谋到机会，**关键因素是有无社会关系**。在全行政村范围内，经过那么多年的努力，只有几家打进城市。一家在开封做小饮食生意，一家在开封做布匹批发兼零售，一家在郑州开小饭馆，一家在郑州某中学承包蒸馍厂。

这四家经济生活重心全部转移到城里去了，村里的承包地转给他们的父母或兄弟耕种，也有转包给其他亲友的。村里对这类私下转包并不干涉。反正农业税、提留、统筹款由后者承担。这四家能在城里谋得发展，其实都有亲友的帮忙。一旦他们在城里谋得较固定职业，便租房，接家小，全家搬到城里去。如他们扩大了业务，需要帮手，便到村里来找亲友。到农闲时，村里有好几个人到郑州那家蒸馍厂去做工。"

在我蹲点调查的前两个村中，也曾听到过相同的故事。其实，农村剩余劳动力从农业向非农业，从乡村向城市的转移，是农村推行土地家庭承包制以来最引人注目的社会流动现象。某一乡村剩余劳动力向非农业与城市转移的方向、规模与速度，一般来说受制于三大因素：一是人均耕地的多少，二是可资利用的城市社会关系的有无与多少，三是乡村企业的发展状况。对于世居村落、世代务农的中西部广大村落的村民来说，剩余劳动力的这一历史性转移过程是十分艰辛的。在现存的城市户籍制度与住房制度的制约下，能在城市内获得稳定的职业与住所，从而将全家迁往城市的村民，只能是极少数。

三、又是一个合作而又散伙的故事

我问这位年轻的村支书："经商办企业最大的困难是什么？"他说："**一缺资金，二缺技术。**"我说："缺乏资金，可用合作股份的办法解决。技术嘛，对你们这批具有初高中文化程度的人来说，学起来并不太困难。村办企业，又不需要高新技术。"他稍加思考后说："问题在于很难长久地合作下去。"接着他给我们讲了个他所亲身经历的故事：

"前几年，豫西的棉花市场开放。我想做棉花生意，资金不足，于是我与村里的几个朋友商议，合伙做生意。当时共四人，商定每人出资2万元。一个负责采购，一个分管销售，一人过磅，一人做会计，分工协作，风险共担，利润均分。合作了半年，各生猜忌，互不信任，结果不欢而散。这种事，村里还有多起。**没有一个合伙组织能坚持一两年的。在我看来，凡合伙做生意，少则两三个月，多则一年，大抵散伙。**做生意有亏有赚。亏了，有人不肯赔钱；赚了，各争多少。在合伙经营中，明知有人做小动作，起初碍于情面不说，到了忍无可忍的地步，便相互指责，散伙了事。"

我想，农业生产的基本组织形式是家庭，在农村集市发生的家庭农副产品与工业品的交换过程，主要是个人行为。超出集市范围内的工商经济，需要建立一种新型的组织，建立新型工商组织的经验确实超出了村民的传统行为习惯。在农村剩余劳力向工商经济转移的过程中，他们需要通过各种尝试、失败、再尝试的学习过程。在这一过程中，出现了私营组织、集体组织与合作组织。在成功的村集体企业组织内部，我们都可以找到一位德才兼备的带头人。而各种类型与规模的合作组织，大抵以散伙为结局。在汤支书所述的合作事例中，我们看到：第一，他们意识到合作对合作者都有利；第二，他们也为合作而协商制定"游戏规则"。那么，已经获得这两点认识的村民为什么会散伙呢？根本原因是他们为各自的眼前小利而随时破坏他们亲自参与制定的"游戏规则"。结果他们也是知道的：他们因而失去了合作可能带来的长远的更大的利益。我想，**对亲自参与制定的合作规则的尊重与自觉服从，或是中国村民，乃至中国人最缺乏的现代意识。缺乏这种现代意识的国民，是无法建立现代社会与现代国家的。**

四、关于村支书一职

汤支书就任"村支书"一职才数月。前任是他的父亲。"村支书"可说是他家的"世职"了。在谈到这一职务时，他说："现在做村干部的积极性普遍不高，一是报酬实在太低，二是吃力不讨好。"这是实情实说。

"做村干部的利少害多，为什么还有人做呢？"事后我问汤某，他说："有人叫他做他也不做，也有不少人争着要做。俺村四年换了三个村支书，都是他们七八家轮流着做。做村支书明的好处确实不多，但暗的好处不少。村里的账目从来不公开，谁也不知他们得了多少好处。"又说："**在方圆一二百里之内，我敢说孤门独户的人家做不了村支书，兄弟少的当不上村干部。凡能做上村支书的，都是上有靠山、兄弟多、**

拳头硬的家族。"这是许多农民眼里的村支书。

晚饭后，汤某陪我们逛村落，访若干农户，回家已是 9 时许。

▶ 6 月 21 日　一个值得重视的婚配现象

正值麦忙时节，占用村民的白天工作时间来搞我们的访谈，于心不安。访谈只能在晚饭后的一段时间内进行。早饭后，汤氏夫妇下地干活儿，汤小平陪我再到村里转转，看到谁家有人，就进去看看，稍坐片刻，略谈几句。对于村民一般生活状况，只看不谈，也能了解十之七八。

一、关于村民住房

住房的结构与内部陈设最能反映各农户的富裕程度。在盛行面子观念的村落文化中，最能体现面子的莫过于庭院住房的结构了。所以，村民情愿节衣缩食，甚至举债，也要将住房建成村内的"体面标准"。青年农民不辞辛劳，外出打工，翻建新房恐怕是一个主要动力，虽然盖房竞争的背后是娶妻结婚。改革开放以后，各村的住房结构出现了明显的"代际差异"。这是村落内各农户贫富分化的反映，也是贫富分化的一种象征。

我们依据建材与结构将村民住房区分为若干代：土坯草房为第一代，外砖内坯瓦顶为第二代，砖瓦结构的平房为第三代，砖瓦水泥结构的二层楼房或新式平房为第四代，别墅式的小楼房为第五代。汤庄自然村约四五百户人家，各代住房的比例大体如下：第一代住房占 1/10，第二代住房近 4/10，第三代约占 5/10，全村楼房只有两栋。从室内的家具来看，中老年之家，除了床、桌之外，拥有箱、柜的并不普遍。黑白电视的拥有率很低。近几年成家的青年之家，往往拥有较齐全的家具，且有电视。多数农户之家将全家衣物挂在室内的一根长绳上，或堆放在床之一角。据村民说，该村在 20 世纪 60 年代以前，以第一代住房为主；直到 70 年代初，逐渐向第二代住房过渡；到 80 年代中期，开始向第三代住房发展。村内仅有的两栋楼房是 1995 年、1996 年年初盖的。

从村内各类住房的比例便可以看出，该村经济收入的重心依然是种植业，其次是饲养业。非农收入不多，且不普遍。基本上是以填饱肚子为目的的生存经济，贫富分化不大。

关于村民住房，还需谈及"建材"与"建造"的"自给自足"程度问题。在该村，建材的自给率甚高：建房所需木材，依然自给自足；第三代住房的用砖，自打土坯自烧制。在村前村后，我们看到好几座村民烧制砖块的土窑。我们走访楼房的户主，他说，底层的砖是从窑厂购买的，二层的砖是自己烧制的："自己烧的砖，硬度低，只能放在上面。"该户主替杞县一私人老板开车，每月有800到1000元，农忙时回家。在该村，他已算是富裕户了。如今建房，大多搞承包——包给乡村建筑工程队，"这样既省事，也省钱"，村民这样说。

二、关于吃穿

村民把能"常年吃白馍"视作"吃好了"，虽然在我们看来只是"吃饱"而已。主食从红薯等杂粮转移到小麦，对这一带村民来说，是一个历史性的进步，对此他们已十分满意了。我们走访了十来户农家，餐桌上往往只有一碗咸菜，好一点的有一两盘凉菜，几乎没有看到炒菜与肉。

该村人均耕地2亩略多一点，但包括宅基地。若除去宅基地，人均不足二亩。这一带小麦亩产在500斤左右，人均全年小麦有1000斤，吃饱一般没有问题。村民一致抱怨"小麦上缴得太多太重了"，去年人均上缴236斤，几占农户全年小麦的24%。（这是以物质形式上缴的全年农负之一部分）。另有两类农户连"吃饱"还成问题。一是缺少劳动力与资金的困难户。他们的小麦亩产明显低于全村一般产量。这些处于贫困恶性循环之中的农户与其他农户承担的农负是一样的。他们并不能"常年吃白馍"，通常需秋粮（玉米、红薯）的补充，方能"吃饱"。这样的农户在汤庄有一二十户。一是近六年来结婚生子又无法分得承包地的农民。（该村自1988年土地调整以来没有重新调整过。）

据村民说，20世纪六七十年代，这一带村民还保存着纺纱织布的老习惯。纺纱、织布、纳鞋、补衣是农妇的一项重要家务事。到 80 年代中期，织布机基本上退出农户。村内穿土布衣服的村民已看不见了。但用土布制成的床单、床被还能看到。汤某家的衣柜里，就藏有三四匹土布。他说："土布可是个好东西，只是太费时间。"近一二十年来，我国化纤产品的迅速发展，坚实而廉价的化纤驱逐了农村社会内的织布机及其土布，一劳永逸地解决了中国亿万群众的穿衣问题。如今，在贫困的乡村，几乎看不到穿打补丁衣服的人。村里青年男女所穿的与城里同龄人差不多。

三、村"代销店"里的一席对话

路经一家小杂货铺，见内有三四位村民在闲聊，于是与汤小平入店购物，参与他们的聊天。不久，又来了三四位村民，先东拉西扯谈了一会儿，然后转入正题。

1. **"如今村民生活怎么样?"** 一位村民说："比过去好多了。""好在什么地方呢?""吃饱穿暖了。"另一个说："如今比过去自由了。"

2. **"如今农民抱怨最多的是什么?"** 其中一个村民说："农民负担太重。"大家似乎都同意他的说法。"农民负担怎么个重法?"他们说："去年夏粮人均上缴 236 斤，秋粮缴款，人均四五十元。光这两项人均就得上缴 250 元左右，还要出劳动义务工。农村用电也越来越贵，如今每度电要一元多。"其中一个中年妇女说："如今学费越来越贵，还让不让农民的子女读书?!"

3. **"如今农民最痛恨的是什么?"** 他们很快对这一问题做出一致反应："乡、村干部太腐败了。"我又问："你们怎么知道乡、村干部腐败呢?"其中一个说："怎么不知道呢! 县、乡干部以检查工作为名，经常坐着轿车到乡里、村里大吃大喝。一个村一年被吃掉几万甚至十几万元并不稀奇。他们不是在吃老百姓的血汗钱吗?"他们所指的干部腐败，主要指的是乡、村两级干部的公款吃喝行为。一位年长的村民说："如今中央政策是好的，但一到下面，就给搞坏了。"

4. **"如今农民最担心的是什么事情呢?"** 经过一番议论，形成了一个大家都同意的看法:"如今农民最怕的是生病。"一是没钱治病,医疗费用实在太贵了。二是家里主要劳动力一旦病倒,谁来种地?!

在中原各地乡村,问同样的问题,很可能得到相同的回答。

这些村民仍然把私人杂货铺叫作"**代销店**",把乡政府叫作"**公社**",把村委称为"**大队**",把各项农负称为"**皇粮**",亦有称"**公粮**"的。"当**官**的"与"当**干部**的"则并行使用。

这样的杂货店,汤庄有四五家,规模很小。主要是出售低价烟酒,还有一些日用杂货。种类既少,档次又低。"俺村农民穷,买不起档次稍高一点的东西",我问小店主,每月能赚多少钱,他说赚不了几个钱。

*　　*　　*

下午,汤某请来村会计与第八村民组长,调查该村民组 76 户农户的家庭人口、年龄性别、文化程度及兼业状况。**会计与组长一听说是调查家庭人口,立即警觉与不安起来**,表现出十分为难的样子,问汤老师:"**会不会出事情?这材料是派什么用处的?**"经汤老师和我的多方解释,仍疑虑未消。最后,汤老师对他们说:"这一调查的主要目的,是为了了解本村剩余劳动力的流动情况,不要你们提供各农户的姓名,材料只供教学科研之用,决不上报。有什么问题,你们可以来找我算账。你们是我的亲戚,我怎会害你们呢?"话说到这个份儿上,组长才稍稍放心。当调查到一半时,会计与组长又狐疑起来,所以当调查到第 40 户时,我便中止了调查。我知道他们害怕的原因:怕我们是上级部门派来调查超生与"黑孩子"的。这对农户来说,意味着巨额的超生罚款,实在非同小可。调查纪要如下。

一、40 户农户的家庭收入来源

该 40 户全部是纯农户,这就是说,除了种植业与家庭饲养业的收入外,很少有其他收入来源。我问村会计与组长,你们组的二三十岁的年轻人为什么像他们的父辈一样,守着几亩土地过穷日子,而不向外谋求赚钱的机会呢?他们说:"外头没有什么社会关系,盲目出去未必赚得了钱,反而把家里的农业给耽误了。两头只能顾上一头。在村里,守着农业，图个温饱是没有大问题的，若盲目外出，很可能连个回家的路费都捞不着。"接着村会计告诉我这样一段故事："去年年末，听人说新疆各建筑工程队缺小工，每月能挣 800 到 1000 元钱。今年年初，我村有三个男青年跑到新疆去，也真的找到了工作，但工资并不按月照发，而是每月只发 100 多元的伙食费，等工程完工后再结算。然而工程完工后，工程队或拖延结算时间，或不能如数付给。今年麦收前，三人要回家收麦，结果只有一人借得 200 元钱回家，其余二人因无钱返家，至今还滞留在新疆呢，这不两头都落空吗？"

二、40 户农户的超生情况

在 40 户中，超生一胎的家庭占 56%。我们将夫妇年龄在 49 岁以下的家庭称为育龄期家庭。在 40 户中，育龄期夫妇共 29 对。除去其中两对不能生育的夫妇，共 27 对。我们以 1986 年为界划定是否超生标准：1986 年及以后所生，且 1986 年前已生一人或一人以上者，为超生；或 1986 年及 1986 年后进入生育期，且生 2 胎，或 2 胎以上者，为超生。按此标准，在 27 对夫妇中，有 15 对夫妇超生一胎，超生率约为 56%。在组长所提供的资料中，没有超生 2 胎的农户，是否有隐瞒未报的"黑孩子"，我们不便追问，不得而知。从我们这两天走访农户闲谈中所得信息来推测，拥有四五百农户的汤庄自然村，隐瞒未报的"黑孩子"至少有三五十人。

看来超生比例的高低或与该地纯农户比例高低密切相关。**因为此类贫困且相对封闭的乡村社会内，人丁兴旺依然是家庭势力的大小及社会地位高低的重要标志。**在此类村内，单纯地使用高额罚款的办法，似乎并不能有效地抑制超生行为，相反会导致如下两个结果：一是形成一批无户籍的"黑孩子"，从而使农村人口统计严重失实，且这批"黑孩子"将来会遇到求学、求职方面的诸多困难；二是巨额罚款成为农户经济永陷贫困的一个直接原因。不少纯农户的土地收入，除了缴纳沉重的农负与同样沉重的超生罚款外，能填饱全家肚皮已算不错，无力支付孩子的教育与医疗费用。总之，罚的是父母，受害的却主要是不该出生，然而已经出生了的孩子,而孩子总是无辜的。单纯罚款,对地方政府来说,既省事,又得利,然副作用实在太大。

三、一个值得重视的婚配现象

在 40 户中,有 3 个妻子来自甘肃、湖北贫困山区。2 个来自甘肃:一个现年 43 岁,痴呆;一个现年 25 岁,严重瘸腿。1 个来自湖北,现年 28 岁,患精神病。类似情况,在汤庄自然村范围内还有多例。在各村内,都有若干男青年沦为婚配竞争的失败者。失败的原因主要有两个:一是家底薄,父母无力为儿子提供娶妻所必备的物质条件;二是本人体弱智低,无力替自己创造当地风俗所认可的必备物质条件。(在公社时期,成分差也是一个重要制约因素。)在人口流动受到严格控制的过去,这些人一般被挤出婚配市场,成为"光棍儿"。改革开放后,这些在本地找不到配偶的男子往往从更贫困的地区寻找痴呆残障者为妻。我们在开封县任庄调查时,发现两起这样的实例,该村竟多至七八起。由此而组成的家庭,必然是全村最贫困的家庭。可以想象,父母的财富、体力与智力方面的综合贫困,大部分将由其子女继承下去。

我不知道是否应将上述现象视为一个社会问题。在土地家庭承包、各顾其家的情况下,地方政府能否在教育与医疗费用方面给予此类家庭的孩子们一定的帮助与照顾?这类家庭的贫困,不仅是绝对的贫困,简直可以说是一种绝望的贫困。

*　　*　　*

晚饭后,汤某陪同我们访一农户,计算全年收支状况。

受访户主 39 岁,初中文化程度,妻子 40 岁,小学文化程度。生二子:长子 15 岁,读初一;次子 10 岁,上小学四年级。全家两个全劳动力,农忙时节,二子放假,帮父母做些辅助农活儿。

全家四人,共承包土地 8.398 亩,其中宅基地 0.4 亩。耕地约 8 亩,分成 4 块,集中于汤庄村后。"这几年村里盖房子,村边界逐渐逼近我家耕地。耕地的南边、东边都有树木,挡住阳光,很是影响产量。"去年夏麦种 8 亩,平均亩产才 350 斤(汤某插话:村里的一般亩产 500 斤左右），共收 2800 斤麦。(按每百斤 82 元计，夏粮总产值 2296 元。) 浇水用电、农药、化肥、种子、机耕等项费用约 980 元，每亩平均 122.5 元。与其他农户差不多。8 亩夏粮的纯收入只有 1316 元。每亩仅 164.5 元。

秋收：2 亩玉米，共收 650 斤，只相当于全村平均亩产的一半。产量如此之低的原因，户主解释说，是玉米种子质量有问题，是商贩上门推销的种子，"村里有不少农民上当受骗"。去年玉米每百斤市价 65 元。2 亩玉米总产值 422.5 元。浇水、耕地、种子、化肥等项支出共 102.5 元。2 亩玉米的纯收入 320 元。种 5 亩棉花，共收皮棉 300 余斤。每百斤 765 元，总产值 2295 元。(汤某说，他去年的棉花产量，每亩平均七八十斤，在全村算是比较高的。) 耕地、浇水、农药、化肥共计 795 元，其中农药占 500 元。"如今棉虫越来越难治了。"这对夫妇忧心忡忡地说。5 亩棉花纯收入 1500 元，每亩平均 300 元。另种 1 亩大豆，只收到 100 斤。问其大豆亩产低下的原因，这位农妇说："去年倒霉事都给我们碰上啦，原来大豆长得好好的，一阵怪风刮来，给刮倒了。"去年大豆市价每百斤 85 元（户主说，大豆成本低，已计入棉花成本内了），这样，去年秋收的总产值 2802.5 元，总投入 897.5 元，总纯收入 1905 元，平均每亩 238 元。

去年的饲养业，只养了一头牛。"家里剩余的麦秆、棉籽饼，差不多刚好喂一头牛。"卖得 860 元。户主说："前几年县上号召农户养牛，说是养牛羊可致富。前几年每头牛可卖得 1500 元。这二三年牛价下跌，每头在 800 到 1000 元。"

除上述收入之外，该农户别无其他收入来源。问户主在农闲时为什么不外出打工挣钱，他的身心皆感劳累的妻子说："俺俩没材料。"意思是没有挣钱的本事。又说："家里的农活儿，一年到头也没少干，辛辛苦苦，可收成总比别人低。俺几次向队里提出换换承包地。队里说，中央有文件，承包地一定 30 年不变，就是不让换，难道一辈子让我们种这种孬地？"

该农户 1995 年全年的纯收入是 4081 元。

去年的家庭总支出。一是农民负担：夏麦人均上缴 236 斤，全家四人，共缴纳 944 斤，以每百斤 82 元计，共 774 元。秋粮直接缴款，人均 41.62 元，共上缴款项 164.8 元。修路误工，人均 7 元，计 28 元。全年全家农负总额 966.8 元，约占全年纯收入的 24%。我问户主："农民负担中包括哪些项目？每一项目各占多少钱？"他说："不知道。"又问："为什么不到村会计处问问清楚呢？"他说："别人都不去问。"二是两个孩子的学杂费。长子读初中，去年共缴 390 元，次子念小学，全年 144 元，共计 534 元，约占全年纯收入的 13.1%。三是吃用开支。这对夫妇说："全年吃用开销，那怎么算得清楚，反正全年的粮食刚够吃，很少拿出去卖钱。农民嘛，一年辛辛苦苦，还不是为了填饱个肚皮。"我说："先把好算的算起来。"户主唯一的嗜好是抽烟，烟瘾很大，每天差不多抽两包劣质烟，每包 0.50 元，全年 360 元。一年三大节日，总要吃得好点，加上节日间人情往来，粗粗估计，需要花 300 元。此两项共计 660 元，约占全年纯收入的 16%。

上述三项支出，约占全年纯收入的 53%。余下的确实只够填饱肚皮了。8 亩夏麦共收 2800 斤，上缴 944 斤，剩余 1856 斤。加上 2 亩玉米 650 斤，共计 2505 斤，差不多刚够全家四人的食用。

三间坯砖合一的瓦房，另加一间用作厨房的配屋，那是户主结婚时盖的。用土坯垒成的围墙内，有两棵树，一口手压式水井，还养着一头牛，没有养猪与鸡。"牛吃麦秆，猪要吃粮食，哪有粮食喂猪。"这是他对没养猪的说明。三间无间隔的住房内，放着两张床，一张方桌，若干矮凳，一绳衣物，一些简陋的农具及刚收上来的十数袋麦子，别无长物。这家农户的全年收入，一部分被地方政府所无偿征取，一部分用于孩子的教育，一部分用于维持生存，即用于维护农户简单再生产的条件。他们再也无力改善自己的生活质量与改善自己的劳动条件了。

调查结束，已是深夜 11 点。天突然下起雨来，窗外一片漆黑。他家没有雨具，也没有手电筒，我们只得冒雨摸黑而归。

▶ 6月22日 三起纠纷

吃早饭时，又与户主汤某谈起村民的生产与生活情况。他说："村里的绝大部分劳动力还是集中在农业上，不是不想出去挣钱，而是出不去。一是俺村的土地较多，一年到头好像有忙不完的活儿似的。二是外面人生地不熟的，到哪里去找活儿干。靠农业为主，收入只有两个来源：一是地里种的，二是家里养的。关键是把地种好，图个温饱是没有问题的。**农民嘛，还不就是图个温饱**。农民种地，在你们看来是个粗活儿、力气活儿。在我看来也有学问。善不善于动脑筋，对产量有很大影响。昨晚访问的那对夫妇，年轻力壮，整天看他们忙忙碌碌的，很能吃苦，但产量就是比别人的低。他们说是土地位置不好，两排树挡住了阳光，影响了产量，但更重要的原因是经营管理上有问题。像他们那样，只肯苦干、不能巧干的农户，在村里还真不少呢。如果因懒惰而不想苦干，或因残缺、疾病而无力苦干，那真的连饭也吃不上了。在俺汤庄四五百户农户中间，缺粮户有一二十户。"

于是我问及他家去年种养业及收入情况。他说："去年夏粮，12亩小麦平均亩产五六百斤，麦秆全部用来喂牛，差不多够养三头牛。棉花喷药，采摘分拣，很费工时，我家只有两个劳动力，只能种5亩，收三四百斤皮棉。棉秆可当柴烧。另种5亩玉米，1亩红薯，1亩大豆。5亩玉米收三四千斤，1亩红薯近2000斤，1亩大豆二三百斤。红薯、大豆主要留在家里吃。如今吃红薯是为了调剂胃口，我家喜欢吃，大豆可以到集市上去换油、换豆制品。如果也像你们昨天的那个算法，我估计去年全年的纯收入要超过1万元。"我问："你家的收入在村里占个怎样的位置呢？"他说："中等偏上吧。"又补充说："全村十五六个组，各组人均耕地面积各不相同，最少的只有一亩多一点，俺组人均耕地算是最多的。"我又问："像你家这样，收支平衡，略有积余的农户全村占多少呢?"他略思片刻说:"占四分之一左右吧。"(我知道他家实际四口人耕种六人的承包地。长女在县城教书,父亲已故,但承包地未除。)我说:"你有 12 亩耕地,为什么不买一辆手扶拖拉机呢?"他说:"耕地用牛就可以了。也可请别人来耕。如今孩子长大了,总得积点钱给他盖房子,娶媳妇啊。**农民嘛,一生积累,只为了盖房、娶亲这两件事。**"

这位年近 60 岁的庄稼汉,还真是位农民哲学家呢。"一图温饱,二替儿子盖房娶亲",他用朴实的语言,概括了中国历代农民的生存目标与生活意义。

雨时停时续,这等于给刚播下的玉米地浇了一遍透水,也给忙碌了10 余天的村民一个休息日。汤某决定陪同我们再走访几家农户。刚要出门,一位年近 50 岁、神情沮丧的村民匆匆赶来找汤老师,说是要请汤老师替他写一状子(起诉书),状告拐其妻外逃的邻乡一村民。于是,上午的走访活动从他家开始。访谈纪要如下。

一、该农户的家庭贫困状况

该农户家显示出来的贫困状况令我吃惊:低矮的土墙围成的院落狭小且肮脏。院内不畜牛羊鸡鸭,也没有多数农户必备的手提式压水井。只有三间旧式土坯瓦顶房,阴暗狭窄。一间同样用土坯垒成的厨房间。三间土坯屋内,右间卧室有一土炕、一床破被,一根长绳上挂着全家替换的衣裤。客厅内有两张简陋的绳床,一张矮方桌,上有一碗豆酱,苍蝇成群。里间倒有两只木箱、一排长柜,这两件较新的家具似与周围环境大不协调。

我问:"木箱、长柜是什么时候打制的?"户主说:"前几年,家里正好有点木料,是我自己打制的,将来可给儿子用。"又:"黄河以南的农民都不睡土炕,你怎么睡土炕呢?"他答:"前些年在甘肃、山西一带做木工时,看样子学来的,冬天可以省被子。"又问:"你农忙季节,全家就吃这个豆酱吗?"他答:"我家穷得连这个都吃不起,是一个亲戚送来的。"然后坐定,听他的诉说。

20 世纪 70 年代初,家里的粮食不够吃。他凭借木工手艺到甘肃、山西一带去闯荡，挨村找木工活儿。在甘肃甘山村与现在外逃的妻子相识，比他小15岁的姑娘羡慕做木工的有饭吃，且有几个钱，于是跟着他走南闯北。未办理正式结婚手续，算是事实婚姻。1982年他夫妇回村分承包土地时，已生有一子。后又生一男一女，全家共五人，但只有四人承包土地，共约8亩。幼子属超生，未报，算是"黑孩子"。村里知道他家穷，无款可罚，也睁一只眼，闭一只眼。如今长子已读初中，次子在上小学。

从甘肃带回的妻子，生性好吃懒做，在全村出了名，整日埋怨丈夫穷，赚钱没能耐。"家里8亩承包地，忙里忙外，主要靠我一人，哪里有时间做木工赚钱呢？"户主如是说。去年年初，他的妻子与外村一小商贩争吵，被商贩打断了鼻梁，到县医院住院治疗。不料在县医院治疗期间与同县邻乡的一位四五十岁的男子相识，病未愈而双双外逃同居。"我估计她逃回老家，去年秋收后赶到甘肃，他们确曾回过老家，男的因偷窃而被当地村民逐出，我老婆也不知去向。但留下一张双人合影，我从照片上方知是邻乡某村的村民。我曾到他家去过，只找到他的老婆，还有三个孩子。"

汤老师问其告状所要达到的目的。他说："一是要叫公安局把他抓起来判刑坐牢；二是把老婆叫回来，然后当众赶走。"汤老师说："如今县里大案要案都忙不过来，未必会审理你的案子，再说，你老婆是自愿跟别人跑的，不是别人拐骗的。另外，打官司，请律师很是花钱的。"他说："我实在咽不下这口恶气，就是倾家荡产也要告他。"

然后说起他家的贫困，他的三个未成年的孩子，他的终年劳累，他的让他丢尽脸面、在村里抬不起头来的"叛逃"老婆。这位几被贫困、劳累与苦闷压垮的庄稼汉不禁潸然泪下。

我明明知道，他既没有钱，又没有精力打下这场官司，县法院即使受理，也不会出现他所要的结果。分田单干后，各顾其家的乡村社会，只有在十分狭小的亲戚范围内，才能提供一种类似"送一碗豆酱"那样的帮助。如今的乡村官员除向他要粮要款外，绝不会给他提供什么有益的帮助。面对这位贫困无告的村民，我只能说些宽慰的话。说实在的，我真想资助他三五百元钱，但被汤老师劝止了。

离开他家时，汤老师对我说："省你几个钱搞调查吧，在农村，该救济的实在太多了。千眼、千手观世音菩萨还忙不过来呢，何况你我。"一席话说得我哑口无言。

二、农户去外地打工情况

从这位不幸的农户家出来，已是上午 10 时，我请汤某陪我们到从新疆打工回来的那个村民家去看看。这位年近 30 岁的村民正在他家门口修理家用压面机，他的妻子正用缝纫机补衣服。看见汤某陪我们前来串门，立即招呼她的男人取板凳，倒茶水。住在隔壁的老母亲跨过一道低矮的土围墙前来闲聊。

从农户的庭院、房屋结构与室内器具来判断该农户的经济状况，似乎已成为我的职业习惯：三间外砖内坯的瓦房，一定是 20 世纪 70 年代建造的；室内有大小两张床，一只大衣柜起着间隔卧室与客厅的作用；一绳衣物，客厅内有大小两张方桌，一台缝纫机正在工作；没有电扇与电视这类"现代"之物；左间堆放着一些简单的小型农具，十数麻袋刚收上来的小麦。户主汤姓，现年 29 岁，妻子 27 岁，是六七年前从邻村嫁过来的，长女五六岁，幼子看上去尚未断乳。如据计划生育政策，此子应属超生。

问及新疆打工一事，这位木讷、不善言说的户主说："去年，听别人说新疆的建筑工程队很缺泥水木工，今年一过春节，我约了村里另外两人到新疆塔石去找工作，工作确实好找。按合同协议，每月 800 元，月薪不算低。但平时每月只发 120 元伙食费，其余的钱要到建筑工程完工验收合格后，才跟我们结算。当时我们觉得这样做也蛮好的。平时节省点，到时结算有一笔钱可带回来。我们承包的那个工程 5 月份完工，问包工头要钱，他说，验收还没有通过，他们没有与他结算，哪有钱给我们。后来我才听说，新疆各建筑公司拖欠包工头钱的事很普遍。包工头拖欠临叫工的钱，或用各种借口克扣临时工钱的事也很普遍。但村里夏收就要开始，我们可等不起呀，我好坏问包工头要了 200 元路费赶回来夏收，随我去的那两个人一分钱都没讨到，只好留在那里等结算。"我问："新疆包工头还欠你多少钱呢？"他说："将近 2000 元。"又问："你是否还到新疆去要这笔钱呢？"他说："我不去了，请他们代领，但看样子是领不到钱了，算是替他们白干了。"我说："你们不可以去打官司吗？"他答："这种事在新疆多的是，再说，在新疆举目无亲，找谁去打官司？自认霉气算了。"我又问："你麦收后是否再外出打工呢？"他说："谁还敢盲目往外跑呢？再说，跑来跑去的，两头都荒废了。"说到承包地，正在屋里给孩子喂奶的妻子就来气。她说："我一家四口，只有一人的承包地，是否还让人吃饭？"我问其故。原来该村的承包地自 1988 年调整过后没有重新调整。他们是 1990 年结婚的，虽然娶了妻子，生了孩子，但只有丈夫一人的承包地。他们曾多次找村支书，要求给承包地，但村里说，中央有文件，承包地一定 30 年不变。我问他们是如何解决这一家四口吃饭问题的。站在一旁的老母亲替他做了回答，她说，她家有三份承包地（他们夫妇两人与她现年 84 岁的婆婆），转一份给她的儿子。另外，她儿媳妇在其父母处还有承包地，农忙时回娘家去帮忙，到时去拿几百斤麦子回来。汤某说："村里 1988 年以后结婚的农户，都存在同样的问题。"

承包地一定 30 年不变，是中央前几年出台的政策。其目的有两个，一是促使农户增加土地投入，防止对耕地掠夺性使用；二是抑制农户超生行为。但从实际情况来看，这一政策的执行或不执行的权力，主要操在行政村干部手中。政策所要达到的目的，未必能达到。

三、村内家族之间的矛盾纠纷

时近中午，回家吃饭，路经一院落，但见其内门墙倾斜，屋顶掀毁，问其故，汤某说："表面上是惩罚超生，实则是家族之间恃强凌弱的结果。"于是说出一段令人酸鼻的故事。

汤甲（被毁之屋的户主，隐其名）与汤乙属同宗同支，比邻而居。汤乙家出入不甚方便，想开一条通往村内的小路，但须通过汤甲的庭院，汤甲不允。于是汤乙强行拆墙筑路，争端由此而起。

汤乙家族人丁兴旺，汤乙有兄弟四人，堂兄弟三人（其亲叔之子），共兄弟七人皆分家。另有姐妹五人（其中三人是堂姐妹），全部出嫁。汤乙有一亲嫂的兄弟在杞县某局任局长，"朝中"有人。兄弟七人，在村有"拳"势；在县有局长，"在朝"有"权"势。相反汤甲一支，至其祖父，数代单传，祖父生二子，然汤甲之亲叔早死，无后，等于单传。汤甲兄弟二人，已各分家。在汤宗族内，汤甲一支只有两家，孤门独户，势单力薄，且"朝中"无人。

汤乙强行破墙开路，引起一场官司。村里不敢出面调解，汤甲只得将官司打到杞县法院，但杞县法院拖延不加处理。其中缘由，不言而喻。汤甲只得将官司由县法院打到开封市法院，最后打到河南省法院。其中曲折艰辛，汤某语焉不详。他只知道结果：省法院责令市、县法院受理此案，并判汤甲胜诉。开墙筑路之事遂告平息。然而，汤乙虽败，怨毒之气未消。

汤乙终于找到了报复的良机。

原来汤甲兄弟两人，头胎皆生女孩，为了不使这一支在他们这一代绝后，两人就设法再生一胎。汤甲现年 26 岁。据说按政策规定，按他家的情况，头胎生女，四年后能再生一胎。然在第三年其妻怀孕，还据说是一男胎。乡村计生办多次来人，令其打胎。汤甲为保男婴，携妻外逃。乡计生办闻讯，带民警前来搬走汤甲的全部家具，并拆墙取砖瓦，移作村小学校舍的建材。汤甲因超生在先，再也不敢上告，然无家可归，只得携妻带子远走他乡。此事发生在 1991 年。据说汤甲因祸得福，在新疆塔什经过数年奋斗，如今担任某公司副总经理。

汤乙在拆屋毁家事件中，到底起什么作用，内情不得而知。据村里传闻，乡村干部是迫于"上面"压力才这样干的。这个"上面"暗指汤乙家族在"朝中"的官。传闻猜测的理由是：1. 村里超生一胎者比比皆是，超生二胎，甚至三胎者不乏其人，为什么他们没有受到如此严酷的处罚？2. 汤甲数世单传，按规定可生二胎，虽超前一年，但不属超生，即令罚款，也得从轻发落，何致如此"家破人逃"。

据汤某说，类似汤甲之事，就汤庄自然村还另有两起，发生在1990到1991年间。（这两家被毁的"遗址"，我与汤老师都去看过，但没有汤甲之屋毁得彻底。）据说一家迁往商丘县，在那里开起一家小商店，生活比在村里强得多，另一家至今下落不明。"乡村干部执行计划生育政策，专拣孤门独户、势单力薄的欺，对人丁兴旺的大家族，最多罚款，怎敢牵牛羊、搬粮食、拆房屋？至于村干部本人，他们能拿到生育指标，超生也就合法了。"这是村民的一些议论。"1993年后，附近村庄已不闻有毁房拆屋之事了。但罚款越来越重。"汤补充说。

如果我们将同一祖父母之内的血缘、亲缘共同体称为**家族**的话，那么在乡村社会学分析上，家族至今依然是一个有意义的分析单元。所谓的宗族，往往没有实质性的意义了。

＊　＊　＊

中饭后，汤某帮我们请来四五位村民，在他家开一小型座谈会，想就土地承包、计划生育、干群关系、贫富分化、农民负担诸问题，听取他们的一些议论。

一、关于土地家庭承包制

他们一致认为，土地家庭承包制比集体耕作制好。理由主要有两个。一是如今农民自由了。他们理解的自由是：你想什么时候出工就什么时候出工，你想到哪儿去就到哪儿去，不再有人来管你了。二是农业劳动的时间比过去减少了，但产量与生活水平都提高了。还是那句话："如今农民能常年吃上白馍了。"

当问及"承包土地一定30年不变"的政策时，出现两种不同意见。但多数意见认为，最好每隔七八年要重新调整一次。因为各农户间因自然死亡、婚嫁、生育等情况的变化而使每户的人均耕地发生变化。有的农户四人只耕种一人的承包地，有的农户三四人耕种五六人的耕地。再说地块的质量也各不相同。过五六年或七八年调整一次，使耕地分配更平均一点。这在绝大多数农民依然以土地为生的乡村，是十分重要的。

我问:"承包地的所有权属于谁呢?"他们一致回答:"**那当然是国家的**。"当我问到目前土地家庭承包制有何缺陷及改进方法时,他们面面相觑,不知如何回答才好。很显然,他们从来没有感觉到承包制的缺陷问题。

二、关于计划生育

他们一致认为中央的计划生育政策是好的:全村耕地就那么一点,人口无限扩张下去,总有一天没饭吃,这个道理农民谁都清楚。但农民嘛,生一个女孩,总得再生一个男孩。他们所提出的理由,一是农业劳动需要男劳力,二是继承遗产、赡养父母需要男孩。其中一个村民说:"女孩要出嫁,只有男孩才能支撑家庭门面。"即使生了两个女孩给结扎了,农民也得想方设法去领养一个男孩,汤庄有好几起这样的事例。另外,他们对乡村干部不能一视同仁地执行计划生育政策颇感不满。当问及本村"黑孩子"的数量时,一个说"不清楚",一个说"各村都有"。不知他们确实是不太清楚,还是不肯实说。

三、关于农民负担

他们说,农民负担前几年还好一点,夏粮人均一般缴纳一百二三十斤或一百四五十斤。去年突然增加到人均二百三四十斤,秋后还得交四五十元钱,实在太重了。这样重的农负,使村里不少农户家的口粮都保不住了。问他们"农民负担"包括哪些项目,每个项目各缴多少,他们谁也说不清楚。"村里从来不向农民说明,也从不公布账目,谁知道呢?"其中一人如是说。他们说,村里有 15 个组,有几个组人均耕地只有一亩多一点,差不多夏粮的一半给政府拿去了,还让农民吃什么。如今农民意见最大的就是这一点。他们问我:"**这几年中央老叫要减轻农民负担,为什么我们这里的农民负担却越来越重呢**?"我只能用"好经给和尚念坏了"这句话将问题搪塞过去。其实,这本是村民自己的答案,我只是"取之于民而用之于民"。

四、关于贫富分化

令我惊奇的是,他们对这一问题并不敏感,他们的贫困意识与求富意识似乎同样地比较淡漠，对"常年有白馍吃"似乎表现出一种心满意足的神情。在依然以农业为生的乡村，土地家庭承包制有力地限制了贫富的过度分化。由家庭劳力与资金的投入不同而造成农业产量的高低，使农户的贫富差异只限制在一个狭小的界线之内。于是我请他们列举出全村 5 户最富裕户与 5 户最贫困户。

全村 5 户最贫困户都是一个模式：原本家底薄，兄弟多，父母无力给他们各自盖房娶妻，于是到甘肃、山西一带的贫困山区娶痴呆、残疾姑娘为妻。痴呆、残疾妻子只会生孩子，没有劳动能力。丈夫既忙外，又忙里，养活一家数口已不易，农业投入自然减少，这成为亩产低于全村一般水平的原因。也无力从事家庭饲养业，更少一笔可观的货币收入。家庭劳力与智力的"贫困"成为经济贫困的基本原因，然他们所承担的人均农负却与其他村民同样多，这更是雪上加霜。又由于家徒四壁，无钱粮可罚，故超生无所顾忌，这又成为加重家庭负担的一大原因。在四五百户人家的汤庄自然村内，此类贫困户有近 10 户之多。

全村 5 户最富裕户也差不多是同一模式：有 2 户因承包乡集体企业（砖瓦厂、面粉厂）而致富，2 户因经商而致富，1 户给杞县等私人公司开车搞运输而致富（该户我去采访过）。这 5 户的富裕程度，即除农业收入这一块外，另有数千至上万元的年货币收入。据此，他们盖起较新式的砖瓦水泥房（其中两栋是楼房），有砖砌的围墙与门楼。室内有较齐全的家具与家用电器（如电风扇、电视机）。平时也能上街买点菜吃，烟抽得比别人好一点，如此而已。村民对自己周围出现的这样的富裕户，似乎没有表现出过多的羡慕或嫉妒。相反，谁能把田里的庄稼种得比别人好一点，似乎依然受到村民的尊重，至少在中老年村民中是这样。**看来，汤庄依然是一个中老年人的世界，一个庄稼汉的世界，虽然向非农经济渴求更多的货币收入与享受的热情已在部分青年村民心中激起，然而依然缺乏实现这一愿望的现实手段。他们向外部世界做过不少的探索与努力，但不少人由于缺乏亲友资助的外部环境而"打道回府"。只有个别青年获得成功。**

五、关于党群、干群关系

他们所说的"干部"主要指的是乡、村两级的干部，而所指的"干部腐败"，主要指的是乡、村两级干部的"大吃大喝"。对乡、村干部组织的公共事业，如盖小学、修路，他们是愿意出钱出力的，对其他集资兴办的公共事务，他们一般抱怀疑态度。当问及目前村民最大的要求时，他们的回答是，**"向农民少要一点，对农民少管一点"，这不正是中国古代之农民（及其思想代表）对政府、对国家的基本要求吗？今之农民乃古代农民吗?! 然今之政府承担着古代政府不曾有过的繁重而艰辛的任务：带领亿万农民走出传统进入现代化。问题是，今之地方官员乃古代之地方官员吗?!**

下午5时30分结束的村民座谈会，替我们这次汤庄村调查画上一个句号。6时30分，汤某叫来一辆手扶拖拉机，把我们送到106国道，准备搭乘过往客车到杞县城里去。我们要到县宾馆好好地洗个澡，美美地睡上一觉：猖獗的蚊子已使我们三夜不得安寝，实在太疲劳了。

我俩在106国道旁等了半个多小时，从太康开往杞县的大小客车全不理会我们的招手。路边小摊的摊主说，晚6点后，开往杞县的客车大多不停，开往太康的客车多数在此停车。于是决定先南下太康，明晨再北上杞县，便道拜访汤老师的好友——杞县编制办主任。

▶ 6月23日　四年换了四任县委书记

太康县城坐落在淮河支流涡河之南，前日的一场大雨，使涡河暴涨起黄浊的大水。贯穿县城的那段南北干道已按"现代化标准"翻建了：四车道水泥路，两条绿化带将机动车道与非机动车道分开。沿街错落着若干"现代化"大楼，其中以各银行系统的大楼最引人注目。凡街道两侧的墙面，大多贴有白色长条的瓷砖，从而整个县城给人以千人一面的单调感。这或许是我们的意识形态与政治所热衷的统一化、标准化在中原各县城建设中的反映。风吹沙起，满目尘埃，北方城镇，总给人一种灰蒙蒙的感觉。县城不大，"现代化"宾馆却不少。一下汽车，便有机动或脚踩的三轮客车拉你去各宾馆，他们可以从宾馆那里得到一份"介绍费"。徒具现代装潢的宾馆，客房率甚低，质量更差：有灯不亮，有空调无冷气，有彩电无图像，或卫生间瓷砖脱落，龙头漏水，往往而有。

我所走访过的中原县城，总给我千篇一律的感觉。钢筋水泥的建筑凝聚着各银行的巨额贷款与农民的沉重农负，同样也凝聚着历任县长的现代化企盼，同时也显示出改革开放以来历任县长的现代化政绩。然而，这些曾给地方官吏提供晋升阶梯的政绩，其经济效益到底如何？没有人回答我这个问题。什么是中原农业大县的现代化？如何引导仅有一二亩人均耕地的千百万村民走向现代化之路？我不禁茫然起来。

上午9时许，辞别东晋谢安的故里——太康，11时，抵达忧天倾的杞人故国——杞县。汤老师抱病（清晨突然头痛，腰酸腹泻）陪我访问杞县编制办主任老王。年过50岁的老王当过兵，在部队入党，提干，复退后转入地方工作：先在县公安局、法院任职，后调县编制办任主任。乡、县官员大多有这样的经历。

时值中午，老王请客。县编制办秘书、县房管局局长应邀入席。饭桌所聊，饭后所论，集中在两个问题：一是县级党政各部门的编制与精兵简政，二是县财政状况。谈话要点概述如下。

——杞县是个农业大县，所谓农业大县，一是指人口众多，据1992年人口普查，全县有94万人口，现在肯定超过百万。河南全省110余县，人口超百万的大县有四五个或六七个。二是全县绝大多数人口依然从事农业，工商业极不发达。国有企业既少，近几年来也不景气。全县21个乡镇，只有三四个乡镇拥有稍微像样一点的乡集体企业，在村级范围内，几乎没有村办集体企业。

——谁都知道，农业是个低效且艰辛的行业，稍有一点才能与抱负的农家子弟都会迫切要求脱离这社会地位低下的行业。**参军、读书是农家子弟脱离农村与农业的两条主要途径。**近几年来，每年要他们安排就业的复退军人有四五百人之多，每年要他们安排的大中专以上毕业生亦四五百人。由于该县的工商业极不发达，能够安置就业的国有企业如今自己也陷入裁员甚至停产的困境，私营工商业的劳动用工权则全部操诸私人业主的手中，因此无法向工商业分流的复退军人与大中专毕业生只能在县、乡党政机关与事业单位强行安插。再说，农家子弟之所以参军、读书，一个基本的动机就是在县、乡行政或事业部门谋求一稳定而体面的职业或职位。

——事实上，县、乡党政机关与各事业部门早已人满为患，从20世纪80年代中晚期开始，就搞精简机构与人员，但总的趋势是，机构越设越多，人员也越来越多，这在全省甚至全国都是一个普遍存在的问题。在公社改乡镇制时，一乡的党政人员少则二三十人，多则三四十人；十余年后的今天，少则百余人，多则二百余人。扩大了五六倍，甚至七八倍。改革开放之初，县党政机关不过二三百人，如今少则六七百人，多则千人以上。机构重叠，人员太多。如今，各县编制办的主要任务是定编定员，精简富余人员。县党政机关的定编还是比较容易做到的，问题是那么多富余人员如何安排。要他们下海经商，自己养活自己是不太现实的。一般的做法是：一是提前退休掉一批人员，二是向事业部门分流，三是充实到乡镇一级去。改制为县房产开发公司的原房管局局长说："我局现有 250 人，但就目前的实际工作量来说，只需要 50 人就足够了。这些原来吃县财政饭的人，现在吃公司的饭，给我们带来很重的压力。"

——谈及县财政时，老王说，前几年，县财政收入一直维持在 3000 万元左右，历年的财政亏欠高达数千万元（老王并不清楚历年财政亏欠的确数）。为了扭转财政亏欠的局面，1995 年年初，新上任的县委书记将该年县财政收入提高到 5700 余万元，创历史县财政收入之最。据云，全县官员对这位新任书记的"创收"能力大加赞许，但我听后不免内心一惊：在一年之内，一县的税源绝不可能增长一倍，税收却增加几近一倍，这增收的 2700 万元从何而来？它与 1995 年突然加重的农民负担到底有何内在关系？当然，我没有问这一令编制办主任难堪的问题。

——从谈话中得知，该县在近四年内，换了四任县委书记、五任县长。任期之短，转任之快，着实令我吃惊。另外，河南县、乡两级党政主要官员依然实行严格的**回避制度**。我曾据 1992 年出版的《开封县志》统计出两组资料：1. 清朝 264 年间，历任开封知县共 143 名，平均任期 1.85 年，所有知县皆非开封县人；2. 从 1948 年 10 月至 1991 年 9 月共 43 年间，历任开封县委书记（"文革"时称主任或组长，其实皆为党政一把手）共 20 名，平均任期 2.15 年，所有书记皆非本县人。虽然前者为封建社会，后者为社会主义社会，**但地方主要官员的平均任期时间及回避制则具有明显的继承关系。短任期制与回避制或有利于中央集权，但给地方社会经济的发展带来何种消极影响，我们的政治学似乎从来不研究这个问题。**

因汤老师身体不适，取消了预先确定的其他调查项目，下午 5 时，匆匆赶回开封。路上，汤老师告诉我一传闻：今年年初，杞县某乡的乡、村干部带民警到某农户家催征上年积欠的钱款，因农户无钱支付，遂强行搬走农户的口粮与家具。农妇气急而当晚悬梁自尽。据说，该农户有一亲戚在北京工作，闻讯赶来，乡政府想花数万元私了此案，未果。上告到县、市法院。此案如何处理，尚不清楚。我说："刚才何不向老王问取详情？"他说："欲问又止。怕他误解我们是冲着此事而来调查的。"的确，所有"社会事实"总是与人们的利益与偏见纠缠在一起的。不过我想，乡村干部派民警入民舍催征钱粮，逼出命案，一定与县财政多收的那个 2700 万元有关。孔子曰"苛政猛于虎"，白居易诗云"急敛暴征求考课"，亦今之实录也。

▶ 6 月 24 日 念天地之悠悠

一觉睡到上午 9 时许, 犹感疲劳未消。独自躺在河大招待所的客床上, 思绪万千: 入豫 40 余天来各种调查场景交替重叠出现, 各种问题纷至沓来。社会调查实在是一件十分艰难的事业。能读书, 固然不易; 善读这部正在展开的乡村社会大书, 更是艰难。《管锥编》的作者可谓善读书了, 然其所读, 大抵古书, 对于中国社会的这部大书, 则似乎未加研读。

马克思在其《资本论》序言中谈到过他的 "研究现实社会运动" 的方法: 一是**必须充分地占有材料**, 二是**分析各类社会现象的发展形式**, 三是**找出它们之间的内在联系**。并说, **只有当上述三项任务完成之后, 现实的过程才能恰当地叙述出来**。因此, 社会研究的第一步是充分地占有材料。然而, 马克思坐在大英帝国的图书馆内, 就能充分获得调查并统计就绪的大量材料及各种先前积累的理论资料, 而我们对自身社会过程的研究却没有这种便利条件。中国农村社会的研究者必须去做当年英国工厂视察员的工作, 而且远没有他们的调查便利。就理论材料而言, 我们只有来自西方的各种舶来货。这些舶来货在我国缺乏生存的基础, 因而 "别国的现实在理论上的表现", 在中国学人的手中 "往往变成教条集成", 用来套裁中国的现实状况, 这样既曲解了西方输入的理论, 又歪曲了中国的现实生活。对于我们所要研究的乡村社会, 如何按 "如其所是的那个样子" 去观察它, 如何分析其各种发展形式, 并找出它们的内在联系, 并按 "如其所是的那个样子" 反映在理论之内, 从而将各种纷乱变动的现象统摄在同一理论分析框架之内, 这确实是一个无比繁重的任务。每念及此, 一种孤立无援的悲哀便从中袭来。

马克思当年对德国的抱怨, 似乎同样适用急于现代化的当代中国。他说: "德国不仅苦于资本主义的发展, 也苦于资本主义的不发展。除了现代的灾难之外，压迫着我们的还有许多遗留下来的灾难，这些灾难的产生，是由于古老陈旧的生产方式及伴随着它们的过时的社会关系和政治关系还在苟延残喘。不仅活人使我们受苦，而且死人也使我们受苦。死人抓住活人。"**在中原这块古老的农耕大地上行走，往往会有一种"今在何地，今处何年"的时空倒错之感：古代欤，现代欤？古人欤，今人欤？**我们民族经历百年奋斗，却不知今处何时何地。这块曾孕育我国古代灿烂文化的古老大地，"古老陈旧的生产方式及伴随着它们的过时的社会关系和政治关系"岂止是"苟延残喘"而已，它不依然还是我们民族社会生活的深厚基础吗？诚然，相当一部分先进的物质器具与技术已成为我们经济物质生活的有机组成部分，我们的政治法律等制度设施也是很现代的，在其上漂浮着的舶来观念，不仅有"现代的"还有"后现代"的呢！然而，请你放下手头的最新译著，走出繁华都市的书斋，到广大的中西部乡村去看一看，听一听，你就能发现一个被满脑袋的舶来观念所淹没了的"古老陈旧的生产方式及伴随着它们的过时的社会关系和政治关系"不是"苟延残喘"，而是"深厚广大，源远流长"。

每当我在装潢上已经现代化的会议室里听人们争论"传统"与"现代化"，甚或"现代化"与"后现代化"时，我感到的只是悲哀。我们爱谈"立场、观点与方法"，然而，中国知识分子的**立场**到底在哪儿呢？谁能告诉我，1996年，对中国来说到底是何年，供我们清谈的会议室到底是何地？我秉实相告：我不知道。

以前，我考虑得较多的是"方法"，看来，"方法"是从属于"立场、观点"的。研究者"站"在何处，是谓"立场"；从哪一方向看，是谓"观点"；怎样去看，是谓"方法"。至于"传统""现代化""后现代化"，以及"是什么"与"应该是什么"，不只是观点问题，同时更是一种"立场"。为了澄清自己的"立场"，我决定暂时撤离调查现场，提前结束第一期中原乡村调查，回到上海，重返书斋，同时也是为了暂避盛夏炎热与众蚊的滋扰。我想利用这段时间读点**历史与理论**著作，能否从明清史书中找到一点有关乡村社会与地方政权的资料，能否从诸多的现代化理论著作中，得到一点理论启示？观察与分析当代乡村社会，分析依然活跃着的古老生产方法，与同样古老的社会关系与政治关系，得凭借历史与理论。我一直认为"向前与向后"之路，"向上与向下"之路，都是同一条道路。

晚6时，我在河大招待所餐厅设宴款待孟、徐、岳、李、汤等诸友。没有他们的友谊、配合与支持，我怎能在河南进入"调查现场"？由于盛夏炎热，食宿皆有诸多不便，又时值农忙，我想提前结束河南乡村第一期调查，待夏末秋初，天气转凉再赴河南实施第二期调研计划。第一期调查，在空间上，主要集中在豫东地区，在层次上，主要集中在村落、农户一级。第二期调查希望将调查范围扩展到豫中、豫西、豫南、豫北地区，各选一县，在层次上集中在乡、县政府一级，以期对中原地区的"三农"问题（农民、农业、农村）与地方政权的现状有一个更为广泛与深入的了解。深望诸友为我提供进入此类"调查现场"的社会关系。孟、徐、李、汤诸友慨然允诺。

席间，李永成告知：6月25日，他要陪同党校县级学习班成员前往江苏张家港参观，建议我一起搭乘他们的包车先到常州，从常州转车返沪。通过不同线路返沪，可以观看沿途景观，与县级官员同车，又有个聊天对象。返沪日程与方式于是确定。

▶ 6 月 25 日　再谈晋商精神与包公现象

今晚 6 时返沪，趁白日空闲，再次参观了开封市内的山陕甘会馆与包公祠，以期能更直接、更深刻地体悟到建立在"古老生产方式"基础之上的**"古老的社会关系和政治关系"**的内涵。

山陕甘会馆坐落于开封市中区徐府（即明开国元勋徐达之府第）大街，由晋陕商人创建于清乾隆年间。历经修建，成现存规模：照壁，翼门，戏楼，钟鼓楼，配殿，牌楼，正殿，一应俱全。布局严谨，规模宏丽。然我对建筑物本身并无多大兴趣，引起我浓厚兴趣的是"会馆"这种前现代的中国商业组织，以及晋陕商人所供奉的、体现古代商业精神的神——关羽及其所体现的信义精神。

据会馆内的文字图片资料，"会馆"是"旧社会都市中同乡或同业的**封建性团体**"。"会馆"之组织形式，由来已久，但"会馆"之名始见于明代，盛行于清代。一般是以**县、府、省为单位**，也有由相邻地区联合组织的。这种以同种方言或同一地域组成的会馆，其组织原则是一种模拟的血缘关系（或曰准血缘关系）。古代所谓"封建性"其实是血缘或准血缘性。模拟家族血缘关系而建立超家族的社会组织，是一切前现代社会内诸类社会中间组织的一个基本特征。山陕甘会馆的创办宗旨是"联络**感情**，增进**乡谊，互助互济**"，防范异乡人与行外人的欺凌，替同乡同业内部利益服务。具体职能有：为三省旅汴的困难同乡提供衣食救济和临时住所，代筹义地，协商丧葬，寄存棺木，等等。据介绍，截至 1948 年，仅开封市内就有会馆 63 家，涉及全国 21 个省和 67 个县。明清两朝，以晋陕商人势力最大。故山陕甘会馆建制宏丽，非其他会馆所能及。并据介绍，清代北京商人会馆有 55 家，晋商会馆占去 15 家，几近三分之一。

开封市的山陕甘会馆，其照壁内侧书"忠义"两大字，楼檐重叠，翼阁高翘的牌楼为**纪念关羽**而建。作为会馆主建筑的正殿用于供奉**关羽帝**。晋商崇信关羽，不仅在于关羽是他们的同乡，更由于关羽的"春秋大义"。正殿供奉着一座关羽读《春秋》的雕像，拜殿两山的"悬鱼"上刻有"**公平交易**"和"**义中取财**"八个大字。据介绍，至清代，不仅河南各县遍设山陕甘会馆，且其内一律供奉关羽（因而山陕甘会馆亦称关帝庙），凡晋陕商人足迹所至，商业所达之地，多建有会馆，供奉关羽。

该会馆出售《山陕甘会馆》一书，内有《会馆与关帝庙》一文。据该文考证，关羽之显赫，始于北宋末年。其引李焘《续资治通鉴长编》：宣和五年（1123 年），礼部奏请封关羽为"**义勇武安王**"，从祀武成王庙。关羽虽从将而王，但还是配祀，未独立门户。到明万历二十二年（1594 年），因**道士张道元**之请，**晋爵为帝庙，曰英烈**。万历四十二年（1614 年），又晋封为"三界伏魔大帝神威远镇天尊**关圣帝君**"。其时，佛教也将关羽请入寺庙，为佛教之护法。明末清初的顾亭林在其《日知录》中云："**关羽之祠圣遍天下，封为帝君。**"清代赵翼在《陔余丛考》中云："**今且南极岭表，北极寒垣，凡儿童妇女，无有不震其（关公）威灵者，香火之盛，将与天地同不朽。**"该文还分析了宋元以降各阶层对关羽崇拜之原因，统治者祀奉关羽是表彰他的"精忠报国"；民间下层社会崇拜关羽，是将关羽视为"江湖义气"之表率，故哥老会、青洪帮对关羽之"义气"礼敬有加；明清商贾之崇奉关羽，侧重关羽之"信义"。孟子主张"言义而不言利"，董仲舒更进言："正其宜（义）不计其利。"明清晋商将"义""利"结合起来，提出"义中取财（利）"，于是将讲"春秋大义"的关羽，改造成晋陕商业的守护神。恰如近代欧洲的新教伦理将禁欲的"天职"与世俗的谋利活动结合起来一样。

为什么宋元之后，关羽地位不断提高？关羽由将而王，发生在北宋将亡之际，关羽由王而帝，而神，而圣，发生在明之将亡之际，这又是为什么？这与宋后农村土地所有权的流动加速与城市工商经济的发展到底有何种内在联系？历史学家没有告诉我们这方面的缘由。集中在城镇集市内的**商业会馆组织与秘密帮会组织**在明清的大量产生，**迫切需要一种与之相适应的组织原则与活动精神。他们在刘、关、张的桃园结义中找到了这种组织形式，在关羽的忠义精神中找到了此类组织的活动精神。对这种伦理精神的紧迫呼唤，一方面说明社会的需要，另一方面也暗示忠义精神的缺乏。**由此我们解释了这样一个十分普遍的现象：所有秘密团体内，对背离忠义原则的成员都给予极其严厉的惩罚。

由此观之，"会馆"是中国前资本主义社会内一种极普遍的商业组织，这种组织形态属于家族组织，又高于家族组织，但未脱离带有强烈血缘关系烙印的"同姓、方言、地域"的范围，因而并不是各独立个体在平等协商基础上建立起来的近代契约组织。"**忠义**"或"**信义**"既是会馆这类商业组织的**组织原则**，也是商业活动的伦理精神。在明清两朝，晋陕大贾遍天下且富甲天下（据云，康熙南巡后惊叹"凤闻东南巨商大贾，号称辐辏，今朕行历吴越州郡，察其市肆贸易，多系晋省之人，而土著者盖寡"），**或与晋商的"义中取利"的商业伦理精神有密切关系。**关羽确是晋商的守护神。

会馆的组织原则是亲缘关系（或准亲缘关系），同样，在村落社会内，所有的社会关系也都是亲属或准亲属关系。所有的村落成员，都可用亲属称谓来相互称呼，由成对出现的亲属称谓构成称谓体系，也是一种义务伦理体系。儒家把复杂的村落社会关系简化为三类主要的社会关系——男女关系、上下辈关系、同辈关系，并确立三个主要的道德标准——**孝、悌与男女有别**。在西方所谓的"市民社会"内，所有人都从血缘群体内独立出来成为单独的个人。由血缘关系维持着的等级义务体系分解成为追求各自利益的个人。这些独立且追求自己利益的个人，只能通过相互间的契约而结成各种社会合作组织。**故而西方社会学家、法学家通常依据梅因的理论，将古代社会向现代社会的转型核心，看作一种社会关系，或说人类合作方式的转型。**以这个观点看问题，所谓东西方文化差异，其核心是社会类型的差异，而这一差异与其说是**东西方文**

化差异，远不如说是**古今文化差异**。那么，我们能否用这一观点来考察当代中国转型中的**社会关系**之实际状况呢？这一问题关涉如此重大，以至于直接影响到我们对经济社会材料的分类、透视与评价。

在从计划经济向市场经济的转轨过程中，**数亿中国人从各自所属的政企（或政社，或政教，等等）合一的"单位组织"内摆脱出来而进入市场经济之时，他们将以何种原则结合起各种社会关系呢？哪些是中国古老社会关系的复活，哪些是新社会关系的产生？实在是一个扑朔迷离的大问题。**土地家庭承包制的推行，使得家庭这种古老农业组织重新启用，家族关系似乎得到了发展。在各类超家庭的经济组织中，我们看到**忠义原则**与**契约原则**同样不足，从而使中国经济组织内部管理混乱，成本高昂。在政治过程中的权钱交易、请客送礼的背后，无一不可看到一张张复杂的人情（或准血缘）关系网络。行政科层组织的"理性化"过程举步维艰。这里给我们提出一个十分严肃的问题：**这些依然活跃着的古老的社会结合原则，是中国社会现代化的一种阻力，还是一种可资凭借的资源？**独立人格间的契约结合原则能随着市场经济的推进而成为社会关系的一般原则吗？对该问题的不同回答，划分出当代中国的文化保守主义与文化激进主义。

* * *

下午，重游包公祠。

位于开封包公湖西畔的包公祠是 1987 年重建的。占地近 15 亩，耗资 300 余万元。祠内主要建筑有大殿、二殿、东西配殿、平壁廊与碑亭等。大殿内塑包公坐像，陈列包公的历史文物、典籍和包氏家谱。二殿陈列北宋《开封府题名记》碑及包公墨迹、诗文等拓批，另有反映包公主要政绩的壁画。全祠凝重典雅，庄严肃穆。

包公在开封府尹任内，主要做了一件大事：疏通流经开封城的惠民河。京师多皇亲国戚、高官重臣。国丈张尧佐强占河面，圈为园池，栽荷养鱼，致使河道堵塞。每逢大雨，城里积水成灾，祸及士民。据云，包公不避权贵，亲率民工拆除张府的"青莲池"。当然，没有宋仁宗的默认，想必包公即使有其心，也未必能行其志。

包公的主要政绩还有以下种种。

1. 包公掷砚。北宋宝元三年（1040 年），包公调任端州（今广东省肇庆市）知州，发现前任官吏借每年向皇宫进贡端砚之机，向民工增索数十倍端砚，以献权贵，谋取私利，百姓不堪重负。包公到任后，革除这一苛政，减轻民负，百姓感其恩德，赠送一砚以表心意，被包公掷于离任之途的河水中，以示清廉。

2. 国法无亲。包公调任庐州任知府，庐州是包公老家，亲故甚多。其正任里正（相当于现今的村主任）的堂舅周某更放胆勒索乡民，被包公捉拿法办。

3. 陈州查粮。陈州，即今河南淮阳县①。其时京东西路转运使王逵将陈州的实物税擅自改为货币税，并将 50 文一斗小麦的官价（相当于现今的**定购价**），提高到 140 文一斗。农民负担一下子增加两倍，民不堪命，纷纷逃亡。王逵又将逃亡一事嫁祸于陈州知州任师中。包拯奉命到陈州查粮，据实弹劾王逵。

4. 打銮驾。陈州连年干旱，宋仁宗下旨开仓赈济灾民。二国舅在主持陈州救灾过程中，贪赃枉法，致使百姓怨声载道。仁宗闻讯，派包公前往陈州主持救灾。二国舅庞玉连同其父（庞太师）向西宫娘娘求情，取得西宫娘娘的正宫銮以阻挡包公的去路，被包公打了銮驾，包公继续前往陈州。

5. 怒铡亲侄。一日，包公巡视赤桑镇，遇一老妇人状告其在此做官的亲侄包勉欺压百姓，为非作歹，杀其子，奸其媳的劣迹。包公拒绝自己嫂子及夫人的说情，将包勉正法。由于上述政绩，包公被世人称为"青天大老爷"或"清官"。前几年播放有关包公的电视连续剧引起普遍反响，我们从中可以看到当代百姓对"包青天"的敬仰与企盼。

如何使各级官吏秉公守法，勤政廉洁，这也是古代政治思想家们一

---

① 2019 年改为周口市淮阳区。——本版编者注

直探索的问题。一是进行道德信仰教育：修齐治平之说，天理人欲之辩，为民作主之旨，不可谓不严密周到。二是政治制度建设：科举取士制，政绩考评述职制，回避制，也不可谓不齐备。三是监察弹劾制。在中央集权的总政体框架内，凡能设想到的，大概都想到了。然而各级官吏的实际行为又如何呢？顾炎武在其《日知录》内给出了一个令人失望的判断："**乃以今观之，则无官不赂遗，无守不盗窃。**"顾炎武所谓的"今"，或指"**明末之官场**"。明代初、中期之官场，是否亦如此，他没有明说。明太祖朱元璋用酷刑来惩治官吏贪赂，或说明当时已甚严重。有趣的是，顾炎武将官吏的普遍贪赂归于两大原因：一是**人性如此**。他说："司马迁作《史记·货殖列传》谓：'自廊庙朝廷岩穴之士，无不归于富厚。等而下之，至于吏士，舞文弄法，刻章伪书，不避刀锯之诛者，没于**赂遗**。'而仲长敖《核性赋》谓：'倮虫三百，人最为劣。爪牙皮毛，不足自卫；唯赖诈伪，迭相嚼齿。等而下之，至于台隶僮竖，唯盗唯窃。'"人皆唯财是求，官吏是人，凭权赂遗，甚至监守自盗，实无可奈何。二是宋明科举制。他说："自期束发读书之时，所以劝之者不过所谓千钟粟，黄金屋，而**一旦服官，即求其大欲**。君臣上下怀利以相接，遂成风流，不可复制。"如此看来，类似包公、海瑞的清官，在古代官场中只是一个特殊的例外。世人企盼包青天，看来只是中国古代民众的**政治幻觉**。

顾炎武建议"后之为治者"用"名教"来解决官吏的普遍贪赂问题。他说："后之为治者宜何术之操？曰：唯名可以胜之。名之所在，上之所用，而忠信廉洁者显荣于世；名之所去，上之所摈，而怙侈贪得者废锢于家。即不无一二矫伪之徒，犹愈于肆然而为利者。……故昔人之言曰名教，曰名节，曰功名，不能使天下之人以义为利。而犹使之**以名为利**，虽非纯王之风，亦可以救积污之俗矣。"（《日知录》卷十三，"名教"条）。"**以名为利**"恰如晋商的"以义取利"。其实，官越高，则位越崇，俸越多。已不是"以名为教"，而是"以名为利"了。顾炎武在古方中配不出好药，然其理智地承认官吏的求利之欲，也已高出一般的迂阔儒生了。

中国自改革开放以降，各级官吏的贪赂之风日炽，已令世人震惊。中央大力表彰廉吏如孔繁森者，其顾氏"名教"之遗意欤?! 20 世纪 80 年代末，有人倡新权威主义，有人倡民主法制，以期救官吏贪赂之弊。倡新权威主义者，究其旨意，欲强化中央权威与权力来整肃各级地方官吏的贪赂腐败行为，然以官治官，越治越烈。如发动群众运动来治官，则有行政瘫痪之忧，总成本之高，实非我们这个急于现代化的民族所能支付。倡民主法制者，究其本意，欲用类似西方的民主选举制及新闻舆论来直接监督各级官吏。然民主制在印度已实行半个世纪，据云官吏之贪赂胜于目前的中国。究其原因，民主制在西方各国有名有实，一旦移入第三世界如印度者，往往有其名而无其实。因为最广大的民众，在政治上依然是"消极被动"的一群：既缺乏权利意识，又没有组织起来实施宪法本已赋予的各项政治权利。西方人争来权利就会用权利，而第三世界民众则被"赐予权利"，但没有能力使用权利。

没有能力"代表自己"的广大**村民**只能企盼包青天一类的政治家来"替民作主"，有能力"自我代表"的**公民**才能选举他的官吏来代表他们的政治利益。那么，介于"替民作主"与"民主"之间的"**民主集中制**"能否满足当代中国政治之需要呢？这个问题值得研究。民主集中制在地方政府实际运行时，往往偏重于"集中"，而将"民主"仅视为各级官吏的"**民主作风**"、党政一把手倾听领导班子的意见与辖区民众的意见。如不倾听而搞一言堂、家长制呢？缺乏制度保障。能否将"民主集中制"发展成为确保各级官吏代表民众意愿的新型政治制度呢？另一方面，如何通过现行教育体系来培养村民的民主意识，并通过乡、村两级的民主选举制来训练村民的民主能力呢？一个除人民利益外别无自身特殊利益的现代政党，应该切实研究并逐步解决中国政治现代化的大问题。这项现代化任务，比经济现代化任务更为复杂与繁重。

另外，"有法不依，执法不严，徇私枉法"为什么成为古今政治的通病?! 宋代民谣"**关节不到，有阎罗老包**"，"包青天"又被人称为

"铁面包公"。"铁面"是誉其"执法无亲""奉公**无私**",然在村落文化中,"有私""有亲"乃是核心。"六亲不认"向被认为是一种极不道德的行为。中国古代伦理重在"**亲疏有别**",而古代法律侧重"一视同仁"的**普遍性。普遍性的法律何以能在以差别为原则的伦理文化之上有效运行?** 以"礼尚往来"为互惠原则的人情关系网络,一旦伸延到政治司法过程,便是"**通关节**"。**关节一到,势必"有法不依或徇私枉法"。**如此看来,中国村民所习惯的行为方式正是"有法不依,执法不严"的根本原因。自改革开放以来,编织、铺设与扩大"社会关系网"成为许多人的要务。关系网的大小,称为"**路道粗细**"。利用社会关系网的"礼尚往来"的互惠原则来达到各自的目的,成为人们行为的一个基本原则。这种行为原则,与法治社会所需要的"公正、普遍原则"是直接对立的。制定一部法律是件较容易的事,但要使这部法律有效地执行,必须清除与它对立的行为方式。然要逐渐清除千百万人的习惯行为方式,确实是一件无比困难而繁重的任务。

下午 4 时半,匆匆赶回招待所,整理行李,退了宿舍。在路摊买了几个饼,权当晚餐。6 点准时赶到集合地。6 点 30 分,乘市委组织部与党校联合组织去张家港参观的大型客车离开"汴京"。

▶ 6 月 26 日　告别开封

昨晚 6 时半,车离开封,经开封县、兰考县、商丘县进入鹿邑县时,沿途的田野、村落已消融在一片暮色之中。一弯新月悬挂天际,繁星灿烂,注视着这块古老的大地。商丘,是商契的都邑;商丘之南的亳州,是商汤之都城;商丘之西的杞县,是商之后裔东楼公在周初的封国。周初,微子封于商丘,国号宋。孔子为考订夏、商礼乐,研究夏、商、周三代礼乐之沿革,曾到这里搜寻过古代典籍。夏、商的文化源头,就在这一带。这一自成一格、源远流长的华夏文化的特质到底是什么?她在汹涌澎湃的现代化与世界趋同化的浪潮中,究竟有哪些文化特质将要消失或早已消失,哪些文化特质将融入现代化并成为我们民族自身识别与认同的基础?这些是自"五四"以来不断被提出但至今未找到让人满意的答案的大问题。

赴江浙沿海或珠海、深圳参观考察,是内地省、市党校历届干部学习班结业前的一项"课程"。一车 30 余人,都是市、县党政机关与部门的正科以上年轻干部。一路上轮流唱歌,从"革命样板戏"一直唱到流行歌曲。轮到一位年龄稍长且不善唱歌的官员,要求以顺口溜来代歌,并说该顺口溜是从昨晚的宴席上听某市的副市长说的:

1. 落实是开会,服务是收费,协调是喝醉。
2. 党委坐船头,政府岸上走,人大荡悠悠,政协亲个够。

从我目前所收集到的大量民谣来看,绝大部分是揭露或讽喻官场的。这些民谣是由谁制作的?这次河南调查使我得出这样一个结论:**大量揭露与讽喻官场的民谣恰恰来自官场本身,且官场内的大小宴席往往是传播此类民谣的重要场所。**广大村民对县及县以上的官场是很有隔阂的,他们所谓的干部腐败,主要指的是乡、村两级干部的"人吃人喝"。

（这对于只有在逢年过节才能以"大吃大喝"来犒劳自己口腹的广大中原村民来说，乡村干部经常性的"大吃大喝"是一种严重的腐败行为。）大中小学校里的知识分子，虽然与各级官员有较多的接触，但总的来说，也并不相熟。能熟知官场内普遍存在的现象并用顺口溜的形式概括出来者，多数出在官场之内。不熟悉各级政权内"四大班子"的实际职能与关系者是不可能制作上述顺口溜的。顺口溜是官场的集体创作。它从原初的样子到定型，分化成不同版本，说明一切顺口溜的生命在于流传过程。那么，为什么官场内会产生传播揭露与讽喻自身的民谣呢？**基本原因或在于，官吏们从教育宣传中所接受的意识形态与他们必须如此行为的现实状况之间，有巨大的差距与鲜明的对照。自嘲式的顺口溜多少可以在心理上弥合这一裂痕与矛盾。**

于是，车厢里响起掌声与笑声。

从鹿邑到亳州，已入安徽省界。从亳州经涡阳、蒙城抵达蚌埠市，已是清晨。我们在蚌埠站吃过早饭，继续赶路。经滁州、南京、镇江，于下午1点30分抵达常州。在常州转乘火车回沪。晚7时半，安然抵家。历时40余天的河南第一期调查圆满结束。

一、调查前的准备

▶ 9 月 6 日　历史与理论坐标上的社会调查

暑期结束，今晚离沪，进行河南第二期乡村调查。

两个多月的暑期，主要用于读书与思考。读书思考的中心内容是与实践调查有关的历史与理论问题。要生活世界的经验材料如其所是的那个样子全面呈现，已属不易；要对这些具体的个别的经验事实进行本质把握更属困难。经验材料是无穷无尽的，调查者无法穷尽也无须穷尽它。经验事实往往与人的利益、偏见、忌讳纠缠在一起，因而往往以扭曲的形式给予调查者。如何去伪存真，由表及里，透过有限的个案分析达到本质的普遍的认识，这对我而言是一个必须加以解决的大问题。

恰如确定平面上各点的位置需建立一个坐标一样，要从个别进入一般，从具体进入抽象，从表象进入本质，也需要替"社会事实"建立起一个坐标：**纵者为历史的对比，横者为理论的分析。**历史如同一条源远流长的河，河在某处转弯，在某处汇入新的支流，在某处突然中断形成瀑布，在某处突然停滞形成大湖，却依然是同一条河。历史亦复如此。**就中国的农业、农村、农民社会及与地方政府关系而言，历史的继承性远远超出它们的表面变化。**这是每个急于现代化的人必须加以正视的基本现实。正是在这块构成我们当代社会基础的乡村社会内，我们看到古老的生产方式及同样古老的社会关系与政治关系，在经历了近半个世纪的上层意识形态与政治制度的激烈变化后，依然保持它们巨大的历史惯性。变化是有的，但很少触及本质变化。至于重新获得人身自由的村民向非农领域寻找机会而形成的有史以来最为壮观的社会大流动，能否中断这一历史惯性，我们依然得不出一个明确的判断。

我在暑期的阅读重点，是收集明清时期的乡村社会、地方政府及两者关系的史料。由于中国的历史学家很少关注构成古代社会基础的乡村社会史，因而我只得自己去爬梳这方面的史料。

多年来，我一直想形成一个分析乡村社会现状及其运动的理论框架，然而一直没有达到这一目标。我原以为，从问题出发，从事实出发去广泛地收集经验材料，而后在这些材料的基础上逐步形成一个理论分析框架，用以指导我的进一步调查研究，但进展甚微。我为此十分苦恼。考察分析中国乡村社会的理论到底应通过什么途径产生，是从我们自身的调查研究中引申出来，还是从西方社会学、文化学的理论中搬运过来，或是走"相结合"的道路？说实在的，这三条路我都走过，然并未形成一个能将诸多纷杂现象统摄在一起进行综合分析的理论假设。

当然，要把当代的乡村社会（或说乡民社会）放到"传统与现代化"的大框架内去思考，这是没有疑问的。所谓"经验"，主要指的是村民古老的生存方式及其社会关系与政治关系。村民的生存方式，是指家族作为一个生产与生活的群体组织，且主要与土地相交换。在此基础上，建立起三种交换形式：一是由村落文化习俗所决定的、以亲情关系网络为载体的互惠交换，这种"礼尚往来"的交换方式与市场交换具有十分不同的特质；二是与市场（主要是集市）相交换；三是与国家的交换（在古代还表现在与地主、贵族之间的交换，在消灭了地主与贵族的今天，主要与代表国家的地方政府之间的交换）。农业收入占家庭总收入的比重及家庭总收入在上述三类交换中的比例，是我们考察农户生存方式历史演变的一条重要的线索。

所谓"现代化"，则是一个众说纷纭、扑朔迷离的问题：是指农业生产方式的重大变更吗？人均一亩左右的耕地这一现状，几乎堵塞了中国农业集约化、规模化的道路。是指农村人均收入达到多少美元吗？没有工业的支持，人均一亩耕地只能图个温饱。是指村民政治意识的变化吗？在现有生产方式基本不变的情况下，有无可能将村民提高到公民还需要探讨。看来，中国农业的现代化，依赖于工商经济的高速持续的增长；农村与农民的现代化，依赖于城市的现代化。中国的工商业及城市只有将绝大多数农业人口吸纳过来，才能彻底改变农村的生产方式与交换方式，才能实现农村社会现代化。这将是一个极其漫长的历史过程。站在中西部地区来看全国，这一感受尤为真切。

所有第三世界的现代化过程都是"外铄型"而非"内生型"的。中国自无例外。凡外铄型发展中国家，现代化过程不是从"脚"开始走路的，而是从"头"开始的。这就是说，它是从"观念"开始，从"上层建筑"开始的。从西方学得"现代化观念"的知识分子首先承担起现代观念的传播使命，然后进入政治过程，使政治法律制度现代化，而后通过政治力量与教育力量自上而下推进社会组织与经济现代化。故而现代化过程是**自外而内，自上而下**，恰与西方"原生型"国家的现代化过程相反。如果我们"自内向外""自下向上"看问题，就会发现，"生活世界"，尤其是构成"生活世界"基础的广大乡村社会，依然是沿着它的巨大历史惯性向前运动。要在一代或数代人中改变古老的生产方式与古老的社会关系与政治关系，还存在着难以克服的障碍。不仅如此，古老而又现实的习惯行为方式以各种方式渗透到我们按新观念制定的政治、法律制度中去，从而使现代政治法律制度无法按新观念预设的要求有效地运作。进而发现，有许多新观念也是按照我们民族生活所能提供的经验来解释的。

这样，在同一**物理时空**内并存的观念、制度与乡民社会这三大层次，一旦被放到**历史时空**加以考察，我们就会发现观念超前、社会生活居后、制度居中的状态。中国文化激进主义与保守主义的争论实质在于：激进主义依据"观念"而力主"应该如此"，保守主义依据历史与现状而强调"是如此"与"可能如此"。在此，我们不去评论他们的是非功过，我们所关心的只是"自外而内""自上而下"的"观念"与

"自古而今""自下而上"的习惯行为方式与"制度"的交互作用。正是这种交互作用，使得中国社会的现代化历程走着它独特的道路，或说现实可能走的道路：一条既非"观念"所预设的"应该如此"的道路，也非传统乡村惯性之路。**乡村实证研究的目的，无非是让社会生活本身告诉我们，它正在走一条什么样的路。**

调查什么，这是调查者的预设；如何进入调查现场及如何使调查现场以如其所是的那个样子呈现自身，这是调查方法与艺术；如何理解调查所获得的经验事实及各类经验事实之间的相互关系，则涉及历史与理论。为了理解，调查者的思维必须"撤离"调查现场。一是逆流而上、进入历史，在一个**历史长时段**中去审度经验事实，在表面的观念与制度变化中发现其稳定的因素。二是自下而上，形成理论分析框架，对各类经验事实进行整体分析。因此，**现场调查**与**出场研究**是两个相辅相成的过程。

晚 6 时 35 分，开往洛阳的 128 次列车载着我离开上海，开始第二期河南乡村调查。前来送行的妻子问我何时归来，答曰："北方寒潮来临之前。"

▶ 9月7日　商谈第二期调查事宜

一觉醒来,列车已过徐州,折而西向。我站在窗边望着烟雨迷蒙中的黄淮大地,望着一片片掠过眼前的玉米、棉花、大豆、花生与菜果园,心中油然生起欣慰之情。前次河南之行,使我对北方干旱缺水的严重状况有了直接的感受。从此,每当我收看中央电视台新闻节目时,必看稍后的气象预报。每当大片云气团从西北、华北上空流过,普降雨水时,就会欣喜于久旱的大地重获滋润。

站在中原大地,思考中国的历史、现状与现代化的渴望与努力,乐观情绪逐渐被一种深沉的隐忧所取代。这块广袤、平坦、松软、肥沃、曾经温和湿润的大地,是中华民族的发源地。我的河南调查,仿佛是回乡探视。探她的过去,考察她的现状,思考她的现代化进程。这块孕育过中华民族灿烂农耕文化的中原大地,如今却因套着沉重的历史包袱而在现代化道路上步履蹒跚。**人缺土地、土地缺水**,这是横在农业现代化道路上的两只拦路虎。江浙沿海一带的村民,逐渐地将农业转为副业,回避了农业现代化问题。但生活在中西部地区的广大村民,在相当长一段历史时期内,注定要以农业为主业。然而人均一亩左右的耕地,阻止了农业机械化与规模经营的道路;不断增长的人口压力,决定着农业只能继续走提高单产的道路。提高单产的关键因素在于水利建设,但水利建设的前提是有水。然而,北方大地恰恰缺水。据云,在中国8000万贫困人口中,有6000万人的贫困直接由缺水造成。中国"四个现代化"的关键是农业现代化,但农业现代化的途径到底在哪儿?

就农业技术而言,中国近50年来得到了长足的进步。50年来,中国人口增加了一两倍,但单位亩产平均提高了三至五倍,靠的主要是新技术的推广与运用。但就农业生产方式而言,很难说已发生实质性的变革。至于在陈旧生产方式基础上形成的社会关系与政治关系,依然是广大村民生活于其内的基本现实。家庭组织及其亲友私人关系网络，规模狭小、精耕细作的农业，日益官僚化的地方行政机构，这是我们从乡村社会史的释读中极容易辨识出来的共同特征。**尤其是以家庭为单位，并依赖于各自建立的私人关系网来获取诸种资源的习惯行为方式，在改革开放后的乡村社会得到了迅速的发展。**正是这种习惯行为方式，使得乡村社会关系及政治关系的现代化蒙上了一层厚厚的阴影。"从外向内""从上向下"看，我们正经历着"观念更新"与"经济、政治、社会关系法治化"的努力。如我们站在中原大地上朝相反的方向看问题，却会发现乡民社会的习惯行为方式日益成为构建社会关系、经济关系甚至地方政治关系的一般原则。在我看来，这恰恰是中国经济低效与政治腐败的文化原因。

有人说，"五四"新文化运动割断了与传统文化的联系，这话既对又不对。从中国激进知识分子所信奉的观念来说，确实割断了联系，他们以西方为师，以未来为目标。如从广大村民生活贫困的乡村社会来说，"以家庭为本位，并依赖各自私人关系网络来获取诸资源的行为方式"，可谓古今一脉相承。传统实如流水，一刀难断两截。恰如马克思所说的，过去抓住现在，死人抓住活人。看看西方各国为挣脱"过去"与"死人"，曾有多少的抗争、呐喊与革命吧！

当然，悲观是没有出路的，盲目乐观所导致的浮躁、激进更有害。"谨慎的乐观"或许是唯一正确的态度。引导我们这个有着 5000 年文明传统、近 13 亿人口的东方大国"走向现代化"，必须将紧迫感与务实精神结合起来。

9 时 35 分，列车准时到达开封。10 时 30 分许，在河大第一招待所安顿下来之后，给开封诸友挂电话，只有徐、李两兄在家。相约下午来我处商谈第二期调查事宜。

关于第二期调查，有两个基本要求：一是扩大调查空间，将调查网点延伸到豫北、豫西、豫南去；二是将调查层次的重点从农户、村落移到县、乡基层政权，这也是我在上次调查结束时对诸友讲明的要求。下午二三时，如约前来的徐、李兄给我提供了满意的回复。徐说："老孟已跟豫中漯河市舞阳县的×××，豫西洛河流域的洛阳市洛宁县的×××、宜阳县的×××与副县长联系过了。只要老孟开口，他们没有不同意、不支持的道理。我们河南人讲的是情谊，舞阳县的×××、洛宁县的×××是孟兄的同班，更是朋友，交谊甚厚。孟早已与他们打过招呼，皆慨然允诺。他们表示，随时欢迎你到他们所在的县去调查。具体情况，待老孟从杞县老家回来后，由他本人告诉你。"李说："开封市委党校有一位郑州大学毕业的老师，他的一个同学在驻马店党校任教研室主任，另一同学在信阳党校任副校长。通过市地党校系统深入到豫南地区是没有问题的。另外，开封县、乡官场中有许多学生，对调查乡级政权状况是个有利条件。就是在豫北地区找不到熟人，但我的老家在河北、河南的交界处，我亲叔是老村书记，那里有许多关系可以利用。"真没想到，诸位朋友在我回沪期间，已替我编织好了远程调查网，感激诸友的深情厚谊之余，也禁不住对自己的行为方式感到好笑：我不就是只先编关系网才能行动与捕猎的蜘蛛吗？

晚6时，请徐、李在招待所餐厅吃便饭。饭后，徐、李告辞，说："旅途辛劳，请早点休息，明天再来看你。"

▶ 9月8日　农民的"三害"之苦

上午，徐、孟来访。谈舞阳、洛宁、宜阳三县的调查计划。

孟说："舞阳、洛宁、宜阳三县已联系好了。暑期，我们河大历史系1978届老同学聚会，我与老阎（舞阳组织部部长）、老李（洛宁县委书记）谈起你的河南乡村调查，一是这类纯学术性的乡村研究对他们的县绝无妨碍，二是我给他们引见一位诚恳博学且对农村深有研究的朋友与学者。他俩当场表示欢迎你到他们县去调查。昨天我往舞阳县挂了长途，告知你已到开封，老阎说明天亲自开车来接你。宜阳方面也联系好了。他们欢迎你随时去调查，住、吃、车一并由他们提供。"接着向我介绍了这几位朋友的简况及舞阳、洛宁、宜阳三县的概况。就经济状况而言，在河南百余县中，舞阳中等偏上，洛宁、宜阳地处豫西山区、洛河流域，是两个贫困县。在全省百余县中，列入中央、省级的二十余个贫困县，主要集中在豫南、豫西山区。

老孟就是这样一个古道热肠的人：只要他认为你是一位真诚可靠的朋友，只要他认为你的工作具有意义，他就会真心实意地为你提供无私的帮助。在"只计其利而不识其义"的市场大潮冲击下，依然还有"明其谊（义）不计其利"的朋友，实在令人感动。我想，在传统文化积淀深厚的六朝古都找到类似孟、徐、李、汤此种人格的人物，或非偶然。于是我向自己提出一个令人困惑的问题：此类传统交往关系的现代意义是什么呢？我在情感上是如此熟悉并珍爱它，然在理智上又如此地怀疑它。我所反对的东西，恰恰是我珍爱的东西。作为一个当代中国乡村社会的观察者、研究者，我认定，正是这种来源于村落的"私人关系"阻碍着当代政治、经济、伦理等三种"普遍关系"的发育与成熟，从而使"社会个体"与"公民意识"难以产生。但作为一个人，我又希望生活在直接的、真诚的朋友关系中间。

　　下午1时，永成来访，提议我到开封市委党校拜会正副校长。说他们十分关注并支持我的调查研究工作，并且，有一位教政治经济学的老师，很想找我谈谈话。于是随永成去党校。

　　在校长办公室只见到负责教学科研的程校长。这位《开封城市史》的作者一直很关心我的乡村调查。我向他简要汇报了河南二期调查计划。程校长说："你从上海跑到河南乡村来搞社会调查，真令我既感动又羞愧。对改革开放过程中的农村与地方政权状况做实证研究，按理说是我们党校的重要任务。如今，谁都感到理论严重脱离实际，县、乡干部在学习班中提出的许多尖锐的现实问题，我们都回答不了。理论应该解释现实并指导实践，这可以说是马列主义的一个常识。然而，我们对变化中的农村社会与地方政权的实际状况只有朦胧的认识，老师们的困惑和牢骚与学员们一样多。我们所教的管理学、经济学在实际中派不上用场。虽然我们成立了一个科研处，也搞了点调查，但大多就事论事，缺乏深入的理论分析。你到开封市委党校来，与其说是我们帮助你，倒不如说是你来帮助我们。上次我们就商量决定，派李、汤、田三位老师跟你一起调查。一是向你学习，二是做你的向导。这一学期，汤老师被张校长派去搞创收，但李老师全部脱出来陪同你调查。"他还提议在我方便的时候，请我再给全校学员与老师做一两场学术报告。对此，我当场允诺。

　　回到三楼休息室，想找我谈谈话的胡老师已在室内等候。现年41岁的胡老师毕业于郑州大学经济系，毕业后即分到开封市委党校教政治经济学。这位政治经济学教员要与我讨论一个一向为中国政治经济学所忽略，但确实属于政治经济学的尖锐问题：**改革的成本与收益问题**。他说："改革是需要支付成本的，谁来支付这一成本呢？改革也产生了红利，谁得到改革的红利呢？"我知道他一定思考过这个问题，于是请他先回答。他说："据我看来，**改革的成本，主要落到广大农民头上，其次是由国有企业的工人来承担**。就我所熟悉的豫东地区而言，自1985年以来，相当一部分农民的生活水平不但没有提高，相反，在不断加重的农民负担的重压下，有所降低。开封市、县的国有企业工人，有三分之二以上待岗、下岗。对于失去饭碗的工人来说，生活变得十分艰辛与不安定。谁是改革的受益者呢？第一是各级地方政府的官员，主要是握有大小实权的党政官员。第二是各承包厂长、经理。第三是私营工商企业主。"接着，他要我谈谈对这一问题的看法。

我说："这一问题既尖锐又复杂。如果国有企业职工与广大农民只是改革成本的承担者，而改革的红利都落到党政官吏与公私企业主的手中，这说明中国的改革正朝着一条既非社会主义又非西方意义上的资本主义，而是中国特色的官僚资本主义的道路发展。这条道路的可能性确实是存在的。这条道路既违背了改革设计者的主观意愿，也不符合激进自由知识分子的主观意识。但从你所指的内地现象来看，改革的实际进程很可能沿着第三条道路行进。如果正是这样，那么用邓小平的话来说，改革走到邪路上去了。

"中国的改革是从农村开始的，家庭联产承包责任制的推行，使广大农民获得了**土地经营权与人身自由**。据此，他们提高了产量，并有了进入工商经济领域的各种可能。因而我们可以说，农民是这场改革的直接受益者。至于日益加重的农民负担，这与各级地方机构的膨胀与官僚化倾向有关。这里涉及中国地方政治改革问题。当然，与沿海村民相比，内地农民进入非农经济的机会少、成本大，纯农户还占有相当比例。而农民负担是按亩计征，对农户来说，自 1985 年来生活水平确实没有什么提高。大量下岗失业的原国有企业工人，连同失去了附于固定职业上的社会福利，他们确实成为改革成本的承担者。但对具体工人而言，却不能一概而论，因为不少职工通过转岗而获得较以前更为优厚的报酬。**至于地方党政官吏中的部分人员以权谋私，恰恰是党和国家在推进改革过程中所支付的最大成本；因为地方官员的腐败对市场、信仰、忠诚、公共道德和原则都是破坏性的，在一切沉渣泛起的消极现象中，党政腐败是最有害的。**因此，消除官吏与承包厂长经理的既非道德也非法的收益，是确保改革社会主义方向的基本前提。"

胡老师的老家在太康县某村，村里还有一位 60 余岁的老母亲及弟弟一家。他对农村、农业与农民生活状况十分熟悉，他坚持认为，内地绝大多数农民只是改革成本的承担者而非改革红利的分享者。概括起来说，**处于中国社会最底层的农民深受三害之苦：一是自然灾害，二是地方政府之害，三是市场价格波动之害**。他列举两例说明农民受后两种灾害的情况。

第一例，前几天，他回太康老家去，那里有不少农户正在砍伐刚刚挂果的苹果树，腾出土地改种冬小麦。农民兄弟为什么要砍掉三四年方能挂果的苹果树呢？那是因为三四年前，苹果的市场价格较高，县、乡政府实施"富民工程"，搞高效农业，指令农民种植苹果。倘农民不愿种植，乡里派人到农户的承包地里来挖洞，还要收取挖洞费。希望农民增加收入，这是件好事，但一旦成为县、乡政府的"工程"，确定指标、层层落实，也就侵犯了农民的经营自由权。由于邻近各县普遍指令栽种苹果，供求关系发生变化，致使苹果价格逐年下跌。今年的苹果，好的只有四五毛一斤，差一点的只有一两毛一斤，农民血本无归。有限的承包地被苹果树占领，不能种植小麦。小麦种不上，苹果又卖不上钱，农户只得忍痛砍树，改种小麦，弄得怨声载道。"富民工程"成了"害民工程"。

第二例，去年河南棉花的市场价格高于国家的定购价格，于是县、乡政府出动警力到各交通路口围追堵截，甚至到农户家强行征购。今年棉花的市价又低于定购价。于是政府收购部门压级收购，甚至拒收棉花。倘若拒收棉花，农民便无钱购买农药与化肥，直接影响小麦的播种。

（看来，**承包之下的农民、地方政府与市场**三者之间的关系，应加以深入的研究。第一，在人均耕地一亩左右，甚至不足一亩的乡村，能否缩减粮食播种面积，扩大经济作物，尤其是多年生经济作物的面积？第二，地方政府用行政命令扩大某类经济作物的播种面积，往往成为促成该类作物价格下降的直接作用。第三，规模窄小且极类似的小农经济如何与大市场相联系？据我所知，各县都有一个政策研究部门，但他们似乎从不研究这一大问题。)

胡老师接着说，在自然之灾、政府之灾、市场之灾的三害之中，农民最感无奈也最痛恨的是政府之害。每到春秋二熟，广播里就整日响起征粮催款的声音，农民一听广播响起，便头皮发麻，脚底发软。地方政府各部门耍着各种花招搜刮农民。去年，他弟弟一家五口，累计上缴近千元，人均近 200 元。他与弟弟细算过一笔账，在正常年景，一亩二熟，一熟小麦、一熟玉米，除去农用成本，纯收入只有 500 元左右。他夫妇两人辛苦一年，劳动所得三分之一以上给地方政府征缴去了。按国务院文件规定，农负率不得超过全年纯收入的 5%。其实，农负率高达百分之三四十，是个极普遍的现象。如今，你随便到农村去走走，到处都能感受到农民与地方官员的严重对立情绪。

胡老师的一席话，促使我决定到他老家去一趟。一是看看农民砍伐苹果树的情况，二是找这位牢骚之盛的农民谈谈话。胡老师立即允诺陪同我去，具体时间由我来定。

在下午的谈话中，得民谣一则，记录于下：

法律没有政策大，政策没有"红头"大，"红头"没有嘴巴大。

▶ 9月9日　阎部长的两条指示

在省、市（地）、县、乡四级地方政府中，以县最为重要。这个道理连封建帝王都有深切的认识。清朝雍正皇帝登基之始，即谕全国知县："**县令乃亲民之官，吏治之始基也。贡赋狱讼，尔实司之，品秩虽卑，职任甚重。州县官贤，则民先受其利；州县官不肖，则民先受其害。**"① 虽自清末新政以来，中国地方最末一级基层政权由县下移到乡镇，成为一级政府，但从其机构设置及职能来看，其在很大程度上依然是县的派出机构。故而在省、市、县、乡四级政府中，县一级党政具有特别重要的意义。若从乡村社会文化学的角度来看，县也是一个具有完整意义的社会文化单元。我们对家族、村落或以集镇为中心的若干村落群的研究，都不能取代对县的研究。县，既是一个相对完整且独立的乡村社会单元，也是一个相对完整与独立的行政辖区，甚至是一个具有自己历史、语言、文化传统的单元。我一直想以县为单元，对乡村社会文化变迁做一整体研究，但一直苦于没有这个机会。如今，老孟给我介绍的舞阳、洛宁、宜阳三县中，能否给我提供一个"整体研究"的机会呢？

直到中午时分，阎部长才从舞阳赶到开封。随行的有组织部办公室主任小宋。部长与主任亲自远道来接，其诚意令人感动。老孟已在招待所餐厅的雅阁备下一席。席间，阎部长向我交代了此行的目的及注意事项。

一是给全县的党政干部做一两场报告：一要结合江总书记"谈政治"的指示，二要结合浙江沿海乡村致富的经验，启发内地干部的经济发展思路。

---

① （清）永瑢、纪昀等：《钦定四库全书·江西通志》，卷首之三。

二是江总书记与省委书记对舞阳县的"富民工程"皆给予高度评价，全省各县正在开展学习舞阳的"富民工程"经验。

我仔细琢磨着这两条指示。看来，这次舞阳之行的目的，一是做报告，二是参观"富民工程"，但不必对该工程做出独立的评价。对该县做整体研究的可能性是不存在的。

下午3时，我随阎部长的轿车前往舞阳县。6时半到达舞阳，在县委招待所宾馆下榻。饭后，与阎部长、小宋一起商议这几天的安排：明天一早，小宋送来有关舞阳"富民工程"的材料及《舞阳县志》，我在宾馆看一天材料。后几天，由小宋陪同我到各村去采访调查。调查结束后给全县党政干部做一场报告，然后打道回府。前后五六天时间。

二、豫中之行——访漯河市

▶ 9月10日 "富民工程"真能"富民"吗?

县委组织部办公室主任小宋成了我的临时秘书与向导。阎部长要他全权负责我在舞阳期间的生活与调查。这位戴眼镜的高个儿小青年,依然保留着农家子弟的纯朴与学生气,未圆大学梦的他,把我这位大学教员视为"大学者"。一早,便匆匆从家里赶来陪我吃早饭,并送来《舞阳县志》(以下简称《县志》)与《舞阳县富民工程资料汇编》(以下简称《资料汇编》)。

全天在旅舍看材料(新编县志出版于1993年,其内所收集的材料,截止于1985年)。兹将我所感兴趣的资料抄录如下,并略加评点(加入括号内)。

(一)历史概况。

舞阳县,因位于舞河之阳而得名。据考古发现,远在8000年前,我国先民已在此处从事农耕活动。秦灭韩、魏,置舞阳县。(2000余年来,舞阳县屡有变迁,所隶政区常有变动,但舞阳之名一直未变。县,作为秦汉后最基层一级行政单位,具有相当的稳定性。研究地方政治、经济与文化,甚至宗族与方言,县是一个具有完整意义的单元。宋之后历代都会编纂县志,说明古代学者早已了解此意。)

(二)行政和人口概况。

舞阳县位于河南省中部偏南,总面积777平方公里,耕地76万亩

（耕地面积占总面积 65%，平原各县情况或大致如此），人口 51 万。据
1982 年统计，农业人口占 97%。全县下辖 14 个乡镇，370 个行政村，
840 个自然村。据《县志》考证，舞阳现住人口内，半数以上是明初迁
自山西洪洞的后裔。

（三）新中国成立后，该县财政收入对烟叶生产的依赖越来越甚。

20 世纪 50 年代，烟叶税收占全县财政总收入的 30%，60 年代占
42.2%，70 年代占 75.04%，80 年代占 80% 左右。据《县志》载，舞阳
种烟草，始于清光绪六年（1880 年）。第三编第五章"烟草"云："由
于旧中国政治腐败，加上帝国主义掠夺，烟草生产未能得到应有发展。
新中国成立后，县人民政府积极扶持烟草生产，烟草种植面积逐年扩
大，1985 年发展到 10 万亩，总产 1687 万公斤。烟草生产是舞阳县经济
发展的一大优势，在农民经济收入中占主要地位，也是县财政收入的**主
要来源**。"

（四）1985 年县财政收支结构。

1985 年全县财政收入共计 1909.3 万元。其中企业收入亏损 116 万
元，工商税收 1786.9 万元，农业税 235.7 万元，其他收入 2.7 万元。

1985 年县财政支出共计 2198.6 万元。其中经济建设 59 万元，抚恤
救济 112.3 万元，文教卫生 805.2 万元，行政管理 386.5 万元，其他经
费 835.6 万元。（以上是财政局所提供的资料，但与工商局提供的资料有
所不同。）

据工商局统计：1985 年工商税收共计 581.5 万元。其中工商统一税
453 万元，所得税 19.5 万元，屠宰税 8 万元，牲畜交易税 7.1 万元，产
品税 80.3 万元，增值税 13.6 万元。还有"烟叶税占各税比例"一栏，
1984 年的比例是 79%，1985 年比例是 75%。

（同一本县志，有关工商税收的统计数何以如此不同？一说 1786.9
万元，一说 581.5 万元，统计标准是否不同，或我没有看懂？）

（五）县党政机构设置与沿革。

《县志》第十编"党政"第二节"中国共产党舞阳县委员会"载：

"1985 年县委设办公室、纪律检查委员会、宣传部、统一战线工作部、政法委员会、政策研究室、对台工作办公室、信访办公室、老干部局、党史资料征集编纂办公室，共十大工作部门。"其中自 1977 年来新增设的有：对台工作办公室（1977.9）、政法委员会（1981.4）、老干部局（1982.2）、政策研究室（1982.12）、信访办公室（1984.5）、党史资料征集办公室（1982.8）等七个机构。

《县志》第十编第三章"舞阳县人民政府"的"机构设置条"内载：1949 年县政府机构有 10 个，1957 年有 23 个，1966 年年初有 27 个，1971 年减至 13 个，1976 年年末又增至 29 个，1985 年扩大到 36 个。计有：县府办公室、计划委员会、农业委员会、经济委员会、科技委员会、体育委员会、计划生育委员会、农牧局（该局后又分成两个局：农业局、畜牧局）、林业局、工业局、乡镇企业局、劳动人事局（该局后拆为劳动局与人事局）、交通局、电力局、商业局、粮食局、财政局、工商行政管理局、审计局、统计局、民政局、民族宗教事务局、档案局、司法局、教育局、文化局、广播局、城乡建设环保局（该局后分为城建局与环保局）、卫生局、财贸办公室、经济体制改革办公室、农业区划办公室、地名办公室、县志办公室。

除党政机构外，另有县人大常务委员会及其工作机构，县政协委员会及其工作机构。再加上五个"群众团体"：总工会、共青团委员会、妇女联合会、科技协会、文艺协会。

（自 1949 年以来，县级党政机构兴废分合情况十分复杂，或说远自清末新政以来，县级政权机构就一直处于变化之中，**总的趋势是，机构越设越多，人员也越来越庞多。**自改革开放以来，机构与人员的增速突然加快。这在内地农业大县，已成为农民不堪重负的基本原因。）

（六）**县委书记、县长的任期。**

1949 年至 1985 年县委书记更迭 10 任，每任平均 3.5 年。10 任书记全部是外县人。

1950 年至 1985 年县长更迭 13 任，每任平均 2.7 年。后 3 任县长是本县人。

(七) 关于家庭模式的历史演变。

《县志》第十七编"人口状况"第二节"家庭"载:"新中国成立前,在封建伦理观念的支配下,提倡四世或五世同堂,大家庭较多,1947 年城关乡张楼村共 15 户,490 人:其中五世同堂 2 户,87 人,户均 43.5 人;四世同堂 7 户,234 人,户均约 33.4 人;三世同堂 4 户,153 人,户均约 38 人;两世同堂 2 户,16 人,户均 8 人。"这能否反映舞阳地区各村落的一般状况?该志没有提供说明。

1985 年 12 月,县志办对 58 个自然村 8264 户进行调查:四世、五世同堂的有 414 户,4347 人,户均 10.5 人;三世同堂 2483 户,8870 人,户均约 3.6 人;两世同堂 4966 户,21850 人,户均约 4.4 人;其余为单身户或一代户 (401 户,521 人。)

(新中国成立以来,乡村社会内最引人注目的现象之一是大家庭制——无论从村民的观念中,还是在实际生活中——处于全面而迅速的分解之中。尤其是改革开放 20 年来,乡村最后一批大家庭退出历史舞台。父母及其未婚子女组成的核心家庭已成为乡村社会内最普遍的家庭模式。土地家庭承包制与市场经济,是加速这一发展趋势的两大经济因素。家庭模式的这一历史性变化,对村落传统文化及未来新的社会关系的发育各具何种意义,是个值得研究的大问题。)

* * *

舞阳县于 1994 年年初率先实施"富民工程"。1995 年年初,河南省委、省政府在全省范围内推广舞阳"富民工程"经验。关于舞阳县"富民工程"的推行动因与目的、具体做法及绩效,"富民工程"对内地农业大省、大县的意义,《资料汇编》内有不少令我感兴趣的材料。

对舞阳县实施"富民工程"前农村经济与农民生活状况的基本估计:"舞阳县地处我省中部,是一个地方资源缺乏、工业基础薄弱、商品经济欠发达的传统平原农业县。全县辖 14 个乡镇,389 个行政村,12.8 万个农户,56 万人口。其中,农业人口 51 万,约占总人口的

91%；耕地面积 74 万亩（1985 年统计为 76 万亩），人均耕地 1.45 亩。实行土地家庭承包制后，绝大多数农户基本解决了温饱问题，农民生活有了一定改善。但近几年来，农村经济发展出现徘徊。1991 年全县农民人均纯收入 537 元，1992 年 602 元，1993 年 705 元。据 1993 年年底统计，全县人均 300 元以下农户还有 7000 户。几年来，县、乡、村曾下很大力气抓乡镇企业的发展，但由于基础差，规模小，成功率低，到 1993 年年末，全县在县乡税务部门登记纳税的乡镇企业只有 316 个，而且效益差，有的一年只纳税两三千元。县、乡财政十分困难，1993 年 14 个乡镇中有 11 个不能按时发放工资。"（引自省委组织部《关于舞阳县各级党组织带领群众实施"富民工程"的调查报告》）

由河南社科院郭纪元等三人合写的一份调查报告，对舞阳县 1993 年前的农村经济状况有一更详细的分析："自进入（20 世纪）90 年代以来，农村经济的发展遇到了一些新的困扰。**一是农民收入增长缓慢，这是农村经济发展中问题和矛盾的集中反映。**近几年来，在农产品产量持续增长的同时，农民收入增长却非常缓慢。1993 年，全县农民人均纯收入 705 元。扣除物价因素后，比之上年增长幅度很小。比全国平均水平低 216 元。比漯河市平均水平低 31 元。全县除少数农户比较富裕外，**大多数农户生活水平仍然停留在温饱线上。**有的农户虽然盖起了新房，但室内生活设施简陋，不值几个钱。**许多村庄山河依旧，仍然保持着古老的农业文明**，基本处于自然经济状态。二是乡村集体企业基础差，规模小，在整个农村经济中占的比例不大。全县乡镇企业按统计有 6000 多个，但在乡县税务部门登记纳税的只有 319 个。有的乡只有二三个纳税企业，每年纳税只有几千元。因此造成乡镇财政困难：全县 14 个乡镇，有 11 个不能按时发工资。乡镇财政窘迫，制约了小城镇的建设与发展，延缓了农业劳动力向非农劳动力的转移，使农村出现大批剩余劳动力。三是农业生产比较效益下降，工农业产品剪刀差继续拉大。从（20 世纪）80 年代后期开始，粮、棉、油、烟等大宗农产品生产成本上升，纯收益不断下降。据统计，1985 年该县农村经济总收入为 17545 万元，总费用 4501 万元。费用率约为 25.65%，纯收益率约为 74.35%。到 1993 年，全县农村经济总收入为 68205 万元，总费用 28425 万元。费用率约为 41.67%，纯收益率约为 58.33%。正由于农村经济比较效益不断下降，导致农村内部矛盾不断加深。"

这两份调查报告说的是舞阳县实施"富民工程"前的农村经济与农民生活的实际状况，但上述情况却是我国中西部地区大部分县、乡的基本事实。**大凡不靠海（沿海），不靠城（中心城市），无地下资源，主要靠人均一亩左右土地为生的传统农业县，其农村经济与村民生活大体处于上述状况。**我国中西部绝大部分县，基本上是此类传统农业县。在传统农业县内，"工业基础薄弱、商品经济欠发达"既是"农村经济不发达，农民生活水平低下"的原因，也是结果。

人均一亩左右的耕地，加上正常的年景，基本上能解决此类乡村绝大多数村民的温饱问题。住房条件也得到了改善——从传统的土坯草屋变成了砖瓦房——但多数农户室内并无几件像样的家具。**若向后看问题**，中国内地乡村的经济与村民生活达到近一二百年来最好的历史时期。但从我们设置的农村现代化目标来看，尚有相当遥远的路要走。凡关注我们民族现代化命运的人，不能不向自己提出这样一个问题：**在此类传统农业县，有无继续加快农村经济发展及大幅度提高广大村民生活水平的现实道路。**倘使没有这样的道路，中国的现代化只是一个神话；倘使有这样一条道路，那此路又在何处？

一、内地传统农业县能否走沿海乡村发展乡村企业的道路？

"无农不稳，无工不富，无商不活"，这是改革开放以来东南沿海乡村发展农村经济，且率先致富的经验总结。急于脱贫致富的内地乡、县在 20 世纪 80 年代末、90 年代初纷纷到沿海考察取经，上上下下花大力气推动乡村企业。绩效如何？舞阳县委书记坦诚报告："**近几年来，虽然上下努力，全力推动，但由于原始积累不足，兴办乡村企业的资金、项目、技术、人才条件不具备，下功夫不少，办起来的企业却寥寥无几。**"舞阳一县，近些年来在工商所注册登记的乡村工商企业有 6000 余家。截至 1993 年年底，仍然在经营中的企业只有 300 余家。若从无到有来看，这也是一个了不起的成绩，因为向以土地为生的村民，开始了另一种谋生方式。但从巨大的财力、物力、精力投入来说，这场靠行政手段大力推动的"乡村企业运动"差不多失败了。至少对其预设的目标而言，是失败了。失败的原因，舞阳县委书记说是**"原始积累不足"**。确实，沿海地区从纯农业经济向工商经济的转移，虽然表现于改革开放后蓬勃发展的乡村企业，其实一直可以追溯到公社时代的社队企业，追溯到鸦片战争后的五口通商，甚至可以追溯到明清以来的乡村商品经济的持续发展。这种观念及城市社会关系的积累是一种更为重要的"原始积累"。**在内地传统农业县，这种"原始积累"只是刚刚启动。缺乏此类"原始积累"的长期储备，单靠政府行政力量的推动，或可办起一个企业，但很难使这一企业有效地驰入竞争性的商海。**

二、"两田制"能否使内地传统农业县走向农业规模经济的道路？

河南社科院郭纪元等人在调查报告中告诉我们："根据外地经验，舞阳县曾试图推行'两田制'以期达到规模经营的目的，但试验结果农民与基层干部并不接受。县、乡费了很大劲搞了一些农村经济发展规划，令人振奋，但落实起来很困难。"在人少地多的乡村（或本来就地多人少，或相当一部分劳动力转入非农产业而形成地多人少），村里或可在承包地外划出部分土地，转包给"种田大户"搞规模经营。在绝大部分村民依然靠土地为主，且人均耕地仅一亩左右的传统农业县，怎能将已承包给农户的部分土地重新划出，搞什么"规模经营"呢？其受到村民的抵制，实在是情理中的事。所谓农业规模经营，是指家庭劳动力、资金与土地这三种资源达到最优配置状态的一种农业经营模式。一家四口、两个劳动力，一台四轮拖拉机加上一些辅助设备，在北方平原能耕种 50 到 100 亩耕地。若以 80 亩一个家庭农场计，人均耕地需 20 亩。这就是说，在人均一亩耕地的村，要有 95% 的人口脱离土地。这对于中国内地乡村来说，有这种可能性吗？南街、竹林一类的典型，对于内地广大乡村来说，其实并无什么"典型"意义。

三、在坚持土地家庭承包制基础上，有无一条"促进农村经济快速发展，大幅度增加农民收入，让广大农民尽快脱贫致富奔小康"的切实可行之路呢？

舞阳县委的回答是肯定的，那就是他们1994年年初开始实施的"富民工程"。

（一）"富民工程"的口号与内容。

舞阳县共有12.8万农户，约30万农村劳动力。他们提出**"十万农户上项目，十万大军下江南"**的口号，这是对"富民工程"内容的简要概括。

"十万大军下江南"，指的是农村劳务输出。其实自改革开放以来，各地农村剩余劳力若无法就地消化，便向城市，尤其是东南沿海城镇流动。但内地各县、各乡、各村，剩余劳力向外的流向、规模与速度受到诸多因素的制约。舞阳县通过组织的力量，将无序的"盲流"变为较有组织的活动，积极促进向外流动的规模与速度。

"十万农户上项目"，主要是在各农户的承包地与庭院方面做文章。上什么项目，由乡、村干部协同农户共同决定。在确保口粮的前提下，发展高效农业，利用庭院发展饲养业。有条件的可发展小工业、小商业或私人运输业。乡、村干部根据全县发展规划，给予农户技术与信息方面的指导。

舞阳县在实施"富民工程"中，还提出一些口号，如"谁致富，谁光荣，谁贫穷，谁无能"，"底层突破，激活细胞"，"走出大平原，闯荡大世界，开辟新天地"，"有志者走南闯北，潇洒走一回"，"底层突破，激活农户，激活干部"，"户户有项目，人人有活干，天天有收入"。

初看"激活"提法，总让人感到不舒服，难道我们的农民与乡、村基层干部处于一种半睡状态？河南社科院的调查报告对此有个解释。"舞阳是个内陆传统农区，由于地理位置比较偏僻，历史上传统农业形成的传统文化思想根深蒂固：'日出而作，日落而息'，'均田'农耕，温饱是足，不富也安。'官贵民贱''农本商贱'的观念仍禁锢着农民的头脑……当一座座现代化城市拔地而起时，这里仍然牢固地保持着传统的黄淮农业文明，大多数农民依然过着平静的小农生活。"如此说来，生活在内陆传统农区的广大村民依然"昏睡"在传统的黄淮农村生活方式之中。百余年来的欧风东渐，百余年来激荡中国的思想风气，基本上没有吹拂到这块有着数千年农耕文化历史的古老大地。在这块土地上行走，虽然可以听到抱怨，抱怨农负太重，抱怨乡、村干部吃喝他们的血汗，但这种抱怨同样是十分古老的。在这块土地上，似乎生长不出向另一种生存方式、生活方式冲动的内在力量，故只能靠具有现代头脑的地方官吏与知识分子前来"激活"，这一判断，是耶，非耶？

(二)"富民工程"的具体实施方法与绩效。

依靠县、乡、村行政力量去推动农户发家致富，他们所能用的方法自可想见，在此不赘述。他们的调查统计表明，绩效甚大。"据统计，1994年来，全县96.8%农户（12.3万户）各有致富项目；劳务输出，从原来的3万猛增到9万多。外出打工收入通过邮政汇入的款项，比上年增加54%（计5719万元）。全县国民生产总值比上年增加39.6%（计10亿余元），农民人均收入增长57.7%（达到人均收入1112元）。县财政收入增长25.4%（达5646万元）"，如果上述统计属实，则"富民工程"确实收到它预期的效果。关键的一条是，广大村民从"不思进取"的"昏睡状态"中被"激活"，千方百计寻找致富之路；原先只向农户"要钱、要粮、要命"的乡、村干部，如今在新政策的影响下，想方设法帮助农户找致富项目。乡村传统文化心态的改变与干群关系的改变是"富民工程"的两项更大的"收益"。当然，实际情况如何，尚待调查。

四、一点隐忧

用行政力量干预经济，希望经济快速增长，这一急迫的善意恰恰是中国"大跃进"的基本动因。在《舞阳县1994年经济**快速**发展计划》（以下简称《快速发展计划》）内，提出"三敢"精神：敢想，要想新**绝招**；敢试，要试出新路；敢冒，要冒出尖子。要求1994年全县国民生产总值增长25%，力争30%；工业总产值增长55%，力争75%；乡镇

企业总产值增长 70%，力争 90%；财政收入 5000 万元，力争达到 5200
万元。经济发展成了个"敢想敢试"的问题。在"大跃进"的起初阶
段，全中国到处弥散着这种声音，如今，在河南沿路的墙壁上，也到处
可以看到"超常规、大跨度"的标语。在该《快速发展计划》第九条，
"按照现代化城市标准重构城市框架"中提出："1994 年要新开拓宽 6 条
城干街道，落成 7 大建筑，14 层的黄金大厦破土动工，力争新建 2 个大
型雕塑，2 个街心小品，2 个大型牌坊，2 个高杆升降灯，5100 门程控
电话交付使用，11 万伏变电站投入使用。明后两年初步形成居住、财
政、文化、商业四区框架。"**尚未脱贫，就学富人如何花钱**，完成这些
工程的巨量投资从何处而来？雕塑、小品、牌坊、升降灯，此类"现代
化装潢"对于内地绝大部分农业县城来说，只是一种奢侈品，于经济发
展有何益？

人均耕地不足 1.5 亩，户均庭院仅三四分地。在此基础上发展一点
经济作物与家庭饲养业或家庭加工业，确实能给农户**增加一点**货币收
入。动员本县剩余劳动力向沿海转移，亦不失为一条切实可行之路。县
政府在扶持农户的经济作物生产及家庭饲养业的同时，以县为单位发展
一些农副产品加工业，并组织农户小宗产品与大市场的有效联系，提供
技术与市场信息，这确实是一条稳健的发展农村经济的道路。走这条道
路，需要有一个稳定而头脑清醒的县领导班子，他们要将发展经济的紧
迫心理与实事求是、量力而行的原则结合起来。这只能是一条缓慢但稳
健的发展之路，目标不能定得太高，速度也不能太快。在河南，我到处
可以看到两极现象：一极是依然昏睡在传统文化心态中的村民，一极是
制定宏伟计划与迫切追赶的县、乡干部及其行政指令的无效干预。但愿
舞阳的"富民工程"能摆脱这类恶性循环。

▶ 9 月 11 日　升官图

　　阎部长安排我下榻在花园宾馆。该宾馆是由原县委招待所改建、装修而成的。四层楼的花园宾馆共有三四百个铺位，内设总统套房，每晚320 元；一般带空调、彩电、卫生间的双人间，每晚 150 元左右；亦有低价的通铺，每铺一晚才 10 元。宾馆有大小餐厅各一，雅间或有 20余，还设有美容厅与卡拉 OK 舞厅，集会议、食宿、娱乐于一体。整个宾馆共有 120 余名服务人员，大多是临时工、合同工。合同工月薪 200元多一点，食宿费自理。改为宾馆的县委招待所，并未改变其原先职能：招待省、市各部门前来检查工作的大小官员，举办各种会务活动。当然，随着横向经济联系的增多，宾馆还增加了招待外商的新职能。看来，全国各县的招待所大抵宾馆化了。

＊　　＊　　＊

　　上午 8 时半，县党校校长老刘如约前来宾馆，陪同我前往文峰乡藕池村去采访。年近 50 岁的刘校长曾做过中学物理教师、乡党委书记、县人大常委会主任。由他陪同，自然一路畅通。

　　藕池村早已不见藕塘荷花。据老刘说，宋、明两代，这一带尚是一个低洼地，周围村民以种藕捕鱼为业，如今地名依旧，却成了香菇飘香的村落。在村委办公室四周墙上，挂满县、乡政府颁发的各类奖状及一张很大的"富民工程"规划进度表。办公室内排着桌凳，很像一个教室。

　　村支书姓张，40 余岁。刘校长向他说明来意："我们这次不是来检查工作的，随便谈谈，有什么谈什么，问什么谈什么，然后陪我们到几个农户家去走走。"张支书连连应诺。下面是访谈纪要。

一、藕池村的姓氏、宗族情况

　　藕池村既是自然村，也是行政村，下辖 3 个村民组。据 1996 年统计，全村 210 户，886 人。有蔡、王、张、李、苗、刘、陈、杨、谢等 10 余个姓氏，其中蔡氏人口稍多一点（占全村人口 20%），王、张、李、苗、刘，各占 10% 左右，姓氏很杂。全村耕地近 1400 亩，人均耕地 1.5 亩多一点。在明清两代，这一带村民以种藕为业；直至 20 世纪 60 年代，全村尚有 200 余亩低洼沼泽地；70 年代，村南还是一片荒地。分田单干后，全部荒地被垦为熟地，故该村的人均耕地较多。

该村在新中国成立前既无祠堂，也无族谱，村民追忆祖先最多能报出高祖的姓名，一般习惯只管前三代，春节、清明祭祖，到祖父为止。若再往上追溯，绝大部分中老年人都说不上了。这些年来，从来没有听说重修族谱家谱的事，即使要修，也修不起来。村内姓氏虽多，但从来没有发生过两姓之间的冲突。

刘校长插话："在整个舞阳县范围内，新中国成立前只有孟、邢两大姓有祠堂，有家谱。20 世纪 80 年代初重修县志，还专门派人到各乡收集过家谱，结果连一部家谱都没有找到。在农村，宗族问题很复杂，各县、各乡，甚至各村并不一样。我县某乡某村，宋为大姓，但各房各支内部矛盾很深，选个村主任，各不相让，情愿让杂姓小姓的人出任村主任。在舞阳县北边的几个乡，有些村内各大姓间发生冲突。我做过乡党委书记，为选村支书、村主任，往往会碰到家族、宗族问题，但在藕池村却没有这个问题。我也曾考虑过农村社会中的家族、宗族问题，但情况复杂，很难一概而论。"

二、该村的"富民工程"

该村的"富民工程"主要是栽培香菇："1994 年，乡里要我们 12 个村干部带头栽培香菇。我带了几个人到泌阳县去学习香菇栽培技术，回村后试种，获得成功。1995 年推广到二三十户农户中去，同样获得成功。利用一间 15 平方米左右的干净农舍，投入 1400—1500 元，一期（前后 5—6 个月，从当年 9 月中旬至次年二三月，利用春节前后的农闲）能产出 5000—6000 元。培育香菇技术比较简单，收益率高，村民从中看到实实在在的好处，于是今年栽培香菇的积极性很高，全村有

90%以上的农户都要搞。"

正说话间，一位村民进来对村支书说："外面的人都等急了。"原来，他们要用这间"教室"向村民讲授香菇培育技术。村支书建议到他家里去座谈。当我们走出村委会时，果然有近百名村民等候在外，不少人还自备了凳子。一俟我们出来，村民们便争先恐后进入村委。——村委会议室至多能容纳五六十人，如今来了近百人，难怪要自备小凳，坐在门外院子里听课了。**典型示范，实实在在的好处，农民所能承受的投入与能够掌握的技术，这或许是该村"富民工程"得以实施与发展的基本经验。**

村支书的家与周围普通农户并无二致：三间砖瓦结构的平房、两间配房（一间用于贮藏，一间灶房），占地三四分的院落内有一排猪厩，一只手提式压水井。唯一不同之处，大概是客厅内多了一张茶几、两排靠椅，这是接待来村检查工作的乡干部与村民所需要的。

村支书继续谈香菇问题，他说："分田到户后，村民的温饱问题是解决了，但缺钱花。如今要用钱的地方越来越多，孩子读书，盖房子，买化肥、农药都得要钱。如每户农户都栽种香菇，一年少则两三千元，多则四五千元，那就可以脱贫致富了。"很显然，这位村支书把全村脱贫致富的希望主要放在香菇上了，他似乎没有考虑到，随着越来越多的农户进入香菇市场，栽培香菇所需的原材料（栗木屑）价格必然上涨，而香菇的市场价必然下跌。为了不致中断谈话，我决定暂时不向他提出这个问题。

三、该村的村办企业情况

当问及村办集体企业时，村支书说："我们也办过，但倒闭了，还欠了一屁股债。1993年，村里投资12万元——向县银行贷款6万元、向村民集资6万元——办起一家塑料地管厂，刚开工就碰到一个大问题：经常停电。停电也不通知，说停就停，叫我们怎么生产，只好倒闭。"

老刘此时插话说："我县曾两次用行政力量督促各乡、各村办集体企业。 次是1987—1988年， 次是1992—1993年。乡乡要办、村村要办，把办不办企业与乡村干部的政绩与乌纱帽直接联系起来，凡拖延不办者，或通报批评，或丢乌纱帽。于是乡乡办企业，村村上项目。但前后两次被匆忙逼上马的乡村两级企业，至今仍在正常运转的，据我所知，几无一家。结果欠了银行，坑了农户。

"前些年，县里派人到河北考察，回来号召大办玻璃厂。办玻璃厂投资大，得二三百万元，这可不是村能办的。于是县里直接投资，一下子办了三个玻璃厂，又指令四个乡各办一个玻璃厂，一共办了七个玻璃厂，没有一个是办成的。我县这两次大办企业的运动，县、乡、村三级一共办了多少企业，倒闭了多少，成功了多少，总投资多少，亏欠、浪费了多少，没有人进行过这方面的统计，但其数目一定不小。农民种地要丰收，需要许多条件，光靠农民往地上使劲是不行的；办企业，情况比种地更复杂。农民种地收上粮食卖不出去，可留在家里自己吃。办企业产品卖不出去，就得倒闭，另外还有资金、技术、人才、市场、管理等条件。光靠党政干部与手中的行政权力，只能盖个厂房、购个机器，能使企业正常有效地经营吗？

"这几年，我老琢磨这个问题，也与乡村干部讨论这个问题。我们河南经济落后是一个事实，改革开放后，与沿海省份更拉开了距离，这也是一个事实。**穷人想富，这个心情好理解，但心太急，一急便蛮干，结果把好不容易积累起来的穷家当都给折腾掉了。我们河南人吃这个亏真是太多了。**一任新官上台，便订高指标、大计划，喊大口号，层层下压，劳民伤财。1958年我们这样干，近十年来又是这样干。如今舞阳县搞'富民工程'，多少是吸取了以往的教训。以农户为中心搞农户力所能及的项目，小型、分散、投资少，看来比较切实可行，受到农民欢迎。但也有隐忧，如县里提出，要把我县办成**全国最大的香菇市场与兔毛市场。大话说在前面，难保不成为空话。**爱说大话、空话，确实是河南人的一个恶习。"

一席话，听得我对眼前的这个县党校校长肃然起敬。古训有言：知人者智，自知者明，这位中国党校系统最低一级校长，真可谓明智之士。

*   *   *

中午时分，村支书留我们在他家用餐：炒了两个菜，一荤一素，一箩白馍，一碗小米稀粥，还喝了一盅酒。北方村民纯朴好客。席间谈及村支书一职。村支书说："全年三分之二以上的时间，花在支书职务上。在全部职务活动中，乡村会议占三分之一时间，填写各种报表占三分之一，真正用来解决村里事务的时间不足三分之一。时间不能自己安排，这是最大的苦恼。要帮村里办点事，也很难。要一次次找乡、县领导，找关系，大量时间是无效的，白忙。乡里干部说是下村指导工作，往往是指手画脚。上级下达的指示，执行不是，不执行也不是。另外，村支书的待遇也太低，全县按干部考核指标分成三类村：一类村的村支书每月100元（村主任、会计80元），二类村80元，三类村60元（村主任、会计才40元）。这一标准是1995年才定的，以前，不发钱是常事。"

*   *   *

中饭后，我请支书陪我走访几家农户（老刘在支书家休息），路经好几家，都是大门紧闭。村支书说，他们外出购买培育香菇的材料去了。见一家大门开着，便进入院内，只见一位40来岁的农妇正在忙碌着什么。于是一面参观，一面攀谈起来。问及近年来的生活情况，这位农家主妇连声说好。她说："一年打下的麦子，两年都吃不完。"村支书要她打开贮藏间让我看看她家的粮囤。这间与厨房紧连着的小粮仓约15平方米，水泥地，收拾得挺干净。内有一直径三四米、高1.5米的竹围子，里面屯满了小麦，围子旁边还叠放着二三十袋小麦。村支书估计说，总有四五千斤小麦。该农户一家三口，丈夫外出购买材料，女儿上中学。耕种4.6亩承包地，今年（1996年）平均亩产600余斤，共收3000来斤小麦，加上去年的余粮，都屯放在这里。我问农妇，为什么把小麦屯放在家里而不卖掉？她说："**价格好了就卖掉，价格不好就放在家里，反正家里不缺这个钱花。**"问她家里有哪些经济收入，她说："一是种香菇，今年赚了三四千元；一是养猪，全年也有 2000 元左右收入。"在庭院一角，有两个猪厩，内有三头瘦肉型毛猪。农妇说，一年可出两栏，共六头猪。在庭院另一角，堆放着香菇培植后的"废料"——一堆碗口粗、尺来长的栗木屑圆柱。晒干后，可当柴烧。前几天刚下过雨，潮湿的废木屑柱上竟又长出香菇。村支书像是首次发现这一现象，说："这些废木屑能否再次利用，应该研究研究。"

我问村支书，村里各农户是否都有存粮，他说："差不多每家都有，**村民只要有其他经济收入来源，就不会急着出售麦子。价格高才卖掉；价格下跌，就屯在家里。这里的村民，有储粮备荒的习惯。家有余粮，心中不慌啊！**"

我想，藏粮于民，有两大好处：其一是稳定粮价，二是减轻国家贮粮的负担。村民贮粮的条件是：一有粮可贮，二是有其他收入来源。在一般年景，若人均耕地仅 0.8 亩，甚至更少一点，那么当年所产粮食，除了缴"皇粮"，余下自食已无粮可贮。尚无其他收入，只能卖粮换取货币以购买秋播所需的化肥、农药。

又转了五家，果然都有余粮，少则二三千斤，多则万余斤——各家人口不同，耕地数不同，粮食多少自有差异。都养猪，少则一二头，多则四五头存栏。有些农民说"养猪不赚钱"。不赚钱为什么还养猪？回答是："养猪可以**积钱**，还可以**积肥**。"其实，当玉米价格转低，而猪肉价格比较稳定时，就地转化玉米，还是有些微利的。其中有两家从去年开始培育香菇，尝到了甜头，另有三家准备今年开始培育香菇。

村支书陪我在村内转悠时，我顺路观察村落的布局与村民住房院落状况：北方平原村落，院落、街巷布局大同小异。方正的院落排列有序，南北街巷皆成"井"字。各院落占地半亩左右，其中房屋占三分之一，庭院占三分之二。从房屋、围墙情况来看，该村 20 世纪七八十年代建造的砖瓦房或有十分之八九。其中有些房屋兼用土坯。第二轮造房在该村刚刚启动不久。同样是砖瓦平房，但造得高大宽敞一些，拆除旧屋的废砖，用来建较高的围墙，庭院大门也造得比较考究。村支书说，如今建房，造价在 1.5 万到 2.5 万元。没有土地以外的收入，要盖这样的房屋是十分困难的。

* * *

转到村南边，看到一栋简陋破旧小屋，全是瓦顶，但土坯墙上还有一个大窟窿。心想一定是该村特困农户，于是入内参观。室内有一老翁，见我们进门，连连招呼我们坐下喝茶。我一边与其攀谈，一边观察室内状况：一只用木凳搭起的木板床，被褥与蚊帐虽陈旧，却也干净。一只口径一米左右的大缸，大概是贮藏粮食用的。临窟窿一边的墙下，堆放着各色杂物。被烟熏黑的屋顶、屋梁上，积满了蛛丝。

老汉现年 70 岁，生有三男一女，早已各自分家过活。老伴儿恰到闺女家去玩了。村里儿女婚嫁，多在附近村里。我问老汉："为啥不与儿女住在一起，享享清福？"老汉讲得很实在："自己还能动动，还是两老**独自过活自在些**。住到儿子家去，看他夫妇俩忙，自己闲着也难受，吃顿饭也不舒坦。"老汉还种着自己的承包地，由儿子们帮着耕种与收割。他平时看几头牛。在门前的大树底下，拴着两头大黄牛，还有三四头小牛在村边地上吃草、玩耍。养牛算是老汉的"富民工程"了。

天突然下起雨来，似有意留我与老汉多聊聊。不多一会儿，陆续进来 5 位串门闲聊的村民，其中两位年近 40 岁，另三位或 60 开外了。于是一起坐定，开起小型座谈会来。

我问老农们："在你们看来，什么时候生活最难过，什么时候生活最好过？"他们一致回答："**新中国成立前生活最难过，分田单干后，日子最好过**。"其中一位老汉指着另一位说："他的日子才好过呢！每天早上喝一碗豆浆，吃一只鸡蛋，营养得很。"被指的老汉只是嘿嘿地笑，不说话。我问："他的生活条件为什么这么好？"他说："他的儿子孝顺，又有能耐。办了一家锯木厂，赚了钱，还盖了房子。"

"新中国成立前，这一带产量很低，且处低洼地，常受涝灾。小麦亩产最好的土地在最好的年景只有 140—150 斤，高粱每亩 120—130 斤。一般土地，每亩百来斤左右，一受涝灾，往往颗粒无收，只得逃荒要饭。"

"中农之家（新中国成立前王老汉有 30 亩地、7 口人），在正常年景，又无苛捐杂税，一年勉强能接得上吃。但在那个年头，苛捐杂税特别沉重，若遇兵匪，全村被搜刮一空。村民百姓一直生活在恐慌之中。"

"新中国成立后，在毛主席领导下，消除了兵匪之灾，村民生活安定了，取消了苛捐杂税，生活比新中国成立前好多了。搞农田水利建设，旱涝之灾减少了。"

从他们的言谈中，你能感受得出来，毛主席依然是他们的"大救星"，他们的"好领袖"。看来**"温饱"**与**"安宁"**是**中国农民最重的要求，"年年有余"**或说**"适度富裕"**是中国农民最高的理想。看来**"适度富裕"**与**"和谐关系"**，应成为乡村**小康社会**的两大基本的亦是可行的目标。**然而在西方与城市高消费文化的强烈刺激下，被激发出来的无限欲望正从城市蔓延到乡村，**是祸，是福，殊难预料。

* * *

回到村支书家，已是下午 5 时。老刘早已一觉醒来，坐在院里等我回来。我向老刘提议我单独在村里住两天（因为我想对村民的计划生育、农员状况、村民贮粮及家庭"财政"一般状况做一较详细调查）。老刘说，他已挂电话（村支书家有电话）给小宋，再过 20 分钟便有车来接。再说，"你是阎部长来的贵客，怎能让你一人住在农户家"。于是只得客随主便。

临行，我向陪同我近一天的村支书提出以下三点建议。

1. 当培种香菇已成为全村自觉行动时，村支书应根据市场需求情况酝酿下一个"富民项目"。这两年香菇效益不错，培育者必然逐年增多，作为原材料的栗木价格必然上涨，香菇价格会逐年下跌，直至无利可图。要密切注意原料与香菇市场价格的变动趋势。

2. 千万不要急于上"两头在外"的工业项目。重点放在高效农业、家庭饲养业和庭院经济上。村内绝大多数农户每年能增加两三千元收入，就是重大成绩。

3. 村支书要对上负责，又要对下负责。但主要是对农户负责，决不能盲目执行不符合实际的指令，"富民工程"的精神，核心是增加农户的经济收入，应紧紧抓住这一精神。

老刘拍拍村支书的肩膀说："这三条忠告，可有大学问啦。"支书连连称谢。看得出来，他领会了这三点建议的意义。

* * *

天下着零星小雨，我提议步行出村。从县公路到藕池村的道路前两年刚修好柏油路。路两旁是一片略有起伏的岗地，成片的玉米已近成熟期。我估计亩产在五六百斤。间或能看到几块红薯地。边走边聊之际，小宋已派车来接我们。路经县委党校，我提议到党校去看看，顺便找几个教员聊聊天。并请小宋先开车回去，我们稍后步行回宾馆。

舞阳县党校拥有一栋临街的四层楼，比起临颍县党校的破烂平房来，实在阔气多了。内部的教室与办公室，倒是十分简陋，老刘说，党校是县里最穷的单位之一。请来了四位教员，谈了近一个小时，唯一的收获是三段顺口溜：

1. 一万挂个号，二万画条道，三万四万给个帽。
2. 宣传部宣传的，是弄虚作假的。

   纪检委打击的，是憨呆痴傻的。

   组织部提拔的，是顺溜拍马的。
3. 党委想事，政府干事，人大惹事，政协没事。

教员们说："这些年来，流传的顺口溜还真不少，但说过听过笑过也便忘了。能记得全的只有这三首。"校长与教师们也给我提了些理论问题，我简要地做了答复，他们似乎很满意。

饭后已是晚上8点，陪同我一整天的刘校长告辞回家，组织部小宋随我到旅舍聊天。聊到深夜，意犹未尽，打电话给他妻子，说是今晚就住在宾馆，然后再聊，一直侃到凌晨3时。内地县乡官场，是青年才俊趋赴的中心，乡、县仕途，拥挤曲折，升迁竞争十分激烈。一夕长谈，得知他的履历、抱负及诸多困惑。

　　小宋出生在舞阳县保和乡的农民世家。对于农家子弟来说，只有通过读书、参军两途才能脱离土地，实现"农转非"的家庭梦想。十余年前，他毕业于郑州某专科学校，毕业后分配到保和乡中学任语文教师。因经常协助乡党政机关起草或修改一些报告，后被调入乡镇政府机关，任镇长秘书兼办公室主任，从此弃教从政，步入仕途。在 20 世纪 80 年代初、中期的"干部年轻化、知识化"的大背景下，弃教从政成为一时风尚。两年前，小宋从乡镇办公室主任职调到县委组织部，先任干事，后升任为组织部办公室主任，副科级。在中国等级森严的官阶中，"副科"大概算是最低一级官阶。按照古代官阶进行推算的话属从八品，严格说来，真正的仕途从这里开始，而后沿着正科、副处直至正处的官阶金字塔做艰难的攀登。正处是一县最高的官阶。如今的县处级，在明清时期是最低一级官阶，然而对小宋来说，已是他目前尚不敢企盼的权力最高峰。

　　如何完成从副科向正科一级的跳跃，这是"副科"们绞尽脑汁思考的中心问题。既入仕途，只能沿此阶梯向上攀登，这实乃情理中事。恰如我们大学里的教师，必须沿助教、讲师、副教授、教授、博导的阶梯向上攀登一样，别无选择。从副科到正科再到副处，在乡、县官场似乎存在一条**约定俗成**的路。虽说"约定俗成"，仍需细致地观察、体会与总结。第一步是找到机会重返乡镇党政机关。县机关中的副科，有指望到乡镇任第三把手，即成为乡镇党委书记、乡镇长之下的分管组织、宣传或政法的副书记。这在级别上虽然是"平调"，但乡镇第三把手，有更多的希望上升到第二把手与第一把手。乡镇党政一把手，便是正科级别。全县只有 14 个乡镇，只有 14 个乡镇书记与 14 个乡镇长，机会稀缺，道路狭窄且拥塞。

　　当然，在县党政机关的"副科"们，也可以在县各局、委、办、部门内争取正科的官阶。但在县局、委、办，只有部门工作的履历与工作经验，对于一个稍有政治志向的年轻"副科"来说，最佳的选择是重返乡镇，如果有这一机会的话。因为乡镇书记、乡镇长这两个职务，因执掌一方的全面工作而能得到广泛的锻炼，获得全面的从政经验。由乡镇党委书记（正科），再向县局、委、办运动，相对而言就顺畅多了。因为一县的局级机构，通常有六七十个之多。

小宋的生活目标很实在：做到局长（正科或副处级），把女儿培养到大学毕业。我想，这大概是全县绝大多数"副科"的共同生活目标。然而，一县的局级机构，虽然从"文革"末期的二三十个，如今已迅速扩张到六七十个之多，仍然供不应求。全县"副科"以上官员，据说少则五六百人，多则七八百人，绝大部分初入官场的"副科"无法"梦想成真"。由升迁的挫折而积压起来的忧怨与愤懑，或是众多"官谣"滋生的沃土？这尚待研究。

于是与小宋聊县党校听来的"买官谣"：**"一万挂个号，二万画条道，三万四万给个帽。"**他说："这则'官谣'前些年就传开，凡官场人士，几乎无人不知，无人不晓，但实际情况当然不会那样一团糟。我在组织部工作两年，对这一情况多少了解一点。干部的考核、任用、升迁毕竟有一个标准，给了钱就能得官，那太方便了。但说完全没有这回事，也不确实。我只能说，'事出有因、查无实据'，再说，各县、各乡情况各不相同，难以一概而论。"

其实，官场中的**"官阶""职位"**，文教界的**"职称""职务"**，如同市场中的**"金钱"**，社会上的**"名声"**一样，**已经成为人们竞逐的对象。当今社会所要做的，并不是在道德上去否定它，或在伦理上去掩盖它，而是制定各种竞逐的规则，使这种竞争公开化、程序化，并建立各种相应的监督机制。在工商业极不发达的内地传统农业县，各种行政职权都附有大量的"非法收益"**（或说"溢外收益"），但**这些"非法收益"在乡村传统习俗文化中都得以默认。**同时，在共和国成立的50年内，官吏的选拔、考核、升黜，从未公开化、制度化、程序化。因而"跑官，要官，买官"往往成为同级竞争者竞逐上层少量职位空缺的隐秘手段与方法。这些隐秘的方式往往就是乡村礼俗文化的交往互惠方式。这种情况，我们在大学的职称评审中也常常可以看到，更何况在

"唯官是尊"的内地官场呢。

我的这一席话，竟引起小宋"与君一席言，胜读十年书"的感叹。他说，他这个职位（县委组织部办公室主任）虽不能决定一县小官们的乌纱帽，但能产生一定的影响力。正是这个职位所具有的影响力，使他能得到不少"溢外收益"。他举了两例：一是他到县医院看病，竟从来没有想过"排队挂号"就诊的程序，而是直接去找他们的院长。一是某天他无意闯了红灯，被县交警按章扣车罚款。他只暗示一下与县交警大队长的私交，怒容满面的小交警立即不敢吭声，放他过去。职权给职权占有者办理私事带来的诸多方便，这是他以前就知道的，但将这一现象概括在职权的"溢外效益"概念内，这是他第一次达到的认识。

我说：职权，有着明确的法律规定，然职权占有者各有一张私人关系网。如"宋**主任**"，县委组织部办公室主任一职该做什么，怎样去做，通常有明文规定；而"宋**本人**"总处于亲友的关系网内。"宋"按"主任"一职规定去办事，还是凭借"主任"职权的影响力为"宋"及其"关系"去办事，这是两种不同的政治行为方式。然而在我们县城的实际生活中，"宋"与"主任"密不可分。**职权及由职权引申出去的关系网，成为县城社会生活的一个隐秘的活跃的中心。**在县城社会生活中，谁都默认并屈从这一事实。小老百姓要办事，也是沿此关系网而找到职权者，即所谓"托人情，找关系，通关节"。**所谓法治社会，所谓政治现代化，其实质，就是将村落习俗认可的前现代化行为方式从政治过程内排除出去。这对于来自村落的官员所组成的县、乡官场来说，将是一个十分漫长的过程。**第一步，看来是要进行一场政治现代化的启蒙教育，让所有步入仕途的县、乡官员意识到这一点。

临睡前，小宋说："你给我上了一课，使我学到不少东西。"其实，我从小宋处学到了更多的东西。我想，若让我在县城组织部任职一年，我或可将"传统与现代化"的研究建立在更为实证的基础之上。

▶ 9 月 12 日　参观"小康示范村"

上午，刘校长陪同我参观舞阳县的"小康示范村"——袁庄村。此类"一日游"式的陪同参观，只有两档"节目"：一是村支书"汇报"情况，二是转一圈村落，访若干农户。对诸如普通农户的收支详情，贫富分化状况等无法做深入的调查。至于"超生"、"农负"及"干群关系"一类敏感问题则应有意回避。上午 9 时入村，下午 5 时离村，8 个小时的参观访谈，汇要如下。

——一条柏油路通过村边的"护村河"，一直延伸到袁庄村内。河边、路旁、庭院前后，树木高大，掩映着规划整齐的农舍庭院，宁静而干净。

——袁庄行政村，由袁庄、张庄两个邻近且规模相似的村落组成。吴城镇共辖 33 个行政村，67 个自然村。一村（行政）辖两村（村落），实为该镇行政村的一般结构。整个行政村现有 242 户，929 人。耕地面积 1600 亩左右，人均耕地约 1.72 亩，稍高于全镇的人均耕地（1.56亩）。这是一个人均耕地较为宽裕的村。

——该村的姓氏（或说宗族）结构甚为单纯：整个袁庄（村落）只有一个袁姓，是个标准的单姓村；张庄有张、高两姓，其中张姓占75%，高姓占 25%。除此三姓外，别无杂姓小姓。据老人们传说，这三大族的远祖都是明初从山西洪洞迁移而来，但因三姓皆无宗谱，故无法考证。该村相传数百年，何以没有一个外姓？村支书说："各村外姓，主要有三个来源：一是'土改'时在本村分得土地房屋的雇农，二是前来投亲靠友的亲戚，三是上门女婿。袁、张两村不知从何时起，全部沦为佃农。全村耕地属于世居吴城镇的大地主。佃农们自顾不暇，何能接济亲友与招女婿，也不可能出现雇农。"此一解释，令人信服。

——袁庄一向"抱成一团"（袁支书语），内部既少冲突，对外更是团结一致。张庄的张、高两姓亦能和睦相处。全村村民一直保持"有无相通、患难相恤、守望相助"的淳朴古风。在其他村经常发生的"宅基地之争""分家析产之争""赡养纠纷",等等,在该村甚为罕见。"就是令村干部最头痛的计划生育,我村也搞得比较好,因为村民都是自己人,不愿给我们添麻烦。"村支书如是说。

我殊觉惊异:昨日访问的藕池村,姓氏杂出,不分主次,村民几无"自家人""外人"区分,宗族意识十分淡漠,为各姓和睦相处之一大原因;今日访问的袁庄,同宗后裔"抱成一团",古风依存,也是各家和睦相处之一大原因。当问及袁氏一族内部较为团结原因时,村支书只说:"向来如此。"我与老刘的分析是:或与**同族皆为佃农,地主非本族人且世居村外**这一历史原因有关。

一个行政村,两个自然村,三大宗族,这一状况在行政村领导班子的成员配置上也有所反映。中国农村最基层的行政村,名义上有两套班子:一是村党支部,一是村民自治委员会。其实只有党政合一的一套班子。其中村支书、村主任、村会计三职最为重要。该村的村支书向为袁姓,村主任原为张姓,如今袁姓。另设副支书一职,为张姓,会计李姓。"村内别无杂姓,怎么出来一个李姓?"我问。村支书说:"会计是个女的。"我不禁笑了起来:我调查村落宗族,头脑里也充满着"宗族意识"了。至于在村政权中没有位置的高氏宗族,对这一权力结构有何种看法,我不便询问,也不便调查,因而不得而知。

——全村人均耕地较多,为发展家庭养猪业创造了条件。

该村1981年推行土地承包责任制。到20世纪70年代中晚期,全村温饱问题已基本上得到解决。当时小麦亩产已达到400余斤,玉米亩产也在400—500斤,加上较多的人均耕地,温饱问题基本解决。当然,在村民的主食中,红薯还占一定的比重。当时,只有极少数农户养猪,且一年一栏一头猪而已。1981年实行土地家庭承包制后,粮食单产逐年提高,家有余粮,养猪农户逐年增多。1990年后,村办集体企业,村集体略有积累,鼓励村民多养猪。如今家家养猪,每栏少则二三头,多则五六头，一年少则出两栏，多则出三栏。从 80 年代初期开始，家庭养猪业成为该村绝大多数农户货币收入的主要来源。"有人说养猪不赚钱，这要看怎么个养法。如果买小猪、买饲料来养猪，没有一定规模确实赚不了钱。但我村人均耕地较多，夏粮自食有余，秋粮（玉米、红薯）差不多全都用来做饲料，粮食就地转化，还是可以赚钱的。不少农户自养母猪，那么盈利更丰厚些。再说，猪粪可以肥田，光靠施化肥是不行的。多施有机肥，少施化肥，亦可节省农业投入。"这是村支书对家庭饲养业的分析。

——发展村集体企业。

在整个 20 世纪 80 年代，该村外出打工的人很少。较多的人均耕地，世代务农的习惯，外部社会关系的稀缺，是该村剩余劳动力向外移动起步晚、速度慢的基本原因。故在 80 年代，该村绝大多数农户收入，一是来自种植业，二是饲养业。靠着这两项收入的缓慢积累到 1990 年左右，村民开始改善住房条件，并很快进入高潮。在 70 年代，该村的土坯草屋已陆续消失。1990 年前，全村还有一部分外砖内坯的住房，1990 年后全部是砖瓦房，并用上水泥。相对而言，比较高大宽敞，室内地面，差者铺砖，好者浇水泥地。猪厩、配房也是如此。该村为了解决村民建房用砖之需，于 1990 年建起全村第一家集体性质的企业——村砖窑厂。

1. 村砖窑厂总投资 12 万元左右，其中三分之二向村民集资，三分之一向信用社贷款。由个人承包，每年向村里缴纳两三千元的承包费，但要低于市场价格向村民供应砖块，另要承担还贷与还集资款的义务。

2. 1991 年，投资 15 万元（其中向银行贷款 14 万元，当时县里号召办村企业，向银行贷款比较方便）创办村养鸡场。鸡蛋主要销往广州某孵化厂。1992 年到 1994 年经营状况良好；还了贷款，村里每年还能赚 2 万—3 万元。1995 年却亏损 3 万余元。主要是鸡饲料价格上涨与鸡蛋价格下跌。当然还有其他一些原因。（后来我才得知，"其他原因"是养鸡场亏损的主因：村办养鸡场"发了财"，县、乡有关官员到广州去"考察"。巨额的吃喝车旅费用，使村办养鸡场不胜重负而濒临倒闭。这也是不少乡村集体企业由盛而衰的一个致命原因。) 1995 年年底，转包给个人，然不久，养鸡场遭受火灾，最终倒闭。人祸天灾，祸不单行。

3. 1991 年下半年，投资 10 万元（其中贷款 5 万元）创办村集体尼龙线厂。该企业实是漯河市某鞋厂的来料加工厂。利润薄，但很稳定。现有 20 余名职工，年产值六七十万元，年获利 3 万元左右。

4. 1991—1992 年时，因皮鞋很畅销，与村支书相善的漯河皮鞋厂厂长劝他办皮鞋厂，于是 1993 年该村投资 10 万元（其中贷款 5 万元）创办村皮鞋厂。如今有职工五六十人，大多是本村职工，师傅请自浙江。年产值约 300 万元，年利润约 30 万元。问题是流动资金需求量很大，近两年皮鞋滞销，许多应收款不能及时回收。**全县在这段时间内，乡、村两级的皮鞋厂上马过多过快，且技术、管理跟不上，是引发滞销的一大原因。**

——实施"富民工程"，推动农户培育香菇。

该村根据县、乡"富民工程"规划，推动村民培育香菇。村集体向农户免费提供菌种，并从泌阳县请来技术员传授技术。今年全村 80% 以上的农户开始培育香菇。中午，这位从舞阳请来的香菇培育技术员与我们一同在村支书家吃饭，趁便向他请教几个问题。

1. 技术员说，就河南省而言，舞阳县虽不是最早引种香菇之县，但由于县、乡政府重视，大力推广，故发展最为迅速。从 1991 年开始引种，到 1995 年，几乎村村推广、家家培育。相当一部分农户因此而致富，起住房、购彩电、买摩托者不乏其人。近一两年舞阳附近各县竞起仿效，为各县"富民工程"的一大重点项目。

2. 农户培育香菇，投资少，技术含量不高，人人能学，且近年来收益很好，加之各县、乡政府大力推广，发展极为迅猛。我问这对原料价格与香菇市价有何影响？技术员说："近几年来，香菇市场虽有波动，但大体稳定。去年，一级干菇每斤 120 元左右。今年说不上来，价格或有所下降。关键是栗木价格连年上升。1991 年每斤不足 0.1 元，今年已上涨到 0.26—0.28 元。栗树生于山区，多年方能成材，如今砍伐过度，价格必然上涨。我们为此而担心，栗树砍完了怎么办？我们曾计算过，即使香菇市场价格不变，只要栗木价格每斤再上涨 0.1 元，培育香菇已无利可图。照此算来，香菇培育还有二三年的好年景，长了也就三四年。"令我惊讶的是，同桌吃饭的村支书对这一信息毫无反应。或许，他没有听清吧。我想，应将这一信息转告给负责全县"富民工程"的总指挥——县委组织部部长阎先生。

——参观了两家村办小企业，与狭小的规模相比，整个厂区面积不小。制鞋大体手工操作，设备简陋，计件授值，说不上什么企业管理，劳动时间也比较自由。制鞋厂虽说有五六十职工，但车间内仅有二三十人，其余职工或回家忙于培育香菇的准备工作。全县两次用行政力量推动村办企业，败多成少，徒耗资金，但该村办了四个小企业，只有养鸡场由盛而衰，其余三家运转至今。这位创办企业的村支书也因此而荣获"农民企业家"的殊荣。更重要的是，在世世务农的村落内，竟出现了村办企业。工资意识、成本核算意识、市场意识由此而逐渐生长出来，这对传统村落与村民而言，应视为一种历史性的进步。

——走访六七家农户，住宅、庭院结构大同小异，其中一户正在翻建二层楼房，无可记述。这六七户人家，家家有个小粮仓，内贮小麦，或四五千斤，或六七千斤。村支书说，今年夏粮丰收，亩产平均七八百斤，不少人家里还有去年的余粮呢！我粗略估计，人均 1.72 亩地，一家 4 口，近 7 亩耕地，亩产七八百斤，该有 5000 斤左右的收获。看农户存粮情况，夏粮征收不会太重，最多人均百余斤。这六七户人家，户户养猪，猪厩用水泥砖块建造，保持了庭院的干净，不像我在兰考小靳庄所看到的那样，污水流满庭院，蝇蚊成群。村支书说："猪厩样式，村委做过统一规定。"原来如此。每户存栏猪，或二三头，或四五头不等。猪饲料绝大部分自给自足，小部分购买。

——村支书说，该村人均收入 1993 年首次突破 1000 元。在全县属于先进，因而被评为"小康示范村"。1995 年人均收入达 1780 元。全村拥有电视的农户约占三分之一，主要是黑白的。这两年新结婚的，开始购买彩电。三轮、四轮拖拉机，全村有二三十辆。前几年农闲外出打工的人，如今不再外出。"如今外出找工作越来越困难。县里号召'十万劳工下江南'，要青年人到外面去闯荡世界，潇洒走一回，实在很难潇洒起来。不少人到外面跑了一圈，两手空空回来。如果在村里培育香菇，半年能获两三千元，谁愿外出受那份苦。"年近40岁的村支书如是说。

*   *   *

返程途中，我与刘校长讨论了如下两个问题。

（一）**人均0.8亩（或0.8亩以下）与人均1.5亩左右（或1.5亩以上）耕地，是两条具有重要意义的界线。** 负有指导农村经济发展之责的县、乡干部应加以区别与注意。

1. **人均耕地仅0.8亩或更少，则该乡村的全部耕地只能用于粮食生产，且全部粮食只能供全家的一年食用。** 倘若地方政府课征过重，则秋熟必须多种红薯方能生存。这类乡村，既没有余地发展高效经济作物，农户也无法发展家庭饲养业。在缺乏发展乡村企业条件的地方只有向外输出劳动力一途。

2. **人均耕地1.5亩左右或超过1.5亩，则有一定的回旋余地。** 在确保粮食自给情况下，或可发展经济作物，或发展家庭饲养业。藕池村与袁庄村的经济逐步发展皆从家庭饲养业开始，而家庭饲养业得以发展关键在于秋粮向饲料粮的转化。家庭饲养业，一可增加农户货币收入，二可保持与增加土地肥力。对中国的土地与农业来说，过度依赖化肥是要出大问题的。

（二）**要注意研究两类不同"投资主体"的不同"投资行为"。**

对于全国来说，中国的经济正在从**计划经济**（或说指令性经济）向市场经济转轨。在内地传统农业县市来说，更应该说是从**自然经济**向市场经济的转轨。

在传统农业大县，投资主体主要有两大类：一类是县、乡、村"政府"及其官员。此类"投资主体"对"市场价格信号"虽然也能做出一定反应，但对**任期短、转任快**的县、乡两级主要官员（投资决策权主要操在他们手里）而言，投资动力主要来自"**上面指令**"与"**政绩显示**"，对投资行为的长期效益并不关心，或说关心不了。这是内地大量低效甚至无效投入得以泛滥的根本原因。

一类是土地家庭承包制下的广大农民。这是些组织形式、劳动力素质、经济规模极其相似的投资主体。他们一方面保存着自然经济的沉重习惯，另一方面也能对市场价格信号做出反应。一旦某种物品的市场价格上升到有利可图时，**凡是此一农户能进入该物品市场的，其他农户也能进入**，加之县、乡政府的指令习惯，便会引起一哄而上的"进入"局面。这在全国性销售渠道尚不畅通的条件下，会导致**生产此类农副产品的成本价格迅速上升及此类产品的市场价格迅速下跌**。自 20 世纪 80 年代中期以来，此类现象在全国各地不断重复出现。如今，舞阳县的香菇很可能会出现这样的悲剧。

中国的市场经济确实有其自身的特殊处：从内地来看，**最大的特点是这两类投资主体的投资行为**。近些年来，忙于从西方经济学中引入市场经济理论的所谓"经济学家"，似乎很少考虑到中国内地的"投资主体"与西方投资主体的不同之处，因而空论甚多。

有关**地方政府、承包制小农与市场关系**，必须依据近 20 年来所提供的经验材料给予新的研究。**这是一个关涉到内地经济发展全局及政府与农民关系的大问题**。

▶ 9 月 13 日　糊涂的"明白卡"

上午 8 时许，在县某局委任职的两位官员"慕名"前来拜访，于是将到宋楼村调查的计划推迟到明天。这两位 40 来岁的官员，有着相似的经历：大中专毕业，回乡任教，弃教从政，在乡、县官场转悠了 10 余年。10 余年来，忙于事务，穷于应酬，耳闻目见，与学校所教所学，报章所宣所传，每多不合，思虑转多困惑，故而前来"请教"云云。历时三四个小时的谈话，所涉问题颇多，择其要而概述如下。

一、关于中西部地区的"追赶战略"问题

他们说，改革开放以来，沿海省市与中西部地区的经济发展距离迅速拉开。就河南省而言，乡镇与乡镇以上的主要党政官员差不多都到东南沿海诸省市参观考察过，**经济发展程度的日渐拉大的距离，引起内地党政干部的一种普遍焦虑感，急于迎头赶上的急切心情是可以理解的。对经济落后的内地省、县来说，只有比沿海地区更快的发展速度才能赶上它们，这一想法谁也无法反驳。然而，问题恰恰出在这个完全可以理解的"急切心理"与"无法反驳"的推论上。**

20 世纪 80 年代中晚期，内地县、乡干部到江浙去考察农村经济，"他们告诉我们的经验是无农不稳，无工不富，无商不活"。于是我们回来集中精力制定发展乡镇企业的宏伟计划。事情确实是明摆着的：沿海农村经济的迅速发展，农民生活条件的迅速改善，主要依靠蓬勃兴起的乡村企业，当时各大报纸也是这样宣传的。我县在 1988 年到 1989 年、1992 年到 1993 年两次大规模推动乡村企业，制定规划，分解目标，层层落实。然而，绝大多数被行政指令逼迫上马的乡村企业都失败了。落了一身债务，挨农民一顿骂。只有少数乡村企业存活下来，但也有一个管理差、效益低的问题没有解决。如今才知道，要办好一个乡村企业需要许许多多内部、外部条件。在这些内外条件不具备的情况下，光靠政府指令是不行的。我们推下去的是宏伟的发展计划，收上来的只是虚假的统计表。企业数量、产值、利润只是写在纸上的东西。

1994年，由我们县首先实施的"富民工程"，确实是吸取以往的经验教训提出来的。我们将农村经济发展的重点放到农户身上，放在发展高效经济作物及农户庭院经济上。但是，**这个确实能够增加农户收入的"富民工程"同时增加了广大农户的市场风险**。去年，河南有些县号召"户户养牛羊"，结果今年牛价猛跌。前些年，河南有些县号召农民种苹果，如今听说不少农户忍痛砍伐刚挂果的果树，因为苹果价格下跌。即使去掉市场风险这个因素，在有限的承包土地与庭院经济上花气力，农民增收也是有限与缓慢的。市、县政府可以加大行政压力，动员基层干部忙碌起来，但无法做到促使农户普遍、快速地一夜致富。"富民工程"虽然将农村经济发展的重点移到较为现实的基础之上，但背后的"急切致富，急于追赶"的观念并没有改变。

我说，一县一乡如此，全中国又何尝不是如此。我们民族百余年来因落后而挨打，因挨打而从历史的昏睡中惊醒，因惊醒而发现样样都比我们先进的西方列强。从此，"迎头赶上的急切心理"与"超常规、大跨度的发展战略"便一直主宰着中国的改革者。共和国成立后，更是成为我国政治、经济、意识形态的一根主线。我们的成功与失误，都与此有关，真可谓"成亦萧何、败亦萧何"。改革开放以后，政治上的"左"倾受到了一定的清算，但我们批判"以阶级斗争为纲"的政治"左"倾是因为它妨碍了经济发展，**我们改革的是经济发展的手段而不是超常规、大跨度的经济追赶战略。问题不在于要不要追赶，而在于能不能在很短的时间内赶上去。构成内地省、县的主体是承包制下的小农及人均一亩左右的耕地，这是内地的基本省情与县情。我们能否依靠地方政府的行政力量推动农村经济"超常规、大跨度"地发展，这便是全部问题的症结所在**。在我看来，"迎头赶上"的精神不可无，但在具体的发展战略上，一定要依循"实事求是，量力而行"的原则。我们不能按"应该如何"来制订计划，而应按"可能如何"来制订计划。这个道理说起来虽容易，做起来却很难。

二、地方党政机构增设太多、太快，地方财政严重不足

他们说，如今各县都有"四大班子"：县党委班子、县政府班子、县人大班子、县政协班子。不管理论上怎么说，实际情况是：**一县的权力集中在党委，县政府只是县党委的执行班子，人大、政协只是仅有一点协助作用。**

改革开放以来，党政"两大班子"的机构越设越多，县委机构通常有十三四个，县政府机构通常有四五十个。加上隶属于党政机构的群众团体五个，全部加起来有六七十个。少则六七百个职位，多则近千个。加上各机构的离退休人员，那就更多了。那么多机构与人员，绝大部分要县财政养活。内地省市的县，绝大部分是传统农业大县，工商业很不发达，税源主要来自农业这一块。就我县而言，自新中国成立以来，一直依赖于烟草种植。一个县的税收有限，财政收入就那么一点，却要养活越来越多的机构与人员，更要命的是还要养活那么多教员。这么点财政收入，要养活那么多人，还要办事，那怎么行？

一个县的财政养不好本该由它养活、养好的党、政、教等庞大人员与机构，那么只得鼓励他们自己去创收。另外，自改革开放以来，各党政机构的纵向与横向联系增了。人来客往，总要有个食宿招待，这是中国人的待客之道。送往迎来，食宿招待，都得要钱。每个机构要改善办公、交通、通信条件，增加每个职工的福利，也都要钱。这也迫使各机构去搞创收、设小金库。有的机构创收能力强一点，有的弱一点，便引起贫富不均，相互攀比。说实在的，有不少机构整天忙着、想着的就是如何搞钱，哪有心思与精力去做本该做的工作。如今人们都痛恨地方党政腐败，贪官污吏横行，但仔细分析起来，实在有不得已而为之的原因。

县里那么多机构，不是县里要设的，县政权通常没有机构设置权。大凡上面增设一条线，下面便增设一个机构。既然增设一个机构，就得养活他们，还得给钱办事。如今，财政给的钱连人都养不好，只好让他们自己搞钱去养活自己，往往"逼良为娼"。党政腐败，人人痛恨，但光发一通道义上的愤怒并不能解决问题；光发一些法律、政令，也同样解决不了问题；抓出几个以权谋私的官员，同样是无济于事的。**要真正地清除党政腐败，只能从政治体制上想办法。一是要大力精简机构与人员；二是要提高存留机构与人员的待遇与办公经费，包括适量的招待费；三是要杜绝行政机构搞创收，取消部门小金库。**

我完全赞同他们的看法。我说，内地农业大县，地方的**党、政、教实际上主要是靠农民与土地养活的**，因为极不发达的工商业无法提供充沛的税源。要在很短时间内将农业这块传统的老蛋糕做大是不可能的。因此，农业这块老蛋糕最多能切下多大的一块给县、乡的党、政、教机构与人员吃，实在关系到地方政府与农民关系的大问题。**一个县农民与土地最多能提供多少农业剩余，便构成此县吃"皇粮"的最多人数。**这是可以粗略计算出来的。

以舞阳为例，农业人口51万，现有耕地74万亩。假如每亩的年纯收入是500元，又假如征收十分之一（不管是以什么名义征收，农业税、农民负担，还是农业特产税，等等），每亩可征50元。全县74万亩耕地，总共可征收3700万元。再假定工资、办公费与建设费各占三分之一，则全县、乡工资总额是1233万元。如每人年薪平均4500元，则最多能养活2740人。一个县的"四大班子"以1000人计，县辖14个镇，每个镇吃"皇粮"者以100人计，共1400人，再加上全县中小学教师，就以3000人计，全县吃"皇粮"者共约5400人。恰好是"一县最多能养活人数"的2倍。如果上述粗略估算比较接近事实的话，全县吃"皇粮"者至少要去掉一半！

如果一个县"合理"的收入养不活那么多党、政、教人员，那么党、政、教各机构就会利用各种"不合理"的手段向农民征取。党政腐败与农民怨恨由是而起。实非道德所能劝、法律所能禁止的。

三、县、乡党政一把手的频繁调动问题

他们说，异地做官，二年转任是为制度。异地做官执行得比较严

格，但三年一任往往虚设，中途调任很是普遍。一县如此，各县皆然。即使三年一调，任期也过于短促。入仕做官，重在升迁。第一年熟悉本辖区情况，第二年急于出政绩，第三年志存升迁。急出政绩，这样的政绩，一是"短、平、快"，二是要"轰轰烈烈"。故形式主义、表面文章居多，实事求是、踏踏实实者少。甚至浮夸虚报，所谓"**数字出政绩，数字出干部**"。一乡权力集中于乡党政第一把手，一县权力集中于县党政一把手，县、乡党政一把手的频繁调动，对本辖区内的社会经济持续稳定发展无一利而有百害。干部任内调动，原因多种。"上面"干部急于出政绩，往往是"下面"干部调动的一个重要原因，即所谓"出不了政绩，换干部"。（他们举了一些实例说明自己的观点，因涉及具体人事，只得略去。）

我说：如今的县党政一把手，相当于古代中国的知县。在反封建主义的革命中诞生的社会主义新政权，地方官吏的回避制、三年一任制却一脉相承。且古代知县的法定任期与实际任期往往不一。实际的平均任期大多不足三年，任内调动亦是古今相同。地方官吏的回避制与频繁调动，以及由此而产生的诸多问题，古今相似。这或许说明，我们新的**政治制度**借以实现的**政治体制**并未发生实质性的变化。关于这个问题尚待深入研究。

四、关于农民负担问题

他们说，"富民工程"之目标，一是增加农户收入，二是减轻农民负担。鼓励农户发展经济作物与庭院经济，鼓励剩余劳动力外出打工，这是"富民工程"增加农户收入的中心内容。为了减轻农民负担，舞阳县从1994年开始，即向每个农户发放"**农民负担三年早知道明白卡**"，规定农负率不得超过上年全乡人均纯收入的5%，并规定每年农负的增幅，人均不得超过5元。这是舞阳县人民政府于1994年3月18日发布的"第一号令"。该"令"还规定，对于额外加收粮款，农民有权拒绝缴纳。应该说县政府的这项指令，基本上是得到落实的。问题是对"农民负担"如何定义？他们说，"农民负担"的正式定义是指"村提留"

与"乡统筹"。村提留共三项（公积金、公益金与管理费），乡统筹共五项（教育附加费、计划生育费、优抚费、民兵训练及乡村道路建设），共计八项。其他如农业税、农业特产税、烟叶税等，都不在"农民负担"范围之内。**但农民对"农民负担"的理解是实际落到农户身上的负担**，而不单是指"明白卡"上的那些负担。

其实，**按"明白卡"所收的钱粮是绝对不够用的**。你想想看，农用水利建设，植树造林，兴办村集体企业，五保户供养，特困户补助，村组干部工资与村委管理办公开支，乡村两级中、小学及乡村道路建设，民兵训练等，都要用"明白卡"上的那点款项，能分配得过来吗？"明白卡"上所收钱粮不够用，那只有从"明白卡"外去想办法征收。所谓"堤内损失堤外补"。那么从什么地方，以什么名义向农民要钱呢？那就"八仙过海，各显神通"了。就该县而言，主要在烟叶税上打主意。全县将烟叶种植面积分摊各乡、各村、各农户，每亩征收百元。至于农户实际上种不种烟，那就是另一回事了。如今种烟种棉，虫害难治，不按计划种植者往往而有。然不种烟，也得缴纳烟叶税，否则全县教师的工资就无着落。至于各村翻修改建小学校舍，修筑乡村道路，办村集体企业，也得另行向村民集资。不过，舞阳与其他各县相比，农民实际负担还是比较轻的。该县是"富民工程"的示范县，一方面实施"富民工程"，另一方面加重农负而引起上访上告，脸面上也说不过去。县领导对此还是十分重视的。

我说，为防止地方官吏滥征强派而颁行农户的**"明白卡"**在清朝称为**"易知单"**，然皆成为具文，原因亦同：一是一县的法定收入不足以应对浩繁支出，必定私下加派弥补不足；二是分散且缺乏权利意识的农户们无法"拒绝"官府的额外征索。在中国的**沿海城市**，我看到中国现代化推进迅速可谓"突飞猛进"，然而，在**内地**在**乡村**，我看到古代现象的大量重现。**作为一个当代中国社会进程的观察者、研究者，对如今我们所处何时、所在何地，实在感到恍惚茫然。**

下午，独处旅舍整理访谈资料。晚上，宋、徐前来陪同用餐。饭

311

后，回旅舍聊天，谈及为官处世之道。我说，最近江总书记告诫党政官员要过好"五关"——权力关、财富关、美色关、荣誉关、人情关，深有意味。人性所好，权、财、色、名。明代人讲"酒、色、财、气"。而为人处世，莫非人情，若陷入其内，往往失德犯法，断送前程。若财、色心重，莫如下海经商，有钱可遂其所欲，且世人对商人道德要求最低。既入仕做官，职官为天下公器，非人私有，应当力戒以权谋财、谋色，且世人对官吏道德要求最高，实应警惧。更劝他们多读书——读书本，读社会大书。

一直聊到深夜 11 时，两人方告辞。

▶ 9 月 14 日　访林果专业村

原计划由小宋陪我到他的老家——B 乡楼宋村——去做为期两三天的蹲点调查，以便通过他在老家的亲友关系而将调查搞得更广泛更深入些，但情况突然起了变化。他今天只能陪我到 B 乡政府，再由乡政府派人陪我到楼宋村，当晚返回县城。他说，他将忙于参加"富民工程研讨会"的会务筹备，届时省、市领导，或许还有中央政研室的官员前来参加会议。会议重要，他这个"当跑腿的"实在脱不了身。在外走访，只得"客随主便"了。

B 乡府治距县城西近 10 公里。原来只是一个村落（保和村），1958 年辟为公社所在地。作为小城镇标准化建设的中心基础设施——镇内路面拓宽与硬化绿化工程——在该乡刚刚启动。南北各一二百米的道路已经挖开，准备铺设地下排水管道。挖出的土方堆放在路面上，宛如两条小山丘。山丘上已踏出许多条人行小道，看得出这一工程已拖延得很久了，我暗自猜测或是小城镇标准化建设所需的巨额资金尚未全部落实。单靠乡政府的有限财政投入而在数年内将一村落建成"现代化、标准化"的小城镇，恰如刚过温饱的农民，因羡慕富户而起楼房一样，总是力不从心的。如今，农户与农户之间、乡镇与乡镇之间、县与县之间的相互攀比及不断上升的攀比标准，压得人们"忘却"了"量力而行"这条基本的办事原则。

该乡的府治，由三栋三层楼房组成。这三幢十分普通的楼房，在该镇也算是最阔绰的建筑物了。在正楼二楼会议室里，小宋找到了他的老同学——乡政办主任。会议室椭圆形的大办公桌上，堆放着一捆一捆的报表，这位主任正埋头做统计。在小宋与主任接洽交谈期间，我随手翻阅桌上的材料，方知是由全县农户评选该县"十大功臣"的表格。每农户一份表格，每组（村民组）装订一册。每村（行政村）叠成一捆。

全乡万余农户，250 余村民组，36 个行政村，统计工作自然十分浩繁。我突然发现，**每组的表格填写字迹差不多，明显出自一人之手，且"十大功臣"的名单大同小异**。很可能，这些表格基本上没有到达"农户"这一层次，或由村民组长按某种统一意愿填写的，或干脆由村支书叫几个人来填写。这当然只是一种推测，一种不便询问的推测，但合乎情理。

全县评选"富民工程"的"十大功臣"，据说不是县上的主意，而是全市布置的任务。这项本意由全市数十万农户评选各县"十大功臣"的活动，其始端在市党政，中经县、乡两级，其末端终于村委，充其量到达村民组。由市、县、乡、村，再逐级返回村（委）、乡、县、市。在此行政系统之内完成了信息传递与反馈的全部过程，而该活动的主要目标——发动农户评选功臣——恰恰没有达到。其实，分散忙碌于各自事务的农户，对此类活动不会产生什么兴趣。

此类评选活动，说其"没事找事干"或"劳政伤财"，未免过于刻薄，但从其效果来看，往往如此。

正忙于统计的办公室主任无暇给我介绍全乡的概况，乡党政主要官员都忙于各自分管的"富民工程"，所以只得取消此项调查计划。小宋与主任洽谈的结果，是同意派一位秘书陪同我到农村去。要不是我是组织部部长请来的客人、乡政办主任带来的朋友，他们是不会接受此类采访的。

从 B 乡到楼宋村是一段尚未硬化的土路。这些年来，各村拥有三轮、四轮拖拉机的农户是增多了。乡村土路被拖拉机辗得车辙纵横，幸而雨过天晴，行人已在坑坑洼洼、泥泞不堪的土路上踩出一条可供下脚的羊肠小径。我随秘书沿此曲径进入楼宋村，已是上午 10 时。先找村支书访谈，再陪同转一圈村落，访若干农户，然后打道回府。

楼宋村，既是行政村又是自然村落。全乡 36 个行政村中，"两村"合一的村有七八个。该村现有 1876 人，540 余户，耕地 2740 亩，人均约 1.46 亩，与全县人均耕地面积相近。宋姓占全村人口的 90% 以上，其余为李、张、王等七八个小姓。如楼宋这样的主姓村，小姓也被称为**"外姓"**或**"杂姓"**。据村支书说，该村的"外姓"有三个来源，一是"土改"时分得地主土地与房屋的长年雇工，如李姓，现发展到10余户，四五十人；二是入赘女婿，新中国成立后改为本姓；三是1958年迁移此村的库区移民，如张姓。如今，村支书、村主任、村会计皆出自宋氏宗族。然分管科技的副支书却姓张，张某之叔，曾任该村支书一职。其本人初中毕业，参军7年，在部队入党。全村10多名党员，绝大部分参军入党。"党员是担任村干部的重要条件，大姓、小姓关系不大。"村支书如是说。

宋支书与张副支书说，1981年实行土地家庭承包制，分田单干，农户各顾其家，村干部省却集体化时每日派工、评分的头痛事，所以干部群众都认为该政策好。然也带来两个问题。一是全村土地的机耕率比1981年前还低。全村有10余台拖拉机，基本用于运输。大部分农户用牛耕地。二是全村水利建设投入大大减少。如今二三千亩耕地，仅有9口百米以上深井，其中7口是集体化时期打的。从1981年到1996年的十五六年间，村里只打了2眼深机井。分田到户后，再集资打井，困难颇多。年成有好有坏，风调雨顺，无须用井水浇地；每打一井，有的用得着水，有的用不着水。能用上井水的，也有个远近、早晚、多少的差别。要农户均摊费用，实不好办。如谁受益谁出钱，如今打一口深井费用很大，他们未必出得起这笔钱。办村集体企业，以工补农搞水利，说说容易，做到难。村里1994年办了家皮鞋厂，如今还贷都有困难。农民非到大旱临头，才晓得打井浇水，靠天吃饭的老观念根深蒂固。

在县、乡"富民工程"的督促下，1994年该村投资20万元（其中银行贷款8万元，村民集资12万元）办起股份制皮鞋厂，但效益一直很差。村支书说，效益差有两个原因。一是销售不畅，不少应收款收不回来。1994年前后，全乡共上马18家皮鞋厂，最大的有200余职工，小的有一二十人。一乡如此，全县可以想见。都以为办皮鞋厂能赚钱，一哄而上。二是本村农民的素质差。"我村皮鞋厂共有20多个职工，其中 4 个是浙江温州人，他们每人一天能制鞋 10 来双，本村职工每人一天只能做一两双。"经营了两年多，还欠着银行的 8 万元贷款，村集体也没有得到多少好处。

该村因种植葡萄与苹果而被乡政府列为"林果专业村"。然该村引种葡萄却是村委干部的自发行为，而非县、乡"富民工程"的产物。村支书说："10 余年前，我任村主任，感到光种粮食只能图个温饱，要花钱则要动新脑筋。1981 年分田到户，村里绝大多数农户的温饱是解决了。但缺钱花，村委也同样缺钱，所以一直琢磨着生财之道。一天我到县里与林业站主任谈及此事，他说，他曾在报上看到一则新闻，说辽宁等地农民从日本引进一种'巨峰葡萄'，粒大而甜，产量很高，经济效益不错。于是回村与村支书、村民兵连长商议，决定到辽宁采购苗种并学习栽培技术。"

我仔细询问了村主任 1985 年赴辽购苗种的经过：第一步，村支书从县林业站甲某处听到辽宁某地引种日本巨峰葡萄的信息并决定赴辽购买苗种。第二步，甲某找到他的本县朋友乙某，请他写信给辽宁工作的亲戚丙某，村主任持信先到丙某家；第三步，丙某把村支书引见给丙某的一位在辽宁某部队师部工作的亲戚丁某；第四步，丁某又把村支书引见给一位与某葡萄园主相熟的战士戊某；第五步，战士戊某带村支书去见葡萄种植园主——一位退休回乡栽培巨峰葡萄并大获成功的退休工人。该园主深为村支书的**诚意**与**远道**所感动，热情款待并传授技术。村支书购得苗种 3000 株（每株 1.2 元，低于市场价 0.3 元）。临行允诺，如在栽培过程中有问题，他将随时自费前来指导——结果如其言，自费来河南一次。

这是村民将"人情关系"与"市场关系"相结合的典型个案。其实，这是一种十分普遍的村民适应市场的行为方式：**村民习惯于将"钱—物"的交换关系置入一种他们熟悉的私人关系网络，并通过人情关系的保障**，避免陌生人之间可能发生的欺诈行为。

村支书说，1985 年引种成功，1987 年即有收获，1988 年始进入丰收期，平均亩产 4000—5000 斤。在河南，原来只有粒小味酸的葡萄，故当颗大且甜的"巨峰"投入市场，很受欢迎，赚了不少钱。但好景不长，1991 年始，随着种植者增多，市场价值下跌。这种极易损耗腐烂的东西，又不易运输到稍远的城市去，这两年已没有多大经济效益了。（如今全村仍有 100 亩左右葡萄）

1993 年，因葡萄收益下降，他们到山东临沂引种优质苹果 400 亩。1994 年乡里实施"富民工程"计划，又扩种 400 亩。苹果通常 3 年挂果。在这 3 年内，地里可以套种小麦，一旦到了收获期，便不能再套种。

该村现有耕地 2740 亩，人口 1876 人。葡萄、苹果共占地 900 亩，尚有人均将近一亩口粮田。人均 0.8 亩左右耕地确实是条重要界线。只有超过人均 0.8 亩的那部分耕地，才能用于发展**经济作物**或**家庭饲养业**。藕池村、袁庄村选择了后者，而楼宋村选择了前者。村支书说，该村养猪的农户不足半数，且一年出栏一二头而已。

当问及村里剩余劳力的出路时，村支书说，全村外出打工者约 400—500 人。有往深圳、广州的，但大部分在省内的郑州、平顶山、许昌等若干城市，且绝大多数集中在**建筑业**。（看来，城乡建筑业及由建筑业而带动的其他产业，是吸收农村剩余劳动力的主要产业。）

在村民看来，村干部是中国最小的官，其实村干部依然是一种"职役"。村正、副支书说，当村干部一是太忙，二是报酬太低。县、乡推行"富民工程"的各项计划，归根到底要通过村委落实到各农户。上面制定计划容易，但落实到农户十分困难。村干部夹在乡政府与农户之间，往往是两头不讨好。上面一会儿要求我们种什么，一会儿要我们养什么，但很少考虑到市场前景。倘若听了上面指示而使农民吃了亏，挨骂的还是村干部。"富民工程"叫农户致富，那谁有意见？"谁不想发财？做梦都想，**问题是计划上可能富民的项目，一到市场上，未必能真正富民。县乡干部可以指挥我们村干部，但左右不了农副产品的市场价格。再说，如今又不是生产队时期，要农民种什么养什么他们就种养什**

么。今年的苹果市价一上来就很低，如今后几年都不看好，我们800亩苹果怎么办？"

去年，六七个村干部辛辛苦苦忙了一年，到年末一分钱都没有分到。今年，看来也没有钱分给村干部。因为去年的钱全部用来盖村小学楼了，把村小学的几间破房、危房拆了，盖上了楼房，总投资25万余元。向银行贷8万元，向村民人均摊派80元，共集15万元，再搭上部分村提留款，总算把小学楼盖起来了。（村管小学经费，乡管乡初中经费，县管县中学经费，这对于主要收入来自土地的村、乡、县来说，确有不胜重负之感。）

中午，村支书设席招待：一碗面糊，一碗萝卜烧肉，一箩烙饼。饭后已是下午2时，村支书要赶到乡里开会，请副支书陪同我们走访农户。

副支书先陪我们参观该村的"养兔专业户"。户主名宋连清，年40岁，妻39岁，生有一女一男，已上中小学。1992年，看县邻村秦氏养兔赚钱，于是养兔35只。1993年养60只，1994年70只，1995年85只，1996年增至100只。今年8月，宋连清风尘仆仆赶到上海南汇县，购买个儿大且毛长的新品种。"当地兔子年产毛仅1.3斤左右，上海南汇兔年产毛3.2斤。每只南汇兔年可获纯利50元左右，饲养百只，按现在的兔毛市价，可获纯利5000元。南汇兔一年二至三胎，每胎5只兔仔，这也是一笔收入。"这是这个内地村民对南汇兔的预期收入所做出的判断。这对勤劳的夫妇对"养兔脱贫致富"颇具信心。然而，他们依然住在1971年盖的土坯瓦房内（据他说，此类老式旧房在全村如今已不足三分之一），室内并无值钱的家具。这家具有5年养兔史的农户显然并未脱贫，谈何致富。户主道其缘由：实在是家庭负担太重，上要赡养一对早已丧失劳动能力且多病的岳父母，下要供养一对子女读书。故夫妇终岁勤劳，靠着土地种植与庭院饲养两份收入，也只是维持温饱而已。"没有那么重的家庭负担，房子是可以盖起来的。"临别时，这对夫妇这样对我说。由副支书陪同，我不便问农民负担问题。

参观了"养兔专业户"后，参观"养鸡专业户"。这是副支书的叔叔家，在砖瓦结构且高大宽敞的客厅里，这位年过六旬的退休老支书与他高中毕业后在家养鸡的儿子一起与我们攀谈起来。老支书说："养鸡，**投资**大，**见效**快，**风险**亦大。"对经济学术语运用得十分熟练且准确。养鸡所属的"大投资"是**前几年种葡萄积累起来的**。他说："**引种巨峰葡萄的人多了，价格必然下跌。所以看着别人都去种葡萄了，我就转向养鸡。**"他对市场供求与价格关系也颇有体悟。

庭院里有一个很大的鸡棚。刚全部撤空，清场，消毒。老支书说："500 只鸡刚卖完，过几天再进一批小鸡。每年可养鸡三到四批。"我问他一只鸡能纯赚多少钱。他说："肉鸡市场价格波动很大，数天之内，每斤市价有差一两元的。一般而言，每只鸡纯赚 3 元左右，少则 2 至 3 元，多则 3 至 4 元。"该农户年产鸡 2000 只，以每只赚 3 元计，则全年获利 6000 元。他儿子说，今年准备在院旁空地上再建一座二层鸡场，扩大养鸡规模，改善养鸡环境。这位县职高毕业生，在校时学的是林业与农业，畜养业也学过一点。如今购置数本饲养鸡的书，一边自学，一边实践。"外面世界虽精彩，但外面的世界更无奈，外出打工挣钱，实在不那么容易。在家养鸡，虽富不了，但很稳当。"这位有技术的年轻农民如是说。在舞阳县共有三所职业高中，教授各种实用技术，这确实是农村教育的一个大方向。

按原计划，再要走访一二户纯农户与一二户贫困户。参观了两家专业户后，副支书说："俺村没有特别富裕的，也没有特别贫穷的。经济情况与他们差不了多少。"示意我不要再走访农户。在这位"副支书"的心目中，我是"**上头来的人**"，是来考察该村"富民工程"的。所以，让我看两家养鸡养兔专业户，其余可不必再看。于是请他陪着我转一圈村落。

楼宋村很大。这不仅指该村落现住户数与人口，更指村落的占地规模。东西长约 800 米，南北宽约六七百米，占地近 800 亩。若户均宅基地以 0.6 亩计，村内道路以户均 0.2 亩计，540 户的村落如加以合理布置，只需土地 432 亩，这样可节省近半数土地移作耕地。村内有许多闲置的宅基地，还有七八个大小不等的池塘，水浅而混浊，不少村妇在池塘边洗衣服。我问副支书："这样混浊的水怎能洗衣？"他说："女人们都说，用池塘水洗衣，衣服不容易坏。在池塘洗后，再回家用井水冲一下就行了。"村内池塘几乎没有什么经济利用价值，因为天一旱即干枯，渗水率很高，既不能用来养鱼鸭，又不能蓄水灌溉，与南方池塘全然不同。对村落内大量空闲土地问题，我不知道中国的土地管理部门是否做过统计与研究。

全村唯一具有"现代"气息的建筑物，是新落成的二层楼宋村小学校舍。我问副支书："去年人均征收 80 元盖校舍，村民有无怨言？"（今年还得人均征收 50 元，还贷款）他说："盖小学、修路，问农民要钱，他们还是愿意出的，孩子要读书，人要走路。只要一次不要收得太多，只要村干部不贪污，农民没有什么意见。倒是这两年的烟叶税，农民怨言很多，村干部们也想不通。"原来，去年该村要上缴烟叶税 4.7 万元，今年增至 5.2 万元。如果村民确实种烟，计亩征税，那也不会产生怨言。问题是近些年来，种烟虫害难治，全村几乎不种烟草，**烟叶税成了一种摊派，且越来越重**。一村如此，全县皆然。县政府用"明白卡"减轻"农民负担"，同时又用烟叶税"摊派"增加农民负担。对县财政而言，出此"良策"（或曰"下策"）确有难言之隐，但对"明白卡"而言，实是一种嘲讽。

近村口处，有一段数十米干枯的河沟，一座低矮的拱形石桥，大半已陷于河床之下。看样子是早已废弃的护村河。副支书告知："20 世纪50 年代初，楼宋村的护村河还保存完好。护村河内侧还有土围墙，围墙之四角，还有岗楼与碉堡。后来随着村内人口增加，住房逐渐向外扩张，绝大部分河段被填没造房，如今只剩下这一段了。"一个宗族（宋氏宗族相传明初从山西洪洞迁来），**一个村落**（这个在元末明初的战争废墟上重建的村落已有五六百年的历史），**一个土围子**（在社会动乱的年代，还是一个武装自卫的团体）。近半个世纪以来，古老的村落社会经历了它有史以来最为激烈的变化：前 30 年的变化主要是由自上而下的行政力量促成的，近 20 年来，**行政力量相对削弱，市场力量逐渐增长**。承包制下的**农户**、**政府**、**市场**三者之间的互动关系，或能成为我们透视村落社会变化的三棱镜。

下午 5 时 30 分，辞别楼宋村。

▶ 9月15日　堪忧的政绩工程

在一县范围内，要对县、乡、村、户四级诸种情况做广泛而深入的调查，没有县党政首脑的理解与支持是完全不可能的。而要对全县的诸种问题做自由而详细的调查，要得到县党政一把手的全力支持，也是十分困难的。一县如此，一乡、一村亦复如此。因为此类调查将触及许多忌讳。作为官吏，他们对我这个"调查者"是"设防"的；作为个人，他们又把我当作朋友与老师，十分愿意与我长谈。此类访谈，或能得到许多社会信息或发现真正的问题，但你无法就此类问题做广泛而深入的自由调查，以便做出全面而客观的判断。中国社会生活中的众多忌讳与防范，或许是中国社会实证研究如此不发达的基本原因。

在该县，能让我自由进入各类"调查现场"的条件十分缺乏，走访三个村，如此而已。于是想早点结束舞阳之行，返回开封，然而全县副科以上干部出席的报告会——这是他们请我来舞阳的主要目的——要推迟到18日晚。所以，这三四日时间只能在旅舍整理材料，准备报告提纲。

上午9时，县某办公室主任来旅舍求见。说是"有许多问题多年来积压在内心，但找不到可商讨的人，今日得便，特来请教"。他的履历与前日来访的两位小官员十分相似：原是中学教员，在强调干部"知识化、年轻化"的20世纪80年代初、中期，他弃教从政。先到乡政府做秘书，后调到县政研室，次又调到县某办公室，前年出任主任一职。在干事、副科级别上转悠了10余年，方得到姗姗来迟的正科。如今已40岁有余。据他说，在县、乡党政机关内，如他一般经历者占有很大比例。另一主要来源是退伍军人。近些年来，由大专、本科毕业而直接分配到县、乡机关的，也不少。

他说，最令他困惑的是"如何评价广大中西部地区土地家庭承包制

下的农民及如何评价承包制农业的经济发展潜力这两大问题"。这位生于农村、长于农村，但在城市中接受过大专教育的县城知识分子，对**农民阶层**的评价甚低：**分散、落后**与**愚昧**。土地家庭承包制与集体化相比，固然提高了农民的生产积极性与单位产量，但从 1985 年前后起，土地家庭承包制的潜力已发挥殆尽，而在农田水利建设方面的弊端却日益显现出来。农业经济原来是一种低效且脆弱的经济，作为农业生产基本单位的家庭更是一种脆弱的组织形式。如今农村的家庭差不多是核心家庭，只要其中一个长期患病或残缺或智力偏低，这个家庭便无法有效地组织农业生产。在农村，这样的家庭虽然所占比例不高，但他们永远摆脱不了贫困。关键的问题是家庭经济的规模实在太小。我县人均耕地不足 1.5 亩，比全省的人均耕地面积还略多，四口之家，也只有 6 亩耕地，且地块分散，靠天吃饭，家庭经历的发展潜力到底在哪里？"富民工程"要求农民拿出一部分耕地出来发展经济作物，要求农民发展庭院饲养业。如果切实推行这项计划，多少可以增加一点农户收入，但市场风险也随之增大。经济规模如此狭小且脆弱的农户，是承受不起较大的市场风险的，恰如经受不起较大的自然灾害一样。总之，**如此低下的农民素质，如此狭小的经营规模，如此脆弱的家庭组织，要快速提高农民的收入是不可能的**。地方政府想通过一个"富民工程"，去"激活"乡村干部，去"激活"农户，逼他们快速致富，动机善、心愿好，但这个"富"是"逼"不出来的。就河南全省的情况来看，可以用两句话来概括："**温饱基本解决，发展后劲乏力**。"需补充的是：一旦发生水旱之灾，温饱也成为一个大问题。

他说，**承不承认内地广大农民的分散、落后性，承不承认承包制农业经济发展的缓慢性与有限性，这对地方政府与官员来说有着头等重要的意义**。只有承认这两个判断，地方政府在制定经济计划时才有可能做到**实事求是**，做到**量力而行**，做到**耐心而循序渐进**。每个农民都知道，种上的庄稼有个自然发育的过程。要使庄稼长得快长得好，只能在良种选择、施肥、浇水、除草治虫方面下力气，而不能拔苗助长，然而，内地干部特别爱做的事，恰恰是拔苗助长。

此时，我插话说，我赞同这两个重要判断及其结论。对于内地农业大县来说，承包制下的广大小农，有一个休养生息的问题，内地农民是否愚昧，姑且不论。但他们确有改善自身生活条件的强烈愿望，也能对市场价格——包括农副产品价格与劳动力价格——做出积极的反应。在这一点上，内地落后于沿海则有之，但并不愚昧。的确，只有承认这两个判断，我们才能以如其所是的那个样子去看待内地的农民与农业。只有承认这两个判断，才能明白**行政体制改革**对内地具有更紧迫的意义：一是**地方各级党政机构必须精兵简政，这是能否切实减轻农民负担的关键所在**；二是**地方各级政府必须转变职能**，即从**指令经济**的习惯职能上切实地转移到**服务**上来。各级地方政府与官员无权指令农户做什么，不做什么，但有责任引导农户进行生产结构的调整。同时引导各分散农户进入全国性的大市场。如何将各分散且缺乏组织能力的农户与大市场连接起来，同时尽可能地减少市场风险，保障农户这只小船不致被市场的狂风巨浪所掀翻，这是各级地方政府的重要职能。这位主任苦笑着说："精兵简政、转变职能，中央在 20 世纪 80 年代中期就提出来了。但说说容易、做到难啊。精兵简政，就是打掉别人的饭碗，谁愿做招人忌恨的事。内地官场，只有服从上级的习惯，只有开会发文件，坐办公室的本事，如何去转变职能？"

他接着说，在生产力如此低下的中部农村，要用三五年时间，或八九年时间，接近或赶上东部沿海地区，那是不切实际的。对河南来说，要使绝大多数的乡村与农户在 2000 年进入小康，也是不现实的。充其量，只能树几个"小康示范村"。然而，近十几年，内地各级地方政府与官员在"超常规、大跨度"的口号激励下，不断出台一些大而无当的经济发展计划。新官上任，总要"一年初见成效，三年大见成效"。表面上轰轰烈烈，其实劳民伤财。上级政府把"超常规"发展计划，内容、项目、指标层层分解到下级政府，下级政府官员为了"超额完成任务"，又层层加码。到时无法落实，只好在报表、数值上做文章，浮夸、虚报之风由此而起。**"拔苗助长，急于求功"**，其原因有三：一是河南人的一个传统，1958 年的"大跃进"、浮夸风，全国以河南为甚；二是因为落后故要迎头赶上的急切心理；三是突显政绩，邀功求升。邓小平的"实事求是"精神，经济发展中的"量力而行"原则，恰恰被忘得一干二净。

他又说，县、乡党政一把手的频繁调动，是产生政策短期行为的重要原因。新官上任，多求一年初见成效，二三年大见成效。能初见、大见成效的政绩，莫如拓街筑路，起楼架桥。这不是说，城镇公共基础设施不重要，问题是要量力而行，且要注意投资效益。既入仕途，要求迁升，也是人之常情；升迁要凭政绩，这总比凭裙带人情关系，甚至凭权钱交易迁升好得多。问题是什么叫政绩，如何显示政绩？衡量政绩的标准，只能是邓小平的"三个有利于"，而不是别的什么。然而上面制定的干部考核指标违背这一精神，且考核的方法主要是听汇报，最多是看一看，能走马观花看出来的政绩，大体是些基建项目。这些年来，河南各县的城镇，道路建设发展很快，但经济发展后劲越来越不足，其根源就在于此。

这位主任所谈问题及观点与前日来访的两位官员所谈的十分相近。我问主任："县、乡官员平时相处，是否常议论这类问题，交换各自看法？"他说："几乎不议论。俗话说'病从口入，祸从口出'，虽然现在言论比较自由，但还是谨慎些好。再说，县、乡干部整日忙于事务与应酬，无暇读书与思考，也没有这个兴趣。能思考点问题的人并不多见。官场嘛，对独立思考总是很忌讳的，只需要听话与服从。"我想，各自独立的头脑在无交流情况下思考同一问题，且站在同一立场思考同一问题，这一现象本身就足以说明此类问题的普遍性。我们对地方政治问题的研究应从这些普遍被感觉到的问题出发。

两人会谈，持续 3 个多小时。

＊　＊　＊

下午，独自在旅舍整理调查材料。内有一份某乡镇 1994 年 11 月 10

日制定的"城乡一体化建设的基本思路与规划"。让我们来看一看该乡镇的决策者在任三年内要完成的投资项目。

一、七项基础设施建设

1. 镇区自来水工程。整个工程分三期完成，第一期已投资 32 万元（第二、三期未做预算）。从其工程量来看，第二、三期恰是第一期工程的 2 倍，估计总投资近 100 万元。

2. 电力开发。建乡镇变电站一所，计划投资 800 万元。

3. 道路建设。计划新修、拓宽、整修、硬化道路 12 条，总长 25 公里，总投资 96 万元。同时拓宽环乡主干道 30 公里。（此 30 公里主干道未做预算。）

4. 广电、通信设施建设。建电视中转台、有线电视台各一座，程控电话 300 门，总投资 80 万元。

5. 宾馆建设。在镇区建迎宾馆一座，总投资预计 600 万元，1997 年投入运营。

6. 中心幼儿园建设。建具有一定规模与档次的中心幼儿园，计划投资 60 万元，1995 年竣工并投入使用。

7. 镇区公厕建设。共建公厕 10 座，计划投资 15 万元，1996 年全部竣工。

上述七项基础设施建设，计划总投资 1783 万元。

二、"五区""一带"开发

1. 文化科技小区。共有五大工程：现代化影剧院，青少年文化宫，农机农技服务中心，新华书店与文化长廊。其中，现代化影剧院计划投资 200 万元；青少年文化宫，第一期工程计划投资 100 万元。共投资 300 万元（其余工程未做预算）。

2. 商贸小区。总建筑面积 1.2 万平方米，占地 30 亩，总投资 310 万元。

3. 工业小区。占地 200 亩，内建 8 大企业，1994 年 10 月已建成玻璃厂一家，总投资 300 万元，估计年产值 1200 万元，年利润 300 万元。（据说玻璃厂建成但未正常营运，这样只有投入而没有产出的"玻璃厂"全县还有好几家。）其余 7 家企业，未做预算。

4. 农贸小区。第一期工程占地 100 亩，投资 230 万元。

5. 旅游小区。第一期工程占地 30 亩，投资 120 万元。

6. "一带"，即开发某公路段北侧绿色经济带，三年内将现有 1.4 万亩苹果基地扩展到 3 万亩（注：全乡镇共有耕地 6.87 万亩），"到 1997 年，全镇有 1 万亩果园进入盛果期，平均亩产可达 3000 公斤。再加上未进入盛果期果树产量，总产值可突破 1 亿元"。（注：市场价格波动因素全然被忽略了。）

上述六项计划投入（包括已投入）共 1260 万元（不包括农户的投入）。

三、乡镇企业建设

该规划说："在原有乡镇企业基础上，一是镇办企业要达到 15 个；二是各村都要办一个产值在 100 万元、利税在 10 万元以上的企业；三是大力发展个体、私营和股份制企业。到 1997 年，四类企业总数突破 1500 个。"（注：乡村企业没有开列投资预算。全镇共有 33 个行政村。）

四、农业区域开发 （略）

五、服务体系建设 （略）

根据上述三年规划，要完成七项基础设施建设和"五区"开发，至少得投资 3043 万元。（若再加上 15 个镇办企业，33 个村办企业，按其产值利润指标，每个企业投资以 50 万元计，总投资要 2400 万元。）在这三年之内，到哪里去搞 3000 多万元钱呢？该"规划"的制定者告诉我们说，资金有五大来源：一是"本着谁投资谁受益"原则，发动群众投资和搞义务工；二是吸引一部分先富起来的农民进镇居住搞投资；三是"镇财政投入一部分"（注：1994 年镇财政收入据"规划"统计是 200 万元）；四是争取上级有关部门扶持一部分（包括贷款）；五是千方百计引外资搞开发。

该"规划"最后说:"要进一步解放思想,更新观念,开阔视野,增强'三化'意识,克服小农经济思想,发扬'三敢'精神(注:三敢,即**敢想,敢试,敢冒**)。**树大目标,干大事业,做大贡献**……只要我们上下齐心协力,抓住机遇,**大干快上**,经过三年的努力,展现在我们面前的必将是一个**布局比较合理,功能比较齐全**,环境优美,生态平衡的新型城镇。"

1994年,舞阳县党政制定了"舞阳县1994年经济快速发展计划",于是各乡镇党政便有各自的"三年发展规划"。各乡镇所定计划,在具体项目与细节上或有差别,但在**"大干快上""敢想,敢试"**的精神上,应是相同的。一县如此,我推测其他各县也是如此;各县、乡上任执政所定计划如此,下任执政或也如此。总的精神是**"快速致富"**。大而言之,这也与我们民族近百年来,"求富求强"的企盼是相一致的。中国"大跃进"的最早设计者并不是毛泽东,而是孙中山。毛泽东是"大跃进"的实践者。方案与具体做法各不相同,但"大跃进"的必要性与可能性理论,孙、毛两人并无二致。一个因落后而长期挨打、备受屈辱的民族,快速富强的欲望既正当又崇高。

我们备受经济落后之苦,然而,近半个世纪以来,我们还饱经"敢想敢干、超常规、大跨度"的急切心理及在此心理影响下制定的各种不切实际的"发展计划"之苦。我们不仅要与贫穷落后作斗争,还要与急于摆脱贫穷落后而制定的雄伟规划及其行政压力下的蛮干作斗争,因为正是这些主观的规划与实践,耗费了我们艰难积累起来的有限资源,从而延缓了我们的实际发展速度。我的总的想法是:宁可慢点,但要稳点,千万不能再穷折腾了。对内地省县而言,更是如此。

▶ 9月16日　劳民伤财的度假村

上午，在旅舍草拟了三个演讲题目：一是"政治与干部廉正问题"，二是"三农（农民、农业与农村）与地方政权"，三是"地方政府、市场经济与土地家庭承包制下的农民三者之间的关系"。到底讲哪一个题目，我想征求他们的意见后再决定。作为大学教员，我有给学生讲课与演讲的经验；作为一个调查者，我也有个别访谈或组织小型座谈会的经验。但要给内地一县的数百名党政官员做学术报告，这却是生平头一遭。讲什么内容能引起他们的广泛兴趣，用什么语言能被他们普遍接受，心中实在没有一个底。

演讲，要讲听众们所"熟悉"或"已感受到"的问题，这是没有疑问的。演讲者必须从听众的**"熟悉"**与**"感受"**出发，而不能从别的什么地方出发。演讲者的责任是把处于"熟悉"与"感受"中的听众领到**"熟悉"**与**"感受"**之上，并进入演讲者设定的"理论框架"之内，从而让听众跟随着演讲者一起用这个理论来分析他们所"熟悉"与"感受到"的问题，以达到"理解"的目的。"熟悉"到"习以为常"，恰恰是理性思维的巨大障碍，但"已感受到"恰恰是理解"理论"的前提。一场成功的报告，首先要在"熟悉到习以为常"处提出问题，从而使听众们从"熟悉"的昏睡中惊醒，其次把他们引领到理论的高度来审视、分析并理清他们凌乱、矛盾的"感觉"。当绝大部分听众发出"呀！原来如此！"的感叹时，证明演讲达到了预期的效果。困难的问题在于，我无法预先测知该县数百官员对上述讲题的"熟悉"与"感受"程度。

下午，县某委、办的三位中青年官员如约前来拜访：一位官阶相当于古代的"正八品"（科级），两位相当于"从八品"（副科）。他们入仕或八九年，或十余年，在县、乡党政机关转了好几个部门。我就三个讲题的提纲征求他们的意见，他们更倾向于第三个题目。在谈话中，他们给我提供了两个实例。

第一例，地方政府的投资行为其实是县、乡两级党政一把手的投资行为，因为地方政府投资并不是地方党政部门集体决策的结果，而是由掌实权的党政一把手，即县、乡党委书记来决策。搞项目投资，虽说是"发展地方经济"，或说"造福一方人民"，但更重要的动机是"树政绩"，树他们个人的"政绩"。1992 年，该县投资数百万元（或上千万元，他们对具体投资数说法不一），在县辖某乡圈地一二百亩，创建"度假村"。按原设计，这是一个集养鱼、钓鱼、休闲于一体的度假村。投资款项，一部分来自银行贷款，一部分来自农民集资。度假村是建成了，政绩是显示出来了。主持该项目的官员，也因此政绩而提升为副市长。**但谁来度假村度假呢**？是刚刚达到温饱阶段的农民吗？当然不是。是个体、私营工商主吗？也不是。因为在舞阳及邻近各县，这一阶层的人数既少，经济力量也不足。是外商或城市的富人吗？他们周围没有什么大城市，说搞个度假村就能改善投资环境，吸引外商前来搞投资，其实也只是一厢情愿的事。度假村刚开张的那一两个月内，邀请前来度假的，都是些省、市各部门的官员。这些被邀请前来的官员，不仅不能给度假村带来收入，相反要赔钱：食宿招待要花钱，池塘里的鱼是花钱买来供他们"垂钓"的，临走还得送点鱼。维持不了多久，便无鱼可钓了，度假村只能关闭。挖好的池塘只得填土还耕。数百万元的银行贷款与农民集资也付诸东流。事情败露，主持其事而升到副市长的那人，也因此落职。他丢掉的只是一顶乌纱帽，但数百万元欠款由谁来归还呢？

第二例，前年，邻县在数乡推行一项"富民工程"：指令农户种植葫芦。为此，县政府专门组建一公司，向农户提供种子、技术，并确保收购。出发点是很好的，希望农户通过种植葫芦而增收。公司加农户的组织方法也是报上所推广的。宣传、推行的力度很大，许多农民都种起葫芦，但到了收获季节，该公司却拒绝收购。公司拒收葫芦的原因不太明了，有的说县公司缺乏收购的资金，有的说那年葫芦市场价格很低，公司赔不起。结果四乡农民将成车的葫芦运到县政府大院，以示不满与抗议。

从计划经济向市场经济的战略性转轨过程中，东南沿海地区与中西部广大地区由于所处的地理环境不同，进入市场的条件、机遇与成本不同，因而呈现出不同的发展态势。20世纪70年代末、80年代初推行的土地家庭承包制，是中国农村改革的起点。从表面上看，东南沿海地区与中西部地区都是站在这一起跑点上同时起跑，其实不然。

1. 东南沿海地区，至少从五口通商以来，便处在从自然经济向市场经济的转变过程中，近代型的工商城市密集于东南沿海，东南沿海乡村农业人口向城市的转移一直在持续进行。且工商城市的发展，反过来促使东南沿海的农业逐渐商品化了。计划经济的确立，只是暂时中断了这一过程。

2. 人口对土地的压力，东南沿海乡村高于中西部地区，即使在计划经济时代，这一压力也迫使沿海乡村的剩余劳动力向工商业寻找出路。公社时期社队企业的存在与发展便是证明。

3. 推行土地家庭承包制后，东南沿海乡村在**社队企业的基础上，迅速发展了乡镇企业**，农业逐渐降为副业。东南沿海乡村企业的崛起与迅猛发展，得益于"**天时、地利与人和**"。天时，即因人均耕地严重不足而历史地形成的向非农经济谋生的强大冲动；地利，即同时得国内与海外两大市场之便利；人和，即有大量"城市亲友关系"可资利用，为乡村企业提供人才、技术与市场。

4. 当城市与国有企业改革迟缓且艰难起动之时，东南沿海迅猛发展的乡镇企业已占据了绝大部分轻纺日用产品的市场。

中西部地区的绝大部分乡村，因缺乏上述四大条件，而无法重复走东南沿海发展乡村企业的道路，除非他们拥有独占的地下矿藏资源。舞阳县的"富民工程"所提的两大口号"十万农户上项目，十万大军下江南"，也是不得已的选择。所谓"十万大军下江南"，是为东南沿海经济发达地区提供廉价劳动力；所谓"十万农户上项目"是鼓励农户发展家庭饲养业与提高经济作物的比重。

中国的中西部地区能否重复东南沿海经济发展之路？ 不能，至少很难，当然少数地区除外。东南沿海的经济发展将**带动还是抑制**中西部地区的经济发展？很可能**"带动"**与**"抑制"**并存。那么前者的发展是否会将后者变成单纯的劳动力与原材料的供应市场与工业品的消费市场？这是内地干部与知识分子甚为忧虑的大问题。或说，**东南沿海与中西部地区的关系会不会发展到如同第一世界与第三世界之间的关系**。正因为有这一大忧虑，故中西部采取"追赶"与"效仿"战略：你发展乡镇企业，我也发展乡镇企业；你引进外资，我也引进；你搞开发区，我也搞开发区。同时封锁市场，保护本地工业。然而，内地政治经济建设中的诸多问题，恰恰是由"效仿"与"追赶"发展战略引起的：为了推行乡村企业，为了开发旅游区，为了招商引资，为了城镇标准化建设——总之，为了"追赶"，内地不少县、乡处于严重的负债经营之中。

河南省的高层领导希望从舞阳县正在实施的"富民工程"中，寻找一条切实可行的经济发展之路。中心是从千百万分散经营的农户出发，从提高农户经济作物与饲养业的比重出发，从增加农户货币收入出发，**这是一条稳妥但必然是缓慢的经济发展之路**。这条发展之路的实质是：不要与沿海发展速度相比较，而是与自身的现在与过去相比，力求逐年有所增长。不是从经济发达地区去照搬高发展目标与速度，而是从自己的现实条件及可能性出发制定发展目标与方法。

这条农村经济发展之路能否取得持久的成效，关键在于能否处理好"县乡地方政府、承包制下的千百万小农与市场经济三者之间的关系"。核心是分散独立且规模狭小的农户经济与大市场定位连接问题。在这个问题上，地方政府与官员对自己能做些什么，不能做些什么，应该做些什么，不应该做些什么，要有一个清醒的认识。地方政府利用行政力量可以增加某类农副产品的产出量，但无法保障增产必然增收，因为市场价格并不受地方政府所控制。有时，利用行政力量突然增加某类农副产品的供给，往往是促使该类产品市场价格猛跌的一个主要原因。此类适得其反的事件，各地多有所闻。在从计划经济向市场经济转轨过程中，内地确实遇到双重的困难：**一是分散且狭小的农户经济适应大市场的困难，二是依然习惯于"指令习惯"的地方官员适应市场经济的困难。能否创造一种新的组织形式以完成这两大适应，这对内地经济来说，具有举足轻重的意义。**

这便是我后天晚上演讲的主题。

▶ 9 月 17 日　一本有趣的通讯录

时大时小的雨，飘落了一整天。我独处旅舍，草拟明晚报告的详细提纲。其实，这也是对中原数月调查过程中**所看所谈所思所虑**的一个梳理与总结。报告主题是"县乡地方政府、承包制小农与市场经济之关系"。

一、关于土地家庭承包制下的小农经济

1. 从土地集体所有制、集体耕作制与分配制向土地家庭承包制的推进是中国农村改革的起点，也是中国改革开放的起点。由此而引发出来的一系列经济、社会之变化，远远超出我们的预料。

2. 人们首先感到的是土地家庭承包制的优点：农户生产积极性的普遍提高，精耕细作，使得中国的农业产量在推行承包制的最初四五年内持续增长；管理成本的降低也使原来直接负有农业生产管理之责的乡村组干部以为方便；获得经营权与人身自由的农民既从产量的增加中获益，达到温饱，也从集体束缚中挣脱出来，获得支配自身劳动力的自由。

3. 自 20 世纪 80 年代中期以来，一部分从事农村经济研究的人士与部分地方党政官员发现土地家庭承包制的内在缺陷：① 地块分散给农户往返劳作、机耕带来不便；② 一部分农户弃农经商导致部分耕地的荒芜或粗放经营；③ 给水利建设的投入带来了很大的不便与困难；④ 集体经济的瓦解使得相当一部分农村基层政权处于半瘫痪或瘫痪状态；⑤ 土地的频繁调整促使许多农户对土地的"掠夺性"经营，如此等等。不少人问，土地家庭承包制对农村经济的进一步发展是否还具有潜力？他们认为：农业的根本出路在于机械化与规模经营。但如何才能达到规模经营，提高**人均产量**？有两种看法，一是在新的基础上，重新集体化（如双层经营与管理），一是通过土地私有化、兼并而达到规模经营。这两种看法都将土地家庭承包制视为一种短暂的过渡形态。当然，持上述观点的人只是少数。重要的是千百万农户与中央都认为，土地家庭承包制是应长期坚持的根本制度。

4. 可以相信，土地家庭承包制是今后相当长的一个历史阶段内农村经济发展的**基础**，是中国广大农村社会稳定的一块**基石**，也是中国农民**唯一**能接受的一种土地分配制度。我们所要研究的是，**千百万规模狭小且相似的小农经济如何增加亩均或人均产出并与大市场相连接的问题，据此，地方政府能够做些什么，不能做些什么，应该做些什么，不应该做些什么。一句话，地方政府与官员必须转变观念与职能，以便与变化了的农村现实相适应。**

二、承包制下的小农经济与大市场的关系

1. 从计划经济向市场经济的转轨，是中国经济改革的一个确定不移的方向。一方面，中国内地的广大农民，已与大市场（主要是农副产品销售市场与劳动力市场）发生了密切的联系，没有一个农户可以脱离市场而只与土地交换为生。另一方面，内地广大农民十分缺乏进入全国性大市场的经验。更为重要的是，规模狭小且分散经营的农民单凭自身的力量，很难对变化着的市场价格做出准确且有效的反应。

2. 内地世代生活在村落之内且依土地为生的村民，只具有如下几类传统经验：一是与土地相交换；二是依靠亲友关系网络，通过礼尚往来方式进行物品与劳务交换的经验；三是与政府相"交换"，种田纳"皇粮"在村民看来是"天经地义"的；四是与周围集市相交换。超出**集市**范围的交换，通常由中间商来承担。因此，在短短十数年内便置身于全国性市场中的内地村民，要他们对农副产品的市场价格波动做出准确而有效的反应，这是有困难的。这需要有一个相当长的学习与适应过程。

3. 对内地绝大多数县、乡来说，最重要的生产部门依然是农业。农业生产的基本单位是农户。对于广大农户来说，**一是要提高农副产品的产量，二是降低生产成本，三是能卖出一个好价钱。**或说，土地家庭承包制下的小农经济能否进一步增产增收，这对于中西部广大地区来说，远比东南沿海地区重要得多。然而，要使千百万分散经营的农户同时解决上述三位一体的任务，关键在于能否建立起一个**廉价且有效的专业化社会服务体系，以及将各农户提供的小宗农副产品集中加工与大量销售的体系。**

4. 如何培育与建立专业化服务体系与销售体系？一般认为有三种途径。一是通过市场而自发地形成。但这一过程十分缓慢，且有可能使农民处于被"中间商盘剥"的境地。二是通过农户间的各种自愿的联合以解决在各自生产与销售过程中的共同问题，但农民缺乏**平等协商合作的经验与能力，**因而无法达到自愿的联合。三是地方政府对原来的职能部门（如农技站、农机站、种子站、水利站、畜牧站、供销社等）进行改造，使这些"对上负责"的政府衙门转变为"对农户服务"的体系。

三、从计划向市场转轨过程中的地方政府

1. 农村土地家庭承包制的推行，意味着集体经济向承包制下的小农经济转移，从农业自然经济向市场经济的转移。"经济基础"的变化，势必引起政治"上层建筑"的变化。在考察地方政府机构职能变化时，应将**"被动适应"与"主动适应"**区分开来。

2. 原有的"条块分合"的地方政府管理体系是适应计划经济需要而建立起来的。随着"经济基础"的变化，**整个地方政府实际处于"被动适应"的状况。**"被动适应"表现在如下三个方面。

① 有些条条（即政府某些职能部门）的实际职能已由农户与市场承担了，但这些条条依然没有被撤销。如农机站、农科站、种子站、供销站、畜牧站等。当然，农户与市场并没有很好地担负起这些职能。

② 有些政府职能部门因所承担任务的扩大而急剧膨胀起来。如社会治安的趋坏，使公安部门扩大编制，司法部门也是如此。其他如工商、税务、银行信贷、部门机构不断扩大。扩大得最为迅速的是计划生育部门，原来公社时代仅有一人兼管，如今每乡有二三十人。

③ 为解决新形势下出现的新问题而不断增设新的条条与机构。如

为了集中管理村提留与乡统筹款而专设乡农经站，为管理市场经济中的物价问题增设物价局，为管理新出现的乡村企业增设乡镇企业管理局，为管理城乡用地问题增设土地管理局，如此等等。只有当某些"新情况、新问题"成为全国性问题时，才有可能在中央增设机构，然后各省、市、县、乡相应增设，形成新的条条，以处理新的问题。

3. 由于上述三种情况，导致改革开放二十年来地方党政机构不断增多，人员也不断增多。一乡党政人员从公社末期的二三十人，急剧攀升到百余人甚至二百余人。县级党政人员，从原来的一二百人扩张到七八百人，甚至千余人。当然，农村复退军人与大专以上毕业生就业安置，也是导致党政机构人员扩大的一个重要原因。

4. 地方党政机构，一多、二肿，由此导致效率低下。或说用"增条、扩条"的办法来被动**应付**变化中的经济、社会状况，是地方政府**管理成本**不断攀升的重要原因。在农业大县、大乡的两级财政收入，相当一部分，或说大部分用于支付党政干部的工资，以解决"吃饭问题"。

5. 改革开放以来，除了县、乡党政机构一多、二肿外，各机构的**"办公成本"**急剧上升，与各级官吏要求提高福利待遇的压力，是另外两个最引人注目的现象。

① 党政各机构的"办公成本"包括：A. 办公室内条件的普遍改善、办公大楼的兴建；B. 吃喝送礼的招待费用（主要是应付上级部门官员的各种检查）；C. 交通通信设备的现代化（县各局委办主要负责人与乡镇第一、二把手基本上配备轿车与手机）；D. 有车必修路，乡、县通路必须硬化。（当然，道路投资村民也得益。）

② 干部的奖金与住房等福利（原来的基本工资太低）。这又促使各部门投入很大精力搞创收。利用行政力量搞创收，又是导致乱收费、乱摊派的源头之一。

6. 地方党政机构，一是**要吃饭**，二是**要办公**，三是**要做事**，但在经济落后的农业县、乡，其财政收入（包括预算内收入与预算外收入）只能解决干部们的吃饭问题与办公问题，很少有替地方办事的钱。故乡、村干部自嘲式地把自己的职能概括为"征粮、征款、刮宫流产"。

7. 地方政府如何解决"被动应付"局面，变"被动应付"为"主动适应"，这是当前中国地方政治改革的中心课题。**这个问题不解决，那么负有"发展地方经济、改善人民生活"之责的地方政府，很有可能成为这一目标的障碍**。这绝非危言耸听。

四、地方政府必须主动适应承包制下的小农经济与市场经济

1. 地方党政各机构必须精兵简政，大力降低管理成本，提高工作效率。

2. 地方政府发展农村经济的两种思路、两种方法。

① 一种思路是置农业于不顾或少顾，集中精力发展乡镇企业。这条道路，在江浙沿海乡村证明是可行之路，但在内地绝大部分乡村困难重重。原因在于从传统的农耕生存方式向工商生存方式的转移有一个自然发展过程。从一个散漫成习的村民转变为一个守时、守纪律的工人，从一个仅具家庭农业管理经验的村民转变为一个能够管理企业的厂长，从一个从来没有成本核算意识的村民转变为具有企业成本核算能力的经理，从一个只具有与周围集市相交换经验的村民转变为一个具有全国大市场眼光的企业家，要一个刚达到温饱的乡村积累起数十百万企业资金，如此等等，这需要一两代人坚持不懈的共同努力。"无工不富"，这是一条真理，但在传统农业县、乡发展工业，需要诸多条件（如人才、资金、技术）的缓慢积累。操之过急，必适得其反。在这方面，教训实在不少。

② 另一种思路是将经济发展重点放到**农业与农户**上。这便是舞阳县"富民工程"的总思路。在人均 1.5 亩左右的耕地上与每户的庭院里，确实大有文章可做。这是一条较慢但较稳健的经济发展思路。将剩余劳动力通过技术培训而有组织地输入经济发达地区，其意义不仅在于他们带回家乡的劳务收入可增加储蓄率，更重要的是一种人才、技术的培训，这对本地工商业的发展具有十分重要的意义。

③ 一种方法是单纯使用"行政指令"。沿袭计划经济的老办法来对

付承包制下的小农经济与市场经济，不仅无效，甚至有害。用行政指令搞乡村集体企业，充其量能搞起一个企业的"硬件"——划出一块地皮、盖一个厂房、购买一台机器——仅此而已，但行政命令绝无能力创造出企业正常运作所必需的"软件"。若用行政指令直接干预农户，既违背中央精神，更违背农户意愿。用行政指令或能突然增加某类农副产品的供给，但在销售渠道不畅情况下，往往导致该类产品价格的急剧下跌，从而使农户蒙受重大经济损失，也使地方政府的威望扫地。在内地确有不少党政官员十分迷信自己手中的行政权力，以为行政权力无所不能。然而，市场经济这只"看不见的手"远比"行政权力"这只看得见的手强大得多。

④ 另一种方法是集中力量发展**专业化服务体系与农副产品加工、销售体系**。所谓"转变地方政府的观念与职能"，就是要转移到承包制下的小农经济与市场经济上来。承包制下的千百万农户是一个独立自主经营的"小企业"。地方政府只能用劝告、示范方法影响农户的生产行为，而不能用行政力量直接改变他们的生产行为，这也就是"政企分开"。同时，地方政府的主要经济职能应转移到各独立经营的农户做不好或不会做，但又必须做的公共服务领域中来。

* * *

晚饭后，县委组织部小宋、小冯诸人来旅舍闲聊。谈及县、乡一般干部的工资待遇及家庭生活。冯以他的家庭为例。

小冯，现年30岁，一家三口。冯在县委组织部任职，副科，月薪305元；妻子在乡财政办任职，月薪260元，全家每月总收入565元。儿子入幼儿园，每年要支付1000余元。住房是妻子所在单位分配的：乡财政所为解决部分职工住房问题，让出一部分办公室。他家住两小间40平方米，烧液化气或煤饼。"这点工资收入，仅能养家糊口而已，如果夫妇俩都在县、乡机关工作，生活情况大体如此。说实在的，县、乡机关一般干部的生活水平比普通农民略好一些，只是在一般群众心目中，干部的社会地位比较高。"

又说："县财政只负责各部门的**基本工资与办公费**。至于工作人员的福利与部门对外交往增多而支付的**送往迎来费用**，得靠各部门自己创收。因全县的'富民工程'由组织部门主要负责，故会议与招待费比其他部门多一些。省、市到此开会，上面拨一定的会务费，我们可以从中节省一部分下来，若不足，亦可向财政再要一点。总之，开会还是有利可图的。另外我们创办两个经济实体，全部搞私人承包，每年各上缴 4 万元。总共估计起来，一年可创收 10 多万元，不足 20 万元。与组织部全年的工资与办公费相当。在党政各部门中，我们还算是比较富裕的。有不少部门，简直是清水衙门，日子挺不好过。"

小宋手里有一本县统一印制的"通讯录"，我拿过来翻了一翻，都是些手机与 BP 机的号码，县、乡干部的通信已现代化了。再仔细翻阅，我发现了一个有趣的现象，即按手机与 BP 机的有无，可将全县干部划分成三个等级：

第一等级：只有手机号码，而无 BP 机号码，县委书记一人而已；
第二等级：既有手机号码，又有 BP 机号码，约 30 余人；
第三等级：只有 BP 机号码而无手机号码，约二三百人。

"通讯录"是全县主要干部之间的信息交流系统。"只有手机而无BP 机"，表明是全县只向下发令而不受令者，只有县委书记一人而已。"只有 BP 机而无手机"者，表明只是受令的办事者。当然，还有更深一层的文化意义，古代社会用"服式"与"轿舆"来表示官阶高低，如今用"轿车"与"手机"来表示官位的大小。"轿车"与"手机"当然有它的实用价值，但更具有官阶、身份、地位的外显价值。中国县、乡官员皆用"轿车"与"手机"，恐怕更着重的是社会地位的外显价值，由此而推动中国的新兴产业部门——轿车业、通信业与交通业——的迅猛发展。

▶ 9 月 18 日 乡村婚俗："压床"与"塞颗豆"

报告的详细提纲虽已拟定，但总觉得有些不安。一怕言涉忌讳，有负主人远道相迎，且盛情款待之意；二是生平第一次对全县四五百名党员干部做学术报告，能否被他们理解与接受，实无把握。上午，对提纲做些压缩修改，增加一些实例：正面实例取之该县，负面实例取之公开的报道。

中午，组织部阎部长、董副部长前来陪同吃饭。席间，向阎、董二位简要汇报了报告提要，皆以为可。并告知，晚上在报告前还有一会。漯河市为贯彻落实公务员制度，决定在全市范围招考 20 余名副处级干部。今晚要召开一个动员会，时间很短。我问报考公务员有何规定，他们说，**凡提副科五年以上者，皆属报名范围。又说，凡符合条件，且因个人原因而不报名参加考试者三年内不得提升**。我猜测，前者或是市里的规定，后者或是县里的补充，因为这多少关涉到一县的荣誉问题。

下午，小宋、小冯与县府办黄主任到我处聊天，我将话题引入村落文化与习俗。

在舞阳乡村，有一"压床"婚俗。所谓"压床"，即哥嫂新婚三日内，幼弟与哥嫂同睡一床；尚无幼弟，则以同族近支的族弟代之。幼弟年龄通常在五六岁到十来岁：过小则怕尿床，过大则已省人事，故皆不妥。用幼弟压床，是企盼新婚夫妇头胎能生下壮实的男孩。压床习俗，至 20 世纪 80 年代便不那么实行了，到 90 年代更少听说了。

另一婚俗是，夫妇新婚之日，嫂子将夏麦种子塞入其枕头。有谚语云："塞颗豆，生一溜；塞粒麦，生一百。"豆、麦繁殖力强，象征或祝愿新婚夫妇儿女满堂。这一习俗至今保留。

在实行土地家庭承包制前，三代同堂共灶的大家庭在各村还有不少。在实行上地家庭承包制后，儿子结婚即开始分家。土地按人口均分，是小家庭制普遍发展的重要推动力量。在 20 世纪七八十年代，村里从未听说有婚前同居或未婚先孕的事。进入 90 年代，未婚同居悄然流行。究其原因，一是男女青年外出打工增多，受城市风气影响；二是电视进入乡村，受电视剧的影响。村里中老年人对未婚同居现象虽有看法，但城里人、电视里都是这样的，他们也不好说什么。不过，同居都导向结婚，婚外性关系在村落内是极少的。就在舞阳县城，如有桃色新闻，立即传得满城风雨。前两年，一位公司经理、一位副局长皆因有外遇，妻子大闹，而被罢官落职。

弟对哥嫂，或侄对叔妻调调情，甚至动手动脚（当然也得适可而止），皆被习俗所认可。但反过来，哥对弟媳，叔对侄媳，则万万不可。小宋说，他村在 20 世纪 70 年代曾发生这样一件事：某日出工，某甲以为在前面走的妇女是他的嫂子，故上前从后抱之，想与她开个玩笑，待此妇女回头，方知是其侄女，乃大惊失色，狼狈逃回家，三日闭门不出。

村民之间的关系，一是亲，二是情。如今亲的范围大体是同一祖父母的直系子孙及姻亲，当然也可能向外扩大。"情"是感情，不分亲疏与异姓。"亲、情关系哪个重要些?"讨论结果一致认为：就交往的人数而言，"亲"多而"情"少；**就交往的密切而言，"情"比"亲"浓**；若脱离村落，到县机关工作，朋友关系是最重要的了。"亲"是自然血缘关系，"情"是长期交往而建立起来的朋友关系。这两种关系确实是乡村社会的基本"社会关系"。在村落内，家与家争，通常站在"自家人"一边；族与族争，通常站在本族人一边；村与村争，通常站在本村人一边。这似乎表明血缘关系在村里还很重要。离开了村，很少有亲戚关系，那主要靠朋友了。俗话说：在家靠父母，出门靠朋友。但如今改革开放，各家顾己，说的是亲是情，其实心里考虑的还是利益关系。

在中国 12 亿人口（1996 年）中，依然有 8 亿人口居住在村落，且主要靠农业为生，这些依然靠农业为生的村民对改革开放，对现代化进程所造成的**新环境已经并将继续做出何种理解与反应**，我们必须做出深入细致的研究。这不仅仅在于这个阶层的人数众多，更重要的是关涉到我国现代化进程的**方向与速度**。

村落，是中国传统生活方式保存最多、最厚的地方，是中国传统文化的自然载体，是中国社会最广泛、最深厚的基础。诚然，在自上而下的政策引导下，在城市经济与文化的影响下，村落内部正发生着诸种变化：重新恢复了生产经营职能的农户已与市场经济发生了越来越广泛的联系。电视入村，剩余劳动力进城打工，使得现代城市生活方式为年青一代农民所效仿。这两大因素能否促使村落生活方式发生根本性的变化呢？这是一个很值得研究的大问题。就从内地农村的情况看来，地方政府与农户的关系依然是十分古老的关系：从农民来说，依然缺乏权利与政治参与意识；从地方政府来说，以各种名义向农户征收的"劳动剩余"比例过高。历史形成的人口对土地的巨大压力，迫使农业不能走规模经营、人均产量最大化的道路，而只能走亩均产量最大化的**老路**。这是一条很狭窄的农业发展之路，且必须配以低廉高效的社会化、专业化服务体系与销售体系，然而，无论是农民、政府与中间商似乎都无法建立这样的体系。

在中心城市，我们建立起最现代化的产业部门；在广大农村，却是汪洋大海般的小农经济。在考察中国现代化的方向与速度时，我们必须用两只眼睛看问题。

▶ 9 月 19 日　出师未捷身先死
——游武侯祠

　　南阳距舞阳西南百余公里处，既到舞阳，自当到南阳武侯祠一游，参拜这位历代知识分子所敬仰的人物。上午 8 时许，阎、宋、司机与我一行四人乘阎部长专车，经叶县，抵方城，从华北平原之南端进入汉水流域的南阳盆地。11 时 30 分，到达市政建设颇具规模的南阳市。

　　武侯祠坐落在南阳西郊的卧龙岗上。卧龙岗南濒白水（汉水支流），北枕紫山（伏牛山余脉），山势平缓，相传是当年诸葛兄弟隐居耕读处。"卧龙"是名士徐庶拜会刘备时对诸葛孔明的品评。到此方知"隆中对"的"隆中"不在南阳而在湖北襄阳，诸葛兄弟隐居耕读是在襄阳隆中还是南阳卧龙岗尚有争议。据说，如今争得更甚，因为这关涉到两市的旅游业。

　　整个祠园占地近 200 亩，现存明清木构建筑百余间。石坊、仙人桥、山门、大拜殿、三顾茅庐、宁远楼自东向西依次坐落在中轴线上，与两侧的碑廊、古柏亭、野云庵、半月台、躬耕亭等构成两进四合院落。推想起来，当年为避山东之乱而流寓于此的诸葛兄弟，只有数栋草屋、数亩薄地而已。据说，全国现存的武侯祠共有九处，除此处外，湖北有三处（蒲圻、襄樊①、宜昌），四川两处（成都、奉节），陕西两处（勉县、岐山），甘肃一处（礼县）。比起关羽，虽大大逊色，但比起无人祭祀的刘、张两人来说，也够风光的了。

　　位于武侯祠前岗坡台阶上的石坊，耸立门外，深厚端庄。该坊始建于明代而毁于"文革"。1992 年由旅美华侨捐资重建，上刻"千古人龙"四个大字。第二道石坊为三顾坊，此单门石坊为清道光年间复立。

---

　　①　2010 年 12 月 9 日正式更名为湖北襄阳市；为地级市。

两面刻文是"汉昭烈皇帝三顾处"和"真神人"。唐胡曾《南阳》诗云："乱世英贤百余战，孔明方此乐耕锄。**蜀王不自垂三顾，争得先生出旧庐。**"中国历代知识分子之所以对"三顾茅庐"津津乐道，被胡曾一诗道破。"三顾"美谈，表彰的不是"顾主"，而是"顾客"。然而，"待价而沽"的先师孔子、孟子又何尝耐得住寂寞。"真神人"，语出苏轼《武侯庙记》："人也，**神**也，**仙**也，吾不知之，真卧龙也。"有飘然羽化登仙之感的苏东坡，已将诸葛亮视为"神仙道人"了。

过山门即进入武侯祠第一进院落，廊院内古柏蔽日，甚是肃穆。院中甬道上的三门四柱石坊为清初遗物。横联是"三代遗才"，柱联为"遗世仰高风抱膝长吟，出处各有千秋志；偏安恢汉祚鞠躬尽瘁，日月同是二表文"。表彰诸葛亮"穷则独善，达则兼济"的精神。其实，这也是中国读书人的最高理想，问题是说起来容易做起来难。观诸历史，穷则怨望，达则苟且，甚或贪滥者比比皆是。儒者表面上"以名为教"，其实劝以"权位、利禄与女色"。

大拜殿是武侯祠主体建筑，由拜殿与大殿两部分组成。历代匾额、楹联甚多。主要匾额有**"隐居求志""儒者气象""莘野高风""遗风伊吕""勋侔伊吕"**等。楹联有："立品于莘野渭滨之间，表读出师，两朝勋业惊司马；结庐在紫峰白水之侧，曲吟梁父，千载风云起卧龙。""巾扇任逍遥，试看抱膝长吟，高卧尚留名士隐；井庐空眷念，可惜鞠躬尽瘁，归耕未慰老臣心。"中国历代知识分子，一方面仰慕**隐士**，另一方面又热衷**做官**，表面上依违于两者之间，实则是同一倾向的两个侧面。

大拜殿墙上嵌满历代碑刻，游览匆匆，不及细读。绕大殿拾阶而上，有一宽阔院落，中有一座八角攒尖式建筑，名诸葛草庐，相传为诸葛兄弟躬耕旧庐。诸葛草庐以西，便是宁远楼。"宁远"语出诸葛亮的《诫子书》："夫君子之行，静以修身，俭以养德。非淡泊无以明志，非宁静无以致远。"**淡泊、宁静**，实为儒、佛、道三教所同，然儒之所以为儒，却在于**"明志"**与**"致远"**。宋儒陆象山说：**"收拾精神，自作主张。"**只有"收拾精神"方能做到"淡泊与宁静"，然人生不能守此

"淡泊""宁静"为目的，更要"自作主张"。我虽喜读诸葛亮的"一对二表"，但更喜欢他的这两句话。然而，处喧嚣之都市，竞逐之市场，而能做到"淡泊""宁静"且"自作主张"（明志），实属不易。

诸葛亮，公元181年生，234年卒，享年54岁。刘备三顾茅庐，亮作《隆中对》时年方27岁。章武三年春，刘备病笃，嘱亮以后事，说："**若嗣子（刘禅）可辅则辅之，如其不可，君可自取。**"备对亮信赖如此，实超出君臣关系。亮弥留之际，上表后主说："成都有桑八百株，薄田十五顷，子孙衣食，自有余饶。臣身在外，别无调度，随时衣食，悉仰于官，不别治生以长尺寸。臣死之日，不使内有余帛，外有盈财，以负陛下也。"为政清廉如此。在历代名臣中，实不多见。

下午5时30分，参观结束，驱车返回舞阳。

晚上，阎部长屏退左右，征询我的"临别建议"。其实，我的"临别建议"早已酝酿在心，只等待他的询问。我给他的建议有三条。

1. 以县委组织部作为推行全县"富民工程"的领导机构，有其利更有其弊。"富民工程"需要县府各部门及乡镇官员去推动落实，而官吏的政绩考核及升黜之权在组织部。其利在于促使他们去执行，落实"富民工程"的各项计划，但要防止他们为突显政绩而用行政指令直接干预农户的经营权。各乡、各村之间不展开评比不行，但不少强迫指令与弄虚作假往往由竞比而引起。

2. 增加农户经济作物的比重与发展庭院饲养业，即增加农户经济的商品率比重。"富民工程"的重点，一在于**增产**，二在于**增收**，而"增收"不仅与"增产"有关，更与"市场价格"有关。因此，一县"富民工程"的领导者必须关心农户产品的销售与价格波动问题，在此基础上引导农户调整种植与饲养结构。如只将注意中心放在"增产"上，往往吃大亏，这方面的教训是很多的。

3. 通过农户的种养业与劳务输出而达到农户增收的目的，"富民工程"的直接受益者是农户，对县、乡财政贡献是微量的；县、乡如将财政增收希望寄托在"富民工程"上是不切实际的。说"富民工程"是内地传统农业县**经济快速增长之路**，或言过其实，合理的提法是**稳步增长**之路。而能否做到稳步增长，关键在于能否建成一个廉价高效的为农服务体系与加工、销售体系。"富民工程"之重点应在于此。

最后我说，老子云"治大国若烹小鲜"，多翻必失。经济规模相似且狭小的广大农户，受天气与市场双重影响的农业经济即是"小鲜"。欲其**"年年有新招，年年出绩效"**而用**"评比"**与**"乌纱"**驱迫乡镇官员去乱翻"小鲜"，势必适得其反，千万要谨慎。

阎部长说："当局者迷，旁观者清。这三条建议，中肯及时。"时近11点方辞别，约定明晨前来送行。

▶ 9月20日　捉襟见肘的县财政

上午8时，阎、董、刘、宋诸人前来送行。临行，阎部长送我皮鞋一双、衬衫一件，说："好让你永远记住舞阳，记住我们这帮朋友。"礼重情深，我这个匆匆而来、匆匆而别的云游道人不知何日能偿付这笔人情债。

阎部长请小董陪送我回开封，乘坐的是阎的专车。一路上与小董闲聊起来，谈及村干部及村政权状况时，他说："村干部主要有两个来源：一是本村的**复员军人**，二是**高中毕业生**。名义上，村支部、村委会是党、政两套班子，其实完全合而为一。乡党委在考虑任用村干部时，首先是确定村支书的人选，其次是村主任。其余成员由村支书、村主任提名，协商确定，最后由乡党委公布。前些年搞村民选举，大抵是形式主义，如今一般由乡党委直接任命。"

我问："是村民不愿选举，没有能力选举，还是上面怕烦不让选举呢？"他说："恐怕这两个因素都存在。绝大部分村民对谁任村干部抱无所谓态度。开会选举，不给点好处，他们多不来参加，要乡里派人背着选举箱，拿着选票挨家去填表，既烦，又没有多大意思。乡里选举村干部，主要目的是要他们去执行上面交付的各项任务，故选拔村干部时，主要看他能不能完成任务。"

我说："村干部的贪廉优劣，直接关系到村民的切身利益，他们怎么会对选举谁当村干部抱无所谓的态度呢？"他说："这个问题就复杂了，在我看来，如果上面真心实意地让村民自由选举，多数村民是愿意并有能力选出他们信得过的好干部的，多数村是如此，少数内部宗派矛盾严重的村或选不出来。村民看到民主选举只是要他们选乡里定下来的人选，这是他们不热心选举的一个重要原因。当然，也有这样的情况，大家选出来的人，往往不愿担任村干部，因为村干部的工作往往得罪乡里乡亲。另外，合法工资太低，每月只有几十元。"

我说："能否把村干部的人数从六七人减少到三人，只保留村支书、村主任与村会计，其他人的工作由他们兼任，同时将他们的月工资提高到二三百元。"他说："这恐怕不行。因为村班子的人数、职责是上面规定了的，我们无法变更。再说村班子的人数减少一半，他们的工资只能增加一倍，也只有150元左右。若村干部月薪平均300元，全年3600元。一村三个干部，全县370个行政村，共1110个村干部，全年光工资一项就近400万元，再加上办公费、招待费，起码千万元以上，恐怕农民负担不起。"

由村干部的工资而谈到县财政。小董说："县财政十分拮据，听说再过几个月，我们的工资都发不出来了。县里只得到各乡、村加紧催征农户的烟叶税款，但难度很大。由于烟叶病虫害越来越难治，各乡、各村逐年减少烟草种植面积，有许多村已不种烟草，但县里为了确保财政收入，照样按原计划面积征收烟叶税。"我说："实施'富民工程'，原是为了农户增收，又搞'明白卡'，原是要切实减轻农民负担。如今又向不种烟草的农户增收烟叶税，引起农民上访上告，这不是把自己置于一个有口难言的尴尬境地吗？"小董说："确实如此，但如不能按月给教师们发工资，引起老师的上访上告，更是一个大问题呀！穷县嘛，问题就是多，如果有较发达的乡镇企业，哪有那么多麻烦事。"

我说："县、乡财政到底是'**量入为出**'还是'**量出为入**'，确是一个关键问题。县、乡财政理应按照"量入为出，收支平衡，略有积余"的原则办事。然而，无论在主观上还是在客观上，都迫使地方财政走上一条"量出为入"的危险之道。改革开放以来，县、乡两级'食俸者'起码增加了三五倍，办公条件、交通、通信条件已与发达地区'接轨'了，城镇标准化建设所费更多，官场送往迎来破费亦多。财政支出日益增加，但新税源发展缓慢，故而百十双手都伸向农户与土地，致使农民不胜负担。这是内地农业县、乡普遍存在的问题。要解决这个问题，必须'开源与节流'并重，'富民工程'就是开源，但决不能指望此源为

'喷如泉涌'。故内地县、乡应以'节流'为中心，但'节流'势必影响到各部门和官员的**既得利益**，而'既得利益'不仅刚性，且有自我扩张的强烈倾向。**如果我们不希望农民用扁担来解决这个问题，那必须用主动的政治体制改革来解决它**。"

中午在许昌吃饭，下午 3 时，到达开封河南大学。因小董从未游览过七朝古都，三人在河大招待所略作休息，我陪他俩先游龙亭，明日上午再陪他们参观包公祠、大相国寺。

三、豫东之行——访开封市、周口市

▶9月21日 一个走出传统封闭乡村的女性

上午，陪小董、司机游览包公祠、延庆寺与大相国寺。中饭后，小董返回舞阳。我从书店选了一些书，托他转赠给县委组织部。

下午，河南大学的孟庆琦、开封市委党校的李永成相继来旅舍，商议下一步的行程。商议结果，做如下安排。

第一，河大管理系岳梁老师要到10月10日以后才能抽空陪我到豫西的宜阳县、洛宁县、卢氏县一带去调查。宜阳县委副书记是老孟的至交，洛宁县委书记是老孟的同学好友，卢氏县是岳梁的老家，由岳梁陪同此线的调查最为合宜。

第二，10月10日以前一段时间由李永成安排。下周李永成有课，只能抽空陪我拜访开封县委书记与朱仙镇党委书记。再到太康县调查农民自砍苹果树一事。下周陪我到其老家——河北省邯郸市肥乡县几个村做蹲点调查，便道参观岳飞的汤阴故里与殷商故都安阳。

商议已定，孟、李相继辞别。李永成在临行时悄悄对我说：晚七八点，他带他的女友——"一位非常漂亮的女孩子"来见见我。

与李永成的一段相处，我俩已无话不谈。在谈话中，李永成多次提到他的这个"非常漂亮的女孩"。她姓兰，20余岁，原是河南汝州某乡的农家子弟。前些年，河南大学与开封市委党校联合在汝州市开设大专班，小兰是该研的班长，李永成是班主任，故有一段接触（其时，40

351

余岁的李永成已离婚）。该班结业后，李永成帮她找过几次工作，小兰在无业期间常住在李永成的家。在学期间，李永成是她知识与精神上的导师，如今又成了她生活上的保护者。在我的头脑中，男女间的所谓友情只是一种过渡形态，凡不能导向婚姻的友情总可能潜伏隐患。然而，这位不修边幅到有些邋遢的永成兄却坚持认为，婚姻是埋葬男女真情的坟墓。我之愿意见她，不仅仅在于她是"一个非常漂亮的女孩"，也不仅仅在于她是李永成的女朋友，更在于她或许就是一个"典型个案"——在改革开放之际，从传统封闭的乡村内大量涌现出来的新颖女性。虽然她们的**父兄**、她们的**土地**、她们的**户籍**依然在村落之内，但她们的**教育**、她们的**走向**、她们的**欲求已经城市化了**。在**心理上**，她们已与村落、土地与父辈传统的生活方式割断了联系，但在客观上，她们中的绝大多数人无法在城市中寻找到属于她们自己的生存空间。这批"**既回不了乡村**"又"**进不了城市**"的新一代农家子弟将在何处"**安身立命**"？这是我所关心的一个社会问题。

晚饭后，我准备了一些水果，并准备好了一句会令他俩满意的话："永成曾多次提起过你。"晚8时，李准时携其"非常漂亮的女孩"来见我。说其"非常漂亮"，那是言过其实，但确有几分秀气苗条。这位在"城市化道路"上已奋斗多年且历经坎坷的农家姑娘，依然保留着几分农家的淳朴。

我三句不离本行，询其家乡情况。她的老家在汝州市近郊乡村，父母务农，她有两个哥哥，一个妹妹。前些年，其父亲向信用社贷款购买一辆车，搞运输，赚了一些钱。前年，突患脑血栓，所赚之钱全用于治病。几年辛苦，积蓄全无。幸而身体康复，尚能务农，当然不能干重活。大哥、二哥已婚，各生一子，分家过活。大哥在乡中学教书，二哥在家务农。其妹18岁，经李永成介绍在洛阳一餐馆打工。该餐馆是李永成在部队时的战友开的。小兰本人在汝州市的一家生产空气净化器的国有企业打工。月薪250元，每月伙食120元左右，住厂里的集体宿舍，水电、宿舍费由厂里承担。除去伙食费，每月积余只能买点衣物、化妆品而已。她说，在汝州、洛阳、郑州、开封等城市打工的青年男女，月薪通常在 200—300 元。女孩子除了伙食，工资收入差不多都花在**衣物与化妆品上**。**她们靠着廉价而时新的衣服与化妆品，把自己打扮得像城里人一样。**

她的家乡，因地处汝州市的近郊，故周围乡村绝大部分青年男女都外出打工、经商，且以经商为主。弃农经商较早的或城里有亲友帮忙的人中间，不少人赚了钱。她曾求学的那所乡中学，有三分之一的老师弃教经商。在汝州、洛阳、郑州经商者，大多是租屋经商。在城里买了房子，且把全家迁到城里的人也有，但相对而言并不多。**绝大多数经商发财后，在村里盖房子**。单纯外出打工，能在城里生存下来已算不错，很少有余钱带回老家。当然，男青年与女孩子不一样，男青年不需要化妆品，不需要较多的衣服，除了伙食以外，可以积一点钱带回去，再说他们要盖房子，娶妻子。大部分女孩都像她一样，把钱花到衣服与化妆品上了，再说，家里也不指望她寄钱。

她所在的村落有二三百户人家。80%以上的农户盖起了大平房：有一层的，也有二层的，都是**平顶**，用以晒谷物。余下的老式砖瓦房，基本上是老人们居住。村里有不少青年还买了**摩托车**，买摩托车与其说为了经商方便，不如说是为了"耍威风、抖神气"。我说："你们村应该是挺富裕的！"小兰说："**看上去是如此，但大多数村民在吃的方面，质量并没有提高，吃饱而已。新结婚的，家里有一套像样的家具，一般农民虽然盖起了新房，但里面空荡荡的，没有几样值钱的东西**。"我问："农民为什么不吃住并重呢？"她说："在家里吃饭，吃得好坏，别人看不见。住房的好坏，别人一看就看见了。别人家都盖起新房、楼房，你还住在老屋里，别人就会认为你家穷，就会被别人看不起。因此，即使节衣缩食甚至借钱，也是要盖新屋的。"她的大哥家是"半农、半工"，盖起了新房，二哥家是个"纯农户"，也盖上了新房。她的二哥要在家照顾小孩儿与老父母，无法外出打工。再说，在家务农，兼养些鸡、兔，也有些经济收入，搞得好，比外出打工挣的钱还多。

我问小兰:"你们姐妹俩今后有何打算呢?"她苦笑着说:"能顾上眼前已不错了。谁知道今后呢?如今,一个农家女孩在城里找一份比较稳定的工作,很困难。要找一份稳定且报酬比较高的工作更难。城里有那么多下岗职工,他们要找工作也很困难。"我问:"如果在城里待不下去是否考虑回农村?"她说:"没有考虑过这个问题。我想在城里奋斗几年再说,我读了那么多年书,人又不比别人笨。要我回到农村,嫁人,然后围着小孩儿与锅台转,这种生活我是无论如何都过不了的。就是在城里嫁个有钱人,然后替他生孩子、做饭,这样的生活我也无法接受。我希望通过几年的奋斗,能在城里打下一片属于我自己的天地。"在这个秀气的女孩的头脑里装着这样的思想与梦想,既令我惊奇,又令我感动。

晚10时30分,李、兰告辞。然而,刚才一席谈话所激起的思考与联想,却令我久久未能入睡。

▶ 9月22日 访开封县委书记"杨青天"

上、下午皆在旅舍整理调查资料。

晚7时，李永成如约前来陪同我去专访开封县委书记杨文生。开封县位于开封市东南15公里处。路上，永成再次向我简要介绍他的这位颇有思想的学生。杨文生，现年38岁，在乡镇长、乡镇党委书记任上多年，1994年从邻县的县委副书记一职调任开封县委书记。新官上任三把火：**第一把火**，对全县乡、村两级干部集中一月进行军训，以期达到**"强化纪律，振作精神"**的目标；**第二把火**，雷厉风行搞反贪督廉，凡涉嫌贪贿者与因循庸碌者悉被清除，邑民称快，誉之曰"杨青天"；**第三把火**，大力推行"富民工程"，加快县市政建设，因操之过急，而引起干群关系的紧张，群众越级上访上告事件发生多起。如今县委正采取各种措施平息怨愤。

李永成对他的评价是：勤政，善思，不贪财，不近女色；办事有魄力，然有时流于专断。在地方官场中，杨可算得上比较杰出的人物。在开封市，他是一个毁誉参半、颇有争议的干部。

早些时候，我曾请永成向杨书记转告两项请求：一是拜见访谈，二是在其县境各乡、村调查。他允诺其一，而拒绝其二。值此多事之秋，拒绝我在全县境调查自有他的理由。但我依然抱着一线希望，如能通过这次访谈而消除其顾虑，或能允许我到若干乡调查也未可知。

7时30分，车到县委大楼，先到设在县委书记办公室前的县委办公室内等候。办公室主任正在处理一件县林场与林场周围村民土地纠纷案。1988年我到海南陵水县调查时也发现此类纠纷。今年6月初，我在河南兰考县调查时也曾听县林业局干部谈及这类纠纷。推行家庭联产承包责任制后，国有林场四周的乡、村提出归还"被林场侵占的土地"之要求，但林场认为，他们的土地原来是"无土的荒滩之地，属国家所有，经过数十年的经营，荒滩成良田，根本不存在归还问题"。在合作化、公社化时期，谁也不会提出这个问题，一旦土地分到农户，便成了一个问题，成了一个历史问题，一个经常引起纷争但难解决的头痛问题。这位县办主任说，林场部分土地的所有权归属问题，争议的双方都没有法律上的依据。村民依据**习惯**，林场依据**既存事实**，各有一些理由。当然，他们紧急商议的目的是劝阻村民越级上访。

7时40分，杨书记结束楼上的会议，匆匆前来接见我们。县委书记的办公室约30余平方米，一张大办公桌，两排相对而放的长沙发，中间两张茶几。墙上贴着一张世界地图，一张全国地图，一张开封县地图。与办公室相连的是一卧室，集生活起居与办公于一体。地方官员的回避制需要替他们安排单身卧室。

宾主坐定，我先向杨书记着重说明我的调查性质：调查材料只供学术研究之用，绝无"向上汇报"之责。我们仅作为一个朋友与知识分子（杨是大专毕业生）就我们所共同关心的问题，交换我们的看法。然后我向他提了两个早已准备好的问题：1. 内地村民的传统观念与习惯行为方式对地方政治过程及市场经济有何正负方面影响？2. 现行的地方行政管理体制能否适应变化中的农村社会？

我所提出的问题只是引起谈话。这是一场"父母官"与"学者"的谈话，我不能把他所"走失"的话头老是往我所设定的问题上牵引，而是"跟随"着他的思路，让他讲述他曾经关注过，并多少思考过的问题。谈话的主题在不断变换之中，甚至前后出现矛盾，我也不去指出这些矛盾，而只是记录这些矛盾的观点，并分析这些矛盾。这些矛盾观点，与其说是思路混乱的产物，还不如说是现实生活矛盾在他头脑中的反映。历时3小时的访谈要点整理如下。

一、内地经济发展缓慢的原因

杨说，内地经济发展速度缓慢，原因是多方面的，但最主要的一个原因是内地村民的总体素质低下，观念落后，或说传统的**封建意识**依然十分严重。中原农民世世代代生活在村落内，靠土地为生，几乎没有受到现代先进思想的有力影响，因而使得长期积沉的封建观念得以保存，正是这些封建观念，严重地阻碍着农村经济的发展。我问："你所指的'封建意识'，包含哪些具体内容呢？"以下是他的回答。

1."知足常乐"观念。这是"封建小农意识"的典型表现。分田到户后，河南绝大多数乡村第一次达到温饱，农民说，如今有白馍吃了，很不错。尤其是中老年农民，知足感很强，要他们改变种植结构，种植高投入、高技术、高效益的经济作物，他们就是不干。只要桌上有白馍，屯里有余粮，便心满意足，缺乏求富欲望与风险意识。

2."好人不经商，经商没好人"的重农轻商观念。内地不少农民至今认为"种田吃粮，心中踏实"，"家有余粮，心里不慌"，"种田纳粮，天经地义"，这些农民生活在现代，但头脑里的观念与古代封建社会农民的观念没有什么两样。农户的经济决策是凡能自给自足的，尽量自己生产，减少对市场的依赖，而不是想方设法提高农副产品的商品率。

3."贞操观念"。姑娘若到广州、深圳转一圈回来，便有一种"说不清"的感觉，如带几个钱回来，村民总觉得她的钱来得"不干不净"。在不少村民的心目中，仿佛东南沿海成了妓馆、妓女的天下。村里的这种舆论极大地阻碍了姑娘们的外出打工、经商活动。从该县情况来看，县城近郊外出打工者比较多，比较偏远的乡村，只有少数男青年外出干活儿。当然，世代务农的村庄，很少有亲友在城市里，没有亲友的帮助，到城里找活儿也不容易。

4."重义轻利"观念。（对此，他没有展开说明。）

"总之，这些'封建传统观念'在集体化、公社化时代都被原封不动地保存下来，因为这些观念与计划经济没有矛盾，与共产党宣传的新道德也没有冲突。如今搞市场经济，一是要有求富的强烈愿望，二是要有实现致富的新观念与新的行为方式。但分田单干后的许多村民，还是守着土地，守着传统的种植结构，以有馍吃、有余粮为满足。因此，要发展'高投入、高技术、高效益、有风险'的农业经济很是困难。有些乡、村干部为落实'富民工程'计划，强行改变农民种植结构，引起农民的上访上告。"

二、对农村社会和农民研究不足

杨书记认为，中国的社会理论家对农村社会研究不够，对村落与农民研究不够。在计划经济时代，人民公社体制将农民固定在村落内，固定在土地上，这对经济发展固然不利，但对社会与政治稳定是有好处的。如今，用商品经济来冲击村落，冲击农民的小农经济，冲击他们的各种习惯观念，对经济发展有些好处，但对地方政治与社会稳定危害极大。

1. 农村数百年来自然形成的村落，主要是依靠血缘、亲情关系维系起来的。如今用市场经济中的金钱关系来冲击、瓦解村落内部的亲情关系，但并没有使传统的亲情关系转变为平等人之间的自由契约关系，而只是**使原来的血缘亲情关系发生质变**。在家族势力与拳头势力基础上发展出来的**地痞、"村霸"**，往往横行乡里，欺压村民，严重影响着农村的精神文明建设。如今，该县政权还有能力清除这些地痞、"村霸"，一旦县、乡政权力量削弱，农村社会的前景令人担忧。

2. 在内地农村，历来是以**自给自足为主，以市场为辅**，农民有吃、有穿、有余粮，再有点钱花，就以为是小康生活了。如今搞市场经济，一切以金钱为中心，发了财的暴发户在村里起高楼，婚丧事大肆操办，炫耀乡里，甚至结交官府，腐蚀官员。这批先富者未必能带动后富者，但确确实实把大批缺乏致富手段的青年男女的消费欲提得很高很高。目前社会上的男盗女娼如此猖獗，实与暴发户们的"示范"作用密切相关。知足常乐，虽对经济发展有碍，但人心安定，社会安宁；为贪欲与享乐而竞逐金钱，以此为经济发展的内在动力，则人心浮躁，社会失去秩序。这确实是一个矛盾。

3. 以经济建设为中心，在许多人看来就是以金钱为中心。发财致富为什么？为了享受，为了证明比别人阔气。从前，做一个县、乡干部，他的职位、权力、固定的月薪就能证明他的社会地位了，这也可以叫作**官本位**吧。如今人们主要看你有多少钱，造得起还是造不起楼房、洋房，买得起摩托车、小轿车吗？故除了有权力职位外，还得有钱。政府官员去搞钱，大抵是以权谋私。如今整个社会以金钱、财富、享受为中心，要全体党政干部严守清贫，廉政为民办事，确实很难做到。自改革开放以来，一大批干部经受不住金钱诱惑而翻身落马，不仅仅有其个人道德上的原因，更有社会原因。

三、地方政府对发展地方经济承担着重要责任

杨书记认为，任何一届县政府都把发展经济列为主要目标，经济发展了，农民有了钱，工人有了职业，政府也就有了钱。干群关系，或说地方政府与群众关系，也就不会闹到今天这样紧张的地步了。党群、干群关系紧张，根本原因在于经济落后，向农民多要了点钱粮。为发展经济，地方行政力量干预过多过大，引起农民不满。如何才能快速地发展地方经济，这是围绕着内地各级政府的头等重要问题。有人说，推行市场经济，政府只要做管理员、裁判员、税收员就可以了。市场经济与价格信号会自动实现资源最优配置，从而经济会以最快速度发展。我们内地是个农业大省、农业大县，我们的经济生产单位主要是千百万分散的小农经济。他们如何可能按农副产品的价格信号而改变自己的经营行为呢？少数农户可以，绝大多数是不行的。再说，乡、村企业从无到有，总得由地方政府去组织落实呀！

一方面，地方政府似乎要积极干预地方经济，听其自然，无法加快经济发展速度，但另一方面行政干预的结果往往适得其反。不仅小农经济与市场经济有矛盾，地方政府的行政干预与市场经济也有矛盾。上面要求我们大力发展乡、村企业，绝大多数归于失败，办起来的也是污染严重，效益低下。

说实在的，面对改革开放后出现的众多问题，现有的理论根本无法给予系统而完备的解释，地方政府一直处于被动应付的局面。从县政权来说，前面还有两道堤坝：一道是村政权，这是一道十分脆弱的土坝，稍冲即垮；一道是乡镇政权，如今尚能抵挡一阵，但也岌岌可危。县级政权，似乎还比较坚固。

虽然问题不少，但对中国的未来，杨书记还是持这样的态度："既不能消极失望，更不能盲目乐观。"从目前的情况来看，主要危险来自盲目乐观。悲观没有生路，**盲目乐观肯定要出大问题。**

我说，把千百万农民固定在土地上的公社体制一朝解体，获得人身自由的农民带着他们的亲情关系走出了村落，在劳动力市场或商品市场中寻找各种挣钱机会。市场中的金钱关系也随之侵入了村落，使传统的血缘亲情纽带松弛或发生质变。虽然一部分中老年农民依然保持着"种田吃饭，知足常乐"的传统观念，但追求财富及以财富为标志的社会地位的激烈竞争，从喧闹都市一直波及穷乡僻壤。一种全新的生活态度、新的社会关系与生活方式正在各种无序的混乱与冲突中产生出来。这是一个极其漫长且痛苦的过程，且方向也不明朗，我们所能肯定的只是原有的状态与秩序已被打破。无论我们对村落文化的亲情、互助、知足、淳朴等情感与关系多么留恋，或对其内的自私、落后、愚昧、散漫多么厌恶，它们都将在无情的市场经济与衡量一切的冲击下逐渐消失。人们从狭小、封闭、自足、宁静的村落内走出来，通过市场而建立起广泛的社会经济联系，从而形成一个广泛的社会，这一过程不避免，由此而产生的混乱、冲突、痛苦与迷乱也是难以避免的。对此，我们这代人要有充分的精神准备。

我继续说，关键是我们在计划经济时代建立起来的各级党政机构，如何**更新观念职能**，以适应已经变化了的社会现实。"更新观念"就是说，改变我们头脑内的所熟悉并珍爱的观念，以适应新的社会关系与社会现实，而不是相反；转变职能更要触动党政部门的既得利益。观念不更新，用传统计划经济的"命令"办法来"发展经济"，只能是低效与无效的投入；职能不转变，旧有的机构不能随着旧职能的削弱而精简，更不能随着职能的消失而撤销，面对着新的社会公共管理需求的产生，我们使用增设条条与机构的办法来应付，致使地方各级党政机构日益增设，人员不断扩充，而效率日趋低下。各级地方政府为了维持不断增加的财政支出，只有两计可施：一是发展经济，增加收入；二是与农民争夺土地产出这块老蛋糕。用行政指令发展经济，往往只有投入而没有、少有产出，或白白浪费了好不容易积累起来的资金，从而使农民负担有增无减，导致内地干群关系的高度紧张。

我说，**退是退不回去了**，我们能把分掉的土地重新集中起来搞所谓的"规模经营"吗？不能。我们能取消市场重新搞计划经济吗？不能。面对贫富分化，我们能搞劫富济贫吗？不能。我们能浇灭发财致富的热望，重新使村民"知足常乐"吗？不能。拜金主义、利己主义与享乐主义与市场经济结伴同行，我们能保留后者而消除前者吗？更不能。所以，**我们必须向前走**。问题是怎么个走法：是被生活拖着走，是顺着走，还是领着社会生活向前走。是的，前方是何处，我们还不明朗，风险很大，也是事实，但我们只能向前走。要加紧研究新情况、新问题。"摸着石子过河"，是说在**解决新问题**过程中前进，套句官话说，我们只能用改革的办法来解决政策中出现的新问题，**这可关系到执政党有没有勇气与能力继续执政的大问题**。

一直谈到晚 11 点，起身告辞（因为在县委办公室还有人等着向杨书记汇报工作），他坚持让他的司机送我们回开封市。或许由于说话投机，临别时，他主动提出允许我在开封县搞调查，无论在乡、村还是各部门，他都提供方便，并请我给全县干部做几场专题讲座。我欣然允诺。有县委书记的全力支持，以县为调查单元，这是我多年来所企盼的机遇，不意一席长谈，得此良缘，暗自庆幸。我与他相约，从河北邯郸肥乡，豫西宜阳、洛宁、卢氏返回后，即到开封县，作为期一至两个月的社会调查。

▶ 9 月 23 日　再访朱仙镇

再访朱仙镇，离初访已隔 3 个多月。第二次约访，这位朴实勤政的杨书记已把我当作朋友来欢迎了。

上午 8 时许，我从河大招待所乘出租车到开封市西站，再转长途公交车到朱仙镇，与出租司机的一段闲谈，似同"采风"，颇可记述。

该出租车司机是位退休工人，其父子俩曾在同一单位——开封运输公司——工作。前些年，该公司因连年亏损而搞私人承包，公司只留少量管理人员，除退休人员外，其余"富余人员"自谋生路。其儿子便属"富余人员"，其本人办了退休，但至今已有 5 个月没领到退休金。今年早些时候，他取出全家数年的全部积蓄 8000 元，再向亲友借得 2.2 万元，购得一辆价格 3 万元的旧"面的"——开封市满街跑的多属这类"面的"。父子轮流开车，全家生活与还债端赖于此。因是旧车，月修费几近千元。幸而其父子原是运输公司职工，与修理部职工相熟，修理费似可便宜一些。除去维修费、汽油费及其他各项税费，每月纯收入 1000 余元，好的月份可达 2000 来元。"如今开封到处是下岗职工，学开'面的'的越来越多，这碗饭也越来越不好吃了"。

不知怎的，谈起开封县委书记杨文生。老司机说："杨文生可在开封出一阵子大名了，他走马上任，整肃纪律，惩办贪官污吏，电视里放他的事迹，成为开封市家喻户晓的'杨青天'。"他给我举了两个有关杨书记的故事：一次，杨到县驾驶证办理处微服私访。办公人员对杨说："办证时间已过。下星期一再来。"杨说："明明离下班时间还有两小时，怎么说时间过了呢？"办公人员说："今天是星期五，办证人员早已回开封市了。叫你下星期一再来嘛。"这时杨才亮出自己的真实身份："我是杨文生，是县委书记，请你通知你们的负责人及办证人员，立即前来见我。"从此，不仅驾驶证办理处，就是其他各办事部门，再也不敢提前下班，更不敢故意刁难了。杨书记走马上任之初，即有不少官员提着礼物去见杨，杨先不动声色，一一收下，后突然召开全县干部会议，叫人把礼物一件件搬到主席台上，让送礼者各自领回去，出尽他们的洋相。他反贪官污吏，可动真格，被他查办惩处的贪官有好多人呢，但也得罪了许多人。老百姓称他是"杨青天"，被他得罪过的那帮人骂他"杨二蛋"。说到此，这位老工人感叹地说："像这样的清官多一些就好了，可惜实在不多。贪官污吏倒是多如牛毛。"

这位开出租的退休工人还是一位"持不同政见者"呢！他问："大学生们为什么不起来反对贪官污吏呢？"我说："你们是工人阶级，是最先进、最团结的阶级，应由你们带头反贪官、反腐败才行啊！"他一边开车，一边愤愤地说："工人?! 工人顶个屁用。在厂里只知道干活儿，如今没活儿可干，叫你下岗，还不是乖乖回家，顶多私下发发牢骚，骂几句，有啥办法。大学生可不同啦，他们有政治敏锐性，能说会道，辩得过当官的。应由他们带头才是啊，中国革命不是他们带头搞起来的吗？"说话之间，车已到车站。

当我转乘上开往朱仙镇的破旧公交车时，头脑中却旋转着由刚才那段"随机访谈"所引发的众多问题：在这位憨厚的北方老汉的头脑中怎么会有这些思想呢？这些思想在广大的下岗、失业、退休工人中间是否普遍存在呢？他所表达的，只是一时的愤激之语，还是在"改革成本支付者"阶层中积郁着的一股日益增强的社会不满情绪呢？在历史上，胃（即饥饿）是引发农民揭竿而起的基本原因，如今农民的胃是充实的，城里下岗工人也是能找到谋生机会，虽生活艰辛，但不至于挨饿。相当一部分人的生活水平比十余年前提高多了。虽然，分散的牢骚到处可闻，但是否分化在一度平等的人们之内产生，故而对比强烈，腐败与官吏作风的粗暴等原因，是否会导致已吃饱的群众走向公开抗议之路呢？我们能否设置诸种正常的、合法的、公开的集体情绪的宣泄渠道呢？

* * *

上次来访，时值麦收时节，全镇街道，几乎全成打麦场。此次重访，恰临秋收，大街小巷晒满玉米。百余年前，华北平原上的繁华市镇，如今只是一个大村落。

上午 9 时 30 分，我到达镇政府大院，与前来采访的《开封日报》总编不期而遇。虽然我俩的调查目的与重点不同，但所访对象及项目大致相同，于是杨书记建议一起座谈。

一、该镇"4·28"事件的起因与教训

杨书记说，1995 年年初，县委指派甲某任朱仙镇党委书记。甲某，现年 32 岁，大专毕业，最初在县委宣传部任新闻科科长，后调某乡任组织委员、副书记，后升调某乡乡长，后又升任某乡党委书记。年轻有为，工作很有魄力，仕途顺畅。就任朱仙镇党委书记后，更是雄心勃勃，制定一条"大干，干大；干快，干好"的"超常规、大跨度"的发展战略，以期在二三年内彻底改变朱仙镇破旧落后面貌。

在 1995 年内，他同时启动多项城镇建设工程。一是投资近百万元兴建现代化镇办公大楼，这就是我们现在所使用的这栋全封闭式大楼。二是拓宽镇内的四条大街。沿街居民的拆迁费，每间只给 150—200 元，而如今新盖一间，少则三四千元，多则四五千元。因此阻力甚大，但行政干预的力量更大。三是指令镇辖 14 个村委，每村集资 16 万元，在镇规划的"开发区"各建一楼，并规定年内完成。四是投资三四十万元，在镇新拓街道两侧安装路灯。五是硬化村、镇之间的道路，已完成 10 余公里。六是准备投资 50 余万元，建造三星级宾馆（未果）。七是新购两辆小轿车近 40 万元。

同时兴办那么多工程，钱从何处来？向银行贷款，但县各银行已无多少钱可贷。余下只有两途：一是要各基建工程队**带资承包**，许诺工程完成验收后付款；二是向全镇居民村民摊派。1995 年，该镇每人分摊的夏粮 300 斤小麦，秋收交钱人均 250 元。若加上各村集资搞镇开发区的钱，该镇 1995 年人均负担将近 600 元。这是令绝大多数村民沉重到难以忍受的负担。

杨书记说，在全县各乡镇中，朱仙镇的经济发展水平很一般。全镇

3.1万人口，其中农民占2.5万，镇居民6000人。耕地5万余亩，人均耕地尚算宽裕，但地处黄泛区，土质较差。除了镇内居民中部分经商、经工有道的人比较富裕外，以农业为主的绝大多数农户也只是温饱而已。如今农民盖房娶亲，送往迎来，小孩儿读书，购买农药、化肥，都得用钱。所以，对绝大多数农户的经济水平的一个比较客观的判断是：**温饱解决，但缺钱花**。少部分经商农民较为富裕。还有少部分农户，由于这样那样的原因，温饱尚成问题。然而农民负担是按人均摊派，并不管各家的贫富程度。即令该镇1995年人均收入以1200元计（其实不足此数），农民年纯收入的一半被政府征收，实在是太重太重了。

向农民征收过多、过急，这是引发去年"4·28"事件的基本原因。向农民征收一半的年收入，势必遭到农民的抗拒，强迫镇居民无偿搬迁，阻力自然很大。这又引起行政干预的力度加大，强制、粗暴自然难免，因而激起民愤，导致一二千名镇居民、村民围攻镇政府，殴打镇书记的"4·28"事件。县委采用软办法而不是用硬手段来平息民愤，处理事件，是十分正确的。

我插话说："甲书记在乡镇一级干过多年，对农民的经济状况应该是了解的呀。他应该知道：过重过急征用民财，且进行那么多低效甚至无效的投入，一可能激起民愤，二对朱仙镇经济发展未必有利。他怎么如此任性蛮干呢？如他当时被雄心勃勃的计划冲昏了头脑，上下左右的人就没有给他提出忠告吗？"

杨书记说，在这件事上，甲本人当然负有责任，但与当时的大形势、大气候、大背景有关。1994年11月，省里有一个批文下达到开封市与开封县。该批文说，全国明清时代的四大名镇（注：湖北的汉口镇，江西的景德镇，广东的佛山镇与河南的朱仙镇，同称四大名镇），唯独我们河南的落后了。**我们河南人脸上无光**，希望朱仙镇加快发展。（大意如此）朱仙镇的年画、版画很是有名，市文化局提出重新振兴这门艺术的要求。省里的领导对此做出指示，说朱仙镇这些年来没有变化，得派一得力干部去抓一抓。当时，县里也提出许多加快经济发展的口号，如"加快开发、主攻工业、强化农业、大力发展乡镇企业，富民兴镇，富民兴县"，"抓双高，养牛羊，发展工贸奔小康"，"以民为本，与党同心，只争朝夕"，"以张家港为榜样，自加压力，大干、干大、实干、干实、干快、干好"，等等。这些口号，如今在沿路的墙上还能看到。我们内地落后，得迎头赶上，这种想法并没有错，但这些口号鼓舞士气则可，如真的这样干起来，往往出问题。一个地区经济落后，是由多方面的历史与现实原因造成的。干部的好坏，行政干预力度的大小、方法与思路的正确与否，只是经济发展中的一个因素。如果一个好干部就能解决内地经济的全部问题，那中国的现代化实在太容易了。内地经济落后，这是一个事实，要加快经济发展步伐，心愿是好的。但内地往往把发展经济的重心放到提一些振奋人心但不切实际的口号上，放在调换干部上，放在强化行政干预上。"富民工程"想法是好的，农民有谁不想致富呢？但又提什么"逼民致富""官逼民富"的口号。这个"逼"字，往往把好事"逼"成坏事。逼出事情来，当官的还认为自己是好心办了坏事，甚至责怪农民"愚昧落后"。

朱仙镇靠贾鲁河而兴盛，又因贾鲁河而衰落。清道光年间，黄河满溢，贾鲁河被泥沙淤塞。至清光绪末年，舟楫完全不通，加之京汉、陇海铁路开通，朱仙镇作为交通枢纽的地位全年丧失，从此一蹶不振。全国其他三大镇并未遭受如朱仙镇这样残酷的历史命运。朱仙镇自清末以来只是一个普通的陆地集镇，我们必须接受这一历史注定的安排。要想通过人为努力而恢复旧日的辉煌，这是不可能的。**因地制宜，实事求是，量力而行，逐步发展，这是唯一可行的发展战略。赶不上，拼命想赶；做不到，硬是去做，这是经济落后地区的地方政府与官员常犯的一个错误。**朱仙镇的"4·28"事件，只不过是此类错误的一个结果而已。

杨书记说，朱仙镇确曾辉煌过、阔气过。明清数百年间，朱仙镇恰处贾鲁河航运的终点，其时，江淮、楚越的货物由此北运，西北的物产由北南输，朱仙镇成为华北最大的水陆交通联运码头。全盛时，镇内居民有20余万，运输业、商业、各种手工业、艺术极盛一时，为全国四大名镇之一，后因贾鲁河逐渐淤塞而衰落。

二、杨书记的治镇新政

杨书记说，一个镇治理得好坏，人们往往只看产值、税利，看你修造了几条马路，盖了几栋楼房，只看一望而知的政绩。在我看来，**关键在于民心，民心一顺什么事情都好办了**。为官一方，要得民心、顺民心，关键一条是干部**以身作则**。孔夫子说，政者，**正也**。又说，**其身正，不令而行，其身不正，虽令不行。"其身正"，就是"政"，"不令而行"，就是治。中国的政治，就是那么简单，但要做到这一点，又是那么困难。其次是真心实意地为百姓办实事，办好事。**有此两条，就能得民心；得民心，就能办成事。

杨书记说他从陈留镇调往朱仙镇，至今将近 5 个月，主要做了以下几项工作。

1. 对镇党政的五辆新旧小车做新的处理：把去年购置的一辆豪华型轿车（价值 38 万元）暂时封存起来；一辆转赠给镇回民教堂做接待之用；其余三辆小车，在确保干部开会之用外，一律出租，出租价比市价低 30%。

2. 镇党政各部门干部下村检查，指导工作，一律骑自行车，不准乘坐轿车。尽可能不在村里吃饭。倘如因工作需要留村吃饭，一律吃便饭，每餐付费 2 元。凡白吃白拿者，一经举报，立即全镇通报批评。

3. 切实减轻农民负担。今年村提留、乡统筹款（即合理农民负担）几经讨论，广泛听取群众意见，最后由镇人大公布。人均农负 150 斤夏麦，除此以外，分文不取。（去年人均小麦 300 斤，钱 250 元。）以后，凡属收费项目，必须先汇报，定规则而后行。凡擅自收费，一律严肃处理。

4. 凡浇水、耕地、收割实有困难的农户，由镇政府统一解决。对家庭经济实有困难的农户，适当考虑减免费用。

5. 切实把"富民工程"落到实处。把"官逼民富"的口号改为"官引民富"。"逼民"致富，容易搞"一刀切"，搞行政强迫，好事往往变成坏事。

6. 乡镇财政收入的重心，必须逐渐从农副业转移到工商业上来。这个重心不转移，要减轻农民负担是有困难的。该镇与县粮食局联合，投资 450 万元（由粮食局出资），扩建豆制品厂，朱仙镇的豆腐干是一个品牌。投资 150 万元，扩大面粉厂。朱仙镇是历史名镇，清末后衰落，保留的古迹、景点有十多处。前几届镇政府一直想把朱仙镇开发成为一个影城、旅游城，已有不少投入，如今全部闲置。我们想与市、县有关部门商议，如何追加投资，使已投入的部分产生效益。

7. 乡镇政府作为投资主体所面临的一个最大问题是乡镇主要官员变动过于频繁。规定三年一任，已属过短，何况往往不足三年。一任一个计划，造成许多无效投入。

*　　*　　*

座谈结束，已是中午 12 时。《开封日报》总编及随行的记者坚持回报社吃饭，我因还有些问题要谈，故留此吃便饭：一笼馍，一碗汤，两盘菜而已。杨说，县里来人，也是如此招待，村干部来镇上开会，吃得更简单一些。这几个月的招待费，控制在每月 1000 元之内。因进一步谈及"吃喝招待"问题。杨书记说，送往迎来，请客招待，既是习俗，也是人情，越穷的地方，人们对吃喝招待似乎越是重视。要禁止用公款吃喝是做不到的，因为这是官员执行公务的一部分，总不见得要求谁请客谁掏钱，关键是适可而止。

饭后，我与杨书记集中讨论干群关系（其实是地方政府与农民的关系）问题。内地干群关系的紧张，是一个普遍存在的问题，引发干群关系紧张的原因有许多，但主要原因有以下几个方面。

1. 推行家庭联产承包责任制后，作为内地最重要的产业部门——农副业——全部放给**农户**与**市场**了。但地方官员的观念与政府职能还没有转变，还是沿袭着计划经济的老模式、旧框框办事。老想用行政命令干预农户的经营权，往往引起农民的不满。在计划经济时代，国家按固定的价格收购生产队的农副产品，如今搞市场经济，地方政府要农民种这养那，一是不一定卖得出去，二是不一定能卖出好价钱。所谓"逼民致富"，只是"逼民"改变种植结构，未必能使民致富。所以地方政府转变职能，官员转变观念，是一个大问题。

2. 20世纪80年代初搞土地承包，把村、乡集体经济这一块也全部分掉了。当时，各公社都有数台拖拉机与拖拉机修理厂。各大队一般拥有面粉加工厂与水利设施，有些大队还有拖拉机。一方面，乡、村两级没有自己的集体经济，没有自己的经济收入来源；另一方面，乡、村两级又承担着教育、水利、道路建设等公共职能。这就形成一个很大的矛盾。

3. 上级政府与部门给下级政府制定各项"**达标**"任务。下级党政官员也想通过"达标"来创"政绩"。什么教育达标、城镇建设达标、乡村道路建设达标、社会综合治理达标、计划生育达标、乡村企业达标、精神文明建设达标，甚至订阅报刊也有达标任务。要达标，要搞政绩，要应付各种检查、评比，都得花钱。钱从哪里来，只能从土地与农户中来。如果农民从"达标与政绩"中得到好处，要农民出点钱、出点劳动力也不会闹到农民上访上告。问题是各项达标往往为了应付上面的检查，政绩往往是为了考核升官，没有给农民带来实实在在的好处。

4. 乡镇政府的财政负担实在太重。该镇有公办教师170人，民办教师110人，代课教师30余人，共计310名教师。镇党政各机构吃财政饭的有110人，离退休的干部教师70来人。全镇吃财政饭的党政、教员共计490人。每月工资支出16万余元，全年约200万元。该镇全年总税收200万元，其中中央、省、市、县占75%，乡政府只占25%，共50万元；全年村提留、乡统筹款共计130万元（若按合理标准收的话）。乡、村各一半，乡得65万元，两项相加只有115万元，远远不够支付工资。一乡镇的正常财政收入连工资都保不住，再加上行政办公费用、达标政绩费用，那更不得了。农民负担屡减不下，实有逼不得已的原因。

5. 乡镇是中国最低一级地方政府，说实在的，**这一级政府义务多，**

权利少，官位卑，责任重，条块关系从来没有真正理顺过。一是管"块"的，管不住"条"的官帽与工资。二是有经济收入的部门，"条"上便收权，"块"上管不着它们，但工作是要我们配合完成的；没有经济好处的部门，"条"上便下放责任，要乡镇政府来管它们。这一体制，很难促使乡镇党政及各部门真正地对地方负责、对农民负责。这是一个很大的问题。

下午 4 时 30 分，告别朱仙镇，搭乘过往车辆，返回开封。我想，**地方政治体制的改革已迫在眉睫**，如何建立一个**廉洁、高效且向下负责**的地方政治管理体系，是政治现代化的中心内容。现行的地方政治，不仅与我们宣布的政治理念相脱节，更与变化中的社会经济生活相脱节。关键是怎样改革：重返传统是没有出路的，照搬西方也属迂阔。这依然没有回答应该如何改革的问题。

▶ 9 月 24 日　怨声载道的"补棉花差价款"

上午 8 时许，开封市委党校的李、武两位老师如约前来陪我前往武老师的家乡——太康县某乡许庄（村落）。

在开封长途车站的破旧客车内等候发车时，上来一位提篮推销糕饼、饮料的中年妇女。我买了三瓶矿泉水，顺便与她闲聊起来。她原是该长途客车运输公司的职工。据她说，全公司原有职工五六百人，长期处于亏损状态。她把亏损归咎于驾驶员与售票员相勾结，私分部分车票。各种监督手段都用过了，但都无效。从去年开始，公司将大小车辆全部拍卖，只收取管理费与线路承包费。公司除留一部分管理人员外，大部分职工或提前退休或下岗。在下岗职工中，有本事的自谋生路，没本事的由公司给重新安排工作。她自称是属于没本事的，由公司安排在客车站内做小买卖。非经公司安排，不得在站内做生意。

她说，整个公司有 14 条长途公交线，每条线路安排两名下岗职工，共安排 28 名。一路两人，每周轮换，所以每人每月只允许做半个月的生意。又各条路线的客流量大小不一，生意有好有坏，故每月换路线，以示公平。我问这位神情沮丧的中年妇女，做这买卖，每年能挣多少钱。她说，平均算下来，每天可净挣 20 来元，每月 15 天，月收入在300 元左右。这是开封多数职工收入的平均数。

停在站内的公交车辆大多十分破旧、脏乱。郑州大学经济系毕业的小武对这一现象提出一个纯经济学上的解释，令人信服。他说："公交车虽然私有化了，但线路属国家所有，票价由地方政府统一规定。公交车的绝大多数乘客，是经济上不富裕的农民，他们要求低票价，而不愿为车厢内的**干净、舒适**付钱。干净、舒适是要支付费用的。乘客们不愿为此而增加支出，难道要车主自掏钱而减少自己的利润吗？只有当富裕起来的农民对车辆的干净、舒适提出要求并愿意为此而增加支出，干净与舒适才有竞争的价值。"他还说:"这个道理也适用于内地的饮食业。路边的各种饮食店、饮食摊,大多脏乱不堪,但碗大量足。绝大多数顾客只要求吃饱,而不是吃好,也不要求环境的干净、舒适。也就是说,无论老板还是顾客都不愿为干净、舒适付费。一旦顾客富裕到对饮食的质量与环境提出要求,并愿意为此支付费用时,店主们肯定要在饮食质量与环境方面进行投入,以此才能吸引顾客。"这真是一个简单而解释力很强的理论:**当前中国市场上伪劣品肆行泛滥,关键在于广大消费者不愿或无力为价高的真优物品付费;中国经济与社会生活中的无序现象随处可见,关键或也在于尚未富足的人们不愿意且没有能力替高昂的"秩序"付费。秩序——无论是道德秩序还是法律秩序——的建立与维持,需要该社会成员预付高昂的成本(或费用)**。在中国人对"包青天"的企盼中,我们似乎能得出这样的结论:花最少的费用,得到最好的秩序。

*　　*　　*

下午三四时,三人抵达许庄。时值秋收大忙,多数村民在地里收玉米采棉花,小武弟弟的家与其母亲的家皆一锁把门。小武一边陪永成与我参观村落,走访若干农户,一边叙述该村的历史与现状。

许庄,现有百余户人家,400余口。有许、武两姓,各占一半,无其他杂姓。这一带的所有村落,都是1940年后陆续重建的,从前的村落被掩埋在一米多深的黄河泥沙之下。1938年6月蒋介石下令炸开郑州北面的花园口,借黄河水阻挡日军西进。挟带着大量泥沙的汹涌河水,从郑州、新郑、许昌、周口一线漫入安徽,注入淮河。河水所及,村落悉被冲毁淹埋。原来的许村也遭此厄运。当黄河水退、泥沙干枯后,外出逃难者才陆续回原址重建家园。小武说,原村民大半在颠沛流离中病死、饿死了,他的祖父与叔叔便是其中两人。一小半村民陆续回村。他的祖母带着他的父亲与姑姑回村。"花园口"事件波及24个县,近千万人口,留下一片著名的"黄泛区"。在黄泛区下,掩埋着无数村落;在新淤积的泥沙上,又新建起无数村落。这一批村落只有60余年的历史,虽然无论从村名与家族来看，还是从村落内部的经济生活来看，都是原先村落的一种简单复制。

在全村百余户中，只有两家盖起了二层楼房，余皆砖瓦平房。小武说20世纪60年代前，这一带村落内多数是土坯草房。从70年代始，土坯草房逐渐被砖瓦平房所取代。砖瓦平房可分为两类：一是内坯外砖。砖是自己打坯起窑烧制的，故墙壁甚厚；一是全部用砖、用水泥起砌。砖是从窑厂购买的。1985年前所造的平房，大多属第一类；1985年后，大多属第二类。如今打坯烧砖的农户还有，但不多了。砖瓦平房，是指院落内的正屋（通常三间）而言的，用作厨房与堆放柴料杂物的配房，还有一些土坯草房。至于院落的围墙，绝大多数是土墙，低矮残破。有少数农户连这样的围墙也没有。

各农户的庭院，小则占二三分地，大则占地近半亩。院内屋后皆栽树，多少不等。村民造房，制家具，所用木料均取于此。多数农户院内有手提式压水井。此处井水有咸味，百米之下才有甜水。绝大多数农户养鸡，主要用于招待宾客或逢年过节食用。少数农户养猪，少者一二头，多者三四头，规模很小。虽然从开封到太康县沿路墙上刷着"养牛羊、奔小康"的宣传标语，该村响应此号召者也仅五六家而已。"每户养一二头牛、三四只羊就能奔小康，这个'小康'也太容易奔了"，"标语只说'奔小康'，没说'进入小康'或'达到小康'"，这是我与小武的对话。

走进农户的正屋内去看看，最初的印象是**阴暗脏乱，家徒四壁**。我知道，最初印象隐含着城里人的标准。东间卧室有一两张简易木床，客厅有方桌矮凳，或用木柜或用塑料布将卧室与客厅隔开。被褥、衣物皆杂乱堆放。近十年来，"现代化"的家用电器也陆续进入农户。小武说，有四分之一农户拥有**吊扇、黑白电视**。拥有**三轮、四轮**拖拉机的农户，全村仅有三四家。

总的印象是，该村绝大多数农户依然以**农业为主，以传统的种植业为主**，这样的村落农民的生活水平能达到**温饱而已**。以下是调查纪要。

一、武氏家庭与家庭经济

武老师有两个姐姐与一胞双胎的一弟一妹。武老师之父前些年病故，现年70岁的老母身体硬朗。两个姐姐出嫁邻村，务农。一弟一妹同从小学读到高中，因家境困难，全家重点支持较聪慧的妹妹考入师专，如今在县中学任教，弟弟在村务农，继承祖业。（武老师本人高中毕业，参军，回乡正赶上1977年高考，从此脱离农村，在开封成家立业。）老母与其弟虽同处一村，但分居两屋，帮助其弟做家务带孩子，农忙时也下地干活儿。

武老师的弟弟现年35岁，妻33岁，已生有4个孩子：长女11岁，次女9岁，长子7岁，次子5岁。按计划生育标准，超生三胎。（在该村三四十岁年龄段的夫妇，超生二三胎很是普遍。二三十岁年龄段的夫妇，超生一二胎也属平常。）耕种承包地9.6亩，其中包括5份承包地。（父母各一份，夫妇各一份，长女一份。该村1985年实行土地大承包，一定15年不变，在此期间，死不减地，生不增地，婚嫁亦如之。）

直到晚8时，武氏夫妇方从田里回家吃饭。（我等三人与四个小孩儿已吃过他母亲替我们做的农家餐：一碗南瓜汤，一箩油饼与馍，一盘煮花生，一盘煮玉米，一碗黄豆辣酱。其中南瓜汤、油饼、花生、玉米是特地为我们准备的。）当我问及他家全年的各项收支状况时，令我感到惊奇的是，这位高中生对此没有明确的概念。这对夫妇似乎只知道起早摸黑地干活儿，把庄稼种下去，把粮食收回来。12年的学校教育似乎没有在他的意识里留下明显的痕迹。12年的农耕生活却使他成为与土地一样朴实的传统农民。经他哥哥在旁一再地提醒补充，他才对他家的全年收支做出粗略的匡算——的确，**传统的纯农户很少有明确的"投入—产出"概念。**只有亦工亦农或以经济作物、饲养业为中心的农户，才会对每亩的投入产出做出分析。其中原因或在于：只有"兼工"，才能形成"**工值**"概念；只有"以**营利为目的**"的农副业，才能形成"**成本**"的概念。**没有市场与工商业，光通过教育是无法使农民的观念超越传统生活方式所设定的界线的。**

武氏全家 7 口（包括其老母），全年收支状况大体如下。

1. 农业收入：

① 9.6 亩小麦，共收 6000 斤左右，每百斤 80 元，共 4800 元，种子、化肥、农药、浇水、机耕等农用支出约占三分之一，实收 3200 元；

② 6.6 亩玉米，共收 4000 斤左右，每百斤 65 元，共 2600 元，其中农用支出约占四分之一，实收约 2000 元；

③ 3 亩棉花共收皮棉 150 斤，每百斤 70 元，共收约 1000 元，其中农用支出超过三分之一，实收 650 元。

1996 年的全年农业收入共计 5850 元左右。

2. 全年四项主要支出：

① 7 口之家，每日 10 斤小麦，全年 3600 斤计，共 2880 元；

② 无偿上缴的各项农负有亩均小麦 150 余斤，共 1500 斤，计 1200 元，另全家交钱 250 元，全年总共上缴 1450 元（农负约占全年收入的 25%）；

③ 2 个小孩儿的全年学杂费，共 300 元；

④ 超生罚款 1000 元（历年上缴罚款已万余元，尚欠政府 4000 元，每年缴纳 1000 元）。

上述四项支出共计 5630 元。

1995 年，武氏一家被政府征收的钱粮共三项：超生罚款 1000 元，村提留、乡统筹粮 1500 斤（折合 1200 元），补棉花差价款 250 元，共计 2450 元，占全年纯收入的 42%。良习夫妇对这三笔款项所持"态度"各有不同：计划生育是国家政策，超生罚款，是无可奈何之事；农民种地纳粮自古而然，只是每亩征缴 150 斤，实在太重了；最令他们不满的是"补棉花差价款"。我问良习夫妇，每亩征收 150 斤小麦，其中包括哪几项征收项目，每项目各占多少小麦，他的回答是"**谁也不知道**"。我又问"补棉花差价款"是怎么回事，他们夫妇也说不清楚。还是武老师代他回答："在 20 世纪 80 年代初实行家庭联产承包责任制时规定，分配给每人的承包土地，一部分是口分地，一部分是责任地。责任地规定种棉花，每亩棉花的定购任务是四五十斤，按国家定购价卖给国家。（去年国家定购价每斤皮棉六七元，市场价格每斤八九元。）各农户在完成国家定购任务后，可按市场价销售。近三四年来，棉花病虫害日益严重，增加农药喷施的次数与浓度仍治不住虫害（但因喷施农药而中毒昏厥田间之事屡有发生），所以，各农户减少棉花播种面积，加之去年干旱，棉花减产，因而全村没有一家能完成预定的棉花定购任务。不足部分可以交补市价与定购价之间的差价，各农户少则一二百元，多则三四百元。农民意见很大。**落实到县、乡的棉花定购任务既关系到国家计划，又关系到县、乡财政收入，故有些乡往往用警力下村督逼农户缴纳此款，激起农民强烈不满。"**

武老师与其弟同为一母所生，同为高中毕业。一个通过大学而进入城市，成为武氏家庭第一代"城里人"与知识分子；一个重返土地而滞留乡村，沿袭祖辈的生活方式，几乎成为一个现代"闰土"。这巨大的精神差距，是天生的智商与气质使然，还是环境习染使然，殊难断言。

武家的庭院占地约三四分，前面是邻居的后墙，左右两侧是低矮的土墙。院内一排七八棵杨树，一棵枣树。靠左右两侧土墙边各有一间无墙的小木屋，堆放着半成品的木板，这是准备将来起新屋时的木料。院内没有牛栏猪厩，只有大小十几只鸡在自行觅食，有一口手提式压水井。院左侧木屋前有一地隆起，良习说，其下是地窖，用以贮藏小麦。这一带农民大多将小麦藏入地窖，一可省出屋内空间，二可避免鼠害。夏粮一熟，对这里的农户来说，具有三种意义：一是自食，二是缴纳公粮国税，三是**作为一种"准货币"——附近集市或村内代销店内的许多商品，皆可用小麦支付**。武家今年夏收 6000 斤小麦，上缴 1500 斤，尚余 4500 斤，藏入地窖约 3000 余斤。如年成好，一年所产小麦可供全家一年半到两年食用。

正屋三间：这是良习结婚前盖的。厚实的墙壁分内外两层：内层土坯，外层自己烧制的砖。房屋木材全部是自家栽种的树木。东厢房为夫妇卧室：一床、一箱、一凳而已。客厅内设两张木床，一张方桌，若干椅凳。一柜把卧室与客厅草草间隔。西厢房堆放农具，一台小型制面机。兼作小孩儿卧室的客厅内，还有一台黑白电视机与一台吊扇：这两台现代家用电器是前年其长兄赠予的旧物。正屋东侧有一间低矮的厨房间：一灶两锅，大的用于蒸馍，小的用于烙饼、炒菜。事实上，他们平时不吃炒菜。正屋东侧与围墙之间有一坑一沟，这是这一带农户的简易厕所。在该村，武家因经常得到在外工作的兄长支助，加之武氏夫妇的勤劳节俭，生活水平属**中等偏上**。

二、增加货币收入的努力

该村自实行家庭联产承包责任制以来，直到 1992 年止，一是种植结构基本上沿袭公社时代的习惯：一季种小麦，一季种玉米、棉花或红薯。**唯一的变化是随着小麦产量的增加，红薯种植面积大为减少**。从前作为主食之一的红薯，如今主要出于食用"偏好"。二是全村劳动力主要集中于土地，基本上没有外出打工。对开放的外部世界做出的反应如此迟缓，或与以下三个原因有关：一是该村（周围村落莫不如此）人均耕地较为富裕（实行土地家庭承包制时，人均近 2 亩耕地）；二是整个 20 世纪 80 年代，该村村民的主要生活目标是达到温饱；三是世代务农的习惯及由此而造成的外部社会关系的稀少。当然，离沿海与大城市较远，也是一个原因。

1992 年后，上述状况才起了变化。一是种植结构略起变化：有些农户开始种植**苹果**。由于苹果种植起动较晚，当苹果"挂果"之时，恰值苹果价格连年下跌之时，故而这一带今年有不少农户砍伐果树，恢复粮食种植。二是外出打工。武老师说，1992 年，该村有两男子到东北丹东去打工。他俩通过什么关系到东北丹东，不太清楚。总之春节回村，都说那里好赚钱（据说各赚了两三千元带回家），激起许多村民北上发财的美梦，春节一过，将近百人（多数是本村的，亦有外村的，全是中青年男性）背着行李，带着馍馍，随两位"先行者"北上丹东。因组织不善，有没有买到火车票而返回的，有中途转车时而失散的，也有到了丹东，因水土不服而生病的。总之，多数村民无功而返，有从此死守家园土地、不再轻易外出者。然而，走出封闭村落，向外寻求"发财"机会的风气毕竟从此打开。据说，自 1992 年之后，该村绝大多数男青年有过外出打工的经历，武老师陪同我访问了其中的两位"打工者"。

一位年二十四五岁。新婚两年，生有一子，三间新屋内唯一的"现代物品"是一台黑白电视机与贴在卧室墙上的"性感明星"剧照，那是从旧挂历中裁剪下来的。三人去访，他只能提供两只矮凳，另用半袋小麦权且充当凳子。初中毕业后辍学务农。前年南下广州，在某企业干了三四个月，只发给他一个半月的工资，刚够伙食费与来往路费。去年随人到温州找活儿干，那是一家私营企业，每天 20 元，干一天算一天，倒不拖欠工资。但"每日工作时间长达十三四个小时，有时还要加班，实在受不了"，坚持了两三个月，找不到其他轻松一点的活儿只得回来。他的结论是："外面的钱，实在不好赚。"我问："秋忙之后，是否再出去碰碰运气?"他说："能到哪儿去呢?"这位受过初中教育的青年农民对自己目前的处境，显出一副漠然无奈的神情。

另一位年方 18 岁，高一辍学，即开始"闯荡江湖"。在两年内，他跑过温州、杭州、上海、南京、北京、开封、郑州、洛阳、西安与兰州等地，干过各种各样的活儿，短则一二周，长则三四个月。"外出两年，钱虽然没有赚到，但有两样收获：一是干过不少活儿，学到一些有用的**技术**，二是结交了不少**朋友**，这对将来是有用的。""重要的是到外面去闯闯，看看世界。"他补充说："不过，这个世界越看越叫人糊涂，越叫人看不懂。"听他的口气，像是一位哲学家。这位因秋收而暂时回家的小伙子最后说："**我决不会守着土地过父母一样的生活。守着土地，意味着守着贫穷。我反复计算过，一亩土地种得再好，收入不过四五百元，交了公粮，所剩无几。再说，待在这闭塞贫穷的村里过一辈子，这样的生活有什么意思!**"我问他："在外面转了两年后最大的感想是什么?"他说："后悔没有将高中读完。如有知识与文凭，就能找到更多更好的机会，否则，只能找些重活儿、累活儿、苦活儿做，且工资太低。"我又问他的理想是什么，他说："**在外打工赚了钱，然后到太康县城租**

一间房子做生意，在县城里定居下来。"

农村剩余劳动力向城市的转移，是一切国家工业化过程中共有的现象。城市化过程中所提供的就业机会无法在短时期内满足农村剩余劳动力的需求，这也是一切国家城市化过程的共有现象。在中国由于农村剩余劳动力无限之多，由此而产生的问题也特别尖锐：一大批在精神上、价值上已与土地与村落割断联系但注定在城市中找不到职业与位置的现代"流民"，或将成为中国现代化过程中的突出问题。

▶ 9 月 25 日　访苹果园主人

上午 8 时，武老师陪同我往访当地"既有经济头脑，且很有些思想"（武老师语）的苹果园主刘某。从许庄西行二三里，便是一个果园。园主在其简易的"看守室"兼住房内，接受了我们的采访。

刘某，48 岁。曾因家境贫困而于高一辍学，回生产队种地挣工分。在此期间，他学会了两项手艺活儿：**木工与缝纫**。他说："死守在生产队内挣工分，一是无以解决温饱，二是根本没钱花。为了解决温饱与花钱两大生存问题，只有靠手艺活儿。"这两项手艺，因吃住在东家，便可自由地穿越户籍制与票证供应制所设置的篱墙。在 1970 年到 1975 年间，他凭借木工与缝纫两大手艺走遍了小半个中国。这段经历，使他的见识远远高出固守村落与土地的绝大部分普通村民。

他说："1975 年返村后，任生产队长。当时村民生活依然很苦，**主食是红薯**。每年每人能分配到五六十斤小麦，已算很不错了。生产队的分配主要是实物，很少有货币。事实上，年末结算，有三分之一到二分之一的农户欠生产队的账。故我担任生产队长时，便提议划出 150 亩土地种植苹果，以便增加生产队与村民的货币收入。后我调到大队当干部，继任的生产队长在公社与大队某些干部的支持下，将 150 亩尚未挂果的苹果树悉数砍掉。我一气之下，便辞去大队干部之职，重操旧艺。1982 年实行土地家庭承包制后，我还做过一阵小生意。1985 年，我乡土地重新承包，一定 15 年不变。**于是我将全家 16 亩承包地全部改种苹果**。在方圆数十里范围内，我是第一个引种苹果的人。

"把全家的全部承包地用来种植苹果，这在当时，确实是一项高投入、高风险的经济决策。但单纯种植粮食作物，只能图个温饱，要想致富，必须种植高产高效的经济作物。我到过山东、山西等地，看到种植苹果确实有很高的经济收益。我的第一批苹果苗，就是从山东引进的。

你知道，苹果要三四年才挂果，在此三四年内，只有投入，没有收获。但全家要吃饭，孩子要交学费，还得缴纳土地承包款。为了解决这些问题，我当时做出两项决定：一是在 16 亩苹果园内套种泡桐树（第一、二年还可套种小麦与玉米），泡桐生长周期短，三四年便可成材；二是我继续外出打工，做生意挣钱。虽然如此，那三四年内，全家节衣缩食，生活过得很苦，家人有抱怨，我就劝他们说，熬过这三四年，我们的日子便会一年年地好起来的。

"1989 年，我得到了当年投入的第一批收入。700 余棵泡桐卖得 8000 多元钱（1989 年每棵泡桐价格在 10 元上下，如今已涨到每棵 50 元左右）。这样，我差不多把前三四年的全部投入都收回来了。次年，16 亩苹果树开始挂果（因套种泡桐，挂果时间有所推迟）。1991 年苹果纯收入达 3000 元，1992 年 4500 元，1993 年 7000 余元，1994 年近 1 万元，1995 年达 1.8 万余元。今年预计收入可达 3 万元，但一是因受灾而减产，二是今年价格下跌得厉害，实际只收 1.5 万元。尽管如此，也比种植小麦、玉米、棉花等传统作物强得多。我计算过，当地一亩所产，若种传统农作物，纯收入不过 400 来元，最多不超过 500 元。按亩产 400 元计，16 亩土地所获仅有 6400 元。

"苹果的有效生长期约 30 年，产果的高峰期在第 8 年到第 12 年。这几年，由于种植苹果的农户逐渐增多，苹果价格有逐年下降趋势，因而比我原先估计的收益要低一些。今年苹果的价格下跌得很厉害。（前两年统货每百斤 60 元上下，今年仅 30 元到 40 元。）但我在近两年内还是转包了 20 余亩土地，扩大种植面积（确有不少农户看到今年苹果价格下跌，便将尚未挂果的苹果树砍伐了）。我的想法是，种植苹果，无论如何要比种植粮食作物收益高。苹果的市场价格虽然有下降趋势，但只是对一般品种与质量而言的，优质苹果的价格还是比较稳定的。所以，种植苹果能否赢利，一是看**技术**，二是看**品种**，三是看**质量**，对此，我是有信心的。关于转包土地的条件嘛，一是代缴落到每亩土地上的各项税费农负，二是再交给转包户每亩 150 斤小麦。"

这位苹果园主在叙述自己的"经济冒险经历"时，颇为得意。对这些年来家庭生活水平的提高，也颇为满足。但他的"得意"与"满足"仅限于这一范围之内。一旦越出这一范围，这位苹果园主便怨天尤人，怒气冲天。

他说："现在农村面临着十分严重的问题。一方面是农民的实际收入被地方官员大大地高估了。上报的人均纯收入1000余元，实际上只有500—600元，最多600—700元。我乡既没有乡办工业，也没有村办工业，主要收入来源于土地，部分农户最多还有一点打工收入。据我估计，我乡有经常性的稳定的打工收入者，不足农户的十分之一。因此，在计算农民人均收入时以土地收入为主。近几年来，种植经济作物（主要是苹果、葡萄）与从事家庭饲养业的农户是增多了。但绝大多数并不赚钱，有些甚至赔本。今年苹果价格下跌，不少农户将尚未挂果的果树砍伐掉当柴火烧就是证明。种植小麦、玉米，除去农用成本，一亩纯收入只有三四百元，这一带人均耕地在1.5亩到2亩，所以，人均收入在500—700元。年成好，风调雨顺，满打满算，不会超过800元。地方向上虚报人均收入，一方面是为了显示他们的政绩，据此可向农民多征收提留统筹款。另一方面，摊派的名目多得没人搞得清楚。事实上，乡、村干部从来不向农民说清楚。**每年夏收、秋收刚一结束，乡干部便进村催征，搞得老百姓很紧张。**

"我年近50岁，平心而论，如今绝大部分农民生活要比过去好多了。从前主要吃红薯，如今吃小麦；从前吃不大饱，如今吃饱了。头脑灵活的、有能力的人还可以到外面打工挣钱，像我这样种植苹果，每年能收个万把元钱，比普通农户收入高些。然而，老百姓还是怨声载道。为什么呢？一是地方官吏太腐败了，二是地方治安状况太坏了。强盗拦路抢劫，直截了当；地方官吏搜刮百姓，却编出各种名堂借口。强盗拦路抢劫，不见得人人碰到；地方官吏搜刮钱粮，无人可以幸免。说贪官污吏比强盗小偷更厉害，令人痛恨，一点也不过分。我的每亩承包地，与别人承担同样的农民负担，却还要我缴什么农业特产税；我只种苹果，不种棉花，却还要向我要棉花押金。苹果熟了，乡干部们来了，乡派出所人来了，税务、工商部门的人来了，都是开着车子来的。说是来买苹果，一拿就是一二袋、四五袋。你敢向他们要钱吗？你收他们的钱，下次一定让你好看，他们总会要出名堂来惩罚你。光这一项，我每年总得少收一二千元，甚至更多。他们白拿白吃我的苹果，我还得赔笑脸，还要欢迎他们下次再来，这真是什么世道！**我真的被这帮贪官污吏压得喘不过气来了。**"

＊　　＊　　＊

在访谈期间，有一年近 30 岁的乡村医生上门给苹果园主打针治病（气喘病），于是邀其参加我们的谈话。

这位乡村医生亦姓刘，高中毕业，高考落榜，自费就读于市卫生局开办的医学中专班。课程设置两年，学费四五千元。毕业后获得准许在乡村开业行医的营业执照。如今，已行医五六年，也有一肚子的苦水。他说："我们只能从县卫生局指定的医院批发器械、药物。但他们所提供的药品价格，比同类物品的市场价格高出许多。县卫生局每月向我们提供一份'药物信息报'，只有一张纸头，索价 50 元。并不时前来抽检针管，每次检查费 80 元。仅此三项，每月被县卫生局勒索去二三百元。拒绝付钱？没那么容易，他们随时可能吊销你的营业执照啊！这一带农民，虽说温饱问题基本上解决了，但绝大多数农民手里缺现钱，故平时前来治病的大多赊账。夏收、秋收后，农民手里才有点钱，但大多被地方政府搜刮去了。夏收、秋收尚未结束，县、乡的广播就天天响了起来，今天说要征这个税、明天说缴那个费。弄得乡里人心惶惶的。稍一迟缴，乡干部便带着公安人员临门催讨，吓得妻儿心惊肉跳。再这样下去可怎么办？农民手里没有钱治病，有些病能熬就熬过去了，实在熬不下去，才找我们，大病只能去找县、市医院，所以我们在乡下行医，一年赚不了几个钱，所赚之钱，其中一半被县卫生局以各种名义搜刮去了。"

谈话结束，我提议参观一下他的果园。果园就在他家门口。事实上，他村里还有住房与院落，每当苹果开花、挂果到收获季节，他们夫妇俩便搬到此处居住。三间简易平房，门口一株苹果树下，拴着一条高大凶猛的狼狗，帮助主人看守果园。还有一头大如牛犊的母猪，懒洋洋地躺在地上。栽种了 10 年的苹果树，如今正进入它的青春期。时值 9 月下旬，园里的苹果已采摘完毕。今年的销售收入，只有他预期的一半。一是挂果期间，遭受持续阴雨，致使大量小苹果掉落；二是今年收购价格下跌得厉害。当我谈到苹果的普遍种植引起价格下跌时，这位颇有经营头脑的园主说："关键在于**品种**、**管理**与**质量**，只要品种优良，管理得法，质量比别人好，还是能卖出好价钱的。"他所担忧的不是天气与市场风险，而是地方政府各部门官吏的百般索取。他怕的是地方官，恨的也是地方官。经济上的损失倒在其次，更重要的是损害了他的自尊心，内心窝着一团屈辱与怨愤，只等待时机爆发出来。

＊　　＊　　＊

中午时分，我们辞别这位满腹牢骚的苹果园主人。返回许庄的路上，我对武、李两老师说："在一切社会事实中，**社会情绪是最重要的社会事实，因为推动人们积极行动起来的，与其说是理智，远不如说是普遍的社会情绪**。在内地乡村，这股屈辱与怨愤的情绪是普遍存在的，虽然像刚才这位苹果园主那样尖锐的表达形式并不多见。改革开放 20 年来，内地绝大部分农户的衣食与住房条件确实得到了改善，但这绝不是内地乡村社会稳定的充要条件。一方面，贫富的分化，使得'体面的生活消费线'得以不断提升；另一方面，沉重的苛捐杂税及各种令人屈辱的罚款榨取了农民群众可能进一步提升生活水平的劳动剩余；再加上教育费用、医疗费用与农用物资价格的不断上升，由此而激发出来的屈辱与怨愤情绪弥漫于依然以农为主的乡村社会。这股情绪，由消极忍耐到公开的议论，由下跪求情到上诉上告，从小规模的聚众闹事，发展到较大规模的集体抗议事件，这要引起我们充分的注意和警觉。

"引发农村社会不满情绪的**原因**与不满情绪的可能**宣泄方式**，依然是**十分古老**的。在历史上，**横征暴敛，苛捐杂税**，从来都是引发农民集体抗议的主要原因。直到今天，中国的广大农民群众依然不可能通过**地方民主**与**自治**的途径解决地方官吏的**滥用职权**与**贪污腐败**问题。所以，他们一方面盼望有一个高高在上的皇权来约束或打击地方官吏的腐败行为；另一方面，他们用极大的忍耐来忍受地方官吏的欺压与鱼肉。**普遍的屈从与忍耐是一种极其可怕的社会心态**，因为它会进一步'误导'地方官吏肆无忌惮地滥用权力，从而为大规模的'官逼民反'创造条件。中国农民从来就具有'温顺'与'暴乱'这两重性格。唐太宗李世民的'水能载舟，亦能覆舟'之说，证明他十分懂得中国农民的双重性格。倘使我们把苹果园主人的怨愤仅看作个别的、暂时的发泄，那将铸成大错。地方当局，可不慎欤！"对我的这番议论，李、武老师皆以为然。

中午，武老师的母亲杀鸡烙饼煮蛋款待我们。武老师说，这一带附近没有菜市场，也没有入村推销肉类、豆制品与蔬菜的小贩，因为这里的农民平时没有吃菜的习惯，多数农民家里没有钱。每户养鸡下蛋，主要用于招待贵宾。

* * *

饭后，小武提议去看看他曾就读过的小学。该小学就在许庄北边，占地约10来亩。方形校园的左右两侧各有三幢平房，每幢各有三间教室，十分简陋，那是20世纪70年代初期盖的。学生们在上课，小武带我们到校长办公室拜访校长。校长办公室内有两张小木床、三张破桌、一条长凳，泥地，在东西两侧土坯墙上贴着学校章程与上级颁发的各种奖状。据这位农民模样的中年校长说，该小学有7个班：一年级2个班，二到六年级各1个班，每班50—60人不等。全校共有教师15名，其中公办教师5人，民办教师10人。公办教师的月薪在240—400元，民办教师月薪70—80元。民办教师有自己的责任地。公办教师来源于师专毕业生，就地分配。民办教师在本乡高中毕业生内聘用。全乡4万人口，20多个行政村，乡有4个初级中学，各行政村设一小学。全县近百万人口，共有5所高中，还有若干职校。

当问及办学经费时，这位校长说，从理论上说，县高中由县财政负责，乡初中由乡财政负责，村小学由村委负责（村小学公办教师的工资由乡财政负责）。实际上，大部分教学经费得各学校自己解决。按县教育局规定，小学一年级每人每年收学杂费100元，每增高一级加收10元。该校共有400名学生，全年收入5万元左右，其中书杂费用2万余元，剩下不足3万元。全校15名教员的全年工资需3.5万元，支付工资尚且拮据，遑论改善办学条件。校长说："这七栋平房还是70年代初盖的，其中一栋已成了'危旧房'。去年，县教育局来人视察，要我们拆了盖新屋，钱呢？他们要我们找乡里或村里想办法。乡里、村里哪里有钱？只得先把危房拆了再说。如盖新房，只有再向学生要钱，县里又说不许增加农民负担，所以至今没有盖。"

我想，国家宣布的九年制义务教育对于贫困地区来说是一个"超前"目标，在现行体制下，落实九年制义务教育的重担全部落到乡、村两级的"财政"上。在缺乏乡村企业支持的乡村"财政"根本无力承此重担，于是受教育的"义务"从"政府"转入"农户"。

此次许庄访问，没有经过乡政府的同意，也没有与村支书打过招呼，完全属于"非法入境微服私访"的性质。虽有武老师的陪同，有"回家探亲"的"掩护"，同样会引起村民的猜测与村干部们的提防，为避免"惹是生非"，只能做"闪电式"采访。下午3时半，决定返回开封。

* * *

在太康县城候车期间，我与车站旁边的杂货店女店主攀谈起来。

女店主现年58岁。夫妇俩原是太康县公交公司的职员，该公司原有职工200来名，前年公交公司实行改革，只留下20来个管理人员，提前退休30余人，其余150人自寻出路，各奔东西。"我们老夫妇提前退休，去年每月能领到退休金，今年已半年没有拿到一分钱，公司安排我俩在这里设店。如今这类杂货店满街都是，一月赚不了几个钱，一般来说，每月毛收入1000元左右，上缴各项税费共400元，夫妇两人每月可赚五六百元，勉强打发日子。"她原是一名豫剧演员，在豫剧团唱了 20 来年的戏，30 余岁才结婚，生了孩子。为生活安定计，调到县公交公司工作。**"我们替公交公司辛辛苦苦工作了二十余年，落得个'老无所养'的结局，谁想得到哇！"**

最令她担忧的是她的两个尚未成家的孩子。长子原也在县公交公司当驾驶员，如今给一私人老板开车。次子还在读高中。她说："没有他大哥的支持，这个高中是读不下去的。"为了两个未成家的孩子，为了适应变化了的社会环境，她也曾多次尝试过，奋斗过，拼搏过，做过多次发财致富的梦，但一一失败。她说她曾创办过一家生产塑料管的小企业，又创办过制造酸奶的家庭工厂，**"稍有起色，赚了点钱，就被工商、税务、卫生部门榨干了。如今，政府各部门都饿得慌，只要你赚钱，十七八只手都向你伸了过来"**。在她看来，太康县的工商业之所以如此不发达，关键的原因在于地方政府部门的"饥饿"与"贪婪"。她说，守着这家小杂货店总不是个办法。她最近琢磨着创办一家小型农用发电机厂。她说，这类小型发电机，在经常断电的农村很有市场，她本人搞过机电修理，对电器也粗知一二，关键是缺资金。她说，她准备直接找县委书记商谈此事，希望他给予支持。

突然，她问我是不是新闻记者，我说，我是开封市委党校老师，来太康看一朋友，并非记者。她对我的答复将信将疑。接着告诉我一件"已在全县传得沸沸扬扬的案件"：有一对在县政府某部门任职的年轻夫妇，前年辞职，在太康火车站旁开一家歌舞厅。该歌舞厅只对副科以上干部与厂长经理开放，有门卫，其他人不得入内。据说光一张门票就是 200 元，每人在歌舞厅玩上一个晚上，起码要花 800 到 1000 元，"相当于一般职工三四个月的工资"。上月中旬，县公安局突然查封了这家歌舞厅，把这对夫妇老板与 7 名年轻的女招待全部扣押起来。经审讯，这 7 名女招待一口气供出 70 余名嫖客。公安局按名索人，每人罚款 5000 元，否则公布名单。这些平时有头有脸的官员，只得乖乖地交上罚款。老板被罚 10 万元、7 名女招待各罚 1 万元。据说，女招待供的嫖客还不止 70 人，涉及外县及市省的大官，连审讯人员也害怕起来。只要缴足罚款他们就把人给放掉了。但风声传出，越传越厉害。许多老百姓都愤怒起来了，说：**"这帮贪官污吏，搜刮我们的血汗钱去吃喝嫖娼，我们要到市里去告他们。"** 据说县城里有不少人已在串联组织准备到市省集体上访，要求公开审理此案，这样才能彻底惩治这帮腐化堕落的贪官污吏。"光罚款有什么用，他们上缴的罚款，还不是他们贪污受贿来的赃款！"

这是街头巷尾的议论，事实真相到底如何，无法核实。我关心的只是百姓的议论及议论所表达的社会情绪。这本身就是一个重要的社会事实。

回到开封，已是晚 8 时许。

▶ 9月26日　中秋思绪

是日中秋节。上、下午，独处河大招待所整理调查资料。

河南之行已逾数月，足迹所及，豫东之开封、兰考、杞县、太康四县。从所访、所谈、所看、所思、所虑中，能否形成一些有关这一地区的"农业、农民、农村与地方政权"之一般观点？这种调查方式，有其优点，也有其固有的弱点：从"点"上所获资料无法涵盖"面"上的一般状况，从"谈"中所获的资讯，情绪多于事实（当然，情绪本身亦是一个社会事实）。要全面而准确地收集有关农村社会的客观事实，一要受到访谈者的情绪与偏见所限，二是要受到大小"封臣"们的防范与封锁。尽管如此，我们仍然能够从各地各人的访谈与观察中得出较为一般的结论。

（一）**家庭联产承包责任制受到农民群众最为普遍的欢迎，但承包期的长短受到两种相反因素的制约。**

一是同村的农户处于经常的"死亡"与"生长"过程中，且各农户人口也在不断变化之中，这一因素要求缩短承包期，以便使人口与土地不断取得平衡；二是缩短承包期，又使得农户对土地采取短期行为，且无法种植多年生的作物。为促使农民对土地的长期投入，必须拉长承包期。事实上，承包期的长短各村不一，有些村往往由村支书裁定。中央规定30年不变，无法得到普遍执行。再说，土地使用权的延长，是否会引发农民提出土地所有权的要求，值得关注。如果这样，那么土地家庭承包制便成为土地集体所有制向家庭私有制的过渡形式，在历史上也有类似的先例。

（二）**在土地家庭承包制的基础上，中国农村成了雷同的小农世界，他们之间存在着相似的利益和要求，由谁来代表他们的"共同利益和要求"？**

由县、乡政府通过"村委"从"**上面**"来代表他们吗？由农副产

389

品加工与销售公司从"外面"来代表他们吗？我们希望如此，且有成功的范例，但似无法普遍地推行。根本出路在于教育农民实行自愿的联合。但谁来教育？单纯的教育有效吗？这些影响着中国农村、农民与农业现代发展问题的答案或深藏在未来的实践生活之中，当今思维尚未能提供一个真实可行的答案。

（三）河南豫东地区，以土地为生的纯农户，亦农亦工（商）户，经济生活重心已转入工商业的"农户"各占多少比例？

这只能由精确的社会统计才能回答。依靠若干村落的调查，无法回答这一问题。我所能推测的是，绝大部分农户的经济生活重心依然在村落，在土地上，兼有一点很不稳定的打工收入。纯农户还占有一个很大的比例。只有极少数农户将经济重心移入工商业，甚或移入城镇。绝大多数农户的温饱问题基本解决，住房条件得到改善但普遍感到缺钱花。

（四）农民负担普遍过重。

农负率一般占人均纯收入的 25% 左右，若加上各种名义的罚款与集资，并考虑到农用物品、医疗费用与教育费用的上涨因素，农民负担就更为沉重了。

农民负担绝不单纯是一个经济问题，而是直接关系到广大农民与地方政府关系的重大政治问题。问题不在于要不要减轻农民负担，而在于能不能减轻农民负担。农民负担无法减轻有主、客观两方面的原因。

1. 传统的农业乡、县，工商业极不发达，地方财政收入的重心无法从农业转入工商业。

2. 地方各级党政部门与机构不断增设，人员不断增加，吃"皇粮"的人数急剧增加。机构的增设与人员的增加有其客观方面的原因。

3. 各级地方党政与部门很多都在"加快经济发展"名义下，搞"显示政绩"，大搞各种低效甚至无效的投入。

4. 为提高本部门职员的生活待遇与应付各种应酬，很多部门搞创收，设小金库，各种摊派罚款由此而起。

5. 个别官吏以权谋私，厚敛财富，谋求高消费。

上述问题不解决，农民负担是难以真正减下来的。而沉重的农民负担，总有一天会把农民群众逼到"造反"的一路上去。中国历史上的这方面教训，实在太多了。**我们应将此起彼伏的上访上告及小规模的"聚众闹事"，视作大规模群众抗议的前兆。**

（五）为了缓解并彻底解决农民群众与地方党政的紧张关系，必须认真着手地方政治改革。

1. 减少地方行政管理层次。现行地方行政管理层次太多，从省、市、县到乡、村，共有五大层次。直接管理"民"的是乡、村两个层次，省、市、县三个层次差不多都是管"官"的。我们能否取消市、乡这两个层次，将地方行政简化为省、县、村三个层次呢？方法是：① 将省的数量增加一倍，每省下辖五六十个县；② 扩大行政村的规模，使之相当于乡镇规模的三分之一或二分之一。

2. 根据农村社会公共事务的性质，要求重新设置各行政职能部门，将多余部门悉行撤除。

只有减少管理层次及机构，才能将吃"皇粮"的公务人员与官吏减少到最低限度。

3. 在村级实行真正的民主制。让民众在直接参与村级民主过程中，逐渐学习管理社会公共事务的经验。

（六）把涉及农民的各种农民负担与税费合并成统一的农业税，制定统一税率及征收办法，从而杜绝各种地方性的苛捐杂税。

建立单一的农业税，对广大农民来说**易知**，对地方政府来说**易收易管**。

*   *   *

晚七八时，永成与其女友小兰提着一盒月饼、一袋苹果来看望我，说是与我共度中秋佳节。一片诚意，令人感动。

按原定计划，永成明天陪我到其老家——河南、河北交界处的肥乡县（属河北省邯郸市）某村去蹲点调查，便道参观岳飞故里（汤阴县）、商王朝故都（安阳县）、赵之故都（邯郸）与袁世凯的墓葬地。（我以为，**观察现实**生活，应观察如其所是的那个样子，但**理解现实**还得追溯它的历史。要真实地理解我们这代人所处的社会现实及其变化趋势，光"向下"看是不够的，还得"向后"看。）小兰准备到新乡、安阳、邯郸一带去推销她厂的新产品——电脑控制的吸尘器（主要用于水泥厂除尘），于是我约她同行。

晚10时，他俩辞别。我步出旅舍，方见一轮明月高悬中天，月色如水，秋意微寒。我突然对自身的处境与中原之行的目的感到茫然与恍惚起来。这些年来，上海的朋辈或留洋出国，或下海经商，或上官场，或坚守学院，演绎概念。我跑到河南来干什么？**难道中国现代化的答案不在喧嚣沸腾的沿海都市而在千古如斯的中原村落吗？**中国的政治中心早已东移而北上，而经济文化中心早已东移而南下。近百余年来，西风东渐，并未吹拂这片曾哺育中国古代文化的中原大地。这里似乎成了一片被现代精神所遗弃的土地。如果是这样的话，我孤身至此，到底来找点什么呢？是想找回**民族的自我**吗？是的，我所关心的**中国的现代化**不单是沿海地区的现代化，是四个现代化（包括农业）或五个现代化（包括政治），更是农民大众的现代化（因为他们依然构成民族的绝大多数），因而也是古老村落的现代化。我的这一思考方向有无问题呢？我的这种努力有无结果呢？我不知道。

中国的激进知识分子与急于赶超的政治家往往被自己掀起的改革或革命及其表面的轰轰烈烈所迷惑，以为中国从此就步入了一个全新时代，一个重新崛起的辉煌时代。而当表面的风暴刮过，起初的狂热开始冷却，我们往往发现并没有向前跨出多远。沉重的历史与坚硬的现实还在那个地方，迫使你去承认它。从**长时段**来看，构成社会生活基础的那一个广大且深厚的部分很少被触动。即使把全部土地翻理一遍，它依然是土壤。当这个民族的政治家与知识分子再次发动现代化冲刺时，一个对社会**"长时段变化"**感兴趣的学者，跑到中原大地上看问题，是否有其特殊意义呢？

或许，这一切的一切，对我个人而言都是无意义的。或说无所谓有意义还是无意义。思考的积习，观察的兴趣，只是我的一种生存方式而已。有人从打麻将中取乐，我从观察思考中取乐。方式有别，其乐则一。此间没有高低之分，贵贱之别。

明月照无眠，凌晨1时方蒙眬入寝。

曹锦清 著

【全新修订版】

黄河边的中国

一个学者对乡村社会的观察与思考

下册

人民东方出版传媒
People's Oriental Publishing & Media
东方出版社
The Oriental Press

目 录

Contents

四、豫北、邯郸之行——访安阳市、新乡市、邯郸市

▶ 9月27日　村支书的贪污新论

上午9时，我等三人乘坐长途汽车离开汴京，北越黄河，经封丘、长垣、滑县、浚县、汤阴，抵达安阳，已是傍晚时分。

黄河之北的田野景观，与黄河以南并无二致：黄河两侧，凡引黄灌溉河渠所惠及的数公里，或十数公里的范围内，大多栽种水稻。在此范围之外，便是一望无际的玉米。时值秋收，不少农民已忙于田畴。公路河渠两侧，整齐的白杨树既卫护着路基河堤，也绿化着过于单调的平原。树丛掩映下的村落，远没有长江中下游平原那样密集，但规模较大。我想，中国传统的经济、政治与文化特质与这条含沙量位居世界第一的黄河，以及这片在土地特质、气候条件与引水灌溉状况高度同一的黄河冲积平原之间，到底存在怎样的内在联系呢？这是一个迷人而复杂的问题。我们这个历来习惯于"向内看""向后看"的民族，自近代以来被迫**"向外看""向前看"**。处当今之世，一个不甘落后的民族必须"向外看""向前看"，然而同时也须"向内看""向后看"。如此方能确定**民族的自我**，才能确知**"现处何地""从何处而来""将欲何往""下几步能走多远"**这四大问题，否则必然滋生"东施效颦""邯郸学步"甚至"拔苗助长"的无限弊病。就我而言"内外""前后"皆一片茫然。孔子言其"四十而不惑"，我已近50岁，尚处"大惑"之中，实有一种说不出的悲哀。

车近滑县，我与同时上车、邻我而坐的小伙子攀谈起来。这位善于观察与思考的小伙子，竟成了我极好的访谈对象。访谈纪要如下。

一、他的经历与抱负

这位小伙子姓王，18岁，初中毕业后辍学。河南内黄某村人。他说，**如今是有本事人的天下**。什么叫有本事？**能赚钱就是有本事。有了钱，不仅生活可以过得比别人好，而且受别人尊重**。守在村里，围着那几亩土地转，农民负担又重，能图个温饱已不错了，哪里赚得了钱。没有钱，不要说被人瞧不起，就是成家立业也不行。所以他刚初中毕业，便随同学的父亲到广东、深圳一带打工。他说如今在村里搞农业赚不了钱，搞饲养业也赚不了钱。能赚钱的，一是办企业，二是经商。但办企业、经商，一是要资本，二是要有社会关系。他家这两样东西都没有，所以只留下外出打工一条路。到南方打工工资比较高，每月一般五六百元。每月伙食节省一点，二百多元就可以了。春节也不回来，既可省下往返车费，且加班另有奖金，一年辛苦，可以积余三四千元。干个几年，积到二三万元，或三四万元，就可回村办个小企业或搞买卖。到那时，赚钱就快了。他说，广州、深圳的许多小老板都是从打工开始的。不过今年年初，他被村支书从广州市近郊的一家工厂叫了回去，一定要他帮村企业搞推销。今天，刚从周口、开封一带推销回来。于是谈及这家村办企业。

二、他对"合股、合伙制"企业的评价："此类企业合得快，散得也快。"

他说："合股、合伙制企业，十有八九是合不长的，此类企业合得快、散得也快，合时高高兴兴，散时相互指责，甚至殴打起来。这样的事我见到过不少，听说过的更多。去年年末，我在广州打工，村支书写信要我回来，帮他搞推销。我当时回信问他，他办的企业是他与别人合资的，还是他独资的？若是独资的，我就回来做推销；若是合伙的，我宁可留在广州打工。"这家村办企业恰恰是由七人合伙的。两年前，7

人各出资 5 万元创办这家生产各种机油与防冻膏的小企业。第一年，市场尚未打开，没有什么盈利，七人还能同舟共济，相互合作。第二年产品有了市场，开始赢利，在"董事长"与"厂长"（由村支书担任）之间，其实是参加合伙的两大家族之间发生矛盾。"我得知这一情况表示不回来做推销，但村支书接连来信来电，一定请我回来帮帮他的忙，并寄来回程的路费，只得结束广州的打工生活，返回老家。村支书虽不与我同姓，又长我十余岁，但对我特别好，我叫他"大哥"，他有困难，要我帮忙，我有什么办法呢？只得回来。春节时，他对我说，厂里跑供销的，差不多都是董事长方面的人。他在厂里辛辛苦苦抓生产，而钱差不多给董事长他们抓去了。搞企业能不能赚钱，赚了钱，能不能回到自己的口袋里，推销员是个关键。所以，他一定要我回来搞推销。"他接着说，一个合伙企业共七个合伙人，却分成两大派、各有各的供销员，各抓各的钱，这样的企业，怎能长久地办下去?! 果然，今年年初，厂里的几个股东在一块喝酒，董事长借酒使性，出语伤人，厂长（村支书）差一点和他打了起来。我想，顶多再维持个半年一载，这家合伙企业肯定会因内讧而垮台。"

我想，在资金、技术与外部社会关系资源都十分"短缺"的乡村，股份合作制有其十分现实且广阔的需要。在各地乡村，大量合伙制工商小企业的出现，便是证明。然而**"合得快、散得也快"**却成为这类企业的普遍特征（这个年轻人一语中的，引起我的深深惊叹）。原因何在?! **是这类企业制度本身固有的缺陷吗？是中国小农习惯行为方式中固有的弱点吗？平等协商，自觉服从共同制定的章程**，这是任何一个股份合作企业得以正常有效运作的前提条件。一方面，股份合作制有其客观的经济需要；另一方面，在小农经济基础上养成的习惯交往方式中无法生长出这一前提条件，相反地，他们将小农习惯的交往方式带进股份合作企业内部，从而导致此类经济合作组织难以持久。

三、村支书的"贪污"新论

我问这位帮村支书推销的小伙子："做村支书的都抱怨说，他们一是得罪人，二是忙，三是报酬太低。在你看来，情况是不是这样呢？"
他说："表面上看来确实如此，做村支书的，名义上的收入很低，但实
际上的好处还是不少的，至于实际好处捞得多少，因人而异。"我说：
"这样说来，你们村的这位村支书做了七年村支书，总有十几万元、几
十万元了吧？"他说："没有那么多。做村支书的前两三年，最多吃点喝
点，真的没有搞钱，这三四年搞一点。这是他亲口对我说的。"我又问：
"每年搞多少呢？"他说："我也问过他这个问题，他告诉我二万至三万
元。他说，搞得太过分，村民意见闹大，到县里、市里去上访上告，他
这个小官便当不成了。"我问："他用什么法子搞钱呢？"他说："这我可
没问，他也没说。反正，村支书就是村里的第一把手，全村的大小事
情他一人说了算。要搞个二三万元钱，还是挺容易的。譬如，乡干部来
村检查工作，一般都到他家吃喝。每次吃掉一百元，他报二百元，有谁
知道呢？修路、打井，集资十万元，他从包工队中收五千元回扣，又有
谁知道呢？在审批分配计划生育名额、划分宅基地时，收点礼也是常
事。总之，不要做得太过分，贪心不要太厉害，适可而止，每年弄个二
三万元，确实不成问题。"

下午3点半，车到浚县，这位坦率的推销员与我辞别，到浚县推销
他的产品。我有些后悔，为什么不早点与他聊天呢？在这个年轻而清晰
的头脑里，一定储存着有关他的村庄、合伙企业七位合伙人、广州打
工、推销手段等方面的资料。虽然如此，我还是应向这位陌路相逢的
"半日朋友"致以深深的谢意。他的关于乡村合伙制企业"合得快、散
得也快"的判断，因与我的观察与分析暗合，而引起我的惊奇。他所转
述的"贪污新论"，则前所未闻。

下午五六时，我一行三人抵达安阳市。展现在我面前的这座中国第
一古都（就有文字、有文物可考的古都而论），如今到处呈现出现代城
市的外观：南北垂直交错的大街，路面宽阔干净，间隔着机动车与非机
动车的两条绿化带给这座城市增添了盎然生机。车辆甚多，但秩序井
然。被如今中国人视为"现代化"象征的高层大楼虽不多见，但新建的

多层建筑随处可见，沿街店面装潢与各大城市并无二致。"现代化"所固有的标准化，清除了我想象中的古城应具有的古朴特色。三人在几条街转了一圈，还是回到车站附近找了一家 **"特级**旅馆"下榻。一入旅舍，却把我对安阳第一印象中的好感一扫而空：涂塑墙壁已开始剥落；一侧墙壁因受潮而霉变，令人难受；卫生间的浴盆积满污垢，浴室水龙头一只拧不出水，一只关不住水；抽水马桶的坐垫已被踩坏；床上被褥倒还干净，只是地毯被烟蒂烫起一个个黑色焦点。

我想，在现今大多数中国人的心目中，所谓"现代化"，主要指**"器具"**的现代化。但现代化器具的制造者、管理者与使用者并不因此而具备现代观念、素质与相应的行为方式。一切暴发户可用金钱购买现代器具，但并不因此以现代人的方式使用这些现代器具。这有一个极其缓慢与艰难的适应过程，我们千万不能因"现代化器具"的快速发展而误以为我们已进入现代化了。

▶ 9 月 28 日　游殷墟、访袁墓

天朗气清，气温宜人。上午与李、兰两人同游殷墟，访袁墓。

位于安阳市区小屯村一带的殷墟，因盘庚迁殷建都于此。至商灭于周，共传八代十二王，历 273 年。商亡、周兴，华夏民族的政治、经济与文化中心遂西移于如今的西安一带。殷都日渐荒芜，成为废墟。幸赖商代甲骨文在清末的出土，考古学家们方在此地重新发现 3000 余年前的华夏古文字，且重新发现这座湮没近 3000 年的华夏第一古都的遗址。

如今供游人参观的只是殷王宫殿区，占地约数百亩。地势高敞，宫殿区的北、东两边，有洹水缓缓流过，形成王宫的一道天然屏障。据介绍，王宫的西、南边有一条宽约十来米、深七八米的人工壕沟，两端与洹水弯曲处相连。天然河与人工河共同组成了王宫的护城河。在王宫区内，53 座宫室基址已经清理出来。前些年，安阳市为了发展旅游业，根据《周礼·考工记》"殷人重屋，堂修七寻。堂崇三尺，四阿重屋"的记载，复原殷王宫的大殿，里面陈列殷墟出土的甲骨文片与青铜器、玉器，供游人参观。

据介绍，宫殿的建筑物都是建立在厚厚的**夯土台基**上的。由夯土墙、木质梁柱、门户、廊檐、草秸屋顶等部分构成。柱下有石基。看来，砖块烧制技术在商代尚未发明出来。

在宫殿区附近发掘出两个最大的王室甲骨文档案库：1936 年春，在小屯村北发掘的一个甲骨坑内，内有含字甲骨 1.7 万片；1973 年，在小屯村南又出土含字甲骨 4800 片。据介绍，八九十年来，殷墟共出土带字的甲骨共约 16 万片，所使用单字共有 4500 余个，其中能确定为汉字的有 1700 个，如今已被识别出来的甲骨文字不知有多少。

从小屯殷王区北渡洹河，在西北岗前小营、武官、侯家屯一带，便是**王陵区**。商族迁殷，共传八代十二王，先后发掘出 11 座殷王大墓。

末代纣王大概是"死无葬身之地"。殷代有用人殉葬的习俗。在王陵区的东部，1976 年发现一个大型祭祀场：在 4700 平方米的范围内，已发现 250 座祭祀坑，在已清理出的 191 个坑中，被杀殉的有 1178 人。又据对甲骨文中有关人殉记录的考证统计，共杀殉 13052 人之多。当然未被记录下来的就更多了。历史学家多以为杀殉的是**奴隶**，并以此证明商代实行**奴隶制**。其实，杀殉的人数如此之多，恰恰证明被杀殉的人不是奴隶，至少不是用于生产的奴隶，而是**战俘**。古书上说，商代政治主要是两件大事：一是**祭祀**，二是**战争**。倘使商代实行奴隶制，战俘就不会用于祭祀，而是用来生产。说商人信鬼神、好祭祀，因而不惜大量摧毁生产力，这是说不过去的。我想，中国没有经历过奴隶制，这一判断对于我们理解华夏文化的特质，有着十分重要的意义。

从商汤建国到盘庚迁殷，殷人"不常厥邑"。最初辗转于曲阜、泰山一带，继迁于曹县、商丘，后移于黄河西岸，多次往返于大河南北，是由于外族的压迫，还是避免黄河水患，或是殷人尚处半农半牧阶段，不得而知，但盘庚迁殷后，肯定进入农耕社会。1929 年与 1932 年两次殷墟发掘，一次得近千件石镰，另一次得四五百件石镰与几十件蚌器。这说明，殷商一代农业生产的工具是**木器、石器**与**蚌器**，并无金属农具，是一种粗放原始的农业。又可以说明氏族集体拥有并保管生产工具，因而生产单位是氏族集体而非家庭。当然，土地也是氏族集体共同占有的。中国的原始**氏族制度**被完整地牢固地保存了下来，并在氏族制基础之上建立起**贵贱等级制**。这对于我们理解商代甚至周代社会与政治制度具有特别重要的意义。

* * *

在殷墟转了一圈，已是中午。三人在路边小店吃了碗面，又匆匆赶到袁林参观。当年，手握重兵的袁世凯受清廷猜忌而避处彰德"养疴"，死后葬于彰德。彰德即安阳，到此方知。袁世凯生前在安阳城北洹上村建有规模宏大的别墅，（据说，该别墅主建筑为三行九宫院，九个结构相同的四台院分别安置九房姬妾。又仿苏州园林风格建"养寿园"，内引洹水，造人工湖。"养疴"期间，着蓑笠木屐、垂钓湖畔，自称洹上渔翁。）在安阳城内九府胡同又专为九姨太修建"袁府"，死前又立遗嘱归葬安阳。这个出生于河南项城的"窃国大盗"，不知为何对安阳情有独钟，如今"洹上别墅"早已沦为废墟，袁府尚存半院砖瓦，故只到袁林转了一圈。

位于安阳城北太平庄北侧的袁世凯墓（袁林）保存完好。高墙森严，游人稀少，入大门有一宽 10 余米的神道，向北通往墓地。先过小石桥，再越大石桥，便是袁林主体建筑群，分建神道两侧。依次有：牌楼，六角壁柱，石马、石虎、石狮和文武翁仲，碑亭。在碑亭内一块高达 5.5 米的巨型墓碑矗立在重达 20 余吨的石龟之上。碑亭北是景仁堂，是祭祀袁世凯之地。景仁堂北，便是袁的墓冢，圆形，内由钢筋混凝土浇注封闭，外砌三层石块，高 8 米。周长 60 余米，整个墓地 138 亩，据说耗银 73.2 万余元。这个先是出卖清廷，继而出卖革命党，终而出卖中国的千古罪人却有这片葬身之地，实为侥幸了。

细看起来，袁的悲剧在于只会**玩弄权术，而不知权势**。权者政权也，势者政治之大趋势也。再推究起来，乃是政权之**实**与政体之**名**的脱节与背离。其**名**则"共和""民主"，已为中国一般知识分子所共识，这一思想潮流不可阻挡。其**实**则仍需中央集权，甚至个人独裁。因为中国仍是一个小农国家，且处分裂状态，加之有数千年历史之久的中央集权制传统，所以绝不会突然中止而产生民选、共和政体。孙中山成立的南京政府之误在于以**新名来制实**，袁世凯的北洋政府之误在于据实而定旧名，坚持恢复帝制。一个以名（共和、民主）责实，一个以实责名（帝制）。两者相反，但都归于失败。聪明的政治家恰恰应将"新名"与"旧实"结合起来：实质上的专制与形式上的共和。

下午 3 时，兵分两路，小兰留在安阳推销她的产品，我与永成继续赶路。

从安阳北上邯郸，已入河北省界。在邯郸转车，东行 50 公里，便是肥乡县。到 D 乡下车，已是晚 7 时许。月亮未出，夜色沉沉，沿着被拖拉机辗得高低不平的土路摸黑前行。多年没有回过老家的李永成，也难辨东西，经多方问路，方摸进居住在中行村的叔父家。时过 8 点，年过六旬的叔父叔母已准备上炕睡觉。见亲侄远道来访，很是高兴，立即招呼我们洗手吃饭：一箩馍馍与蒸饺，一碗清茶。北方乡村的饭既简朴又简易，远没有南方那样复杂。一边吃饭，一边向这位退休的老支书交代此行的目的与调查时间。老支书说："永成来信已说过此事。俺村每个李姓都是自家人，随便你们怎么调查都行，爱住多久就多久。只是乡下吃、住条件差。"

饭后，已近 9 点，老叔父陪我们到其儿子的新居去休息。在客厅西侧厢房内，房主已替我们备下两床、一桌、一椅。时间已晚，加之旅途劳顿，于是匆匆洗漱安寝。

▶ 9 月 29 日　眼睛娘娘庙

　　清晨醒来，恰 6 时整。勤劳的夫妇俩已从地里拖了一板车玉米棒子回来，并替我们备下一席丰盛的农家早餐：一笸蒸馍、一盘煮玉米、一锅小米粥、一碗辣椒酱、若干煮鸡蛋。**当地风俗，接待男方的男客仅由丈夫陪食，妻子儿女只在厨房吃饭**。席间，谈及他的家庭与新居。永成的堂弟 42 岁，初中毕业。20 世纪 80 年代中期，因其父亲的关系（其父在 1971 年到 1989 年间任村支书），在县电力局下辖的供电所谋到一职，白天上班，早晚务农（村里保留他的承包地）。妻子务农。供养着三个孩子读书（两个上初中、一个读小学）。凭着夫妇俩在承包地上的辛勤劳动与他那一份轻松而报酬丰厚的工作（月薪五六百元），加之省吃俭用，盖起耗资五六万元的新式住宅。他说："这种新式住宅是最近二三年内才出现的，与旧式平房相比，有三个地方得到改进：一是一排五间，且高大宽敞；二是东西两间各向前延伸一间，实际共有七间房，当地人称为'出袖'；三是屋檐向前平伸 2 米，廊柱支撑，这样屋前有一条庑廊。另外，再考究一点，室内地面铺以水泥，墙基打一圈钢筋水泥。正面墙柱贴上条状瓷砖。总造价要 5 万余元，且不计庭院三面的围墙（那是用旧屋拆下的砖头建造的)。"

　　我真不明白，这对中年夫妇仅凭着 10 亩承包地的农业收入与一份工资，怎么能在六七年内积攒起五六万元呢？我一家三口，月薪合计 2500 余元，怎么一分钱也积不起来呢？他们的节俭是一个理由。他们的房子是造起来了，而且是全村最阔绰的住房，但食物方面，十年来并无变化，吃饱而已，根本谈不上质量上的改善。他们所穿的，相当一部分是永成兄弟淘汰下来的旧衣。新屋外观阔绰，但仍是"家徒四壁"，只是客厅内布置得像样一点：两排自制的木椅、沙发、一张茶几。自制的电视柜上立着一台 14 英寸的彩电。三间卧室（夫妇一间、儿子一间、两个女儿一间）各有一张简易木床而已，另三间只用来存放谷物与农具杂物。我想，用来衡量生活水平高低的基尼系数，对这类农户有什么意义呢？他的儿子尚在读初中，距结婚尚有很长一段时间，这对夫妇为什么要把全部积存的资金匆忙地投入了住房建设，且追求全村"第一流"呢？用单纯的改善住房条件与替儿子结婚备房，似乎难以解释这一并**不经济的行为方式**。

农村中的剩余，甚至预期中的剩余大多转入住房建设，看来有内外两大原因。外部原因是"以钱生钱"的投资渠道依然过于狭窄。土地的承包与分割，限制了剩余资金向土地的投入。农村工商业的不发展也使得这部分资金无法向这方面流动。内在原因是村落社会从来就是一个充满内部竞比的社会，村落内部血缘关系的亲疏从来不足以定贵贱，相反，贫富差异却决定着各户在村落社会内的地位高低。在土地家庭私有制的条件下，农户间竞比之物，主要集中在土地；而在土地承包制条件下，新一轮的地位竞争主要集中在住房。**住房庭院的优劣好坏已成为乡村社会内部衡量财富与地位的外显标志**。正是这一遍及乡村社会的竞争，推动着村民对金钱的强烈渴望，推动着他们到处去寻找各种挣钱的机会。

早饭后，我请李氏夫妇各忙各的事去，既不要陪我们而误他们的正事，也不必专门替我们准备伙食，一切照旧。9月末、10月初，此地乡村正是秋忙季节，专门的访谈一般放在晚上，白天则随机应变，见缝插针，尽量避免耽误村民的农活儿。

＊　　＊　　＊

上午，永成陪我参观村落。

华北平原上的村落，内部结构与布局大同小异：街巷南北垂直，其中一条横贯东西的通道便是主街了。有些村落至今尚能看到护村墙与护村河的遗迹。我们沿着主街散步，令我惊奇的是，在这条300米长的村街上竟有**四座小土庙**。每座高、宽各二三米的砖砌土庙，各有一个神龛，神龛内各挂着1米或1.5米见方的白布，上面画着数目不等的神仙、菩萨。一座是**观音娘娘庙**，一座是**关圣帝庙**，一座是**眼睛娘娘庙**，另一座看不清供奉的是哪路神仙。

当我们在"眼睛娘娘庙"前逗留时，一位老年农民前来与永成打招呼。我问老汉："这里供奉的是哪个菩萨？"他说："是眼睛娘娘。"又问："你村里为什么供奉眼睛娘娘？"他说："许多老婆子眼睛不好，到这里烧炷香，磕个头，眼睛就会好的。这菩萨很灵。"我问："你们信不信？"老汉笑了笑说："俺们不信，**是村里的老婆子们相信的，村里的庙都是她们要盖的。**"我又问："其他村里有没有这些土庙？"他说："**都有，各村里都有，有的村里庙还要多、还要大呢！**"我再问："这里怎么没有龙王庙呢？"老汉说："干旱求雨，拜关圣帝比拜龙王爷还灵验呢！"

一般来说，自上而下强行输入乡村的官方意识形态并没有深刻地触及乡民的头脑，更没有改变他们的行为方式。一旦政治控制随着公社体制的解体而大为削弱时，有着源远流长的乡村民间信仰便重新复活，这是一个全国性的普遍现象。但像这一带各村皆建若干土庙，实为我第一次亲见。是这一带乡民更为"落后闭塞"，还是位处三省交界，地方政府对乡村社会的控制力较差，我不得而知。另外在我所知的民间信仰诸神中，"眼睛娘娘"也为我首次所闻。

主街南边的朝北墙壁上有七八首长短相近的七言顺口溜。有宣传**遵纪守法**的，有宣传**计划生育**的，有**劝诫赌博**的，有劝告儿媳孝敬公婆的，有劝**邻里乡亲互敬互让**的。看得出来，这些顺口溜是县、乡政府宣传部门统一制作，由村委统一刷写的。我曾看过一些明清时代的乡规民约及杂糅儒佛思想的劝善诗文。**这些现代顺口溜，无论从形式还是从内容来看，与古代乡村的乡规民约、劝善诗文没有什么大的差别**，计划生育除外。在村东首墙上，有一块水泥制黑报，上列二表：一是村财务公开表，一是各农户宅基地、农民负担、计划生育指标等项的表格，但表内并无公开的内容。墙上还刷有一条标语："省电力局省物价局核定电价每度 0.45 元，村民有权拒绝超收。"我问一位村民："这里每度电 0.45 元吗？"他说："你信他们的鬼话？！每度电起码七八角，甚至一元多呢!"的确,地方政府的宣传部门往往将政策简化为口号,并落实在墙壁上,而不是落在实处。

一条干枯的小河床与主街垂直并将中行村分成东西两部分。永成说,这条小河原是漳河的一条支流,早已干枯废弃。又说,该村李氏有三个支系:最长的一支集中居住在河东,另两支住在河西。在村内与村周围,有五六个大小不一但全部干枯的"池塘"。这种"池塘"下雨时有水,雨后不久便干枯了,既不能蓄水洗物,更无法养鱼养鸭。在我所走访过的村庄内,差不多都有这样的"池塘",不知村民用来派何用场。永成说,村民建房,打土坯,筑围墙,垫屋基都须取土。地处平原,下雨易涝,故需将屋基尽可能垫高些。这里的"池塘"并非为了蓄水,土层松软,也蓄不住水,差不多全是由各户建房取土所形成的。经此一说,我才恍然大悟。

该村的住房,在新中国成立后的 40 年时间内经历过两次较大规模的改建运动。一次是在 20 世纪六七十年代,原先占 80% 以上的土坯草屋在那次改建过程中逐渐消失,取而代之的是**坯砖结合的瓦房**:三间,围墙大多依然是土墙,坯是自己打制的,砖块大多是自己烧制的。建房时,亲邻互助。一次是 20 世纪 80 年代,房屋庭院的样式与前次没有多大差异,只是更高大宽敞一点。土坯已淘汰,砖瓦是从附近窑厂购买的。整个工程包给乡村工程队。从亲邻互助到工程承包转变的原因,到处都一样:**"既省钱,也省事。"** 当然,土地承包后,农户货币收入的增加是一个重要原因。旧屋拆下的砖块用以筑围墙,故在第二代住房中,砖砌围墙占很大比例。我估计,在现有的住房中,第一代住房还占30%—40%,大多为老年夫妇们所居住,还有一些贫困户。土地承包后而陷入贫困者,大多是些智弱者或体弱多病者,各村皆然。20 世纪 90 年代初,村里出现一种新式平房,一排四间或五间,"出厦",有廊柱,有的还"出袖",水泥地,内外墙涂水泥、石灰,正面墙贴瓷砖,造价在二三万元。这样新式的住宅,全村只有四五家。李氏的新居,耗资五六万元,可谓冠盖全村。我曾对他开玩笑说:"你一下把住房标准提得那么高，叫别人怎么赶得上来?!"他答得很妙："**刚一造好，就被别人超过，那还有什么意思!**"

* * *

在村里转了一大圈回到永成老叔家，李老汉与老伴正在小院子里整理刚从田里收回来的谷子（亦称小米，即粟）。于是我们一边帮着抽谷穗，一边与老汉聊天。老汉今年62岁，生有一女一男。在20世纪70年代末，县里有招工名额分配到大队，他把**女儿安排进县化肥厂，儿子进了县电力局**，当时他担任大队支部书记（1971年到1989年期间任支书）。如今老夫妇俩耕种4亩承包地，养20多只鸽子，自食其力，无须依赖儿女。谈及村里的农业产量与食物结构的变化时，李老汉说，直到70年代末，这一带小麦的亩产一般只有300来斤，最好也只有400来斤。玉米亩产也差不多如此。如今小麦与玉米亩产能达到七八百斤。在实行土地承包制前，这一带农民的口粮一直以粗粮为主（主要是玉米、红薯），如今全年吃细粮（小麦）。李老汉将粮食增产的主要原因归结为**"种子好，化肥多"**。问题是这方圆数百里内**都缺水，严重缺水。**

谈到"水"的问题，李老汉表现出深深的忧虑。他说："在20世纪60年代中期以前，这一带的地下水层还很浅，打一口水井，最多五六米即能见水。自60年代中期以后，地下水逐年下降。如今打一口六七十米，甚至七八十米的井，也只能抽上咸水，一定要打到二三百米深才出甜水。打一口二三百米的深井，加上抽水机等辅助设备，如今要10余万元。**俺村只有一口300来米的深井，规定每周向全村各户供应一次水。**全村农田的灌溉用水，也主要靠这口井。另外还有三四口五六十米深的咸水井。全村近2000亩耕地，只有三分之一、最多一半的耕地能浇上水，其余只能靠天吃饭了。倘若遇到大干旱的年份，这口井能保证人畜饮水就算不错了。"关于水对小麦、玉米产量的影响，李老汉说："如能浇上**甜水**，小麦、玉米亩产达到七八百斤是没有什么问题的；如浇咸水，亩产要减少一二百斤。倘若浇不上水，那得看年成了。有时只有一二百斤，大旱绝收的情况也碰到过。北方吃水、灌溉主要靠井水。这二三十年来，地下水越来越深，井也越打越深，花钱也越来越多，**这样下去怎么办？如今村里人最担心的就是这件事**。"我问："如今一亩小麦浇一趟甜水要花多少钱？"李老汉说："要花 25 元，小麦要浇 3 次，共 75 元，玉米只需浇 2 次，50 元。"我又问："整个肥乡县都这样缺水吗？"老汉说："附近几个县也都是这样的。"中国北方缺水，我是知道的，但听来的消息总感觉有些不真实。如今，从李老汉的陈述与深刻的忧虑中，我才深切感受到北方缺水的严重性。中国农村的庞大人口基数，有限的耕地，广大北方地区的严重缺水，这是限制中国农村与农业现代化，因而也是整个中国现代化的三大关键因素。

话题转到村里的土庙，我又问到"眼睛娘娘"庙，老汉说："俺村害眼病的老婆子不少，所以造了座眼睛娘娘庙。""为什么老婆子们害眼病呢？"老汉说："这个谁知道。"我疑心，这与她们烧饭受烟熏有关，故起身到厨房间去看看。果然，**整个灶间被烟熏得墨黑**，原来**灶无烟囱**。我问李老汉："厨房里为什么不造个烟囱呢？"他说："**俺村里的厨房都没有烟囱的**。"原来习惯如此，还有什么其他原因可问呢？可以追问的倒是：从中央一直伸延到县、乡的科协系统，为什么不把这项自古而有的"科学成果"引入这一带乡村呢？

从供电所回来的永成弟叫我们去吃中饭，中断了与李老汉的谈话。回到李家，我特地观看了他家的厨房，亦无烟囱，于是对他谈了烟尘、眼疾与"眼睛娘娘"三者之间的关系，建议他改建厨房，砌个烟囱，在村里带个头。"既是爱护妻子，也造福乡邻"，李允诺秋忙后立即改造厨房。

＊　＊　＊

饭后，李家五口各忙各的事去了。我与永成稍事休息，下午三四时，我提议再到村里地头去走走看看，碰上村民，随便聊上几句。此类调查，不能只按先前拟定好的提纲去逐一寻访相应的资料，而应将调查提纲处于"**悬置状态**"。为一定的调查目的而拟定的调查提纲是一张捕获相应资料的网，故没有明确的调查目标与提纲是不行的。但仅按提纲去搜寻所需的资料，完全有可能将提纲所未及的重大现象或问题忽略掉。有提纲而悬置起来，入"现场"而保持一种"好奇"与"无知"状态，让耳目随身处于"现场"之内，而让好奇之思永远保持一种"审视"与"思考"状态，这样才能发现新问题、新情况。

沿村主街西行十数米，有一家四口正围坐在破墙开设的小卖部前整理刚从地里收上来的一大堆玉米棒。年近50岁的小店主认出了李永成，于是热情地搬凳沏茶，坐下聊天。谈及他家的生活，不料这位亦农亦商的中年村民又是摇头又是叹气，说："这几年的倒霉事都给我碰上了。"然后诉说起令他叹气的几件倒霉事。

4年前，本不该怀孕的妻子却怀了孕，（他48岁，妻45岁，已生有一女二男，长女20岁，长子17岁，次子14岁），被乡计生办叫去打了胎，并结了扎，"这我也没有意见，本来我早已不再想生孩子了，**但乡里设备差，又马虎，从此留下一身病，不能再下地干活儿**，只能在家里做点轻便事"。我问："这病去治过没有？"他说："治过，到县医院治过，治不好。"我建议说："应到大城市去治。"他摇摇头说："哪有钱到那里去治病。"我说："这是医疗事故，你可向乡计生办提出赔偿要求嘛。"他说："赔偿？！哪有这等好事？像我老婆这样被结扎坏了的，全乡还有好几口人呢！"看得出来，这对夫妇对医疗事故、民事诉讼与经济赔偿此类行为方式没有丝毫概念，只当作"霉气"之事，认了。结扎手术使其妻丧失劳动能力，这对农家意味着什么，那是可以想见的。这是第一件"倒霉"事。其二，前年病死了一头骡子，五头猪。其三，去年买了劣质的玉米种子，每亩才收一二百斤玉米（全村有几十户人家上了当）。其四是"这个不赚钱的小卖部"。原来村里有一家小卖部，生意不错，每月能净赚二三百元。前年年末，他卖了1000余斤麦，又向妹妹借了900百元钱，凑齐1700元，破院墙，开起这家代销店。开始几个月，生意还可以，每月能净赚一二百元。不料村里又开了三家代销店。"全村只有二三百户人家，有五家代销店，这生意怎么做？"我问他如今每月能挣多少钱，他说最多六七十元，去掉上缴工商管理费35元，每月只能赚30来元。这还是账面上的钱，村里人手里没有什么钱，赊账的多，要不就拿麦子来换。所以进货的钱总是很紧张。原想老婆不能下地干活儿，让她站站柜台，赚几个钱，现在可好，开了两年，连妹妹的钱都没有还清。(我看了看他的小代销店，十五六平方米的小屋内，简陋的货架上陈列着低档的烟酒、日用品、鞭炮、香烛、糖果糕点、文具，还有一些美容、洗发膏一类的低档化妆用品。各类物品的最高价，不超过7元，总价值约2000元，其中相当一部分确实是"代销的"，乡村小店，大体如此。)

上述诸事，他归咎于"运气"不好。最令他**担忧发愁**的是三个渐渐长大的孩子。长女20岁，过几年出嫁，次子还在读初一，问题不很大，眼下最令他发愁的是17岁的长子（因家庭经济问题而辍学在家务农）。替儿子盖房娶老婆是做父母的义务，但家里只有三间老屋，一间配房（还是他们结婚时建的），一间代销店，因此，儿子娶媳妇，必须新盖房子。"如今农村结婚，哪是我们穷人结得起的?! 盖房子要什么新式的，起码得二三万元，办个酒席，得万把元，送个聘礼也起码得万把元，没有四五万元钱，根本娶不到老婆。像我一家五口，就靠田里、家里的这点收入，就是不吃不喝不上缴，全年只有四五千元。除了上缴，只能图个温饱，供孩子读书都有困难，到哪里去搞四五万元钱，但如今农村风气就是这个样子。姑娘进门，先看你家的房子盖得怎么样，对方父母看你礼送了多少，还要买什么电视机、电冰箱什么的。**这个风气都是给城里人、有钱人搞坏了。这可不把我们穷人逼到绝路上去!**"

说到"上缴钱粮"，这位中年村民便来气。他说："这个税，那个费，没完没了，还有这个罚款，那个罚款，不知他们存心不让老百姓活，还是怎么的。前几天，县里又下文件，说要每人交15元做城市建设费，农民已被他们榨干了，还想骨头里挤油，我可没有这个钱上缴了。俺村人都说不缴，看他们怎么办?! 总不见得把全村人统统抓去住牢房!"此时，有四五位中老年村民与二三位手抱小孩儿的妇女走过来听我们谈话。

在村民的讨论中，抱怨最多的是地方政府的"征收过重"：夏季征粮，该村从1994年起，人均上缴小麦225斤；秋季征钱，从1994年起，人均上缴35到50元。小麦按1996年平均市价折算（每百斤80元），人均全年承担"农负"220元左右。问他们所缴纳的钱粮包括哪些农负项目，各项目各是多少钱粮，竟无人知晓。他们一概将所征缴的钱粮，称为"皇粮"。另外，今年县上征收的城市建设费，人均15元，是不列入在"农民负担"之内的。

其次抱怨的是农村社会治安恶化。我说："今年三四月份不是'严打'过了吗？"他们说："越打越凶，就像治棉花虫害那样，农药越打越厉害，根本治不了。"就在前三四天，村里某农户养了十几只绵羊，一夜之间全被人偷去，价值近2000元。前些日子，东村某支书夜骑摩托车回家，被一伙歹徒拦路抢劫。抢去随身所带500元现金，又骑了他的摩托车逃之夭夭。他们还说了些听之传闻的案件，不及一一记述。

他们抱怨最多的是"人祸"，而最担忧的却是"天灾"。这一带的人畜饮水与灌溉自古以来就靠井水。地下水位逐年下降，是不是会有一天打不出水？打井的成本越来越高，如今浇一趟水要花25元，全村尚有一半耕地浇不上水，这样下去怎么办？老支书对水的忧虑确实是全村人共同的忧虑。

晚饭后，三四个得知永成回村消息的近亲前来看望永成。当年，永成的父亲参加在这一带活动频繁的八路军，后升到团长，世代务农的李氏宗族内出了这样一位"大官"，在乡亲们的心目中是件很荣耀的事。据永成说，乡亲们曾多次要求他的父亲调到肥乡县来工作，但出于多种考虑，他父母一直留在开封（永成父亲前几年病故，老母健在）。永成兄弟三人都参过军，入了党：一个是研究生，在郑州经商；一个在开封某医院做医生；永成在吉林大学毕业后，回到开封市委党校教书。这一家族虽然脱离村落，但村里乡亲们依然视作李氏宗族成员。**前年永成回**

村看望叔父，曾表示退休后回村居住，没想到村委会就给他划好近一亩的宅基地。全村没有一人对此事提出异议。这或许是已退休的老支书在村里还享有威信，或许出于乡亲们对其父亲的尊重（这是永成本人的判断）。这两种因素或都存在，但最基本的原因恐怕不在此处。(后来我才知道，是该村依然保存着的宗族观念在起作用：已经外迁的一支要求在村里保留一块宅基地在村民看来是天经地义的。)

＊ ＊ ＊

为了估计农民负担率的轻重高低，还得估计出该村一般农户的收入状况。拉完家常琐事之后，我将话题引向村民的收入问题。

先从种植业这块算起。去年的年成较好，全村小麦亩产平均算下来有五六百斤（浇得上甜水的有七八百斤，浇得上咸水的有五六百斤，浇不上水的亦有三四百斤，平均亩产估算为 600 斤），每百斤 80 元左右，亩均产值 480 元。每亩小麦的农用成本 228 元（其中种子 25 斤，每斤 1.15 元，共约 29 元；机耕机播 24 元，化肥磷肥 150 斤，氨肥 150 斤，共计 66 元；浇三遍水，每次 25 元，共 75 元；追肥尿素 26 斤，计 20 元；机割与打场共 14 元），一亩小麦净收入 252 元。去年全村秋粮（玉米）平均亩产 650 斤（有十几户购买劣质种子而减产，算作特殊情况，不计），每百斤玉米 60 元左右，每亩玉米产值 390 元，每亩玉米的农用成本 87 元（其中种子 25 斤，每斤 3.00 元，计 75 元；机耕 6 元；化肥 50 斤，11 元；浇水两次，50 元；脱粒 5 元），一亩玉米净收入 239 元，每亩二熟净收入共 491 元。该村人均耕地 2 亩，故人均净收入 982 元。

次谈家庭饲养业。这一块收入各农户间差异很大，很难一概而论。就本村而言，约 70% 农户有饲养业收入（各家差不多皆养鸡，养鸡下蛋主要用于招待宾客，很少用来销售）。有的养猪（年出栏头数，有的只有一二头，有的七八头），有的养羊。有的农户既养猪，也养羊。还有个别农户养鸽、养兔、养牛。他们认为，家庭饲养业的收入很难计算。

最后讨论工商业收入。该村没有村办企业，在乡政府的督促下，1986 年村投资 5000 元，办过一个草帽编织厂（用麦秸），失败。1988 年又投资四五万元办火碱厂，因技术问题与原材料涨价而倒闭（至今还欠着银行 2 万余元贷款），从此没人敢再提议办厂。该村二三百户人家，倒有五家代销店，货类相同（见前述），利润很薄，赚不了几个钱。全村剩余劳动力外出打工，也不普遍，他们估计全村经常外出打工的只有 50—60 人，主要集中在邯郸、石家庄两个城市，且以建筑小工为主，"每年有一二千元钱带回家来，已经很不错了"。

议来议去，全村"首富"便是李家。李在离村不远的供电所工作，一是每月有高工资，二是不误农时。一家 5 口，10 亩自留地，以每亩净收入 500 元计，种植这块收入有 5000 元，工资收入全年 6000 余元，再加上饲养业收入估计为 1000 元，总共有 12000 余元，人均年收入 2400 余元。

他们说："**总的说来，温饱问题解决了，年成好，一熟麦，除了上缴可供一年半到两年吃。多数农户家有余粮，但缺钱花，缺得很紧，如今花钱的地方又越来越多**。"

由于货币紧缺，这里的小麦起着准货币的作用。小麦的**准货币**作用表现在如下几个方面。

1. "农民负担"，从理论上说应以货币形式上缴，但实际征收一概折算为小麦。（一般按国家收购价折算，各地乡村皆然）

2. 这一带用小麦换化肥的情况十分普遍。

3. 代销店的各类商品，全可用小麦折换，入村推销水果、豆制品、馍等商品的小贩一般都允许村民以小麦折换。

由于货币紧缺，村民对地方政府向他们**征收粮食**与**征收货币**做出不同的反应：夏粮人均征收 225 斤小麦，虽很重，但忍受了；秋收增加人均 15 元的城市建设费，却激起群情激愤，一致抵制。

总的说来，该村农户的经济收入主要来源于农业（种植与饲养），工商收入既不普遍，又不多。人均年收入在 1000 元左右。人均"农负"

如前所计 220 元，农负率 22%。在工商业十分薄弱的县、乡，25% 左右的农负率是极为普遍的。

是晚，一直谈到深夜 11 点，诸乡亲辞去，永成上床便鼾声大作。一日的所看、所谈、所思、所虑在脑际杂乱闪现，搅得我久久不能入睡。

▶ 9 月 30 日 啼笑皆非的"流产指标"

上午 8 时 30 分，李永成骑车到乡政府去了解该乡的概况，尤其是乡财政方面的情况。我留在李家的客厅里，与永成叔请来的村支书座谈，永成叔亦在座。村支书现年 48 岁，初中文化程度，当过兵。1989年接替永成叔的职务，谈话纪要如下。

一、中行村的产业状况

中行村既是一个行政村，又是一个自然村，235 户，923 人，耕地面积近 2000 亩，**全村村民依然以农业为主**。1991 年、1992 年才陆续有人外出打工。近两年，全村约有五六十人外出，农忙时一般回来。主要流向邯郸、石家庄两市，以建设小工为主。每年外出五六个月，或七八个月或九十个月，因人而异。收入各有差别，一般而言，在 1000—2000元。20 世纪 80 年代末，县、乡定指标，压任务，要求各村兴办村集体企业。1987 年，投资 4.8 万元创办火碱厂，股份制。乡政府出一股，邻村出一股，本村两股，每股 1.2 万元。半年后倒闭。问及倒闭原因，当时主其事的永成叔说是"原材料价格在半年内上涨一倍多"。村里向银行贷的 2.4 万元款项只能分摊到各农户归还。旧贷尚未还清，上面又督促村委办厂，只得向村干部集资 5000 元办一个草帽厂。第一批产品投放市场，卖不出去，又倒闭。老支书说："**当时全乡各村都办企业，投资数量不等，一般在 5 万到 10 万元，没听说办成一个的。**"该村不仅无法从农业经济转向工商经济，且早已分到农户的农业这一块，依然保留传统特色：全村的当家粮是小麦一熟。秋种玉米，棉花播种大为减少，原因是："**螟蛉虫治不住，国家棉花收购政策经常变动。**"红薯的种植面积也大为减少，原因是小麦产量大为提高：集体化时期平均亩产二三百斤，已属丰收，如今平均亩产五六百斤。这是新的变化。粮食产量提高，农户养猪增多，全村养猪户占 70% 左右。总的来说，全村主业依然是种植业，其次是饲养业。农业外收入主要是外出打工，但不普遍。我想，这种收入结构及生存方式依然是十分传统的。

二、谈及村民的情绪和要求，有如下问答

1. 问："如今农民最满意的是什么?"答："常年能吃上细粮，家里有点余粮，人也比过去自由多了。如今小麦平均亩产五六百斤，人均2亩地。除了上缴，至少还有七八百斤。集体化时期，人均一年能分到七八十斤小麦，已是欢天喜地了。"

2. 问："如今农民最不满意的是什么?"答："一是各种名目的税收太多，农民负担太重，各种罚款也太多太重。二是社会治安、社会风气越来越坏。"（他们又谈及城市建设费，拦路抢劫，偷羊诸事，从略。）

3. 问："如今农民最担忧的是什么?"答："一是地下水逐年下降，万一打不出水来怎么办? 二是怕生病。"

三、关于计划生育问题

村支书说，这一二年来，超生情况是大为减少了，虽然谈不上完全控制住了。其原因应归于越来越严厉的生育控制措施，一是越来越重的超生罚款。1993年、1994年，超生第一胎罚款2000元，超生第二胎增罚3000元；1995年超生第一胎罚款5000元，超生第二胎增罚7000元；1996年超生第一胎罚款增加到7000元，超生第二胎再加罚10000元。该村的人均纯收入据乡里统计是1300元，其实没有那么高。就算是1300元，四口之家全年纯收入只有5200元。其中，农民负担占去1000多元，还有4000余元。全家吃用，小孩儿读书，送往迎来，建房积累都得靠这4000元，如何再能承担得起近万元的巨额罚款? 一旦超生受罚，确实会倾家荡产，谁都害怕。二是对育龄妇女的定期检查。三个月一次，凡逃避检查，也受重罚。

村支书说："从1992年开始，市、县计生办还制定一项新的规定：**各村每年按全部育龄妇女（从新婚到49岁）的2%比例，送到县卫生院进行流产**。这个指标定得莫名其妙。各村超计划怀孕的人数各个相同，同村各年超计划怀孕的人数也不一样。按这个指标，我村每年得送 2 名孕妇去做流产手术。前年，我村只有一名妇女超计划怀孕，按指标还缺一名，结果只得到邻村去'借'，实际上是出钱去'买'的。去年我村没有超计划怀孕的，听说县卫生院有专门出售'流产证明'的，每份证明七八百元。我们只得花钱买了两张'证明'。为了完成这一指标，看来我们还得每年安排两名妇女超计划怀孕了，你说荒唐不荒唐。"

我想，按照统一的政策，制定统一的指标，然后通过行政指令推向各不相同的具体情况，这乃是官僚政治的一般特征。然而，替各村制定统一的"流产指标"，却使此类官僚主义的流弊达到令人啼笑皆非的程度。（当然，我对此项规定的缘由始末，并未进行事后的核实。）

问及村民对计划生育的态度时，他们说，不要说一般农民，就是当村干部的也很矛盾。计划生育是国策，农民是知道的。生育不加控制，人增地不增，迟早没饭吃，农民比谁都清楚，但临到自己头上，谁都想不过来。为什么结婚？还不是为了生孩子，尤其是为了生男孩。结婚而没有男孩，这就是绝户。那是农民顶顶担忧的事情了。农民一辈子辛辛苦苦干什么，还不是为了创份家业传给儿子，硬不让他生男孩，他们活着、干活儿的劲头都没有了。所以，从农民想来，生个男孩，实在是个合情合理的要求。当村干部的夹在中间，实在左右为难。生一个女孩，还想生，再生一个女孩，还想生一个男孩，硬不让生嘛，他们整天唉声叹气，干活儿提不起劲，看着叫人难受。超生罚款，又把他们弄得家徒四壁，七八年内全家被农负与罚款压得喘不过气来，看了叫人难受。这是实情、实话、实说。关键在于改变农民的生育观念。只生一个好，生男生女都一样，但这种观念只能被城里人自觉接受，要依然受传统村落文化与农耕生存方式制约的农民接受这一新观念，困难极大。

四、关于行政村党政状况

全村现有 28 名党员，绝大部分是在部队里入的党，近几年来，村里没有发展过党员。村里建有"党员活动室"，那是上面要求布置的。事实上，党员既不缴纳党费（按规定每人全年缴 2.4 元党费），也不召开党员会议。村领导班子共有 5 人，正副支书，正副村主任，再加一名村会计。每年有固定报酬，村支书年薪 1700 元，村主任 1600 元，其余三人年薪各 1500 元（比我在河南调查过的各村高出许多）。全部工资来源于"农民负担"中的"村提留"款项。村提留全部上缴给乡，由乡统一支付。村党政全年办公经费，村支书说是 5000 元。其中 1000 元左右用于上级部门规定订阅的报刊：《河北日报》一份，《科技报》一份，《邯郸日报》五份，《法制报》一份，《妇女世界》一份，《河北党风》一份，《华北民兵》一份，共 7 种 11 份。"农民哪有看报习惯，上面硬要我们订那么多报刊，实在太浪费了。"村支书如是说。(我想虽然具有"现代性"的教育制度及知识、大众传媒、行政机构等都自上而下地深入村落，但似乎都未真正地触及村民观念、心理与行为方式的核心部分。即使是行之 20 余年的公社制度及被宣称为"融及人们灵魂"的"文化大革命"，也未真正触及这一制约村民心理、观念与行为的核心部分。看来，只有村民生存方式的彻底变化，才能影响这一核心，然而，这需要相当长的历史发展过程。)

关于村委的主要工作，主要是完成乡政府布置的各项任务，简单点说，就是"征粮、派款、刮宫流产"。村支书说："我们刚催征完夏粮，县上又下文件，要农民人均交纳 15 元城市建设费，老百姓都嚷着不交，这事可繁难了。"为村民办事，村委没有钱，能办什么事？一办事，得又问农民要，那怎么再受得了。不过自他 1989 年上任以来，替全村办了一件大事：打了一口深水井，解决了全村饮水及部分灌溉问题。该井总耗资十来万元，其中的两三万元是他跑了多次，向乡政府要来的。

永成叔此时插话说："**俺村还是不错的，全村一个姓，全是一个祖宗传下的子孙，还是比较团结听话的。老百姓有牢骚，只骂上头，不会骂到村干部头上。干部执行上面的任务，老百姓还是顾着村干部的面子的。不像有的村，宗派势力厉害，连个村干部也选不出来。上面派来的干部，又被他们赶出来，连个村班子也搭不起来。这倒可好，老百姓用不着缴粮缴钱了。**"老支书的这一段话，给我提供了两条重要信息：一是该村还保留着一个"宗族共同体"意识，二是在此三省交界处竟然出现"拒粮抗官"的"水泊梁山"！于是我将话题引到这两个方向。

我曾读过某省政研室所写的一份关于"农村基层行政组织状况"的调查报告。该报告将行政村组织分为好、中、差三类：第一类是能圆满完成上级政府交付的各项任务，且能带领群众共同致富的行政村；第二类能完成上级政府交付的各项任务，但不能带领集体致富；第三类不能很好完成上级交付任务，且不同程度存在贪污腐败行为，帮派势力严重，群众意见很大。他们把这类村称为"瘫痪村"。我在农村走访多年，这三类村我都见过，但从未听说过连村委班子都搭不起来、村民集体"拒粮抗官"的行政村。永成叔偶尔谈及，引起了我不小的惊奇。追问其详，却也是得之传闻。他说："前个月，我到长女家去玩，长女住在Z乡东张寨村。东张寨村之西，有个西张寨村。听我女婿说，西张寨村四五年连个村支书都选不出来，上面派来的工作队，村民联合起来将他赶走，全村没有人管，公粮也不用缴，计划生育也不用搞。如今，公粮越欠越多，超生的也不少，他们更不要村支书了。村内各姓之间矛盾很深，但在这一点上倒是团结得很。县、乡派来的人根本进不了村，他们还没到村口，村里便有人打锣鸣鞭炮，村里人一齐出动，将来人堵在村口。听说北营口村也是这样。另外还有几个类似这样的村，村名嘛，听过就忘了。"我问永成叔他在西张寨村有无熟人，他说，可先陪我到他女儿女婿家，他们在西张寨村肯定有熟人亲戚。于是决定10月2日先到东张寨村。

五、李氏族人每年春节举行共同的祭祖仪式，自新中国成立以来至今未绝

现年62岁的前任支书说，全村235户人家除一户阎姓外（该户主于20世纪60年代末随其母亲"嫁"入本村），都是同一祖先的后代子孙。据李氏**族谱**记载，中行村的李氏第一代祖于明朝永乐二年（1404年）从山西洪洞迁来此地，至今将近600年，历26代。全族有**总谱**，全族分成三支（三房），各支有**分谱**，共有四个族谱。每年年夜三十，即在李氏**祠堂**悬挂**总谱**，香案上供有白馍，猪、羊、鸡肉，果品与酒，红烛高照，鞭炮齐鸣，全族男女老幼分批叩首祭拜。大年初一、初二再举行两次。然后将总谱撤下，折叠，交专人保管，以待下年再用。然后，三支各自祭祀各支的祖先（即第二代宗祖），时间是 15 天。人民公社时期，全族共祭仪式暂时停止，但保留各支的分别祭祀活动。改革开放后，恢复共祭与各支分祭两种仪式。

老支书说，新中国成立前留下的李氏祠堂后改作大队部，大队部后翻造新屋，祭祀活动便在大队部进行。前几年盖村党员活动室，全族共祭仪式就放到党员活动室内进行。据老支书回忆说，在新中国成立前，李氏宗族各有祠堂有族谱，但没有族长与祠田，也没有特别的宗族组织以负责全族的共同事务，但有一个**祭祀组织，至今依然如此**。祭祀组织的作用，主要是准备并管理全族三天的共祭活动，包括集资（每户均摊，一二元不等），购买供品，引导族人有秩序地祭拜及守夜。祭祀组织共 15 人组成，由全族各户推选产生。在新中国成立前，推选的标准有两个，一是厚道，二是有 30 亩地以上的家庭。这 15 个人一旦推选产生，通常父子相传，除非出现特殊情况，个别增补。辈分的高低并不是入选的条件。推行土地家庭承包制后，全族（其实是各户家长）开会，重新推选 15 人组成祭祀组织，标准是为人公道，且有责任心，能办事，亦是父子相传。

我问永成叔："每年举行的祭祀活动有什么意义呢？"他说："有什么意义？这是祖祖辈辈传下来的老习惯呀！"他沉默了一会儿，又说："意义还是有的，每年春节，全族人共祭自己的祖先，让他们明白一个道理，我们都是同一祖先的子孙。这样，平时各家之间的小矛盾、小冲突就会减少许多，有什么困难也可以相互帮助，增进一族人的团结。"

以全族共祭先祖而在族人意识中多少保留着的"宗族共同体"意识对土地各家承包后的独立家庭的行为方式，到底有多少影响呢？事实上，宗族共同体与其内各独立家庭小群体之间，一直存在着此消彼长的关系。一方面，该州一直顽强地保留着同族共祭的习俗；另一方面，长久以来，维系共同体的血缘尊卑长幼原则已被财富原则所取代。所谓"守望相助，患难相恤，有无相通"，充其量局限在同一家族之内，无法遍及全族。事实上，该村也与所有村落一样，自推行土地承包后，兄弟结婚即分家析户，核心家庭已占统治地位。各核心家庭之间正展开着以财富为中心的竞比地位的过程，贫富差距逐渐拉开、扩大。这两个事实的共存，给我们分析此类村落带来许多困惑。

中行村所属的 D 乡共辖 35 个行政村，就经济发展状况及村民一般生活水平而言，中行村处于"中等或中等偏下"（村支书语）水平。下午，我请永成叔陪我到"富村"去看看，他选择了东大靳村，该村不仅比较富裕，且村支书是他的老熟人，有很深的私人交谊。

上午座谈，到此结束。

＊　＊　＊

中午时分，永成从乡里调查回来，说与乡长谈了 2 个小时，全乡情况如下。

一、全乡的基本情况

全乡 2.78 万人口，35 个行政村，耕地 6.6 万亩。在 6.6 万亩耕地中，甜水（即深水井）浇地约占 30%，苦水（或曰咸水，即浅水井）浇地约占 40%，完全浇不上水的占 30%。这三类土地的亩产相差很大。甜水浇地小麦亩产可达七八百斤，平均亩产六七百斤是有保障的。苦水浇地一般四五百斤，好的可达五六百斤。完全浇不上水的土地，亩产小麦只有一二百斤，好的年成也只有二三百斤。**"水是制约我乡，也可以说我县、我市农业发展的最大问题。"** 这位乡长忧心忡忡地说，"近二三十年来，我县地下水位持续下降，如今 200 米以上只出苦水，在 200 到 300 米之间才有甜水。打一口深井的费用约 10 万元，如加上抽水机等配套设施，需要 15 万元左右。水位下降，打井费用提高，浇水费用也提高了。一季小麦，需浇三四次水，每次二三十元，每亩一熟浇水费用少则六七十元，多则百余元，真是有水也浇不起。更令人担惊受怕的是，长此下去，打不出水来怎么办？！如今，各村都有一口深水井，全村人畜饮水是有保障的。有经济能力的，就多打几口深井。打深井费用以村集资为主，县、乡财政视情况给予适当补助。"

D乡至今还是个传统农业乡（就肥乡县而言，也可以这么说），乡级企业有四个：一个水泥电杆厂，只有一二十个职工，规模小；三个砖窑厂，主要满足本乡邻乡村民建房用砖需要。在乡所辖35个行政村中，几乎没有一个像样一点的村集体企业。该乡处于邯郸到聊城公路沿线，临近公路的行政村发展起私人运输业。至于外出打工人数，各村比率很不一致。农民外出打工，都是连亲带故、呼朋唤友的，村里若有几个领头人，外出打工这就多，否则都窝在村里。全乡到底有多少人外出打工，没有统计过。至于外出去向，主要有两个：一是邯郸市，从事土木建筑的人多；另一个是到石家庄市，大多是在近郊租地种菜。向南方沿海城市打工者，或许也有，但很少。

全乡人均收入1300元，这是1995年年末的统计。

二、乡党政人员编制与职能

该乡党政人员正式编制25人，实有党政干部62名。乡长说，乡政府的职能归为五类。一是执行政策：**抓计划生育与派征粮款**。这是乡党政两项最重要，也是最麻烦的硬任务。二是办实事，包括修道路、建市场、打井、供良种。三是突击性任务，如捐款救灾、严打，等等。四是改造农田，带领农民奔小康。五是发展乡村经济。"乡政府的主要工作，应集中发展农村经济，这是谁都懂得的道理。乡、村两级集体经济发展了，政府有了钱，什么问题都好办了。问题是越是传统农业乡，越是穷。**按理说，正因为穷，更要发展经济，但也正因为穷，就是发展不了经济**。要发展农业，先得解决浇水问题，解决浇水问题，得打深井，打深井，得花许多钱，但乡、村、农户都没有钱。又如发展经济，重点是发展工商企业。前几届乡政府花了好大力气推动乡村企业，硬是搞不起来，还白白花了许多钱。这两届政府集中精力建一个市场，场地是建起来了，但成不了市。我们到外面去参观，看人家怎么发展经济的，搬到我们这里，却毫无效果，力气倒花了不少。坦率地说吧，对于发展经济，如今我们连一点思路都没有了。整天忙的都是上面派下来的各项任务。光是抓计划生育，征粮派款，就弄得焦头烂额了。"乡长如是说。

三、关于乡财政，李永成记录下了乡长提供的如下几个数字

1995 年乡财政收入共 52 万元。其中工商税费 24 万元，农业税 15 万元，计划生育罚款 10 万元，其他各类罚款 3 万元。

1995 年乡财政支出 34 万元，其中行政管理（包括乡党政机关干部工资与办公费）12 万元，计划生育管理 12 万元，公务（修乡政府办公楼、买小车、招待费等）10 万元。

行政村经费（包括村干部工资、办公费等）由村提留款返回。村小学、乡中学教员工资、办公费等由乡统筹款中的教育费交县教委后返回。

上述数字的准确性、可靠性如何，无法核实。

＊　＊　＊

下午 2 时，永成叔陪同我们访问东大靳村常支书。该村距中行村东南五六里。

砖砌的高墙，威严的铁门。入门楼，迎门便是照壁。照壁前种着两排美人蕉，红花绿叶。庭院不大，但收拾得挺干净。五间呈"冂"形钢筋水泥结构的砖瓦平房，建在高出地面近 1 米的台基上。这便是常支书的府第。由于永成叔的引见，整个谈话显得自然轻松。

——该村 255 户，982 人，全村耕地 1100 来亩，人均仅 1.1 亩，在全乡 35 个行政村中，该村人均耕地最少。原因之一便是"20 世纪 70 年代初期，公社将砖窑厂建在该村，占用该村 200 余亩耕地。推行土地家庭承包制后，村里不断与乡政府交涉解决办法，但至今没有结果。如今 200 亩耕地已被窑厂使用了 20 余年，即使退还给我们也难以复耕"。

——该村虽名"大靳"，但全村无一靳姓。常支书说，东大靳村有常、门、梁、朱四姓。其中常姓占全村总户数的 85% 以上，门姓不足 10%，梁姓 5% 左右，朱姓只有一户。问及各姓氏的来源时，常支书说，**族谱记载**，常、门两姓是明朝永乐年间从山西迁来的。门氏子孙繁衍不

昌，故其现有户数比常姓少得多。村里十来户梁姓，是公社时期从与本村相邻的北梁村划过来的。朱姓是由其本村的外婆养大，落户在本村的。问及族谱与春节祭祖的情况时，常书记说："**在我们这一带，各村大姓一般都保存着族谱，且差不多全是在明永乐年间从山西迁移过来的，各大姓在春节一般都举行同族共同祭祖的仪式。在'文革'中停过几年，如今差不多全恢复了。**"

——全乡人均耕地将近 2.5 亩，此村人均耕地仅 1.1 亩，远远低于全乡的人均耕地数。对于这一情况，常支书说："这既是坏事，又是好事。正因为我村人均耕地少，所以在集体化时期就到农业外去找活路。当时我们安排一部分劳动力到窑厂干活儿，大队也能从中积累一点钱。到 20 世纪 70 年代，**我们大队已有四轮拖拉机，农忙时用于耕地，农闲时去跑运输**。我村离公路很近，主要是帮窑厂运砖块，有时到山西去运煤，这为我村的水利建设与往后的运输业发展奠定了良好的基础。"

谈及水利建设，常支书说，如今全村有 27 眼浅水井（75 米左右），4 眼深水井（近 300 米）。其中近 20 眼浅水井与 3 眼深水井都是集体化时期利用运输业积累的资金打下的。1985 年，全村集资 10 余万元，加深村里的那口饮用水井。这样，全村基本上解决了人畜饮水与土地浇水问题。在全乡范围内，该村在水利方面搞得最好。当话题从水利建设转向地下水资源时，这位年近 50 岁的常支书突然问起 "**南水北调工程**"。我心想，这位村支书怎么知道水利专家们仍在拟议中的 "南水北调"？我把前几个月从开封黄河水利学校老教授那里听来的情况向他简要复述一遍。他说："**地下水层逐年下降，老百姓心里恐慌得很**。我们这里从 20 世纪 60 年代开始，水层逐年下降，有些年份也有所回升，但近三四年来地下水层下降得特别快。一直打到二三百米以下才出水。我村 27 眼浅水井，有五六眼连苦水都没有了。北方再这样干旱下去，地下水得不到补充，井越打越深，打井与浇水成本也越来越高，真不知如何是好，心里都很惊慌。这两年我到县、乡开会，村干部们常议论此事，听说，这些年来，连黄河也经常断流，不知是暂时现象，还是一直这样下去。"当然，我无法回答这个大概只有"天晓得"的大问题。于是我又将话题引回到该村的运输业。

——关于村运输业，常支书说大概在 1981 年土地搞承包，土地好分，原属大队集体财产的四轮拖拉机不好分。起初承包给原来开拖拉机的人搞运输：一是懂技术，会开车；二是有客户，有社会关系。这方面的积累有时比资金还重要。由于该村搞运输起步早，这方面占了不少便宜。1985 年，村里便开始购置三轮拖拉机跑运输。如今全村 255 户人家拥有 60 余台小三轮与小四轮拖拉机，两辆大型卡车。三轮四轮主要运输建材、粮食，农忙时耕地。合股购买的大卡车，主要到山西运输煤炭。如今四轮拖拉机价格在 8000 到 10000 元，一年到一年半便能收回成本。大卡车 14 万元一辆，听他们说，一年跑下来可拿回成本。所以村里还有不少人商议集资买车搞运煤。该村差不多成了一个运输专业村。

其他村内企业也有几个，但规模小，效益低。一是由几家合股的面粉厂，十来个职工，已办了六七年。该厂占用村里的几亩地，每年交给村委 1900 元。那是六七年前定的，如今看来太低，但不好随意变动、提高。二是一家私人办的棉衣加工厂，也有十来个职工。三是占地 200 多亩的乡办窑厂，是由该村村民承包的，现有职工 100 余人。村里赔上200 亩耕地，但得不到什么好处。

常支书说："我村靠运输业而成为全乡的富村，但村集体很穷。"我问："是否想办村集体企业？"他说："既想办，又不敢办。"问其原因，他说："村集体没钱，所以想办集体企业，但集体企业很难办成功。20世纪 80 年代末，乡里定指标，压任务，是各村办集体企业，哪一家办成的？如办好了，交给别人承包，也只是富了承包人，村里得不到几个钱。弄得不好，还要村集体赔钱。1986 年，肥乡县投资 1000 万元，创办毛纺厂，结果亏损几千万元，只得宣布破产。国有企业、集体企业看来都不行。"

——关于村民生活水平与农民负担问题，常支书说，村里二三百户人家，无论贫富，吃饱穿暖是没有问题的，贫富差异主要表现在各户有无农业外收入及收入多少，表现在他们所盖住房的好坏上。自分田单干后，全村70%—80%的农户盖了新房，越往后，盖的式样越新，造价也越高。如今造五间平房，约花4万元。这两年，村里盖起三栋二居楼房，造价可能在五六万元。黑白电视已很普及，全村拥有80台彩电。这在全乡确实算得上富裕村了。但富村也有贫困户，全村255户中，贫困户约三四十户。这些农户，基本上没有农业外的经济来源，守着那么点承包地，图个温饱而已。

常支书说："我们每年上报的人均纯收入，其实是乡里给定的。去年上面要我们定人均年纯收入1440元。今年要我们上报1800元。我也不知道他们是怎么估算出来的。总之每年往上加，实际上没有那么多。关键是农民负担，并不是按各农户收入比例摊派的，而是按承包地均摊的。这些年来，我村夏粮人均上缴170斤小麦，秋收后征钱人均35元。这个负担对有农业外收入的农户来说，是承担得了的，但对纯农户来说，实在不堪重负。去年夏熟还可以，秋熟玉米、棉花遭受虫灾，连个成本都收不回来。今年总算风调雨顺，纯农户的人均年纯收入最多也只有五六百元，上缴掉一百七八十元，叫他们怎么过日子。如今村里出现贫富分化，富裕起来的农户把平均收入提高了，上面要我们报得更高。各项农民负担却是按亩按人头计算，统一征收，这对低收入农民来说真是雪上加霜。**人越穷，农负率越重；越富，农负率越轻**。"

——在谈及村干部的工作与困难时，常支书说："我们当村干部的，若跟上头跟得太紧，则得罪老百姓；若站在村民一边，则与上面对不上口。一项政策不落实，轻则被扣工资，重则处分，真是两头为难。既要完成上面交付的任务，又不能得罪老百姓，有时得对上头来的任务变通处理。同时多跑多谈，向村民讲清政策。如果跟上面跟得太紧，执行任务时，作风简单粗暴，那肯定要发生冲突，这种情况是很普遍的。得罪了村民，他不跟你明干，但会暗地里报复。割掉村干部的庄稼，毒死猪羊的事，往往而有。**村干部嘛，主要是执行上面的任务，征钱粮，催罚**

款。老百姓本来就有怨气，如果村干部仗势欺人，作风粗暴，甚至从中加派渔利，那迟早有一天要出问题的。"

接着常支书说起一件今夏发生在北营口村的群众"拒粮抗官"的事：北营口村是个有二三千人的大村。五六年来该村的钱粮一直收不上来，计划生育政策也无法落实，村里也没有人敢当村干部。乡里派去的村支书，被他们轰了出来；县里派个副处长去兼任村支书，也无法长期待下去。今年夏收后，副县长亲自带了几十名公安干警到北营口村去催征粮款与超生罚款。他们还没有到村口，有人就鸣锣放鞭炮，村民闻讯赶来，将开车前来的副县长与几十名干警团团围住，不让进村，一辆警车被掀翻，并被砸坏。随同前往的县公安局局长怕事态扩大，只得用大哥大与县里联系增派警力，才从村里撤了回来。

北营口村的"围官抗粮"事件经过是否如其所述，不得而知。没有一条可资利用的通入北营口村的私人关系路线，我是无法进入那个调查现场的。

＊ ＊ ＊

访谈结束，辞别常支书，我在门楼墙壁上发现一尺见方、内深半尺的小神龛，常支书告诉我说："这是**'守门神'，这一带乡村各家皆有**，图个家室安宁。"因问及该村的土庙，他说该村有三座，一座供奉玉皇大帝，一座供奉三圣娘娘，一座供奉观音菩萨。土庙各村皆有，所供之神大同小异。

永成叔带我们去参观一座新近落成的寺庙。寺庙坐落在东大靳村西百米处的高台地上，前后两幢坐北向南的砖瓦平房，各三间，无围墙。两幢平房皆无人看管，大门锁闭。透过门窗能看到里面的神像，前面供奉观世音菩萨，后面供奉释迦牟尼。在大雄宝殿前竖着两块石碑，一块刻有捐资者的名单与捐资金额，捐资者约百名，金额从 50 到 1000 元不等，大多一二百元。捐资总额在 1.5 万到 2 万元，名列首位的竟是刚才我们访问过的常支书。一块石碑上刻着此庙重建的缘由。据碑文载，此处原是寺庙的旧址，旧庙在新中国成立前毁于兵火。重点记述奉系某部驻扎期间，兵痞经常进出乡里，强征草粮钱财，横征暴敛，民不聊生。四乡乡民被迫无奈，在此寺庙内秘密议事，举行起义，为纪念此事而建庙立碑。

从各家的"门神"、"灶神"、各村的土庙到颇具规模的寺庙，构成这一带乡村的**"民间信仰"**系统。一方面是以现代化为导向的改革开放，一方面是传统信仰的全面恢复。"向前的努力"与"向后的恢复"何以能同时并存？另外，刻文为什么重提发生在数十年前的乡村自发的抗横征暴敛之事？撰文者是否存有现实的指称？这一带不是已发生数起"围官抗粮"之事了吗？其规模虽限于村的范围，然今之执政者，可不慎欤?!

三人骑车返村，已近晚饭时分。

▶ 10 月 1 日　两种婚嫁标准

今天是国庆节。我这个共和国的同龄人，以我特有的方式纪念她的诞生日：调查与思考。

八年前，我与赴美留学的朋友相约：你们借用另一种文化所提供的视点，从外部来观察转型中的中国社会，而我则重返乡村，从传统与现实提供的视点，从内部、从底层来观察转型中的中国社会。**我们将从这两种不同视点的对话中，深入理解我们自身所处的社会及其发展趋向。**这个任务远未完成。关键在于，从西方借用的各种理论与概念无法组织并解释我们观察到的现实经验，而单纯的观察访谈也无法收集到全面准确的经验材料。结果只能形成一些凌乱矛盾的感受而已。中国太大、太复杂了，何况又处在巨大的转型之中。要将变化之中的复杂而庞大的社会运动概括在简明清晰的理论之中，或非思维所能企及。生活走着自己的路，思维无法替它做出别的规定，只有致力于描述它，反映它，概括它，从而理解它。然而，就是这一任务，已对一切思维着的头脑构成严重的挑战。

上午，永成叔提来了两大捆**族谱**：这一带的族谱不是记在书册上的，而是记在**布帛**上的。族谱幅宽 2.5 米，长 4 米。分上下两层：底层是白布，上层是略呈淡黄的锦帛。一幅是李氏全族谱，只列高祖以下十三代，已陈旧破损；一幅是支系谱，只列二祖以下十六代，完好无损。每代占一横列，代际传承一目了然。族谱只记男性子嗣姓名，不载配偶与女性。在某些姓名旁注明"绝"或"迁"字。在族谱之末，有两段文字说明：

其一：始祖李公椿，明永乐二年自山西襄垣县北峨村始迁于兹土。该谱光绪七年重修，民国三十三年续上十四、十五、十六三世。

其二：凡上家谱，以辈齐为规。若同辈中兄在，弟不得上名；叔在，侄不得上名。至辈齐，亦必同众秉公请上。如有豪强之辈不等辈齐，不同众人私自窃上者，罚修家谱一次。续上家谱时，务必将家谱遍看清楚。新上之名，不可与先人相同。如有相同名字，必须临时更改。

由此可见，这幅保存完好的支谱，是光绪七年（1881 年）重修的，至今已历百余年。民国三十三年（1944 年），距光绪七年已 63 年，续上三代。1944 年至今，该族未再续修族谱，虽然年年举行全族共祭活动。我问永成叔为何不重修族谱，他说："议论过几次，但选不出人来主持这件事，重续家谱，要挨户调查统计，很是繁难费时，大家都说要续修，但没人出来挑这担子。前些年，这一带重修家谱的还真不少呢。"

从全族谱上看，从明永乐二年到民国三十三年共 540 年，传十六代，每代平均 37.75 年。这十六代中，外迁者甚少，第五代迁出 1 人，第六代迁出 6 人，其余不见记载，迁往何处也未注明。另有两个特点，一是**男性子嗣人数，各代之间相当稳定**。如第七代 117 人，第八代 127 人，第九代 116 人，第十代 118 人，第十一代 131 人，第十二代 136 人，第十三代 123 人。二是各代绝嗣比例很高。第七代绝嗣 37 人，占 32%；第八代绝嗣 44 人，占 34.6%；第九代绝嗣 45 人，占 38.8%；第十代绝嗣 24 人，占 20%。从第一代迁祖到第七代，男性子嗣稳步上升：第一代 1 人，第二代 3 人，第三代 10 人，第四代 23 人，第五代 64 人，第六代 96 人，第七代 117 人。这或许说明，村落人口与土地资源之间存在着一个比较确定的比例，超过这一比例，或外迁，或迫使一部分男性子嗣退出婚姻。永成叔说，新中国成立之初，该村总人口不足 400 人。可以推见李氏宗族从第七代始直到新中国成立之初，人口总数一直保持在 400 人左右。新中国成立后近五十年内，地不加广，但单位亩产从 300 来斤（二熟）上升到 1000 余斤（二熟）。人口翻了一倍有余，生活水平亦有明显提高（常年吃小麦，住砖瓦房），端赖于单位亩产的大幅度提高。

因是国庆节，永成弟请其父母过来共进午餐。炒了一盘鸡蛋，一盘土豆肉块，一锅冬瓜肉片，每人一碗，一箩白馍与烙饼，四瓶啤酒。我等四人（永成叔、永成弟、永成与我）在客厅就餐，李妻、母亲与三个小孩儿在厨房前设席。我建议合坐一桌，可热闹些。李说，这是习惯：男性来客由男主人陪同在客厅吃菜喝酒聊天，妻子与小孩儿一般不上桌，或陪女性来客在厨房里谈谈话。我说："在我老家（浙江龙游）20世纪五六十年代还保存这一待客风俗，但到八九十年代，这一习惯几乎消失，想不到你们这里还保留着。"李说："在俺村更年轻的一代中，也随便多了。"

＊　＊　＊

由待客中的男女有别说到生育上的重男轻女。李说，在农村，重男轻女观念依然很深，若妻子只生女，不生男，不要说丈夫不悦，公婆有闲言，妻子在村里，也觉得低人三分。妇女在家里、在村里的地位与能否生男孩关系很大。我问："村里的观音娘娘（内挂观音送子图）是否与妇女企盼生男孩有关？"他父子俩说，多少有点关系。由此又谈及**结婚的意义**。永成叔说："男大当婚，女大当嫁，自古而然，还有什么意义？"我说："有人结婚主要是出于爱情，只要两人要好，生男生女，甚至不生孩子都无所谓的；有人结婚主要为了生孩子，尤其生男孩，传宗接代，养儿防老。这不是有不同的意义吗？"李说："如今农村结婚，主要还是媒人介绍，哪像城里人去谈恋爱。家境不好的，就去托媒人；家境好一点的，媒人会找上门来。我儿子才上高一，自盖了房子后，经常有媒人上门说亲呢！农民嘛，对结婚考虑得很实在，一是要有一个劳动帮手；二是生孩子，尤其是生男孩。女孩是要嫁出去的，男孩才能留在身边。农业劳动，养儿防老，继承遗产，全是靠男孩。生不出男孩没有办法，能生而不让生，确确实实存在问题。"

我想，计划生育政策与农民的传统生育观念，以及与此观念密不可分的小农生存方式处于尖锐的对峙状态。中国的小农经济因土地家庭承包制而得以全面恢复，在不改变小农生存方式的情况下，而要改变农民的传统生育观念，这是不可能的。再说，**村落就意味着传统**，村落自古以来便是一个**父系村落，至今依然**。村民的婚姻、生育观念与行为方式都与这一事实密不可分。**在村落社会内部，似乎不可能产生新的观念与行为方式，改变人的行为方式的新观念只有在村落社会之外，在近现代的工商城市中才能产生出来，然后向村落内部渗透。村民谋生方式的逐步改变，才是新观念被真正接受的客观基础。**

* * *

边喝酒，边聊天。我将话题引到农村电价上去。我问在供电所任职的李氏："各村的墙上都写着省物价局、电力局核定的农村电价每度 0.45 元，并规定农民对超收部分有权拒交。但农民实际所付电价每度要 0.8 元，甚至更高，原因到底在哪里？"他的答复是："县电力局机构日益扩大，人员增多，按每度 0.45 元核定价格收费，根本无法维持日常开支。"

他说，县电力局核定编制是 160 多人，但现有人员高达 560 余人。其中县电力局与下辖的四个供电所的电力行政管理人员 240 人。全县乡村设三个供电所，每个供电所负责六个乡的供电。每个供电所 30—35 人。城镇设一个供电所约七八十人。另有五六个经济实体，如电力修配厂、电材供应站、加油站、铁钳厂、工程处、食堂，共计 300 余人。有些经济实体可以自己养活自己，有些需要局里的补贴。他说："肥乡县的工商业相当薄弱，重要的县属国有企业差不多都亏损，所以县、乡官员及一切有门路的人都往政府各部门安插自己的子女。凡经济收益比较高的部门，全部人满为患，如电力、税务、工商、邮电、银行、公安、法院等部门。电力部门要养活的人数越来越多，电价不能不提高。"

河南省有个"富民工程"，河北省有个"鱼水工程"。"鱼水工程"要求每个行政村向村民公开财务、计划生育、宅基地、电价、村提留乡统筹、义务劳动积累工等八个涉及村民切身利益的问题。用意颇佳，但难落实，所以只能落实在墙壁上。村民斥之曰"骗人"。但县、乡政府有难言之隐。改革开放后近二十年来，一个最引人注目的变化是地方政府机构与人员规模的急剧扩大、政府消费日趋增加，这是各项公开的或隐蔽的农民负担日益加重的根本原因之所在。

＊　＊　＊

中饭后，永成陪我到镇上去买电池（照相机的电池已用完），顺便去乡政府转转，看看是否能找到乡书记或乡长，以便进一步了解乡财政状况，再参观一下乡政府创建的**"肥东第一集市"**。

坐落在公路北侧的乡政府院内空荡荡的，只有几位穿制服的民警在值班。大院内的建筑十分简朴：沿中轴线东西两侧，各有两排平房，每排六间；中轴线北端有一长排平房，十四间，其中两间是会议室。据民警说，前四排平房是20世纪70年代建造的，后排是1986年建造的。在我走访过的河南各乡镇、乡政府办公用房差不多都已经或正在翻盖楼房，有些还相当"现代化"。这儿还保留着七八十年代简朴的旧貌是出于简朴意识还是资金紧缺，不得而知。

国庆节，地方官员放假，集市想来一定繁忙，然而萧条得很。

在乡政府大院东侧，有一条与"邯郸—聊城"公路垂直的柏油公路。"肥东第一集市"便建在柏油公路的东西两侧，已建成百余栋平房与楼房。有些房子是乡政府直接投资的，有些则是出租土地招商盖建的。沿街房屋临街一面皆贴白色长条瓷砖，大多数店门锁闭，只有二三十家开着店门。其中**新式发廊**占十余家，里面各有一二名或三四名年轻女郎，只有几家发廊正在营业。整条街空荡荡的。购买电池时，我问店主平时生意也这样冷清吗？他说，早上多一点，每周一集，赶集时人还不少。他们的生意主要是一个早市，一个集市，还说在这里开店，赚不了钱。

这就是"肥东第一集市"，实在令我惊讶。此项"政绩"的决策者，大概只把"市场"理解为"场地"而没有理解为"贸易"（即"市"）。"场地"可按行政手段建成，而"市场"的形成，自有其非行政力量所能促成的经济规律。的确，市场经济对内地绝大部分地方官员来说，是个全然陌生的概念。至于多少有点**色情**嫌疑的新式发廊以如此快的速度从港台传及广州、深圳，从全国各大中城市扩张到县城、乡镇，亦令人惊奇。我想，中国的村落文化及其价值观念，从来是抗拒城市侈靡文化的强大堡垒。如今，一台神奇的电视进入乡村与农户，是否意味着飘行在城市上空的关于"什么是好的，什么是美的"生活观念，可以通过电视而最终确立起对村落文化的霸权地位呢？一代农村青年对城市侈靡生活方式的单纯模仿将会导致何种社会后果呢？我真想进发廊去找年轻女郎们聊一聊，但终于没有进去。

*　*　*

晚饭前后，永成弟陪同我们走访若干农户。重点调查一般农户的经济收入与结婚费用之间的关系。

李富春，37 岁，高一辍学，妻子 35 岁，小学文化程度。生二子，皆读小学。承包 8 亩耕地，每年出栏 4 头猪，农业（包括饲养业）这块全年收入（除去农用成本）最多不超过 4000 元。每年各项上缴的农负、摊派，约 1000 元。四人全年衣食，起码得 2000 元，两个孩子的学杂费 500 余元，加上电费、人情往来、请客送礼等开支，单靠农业这块收入，尚不足维持全年的日常生活。所以必须外出打工，挣点钱以补贴家用。他说，这几年，他春节后便到邯郸打工（建筑小工），按日计酬，每日 20 元左右，不管吃住。麦收前回来，能积 1000 元左右带回家来。全年日子还能凑合着过，但不能生病。"村里像我这样有一两个或两三个孩子的家庭，经济状况与我差不多，若没有打工收入，单靠农业，日子过得十分清苦。平时要买点什么东西，或送礼，根本拿不出钱，只得用麦子去换。"谈及村里的存款情况，李富春说，他有一个朋友在乡信用社工作，上次来玩，谈起村里的存款、贷款情况。据这位信用社朋友说，该村 235 户人家，共有存款 11 万元（户均 468 元），贷款 6 万元（其中，2 万元是村办企业时欠下的债务，至今未归还）。永成弟插话说，村里大多数农户没有存款。这 11 万元存款，主要是年轻人外出打工的收入，准备结婚用的，贷款主要用于购买农药、化肥。

李富春说："如今农民主要的问题是农业收入太低，农民负担太重。幸而我结婚早，超生一胎才罚几百元，如今超生一胎要罚六七千元，那日子真是难过了。农业外收入，除了打工，没有其他出路。就是打工，也不好找活儿。就是找到活儿干，也不稳定。"又说，"农业收入，除了上缴政府，余下的能填饱肚皮就差不多了。要花钱，只有外出打工。没结婚的，要靠打工收入结婚；已结婚的，还得去打工还债。像我这样，得靠打工补贴家用。"据他估计，全村外出打工者近三四年来达到100余人，全部是中青年男子（女孩外出父母不放心）。主要集中在邯郸与石家庄两个城市，有十几个人到石家庄近郊租地种菜。每年收入据说也有2000—3000元。自种自卖，很辛苦。

李富春家住三间砖瓦平房，另有两间配房：一间贮藏室，一间厨房（灶上也无烟囱）。院内放着三口大水缸。正屋的东西厢房为夫妇与孩子的卧室，中间客厅内有一台吊扇，一台14英寸的黑白电视机，一台缝纫机。

李富春自称他家的经济状况在村内处于中等水平，但永成弟的估计是中等偏上，因为他家有两个强劳力，又有农业外的打工收入。我们从这位中年村民的陈述中得出的一般结论是：人均2亩耕地，一家全年的农业收入（包括饲养业），除了上缴地方政府的，只能维持一家温饱而已。倘要供养一两个孩子读书（尤其是读高中、职校或上大学）或盖房娶妻，则必须到农业外获取别的经济收入。

又走访了三户近两年内结婚的农户与一个正准备结婚的村民，重点讨论结婚费用。从谈话中得知，结婚费用随家庭经济状况的好坏而有高低。这里存在着两种标准：一是"**体面的标准**"，一是"**还过得去的标准**"。后一种标准随着第一种标准的上升而上升，两者之间不能相差太大。近两年来"还过得去的标准"意味着**四间砖瓦平房、两间配房与砖砌围墙**，这需要2万元。另外，订婚礼金、被服、家具、家用电器、婚席得花1万元，共计3万元。"体面标准"意味着五间砖瓦平房，另带"两袖"与"出厦"，瓷砖贴正墙面，两间配房与砖砌围墙，大铁门，门楼。造价起码得4万元以上。订婚礼金、服被、家具、家用电器、婚席得花2万—3万元，共计6万—7万元，甚至更多。"体面的标准"是大家所羡慕与追求的目标，但**"还过得去的标准"恰如一种无形的命令，给一切准备结婚的青年及其父母造成一种强制性的压力：必须达到这一标准，否则就娶不到老婆、结不成婚。**

被全体村民所羡慕的"体面标准"如今已为绝大多数农户所难以企及，就是"还过得去的标准"也意味着全家人将近十年的艰苦积累。父母在农业收入上节衣缩食积累一点，逐渐步入婚龄的小伙子得外出打工挣钱。四五口之家，这两方面每年能积起 3000 元已相当不错了。一旦有钱，便购买砖块，这是最普遍的做法，也有的存入银行。"存银行有两个缺点，一是家里有急事，会把钱挪用掉；二是亲友知道你银行有钱，便会来借，有钱不借，总不好意思。买了砖块，家有急事也熬过去了，别人也不会来借钱。"不过，总有人把钱存入银行，亲友间借贷也是经常有的事。一旦砖瓦齐备，便请人起房盖屋，结婚费用往往还得向亲友借贷，婚后逐年还钱。一般来说，婚前五六年积蓄，婚后三四年还债。去年春节，本村有一青年农民结婚，鞭炮齐鸣，亲友祝贺，其母却躲在老屋的一角暗自哭泣：她因儿子结婚而欠下 1.5 万余元的债务，这一笔沉重的债务压得她喘不过气来。

从住房与室内家具情况来看，我所走访过的三户，皆符合"还过得去标准"。其中两户的新房卧室各有一套组合式家具，但质量低下。三家皆有缝纫机与电视机，两台黑白，一台彩电。其中一家还有一台**洗衣机，至今没有用过**。我想，这台**洗衣机在此只有象征意义而无实用价值**。这说明城市生活方式对乡村青年具有难以抵御的诱惑力。

现年 34 岁的李富国刚盖起五间"带袖"的新式平房，耗资 2.5 万元。外墙尚未上瓷砖。为盖新房，已借了五六千元，要完婚还得 1.5 万元，他正发愁到何处去借这笔钱。为了能达到"还过得去的标准"，他只得再推迟婚期。

在集体化时代，乡村婚丧礼俗中的"铺张浪费"受到意识形态与行政力量的双重制约。当时，各农户间经济差异小，婚礼简朴，且亲友协助，建房费用甚低。如今获得自由又均分得土地的各独立家庭开始在非农领域展开竞逐财富与社会地位的竞争。这一带乡村，因工商业的极其薄弱而使贫富分化极其缓慢，但毕竟逐渐拉开，使得率先富裕起来的村民能替村里人设定较高的"体面标准"，从而带动"还过得去的标准"也往上攀升。这一标准也超过了大多数村民的承受能力。**然而，正是这一有形的标准所形成的无形压力，迫使一切准备结婚的男青年外出寻找新的赚钱机会。这一方面给城市带来了大批廉价的劳动力，另一方面改善了乡村住房状况。**

▶ 10 月 2 日 "瘫痪村"

上午八九时，我们租了村里的一辆手扶拖拉机（全村共有 4 辆手扶拖拉机，农忙时耕地，农闲时帮村民运建材），随永成叔到 Z 乡东张寨村去采访。东张寨村离中行村一二十公里。

永成叔女儿家的庭院房屋与其儿子的新建"府第"形成强烈的对比：土筑的院墙低矮残破，院墙一角堆放着一堆砖块，上面爬满了南瓜与丝瓜藤。三间坯砖结合的房屋低矮狭窄，据说是 20 年前的老屋。客厅内积满灰尘的旧桌上，放着一台黑白电视机，这架现代玩意儿与室内的破旧凌乱之物实在难以协调。只有屋前西侧的两间配房是新近建的。厨房灶上有一只大锅，是蒸馍用的（也无烟囱）。但炒菜用的简陋小灶却建在配房外墙根下，或是不常炒菜，故随便搭建。整个庭院约占二三分地，既无猪厩，也无鸡舍。我心里纳闷：兄妹两人，为何"贫富差异"如此之大?!

四位不速之客（永成叔、永成、司机与我）弄得主人猝不及防，找了两只大小不一的茶杯、两只碗给我们泡茶。刚坐定不久，男主人回家。寒暄过后，闲聊起来。男主人张氏，38 岁，其妻长其一岁，但看上去像他的老娘。生有三子：长子 12 岁，次子 11 岁，幼子 9 岁。"超生二胎，被罚了三四千元，这倒算不了什么，只是生了第三胎后，**老婆被乡里抓去做了绝育手术，从此不能上班**(原在肥乡县化肥厂工作)，**更不能下地干重活儿。**"我问："是否绝育手术出了问题？"他说："那时乡卫生院设备差，医生又不负责任，做绝育手术后出毛病的，俺村里还有好几个呢。"

这时，我掏出笔记本开始记录，张氏立即警觉不安起来，两眼望着其岳父问：**"没事吧?"**老岳父一边说"没事，没事"，一边示意他出屋子到外面说话，室内气氛顿时紧张起来。我原以为有"岳父"与"堂兄"的陪同，一定是"没事的"，想不到一掏笔记，真的"出事"了。

岳父在屋外对其女婿说了些什么，我不得而知，待其重新回屋坐下神色稍定。永成将我的简况与此次来访的目的向他做了交代，这位胆小憨厚的中年村民不好意思地笑了起来。

村民对"调查者"的防范确实事出有因。张说："去年邯郸市派人到俺村来调查情况，检查工作，有个农民对他们说了实话。结果，检查组一走，这个农民就被抓到乡派出所去，被臭打了一顿，还罚了款，才放人。"司机插话说："这种事情俺村也发生过。去年秋，市计划生育检查团直接到我村来检查，他们撞到一计划外生育家。该户主 22 岁结婚，按规定到 24 岁才准生孩子，但 23 岁时便生了孩子，被罚款 500 元。该户主想，反正钱也罚了，就将情况照实向检查团说了。结果检查团走后，他被村支书叫去，狠狠骂了一通，又加罚 500 元。因为他没有按村支书教他的说法对检查团说。"

促使张氏惊恐与防范的还有更深一层的原因。重新转入轻松的谈话气氛，使他坦率地向我提供一段私人隐痛：去年春节期间，县**监狱看守所**的 5 名公安人员突然闯入村内"抓赌博"。春节期间，村民闲着无事，就搓麻将。搓麻将免不了来点小刺激，但输赢数额通常很小，你说是赌博吧，其实只是增加点气氛。你说不是赌博吧，明明有钱输赢。乡县公安人员就趁这个机会进村抓人。"那天晚上九十点钟，我在亲戚家喝完酒回家，路过前街的一个院门，听见里面吵吵闹闹的，便撞进去看看，结果被正在该处抓赌的公安人员抓住。我刚喝完酒，晕乎乎的，无故被抓，便与公安人员打了起来，结果把其中一位的头给打破了。此事闹大，闻讯赶来的数十村民将公安人员团团围住，推来推去，拳轻拳重，这肯定是有的，结果将他们赶出村庄。事过一个月后，县公安局与乡派出所突然派出大批武装干警来村抓人。罪名一是聚众赌博，二是围攻殴打执法人员。他们把人抓到乡派出所后痛打，并逼他们咬出那天晚上参加聚赌的人，咬出一个，又抓一个，前后被抓了 30 余人，少则罚款 500元，多则 2000 元，被打一顿，交了罚款才放人了事。我因闻讯逃跑了，结果我成了他们追捕的'主犯'。罪名是'聚众赌博，带头闹事，抗拒执法，殴打公安人员'。我东躲西藏，在外三四个月，整天提心吊胆地过日子。最后请人说情，他们要我出罚款 1.5 万元，好说歹说罚 7000元才算了事。"谈到此处，这位复员军人差点掉泪。他接着说："此次抓赌全村被他们榨去七八万元，县看守所的那辆面包车，就是用这笔罚款购买的。"

张在部队是个驾驶兵，1983 年复员回村，正赶上分田单干。1985年起，给私人车主开车。这两年，据他说每月工资能挣到 1000 余元。全年六七个月开车，五六个月种地。该村人均耕地 2.5 亩，全家 5 人，实有 4 人承包地，共计 10 亩。按理说，他家的全年收入与永成弟家差不多，何以一个能盖起五六万元的新居，一个差不多家徒四壁？问及原因，他的解释是：1. 妻子因结扎而患病，只能做些轻便家务，无法下地干重活儿，也不能搞家庭饲养业，他长期在外开车，农忙回来，平时田里照顾不到，产量自然比别人低；2. 这几年，父母相继病故，二老的治病加丧葬费，花掉近 2 万元，妻子治病，也花去不少钱；3. 春节的那件事，被县看守所"敲诈"去 7000 元，在外躲藏三四个月，又损失三四千元，加上超生罚款，加起来近 1.5 万元；4. 再加上供养三个孩子读书与缴纳沉重的农民负担。由于上述原因，这些年来只积存起堆放在门前的三四万块砖，准备过三四年再翻建新居。

谈到盖房，张突然问李永成会不会**看风水**。他说："这些年来尽碰到些倒霉事。有人说是我的房子风水有问题，他们建议我今后盖房子，应该坐东向西，不知行不行。我想请个懂风水的人来看看。"这位受过初中教育，又在部队生活过五年的村民，被一连串的不幸事件弄得信起"风水"来了。

此次到东张寨村的主要目的，是想通过永成叔女儿、女婿的"亲友关系"进入西张寨村调查该村的"瘫痪"状况。我问张氏，他在西张寨村是否有亲戚，能否陪同我们去采访？他说两村同姓不同宗，但两村男女婚嫁往来，远亲熟人自然是有的。但要陪人去调查情况，恐怕不太方便。陪一个干部模样的人去调查，要引起村民的怀疑。再说，别人也不会告诉你实际情况。我知道他有为难情绪，故向这对夫妇打听西张寨村情况，但他们所提供的一些情况既模糊凌乱，又相互矛盾，只有一点是共同的："四五年来，西张寨村没有干部，也不用缴公粮，超生也没有人来罚款。"永成叔建议他的女儿去把本村的村支书找来谈谈，兴许他知道更多情况。东张寨村支书也姓张，与张氏同姓同宗又是本家，故招之即来。我们向他说明了来意，他似乎没有什么"警觉"与"防范"，可惜对邻村的情况也不甚明了。关于西张寨村他只能提供如下情况。

——西张寨是个六七百户人家的大村，人口与耕地面积不详。全村大小十余姓，很杂，与东张寨情况类似。到底有哪几个姓氏，各占多少比例也不确知。该村没有村干部的"全瘫痪"状态，已持续四五年了。村里选不出干部，乡里给他们派村支书，也被他们想尽办法赶出来。没有村干部，也就没有人去催征公粮，积欠的公粮也越来越多。至于超生状况倒没有想象的那样严重，因为没有村委，谁来给他们重新分配土地？至于超生的具体情况也不知晓。去年夏收后，市公安局一名副处长带一班人马进驻西张寨村，督催公粮。据说把 1994 年欠下的公粮与1995 年的夏粮缴纳任务征收上去了。前几年的积欠大概只好算了。催粮队临走时，任命了一名村支书、村主任，但村民并不把他们当一回事。

问及该村"全瘫痪"的原因时，我从他杂乱且矛盾的陈述中清理出两大原因。一是村内姓氏杂、派系多、人心散。四五年前，该村经常调换村支书。谁上台，谁就替本宗族、本家族的人捞好处，引起其他宗族的不满与反对，顶着不缴公粮与罚款。村支书完不成任务，自然下台，再换一个，换上来的也是如此。后来索性谁也不让做干部。二是农民负担与超生罚款实在太重。中央讲要减轻农民负担，但这里的农民负担与超生罚款逐年加重，而且增加幅度实在太大，农民们受不了。

由于他提供的情况过于简略含混，于是问村支书"能否带我们到西张寨村去访问几家农户，就算是到他的亲戚熟人家去串串门"，这位四五十岁的村支书露出一脸难色，于是只得作罢。不得已而求其次，请他谈谈本村的概况。

——东张寨村既是一个行政村，也是一个自然村，全村 500 余户，2049 人，耕地面积 5000 余亩，有十二三个姓氏，其中贾姓 500 余人，张姓（大张）400 来人，李姓 300 来人，张姓（小张，与大张不同宗）200 来人，宋姓 200 来人，刘姓 100 来人，其他五六姓氏共约 300 来人。"总之，姓氏很杂，哪个姓氏都拿不了大，作不了主。"这种各宗族并存、互不为大的情况也反映到村委领导班子的成员组合中：全村 13 个姓氏，共有 14 个村干部，每一宗族在村委内各有一个代表，其中"大张"占两名。村支书张姓（大张），村主任贾姓，村会计也是张姓（大张）。因为村会计是从集体化时干到现在的老会计，熟悉会计业务，非一般人所能替代。村委会成了各宗族代表委员会，既是村民的要求，也是出于乡政府的考虑。现任村委班子是去年年初才确定下来的，看来还比较稳定，但形不成决议，办不成事，连打一口深井，向全村供水的问题都没有办法解决。其实在 1995 年前的七八年内，村支书、村主任的人选一直变动很大，短的只干半年，长的也只有一二年便换人，与西张寨村全瘫痪前差不多。"张支书如是说。

我认为，**村委**与**宗族**的关系、**行政村**与**自然村**的关系，值得深入研究。自然形成的村落，其规模有大小：大者，一个村落划分为若干行政村；小者，若干自然村辖于一个行政村。村落内宗族有多寡：按其宗族结构可分为单姓村、主姓村与杂姓村。从而使得宗族、村落、行政村、村委四者之间呈现出十分复杂的情况。东张寨既是一个自然村，也是一个行政村，从宗族结构看，是一个杂姓村。在杂姓村内，倘若村委班子是**公正**能干的，尤其是村支书是公正能干的，宗族意识就可能十分淡化；反之，若村支书、村主任偏向本宗族，不能秉公办事，则宗族意识有可能强化起来。村支书以权谋私（本家或本族），且本族势力不足以支持村支书的权力地位，这样的村委很可能处于瘫痪状态。在这种情况下，将村委变为各宗族代表委员会，似乎是唯一可行的办法。中行村的村委班子极其稳定，从公社时期以来，只换了两任村支书且都是年老退休，一族一村或是一个重要因素。

谈到农民负担时，张支书说："我这个当干部的，也觉得农民负担实在太重了。"他把 1983 年与 1995 年的农民负担做了比较：1983 年，全村 1450 人，全年二熟共上缴"公粮"（各项农负、农业税的实物形式）8 万余斤（包括小麦与玉米）。1995 年，全村 2049 人，夏粮上缴小麦 26 万斤，秋粮上缴玉米 14 万斤，共 40 万斤。"今年下达的夏粮征收任务更是重得吓人：全村要上缴 38 万斤，足足增加了 12 万斤。秋粮任务还没有最后定下来，据说要增加到 20 万斤。这样全村全年要上缴 58 万斤。比 1983 年增加了七倍多，人均 280 多斤，这叫农民怎么受得了。"张支书感叹地说。

我问："为什么今年的公粮增加得那么多呢？"张支书转达了县政府给出的理由："肥乡县分东西两部分。从历史上说，西部数乡比东部数乡的土质好，产量高。故西部数乡的历年农民负担比东部数乡重。县委说，经过十几年来的努力，东部数乡的农业生产条件得到很大改善，亩产与西部数乡很接近了，故而全县各乡的农民负担应该拉平。从 1996 年起，东部各乡按西部标准摊派农民负担。"我又问："东部各乡的农业生产条件是否真的得到很大改善呢？"村支书说："土地还是原来的土地，农业生产条件的改善与否关键在水利建设。东部各乡、各村的情况很不平衡。如今打一口深井，要二三百米深，加上抽水机与水管，起码得十几万元。如今的村委没有自己的经济收入，都穷得很，哪有这么多钱去打深井。"张明插话："俺村现有的一眼深水井，前些年坏了水泵，也没人修，派不上用场，还说打什么新井。我们平时吃用的水，都是花钱买的。"原来老井无人管理，村里便有人自己集资打井，然后卖水赚钱。看来，这个村实处于半瘫痪状态。

此时，有人来找村支书，说是乡干部已到村支书家，要找他说话。张支书立即起身告辞。我不禁紧张起来：莫非我来调查的消息已传到乡政府了？时值下午 4 时，我决定提前撤离。临行前，向张氏夫妇打听该村的土庙现象。全村共有五六个土庙，一座土地神庙，一座奶奶庙，一座圣母庙，一座观音庙，一座龙王庙，一座关帝庙。据他们说，去年还盖了三间天主教堂，是在早已倾废的旧天主教堂的遗址上新建的。

我带着遗憾返回中行村：到处都是围墙，到处都是忌讳，到处都是防范。正是这些无形的围墙、忌讳与防范把社会生活的真实裹得严严实实。一个学者的社会调查，竟像是一个刺探军事情报的特务似的，反正觉得不太光明磊落。

此次调查，虽没有完成原定的任务，但体验到了村民的真实感受：他们不仅生活在农民负担的重压之下，且一些村民还生活在地方官吏的专横之中。

*   *   *

吃过晚饭，再请永成弟陪同我们走访农户。

我们转到村十字街口的小卖部前，店内灯火通明，人声嘈杂，于是我提议到店里去看看。里面已有六七个中年村民坐在几条长凳上聊天。位于村中心的这家小店，似乎是村民晚饭后消闲聊天的中心。伏在柜台上听村民闲聊的掌柜见我们进店，立即热情招呼，村民给我们让出一条长凳，一起参加他们的闲聊。这是一种最自然的"入场"方式。

我示意永成买四盒香烟（该店最好的香烟每盒 3 元），以助谈兴。话题自然地转到村民们所关切的问题上去。他们对现实的牢骚不满主要集中在三个问题上：一是**社会治安环境恶化**，二是**农民负担太重**，三是**贪官污吏太多**。有人还提到**贫富分化**问题。可见各地农民的心都是相通的。

我明知故问："前几个月不是刚开展过全国范围内的严打斗争吗？怎么还说社会治安状况不好呢？"一位中年农民说："严打？治不住。越打越厉害。前几天俺村还被偷了十几只羊呢！如今一切向钱看，挣不到钱，就偷，就抢。人都想用这种办法搞钱，光严打有什么用。"其余村民都同意他的说法。

我又问："当官的贪污受贿，总是背地里偷偷摸摸干的，你们怎么会知道呢?"这一问,可把他们问得面面相觑。沉默了好一会儿,其中一个说:"怎么不知道呢?上月俺村有人到一位乡干部家去找他办点事,正碰到这位乡干部办婚事,看见院里的礼品堆得像小山一样高,还有送钱的。要不是他当官,哪有那么多人去拍马送礼呀。这不是变相的贪污受贿吗?"

我说:"这算一例,还有吗?"另一位村民说:"人家都那么说,如今当官的无官不贪,还有人说,如今当个乡长、乡书记,起码得花五六万元,要不,他们从我们老百姓头上搜刮去那么多钱粮都花到哪里去了?每人一年要上缴200多斤麦子,还要缴三五十元,折合起来就是200余元,俺村一年就给他们拿去20多万元,算算看,全乡一年不就好几百万元了吗?还有那么多超生罚款的钱,他们都用到哪里去了?我们又没有看到他们给老百姓办了什么好事。当官的不贪污,这才怪呢!"说完,他指着坐在一旁的中年农民说:"他是俺村的村主任,你问问他,这笔钱给用到什么地方去了。"这位村主任说:"上面只叫我们征粮派款,又没有告诉我收上的钱粮干什么去了。"说得大伙都笑了起来。

我接着问:"在你们看来,用什么办法才能惩治贪官污吏呢?"还是那个中年农民说:"能有什么办法呢?如今社会风气败坏了,一切向钱看。拳头硬胆子大的去偷去抢,掌着权的以权牟钱,怎么治得住。"(我听他说话颇有条理,便问他是什么文化程度,永成弟说,他高二辍学,在家务农,也外出打工。)

此时店门外站着七八位村民,我请他们进屋聊天,仅十五六平方米且被柜台隔成两半的小店内挤满了人。我将话题转到集体化与分田单干前后两个时期的生活对比时,在场的村民一致认为:**这些年来农民的生活条件确实比过去强多了,人也自由多了**。于是我又向他们提出一个问题:"现在的改革开放时代是否比人民公社时期好多了呢?"这一问,使室内议论气氛更热烈了,大家七嘴八舌地各抒己见。

有几个村民说:"现在怎么能与人民公社时期相比呢?那时哪有偷盗抢劫的呢,连小偷小摸都没有。夜里睡觉,用不着关门;出门在外,更不用提心吊胆。那时，当干部的，连多吃多占都不行。那时生活条件虽然差点，但大家都差不多，心里也比较踏实。如今可好，强盗小偷、卖淫嫖娼、贪官污吏都出来了。苛捐杂税，多如牛毛。夏麦还没有收上，上面便催着要粮；秋收还没有结束，上面又催着要钱。而且越要越多，越催越凶。他们还让不让老百姓活?!"我故意反驳说："你们刚才不是说如今生活条件比过去好多了吗？搞集体化，你们只能吃粗粮。现在你们分田单干，不是都能吃上细粮了吗？"其中一个村民说："那时生活条件是比较差，但比新中国成立前可好多了，这也要凭良心说话。再说那时强调搞建设，国家把钱花到建设上，还要还苏联外债。还有，如今离毛主席去世近二十年了。这二十年来，按过去那样搞法，产量肯定也会提高，说不定生活条件会更好，而且不会像现在这样，穷的穷，富的富，各人自顾自己，不管别人。"我问在座的村民："你们同意他的看法吗？"我听到五六声赞同声，其余的面面相觑、沉默不语。我进一步追问："照这样说，让你们重新回到集体时代去，重新把分掉的土地收上来搞集体，你们愿不愿意呢？"没人回答。

这时，坐在我旁边的春林对我说："分田到户，让农民自由，这好不好，他们保管说好。但看看现在的社会风气，有权力的以权谋私，胆大的拦路抢劫，苛捐杂税越来越重，他们又说这个时代不好。"这席农民的话语引起我的一番深沉的思索。

这村落，在此村落传承五六百年之久的宗族；这宗谱与每年一次的共祭活动；这遍布村落的土庙与神龛；这小农经济及限制他们利益视线的庭院围墙；这春秋两熟及其实物税，村民依然将其称为"皇粮"；这令他们满意的分田到户，与令他们不满的苛捐杂税，地方吏治与地方治安。诸如此类现象，似乎都在说明坐在我面前的村民很像他们的祖先，代际有更替，但历史在这里似乎只有重复而无发展。

变化是存在的。他们如今播种的种子，是现代科技的产物；他们使用的化肥、农药是他们的祖先所未曾见过的；耕地已实现了机械化，七八百斤的单产也不是其祖先所能梦想的；电直通村落，电灯、电扇、电视也随之进入这古老的乡村；现代教育体系的末梢一直延伸到村落，本质上西方的知识输入村民的头脑，但很快被遗忘；现代报刊也进入村落，但其终端是村支书的台桌。近五十年来自上而下的努力，似乎又表明这里正迈开发展的步履，而非单纯的重复。

人们用"二元化"来描述这一现象。当然，"二元化"通常指第三世界国家现代化过程中出现的"沿海—内地""城市—乡村"的"二元化"。然而，我更愿用"二元化"指称现代性的"上层"与传统性的"下层"。在沿海与城市，现代性的"上层"厚实一点，但也有一个传统性的"下层"；在内地各乡村，传统性的"下层"既深且广，而其现代性的"上层"相对稀薄。在中国广大的内地与乡村，村民的生活方式与思维方式似乎没有发生根本的变化。当然，在沿海与城市，传统性的"下层"到处都对"现代性上层"发生或多或少的影响。这种情况，给我们考察中国的现代性进程提出一个"观察视点"的问题：倘若只站在"上层"观察现代化的推进过程，就有可能将"现代器具"与按现代观念制定的制度法规指称为现代化的全部，从而滋生盲目乐观与激进情绪；倘若只站在"下层"观察传统的顽强延续，并看到传统观念与行为方式对制度法规的滋扰作用，就会引发悲观主义情绪。我们需要将这两个"观察视点"有效地结合起来。

时值晚 10 点，这时小店门外又聚起一二十人，男女老少都有，这样热烈的气氛，激起我想给乡亲们说点什么的欲望。明天，我将与他们辞别，似乎也有一种给他们说点什么的责任，于是即席"演说"。我从分田单干谈到村民的协商合作问题；从村民的自由，谈到村内公共事务的管理问题；从土地与人口关系谈到计划生育与孩子的教育投入问题；从住房的过度竞争谈到养老金的自我积累问题；从村民请客送礼走后门拉关系的行为方式，谈到了乡村干部的腐败问题。乡亲们认真入神地听讲，使得我这场即兴"演说"足足进行了一个多小时。当我宣布讲话结束，并告诉他们我明天将回开封时，**乡亲们纷纷要我多留几天，多给他们讲讲这样的道理，其中两位村民竟请求我留下来做他们的村支书！**

　　中国的农民是朴实的，农民的真理也是朴实的。关于中国农民的一条根本性真理是：他们无力代表他们自己，因而无法将他们相同的利益通过协商合作形成共同的利益，因而需要别人来代表他们，且同时教会他们自我代表的途径与方法。然而，这个代表从何而来呢？我们所看到的是：这个被宣布为"村民自治委员会"的村委会，在很多地方差不多成了单纯执行上级指令的工具。相当一部分地方官员日益倾向于主要代表他们自身利益而不是村民的共同利益。

▶ 10 月 3 日　邯郸学步

　　凌晨 3 时醒来，不复入睡，披衣而起，步入庭院。高悬的明月照临着这沉睡中的村落。遍布于这块广袤丰厚大地上的大小村落，绝不单单是村民的聚居点，而是一种生活方式，一种世代相传的生活方式。诚然，近半个世纪以来，中国所有的村落都经历着同样的变化。从土地家庭所有制转变为集体耕作与分配制，再转为土地家庭承包制。然而这种变化，是向前的发展，抑或向后的恢复，殊难判断。尽管有着诸种变化，但我更愿意说，村落传统生活方式并没有发生根本的变化，这一带的村民，更像他们的祖先。

　　室外清寒，入屋整理昨日的调查资料。早上 7 时半吃完早饭后（小米粥，馍，蒜，酱油拌青椒）继续写作。8 时许，进来一位老农，见我伏案工作，略作招呼便默默坐在我身后的长凳上。起初，我还以为他只是来串门的。待我写完之后，转过身来与他聊天。他起身走到我的写字台旁，默默地从左边口袋里掏出一把又一把大红枣放在我的书桌上，左边口袋掏完之后，又掏右袋，最后掏出一只小苦瓜。这时我才意识到，这位昨晚就坐在我对面的老农，是来给我送行的。他的这份真情，既令我深感不安，又令我大为感动。我说："无功受礼，我怎么过意得去呢?"老农说："乡下人没有什么好东西，这点红枣，请你带回去给你女儿尝尝。"昨晚，我确实与他们说起过我有一个在读高中的女儿。

　　从谈话中得知，老汉现年 60 岁，老伴在十几年前就病故了。他只有一个女儿，前年也病故了。白发人送黑发人，孤身一人的老汉也病倒了。去年冬到今春，一病半年，没有种上麦子。幸而他的女婿、外甥帮他缴了"皇粮"，还接济他一点粮食，凑合着过日子。有病也只好这样挺着，无钱治疗。"人老啦，又多病，活一天算一天。"院子里有两棵枣树，这几年倒长得不错。邻里小孩儿来摘一点，他自己也收一点，这是他唯一能拿来送人的礼品。就是去看他的外甥，也是这么两口袋红枣。

我问："你生病不能下地，为什么不请别人帮忙呢？"老汉说："请人帮忙要吃饭，要付工钱，我哪里有钱呢？再说，我总以为病会好的，能自己种，何必麻烦别人呢？谁知一病半年，地里的活儿也就搁下了。"我又问："你孤身一人，又多病，村里给点什么照顾呢？"老汉说："如今分田单干，各家管各家的事，村里哪里来的钱能照顾俺呢？你有个急事，叫人帮忙是可以的，像我这样又老又穷又病，谁能帮得上忙呢？"

这位老汉为什么一早前来给我送礼，送行？是我这位"教授先生"能走进他们的小店倾听他们的诉说，还是我的一席话打动了这位老人的心？或其他什么原因促使他如此行为？我实在不清楚。总之，我被这老汉的真情所深深感动。礼尚往来，这是中国人的古训。临别之际，我强塞给他50元钱，老汉不肯收，经永成、春林一再劝说，老汉方勉强收下。老汉的眼圈湿润了。

待我出了大门，方知在门口已站着五六位前来送行的村民，他们都是昨晚的与会者。

上午9时，我带着老汉的红枣与乡亲的一片深情，辞别中行村。

＊　　＊　　＊

上午10时30分，车抵邯郸。邯郸是战国时期赵国的都城。赵武灵王胡服骑射、信陵君窃符救赵的史实，凡读过历史的人都是知道的。关于"邯郸学步"，是出于寓言家庄子的杜撰，还是当时的赵国人确实把走路发展为一门艺术，那就不得而知了。据说"黄粱梦"也发生在邯郸，故又称"邯郸梦"。路经邯郸，李永成建议我去参观一下"赵苑"——当年赵武灵王胡服骑射处。

赵苑就在市内，且离车站不远，于是便道往访，否则，我对此类为招徕游客而建造的"伪古迹"是没有兴趣的。赵苑的原址早已失考，如今，为发展旅游业而兴建的赵苑自然是出于设计者们的主观想象了。高大的仿古城墙围成一个占地数十亩的正方形，城墙之内三三排列着九座仿古建筑群，每幢建筑各设一展览馆，其中一馆陈列着赵武灵王胡服骑射及赵国其他主要史实的图片及文字说明外，其余业已开张的各馆内容与"赵苑"了不相关。墙楼高大，宫室豪华，但所展内容十分空虚。我注意了一下整个苑内的游人，连同我俩在内，不足十人，冷清得很。我向赵苑管理员打听该"景点"的工程与投资情况。告知：这是1993年兴建的第一期工程，耗资1500万元，第二期工程正在开工。我登上城楼向南眺望，果然看见三四台推土机正在平整土地。

花巨资兴建"伪古迹"，26元一张门票，如此稀落的游人，我不禁又想起"邯郸学步"的故事。不过，这次嘲笑的可不是来邯郸学步的寿陵余子，而是正在做着"旅游兴业"美梦的邯郸人。据我所知，做此类美梦的还大有人在。20世纪90年代初，开封人就将"以旅游业为开路推动全方位开放"作为整个"八五"期间全市经济发展的战略思路，因而投资3600万元兴建一条仿古的"宋都御街"，但无经济效益。又试图恢复《清明上河图》上的风光，兴建巨大的水系工程，又因资金问题成了"半拉子"工程。朱仙镇的上任镇委书记发誓在三年内再造一个朱仙镇，成为一个以旅游业为先导的新集镇，结果终因聚敛过甚而被镇民逐出。经济落后地区的地方官员，总想找到一个"突破口"，以便奇迹般地赶超发展地区，这种心情可以理解；说"旅游业是一种无烟且高效产业"，抽象地拿来也没有错。但要发展旅游业，一要凭特殊的自然景观，二是要凭特殊的人文景观。在整个华北平原，不具备第一个条件。建立在平原上的一切古代建筑，因土木结构而无法长期保存，故而"人文景观"大多得仿古复制。建造一个"人文景观"能否引起游人的兴趣，这本身就是个值得考虑的大问题。再说，用钢筋水泥如何去复制古代的土木建筑？结果必然流于"不伦不类"。

下午2时30分，离开邯郸。晚6时，到达汤阴。汤阴，是岳飞的故里。我们决定在此稍事逗留，以便拜谒这位著名将领的故里。晚上下榻于汤阴县委招待所，据说，这是县城最好的宾馆——河南各县或皆如此。

▶ 10 月 4 日　参观岳飞故里

岳飞先茔在安阳市汤阴县东 25 里处的古贤乡南周流村西南角。这里安葬着岳飞的曾祖父母、祖父母和父亲（岳母葬于江西九江沙河西南的株岭山区东北端，岳夫人葬于株岭西北端太阳山腰上）。今有墓冢、墓碑及墓地围墙。岳飞高祖以上不葬于此，或许是曾祖始迁于该村。由此再往东 2.5 公里的茉国镇程岗村，方是岳飞诞生之地。宋时属相州汤阴永和乡岳家庄。岳家庄，或也是后起的名。如今的程岗村多属程姓，据说是明初从山西迁来此地。

汤阴岳飞庙位于汤阴县城内西南隅，始建于明景泰元年（1450年）。朱仙镇岳庙建于明成化二十四年（1478 年）。后又经明弘治十四年（1501 年）、明正德七年（1512 年）、明正启二年（1622 年）、清乾隆二年（1737 年）、清道光五年（1825 年）多次修葺增建。1978 年以来，又进行全面整修。该岳庙现有面积 4300 余平方米，六进院落，大小房屋 90 余间。殿堂亭廊、古柏碑林足启游人思念之幽情。

建于明正德七年的"精忠坊"为木结构牌楼，这座造型精美的木构牌楼，历四五百年尚安然屹立，令人惊叹。精忠坊两侧间壁，分别嵌有"忠""孝"石刻大字。"忠"是维系古代政治秩序的根本原则，"孝"是维系古代家族社会秩序的根本原则。家、国之外的社会组织（如江湖社会、秘密政治团体、商业组织），则以"义"作为维系内部秩序的道德原则。如今，每个人都从他曾经所属的狭小群体内走出来而营谋自己的利益，这些各自追逐自身利益的独立个人将以何种原则结合成一个广泛流动的社会，这是我们民族正面临的历史性课题。**所谓社会转型，从根本意义上来说，是人们之间相互结合的方式与原则的转型。**

入精忠坊，山门前并排跪着五具铁像——秦桧夫妇等五人，因对岳飞惨遭杀害负有直接责任而千年负罪长跪。五跪像后，是施全、隗顺二祠。施全行刺秦桧未遂，反被秦桧处以磔刑；隗顺原为狱卒，岳飞遇害后，他偷偷地将岳飞遗体背负于钱塘门外北山之麓掩埋，临终前将此事告诉其子。21 年后，宋孝宗为岳飞平反，下诏寻访岳飞遗体，其子如实禀报，遂移葬于西湖之滨的栖霞岭下。这段史实我前所未闻。历史学家将岳飞被害归咎于赵构的猜忌与防范，这是很有道理的。

进山门，庙内有碑刻 200 余通。上门内东院为肃瞻亭，西院是观光亭。过仪门，便是御碑亭。清乾隆帝于 1750 年巡视嵩山，返京路过汤阴岳庙，题诗刻石："翠柏红垣见葆祠，羔豚命祭复过之。两言臣则师千古，百战兵威震一时。道济长城谁自坏，临安一木本犹支。故乡俎豆夫何恨，恨是金牌太促期。"正殿为岳庙主体建筑，始建于明景泰元年，西阔五间，进深三间，殿堂巍峨，气势恢宏。中门楹联 **"人生自古谁无死，第一功名不爱钱"**，为清同治榜眼、翰林院编修何金寿题书。其跋文云："王尝曰：'**文官不爱钱，武官不惜死，则天下太平**。'偶读文信国、杨忠愍两公诗，得此二语。因思孤中大节与其立论者，异代同符。上下千古，未有若斯言之吻合无间，爰书于王之庙堂。呜呼，金寿不能赞王，此王之志也。"

文官爱钱，则以权谋私，以权谋私则贪污受贿，贪污则横征暴敛，鱼肉百姓；受贿则徇私枉法，冤屈无辜。由此而滋扰天下，何得太平?!那么以什么来奖励官吏？曰"功名"，曰"名节"，曰"名教"。人生在世，总欲**竞比攀缘，出人头地，分等分级**。那么以什么来作为竞比社会地位高低的总原则、总标准？贵族社会以血缘、身份为原则，权力与财富服从血缘原则；资本主义社会则以金钱为原则，权力、名誉服从金钱原则；中国在秦汉后，其实存在着双重原则——**权力与金钱**。儒家为了防止金钱原则对权力原则的侵蚀，故倡"名教"。名教者，以名为教耳，然而总无法抵御财富对权力者的巨大诱惑。在俸禄外谋取更多财富的冲劲一直是十分强劲的。人们口头所承认的道德与他们的实际行为间的脱节分离，历来是存在的。这一困扰古代社会的问题依然困扰着当代社会，如今更加肆无忌惮了。

正殿后是寝殿，面阔五间，进深两间。内有岳母（姚氏）刺字组塑。岳母在岳飞背上刺下"精忠报国"四字，这是人们所熟知的故事。在中国政治思想史上，直到明末的顾炎武才将被君主视为私产的"**国**"与"**天下**"（民族、历史与文化概念）区分开来。在此以前，"国"与"君"是不分的。寝殿前东屋为岳云祠。岳云是岳飞长子，与其父同被冤杀，年仅 23 岁。西屋是四子祠（岳雷、岳霖、岳震、岳霆）。岳飞平反后，四子皆出仕做官。

步出岳庙，已是中午时分。原定下午即赶到新乡县小冀镇去采访，然身体殊觉不适，或是连日劳顿所致。与永成在街上吃了点便餐，即回旅舍休息。出门在外，最忌犯病了。决定今晚再宿汤阴。傍晚时分，只见一阵烟雾从窗门钻入房间。推窗一看，只见烟雾弥天。问服务小姐，方知是汤阴四郊农民在烧玉米秆，这是当地农民用玉米秆还田的一种方式。真是一场虚惊。

▶ 10 月 5 日　乡村都市
——小冀镇东街第五村民组

　　清晨，淅淅沥沥地下起雨来，昨日专程拜谒英灵，今日降雨留客欤？抑或为我驱烟洗尘？上午 9 时，尚不见雨停，只得购伞赶路。到汤阴东站搭乘开往新乡市的班车。到达新乡市，已是中午，与永成在车站小店吃了碗烩面，再转车赶到新乡县小冀镇，已是下午 2 点 15 分。

　　河南省新乡县，乃是中国第一个人民公社——七里营人民公社——的诞生地。据说，1958 年 8 月 6 日，毛泽东亲临新乡县七里营，在大门前悬挂着的"新乡县七里营人民公社"大牌前，驻足端视 5 分钟之久，然后对随从人员发出感叹："还是人民公社好。"于是"人民公社好"便从这里响彻全国，人民公社组织制度便从这里推向全国。从此掀起了中华民族历史上最为奇特壮阔的一页。如今，就在这里又生长起"两朵金花"：一朵是七里营乡的**刘庄村**，一朵是小冀镇的东街村**第五村民组**。据说，这一村一组的领导人，在改革开放的新形势下，利用市场经济与乡村企业带领村、组集体成员共同致富。

　　天又下起雨来，我俩提着行李，撑着雨伞，冒雨赶到小冀镇东街第五村民组所在地。这个中国农村最小的行政单位，如今有个闻名遐迩的名称："河南京华实业公司"与"乡村都市"。接待站就设在京华实业公司办公楼底层，六面褐色尖顶的办公楼共三幢，左右两幢两层，中间一幢三层，据说是加拿大建筑式样。办公楼东西两侧是村民文化宫，每排二层各十余间，据说是仿制雅典廊柱式建筑。当我们进入接待室时，40岁开外的接待站女主任正在接待河北来的一个参观团。按接待程序，先在登记簿上登记。我注意到，我们是今天冒雨前来参观的第六批人员：三批是来自河南省的，一批是来自河北的，一批是来自陕西的，共百余人。高大宽敞的六边形接待室南墙上，悬挂着数幅照片，其中一幅是江泽民 1991 年年初视察该组时与刘志华夫妇的合照，一幅是 1994 年胡锦涛前来参观时的情景。橱窗内陈列着各种奖状、奖杯，默默地将这里的功绩与辉煌告知每一个前来参观的人。

河北省参观团一行十数人听完了接待办主任的情况介绍后，便进入以后的参观程序，轮到我们来听取这位热情的主任背书般的介绍：小冀镇现有四五万人口，其中农业人口一万多，分属三个行政村。京华实业公司属东街村第五村民组，85 户，380 余人，外来劳动力 500 余人。京华实业公司发展到今天这样的规模，经历了三个发展阶段，发展的起点是 1972 年刘志华就任第五生产队的队长。第一步以农为主，兼搞副业（打草绳），解决群众温饱问题，并积累一定的集体发展资金。第二步，大力发展农副产品加工业，以 1980 年创办腐竹厂为起点，围绕食品加工办起十几个小型集体企业。第三步，始于 1991 年的产业结构大调整，转向旅游业，全村已无农田与农业。随着全组集体经济的发展壮大，全组村民的衣食住行全部实现都市化。1990 年，河南省委书记、省长来此考察，充分肯定京华实业公司的经验，号召全省向京华学习。1991 年 2月与 1996 年 6 月，江总书记先后两次视察京华实业总公司，这是他们的最大的光荣。**这一切成绩的取得，全靠集体致富的带头人——刘志华及其丈夫黄岩**。

这个"集体共同致富"的故事与临颍南街村、巩义县竹林村听到的故事大同小异，且能集体致富的原因则一样：**要出一个人，一个德才兼备的带头人**。

或因我是上海远道来访的"教授"，又是研究农村问题的"专家"，加之时近下午 4 点，接待办主任估计今天不会再来参观团，便亲自陪同我们进入下几个参观程序。一是购书，共二部：一部是作家侯钰鑫写的长篇报告文学**《中国女杰刘志华》**；一部是刘志华丈夫黄岩主编的《乡村都市》，分上下两集，副标题是"刘志华和她的河南省京华实业公司"。"关于志华与京华公司的情况，里面有详细记载。"接待主任如是说。二是陪同我们参观两家村民的"都市公寓"：每家有一小庭院，栽种花草，公寓分上下两层，每层三室一厅，煤卫齐全，有彩电、组合家具、书房，全由公司负责统一布置。全体村民享有住、行、医疗、就学等22项集体福利。据说，住房每单元造价四五万元（不计地价）。全组85户人家全已搬入由公司统一设计建造的公寓之内。每幢长排两层公寓，建设风格各异：有西班牙式的，有英、法式的。我对欧洲建筑风格一无所知，只觉得确有股洋味。三是参观京华的大宾馆，五六层的宾馆饭店设计得像个俄国教堂。四是参观京华公司旅游业的重点投资项目——京华园。据主任说是占地200余亩（差不多是第五村民组的全部耕地），投资2000余万元，围墙仿制中国版图，内设56个民族的特色建筑。（我们只在门中稍事停留，没有入门参观。）最后陪我们到京华园旅游业另一重点项目——矿泉疗养度假村。外来参观团一般被安排在这里住宿。我问接待办主任每年到京华实业公司来参观的人数有多少，她说："去年达到十来万人。这是我们根据接待站登记簿统计的数字。差不多每天都有接待任务，少则五六批，高峰期，我们一天接待过45批，3000余人。前几年更多，我们京华公司1990年在全省出了名，1991年江总书记来视察，更是在全国出了名，前来参观、访问的人就一下子多了起来。"

接待办主任的接待任务到此结束。临别前，我再次向她提出一个请求：拜会刘志华。主任说："志华一般不出来接见参观团，但对你的情况和要求，我一定向志华汇报，她明天的日程已排好了，请你明晚或后天上午听候回音。尽可能满足你的要求，我们志华是很愿意与学者讨论问题的。"

*　*　*

矿泉疗养度假村是一座仿泰王宫的五层建筑物。集豪华客房、餐饮、桑拿浴、按摩、卡拉OK舞厅于一体。外有一大型矿泉水游泳池。池中温泉与客房内温泉皆由一眼1100米深井提供。客房每铺位价格最低52元，最高200元。我们登记住宿时，每铺68元价位的双人客房尚余两间，于是我们租了其中一间。服务小姐说，度假村共有200来个床位。名为度假村，其实前来住宿的人大多是参观访问团成员。

在旅舍稍事休息，已是晚饭时分，我提议到街上小店就餐，兴许能与店主聊上几句，借用他们的眼来看看这个"乡村都市"及其创建者。我们在一家小店要了三盘炒菜，一瓶啤酒，一斤水饺，并请闲着无事的店主一起入席聊天。

店主说，这沿街一排 30 来间平房就是京华公司的产业，每间年租4000 元，光这项房租，就给京华公司带来 10 余万元的年收入。店主现年 50 余岁，与刘志华同属一村，但分属两个村民组，他是第七组。由于土地被征用，如今全组人均耕地只有 0.4 亩，不做工经商是无法维持一家生计的。

我问店主："你们小冀镇有三个行政村，四五十个村民组，为什么只有刘志华的这个组能发展到今天这样的规模呢？"店主喝了口啤酒后说："俺实话实说吧，第一是刘志华这个女人确实很能干，办事也比较公道。她 1972 年任生产队长，带领群众办草绳厂，赚了点钱，后来又办起腐竹厂等好几个豆制品加工厂，确实是踏踏实实干出点名堂来的。第二是刘志华的丈夫是个大学生，能说会道，在上头也有些关系，他老婆在队里干出点成绩，他就写文章宣传，这样，名气就弄大了。市里、省里的大官都来考察、表扬，后来江总书记也来视察，全省、全国都出了名。第三，有了名，有了政治资本，那以后的事就更好办了，要贷款就有贷款，否则去靠他们那几个食品加工厂的积累，怎么能在前几年一下盖起京华宾馆、京华园与度假村？再说，一旦出了大名，全国各地慕名来参观的人就多了，这些参观者不都给他们送钱来了吗？"说到这里，这位店主突然警觉起来，问我们是干什么的。

我只得临时给他编个说法："我俩是在开封教书的，到新乡出差，便道来看看。"听此解释，店主似乎放下心来。于是继续聊天，反正没有新客入店就餐，这一排沿路小店，晚上生意十分清淡。

我问："这样说起来，京华公司的旅游业，主要建立在它的出名与慕名前来参观者的基础之上了？"他说："差不多是这样吧。另外，他们还把县里的、市里的甚至省里的一些中型、大型会议摆到京华来开，这笔生意也很赚钱。京华公司在出名前，主要靠实干；出名后，主要靠名气。出名前，丈夫帮老婆搞宣传；出名后，省里的大官与记者帮他们搞宣传；出了名，有了大官的保护，他们办什么事都顺手了。立项目，搞资金，还不是一路给他们开绿灯。再说，他们搞旅游业，小官们便不敢来打他们的主意，占他们的便宜。否则，今天这批贪官污吏来住几天，白吃白玩，临走还拿一点，明天那批贪官污吏来住几天，也白住、白吃、白拿，这个旅游业还不垮掉吗？"我故意问道："如今中央反腐败抓得很紧，哪里还有那么多贪官污吏呢？"这一问，激起这位小店主的满腹牢骚。

店主说："老百姓不怕大官，只怕小官。大官高高在上，哪里会管到老百姓的事。小官就不同了，他们就在你的头上，天天管着你。就拿我这爿小店来说吧，开张已十来个月，实在赚不了什么钱。我们夫妇俩加一个儿子，三人开这爿小店，每月赚来的钱，除了交房租，差不多都给镇上各部门拿去了。今天这个税，明天那个费，搅得你头昏脑涨。卫生部门说要收卫生检查费，每月三五十元；派出所说要收治安费，每月三四十元；城建部门来收城建费，每月也是三四十元；环卫部门又来收街道清洁费，每月也得二三十元。收了费，给办事倒也算了，但他们只向你要钱，并不替你服务。门前卫生还得各店自己包管；店里出了什么事，找他们派出所人员来解决，你还得上门送礼，说好话。这些小官，我们可一个也得罪不起啊！有时，这帮大爷一高兴，就邀一帮人到店里来吃喝，好一点的，还掉几个钱给你；差一点的，不给钱，还说给你面子。我认识的一位镇税务员，算他的月工资，每月不过三四百元。你看他抽的烟，都是名牌货，看他花钱很是阔绰。前不久，他还盖起一栋小洋房，起码得五六万元吧。这些钱他是从哪里搞来的？还不是从我们这些老百姓头上搜刮去的。"这位店主对**小官小吏**的抱怨，反映了我国社会基层行政管理中普遍存在的问题。"再拿我们第七村民组来说吧，这些年我们镇上建房、修路、征地，我组共得到征地费80万元。当时村、组干部们规定，一是给每户一笔一次性补偿耕地损失费，二是以后村民的提留统筹款全部由村、组负责，村民不再缴纳。但只过了三四年，他们说80万元全部用完了。从今年起我们得重新缴纳村提留、乡统筹款。我们的承包地差不多给占完了，还要我们缴什么农民负担，这不是见鬼吗？我们估算过，最多用掉30万元，其余50万元到哪里去了，还不是让村、组干部们私吞私分掉了。"我插话说："你们既知他们私分公款，为什么不去查账，告他们去？"店主说："查账怎么查得出来！我寻个例子给你听听就明白了。譬如，你们到我这里来吃饭，明明只吃掉30元，但你们要我开150元的发票，我还不是照样开，从发票上怎么查得出这120元钱。如今发票、查账，顶个屁用！"话说到此处，店主不禁感叹起来："如今这个世道，人人都钻到钱眼儿里去了。有权的使权，有职的用职，谁都想变着法子从老百姓头上捞一把。这个贪污腐败，怎么反得掉！"这席话，充分表达了中原百姓对地方吏治状况的怨愤与无奈。

千百年来，人们几乎一直在抱怨地方吏治的败坏状况，但从未创新出一种制度来有效地解决这个问题。自辛亥革命以来，一种能够解决这一问题的新制度从西方政治文化中引入我国，这一新制度便是民主与法制。民主是法制的基础，法制是民主的保障。民主是群众直接参与管理自己的公共事务，法制是按共同制定的章程处理公共事务。这意味着中国最广大的农民群众将经历一场观念与行为方式上的彻底革命，而这场革命的基础是中国广大小农生产方式的彻底变革。没有这场革命与变革，民主与法制只不过是悬浮之物，只作为知识分子的清谈之资。在绝大部分第三世界国家，政治形式差不多都是民主法制化了，但社会基层的广大民众依然是政治上冷漠而消极的一群。他们的政治态度只是怨愤与无奈，要不然通过上访上告来请求"大官"来治理"小官"，或用拳头与扁担来驱赶贪官污吏，而绝不可能用民主与法制的新制度来解决重压在他们头上的腐败贪污问题。

*　　*　　*

辞别店主，与永成沿街转悠。小冀镇规模很大，永成说："小冀镇原是新乡县治所在地，后迁往新乡市，但这里依然是全县经济与文化中心。全镇人口约 5 万，其中农业人口约占五分之一，分东街村、西街村、中街村三个行政村。小冀镇历来是黄河以北地区重要的商品集散地。在小冀镇之东南，黄河古道依稀可辨。"河南的"四朵金花"，有两朵生长在集镇之旁，看来并非偶然。临颍之南街，小冀镇之京华公司，原来不是纯粹的农民。在新中国成立前，生活在城镇边缘的"村民"就是亦农亦商（工）的兼业户，新中国成立之初的"社会主义工商业改造"完成后，有土地者划为农民，无土地者划为居民。前者被剥夺了兼营工商的权利，单靠土地为生。对这些特殊农民来说，生活水平或有下降之趋势，因为他们的人均耕地较少，又失去工商之利。人口对土地的巨大压力迫使城郊农民在集体化时代便去重新谋求工商方面的出路。一旦改革开放，他们首先抓住机遇，从农业转向工商业。至于以家庭个体形式或以村、组集体组织形式实现这一转移，各地各不相同。村、组工商集体经济发展到南街、京华这样的规模，关键的因素，一在于有王洪彬、刘志华这样的"带头人"，一在于政治上的支持。小冀镇共有三村，四五十个组，只有刘志华的第五村民组一枝独秀，或说明南街、京华的经验，无法得到广泛的推广。当然，在"社会主义市场经济"条件下的**集体经济组织，其存在与发展的条件**，仍需我们做深入的研究。

回到旅舍，已是晚上 9 点。洗澡上床，浏览《乡村都市》与《中国女杰刘志华》，凌晨 1 时，方蒙眬入睡。

▶ 10 月 6 日 "京华"的创业之路

上午，在旅舍继续浏览《乡村都市》与《中国女杰刘志华》，有关资料引录如下。

一、京华的艰苦创业之路

1972 年冬，刘志华接任东街五队队长之职。该队共有 72 户，360 余人，集体家当只有 250 亩耕地，三间草房，四头牛，一辆马车，另有 8000 元债务，温饱问题远未解决。刘志华走马上任，组成一个清一色的妇女班子，带领村民走向艰苦创业之路。至 1992 年的 20 年创业共分三个阶段。一是以农为主，兼营副业。用两年时间解决了温饱，奠定了办工业的基础。二是以工业为主，农业为辅，五年内着力发展农产品加工业，实现脱贫致富。三是农工商综合经营，向乡村都市迈进。1992 年后，重点转入旅游业（农业不复存在）。该组最早的"副业"是打草绳。至 1979 年，拥有 30 台打草机，集体积累流动资金 5 万余元。1980 年后创办石棉瓦厂、玩具厂、被面厂、腐竹厂。其中玩具厂、被面厂因被人诈骗与缺乏原料而相继倒闭，但腐竹厂发展迅速。于是以腐竹厂为龙头，先后建立罐头厂、豆浆晶厂、纸箱厂等十余小企业。1991 年 2 月江泽民视察该组后，该组又从农副产品加工业转向旅游业，创办京华高级宾馆（能容 170 人食宿）、"京华园"公园（占地 270 亩）、矿泉疗养院（即度假村）。至 1992 年，该组拥有固定资产 3700 万元，流动资金 1000 万元，社会总产值 3100 万元，人均 8.6 万元，集体积累 3200 万元，人均积累 8.9 万元。村民除了免除所有个人摊派，享受衣、食、住、行各种福利外，人均年收入 4800 元。京华的 72 户全部迁入农民公寓，每户 6 室 2 厅，人均居住面积 30 平方米。室内的暖气、液化气、宾馆式的洗浴器具、四组合柜、五组沙发，全由集体统一配置，每套造价约四五万元。

二、带领群众致富，关键是要有一个好班子

刘志华在一份经验总结报告中说："我们京华公司之所以有今天，我认为关键是有一个强有力的党支部领导班子。一村也好，一组也好，**要改变落后面貌，没有一个坚强的基层党组织来组织和带领群众，是不可能的。没有基层党员干部发挥先锋模范作用，也是不可能的，而党支部书记，作为党支部一班人的班长，对支部班子建设起着举足轻重的作用**。班长的个人形象、思想作风、领导才能和表率作用，对支部中的干部和党员都会产生重要影响。"当好班长，最重要的有三条："一是**以身作则，为人表率**；二是**要善于团结一班人，形成一个领导核心**；三是**关心群众，依靠群众**。"

在中原这片黄土地上产生的"京华实业**公司**"，从其组织形式上看，是一种**现代型科层组织**，然从其实际运作过程来看，是以**传统伦理相维系的集体组织**。刘志华的这三条经验，只有在中国传统文化内才能释放其真实的含义与力量。第一，村、组群众的共同致富，必须有人来"带领"。这就是说，分散独立的村民群众无法通过平等协商的途径将各分散独立的利益提升为普遍的共同利益，更无力通过制定共同遵守的章程与选举共同服从的领导来实现共同利益。一般说来，这是中国农民的共同特点与弱点。中国的农民，必须有一个"别人"来替他们认识并实现他们的共同利益，这便是"带领"一词的文化学含义。第二，这个集体事业的带领者，主要是"以**身**作则"而不是以"**言**"作则，或以"**法**"作则，**言**与**法**是需要的，但主要是"以身作则，为人表率"。这是获得群众信服与服从的基础。第三，要团结一班人，以形成以他为核心的领导班子。第四是关心群众，建立起领导核心与群众之间的"保护—依附"关系。这样的一个共同体确实能凝聚起强大的力量。

三、"京华"的感情管理学

《乡村都市》收录了刘志华撰写的"感情管理学初探"一文。何谓"感情管理学"？刘本人是这样说的：

"京华的感情管理学，就是突出以人为中心的管理，用**感情**的纽带把企业和职工组织起来，形成企业自身的共同理想与追求目标。

"我们的感情管理理论，正是在长期的实践中，日积月累逐步形成的。它不是空中楼阁，而是有其扎扎实实的**群众思想基础**的，这个基础是公司全体干部长期对职工体贴入微，不断进行感情投资的结果。

"生产经营的目的，就是发展集体经济，为广大职工谋利益。因此，上下之间互相**信任**。这种**信任**是力量的源泉，是合作的基础，是一种无形的力量。它激发了职工的责任感与向心力，促使每个职工热爱自己的岗位，立足本职，做好工作。

"从 1986 年起，凡 60 岁以上老人，每月发 10 元零花钱，逢年过节，公司留一份礼品赠送老人。每年冬夏给每位老人发两身新服装，……公司建起儿童乐园，公司职工子女免费入园。农民家中发生特殊困难，公司都尽力帮助解决。职工生病，公司安排住院，公司与经理备两份礼物去探望。

"以人为中心的管理，其关键在于建立起一套感情信赖系统。作为公司干部能否有效地指导工作，首先看群众服气不服气，相信不相信，有没有较深的感情。深厚的感情是个无形但又很现实的力量。榜样的力量是无穷的，我们京华的干部、管理人员只有 26 人，本组与外来职工有七八百人，为什么这样少的人能实施有效管理？我们认为，科学管理讲究理性与纪律固然不错，**但只讲理性与奖罚，不讲感情与信任是不行的**。单靠干部监督不是上策，干部的行为是无形的命令。

"当然，我们以人为中心的管理，不是不要制度，不要纪律，不是单凭一笔良心账。恰恰相反，我们的岗位责任制，我们的厂规厂纪，正是建立在充分**相信**职工的基础上。我们是以**情治为主，法治为辅**。"

亚里士多德说，人是社会的动物。人们最需要的是相互合作，而天底下最困难的事也莫过于相互合作。以个人为本位的西方人，为了解决这个紧迫而困难的问题，发明种种合作的方法与合作原则，而以家庭为本位的中国人为了解决同样的问题，也创立了各种合作原则与方法。为适应社会主义市场经济的需要，我们应该考虑能够创建怎样的合作原则，以便将内部冲突降低到最低限度，并增加物质与精神的双重"产出"，这个问题尚待解决。京华的经验提供了一种解答。其内容得益于他们所熟悉的村落传统，那就是"**感情与信任**"。**只有在全然丧失情感与信任的地方，才需要契约与法制**。人与人之间的相互猜忌与防范乃是契约与法制的真正基础。

四、家庭、村落与公司

侯钰鑫在其《中国女杰刘志华》一书中记述了刘志华的如下一段话："我从母亲那里继承无私与贤德，她经营着一个家，我管理着一个公司。我是五队乡亲的女儿，是许多人的闺女、姑姑、妹妹、姐姐、姨娘，又是许多人的嫂嫂、婶婶、奶奶。我对每一个角色都得尽职尽责。我的母亲替我养大了三个孩子，支撑了半个家，没有母亲的无私奉献，就没有我为五队乡亲做出的无私奉献。**我只是延续了母亲的性格，把它升华到一个为集体奉献的高度。**"

"**村民小组与国有单位不一样，虽说称作公司，但人与人之间有着千丝万缕的血肉亲情关系，世世代代都是这方水土长大的，你没法调动谁，也没法开除谁。**"但是，农民企业如果没有严格的科学管理，用现代文明代替传统文明，**成也在此，败也在此**。

某记者问刘志华："在中国，你最崇拜的人是谁？"

"**毛泽东！**"刘志华回答得十分肯定。

"你在经营管理中体现的实质是什么？"

"**毛泽东的道德观念与邓小平的改革开放！**"

五、作者侯钰鑫的惊叹与隐忧

"在京华采访的日子里，我每时每刻都沉浸在一种亢奋的状态中。我所看到的是一个崭新的生活、崭新的图画。我所听到的是无数张嘴在称颂着一个人，一个大写的人，一个真正的人——刘志华。

"我听了，除了敬佩和叹服，也难免暗藏忧虑。不知此地乡亲尚能知否，在他们善良的心目中早已把刘志华奉为救世主。他们不懂得，刘志华正是抛弃了虚幻缥缈的神仙皇帝，而选择了一条主宰自己命运的秘诀，才闯出了自己的人生道路！

"善良的乡亲们哪，何时才能丢弃千百年来传统的**报恩思想**，何时才能抛弃**依赖青天大老爷**的旧观念，何时才能挺起自己的脊梁骨，更换一副主宰命运、主宰人生的新思维呀？否则，刘志华率领你们开拓出来的京华之路又如何走得下去呢？"

作者另一担忧是刘志华会不会搞**独裁**，搞**世袭**，搞**个人崇拜**。刘的回答是："你别担心，我不会搞独裁，也不搞世袭，更不搞个人崇拜。我也在总结经验，不会重复关广梅、步鑫生、马胜利、禹作敏的老路，……我正在做着艰巨的工程，就是**彻底更换流淌在农民后代身上的血液和遗传基因，培养一代新型的现代化人才……**"

六、政治家与经济学家对"京华"一类"典型"的期待

1990 年 10 月 28 日，时任河南省委书记侯宗宾、省长李长春视察这个村民组兴办的京华实业公司。他们要求新乡市率先在全市范围推广"京华"经验："乡学孟庄、村学刘庄、村民小组学东街村第五村民组。要让闪光点辐射四方，带动一片。使我们中州大地涌现出更多的东街村第五村民组，更多的刘庄与孟庄，让这些典型经验从'盆景'变成万紫千红的大花园。"

1988 年 10 月，著名经济学家于光远听取刘志华的情况汇报后，欣然题词："本世纪末如果全国有百分之一的村民组能达到京华实业公司那样的成果，那就太好了。全国有将近 90 万个村民委员会。每个村下有好几个村民小组。大家可以算一算，如果百分之一的村民组的经济、文化发展程度也能达到京华的程度，仅这百分之一的村组经济文化实力，与今天已有的经济实力相比，占据何等显赫的比例！"

从行政长官的角度来说，通过"典型"带动"一般"的方法是否有效，这本身是一个大问题。精于计算的经济学家做如此简单的计算与诗意化的推论，那问题就更大了。在村民社会内，无法通过平等协商的

途径形成他们的共同利益而只能期待一个高于他们的"别人"来代表他们的共同利益,并"带领"他们走共同富裕的道路。问题在于,这些德才兼备的"带头人"能否在村民社会内部自发地、大量地产生出来?这个答案看来是否定的。

*   *   *

在河南的"四朵金花"中,刘庄是最早"开放"的一朵金花(另三朵为临颍县的南街村、巩义县的竹林村、新乡县小冀镇的东街村第五村民小组),刘庄是新乡县七里营乡(原是中国第一个人民公社)所辖的一个行政村,在小冀镇以东六七里处。刘庄的"庄主"名史来贺,与南街的王洪彬、竹林的赵铭恩、京华的刘志华齐名。下午2时,浏览完《乡村都市》《中国女杰刘志华》两部书后,便与永成乘出租车赶到刘庄。

刘庄的村委会内空荡荡的,似乎没有专门的接待站,于是请出租车司机直接将我们送到史来贺家。年近30岁的司机告诉我们:"这些年来,中央与省市的领导常到小冀镇的京华来视察,但前来刘庄参观的甚少,相比之下,刘庄冷清多了。现年60多岁的史来贺如今不轻易出来见客,去年有一位大企业的厂长要见史来贺,来了三次,才见到史来贺,也没有说上几句。你们去见他,肯定会碰钉子。"听他这么一说,只得取消拜会史来贺的计划。于是请司机在村民新村与工厂区转了一圈,原道返回。

该村有一条东西向的宽阔马路,直通小冀镇。在马路的东端与北侧有数排一式的二层楼房,布局有致。这便是由村集体统一建造的村民新村。新村北边是工厂区,若干企业的规模看来不小。在回程路上,与司机攀谈起来。司机说:"刘庄的史来贺十分霸道,不要说他们本村人,就是外村人也十分怕他。前年,小冀镇的一位出租车司机不小心把水溅到史来贺的身上,史来贺身边的两位保镖把司机拖了下来就打。司机下跪向史来贺赔罪求饶,史来贺根本不予理睬,结果司机的腿被他的保镖打折了。"我问:"这件事后来如何处理呢?"司机说:"还能有什么处理!方圆数十里的人都怕他,不要说老百姓怕他,就是乡镇干部也怕他三分。史来贺是全省出了名的大红人,市里、县里还顶着不少官衔,谁敢惹他。被他打折了腿，只能自认霉气，谁让他碰上了这个土霸王。到法院去告他？谁敢去告！吃了豹子胆了不成！"我突然想起了河北大邱庄的庄主——禹作敏。一个带领村民集体致富的农民企业家，往往会滑向专横霸道的土霸王的老路上去。

又问及小冀镇小车出租业的经营状况。这位出租车司机说："周六、周日生意好一点，平时生意比较冷清。镇上有好几十辆'面的'，竞争很激烈，每月挣个五六百元，已算很不错了。"我又问："周六、周日乘坐出租车的是哪些人呢？"他说："主要是从新乡来的嫖客与歌舞厅的小姐。"如此坦率的回答，着实令我大吃一惊。这位司机解释说："从新乡市到小冀镇平时有班车，一般老百姓不会坐出租车。前来京华参观的人，或自己有小车，或乘班车，一般也不会坐出租车。我们小冀镇最发达的是娱乐业，光私人开设的歌舞厅就有 40 余家，这些歌舞厅从事色情业的很多。有钱人周六、周日到小冀镇来消遣，有的有自己的小车，有的就叫出租，但'三陪'小姐一般都叫出租。"我问："这些'三陪'小姐来自什么地方呢？"他说："绝大多数是外地人，**本地人一个也没有**。"我又问："京华公司度假村内的歌舞厅是否也经营色情业？"司机说："这倒没有听说过，他们还是比较规矩的。"我又问："为什么新乡市的有钱人跑到小冀镇来消遣呢？"他说："到这里来嫖娼比较安全嘛！"看来，有着强劲需求的色情业给中国精神文明建设出了一道大难题。放又放不得，禁又禁不住。世风如此，亦如之奈何。

此次到刘庄访史来贺未果，便道采风亦有收获。中国的改革开放，第一个改革行为虽源于中国最高领导的理性决策，但以后的社会生活便走上了它自发的道路。千百万人追逐机会、财富、地位和享乐的欲望所汇合而成的社会生活洪流，确有着自身的流动规律。理性思维的第一任务是认识它，而不是规范它，更谈不上去阻截它。

* * *

在小冀镇又转了一圈，果然在镇北新开发区看到鳞次栉比的歌舞厅。没有熟人的陪伴，不敢入门造访。回到旅舍，已是晚上 6 点。宾馆服务小姐送来一张便条；京华公司接待办主任约我们明天上午 9 点到接待办，刘志华同意接见我们。于是我摊开笔记，草拟一份采访提纲。

晚 9 时，突然萌生一念：私访京华度假村内的"卡拉 OK 歌舞厅"。

设在三楼的歌舞厅生意似乎比较冷清。偌大个舞池内只有两对舞伴在闪烁而昏暗的灯光下起舞，两边沙发上只坐着五六个年轻人。各大小包厢关着门，不知里面是否有人。我俩正欲返身下楼，里面走出一位大腹青年与我们打招呼，他便是歌舞厅的经理。他向我们介绍这里的消费价格："门票 10 元，咖啡每杯 10 元，大包房每间每晚 200 元，小包房 180 元。每点一歌 5 元。叫小姐伴歌伴舞，每位每晚 80 元（其中 60% 支付给小姐）。小姐们的主要收入是顾客给的小费，最少 100 元，多则没个准，随客人高兴。"从接下来的闲谈中得知：该舞厅共雇用八名小姐，全部来自外地（其中 3 名来自四川，2 名来自驻马店，3 名来自东北）。小姐的月收入在 1 万元以上，姿色好又善交际者，月收入可达 2 万余元。我问："这里的小姐，除了伴唱伴舞外，是否还提供其他服务？"他说："我们京华公司的歌舞厅不准提供其他服务，这在小冀镇几十家歌舞厅中，我们是最守规矩的。再说，我们这里接待的客人，绝大部分是全国各地慕名而来的参观者。"我又问："地方官员到这里来白吃、白玩的人有没有呢？"这位小经理不无自豪地说："他们敢吗？县公安局的人都不敢进来。为什么？因为他们的级别还够不上。我们董事长（刘志华）的地位与名声远比他们高，县、乡的公安、税务、工商部门的官员都不敢到我们这里来找麻烦，他们来玩自然欢迎，但得照章付钱。"

正闲聊间，突然从大包厢内走出一位高大的青年人，随后追出一位妖艳的小姐。前者扬长而去，小姐追赶不及，回身对经理说："他不给钱！"经理说："找我有什么用，你自己问他要去！"神情沮丧的小姐伏到窗口上，想她的心思去了。经理告诉我说：**他就是工商税务所的。**

这位小经理是东街村第五村民组的村民，除各项集体福利外，他每月收入 1000 余元。

▶ 10 月 7 日　访"中华女杰"刘志华

约定上午 9 时拜会京华公司董事长刘志华，这位被人誉为"中华女杰"的**村民组长**有着一连串显赫的荣誉：全国劳动模范，全国"三八"红旗手，全国优秀乡镇企业家，全国农村首位"十大"新闻人物，全国人大代表。这样一位声名显赫的人物能屈尊接受一位大学教员的采访，实属不易。我与永成提前半小时赶到东街，想利用"接见"前的一段时间，找几位村民聊聊天。

京华公司大门的东侧，有一对中年夫妇正在门口整理玉米。从住房的样式与他们正在从事的工作，便可以看出这对夫妇与刘志华同属一村（行政村），但分属两个村民组。这正是我们所要寻找的访谈对象，于是上前寒暄。一边帮他们理玉米，一边随意闲聊：

"今年玉米收成如何？"

"马马虎虎，亩产五六百斤吧。"

"小麦产量呢？"

"与玉米产量差不多。"

"你们组人均耕地还有多少呢？"

"只剩下四五分耕地了。"

"那粮食也不够吃呀！"

"差不多能凑合着过，再做些小买卖。"

"你们为什么不学第五组搞集体经济呢？他们如今挺富裕的呀！"

"俺们学不来，也不想学。他们组里的人还羡慕我们的自由呢！你们到这里来有什么好参观的，他们还不是靠贷款、搞宾馆、搞度假村吗？"

"他们不是办了十来个集体企业吗？"

"那是以前的事，如今有的早已关闭了，有几个小企业还勉强维持，也不让人参观了。"

此时，中年男子责怪他的老婆"太啰唆"。街头访谈只得终止。

上午9时整，京华公司董事长刘志华在她高大宽敞的办公室内接受我们的采访，访谈纪要如下。

——她说，村、组集体经济的创建、巩固与发展，**关键是要有一个人，一个德才兼备的人**。没有这样的一个带头人是不行的。当然，光靠一个人也不行，他（她）还得把其他有才能的人团结在自己的周围。把全村、全组的各种积极因素调动起来，才能巩固和发展村、组集体经济。

如今，每天到南街、到竹林、到我们京华来参观学习的人络绎不绝。这样的参观学习有什么用？他们只看到我们盖了多少房子，办了多少企业，没有看到我们的创业精神，没有看到集体经济得以巩固与发展的基本原因。这个精神，这个原因，**就是要把德才兼备的人提拔到领导岗位上来**。当然，能否发现并重用这样的人才，关键还在于有一个全心全意为群众干实事的上级领导。问题恰恰在于，在县、乡党政机构内，这样的领导实在太少了。不能说没有这样的领导，而是说实在太少。普遍的情况是，如今有德有才的人反而吃不开。

——德才兼备，很不容易。一个人的才能，尚且可以通过学习、磨炼而增强，但一个人的德行，与其说是学来的，倒不如说是天生的。当我问及"德"与"村落文化"关系时，她说，在村民中，各种各样的人都有。但就我自己而言，更多地秉承了我母亲的品格。在新中国成立前，我父母都是经商的，算个殷实人家，我母亲特别乐于帮助亲友，在他们困难时，慷慨地接济他们。我母亲对子女的这种身教言教，对我的性格、品德的形成肯定是有影响的。

——在集体企业的管理上，单纯地依靠规章制度是不行的，当然，单纯凭私人感情也是不行的。我们京华实业公司是村民集体所办的现代企业，**村民之间怎么能不讲亲与情呢**？但作为一个大企业，如何分工协作，如何各遵职守，如何分配，怎能没有一个规章制度呢？这些年来，我一直在琢磨冷冰冰的规章制度与活生生的感情这两者在企业管理中的关系问题。前些年，我提出一个概念，叫作"感情管理学"。提出在乡村集体企业管理中**"以感情为主，法制为辅"**的管理模式。作为集体企业负责人，首先得**以身作则**，其次得关心、爱护与帮助每一个集体成员，这样才能激发起每个集体成员对领导的感激与信任，对公司集体的效忠。有了这样的领导力，什么事情都好办了。在村民集体组织内，亲情、感情是一种重要资源，投入、开发这种资源，可以解决单纯的规章制度所无法解决的问题。当然，规章制度也很重要，领导以身作则，带头服从规章制度，是企业正常、有效运行的重要保障。

——这时，我向她简要介绍了马克斯·韦伯的科层制与理性化学说，并表达了我对村落文化中的亲情关系大量渗入现代企业与地方行政过程所产生的负面影响的忧虑，她非常认真地听取了我的观点，随后对她的"情感为主"的"感情管理学"做了一些修正。她说，在企业管理中，首先得将法（即各种企业规章制度）与情（即村落文化内的情、亲关系）严格分开。确定规章制度的至高无上的地位，任何人都不能凌驾在法之上，包括她这个董事长在内，不能用私情干扰制度，有人违反了规章，就得照章处罚，不留私情，只把情感限于私人生活领域。这时我把她的观点概括为"用规章来制约每一个集体成员，用感情来沟通每一个集体成员"，进而又简化为：**"以法对事，以情对人。"** 这位善于学习的女强人对这两个概括，尤其对后一概括，似乎很满意。我看她提起笔，在笔记本上做了记录。

我说："'以法对事，以情对人'这是颇具中国特色的集体企业管理经验，但在实际运用过程中，却是一门极其复杂的管理艺术。在中国，谁能精通这门管理艺术，谁就能成为一名优秀的管理者。"对此，刘志华表示完全赞同。

——关于"集体"规模扩大问题，刘志华说："县、乡领导曾多次要求我们将'组级集体'扩大到村甚至镇。我永远不搞这种'扩大'与'兼并'。将其他村民组，甚至其他村委合并到京华公司内部来，必然后患无穷。一是我组成员经过 20 多年的教育，人的素质普遍高于邻组、邻村，二是京华公司要扩大人员规模，完全可以采用其他两种方法。一是对外招聘。我组近 400 名村民，200 多个劳动力，如今对外招聘 500 民工。二是用'户口'来奖励外来人才。凡对我京华做出重大贡献的特殊人才，就让他们迁入我组，成为我组正式成员。巩义县的竹林村，通过合并邻近的两个村而升格为镇，但麻烦随之而来：现有的集体资产是竹林村村民共同创造的，如让新合并的村民无偿分享这一资产，原村民就有意见；如不让后来者分享，则同一镇集体内分成两个等级。强行合并的结果，势必加剧内部冲突。我刘志华是不会干这种吃力不讨好的傻事的。"

——在谈及"京华经验"的推广意义时，刘志华说："这些年来，到京华公司来参观学习的人可谓成千上万，但有几个人学到了我们京华的精神？小冀镇三个行政村，四五十个村民组，如果京华经验可学，他们不早就跟上来了？关键还是前面说过的老问题。一个真正的集体经济组织，要有一个德才兼备的带头人。创办私人企业，德不德是无所谓的，只要有点才干就行了。但对一个真正的集体经济组织来说，不仅需要一般企业家的才干，还必须具备一般企业家不具备的道德品质。那就是要全心全意为集体谋福利，走共同富裕之路，而不能老想着一己之私利。如果只想着个人私利，这样的集体企业迟早要蜕化变质，变成私人公司。问题是，每个村、组是否都有这样德才兼备的人，如果有，上级领导能否发现并将他们提拔到领导岗位上来。如今改革开放，搞市场经济，允许一部分人先富裕起来，人人都想发家致富，有赚钱能力的人，顾自己赚钱还来不及，哪里顾得上别人。一切以金钱为中心，哪还讲什么道德。前来京华参观的人，不少人被我们的共同富裕所感动，但到底有几个人愿为共同富裕而牺牲个人的发财机会？问题就出在这里。"

原先约定的一刻钟的"会见"，成了持续近 2 小时的"访谈"。访谈期间，不少人前来请求汇报，一律被刘董事长拒之门外。这位年过五旬的"中原女杰"确实对理论思维有着强烈兴趣。

＊　　＊　　＊

下午 1 点 30 分，与永成赶回新乡市，转乘开往郑州的 207 次列车。车厢拥挤异常。与我们挤在一处的几位农家姑娘是从滑县到漯河市去读书的。她们在某校上电脑班，三年制，共支付学杂费 6000 元（包括户籍入城费、学校住宿费、教材教学费、毕业安置工作费），分两次付清。李永成说："在河南城乡，积压着大量初中与高中落榜生，他们要脱离农村与农业，到城市寻找就业机会。河南各类中专以上学校竞相以'专业培训，包分配'相号召，争取这部分生员，作为**学校创收的主渠道**，以弥补教育经费的严重不足。问题是，城市国有企业连年滑坡，下岗失业工人比比皆是。学校连自己正规考生都无法安排工作，何况这批数量更大的培训生呢？据说有些学校为了赚钱，便出此下策：与招工用人单位串通一气，学校支付给招工单位一笔钱，用工单位给学校若干招工名额。两三个月后，招工单位找个理由将他们解聘。"堂堂的教育机构也干起谋财坑人的勾当，这已非"斯文扫地"所能形容了。

这一代在观念上、价值上已脱离了土地与村落的青年农民，绝大部分无法在身份上、在职业上进入城市，由此而积压的**失望**与**怨恨**将会引起怎样的社会冲突，实难预料。

下午 4 时，车抵郑州。从郑州转车回到开封，已是晚上 7 时。永成建议我住到开封市委党校。

五、再访豫东——开封市

▶ 10月8日　几个令人困惑的问题

今天准备在开封市委党校招待所整理访谈资料。

上午8时，程校长来访，请我给党校全体学员与教师分别做一场学术报告，题目由我自定，我当即允诺。受人恩惠，理当报答。党校学员大多是县、乡党政官员，给他们讲"廉政与'过五关'"问题。对全体教员谈谈"社会主义市场经济的若干理论与实践问题"。

上午10时，李永成陪其女友小兰前来辞行。这位受过中等教育的农村姑娘已在汝州、郑州、洛阳、开封一带闯荡多年，在家乡还留着她的那份承包地，但她两眼望着城市，希望通过自己的努力打开一条通往城市生活的道路，在现代城市找到一个属于她的生活位置。如今在汝州市一家电子吸尘器厂找到一份推销吸尘器的合同工，月薪三百元，另据推销额提成一个百分点。此次与我北上邯郸，是她首次推销活动，然而，客户们感兴趣的并不是她所推销的产品，而是她本人。颇有几分姿色的她，差一点成为别人的猎物。一个心志颇高的农村姑娘想在城市中谋生，一个女孩要在男人世界中周旋，实非易事。小兰的妹妹曾对永成说："如果在城里找不到一份像样的职业独立谋生，她将使用女人的最后一个武器——嫁人。""只要这个人有权或有钱，就是六十岁的老头，我也愿嫁给他。"这是她为脱离农村进入城市所愿支付的高昂代价。然而，小兰依然希望通过自己的奋斗，在城里找到一份体面的职业与爱情。说起来，这一要求并不过分，但对农民子弟来说，却近乎美好的梦想。我衷心祝愿这位姑娘的梦想成真。

我送小兰至校门口，握手话别，她说："这次有缘，得与教授相遇，聆听你的一番言教，受益匪浅，我一定铭记在心。此次告别，或难再见，心中别有一番惆怅之情。"出语不俗，令人感动。在中国广大乡村，像小兰姐妹那样处于乡村与城市边缘的人物，构成了一个十分特殊而庞大的社会阶层。这一阶层的社会身份依然是"农民"，在家乡还有他（她）们的承包地。但他（她）们的生活价值取向已"城市化"了。他（她）们再也不愿过父辈们那种厮守着土地的贫困生活，准备不惜任何代价进入城市。这一方面给中国社会的转型注入了强大的活力，另一方面也给中国社会的转型过程带来难以预测的诸多变数。因为这一社会阶层的人数毕竟太庞大了，而城市经济增长所能提供的新职业毕竟有限。在城市中所争得的职业大多是低薪且高度流动的，这使他（她）们中的绝大多数人无法在城市内安家立业。这一流动于城乡之间而找不到生活位置的青年男女内心所逐渐积压的失望与怨恨，将给中国社会带来怎样的影响，实在应引起我们特别的关注与研究。

中午，程校长请前来讲学的省委党校张教授吃饭，我也应邀入席。席间，这位经济学老教授谈及**"国有企业改革成本由谁支付"**的问题。

老教授说，中国的改革始于农村，农村改革之顺利，超出了人们的预料。其实，从经济学角度来说，也不难理解，因为从集体耕作制向土地家庭承包制的改革过程，无须谁支付成本。相反，从农业生产效益的提高中，农民、国家与社会都受益，真可谓皆大欢喜。农村改革的成效曾一度鼓舞起城市改革的盲目乐观主义情绪，以为用农村改革的办法来解决城市经济问题是同样有效的，然而情况恰恰相反。城市国有企业改革搞了十多年，然而国有企业的经营状况每况愈下。人们终于认识到，国有企业的改革是需要支付高昂的成本的，它不能像农业经济那样，只要改变一下经营机制就能收到实际效果。国有企业改革的成本包括：拖欠银行的巨额债务，技术设备更新的投入，退休职工的养老金与医疗费用，大量下岗职工的失业救济与培训转岗费用，还有从一位端惯"铁饭碗"的国有企业职工成为随时有失业可能的雇工而带来的精神压力，等等。这些成本与费用到底由谁来承担与支付？由国有企业本身吗？如果通过"政企分开""转变经营机制"就能使国有企业取得如农村土地家庭承包制那样的效果，那由它们来承担改革费用是可行的，但问题没有那么简单。这些沉重的改革成本正是国有企业日益衰败的重要原因。由工人来承受改革成本吗？这不仅在道义上讲不过去，在经济上也不可行。然而在**事实上，大量下岗失业的工人正在承受改革的成本**。

他说，**国有企业改革的成本只能由国家来支付**。这样，中央与地方各级政府必须控制与缩小雄心勃勃的投资计划。这确实是一个矛盾：要维持中国经济高速稳定的增长，国家必须集中大量财力投资于能源、交通、水利、通信方面的建设，从而无力支付国有企业改革的巨额成本；如不能支付国有企业改革成本，则国有企业日益陷入绝境，大量工人的失业更会酿成社会的动乱。他说，改革从来有两种思路：一种是宁可慢一点，但要稳一点；一种是跳跃式发展，每隔几年上一个台阶。从中国经济与社会情势来看，还是第一种思路比较可取。在当前，国家应集中精力解决国有企业及习惯于端铁饭碗的国有企业职工问题了。否则，后果不堪设想。

在谈及竹林村、京华公司这类河南农村集体经济的典型时，这位经济学老教授说，河南人就喜欢搞这种花瓶，供人参观，其实没有什么推广价值。虽说他们在出名前曾有过一段艰苦创业的经历，但迅速地发展到这样的经济规模，主要靠银行贷款与政府支持。老教授又说："京华实业公司靠银行贷款搞什么豪华宾馆、度假村、京华园，有谁去住去玩？"我说"靠慕名而来的大批参观访问者啊"，老教授笑而不语。

*　　*　　*

晚7时，永成帮我请来几名学员开座谈会。一名县委政法委主任，三名乡镇党委书记，年龄都在三四十岁，皆大专文凭。河南县、乡两级官员差不多年轻化、知识化了。我主要请他们谈谈农村基层工作存在的主要问题，谈谈他们在多年的农村工作中所遇到的困难与忧虑。

一、关于现行的家庭联产承包责任制问题

他们说，中国的改革始于农村，农村的改革始于土地家庭承包制。如今全国上下都说集体化搞糟了，都说分田单干好。其实，这种说法既不客观也不公正。应该说，**集体化与分田单干各有利弊**。河南省直到1983年才全面推行分田单干，行政指令一级一级压下来，非分不可，而且分得越彻底越好。多年来的集体积累，一夜之间化为乌有。还美其名曰"分光吃光，不留后遗症"。其实，**最大的后遗症就在于，村集体一旦没有自己的经济来源，村委就形不成一个健全的组织，有许多公共事务就办不成**。村委组织的健全与否，关系十分重大，因为村委组织乃是党和政府与千百万农户的直接接触点，是中国农村社会基层政权的一块基石。

他们说，如果当时不采取强硬的行政命令，不搞"一刀切"，而是充分尊重各公社、各大队、各小队的实际情况与村、组农民的多数意愿，那就好了。如果干部与群众愿意继续走集体化道路，就让他们继续搞下去；如果干部与群众愿意分田单干，那么就分田单干。总之**不必用行政指令强求一律，让两种体制有个竞争、有个比较那该多好**。就河南农业来说，在集体化时代各地发展很不平衡。有些公社与大队，在20世纪70年代末80年代初，小麦亩产已近千斤，耕地基本上实行机械化，集体积累也比较多。像这样的大队，多数农民对分田单干的要求并不迫切，甚至没有这个要求。就从开封数县情况来看，如按原来的道路走下来，小麦亩产普遍达到目前的水平（平均亩产600—700斤），似乎并没有什么大问题。更为重要的是，那时农村没有贫富分化，干部比较廉洁，社会治安状况良好，当时几个公社合用一个派出所，每个公社只有一名公安干警，公社党政机构少则一二十人，多则二三十人，哪有现在这样庞大?!

他们说，推行家庭联产承包责任制，从1983年算起十几年过去了。客观地讲，农民群众是接受这个制度的，但从农村与农业管理的角度来

说，分田单干也暴露出来不少问题：一是村集体没有独立的经济来源，因此，这一级基层政权组织的基础不牢靠；二是大型农田水利建设的规划与投入十分困难；三是对土地本身的投入与耕地的有效使用问题。中央一会儿提出搞双层管理，一会儿提出推行"两田制"，前几年又提出稳定土地家庭承包制一定 30 年不变。中央似乎想用上述政策来解决土地家庭承包制所带来的诸多问题，但执行起来困难重重，套句时髦话来说，难以操作。如硬性推行，又会产生新的更严重的问题。例如，土地承包一定 30 年不变，但在这 30 年内家庭的人口却不断发生变化。女嫁他村，难道不得回老家耕种自己的那份承包地？有些农户全家经济重心转移到城镇，听任耕地荒芜是不是一种耕地资源的浪费？转包取租，是不是一种变相剥削？人口增加的农户强烈要求重新调整耕地，而人口减少的农户拿着中央一定 30 年不变的文件拒绝分出耕地。那些该分而未能分到土地的农民往往暗中破坏别人的庄稼果树，或借口拒交公粮。我们乡镇这几年发生好几起这样的案件。又如村与农户的双层管理，管理是要成本要钱的，没有独立经济来源的村，只能在耕地上打主意。在人均耕地较多的村，这倒不失为一个办法，但在人均耕地只有一亩左右的村，能把多少耕地收归村集体所有？

他们说，中国农民，发家致富的积极性历来很高。**如今的社会风气是人人只知道赚钱，尚未富裕起来的人看到已富裕起来的人盖楼房、摆阔气，于是心怀不满；已经小富起来的人看到大富起来的人，同样心怀不满**。人们为自己谋利的积极性确实是充分调动起来了，经济比从前确实发展了一些，绝大多数农户的生活水平也有所提高，但**社会秩序混乱了，信仰没有了**。就地方基层干部来说，整天忙于落实上面来的各项任务，**头脑里却是茫然得很，没有一个方向，不知道整天忙碌的意义到底在哪里，总觉得这样下去，说不定哪天会出大问题**。

二、关于地方党政机构与人员的日趋膨胀问题

某镇委书记说，该镇共有 5 万余人口，吃镇财政饭的人数就近 600 人：其中镇党政机关各部门人员 250 人，中小学教员（尚不计民办教师）250 余人，离退休的干部与教师 80 余人。每人年薪以 3500 元计，光这一项支出每年高达 210 万元。我问乡镇党政机构为什么那么庞大？他说原因有两个：一是公社时期所建立的机构没有取消，为解决农村改革开放后出现的新问题、新情况又增设了不少新机构；二是县里的劳动就业部门每年要该镇安排十几名复退军人与大中专毕业生，党政机关成了就业场所。上级党政机关领导私人介绍过来的人员，也不能不给他安排一个位置。由于上述两大原因，尽管天天在喊精兵简政，实际上机构与人员年年在扩大，乡镇一级是如此，县、市级何尝不是如此呢？各级党政机构增设人员不断增多，政府开支自然逐年增加，这在工商业不发达的地区，这笔支出必然直接或间接地落到农业与农民头上，在他看来，这是导致农民负担有增无减的重要原因。"各级官僚机构如此地扩张下去，依我看，河南农村与农民不出五年、十年就有可能被压垮。我们这些在基层政府工作的八品芝麻官，对此都忧心忡忡。如今还有我们乡、村两级替上面顶着，但已弄得焦头烂额，喘不过气来，且动不动受上面的批评与下面的指责，一旦连我们也顶不住的话，那整个上层建筑不是有倒塌的危险吗？"

三、关于农民负担问题

他们说，农负问题近几年来被上级领导的讲话与新闻媒体炒得火热。仿佛农民负担的加重只是乡、村两级干部横征暴敛的结果，又仿佛横征暴敛得来的民脂民膏，全被乡、村两级干部中饱私囊、大吃大喝掉了。这种舆论既不公平，又很危险。在乡、村两级搞出几个贪官污吏，并不能证明全国大部分乡村干部都是贪官污吏。贪官污吏各级都有，毛主席身边还出个林彪、"四人帮"呢。确实，直接向农民要钱要粮、刮官罚款的是乡、村两级干部，但计划生育执行的是中央政策啊，要上来的钱粮，相当一部分还不是给上面各部门拿走了。再说，要养活那么多吃"皇粮"的人，还要发展农村经济搞基本建设，都得大把花钱，光维持乡镇中小学教育经费，就得用去全乡镇 60% 左右的财政收入。

他们说："我们来自农村，来自农民，我们的父老乡亲就生活在农村，对过重的农民负担，我们怎么会不知道?! 谁愿意带着人到村里去挨家挨户征粮索款?! 这还不是上面压下来的硬性任务迫使我们这样做的。这个税、那个费，哪一项是我们发明的，还不是出于上级政府与部门。老实说，乡镇名为一级政府，其实只是市、县党政的执行机构而已。我们替上级政府执行下达的各项指令，限定时间必须完成，出了问题，又指责我们做法粗暴。农民负担那么重，他们会自觉自愿地把钱粮罚款送到乡镇政府来吗? 他们不缴，我们去要，能做到心平气和吗? 碰到一些大胆的钉子户，能不闹起来吗? 因此，**要真正改善干群关系，改善农民群众与基层地方政府关系，关键是切切实实地减轻农民负担，而要真正做到将农民负担降低到他们乐于承受的限度之内，一是要精简日益庞大的上层建筑机构，二是上面少拿一点。**但这有可能吗?" 看看历史吧! 统治阶级的既得利益只会扩张，哪会自动自愿地缩减呢?!

他们说:"官方核定的电价，每度农用电只有四五角，但电力所实际向农户收的电价，每度电少则七八角，多则一元多。这个差价部分被谁收去了，是我们乡镇政府吗? 不是! 是被电力部门拿去了。再说指派我们订购的各种报刊吧，各个镇每年至少得花十几万元，这笔钱还不是被上面有关部门以漂亮的名义榨取了吗? 这笔钱最终不是转化为农民负担分摊到农户头上吗?! 报刊不是不要订阅，而是说应该让我们根据实际需要有选择地订阅。如今，各部门几乎都有自己的机关报，都强调自己刊物的重要性，都强迫指令各部门的下属机构订阅，实际上成了一种变相的摊派。事实上，这些内容重复、信息量低的报刊，利用率极低。报刊作为一种商品，多少也得遵守市场经济原则呀! 利用行政力量强行摊派，名为宣传教育，实出于部门利益，这不是滥用行政权力吗? 中国农村推行土地家庭承包制，经济改革似乎走到了尽头，而政治体制改革的任务日益突出。如果听任各级党政机构的扩张，部门利益的扩张，农民负担只会加重而难以减轻。若不把农负减到合理的范围之内，总有一天会出问题的。"

座谈会持续了三四个小时，临别之际，我对这几位"八品官"说:

"农业这一块，效益比较低，且人均耕地只有一二亩，单靠农业，在正常年景维持一家温饱，略有积余已属不错了。每亩全年所产，除去居高不下的农用成本，收益不过五六百元。一家四口，加上家庭副业收入，全年收入三四千元，已属中等偏上。日常衣食、造房、婚嫁、养生送死、教育、治病、人情往还皆出其中，单凭农业尚难应付，能够缴给地方政府的粮钱，必然十分有限。农业这块小蛋糕原则上讲，只能留给农户自食。地方政府，尤其是乡镇政府应倾全力发展工商经济，且最好与各农户的农业与饲养业结合起来。发展工商业，关键在于市场，在于效益。市场与效益是第一位的，有了市场与效益，资金自然会有，因为社会资金的本性是流向效益的，恰如水往低处流，人往高处走一样。乡镇政府只有将自己的财政收入的重心，从农业转到工商业，从农户转到企业，才能从根本上解决农民负担问题，并有余力帮助农业与农民。也只有这样，才能从根本上改善干群关系，改善农民群众与地方政府的关系。以前使你们焦头烂额的事，便迎刃而解了。"四位官员听此一言，皆争相邀我到他们所在的乡镇去考察，并请我给乡、村干部做一场报告。我欣然允诺，因为他们发给我一张进入他们领地调查的入场券。

回到宿舍，已是深夜11时，却无倦意。方才出自河南乡镇官员的若干观点，搅得我心神不宁："信仰没有了……没有一个方向。不知道整天忙碌的意义在哪里?！总觉得这样下去，说不定哪天会出大问题。""一旦我们也顶不住的话，那整个上层建筑不是有倒塌的危险吗?""统治阶级的既得利益只会扩张，哪会自动自愿地缩减呢?！"……这是在稍有头脑的地方官员中普遍感受到的社会危机意识吗？还仅是中国社会转型过程中的迷惘与不适感？这与流行于上层社会与舆论中的自信、乐观言论，为什么形成如此巨大的反差？哪一种意识更接近中国经济社会未来发展的实际趋势呢？不管怎样，居安思危乃是中国的古训。而危言警告往往切中时弊。对中国现代化的实际过程，我们最好持一种谨慎的乐观态度。因为悲观是没有出路的，盲目乐观又会酿成大祸。在偌大一个古老东方大国，采取不平衡发展战略，确能在较短时间内形成若干"现代化之飞地",但无法将数亿小农拖进现代化。落后不只是一个经济问题,同时也是一个政治、文化问题。采取让一部分先富起来的发展战略,确能在较短时期内造成一个直接模仿西方人消费的社会阶层。在广大中西部地区,"经济基础"依然是规模狭小、效益低下且分散的小农经济,而"上层建筑"却日趋庞大。各级官吏一方面强烈要求按照先富者设定的消费标准进行消费,另一方面要进行"政绩投资"以求升迁。各级地方政府的部门与官吏的消费扩大,确实有压垮小农经济之可能。这绝非危言耸听!至于在推行市场经济的条件下,能否给各谋其利的人们以一种共同信奉的"信仰"?我历经多年思索仍无法提供一个能令自己信服的结果。然而,一个转型中的庞大社会,没有基本的"信仰共识",又何以能建立起新的社会秩序?**没有共同信仰的富裕,比有信仰的贫困更为可怕**,这是我敢断言的。

▶ 10 月 9 日　共同富裕与共同信仰

凌晨 1 时入睡，清晨 5 时醒来。10 月初的北方早晚天气已带寒意。辞亲远游，孤馆独处，不胜寂寞。寂寞，非无亲友在侧之谓，实一怀思索，无人共语。说实的，**市场经济迫使一切人恓恓惶惶，汲汲于谋求切己之世俗事务。**人们所使用的乃是"交易语"，而非"共同语"。共同利益既已分解为个人利益，共同精神早已悄无声息地分崩离析，差不多是"零落成泥碾作尘"了，到何处去找人"共语"?! 贝多芬第九交响曲结尾引席勒诗句：风尚将人们分开，共同精神又将人们联合起来。这个可以作为共同语言基础的共同精神，或云共同信念，如今安在？

又想起昨晚乡镇书记们谈起的"信仰问题"。我记得 20 世纪 70 年代末 80 年代初，有关"信仰危机"的讨论很是热闹过一阵。为了解决"信仰危机"而引发的"道德失范"现象，执政者一方面高举起邓小平理论旗帜，另一方面加紧树立道德英雄。进入 90 年代，"信仰危机"的讨论从知识界彻底消失了，如今我却在中原基层政权的官员中再次听到这个问题。

一个社会需不需要一个共同信仰？能不能在市场经济条件下，建立起一个真正的而不是虚假的共同信仰？这是一个大问题。社会的共同信仰，可以规范人们的道德与法律行为，可以引导营谋世俗事务的人们走上崇高与不朽的道路。它将个人具体的生命活动片段连成一个稳定的整体，并赋予一以贯之的意义，而不致使生命活动出现离散与茫然。信仰问题，归根到底是个人与社会共同体的关系问题。这样说来，为了稳定社会的秩序和个人的行为，必须有一个共同信仰。然而，**允许，确切地说，迫使人们各谋其利的市场经济社会，能否形成一个共同信仰呢？**处于欧洲社会转型时期的孔德、斯宾塞说是不仅应该，且是可能的。但处于欧洲社会转型业已完成时代的马克斯·韦伯却持悲观态度。在当代中国，有多少人真诚地相信，一部分人、一部分地区的先富只是实现共同富裕的手段与途径呢？再说，共同富裕能否成为共同信仰的基础呢？然而，没有一个共同信仰，我们如何使各级官吏真心实意地为他们治下的民众谋福利呢？中国的地方政治，一方面受到村落人情主义的渗透，另一方面又受到市场谋利观念的影响。没有共同信仰的武装，如何使我们的各级官吏不徇私舞弊、贪赃枉法呢？老子说过，失德后有礼，失礼后有法。治理一个失却共同信仰的社会，是不是只需要民主与法律就可以了呢？但民主的前提是公民意识而非臣民意识，我们能在较短的时间内将数亿**村民**转变为**公民**吗？

村落，村民，土地家庭承包制下的小农经济，依然是我们民族生活最为广泛、最为深厚的基础，在这里我们能够直接看到活着的文化传统。在这个基础之上，矗立着政治与法律上层建筑，在政治、法律制度设施之上，则是观念形态。自近代以来，中国上层观念形态发生了惊人的变化，其话语体系差不多来自西方。这个源于西方且被中国知识分子接受的观念形态，一部分依然飘荡在知识分子的语言与文章中，只是作为一种"应该"而无法找到它们的实际出路。一部分通过政治家与知识分子的共同努力进入我们的政治与法律领域。这个处于"上层"观念形态与"下层"村民社会中间的政治与法律制度，一方面受到"上层观念"的影响，另一方面也受到"下层社会"的制约。就其形式来说，更多地受"上层观念"的影响；就其实际运行过程或内容来说，更多地受"下层社会"的制约。如果我们把当代中国放在传统向现代化转化过程中加以考察的话，那么观念形态、政治法律制度，与乡村社会的"速率"有着极其明显的差距：就观念形态而言，我们民族远未完成现代化之时，有关"后现代"的观念已纷纷扬扬进入一部分自命为"先锋派"的头脑之中了。就中西部广大乡村社会来看，当今的村落、村民与小农经济与明清时代到底有多少实质性差别，实在说不上来。这里就提出一个极大问题：依据"观念"而制定的民主、法律制度能被广大**村民**（这里的"村民"一词，主要是一个社会学、文化学概念）及来自村民的地方官吏所有效掌握与使用吗？

躺在床上，胡思乱想了好一阵子。起而择其要书之于日记。

上午，在宿舍整理调查资料。

下午，准备明天上午的报告提纲。题目是"廉政与'过五关'"。因为听讲的对象是市、县、乡正科、副处级党政官员。所谓"五关"，一是权力关，二是金钱关，三是名誉关，四是美色关，五是人情关。"五关"的提法，频见于近年来中央领导的讲话与文件中。市场经济，迅速剥去计划经济时代意识形态所制造的光环，显露出人性与社会的本色，使我们这些长期在书斋中讨生活的书呆子都看得出，权力、财富与名誉——简言之——名、利乃是世俗社会的本质；至于美色，乃男性之所好；至于人情关系，则颇具中国特色。

报告重点讲两大问题：一是从以权力为中心的社会向以财富为中心的社会转移，在此转移过程中，以权钱交易为核心的政治腐败发生之一般原因及防止途径；二是村落亲情文化及交往方式对地方政治过程与企业管理过程的影响，人情关系乃是地方政治腐败的文化根源。

▶ 10 月 10 日　廉政与"过五关"

上午 8 时至 10 时半，给开封市党校近百名学员做题为"廉政与'过五关'"的报告，历时 2 个半小时的讲话引起与会者的广泛兴趣。会后，不少学员围着我，或提些问题请我解答，或谈报告给予他们的感受。

一位在市检察机关工作的干部说："一些平时感觉到的问题，经你一说，现在变得清晰明白了。我在市检查部门工作，经常收到群众匿名举报，一旦立案，说情者不断。举报立案情况通过无形的私人关系而传到被举报者那里，被举报者又通过老上级、老部门、老同学、老朋友等编织起来的人情关系网络伸入我们检察部门，致使我们的立案检查工作受到严重的干扰。情况确实如你所说的那样，作为一名政府官员，理应按照公务所要求、所规定的行为规则办事，但作为一名亲情关系网络中的村民，又习惯于按照血缘亲疏与感情深浅做出有差别的不同处理。这两种行为原则交织在一起，且往往是人情关系战胜公务关系，从而造成有法不依、执法不严。把源于村落的人情关系从政治法律过程中逐渐排除出去，确实是中国地方政治现代化的中心内容之一。"并建议我在方便的时候，给市政法系统的干部单独做一次学术报告。

一位来自某县政法委的干部说："从河南的情况来看，中国依然是一个以权力为中心的社会，**职权**依然是个人及其家属**身份等级**及**社会地位**的象征，如同你刚才所说的那样。财富固然在社会生活中越来越显示出它的重要性，但富有者的社会地位与声誉绝不能与政治权力地位相比较。在你们上海，一些有才能有雄心的人大量流向工商界，或流向美国，或进入学术圈。但在我们内地，一切有才能有雄心的人主要还是向各级党政部门挤。官场的地位大大高于商场。"

在回宿舍休息的路上，碰到三位学员（一位县检查局干部，一位县委办主任，一位乡党委书记），说刚才一路上讨论我的报告，对他们很有启发。只是有一点疑惑：为什么不把引发腐败的政治体制方面原因说得更坦率更透彻一点？我表示愿意听听他们的意见。县检查局的干部说："在我看来，**党政腐败是主要根源，村落人情文化与市场经济只是次要原因**。或说，前者是内因，后两者是外因。**在中国，政权是从属于党权的，在党的垂直领导系统内，设立一个纪律检查委员会，且从属于同级党委的领导，这种监督机制对党政腐败行为，最多隔靴搔痒，但绝不可能抓到痛处**。"县委办主任说："**我们实行的政治体制，不是像西方民主政治那样相互制衡，总难真正解决日趋严重的政治腐败问题。不受监督的权力，总有自我扩张的强劲趋势**。"

我一边听着他们的议论，一边暗自吃惊。我之所以感到吃惊，倒不在于他们所说的**这些观点**，而是这些观点由**他们**说出来。**他们是内地党政基层官员**，这说明，这些曾被贬为"资产阶级自由化"的观点，并不单纯是中国激进知识分子所独有的，在内地党政内部也有广泛的市场。专政党能否通过自身的努力将党政腐败现象消解到人民可以谅解的程度，这是政治体制改革的关键问题。倘使这个问题长期得不到解决，人们就会对我们政治体制的合理性、合法性提出怀疑。然而，西方式的民主制是否是治理政治腐败的一帖灵丹妙药呢？看看印度就不难找到答案了。

下午2时，永成帮我去找前天晚上参加座谈会的三位乡镇党委书记，准备商量到他们乡镇去考察调查事宜。半小时后，永成回来说，他们三人上午听完报告后就回各自的乡镇去了。我困惑不解地说："明明是他们主动邀请我去考察的，怎么突然变卦，不辞而别了呢？"永成说："他们的邀请，或是一时的激动，事后变卦，或是怕'惹是生非'。这些官员，谈时可能很激动，一旦考虑到他们头上的乌纱帽，就变得格外小心谨慎起来了。这样吧，某县某乡的党委书记是我的学生，私交也不错，我陪同你去调查，他是不会拒绝的。"于是挂长途电话到该乡，果然表示欢迎。遂决定明晨出发去调查。

这一阶段，重点调查乡镇一级的党政状况。

▶ 10 月 11 日　一次村委换届选举

上午 11 时，永成与我抵达兰考与杞县交界处的 Y 乡。乡治所在的小镇，所有街巷成了花生、玉米的晒场，10 月的北方，正是秋收时节。小镇西侧，有一数百米长的集贸市场，尚未硬化的宽阔土路两旁，排列着数十栋二层楼房。小镇的绝大多数住房十分陈旧低矮，乡党政办公楼也相当简朴。

中午，乡党委书记、乡长、乡政办主任在乡政府食堂内设席替我们"接风"，酒席甚丰。以"村落文化"视之，这是传统的待客之道；以"现代政治"视之，则为"大吃大喝"，靡费公款。受其盛情款待的我，望着剩余的酒菜，真是感激也不是，不感激也不是。

下午，在乡党委宽大简朴的办公室内，听取书记、乡长关于该乡的概况说明。

一、Y 乡的基本情况

Y 乡现有 4.3 万人口，其中农业人口占 90% 以上，29 个行政村，58 个自然村，现有上报耕地 5.8 万亩，实有耕地 7 万余亩。为什么实有耕地比上报耕地多出万余亩？原来该乡与兰考县接壤，东北部是黄河故道的沙荒地，推行土地家庭承包制后，才逐渐耕种。总的来说，全乡多沙，缺水，历史上只能种点花生。小麦、玉米的单产十分低下。直到十一届三中全会以前，该乡村民还以**讨饭为业**。春种秋播之后，村民把庄稼全部交给老天去照应，而村民多外出讨饭，间或也找些零活儿来干，历来习惯如此。故在农闲时不外出讨饭者，反被视为"懒汉"或"二流子"。乡长说，近年来，该乡花生市场发展很快，经商、搞运输致富者往往而有，这或与该乡人的讨饭习惯有关。因为外出讨饭，远走他乡，也算见过世面，远不像有些山区村民那样封闭自足，不求进取。

二、Y 乡的花生产业

1994 年 3 月就任该乡的书记说，要脱贫，只有在扩大花生播种面积与提高单产方面做文章。这些年来，他们为了提高花生单产，做了三件事：一是加强水利建设，二是引进良种，三是采用地膜生产技术。采用地膜技术，收获期可以提前 20 天，亩产可以提高 20%—30%。到 1995 年，该乡花生种植面积已达 3 万亩（全市花生种植面积共 10 万亩），成为豫东地区最大的花生生产基地。该乡在增加花生产量的同时，逐步在镇西兴建花生集贸市场。如今，当地的花生集贸市场已成为河南省十大农副产品市场之一。花生生产只有形成一定规模，才能形成市场，有了市场，才能进一步促进花生生产。这个道理，看似简单，但许多担任领导的干部未必真正懂得。

这位亲自参与地膜技术引进与镇集贸市场建设的乡党委书记兴奋地说，花生浑身都是宝啊！花生仁是一种上好的食油原料，又是中国人爱吃的食物；花生衣可以入中药；花生枝叶与花生壳是羊的好饲料。一亩采用地膜技术的花生，其经济效益相当于一亩小麦加上一亩不采用地膜技术的花生（提前收获，可卖较好的价钱）。这给农民带来了经济实惠。花生种植面积的扩大，促进了全乡养羊业的发展：1995 年全乡全年出栏5 万头羊，1996 年增至 6 万余头。在全乡 29 个行政村中，已有 6 个养羊专业村。又由于集市贸易的发展，推动了运输业的发展。据统计，如今全乡拥有小奔驰拖拉机近 3000 辆。因从事贸易与运输业脱贫致富者不在少数。据县农调队抽样调查统计，该乡 1992 年的人均收入是 425 元，1993 年是 500 元，1994 年是 625 元，1995 年上升到 1051 元。这与 1995 年大规模推广地膜技术大有关系。不采用地膜技术每亩花生四五百斤；若采用地膜技术，每亩花生可增至七八百斤。

乡党委书记说，各乡镇应按照"因地制宜"的原则确定各自的经济发展道路。这条道路一旦确定之后，一是应该沿着这条路坚定不移地走下去，决不能随意改变方向；二是路要一步一步踏踏实实地走，决不能操之过急；三是地方政府要积极引导农民而不是强迫农民去干这干那。

这可以说是 Y 乡发展经济的经验总结。

三、县、乡党政对乡村发展的负面作用

然而，在河南要真正地贯彻这三条原则实属不易，不少地方干部习惯于跟着风向跑，跟着上级指挥棒走，而不是根据当地的实际情况与可能，因地制宜地确定自己的经济发展目标。在县、乡两级，党政主要干部调动频繁，新官上任，总喜欢自搞一套新花样，这样来回折腾。有些干部为了突显政绩，往往操之过急，故而用行政力量强行改变农民的种植结构，或强行摊派，筑路造房建乡村企业，行政、农户与市场三者之间的关系老是处理不好。上面总想用行政命令干预经济过程，完全沿袭计划经济时代的老套套。这种行政干预的习惯，越往上越是根深蒂固，牢不可破。乌纱帽随时拎在上级手里，逼得下级党政干部围着上面的指挥棒转。

然而，乡镇政府面对的却是早已分散经营的千百万农户，农户的经济效益直接取决于市场的销售与价格，强制推行上级指令，一是难度大，二是风险大，往往激起农民的不满与反抗。所以，迫得乡镇干部或用**形式主义与虚报数字**来应付上级，或引起农民的上访上告，结果受指责的还是乡镇干部。发展经济政府有责，这是没有疑义的，但河南的毛病出在：一是过分迷信手中的行政权力，二是发展经济操之过急，总希望找到一条捷径或突破口，利用行政指令一步赶上沿海经济发达地区。内地干部对集体化后的土地家庭承包制与市场经济，缺乏足够的研究与认识。

四、乡村社会不稳的原因

这位有着大专学历的乡党委书记叹了一口气接着说："**照此下去，不出三五年，天下大乱。**"这一判断，令我深感震惊，便追问其因。

他解释说："一是农民负担确实太重。问题在于，**沉重的农民负担，不是想不想减的问题，而是能不能减下来**。就拿我乡来说，光党政各部门的在职人员就有 160 名，加上离退休干部 30 余人，共计近 200 人，他

们都得吃饭拿工资。上面还每年给我们下达指标，必须安排十几名复退军人与大中专毕业生，这是政府部门承担硬性规定的就业任务。使得乡镇财政喘不过气来的主要原因，不仅仅在于日趋庞大的党政部门，更在于**教育负担**。中央规定，每级政府负担各自辖区内的教育，这样，中小学的教育经费差不多全由乡镇一级政府来承担。我乡财政收入的60%—70%都被教育这一块占去了。这里指的还主要是全乡300名教师的工资，尚不计校舍与教学设备的投入。这对于依然以农业为主的内地乡镇来说，行政与教育的自身压力就几乎把我们压垮了。更要命的还有上面各部门的利益。宣传部门每年要我们订几十种报刊，这十几万元还不是最终摊到农民头上吗？去年，电力部门要在我乡建一所变电站，也要乡政府出钱，乡政府又不是摇钱树，这笔钱不也要落到农民头上吗？每度电按规定只有四五毛，实收八九毛，这个差价给他们用到什么地方去了？在内地，不少的乡政府除了‘催粮征款、刮宫流产’外，很少有余力办其他事情了。农民负担越重，催征的难度越大，地方政府与百姓的矛盾越尖锐。农民上访上告，上级信访部门倒是客客气气地接待他们，反而指责我们基层干部作风简单粗暴，甚至以为基层干部中饱私囊，欺压百姓，其实我们执行的任务，哪一项不是来自上面的？二是地方各种恶势力确实在形成发展之中，反社会、反党的情绪在滋生蔓延，越演越烈。在上访上告事件的背后，确实有恶势力在挑动与组织。然而，上面总以为农民上访上告是乡村干部欺压百姓的结果，制定各种条例捆住乡、村干部的手脚，不准我们干这干那。这进一步促进恶势力的发展。这样下去，乡、村两级政权不是要被上下两头挤垮吗？乡、村两级垮掉，天下不是大乱了吗？”

＊　＊　＊

下午4时，书记、乡长有事外出，留下乡政府办公室主任与我们继续座谈。这位年近30岁的乡办主任原是中南工业大学①1989届大学本

---

① 2000年4月29日，中南工业大学、湖南医科大学与长沙铁道学院三校合并成了现今的中南大学。——本版编者注

科毕业生。毕业后分到北京中国有色金属总公司工作。1992年辞职回县，在县农业局团委工作过两年，1994年年初，调到该乡任政府办公室主任。他既是大学生，又有两年多的基层工作经历，于是我想重点与他谈谈**乡村民主与法治建设问题**。

他说："在乡镇一级，能走上法治化的轨道也算不错了，哪里谈得上民主建设。我在上大学时，也以为中国的关键问题是推行民主化、法治化。那时书生意气，缺乏对中国地方政权与农民的实际了解。中国乡镇一级党政有一种情况，即条块分割。在乡镇辖区内，共有30多个机构与部门，这些机构与部门都各有对应的上级机构与部门。有些部门与机构属于党委直接管辖，如组织、宣传、团委、妇联、信访、党办，等等；有些部门与机构属于政府部门管辖，如政府办、综合治理办、农机站、农村站、畜牧站、农经站、民政办、土地管理办、计生办、文化站、广播站、文教办，等等。这些在人、财、物方面由块管的部门，在业务上受各自条条的指导。另外有一些机构与部门，完全是上级机构与部门的派出机构。如税务所、派出所、工商所、电管所、供销社、信用社、粮管所等，对于这些直接深入乡镇辖区内的条属机构，块块只有协助工作的义务，权力很是有限。

"在行政村这一级，有村民自治委员会与党支部。在这一级，形式上的村民选举是搞的。我也曾亲自参加过村民选举的组织工作，但有两个问题一直困扰着我：一是'上面'是否真心实意地放手让村民选举自己的村干部呢？因为村委的主要职能并不在于代表村民的利益和要求，而是贯彻落实乡党政指派的各项任务，主要是催粮、派款、计划生育；二是'下面'有没有能力选举产生好的村委领导班子呢？这就是说，即使上面真的放手让他们行使民主权利，他们有无能力使用这个权利呢？我的看法似乎是否定多于肯定。关键问题在于，内地农民的素质实在太差。不要说去争权利，就是给他们权利也不会用。一旦侵犯了他们的利益，他们只会上访上告，或忍气吞声下跪求情。从农民群众目前的素质来看，在村级推行民主制，至少在目前阶段尚不现实，即使让他们自由地选择村干部，未必能选出代表他们全体利益的村委班子。因为农民选举干部，只看'亲不亲，近不近'，而不看别的什么东西，再说，中国农民只关心他们庭院围墙内的私事，对全村的公共事务没有关心的兴趣。多数村民对谁当村干部并不关心，少数热衷于钻营村职位的人，大多有私利的动机。当然也有人想出来替村民办点实事、好事，但这是极少数。"

我请他举例来说明他的观点。他说，1995年年初，他亲自参与该乡Z村的村委换届选举工作。该村1700人，472户，是个大自然村，也是一个行政村。全村差不多都姓李，为同一祖先的后裔，却分成村东、村西两大支系，每支系内又分成若干小支系，各成派别，互有矛盾。按选举程序，先以户为单位出一名代表，由472名代表来选举村委会候选人。第一轮选举结果，共产生109名候选人，无人过半数。他们回乡一商量，只得决定选取得票最多的前十名，制成选票，然后乡里派他们八人，每人背着一只选票箱，分到八个村民组挨家挨户去征集选票。这个做法，村民觉得没意思，他们自己也觉得无趣，但总得有个村委班子呀！结果是，在村东头一支选四个村干部，在村西头一支也选四个村干部，摆摆平。这次换届选举，Z村是这样，其他各村也差不多如此。说实在的，即使县里不规定于1995年各村换届选举，各乡政府也不会去找这事干，村民也不可能提出换届选举的要求。说到底，中国的农民与地方官员到底有多少政治民主意识，再进一步说，到底有没有真正的权利意识，这本身就是一个大问题。西方人讲到权利时，总讲是**争**的；中国人讲权利总讲是**给**的。把政治权利给予缺乏政治权利意识的农民，这种乡村民主建设实在缺乏真正的基础。他说："**在我看来，中国的乡镇，只能采用人治与专制的老办法。**"

我问道，"上面"不让民主，"下面"不会民主，那么只能走人治的老路，但人治而集权于一人，又往往流于权力腐败，那我们该怎么办呢？这位主任说："对这一两难问题，我也不知如何解决才好。"我想，这是当代中国政治中一道最复杂、最难解的问题。中国古代思想家一直在人治上找出路，因而对治人之人提出很高的道德要求，然德才兼备、亲民廉政者能有几人?! 人治符合传统且切合实用，但流弊日益显露；民主符合现代潮流但大多停留在知识分子的"应该"之中，难以真正"流入"广大民众的心田。上下交阻，困难重重。那么，中国政治现代化的出路在哪里呢?

* * *

晚饭后，分管乡文教工作的副乡长与乡企办主任陪同我们参观小镇与新建的农副产品集贸市场，边走边谈，转了一周回到乡政府已是晚 8 时半，谈兴正浓，于是找一间办公室继续聊天。乡企办主任现年 28 岁，中专毕业，曾在县团委工作过，前两年调到阳堌乡任乡企办主任。他说他平时爱读书，也爱思考。的确，他对土地家庭承包制，对地方政治改革，对中国改革开放的性质都有一套独特的见解。

他说，**农业上的家庭承包制已经走到了它的尽头。这就是说，它的潜力已发挥殆尽，如继续维持这一制度，中国的农业已无进一步发展之可能。因此必须对土地家庭承包制进行进一步的改革，改革的方向是土地私有化**。实行土地私有化，一方面使得耕地得以自由买卖与兼并，从而使农业规模经营成为可能；另一方面促使一部分农民脱离土地，加快向非农产业转化的过程。事实上，从农业向工商产业的转移，从农村向城市的转移过程已经开始，但由于土地实行家庭承包，一方面使得经济收入重心已发生转移的人们依然拖着一个农民与农业的尾巴；另一方面，这部分的耕地利用率很差，因而浪费了宝贵的耕地资源。再说，在农忙前后，大量劳动力往返于乡村城市之间，也是很大的浪费。

关于政治体制改革。他说，以"权力下放，精兵简政"为主要内容的政治体制改革虽然很重要，但没有抓到点子上。**中国的政治体制改革的关键，是推行政治民主化**。各级权力全部集中于党委，党委的权力集中于党委书记。这种权力高度集中的政治体制，往往是直接导致政治腐败的根源。如今老百姓要反腐败，其实在各级官场内，反腐败之声也很强烈。为什么呢? 因为通过权力而捞到经济上好处的，只是少数几个实权人物，绝大多数小吏员，充其量只能捞点小好处。我问："捞小鱼小虾与捞大鱼者都是腐败行为，为什么得小者要反对得大者呢？"他说："大家都有，或大家都没有，不会有什么意见。同处官场，一小部分实权者可以拿公款住宾馆，买轿车，购楼房，或贪污受贿，大部分无实权者只能得到点陪人吃喝的小便宜，且多少直接看到实权者以权谋私的情况，必定会萌发极大的忌恨与不满，他们中间反腐败、反特权的呼声比老百姓还强烈呢。"我问："小特权者反对大特权者的牢骚与民主要求有什么相干呢？"对这个问题，他可回答不上来了。

四人谈到深夜 11 点 30 分，各自回宿舍休息。我无法安然入睡，由方才的谈话所引起的思索，在脑海中回旋。经济上私有化、政治上民主化，这是 20 世纪 80 年代激进知识分子的改革纲领（另加言论自由化）。进入 90 年代，这股思潮在知识界似乎渐趋沉寂，然而似乎又潜入中国基层不少"小官吏"的头脑，难道是这批在 80 年代接受教育的大中专毕业生，把这些观念带进官场的吗？还是他们对改革开放所出现的新问题、新情况做出独立思考的结果？中国地方各级党政干部"年轻化、知识化"——尤其是知识化的结果，将对地方政治的演变产生何种潜在影响呢？他们是会成为推动中国政治民主进程的有效力量，还是仅仅将"民主"作为"无特权的小官僚"反对"有特权的大官僚"的一种口实呢？

▶ 10 月 12 日 一次乡基层部门的访谈

今天，乡党委书记到郑州出差，由乡长负责我们的调查采访。原计划是对乡政府所辖各部门的职能、人员、资金及存在问题，逐一进行调查。时值周六，许多部门的负责人回家休息，乡长只能帮助我们找家住镇上的部门负责人来开座谈会，采访纪要如下。

一、乡镇派出所基本情况

乡镇派出所的人员，由在编（制）的公安干警与不在编（制）的联防队组成。本乡派出所有公安人员 5 名，联防队员 10 名。前者的工资由县财政负责，月薪在 300 到 600 元，视工龄长短、职务高低而有差别。后者的月薪 180 元，其中 100 元由乡财政负责，80 元由派出所自行解决。乡派出所的办公用房由乡政府解决，办公经费一部分由县财政拨款，一部分也由自己筹集。乡派出所的自筹资金，主要来自各种罚款。按规定，乡派出所所得罚款全部上缴县公安局，再由县公安局按 60% 的比例返还乡派出所使用。乡派出所的部分办公经费、送往迎来之费及联防队员部分工资皆出其中。

该乡的罚款主要有两项：一是赌博罚款，二是偷盗罚款。1995 年，该乡上报到派出所的偷盗案 10 来起，破获 6 起，破获赌博案近 30 起，除没收赌资之外，参赌者少则罚款数百十元，最多不超过 3000 元。所长说，并不是所有赌博都要禁止。每次输赢在 1 元以下，娱乐消遣性质的"赌博"，并不查禁。另外，该乡因兴建农副产品集贸市场，自 1994年以来，外来客商渐渐增多。客商旅居客店，精神寂寞，凑人赌博，以为消遣，我们一般网开一面，否则他们不到这里来做生意，影响我们的集市贸易。我笑问所长："商业繁荣，往往伴随赌博与嫖娼，为招徕客商，你不禁赌，是否也不禁娼?"所长说："这个问题没有考虑过。我镇集市兴建不久，尚未发现嫖娼现象。"

乡派出所的主要职能有两项：一是户籍管理，二是维持社会治安。当前乡村社会治安主要有三个方面：一是赌博，二是偷盗，三是殴斗。去年全乡发生 10 余起斗殴案件，大多由邻里宅基地纠纷引起的。这位所长说，全县 21 个乡镇，该乡的社会治安状况自 1994 年来明显好转。是年，他出任该乡派出所所长。

二、乡农经站基本情况

乡农经站是 1984 年新增设的机构，现有 11 名工作人员。乡农经站的职能是统一管理村提留与乡统筹款，狭义的"农民负担"指的就是村提留与乡统筹款。

村提留款包括三项：一是村公积金，二是村公益金，三是村干部工资与办公经费。村提留款由乡管村用。1995 年，该乡的村提留款共收 50 万元。

乡统筹款包括五项：一是教育附加费，二是军烈属优抚费，三是民兵训练费，四是路桥建筑维修费，五是计划生育费。1995 年，乡统筹这一块共收 50 万元。

除了村提留、乡统筹外，另有三项代收款：一是农业税，二是黄河水使用费，三是牲畜防疫费。这三项代收款，1995 年共收 60 万元，其中，农业税 20 余万元。

站长说，乡农经站之下设"农村合作基金会"，该基金会下设两个门市部。现有 200 余农户入股加入基金会，共有股金 250 万元。农村合作基金会的门市部也进行存贷业务，利率稍高于农业银行与信用社。

三、乡农机站、农技站、畜牧站、水利站、林业站基本情况

这几个在集体化与计划经济时代建立起来并为集体经济服务的站，一旦进入分田单干时代，便失去其服务的动力与目标。为了适应改革开放的新形势、新环境，1994 年实行改革：与乡财政完全脱钩，依靠自己的努力养活自己，但保留干部与职工编制，原先的房产与设备归各站使用。

农机站现有干部职工 6 人，下设一个农机配件门市部与农机修理门市部。农技站现有干部职工 8 人，下有一个经营农药化肥的门市部。畜牧站现有 2 人，经营饲料兼防疫。水利站 11 人，从事打井、修桥。林业站 2 人，早已名存实亡。这些原先吃"皇粮"，替集体农业提供无偿服务的站，如今处于与同类工商业的激烈竞争之中，勉强维持生存。只有水利站凭借较好的打井设备与较高的打井技术，经营状况较好，从业人员从原先 5 人，发展到 11 人。

四、土地管理站、房地产管理站、民政所、司法所基本情况

这四个具有行政管理职能的站所，在 1994 年的乡政改革中，也与乡财政割断了联系，他们都得自己想办法搞钱来养活自己。各站所干部的身份不变，编制不变。

土管站现有 9 人，负责宅基地的审批与耕地的非农使用。房管站 4 人，负责村镇规划与旧镇改造。这是两个在 20 世纪 80 年代新设的站。民政所 8 人，负责婚姻登记、优抚与扶贫。司法所 5 人，负责调解民事纠纷与普法教育。这四个站所的职工工资与办公经费，全部来自各种有偿服务与罚款。这些站所的负责人说，**具有社会服务与行政罚款权的政府部门，理应由一级财政养活，如今要我们与乡财政断奶，不吃"皇粮"，专靠有偿服务与行政罚款来自养，弊端很大。各种有偿服务的收费标准怎么定才算合理，各种违章罚款的标准怎么定才算公平，谁也说不清楚。收少罚少了，养不活自己；收多罚多了，又说我们乱收费，乱罚款，实在左右为难。**

五、计划生育办基本情况

在乡镇政府内，计划生育办是近 10 余年来发展最快、人员最多、任务最重的一个部门。现有干部职工 31 人。计划生育办的全部经费（包括工资、办公用房、设备、办公经费等）来自超生罚款。计划生育罚款源于"三费一款"。"三费"是指计划外怀孕费，男女各 100 元；**计划外生育费**，500 元；**计划外超生费**，超生一胎罚 4500 元，超生两胎罚

6000 元。"一款"其实也包括三项内容：该来孕检的不来孕检，罚款；该来流产的不来流产，罚款；该来结扎的不来结扎，罚款。每次罚款 40 元到 100 元不等。

按规定，全乡每年的计生罚款按一定比例在县、乡、村三级进行分配使用。1995 年，该乡计生罚款共计 40 余万元，按规定，乡留 20 万元，上缴县计生委 8 万元，下返村 12 万元。实际分配很少遵照这一比例。如去年县计生委从我们乡提走 20 万元，而不是 8 万元，因此我们也无钱返回村里。

计生办主任说，由于这两年来规定制定得比较细致、严密，工作抓得比较紧，控制人口增长，差不多成了乡党政的一项最重要的任务。因此，超生二胎的情况基本上得到控制，超生一胎的现象还时有发生。我对这位主任说："你们工作做得好，罚款就少；你们工作做得差，罚款就多。假如计划生育按规定彻底做好了，你们这个机构怎么生存下去？"他迟疑了一会儿说："这个问题倒没有考虑过。"

六、乡、村教育基本情况（下列情况由分管文教的副乡长提供）

全乡 4.3 万人（29 个行政村），小学在校生 6000 余人，分属 23 所小学，初中在校生 1800 余人，分属 2 所初中。全县乡、镇一级，只设小学与初中，县设高中与职业学校。全乡中小学教员 370 来人，其中公办教师 162 人，民办教师 108 人。1995 年全乡中小学教师的工资总额（包括部分办公费用）150 万元（尚未包括 60 来名村聘教师的工资，他们的工资由村委支付），同年乡财政收入是 215 万元，这就是说，乡财政收入的近三分之二被教师工资占去了。

副乡长说振兴中华重在教育，但教育问题说到底是钱的问题。中央把农村九年义务教育的重任全部推给乡镇政府，这在工商经济发达的沿海乡村，问题不大；但内地依然是一个以低效农业为主的地区，工商业极不发达。全乡中小学教师的吃饭问题，就占去一级财政收入的百分之六七十，光这项负担就把乡政府压得喘不过气来。教师的工资，只是办教育的一个方面，另外还有校舍、教学设备、办公经费等，都要花钱。

这笔钱从哪里来?！就是把乡财政的全部收入都用到教育这块还不够呢。

＊　＊　＊

此类访谈，只能是浮光掠影，对他们所提供的情况与数据无法做进一步的核实。我一直想选择一个乡镇，对其历年财政预算内、外的全部收入及各项分配与支出情况做一精确详细调查。永成一再告诫我："乡镇内没有一个人说得清楚，即使有人清楚，也不可能如实告诉你。"看来，乡镇一级的调查只能做到如此。然对内地乡镇政权所存在的问题，大体上还是能搞清楚的。

（一）依然以农业为主的内地乡镇政府，实难单独承受九年义务制（河南八年）教育重担。

Y 乡的 70% 财政收入用于教育，尚且只能维持中小学教员的工资而已。要改造校舍，添置教学设备，提高办公条件，实在力不从心。该乡 29 个行政村共有 23 个小学、6000 余在校生，平均每个年级 1200 人（五年制）。只有 2 个初中，共有在校生 1800 名，每个年级仅有 600 人。这就是说，初中升学率只有 50%。远未完成八年义务制教育任务。

（二）由于乡镇财政收入主要用于教育，故而无力养活本该由乡财政供养的行政职能部门。

如计划生育办、派出所（包括联防队员）、土管站、房管站等。把这些具有行政执法权的部门与机构推出乡财政而让其靠"有偿服务"与"罚款"过活，势必开启"乱收费、乱罚款"的大门。"乱收费""乱罚款"实已成为乡镇的**"第二财政"**，或云"地下财政"。这是一种**"制度性的行政腐败"**。我想，中国的经济学家应对中国地方各级政府的"第二财政"做深入的研究。

（三）中国地方政治与行政管理存在三大问题。

1. 管理层次太多。从省、市、县到乡（镇）、村共计五层，能否减去两个层次？在此五层中，直接管理民众的只是乡、村两层，其上三层只是管"官"的。亲民之官，位卑而权轻；管官之官，位高而权重。故而亲民之官主要对上负责，很少有可能对下负责。这个从封建官僚政治遗留下来的老问题，几乎成为社会主义民主建设的一道难以逾越的巨大阻碍。这个难题必须加以解决。

2. 机构与部门实在太多。在县级差不多有五六十个，甚至六七十个机构与部门。在乡镇一级也有近四十个机构与部门。乡镇党委所辖的部门有六七个或七八个，乡镇政府所辖的机构与部门有二十几个，再加上直属"条条"主管的机构与部门十来个。精简机构与人员，实在刻不容缓。我想，中国的行政管理学，应该好好地研究这一重大问题。

3. 行政管理的效率太低。基层干部一致反映，文山会海，送往迎来，协调关系，几乎占去他们绝大部分精力。

我想，中国政治与管理的现代化，远比经济现代化的任务繁重得多，困难得多。依然存留在知识分子头脑中的政治现代化与依然存留在现实中的传统政治的僵持状态，如何才能得到消解呢？这是对我们民族的政治智慧与创新能力的一种巨大的挑战。

下午4时，访谈结束，我决定提前返回开封。提前返回的原因：一是他们的接待实在太盛情了，望着如此丰盛的宴席，我实在不好意思久留下去；二是想给陪我一天的乡长留一个周日；三是此地并不具备再深入调查的条件。

乡长执意要派车把我们送回开封，盛意难却，但我只同意送到兰考车站。**河南人热情的待客之道，谁知恰是官场过度应酬与靡费的原因。**

▶ 10月13日　炙手可热的内地官场

河南大学招待所成了我河南调查的中转站。今日独处客舍，整理 Y
乡调查材料，并拟定下一期调查计划。

下期调查重点，放在开封县，因为该县具备让我自由进入任何调查
现场的良好条件。这不仅是因为李永成是现任县委书记的老师，且兼着
县委顾问的头衔，更重要的是县委书记对我的亲口承诺：他允许我到任
何一个县直机构与乡村去调查。全境开放，出入自由。有他的这一承
诺，真令我大喜过望了。这样我可以在**农户、自然村、行政村、乡镇、
县**五个层次上展开全面的调查研究。

整个调查分两步走。第一步，在全县 20 余个乡镇中，按经济发展
程度的高低选择上、中、下三个乡镇。同样，在每个乡镇所辖的 20 余
行政村中，按经济发展程度的高低，选择上、中、下三个村，共计三乡
（镇）九村。在乡级与村级各调查 2 天，共计 24 天。第二步，对县属主
要局委办进行调查，预计 6 天。整个调查争取在一个月内完成。这一期
重点调查结束后，将前往豫南、豫西地区调查。

我决定明日起程，前往开封县。

下午 4 时，永成来访并给我出了一道难题：请我给开封石油公司全
体干部职工做报告，内容是有关国有企业改革的，题目自定，时间是 15
日下午 2 点，到时他们派车来接。他是先斩后奏，逼得我只得遵命。这
样，开封县调查时间只得向后推迟两天。

晚上，我在河大招待所餐厅设席款待孟、徐、李三友，与他们商谈
下期调查计划。席间，又谈及河南官场。博采众议，摘要如下。

1. 中国内地，依然以官场为大、官吏为高。在人们心目中，农不
如工，工不如商，商不如学，学不如官。这种社会身份等级地位的排列
与评价，古今一辙，并无实质性变化。青年才俊一心往官场中挤，得官

则喜，未得官则忧；上爬一级则喜，积年未升则忧。依然以传统农业为主的内地社会，底层依然是一个小农经济与村民组成的乡村社会，上层耸立着日益庞大且日趋特权化、官僚化的巨大官场。至于学界与商界，其实是官场的附属物而已。学界的职称与住房、商界的机会与财富，在很大程度上是受官吏们支配的。

2. 在河南，稍有才能与志向者都往官场挤，即使头破血流，尤乐此不疲，关键在于做官的权重且好处实在太多了。官阶与职权既是社会身份与地位的象征，又是财富与享受分配的标准。一个八品芝麻官的乡镇党委书记，就拥有乘专车、出入宾馆酒楼的种种特权。至于凭职权而编织起来的私人关系网络，一方面惠及亲友，另一方面也给自己和家人生活带来无限的方便。

晚 10 时散席，临别，我托孟、徐在河大历史系请几位教授、学者，共同探讨中原文化问题。明晚我在此设席，请他们边吃边聊。孟、徐慨然允诺。

▶ 10 月 14 日　关于中原传统文化的五点思考

上午，孤居旅舍，整理调查资料。下午草拟明日报告提纲，题目是"两个转变中的国有企业：困境与出路"。

晚6时，我在河大招待所餐厅小包房设下一席，孟、徐如约给我请来三位历史系教授。李教授正主编一套"元点文化丛书"。（"元点"与"元点文化"这两个概念实为我初次所闻。据李教授解释，所谓"元点"，有中国传统文化探源之意；"元点文化"即对中国先秦主要诸子学的现代解读。）王教授是专治清代币制与漕运的，有专著问世。潘教授原是老孟同学，现在平顶山市某校任历史教师，因出差回开封，一并被老孟邀请入席。

酒过一巡，我先发问请教：1. 中原地区当前土地家庭承包制下的农民，就其观念态度与行为方式而言，与古代农民究竟有何异同？2. 作为中原文化自然载体的村落文化，与古代村落文化究竟有何异同？3. 矗立在村民社会之上的各级地方政府及其官吏，他们的实际政治观念与行为方式，与古代州县的"父母官"们究竟有何异同？4. 中原文化亦称黄河文化，那么黄河的三大支流——汾河、泾渭河、伊洛河及黄河下游冲积平原的自然生态环境对黄河文化的特质形成有何直接与间接的影响？5. 中原传统文化如何影响着中原地区官民的观念、态度与行为方式，这对中原地区的现代化进程到底带来何种促进或阻碍作用？

我说，我们汉民族的各大姓氏，差不多源于中原地区。我从沿海城市来到中原，确有一种"回家探亲"之感。如今在一片"向国际接轨"——这个"国际"，其实就是指西方——的乐观喧嚷声中，我却返回老家，实想对上述五大问题有所理解，至今已有数月。北达邯郸，南至漯河，东到兰考，西临郑州。下访村落与农户，上访乡、县政府与官吏。宗族，家谱，乡风民俗，也勤加关心，然而对上述问题依然十分茫然。今日有缘，得会诸位中原名士，望不吝赐教！

老孟说："你这位老兄，不是存心叫我们来赴'鸿门宴'吗？这杯酒可不好喝呀！"一席大笑。李教授说："我们研究传统文化，只知道一条路径，那就是通过古代典籍的释读。今日，你给我们开启了另一条更为重要的途径，那就是通过现实的研究，去理解活跃在现实社会之内的传统。对你刚才所提的五大问题，我们过去确实没有思考过。"王教授说："在大学里教书治学的，基本上画地为牢，挖口小井，撰文著书。超出自己的狭小专业范围，实在无知得很。"老孟说："我们生在黄河边，长在黄河边，却对黄河、黄河文化缺乏真正的研究。真所谓'不识庐山真面目，只缘身在此山中。'"又说："治中国史的人，对古代情况似乎还能说出个所以然来，一旦进入现实，也只有一点感受与牢骚。要将古今贯通起来，实属不易。"

既然如此，也只能谈谈"感受"与"牢骚"了。的确，**处于社会急速转型时期，人们对周围环境变化的最直接、最真切的反应是"感受"与"牢骚"，而不是什么"思想"与"理论"**。黑格尔不是说过吗："密纳发的猫头鹰要到黄昏才起飞。"

一边喝酒，一边聊天，谈及政治腐败，贫富分化，大批职工失业，拜金主义，经济私有化诸问题，然多是一些分散且不相统属的"感觉"，牢骚多于分析，故无可记述。晚 10 时半散席，已是醉意蒙眬。

▶ 10 月 15 日　在开封石油公司做报告

在中原漫游，常被诸友拖去做"学术报告"。给地方官吏与企业干部职工做报告，用他们能理解的语言表述某种理论观点，并非易事。上午在旅舍继续斟酌下午报告的提纲与内容。

下午 2 时，开封石油公司准时派车来接我与永成。一路上，公司党办主任向我简略地介绍该公司状况：全公司现有干部、职工近 400 人，离退休人员 30 余人。主要经营各类成品油。公司拥有一大油库，12 个沿途加油站，以及自筹资金创办的"三产"——公司所在地的"腾飞宾馆及附属餐厅与歌舞厅"。在全年经销的成品油中，20% 来自计划统配，80% 由公司自行解决。在最近的三五年内，计划统配的比例逐渐削减，今后二三年内或将全部取消。公司党办主任说，河南省共有 17 个国有石油公司，每个市（地）一个。在 17 个国有石油公司中，由于计划统配部分的削减，以及公司内部管理不善与市场竞争的挤压，已有 5 个处于亏损状态。去年年末，上级主管部门对全省 17 个国有石油公司的经营状况进行评估，开封市石油公司排名第七。去年，该公司实现利税 500 万元，职工平均月工资 700—800 元，还有一些福利。虽然目前日子还过得下去，但公司领导已感到严重的危机与压力。如何强化公司内部管理，增强市场竞争意识，扩大市场占有率，这是公司党政领导最为关注的问题。并特地关照：公司大专以上学历者甚少，希望讲得浅近易懂一些。

"讲堂"设在腾飞宾馆七楼的歌舞厅。公司党委书记一行人陪同我进入歌舞厅，我才意识到他们把我这个非党人士拉到歌舞厅来上党课了：讲台前挂着一面巨幅党旗，台下坐着公司全体党员与入党积极分子近百人。我无论如何无法将我这位非党人士与党旗、党课、歌舞厅三者协调起来，我也不知道一个党外人士能否给党员上党课。然事已至此，只得开讲"两个转变中的国有企业：困境与出路"。

与会者似乎很快进入报告所设定的程序，我也似乎很快触摸到了他们的感觉与兴趣。认真且热烈的反应，使我将原定一个半小时的报告延长半小时，并留出半小时让他们提问。提问者大多是公司的领导。下午5时，讲课结束，公司领导执意在餐厅设便宴款待，饭后又派车将我与永成送到开封县。

田野调查之难，难在能否自由地进入调查现场。数月的中原调查，使我深深地感觉到每个农户，每个村落，每个行政村，每个乡，每个县，以及每个机构与部门都各有一圈有形或无形的墙。每个墙门前都挂着"闲人莫入"的无形招牌，且墙内之人皆有一种共同心态：家丑不可外扬。然而在此县，由于我获得了县委书记的承诺与支持，等于赐给我启动所有围墙大门的一串钥匙，实令我兴奋异常。不过，这一兴奋情绪很快便烟消云散了。

晚6时，到达开封县委。县委杨书记正在他的办公室内开会，我们就在党委办公室等候杨的接见。半小时后，杨书记至党办，指示办公室主任安排我们的食宿与前往陈留镇调查事宜，并无接见并听取我们此次调查计划之意。临别，还扔下一句沉重的话："**千万不要影响稳定！**"

李老师对这句警告性指令的解释是：近一二个月来，该县村民集体越级上访、上告事件接连不断，他不允许我们调查此类事件，更不允许我们站在农民群众一边，替群众说话，以免引起更激烈的"反政府"情绪，影响全县的稳定。上次他亲口允诺，欢迎我们来调查，这次也不好加以拒绝，故而指定我们到陈留镇去调查。今年4月调往朱仙镇的杨剑峰书记，曾在陈留镇经营了五六年，在开封县各乡镇中，经济最为发达，社会稳定。如此说来，原先拟定的调查计划根本无法一一落实了。

县党办主任遵照杨书记的指令，安排我们在县委招待所食宿。重新装修一新的县委招待所成了该县城最为"现代化"的"祥符宾馆"。（"祥符"曾是开封县的古名）全玻璃封闭型的星级宾馆呈"冂"形，中间是占地数亩的大广场，南、西两排四层楼房，集旅舍、会议厅、歌舞厅、桑拿浴于一体，北侧是餐厅。餐厅分 10 余间大小包房与可容 20 余张桌的中央大厅。投资三五百万元更新的"祥符宾馆"，虽然对外开放，但其基本功能依然是个"招待所"，主要用于接待上级各党政部门的官员与承办各种党政会议。如今"以经济建设为中心"，招商引资，接待外地客商，也需要将简朴的招待所提高到星级宾馆的级别。一县如此，各县皆然。

正在"试运行"中的豪华宾馆却已显示出它的残破景象。在我们下榻的 109 客房内，新置的地毯已被烟蒂烧出许多小黑洞，涂塑的墙壁已有数处剥落，卫生间的水龙头滴水不止。施工质量的低劣与旅客的不文明行为，是内地此类宾馆的共同现象。我想，穿西装，佩领带，披长发，涂口红，这太容易做到了，但要一个人的观念与行为方式达到现代文明的高度，尚有长长的路要走。单个人是如此，一个以"村民"为主体的民族更是如此。

明晨赴陈留镇调查。查随身携带的《开封县志》，陈留在春秋时原系郑国属邑，名留，后被陈国兼并，因名陈留。公元前 221 年，秦在陈留始置县治，直至 1957 年，陈留在绝大部分时间内皆为县治所在地。秦末，郦食其说沛公"夫陈留，天下之冲，四通八达之地，今其城又多积粟"云云，可知陈留在秦汉时为中原军事与经济重镇，且知粟在秦汉时依然是中原地区的当家粮，小麦种植尚不普遍。明代陈留有砖砌城墙，城内大小街巷十数。设有署衙、察院、东司、学宫、书院、驿站等政府机构，还有寺庙、祠堂、庵观、阁坊、仓廒等建筑 50 余处。后历遭水患兵祸，悉行倾圮。不过，今之陈留，经数十年之建设，依然是开封县的经济重镇，乡镇企业位居全县之首。1988 年有各类所有制企业 1611 家，从业人员 5579 人，完成总产值 4060 万元，实现利税 500 余万元。据 1988 年统计，全镇 4.53 万人口，耕地 6.5 万亩（其中有效灌溉面积 4.88 万亩），镇辖 27 个行政村，72 个自然村。

陈留镇之调查，可以说是重点，主要行程是拜访政府各职能部门，并走访若干行政村。

▶ 10 月 16 日　经济重镇
——陈留

上午 8 时许，陈留镇党办派车来接。8 时半，到达陈留镇。该镇位于开封县城东南 13 公里处，北临惠济河。墨黑的河水上漂浮着造纸厂排放的灰色泡沫，恶臭难闻。据云，惠济河的源头是开封市排放的城市污水。这条北方的"苏州河"经涡河而注入淮河。陈留镇规模与朱仙镇相仿，工商业比后者发达得多，镇党政办公楼却相当简朴。

镇田书记恰外出开会，由镇党办主任小佩——一位音乐系专科毕业生，1992 年调到镇党办工作——接待并安排我们的调查事宜。听取我们的此行目的与调查计划后，由他陪同我们下村调查。

上午 9 时，小佩陪同我们先骑车到镇东三五里处的范庄村调查。乡镇干部下村办事，先找村支书，概无例外。村支书一早便下地播种小麦去了，恰在家喂猪的妻子唤来儿子，到田头去找父亲。我一边参观她家的庭院房舍，一边与她闲聊起来。

村支书的家坐落在公路南侧，进出甚是方便。围墙虽然低矮简陋，但庭院甚宽，宅地或有七八分。正屋是三间平房，看样子是 20 世纪 70 年代末的建筑物，客厅内有一台黑白电视与一架吊扇，正房左侧有两间平房，一是孩子的卧室，一是贮藏室，另有一间厨房，一间猪牛厩。厩内养着两头牛，一头母猪五头小猪。在庭院内，有一台手压式水井，一辆小四轮拖拉机（有拖斗）。三业（农业、饲养业、运输业）兼备，这三口之家的劳动力得到充分利用了。

半小时后，村支书才背着小半袋麦种回来。村支书姓阎，现年 46 岁，初中毕业（妻子 46 岁，初中文化程度）。1970 年到 1976 年参军，复员回村，任生产队长，1980 年任大队民兵连长，1988 年任村支书（在全镇 29 个行政村中，复员军人任村支书、村土任近半数）。下面是访谈纪要。

——范庄村现有 1147 人，270 余户，耕地 1330 亩，人均耕地不足
1.2 亩。1983 年刚开始推行土地家庭承包制时，人均耕地尚有 1.4 亩。
人均耕地减少的原因，主要是农户数量的增加引起宅基地与村落规模的
扩大。虽然按规定，每个农户的宅基地 0.25 亩，实际上约占半亩或半
亩以上。据说，杞县将村民的宅基地与承包地合并在一起（即将宅基地
计入承包地），目的是让村民自动地约束宅基地的扩大，这种做法问题
更多。因为不少经济收入已转到工商业的农户，据此尽量扩大宅基地面
积。**如今在农村，宅基地与耕地的矛盾很是突出。扩大宅基地，耕地势
必减少，这个道理人人都懂。但农民总有一种心理，以为盖上了房子，
围起了围墙，这块宅基地就永久性地属于自己的了。承包地总还是属于
集体的，每隔几年总得重分一次。**

——关于土地家庭承包制，村里的干部与群众是一致欢迎的。范
庄村 1983 年实行分田到户，1988 年全村耕地调整过一次，1993 年又调
整过一次。前一次是小调整，后一次是大调整。土地调整，各组独立进
行，村委无权干涉。前几年，中央有精神，说是土地承包到户，一定 30
年不变。这个政策在农村很难具体落实。在 30 年内各农户的人口变化
实在太大了，五六年调整一次，村民是有这个要求的。

——在谈及小麦单产及种植结构时，村支书说，在 20 世纪 70 年代
末，小麦亩产平均达到 400 来斤，高产田能达到 500—600 斤，低产田只
有 100—200 斤。1983 年推行土地家庭承包制后，小麦平均亩产逐年上
升。近几年来，稳定在 700—800 斤。高产田能达到 900—1000 斤，低产
田也有 500 来斤。小麦亩产的提高，农民生产积极性只是其中的一个原
因，更重要的是近十余年来种子、水利、农药、化肥诸条件的改善。陈
留地区水利条件比较好，一熟小麦能浇上三四遍水。惠济河流经陈留，
河水虽然发黑、发臭，但用于灌溉似乎还是不错的。凡用不到惠济河水
的地块，就打井。打井由乡里组织，村民自己出钱。村支书说，小麦单
产与土地条件关系很密切，惠济河南、北就很不一样。范庄村在惠济河

以北，地势较好。惠济河以南，同样的年成，同样的物资投入，平均亩产要低 100—200 斤。**总的说来，一季小麦，除去上缴，供全家一年食用还有余**。秋季作物，有玉米、棉花、大豆、花生、红薯、蔬菜。其中大豆、红薯、蔬菜主要用于自食，大豆用来交换豆制品。

——在谈到村民的经济收入时，村支书说，吃饭靠土地，花钱还得想其他办法。人均就那么点耕地，无论怎么花力气，也搞不出几个钱来。范庄村的农业剩余劳动力，不是搞运输，便是外出打工。全村 270 来户，拥有小三轮、小四轮拖拉机的近百户。农忙时用于耕地，农闲时搞运输。如今城镇与乡村建房很热，对建筑小工与运输的需求很大。前些年，一辆 8000 元的拖拉机，跑一年就能挣回本钱，如今要跑一年半到两年，因为拖拉机增加得很快。就范庄村而言，运输与打工已成为多数农户货币收入的主要来源。其次是家庭饲养业。主要是养牛、养猪、养羊，但各农户间很不平衡。

——当问及市场经济对村落传统风俗习惯带来的影响时，村支书及其妻子、小佩及前来找支书商谈工作的镇武装部长一起议论开了。议论的结果由我概括为一句话：**原先亲邻间的义务性劳务交换，如今差不多全用货币一次性结算清楚**。他们对我的这一概括似乎很是满意。其一，原先在农忙时节的耕地、收割、打场，差不多由亲邻相互帮助，除招待吃饭外，并不计货币报酬。其二，以前由亲友帮忙的建房活动，如今一律由工程队承包，"从前请人帮忙，请吃饭，还欠人情，算下来还不如交给包工队，这样既省钱，又省事"。其三，该村婚丧之事，亲友前来贺、吊，如今只封个红纸包，10 元的、20 元的，视关系而定。既不送礼物，又不吃饭，婚丧酒席大为简化。"如今村民比较富裕了，不在乎趁婚丧之际大吃大喝一顿"。不过，这一旧习俗的破除，新风俗的建立，归功于前任镇委杨书记的号召，村干部的带头。当时村民还有不少意见，如今皆以为方便。

我想，传统农业与工商业是两种很不相同的谋生方式。村里运输业的发展与外出打工，使原来农闲时的劳动力具有了新的价值。工时与工值的观念普遍确立起来了。这使得原先村内亲邻间的义务性劳务交换，大部分由货币来结算了。由此而带来的一个可能后果，便是原先村内亲邻间的血缘人情关系渐趋淡化。

时近中午，阎支书说他还没有吃过早饭，并说下午还将下地播麦种，于是起身告辞。农忙时节，不便占用他过多的时间。原先打算在此村住一宿，并走访若干农户的计划，只得取消。

＊　　＊　　＊

下午，小佩陪同我们访五里寨村。五里寨处镇东5里，故名。

在我的印象中，作为一村之主的村支书，在分田到户后的"发家致富"的竞比中通常跑在前面，然而五里寨村的吴支书家却并非如此：近半亩宅院，围墙低矮，三间平房与一间灶间十分简陋。商谈工作的客厅放着两张破旧的沙发，一台黑白电视机，是他家唯一的"现代化"设备。庭院猪厩内养着三头猪，这便是他家的副业。满面愁容的吴支书之妻见乡里来人，一边请我们入厅就座，一边到地里去找正在播种小麦的丈夫。小佩向我们简要介绍吴支书的家庭情况：吴支书现年40余岁，也是复员军人，生有一女一男。现年22岁的闺女是个痴呆，20岁的儿子不幸遭车祸，瘫痪在床，已有两年。虽到郑州、北京多方求治，花费二三万元，但无疗效。这对中年夫妇，所生二子，一痴一残，实属人间之大不幸。吴支书家境贫寒，实由此因。

我怕影响吴支书的播种工作，提议到地里去找支书。小佩向吴支书说明来意，吴支书说："请人机播，我只是来看看，帮帮忙，没啥事。"我还是请他下完种后回家再谈，顺便问起全村小麦播种情况。村支书说："如今农民种地，可省力啦。近二三年来，全村小麦的耕地、播种、收割、打场，差不多全部机械化了。秋忙时间，也比以前大幅缩短了。"我问："其他各村呢？"他答："差不多都如此。"又问："请人机耕、机播，虽然省时、省力，但开支不是增加了吗？"于是村支书给我算了一笔账：**"从前种麦用耧，前面需四人拉耧，后面一人扶耧，五人一天只能播种6亩小麦，人均一亩多一点，且干得很累。请人机播一亩，只有**

6—7元，算下来还是很划得来的。"如此看来，推动农业耕作方式实行机械化（也可以说是革命化）的原动力，纯然出于经济方面的考虑。从前，我们把集体化视作农业机械化的前提，如今只要存在一个劳动力市场及由劳动力市场标出的平均劳动价格，且这个工值高于机械操作，就有可能在分田到户的条件下实行机械化。这在便于机械操作的北方平原尤其如此。

半小时后，播种结束，我们随村支书返家座谈。访谈纪要如下。

——五里寨行政村，下辖4个自然村：五里寨、吴庄、阎呈府、毛庄。共有耕地1960亩，1436人口，334户。村支书说，实际参与分地的人口是1417人。我问："为什么户籍人口与分地人口间存在19人的差数呢？"村支书解释说："这4户19人在1993年重新调整承包地以前，已将全家迁往郑州、开封或新密了，他们的户籍还在村里，但已将各自的承包地退还给组，与本村已没有任何经济联系了。"为了深入了解土地家庭承包制下的村民从农村、从农业向城市、向工商业转移的详细过程，于是我将此次访谈重点，转到这方面来。

——村支书说，在这四户中，有两户本是兄弟俩，已在村各娶妻生子。1972年其父当兵回村，恰值新密市国有煤矿到陈留镇招工，本村有10余人应聘，但多数人忍受不了煤矿的劳动强度，干了一二年后便又回生产队了。但其父却一直留在矿上，还当上了小头头。1987年到1988年间，兄弟俩通过其父亲在新密的关系，承包了一家饭店，经营状况不错。前几年，他们把村里妻小都接到新密去了，承包地退还给组里。据说，这兄弟两家都在新密取得了城市户口。

一户迁往开封。村支书说，该户主现年30岁，很能干。初中毕业后自费到开封学习烹调技术。后来不知通过什么关系在开封租了房子，蒸馍做包子出售。慢慢发展积了钱，如今租了三四间店面，开起饭馆来了。三四年前，将其母亲（其父已死）、妻子、儿子全都迁往开封。全家一起经营小饭馆，不雇外工。另一户的姨父在郑州铁路局工作，其姨母做服装生意，需要帮手，现年27岁的户主初中毕业后即往郑州，随其姨母做生意。发了财后，在郑州买了房子与户口，将其母亲及姐姐全家都迁往郑州。

上述 4 户在城里站稳脚跟之后，便与土地完全割断了联系。在本村334 户农户中，另有 10 余户的经济重心、生活重心也已从农业转入工商业，从乡村转入城镇，但依然不肯放弃村里的承包土地。村支书给我们举了其中的两例。

其一，户主张氏，现年 60 余岁，原是该村泥水木工。生有三子。张氏有一堂兄，在郑州市上街区任某银行行长。20 世纪 80 年代初、中期，张氏即往上街寻找机会，在其堂兄帮助下，做起了包工头。搞建筑包工头的，无一不发财。据说，张氏现有固定资产近百万元，存款也有百万元之多，但从不露富。他在上街有其堂兄的关系，自己又有钱，什么事情好办了。他先将 30 余岁的长子安排到郑州上街区委开车，次又将其小儿子安排到上街区税务局所办的印刷厂当厂长，二子在陈留镇给乡政府开车。村里还留着七八个人的承包地，全部交给二儿子经营，因为陈留镇离他的村子很近。

其二，户主毛氏。全家四口，毛氏不知通过什么关系，在开封县城管所谋得一职，其妻原是裁缝，后在县城开办裁剪学习班。几年下来，在县城买了房子，定居下来。农忙时节，回村务农。开封县城离陈留镇只有十几公里，往返很是方便。

村支书说，这十几户农户，家庭经济收入的重心与家庭生活的中心早已转移到城镇，但因离村较近，并不肯放弃他们的承包地。他们只管种和收，平时并不来照管庄稼，产量自然比一般农户低。由于陈留镇的农民负担比其他各乡低得多，他们算下来还是有利可图，他们不肯放弃承包地，村里也没有权力将这些耕地收回来分给其他村民耕种。

村支书说，本村还有四五个姑娘嫁到开封市。她们长相较好，又有点文化，不愿在村里守着土地过苦日子。但她们的户口很难迁进开封市，且其子女的户口也是随母亲的，村里还得替她们母子分承包地。要是户口问题得到解决，她们就脱离农村，我们也有理由不再给她们承包地了。

如此看来，**现行的土地家庭承包制与城市户籍制，既不利于农村土地的集中，也不利于正在发生的乡村居民的城市化过程。只要我们给在城镇拥有固定住所且较有稳定职业（或有稳定收入来源）的村民自由加入城市户籍的权利，上述问题便能得到妥善的解决。**

——在谈到村民生活与贫富分化时，村支书说，近十几年来，全村330余户人家的温饱问题全部解决了。如今论贫富，主要看有没有钱，能不能盖新屋。就吃的方面而言，中午吃面条，加点青菜或白菜，早晚两餐吃馍馍，加咸菜或豆酱。青菜、白菜都是自种的，咸菜、豆酱是自制的，有时也吃点豆制品，是用黄豆交换的。只有吃肉才上街购买，普通农户每月最多一次，每次割一二斤或二三斤肉。逢年过节，吃得好点。村支书说，在吃的方面，全村无论贫富，都差不多。村民很少在吃的方面多花钱。在穿的方面，直到20世纪80年代初，不少村民还自己纺纱织布，近三五年来，只有少数几家还有织布机，但也不常用。如今的化纤衣服既结实又便宜。农闲时，男劳力差不多都外出打工或搞运输；妇女在家忙里忙外的，也没有闲工夫去纺纱织布了。

村支书说，在农村，吃穿看不出贫富。贫富要看存款、看住房、看家具。农村最花钱的就是建房。前些年，新造的住房一般一排四间，每间造价4000元左右。近三四年来，四间房已不时兴了，左右二间再加出二间，呈"冂"形。质量也提高了，每间造价5000元左右，六间就是3万元。本村330余户人家，新建六间住房的约有三四十户。本村自分田单干以来，近一半的农户盖了新房。

本村没有村办集体企业，农村的剩余劳动力，主要从事运输与建筑业。全村有68台拖拉机，其中小三轮13台，四轮55台。这是今年年初的统计。小四轮拖拉机，差不多都是近三四年来购置的，因为搞运输很来钱。小四轮的价格倒不便宜：拖拉机约1万元，加上拖斗8000元左右，再加上办个牌照，这个费，那个费，共需两万元左右。用于耕地是次要的，主要是跑运输，远沙石块、预制板或帮造纸厂运麦秆。一年下来，挣个 7000—8000 元并没有大问题。一般而言，两年，最多三年，便能拿回成本。前几年，拖拉机少的时候，一年就能挣回成本，那时拖拉机也比较便宜。

运输业是由城乡建筑业带动起来的。这些年来，城里、乡里都在盖房子，真不知道哪里来的钱。城乡盖房，有包工头，有技术员，有打小工的。村里除搞运输的，差不多都外出打工，而打工差不多都是建筑小工。在农村，跟包工头出去打工，每天能挣 20 来元，最少 15 元，不管饭。在我们这一带，最富裕的人大部分是建筑包工头。本村有七八个建筑包工头，他们在村里盖的房子，是全村最好的。

全村的纯农户约有三四十家，这只是一个估计数，并没有调查过。在此三四十家中，真正算得上贫困户的约十余家。造成贫困的原因，或是老年无子，或是长年有病，缺乏劳动力，或痴呆低能，或生性懒惰。他们能管好几亩承包地已经不错了。一般来说，他们的产量比别人低。

——关于农民负担，村支书说，近七八年来，每年人均上缴 140 斤小麦，夏粮一次征收，秋季不再征收钱款。这人均 140 斤小麦，包括村提留与乡统筹款，还包括农业税之类的。就村提留、乡统筹这一块农民负担，从未超过国家规定的标准。这可要感谢上任陈留镇党委书记杨剑峰了（接着，村支书又说起杨书记的其他许多美德。如杨书记下村检查工作，一律骑自行车，自备干粮，从来不到村里吃喝。书记带头以身作则，所有镇干部下村也都如此。如杨书记提倡婚丧事简办，实替村民省了不少钱，等等）。与邻近各乡镇相比，陈留镇的农民负担最低，周围其他各乡，每年人均上缴小麦 200 来斤，秋季还要征收钱款。

——关于村支部、村委情况。村支书说，村支部、村委在形式上是由差额选举产生的。初定 7 人，选举 5 人，1994 年乡镇换届，各村也换届选举。其实，村民们对谁当干部并不在乎，对选举也不重视。村支部 5 人（村支书、副支书，另加 3 名委员），村委 5 人（村主任、村会计、妇女主任、治安主任、民兵连长）。两套班子，其实合而为一，共 8 名村干部（其中 3 人兼职）。乡镇干部下村，找的是村支书；老百姓有事，也是找村支书。所以，大部分事务都落到村支书一人头上，忙得很。既然当村干部，上替乡政府、下替村民办点事也是分上的事。但问题有两个。一是上面交代下来的有些任务，难以执行。如税务部门要村干部协助征收车船使用费、农业特产税等，难度很大。该村虽说农民负担比较轻，但全村十几户贫困户，也按全乡的平均数缴纳，也有不少困难。二是报酬太低。村主任、村支书每月只有 60 元钱，其余的就更少了。另外一个问题是，分田到户后，有些人发家致富了，但村集体很穷。要替村里办事，需要钱，钱得问各家各户要，大家便有意见。**如今各人管自己，谁还会替集体的事出钱出力？** 所以村干部只是替乡政府办事、跑腿。这种情况，各村很是普遍。

——又谈到农业机械化与农用成本问题。村支书说，从 1993 年开始，在陈留全镇 29 个村，犁、耧全部淘汰了。如今养牛，只是为了销售；养马骡，只供拉车（在全镇，养马骡拉车的农户也很少了）。机耕一亩 15 元，播一亩 7 元，收割带脱粒一亩 35 元（收割使用大型联合收割机，由镇政府统一布置），共计 57 元。一亩小麦的农用成本，底肥 50 元，追肥 30 元，浇地 20 元，农药 10 元，共计 110 元。村支书说，如今搞农业，确实比过去轻松多了。又说，陈留原来是个产棉镇，如今棉花种植面积大大减少了：一是棉虫难治；二是国家收购政策多变，收购价格不稳；三是太费时间。要挣钱，还不如搞运输，打小工。

——最后，谈到村落与宗族。村支书说，五里寨行政村包括五里寨、吴庄、毛庄、阎呈府四个自然村。毛庄 100 来人，全部姓毛。这是一个典型的单姓村。吴庄 500 来人，吴姓占 70%，余为何、王、殷、魏诸小姓。阎呈府，200 余人，阎姓占 80%，余为其他三四小姓。这是两个典型的主姓村。五里寨 600 来人，姓氏很杂，有十余姓氏，其中，张、马、王、刘、郭诸姓各占 15%—20%。这是一个典型的杂姓村。村支书说**附近这一带都无族谱**，这些年来**也不闻有重修族谱之事**。村内各姓氏之间皆能和平相处，并无"你族""我族"的意识，更无宗族之间的冲突。村民间的矛盾冲突，大多发生在邻里间、家族内。或为宅基地，或为分家析产，或为老人赡养。在村干部的选举过程中，也没有拉帮结派之事。事实上，村民对选举谁当干部并不太关心。何况当村干部的付出的多、得到的少。如今，家家都想着各自的事，都想发家致富，谁也不在乎谁当干部。

我想，这个行政村具有两大特征：一是同一行政村内，按姓氏结构划分的三种村落类型共存，这或许是研究村民的宗族意识及与行政村关系的一个便利场所；二是该村经济收入的重心，似已逐步从农业转向非农业，若考察市场交换行为对村落亲情关系的影响，或也是一个方便的场所。然而，进行这两项研究，需要我在此生活一段时间，但时值农忙，无法进行此类研究了。

＊　＊　＊

一直谈到7时半，室外已笼罩在夜幕之中，幸而村离公路不远，摸黑推车至公路，骑车而回。邀请小佩在旅店用餐，相谈甚洽。与小佩接触一日，加一夕长谈，已成为好朋友。

河南乡镇一级，通常没有自己的招待所，是晚，我与永成在镇上的一家私人承包的旅店下榻。这家被小佩誉为全镇最好的旅店，脏乱而简陋。长久空关的客房，积满了尘灰与难闻的气味，令人难以入睡，于是与永成聊天。这位党校教员，实是我河南之行的高明向导与忠实同伴。

永成说："在我们河南，朋友、熟人与陌生人，亲人、自己人与外人，圈内人与圈外人之间，区分十分明显，总觉得有一道无形的墙。只有在亲友圈内，我们才感到无拘无束，谈起话来才无所不说，无所顾忌；在陌生人、圈外人间，总有意无意地加以设防，或不知所措。你只身来到我们河南，每天接触的都是非亲非故的陌生人，且你的目的又是来搞调查的，不要说官员们要提防你，就是老百姓也要提防你呀！然而，我跟随你那么久，校长虽叫我做你的向导，并向你学习调查方法，但我却一直在琢磨着你身上的那种特殊气质和能力。这是一种什么样的气质与能力呢？你能在极短的接触中，便能消除别人对你的防范，将陌生人迅速变成熟人，又将熟人变成你的朋友，谁都愿与你推心置腹，无话不谈。无论是农民还是村干部，无论是县、乡官员还是大学知识分子，都是如此。要知道，在别人眼里，你可既是一个陌生人、外人，又是一个调查者啊，你怎么能在很短时间内将这双重间隔消除掉呢？我也搞过一些社会调查，为什么我做不到这一点呢？"

我说："朋友、熟人与陌生人，亲人、自己人与外人，圈内人与圈外人之间的区分与防范，是村落社会与村民的一般特征。从村落社会走向都市社会，从村民走向公民，根据西方社会学的观点，即从传统社会向现代社会的过渡。如果这一观点是可靠的话，中国社会正处在转型过程之中。亲疏内外之分，这是中国人的一般行为特点，或以河南为甚，因为中原是中国传统文化积淀最深厚的地区。因此，作为一个中原乡村社会的调查者，首先得遵从这一传统。这次来河南，既不凭自上而下的官方渠道，也不凭介绍信记者证，而全部通过朋友关系。朋友的朋友，便是我的朋友，恰如亲戚的亲戚，也是我的亲戚一样。中国人的现实人际关系，认的就是这一条。你瞧中国人办事，不是翻规章，找法律，而是找关系，托熟人，找不到关系，便打通关节，用请客送礼来铺设关系。'关系'一词的丰富内涵实非一个西方人所能理解与体悟的，此其一。光凭这一条是远远不够的，还得以诚相待。诚实一词被宋明理学抬到极高的地位。儒家一方面强调亲疏内外之分，另一方面又十分重视用"诚"来打通亲疏内外的界限，此其二。其三，还得对受访者的身份、地位、处境、关切的问题及可能忌讳的问题应有所洞察，善于设身处地，平等相待，才能推心置腹。"

永成说："你只说出了一部分，在你身上还有其他的东西。不管什么人，只要一听你说话，就好像磁石一样被你吸引住了。说你有宗教徒的气质吧，也不像；说你知识渊博吧，但也不能完全说明你的吸引力。就说我吧，在开封市委党校，评教书，那是公认的，我肯放下自己的工作，心甘情愿帮你提包跟你到处跑，确实被你这种风格、气质所吸引，这并不是当面恭维。"

我说："如果我博学有知，何必到内地来调查？调查就是承认自己的无知，就是承认被调查者有知。我只不过是迫切想把自己从无知状态转为有知状态罢了。面对着急速发展中的社会转型，我突然发现以往的经验与知识失去了理解现实变化的作用，从而变得十分无知与迷惘。中国社会变动太快又太大，要描述它已觉困难，更不必说理解它了。这是我的心里话，绝非谦虚。"

是啊，我是什么人呢？为何要到河南来呢？自我考问起来，我自己也不知道。或许是我闲得没事干，找点事干干吧。

▶ 10 月 17 日　朱清寨村的联办企业和户办企业

镇党办主任小佩今日有会，请来了退休不久的镇农技站原站长老刘陪同我们到离镇城南 5 里的朱清寨村去调查。朱清寨村支书的女儿正是老刘的媳妇，由他陪同，再好不过了。

当我们上午 9 时骑车赶到村支书家时，他的老伴儿王氏说他刚到镇上开会去了。老刘于是请王氏去找村主任，或其他村干部来座谈。在此期间，老刘向我们简要介绍他这位亲家的身世与家庭情况。

王支书，现年 68 岁，是陈留镇 29 位村支书中最年长的一位，也是集体化时代还存下来的少数几位村支书之一。在朱清寨村，王家是单门独户。新中国成立前，雇工为生，家境十分贫寒。为保活命，卖壮丁，但所得粮食全部落到保长之手。后来从国民党的兵变为共产党的兵。新中国成立后，退伍回村，参加过"土改"、合作化，在人民公社初期便出任大队党支部书记。在大队（村）支书位上，一干就是近 40 年，论任期，老王是陈留镇 29 个行政村中最长的一位。老王人缘好，厚道，又肯干，镇上一直让他留任，不肯让他退休，虽然他的老伴儿一直唠叨着叫他辞掉这份苦差事。

王支书生有三男三女，都很有出息。长子现任开封县半坡乡党委书记。父亲干了近 40 年，还是个村支书。儿子干了没几年，便升到乡党委书记，这是令老王最为骄傲与宽慰的事了。次子任陈留镇土地所所长，三子现任陈留镇医院住院部主任，都吃上了"皇粮"。三个女儿早已出嫁，其中第二个女儿就嫁给老刘的长子，在陈留镇一家商店做营业员。

老王家现在的这个院子，原是朱清寨大地主刘某楼院的一部分。这是"土改"时分给老王的。现住的三间平房是 20 世纪 70 年代中拆掉老屋后翻建的。70 年代盖的平房，如今看来已显得狭窄陈旧，但收拾得挺干净的。卧室里有一台黑白电视机，客厅里装着一部电话与扩音器。老刘说，在全镇范围内，朱清寨是唯一安装电话的村。

我想，王支书的家史，也是中国半个世纪以来乡村的一个侧面。新中国成立、"土改"、合作化、人民公社，使得"贫下中农"阶层中的某些成员登上了乡村社会的政治舞台。从此，中国农村最基层的一级政权，便掌握在这个阶层的某些成员手中，虽然他们的社会身份依然是"农民"，对这部分成员的家庭史来说，这是一次飞跃。他们的下一代凭借着这一政治优势而完成从农村到城镇、从农业到工商业或党政机关的历史性转移。那么，那些曾经被"打翻在地，再踏上一脚"的"地富"阶层的后代呢？他们当中不少人通过改革开放所提供的经济自由之机会，并通过祖辈或父辈中的读书或其他机会早先进入城市的亲友们，重新"东山再起"，通过财富而改变自己的社会身份与地位，一洗往昔的屈辱。昨日下午五里寨村支书所提到的那个张氏，便是其中典型的一例。我想，如果乡村社会学家就这一现象开展一县范围内的深入全面的研究，或许是一个饶有兴趣的课题。

*   *   *

约半小时后，支书的老伴儿给我们找来了村治保主任，由他介绍朱清寨村的概况，重点介绍该村联办或户办的皮件加工与小化工业的情况。

朱清寨行政村共由四个自然村组成：朱清寨、李子庄、五里庙、小赵庄（村委设在朱清寨，故行政村以该村命名，这是由若干自然村组成一行政村的通常命名方式）。全村共有2500人，耕地3400亩。

在全县19个乡镇中，乡村企业以陈留镇最为发达；在陈留镇29个行政村中，朱清寨村以皮件加工与小化工业而闻名。全村600余户农家，从事家庭皮件加工业的有七八十家，从事小化工的，在1990年的全盛时期达上百家。如今小化工已经衰落，皮件加工业方兴未艾。所谓皮件加工，即制作皮手套，全是家庭经营。少则一二台缝纫机，由家内劳动力承担产供销全部过程；多则十余台缝纫机，雇用一二十人。雇工大多是本村或邻村人，计件授值，工作时间很富弹性。

20世纪80年代中末期，陈留镇创办皮件加工厂，生意不错。当时本村有一位高中毕业生在该厂任供销，既掌握皮手套制作的全部工艺程序，又掌握供销渠道。1988—1989年，他辞去该厂供销职务，回家创办本村第一家皮件加工厂，颇赚钱。皮件加工，投资少，技术简单。在他家学得技术的村民各自仿效，纷纷办起家庭皮件厂，如今已发展到七八十家。

如此看来，乡镇集体企业是该村家庭或私营企业之母。前者为后者无偿培训了技术并提供了供销关系，后者兴则前者衰。凡投资少、技术构成简单且有市场的乡镇集体企业，到处充当这一职能，这在全国范围内是一个相当普遍的现象。同样的道理，乡镇集体企业的兴起曾得到国有企业在原料、技术、设备与人才方面的无偿或少偿的支持，一旦乡镇企业将国有企业的同类产品挤出市场时，缺乏市场竞争意识的后者便陷入了各自的困境而难以自拔。

*　*　*

我请村治保主任陪同我们参观几家皮件厂与小化工厂。

这是一家兄弟俩合办的家庭皮件厂。兄弟俩已婚，各生一子，与父母同住一个大院落内。在高墙深院内，有一栋新建不久的二层楼房，上下各四间。下四间分成两套，各一大厅带一卧室，兄弟分居。父母住在楼上。院内另有一车间，内有六台缝纫机，一台烘烤整型机。雇用6名女工，其中3名本村人，3名邻村人，计件授值，工作时间很有弹性，几乎没有上下班制。据云，月薪300元上下。大哥负责供销，弟弟负责内勤，兄嫂负责裁剪，弟媳负责烘烤整型。母亲做饭、带孩子，父亲从事田间管理，农忙时全家出动，耕种收割，雇工们也各自回家干农活儿。

问及他们的经营与收入状况，接待我们的弟弟说，前些年销售状况良好，客商来村收购用不着外出推销。每副手套可赚2—3元或3—4元，质量好的，可赚7—8元。前年赚了四五万元，去年赚了三四万元，今年能赚个二三万元就不错了。这两年来村收购的几乎没有，非得外出推销，如今推销不易，利很薄，且很费车旅费，提高了成本。

我问这位小业主："全村生产同类产品的七八十家，生产可分散进行，但原材料的集中采购与产品的统一销售，不是可以节省成本吗？你们为什么不联合起来呢？这样不是对大家都有好处吗？"他说："**农民是合不到一块的，联合起来能降低供销成本，这是谁都知道的，但就是合不到一块。俺村原有好几家是兄弟合作的，但合上一年半载，差不多都闹了分家。像我们这样合上几年，和和气气的，全村也只有一二家。兄弟都难长久合作，何况七八十户人家，七八十条心呢？**"的确，"分"是中国农民最为根深蒂固的习惯，这个源于小农经济的习惯使得各种自发的联合极其困难，即使他们意识到联合的好处时，也是如此。在市场经济条件下的小农经济，其实是最需要自愿联合，然而，小农经济所形成的习惯，顽强地阻碍着各种形式的自愿联合。

我又问这位小业主："你们对现在的生活是否感到满意？"他说："种田吃饭，办厂赚钱。如今城里人有的，我们都有了。楼房、现代家具、电视机、电冰箱，我们都有了。电话也有了，一个电话直通全国。这样的生活还有什么不满意的呢？"

我又问："你如今楼房有了，家具、家用电器都有了，吃穿不愁，再赚了钱想干什么呢？"他说："我唯一的愿望是培养我的儿子上大学。我初中毕业后没去上高中，这是我最后悔的事。当时老师和父母都叫我再读上去，但听不进。如今办了厂，到各地推销、谈判、订合同，才真正体会到文化知识的重要性，但为时已晚。我只能多赚点钱，供儿子读书，一直让他读到大学毕业。"我说，"你今年才28岁，为什么说读书已晚了呢？学习知识，不一定要到学校里去呀，完全可以自学。如订一份报纸或杂志长期坚持下去，知识不是逐渐积累起来了吗？"他说："我也正在考虑这件事呢！"

整个庭院铺设砖块，十分整洁；院中有一花坛，十几株月季花开得正艳。一家小小的家庭企业，不只是增加家庭的货币收入，更在于改变了这一家人的生活方式与生活观念。

＊　＊　＊

接着参观第二家皮件厂，高墙深院，也是近几年盖的二层楼房。底层三间，左边一大间约三四十平方米，分四排放置着12台缝纫机，有6个女工正在缝制皮手套。中间约20平方米，有2台烘烤机，堆放着一箱箱待销的成品。右侧似业主的卧室。当我们进屋参观时，一穿戴入时的中年妇女从卧室出来接待我们。她便是这家企业的女老板。丈夫恰外出推销，由她负责企业生产。时值农忙，又近中午，故只有6名女工在工作。亦是计件授值，月薪300元左右。问及全年的收入状况，女老板狡黠地笑笑，说："混碗饭吃。"村治保主任替她回答："少则三四万元，多则五六万元。"女老板也不置可否。问及每双皮手套的批发价，她说："这要看皮质好坏而定。差一点的每双15—18元，好一点的每双25—28元。"

我看了几双待包装的皮手套，发现缝制得很粗糙，且同一副手套的皮质与色泽有差异。女老板说："这些手套，主要是销往北方农村的，农民买手套，只讲便宜与结实，对质量与包装并不讲究，这与城里人不一样。"看来，这位女老板还颇懂一点农民消费心理学。

辞别女老板，折到村北，方知他们的"小化工厂"是啥样的：在地下挖一大土坑，埋一大铁锅（直径约1.5米），锅旁挖一方形土坑，铺上砖块。有一大堆树根，是烧锅的燃料。另有一堆已凝固的袋装原料，黑乎乎的。村治保主任说明生产过程：先将原料倒入锅内加热，待熔化后搅拌，再将上面一层取出放在池内，待其冷却成膏状，装入袋中，即是成品，锅下层为废料。该产品名曰"隔离剂"。全部销往农村的各水泥预制板厂。其功能是在水泥板与地面起隔离作用。村治保主任说，隔离剂的原料是县国营化工厂的废料。前些年，他们还为倾倒废料而发愁，故十分欢迎我们去拉运，并不要钱。后来拉的人多了，废料成了化工厂的生财之道，不仅收钱，价格还不断上涨，生产隔离剂已无利可图。原来无需技术，只凭力气就能赚钱，全村一哄而上，到处打坑埋锅，如今只剩下这些废弃的土坑了。

*　*　*

朱清寨村有一家村集体办的化工厂，坐落在村西头公路边。在简朴的厂长办公室内，副厂长（兼村委副主任）给我们介绍了办厂的缘由与经营状况。

1990 年年初，县、乡政府指令各村兴办村集体企业。当时村里一无资金、二无项目，但上头催得很紧。没有资金，只得靠集资。村里 7 名干部，每人出资 2000 元，共 1.4 万元；职工带资进入，每人 500 元，在本村招 25 名职工，共 1.25 万元；再向乡窑厂借款 1 万元。第一期投资 3.65 万元，办起一家生产染料的小化工厂。为什么想到办小化工厂呢？一是如果办皮件厂的话（当时村里有 10 余家私人小皮件厂），与村里人竞争，没意思；二是开封市化工厂的一位熟人来村里玩，说起他们厂里有一套生产染料的旧设备要处理掉，可以借来先用，赚了钱再还。又听说，巩义市某化工厂的废料可以作为生产染料的原材料，因此村委决定办小化工厂。因为投资少，技术简单，集资的三四万元钱主要用来买砖、盖厂房、打围墙。1990 年年末开工，生产出来的产品竟然销路不错。第二年向银行贷款，扩建厂房，添置设备。1994 年又贷款建一新车间，生产白酒原料，销路也不错。由于农用电常常停电，很不稳定，1994 年投资 5 万元，改用工业电。因为对外联系增多，1995 年又投资 5 万元，建起 50 门程控电话，村里那么多家庭皮件加工厂，也迫切需要安装电话。

村化工厂最初当然是村干部集资兴办的，但不是村干部们的股份合作制企业，而是村集体企业。如今该企业拥有固定资产 150 万元，干部职工近 60 人。去年年产值 130 万元，实现利润 13 万元；今年估计能完成产值 200 万元，实现利润 20 万元。职工月薪 200—300 元。干部稍高一点，厂长月薪四五百元。

副厂长陪同我转了一圈厂区，略呈长方形的围墙外，是一片空旷的农田。占地数亩的围墙之内有两幢十分简易的厂房：一是生产染料的车间，一是生产白酒原料的车间。靠大门处有一排四间平房，是小化工厂的办公室。整个厂区空荡荡的，染料车间处于停工状态。副厂长说，原料尚未运到，职工放农忙假。只有白酒原料车间有几个职工在忙碌着。我实在想不出，这样的企业竟然还能赢利。我也猜不透陪同我参观的人，更像企业的厂长，还是更像村主任。我也不知道，把企业办在这块远离城市的农田上，到底是经济还是不经济。但有一点似乎可以肯定，世代厮守着土地的村民，从这里开始学习另一种生活方式，开始学习组织、管理、成本核算、利润、税收、市场等他们所全然陌生的一切。

*　*　*

时近中午，村治保主任与老刘执意要留我们在村支书家吃午饭。他们说，既然来了，总得见一见村支书。我们回到村支书家稍坐片刻，村治保主任不知从何处搞来四五种冷盘：煮花生米，粉丝，豆芽，鸡爪，猪肝、猪耳。村支书的老伴替我们炒了一盘鸡蛋。村治保主任又从村支书的房内取出两瓶白酒。我说，四人吃一瓶就足够了。村治保主任说："乡政府来人，每人一瓶白酒，这可是老规矩，四人喝一瓶，那怎么行，就喝这两瓶。"与河南人交往，没有一定的酒量恐怕是不行的。

下午 2 时 30 分，老支书才骑着车从镇上回来，说是镇上的会议上午就结束了，但被一个老熟人拖去喝酒，故现在才回来。

因为老王是连任 40 年的老支书，故我重点询问该村 50 年来小麦亩产及村民生活的变化情况。下面是谈话纪要。

——新中国成立前，这一带小麦的亩产在 100—150 斤。夏粮以小麦为主，秋粮有高粱、谷子、豆子与红薯。高粱亩产 200—300 斤，谷子亩产也在 200—300 斤。这当然指风调雨顺的天气，遇到旱涝虫灾，那就谈不上了，绝收都有可能。一个拥有二三十亩地的中农之家，全年大部分时间得吃杂粮，逢年过节才能吃上白面、白馍。**俺村的大地主刘某家，有 300 亩土地，全家全年大部分时间，吃的也是小麦与高粱的混合粮，只有在春节、农忙时才吃白面。**

小麦的亩产在"土改"、合作化时期没有多大的变化，直到高级社时期，平均亩产才提高到 250 斤左右，上好的地或能达到 300 斤以上，差一点的地，也只有一二百斤。在 1976 年前后，小麦平均亩产达到 300 斤左右。直到 1983 年分田单干前，平均亩产维持在三四百斤。好地能达到 400—500 斤，差地还是 100—200 斤。1983 年分田单干后，产量略有所提高，一是农民生产积极性提高了，二是化肥增加了，但由于种子、农药跟不上，产量提高不太明显。从 20 世纪 70 年代到 80 年代初的集体化时期，每人每年能分到 80 来斤小麦，就很高兴了。农民平时吃的是红薯，红薯的吃法有很多种，烤红薯、煮红薯、红薯片干，等等。

1988 年开始，本村（附近各村都这样）小麦产量大幅度提高。关键的因素是**良种**的普遍使用，其次是化肥投放量增大。另一个重要因素是水利条件得到了很大改善，主要是打井。农民自己出资打井，每井能浇灌 30—40 亩耕地。全村的平均亩产 600 斤左右，好地能达到 800 来斤。陈留镇的土地，一部分在惠济河以北，一部分在惠济河以南。北面的土质比南面的好，他们的平均亩产能达到 700—800 斤，好地可以达到 1000 来斤。我村在惠济河以南，小麦平均亩产比北面低 100—200 斤。当然种子、水利、农药、化肥条件都一样。自 1988 年以来，全村人全年都能吃上白面、白馍了。高粱、谷子、红薯这三种作物基本上淘汰了。当然有些农户还种植，那是为了习惯、爱吃，调剂口味的。**如果仅从吃的一项来看，如今最贫困的人家，也比新中国成立前的大地主家吃得好。如从住房与穿衣盖被方面来看，全村半数以上的农民超过了从前的大地主，只是没有从前地主的那个威风。**

——关于土地家庭承包制，我问王支书："假如有四种意见：一种是重新将土地集中起来，走农业集体化的老路；一种是将土地集中在种田大户手里，搞规模经营；三是将土地所有权也归农户所有，走土地私有化的道路；四是长期维持现行的土地家庭承包制。如果让全体村民自由选择，他们将选择哪一种土地制度？"老王、老刘与村治保主任一致认为：**肯定选择第四种**。村民对土地家庭承包制都很满意，没有谁肯回到集体化的老路上去，也没有人提出土地私有化的要求，如将土地集中在少数人手中，大多数农民吃什么？老王说，在 1983 年刚推行土地家庭承包制时，确实有些干部想不通，因为分了土地，他们当不了家了；有少数农民心有疑虑，因为他们需要集体的照顾。多数农民要求分田单干。实行了一二年后，大家都认为实行了家庭承包制好：一是觉得人自由了，二是打下的粮食，除了上缴政府的，余下的全归自己，能常年吃上白面、白馍了。现在的问题是，土地重新调整的期限到底以多少年为宜？**中央规定 30 年不变，这执行起来有很大困难**。该村 1983 年分地，1988 年调整一次，1993 年又调整一次。**隔五年调整一次，使各农户的人均耕地得到平衡，农民都很欢迎**。

——在谈及村委工作的困难时，老支书说，如今的村委，主要是应付上头交代下来的差事。陈留镇的农民负担比邻近各个镇轻得多（每亩上缴 80 来斤小麦），村民执行计划生育也比较自觉，所以以村委的工作相对来说要好做一些。问题在于，要替村里办点事有困难。办事要钱，钱又得向农民要，这就很麻烦。原想给村里打一口深水井，接上水管，全村统一供水，但意见分歧，议而不决。我说："你们不是有家村集体化工厂吗？"老王说："他们还贷还得好几年呢，哪有钱给村委用。"又说："上头催着各村办集体企业。我村还算好的，办起来了；有的村还没开工就垮了；有的开工不久也垮了，弄得村委欠了一屁股的债。"

* * *

下午 5 时，辞别王支书与治保主任，骑车返回陈留镇。一边骑车，一边琢磨着两个问题：一是农业劳动力向非农产业（或说工商业）转移的问题，二是土地家庭承包制下的农业本身现代化问题。

从农业向非农产业的转移，似乎有两种实现形式：一种是**就地转移**，一种是**离地转移**。范庄村、五里寨村的运输业、建筑业，朱清寨村的皮件加工业，就是一种就地转移。一般来说，乡村企业的兴起与发展，鼓励的便是就地转移之路。另外，人数众多的异地打工现象，就其未脱离承包土地而言，也可归入就地转移一类。中国现行的土地家庭承包制与城市就业不稳定性，使得当前中国农村的劳动力转移主要采取此种形式。离地转移，是指家庭住所、经济收入、生活重心全部转入城镇。在这部分农户当中也有两类，视现居地离原乡村的距离而定。远者，往往放弃承包地，完成了从农业向工商业、从农村到城镇的彻底转移；近者，依然保留承包地（如就此而言，似可归入第一种）。现在需要研究的是：如何促使这部分人放弃承包地？

城市化是现代化的中心内容之一。就此而言，政策制定者应为离地转移创造条件。如开放中小城市的户籍，鼓励乡村企业向邻近城镇集中，等等。从理论上讲，离地转移，一头是推动中国的城市化过程，另一头逐步将农户的耕地增加到规模经营的程度。然在实际上，这需要有一个相当长的历史时期才可能达到理论预期。如将人均 10 亩耕地作为家庭农场规模经营的最低限度，那么将要有 80%—90% 的农业人口转移到城镇。这没有半个世纪以上的时间，看来是不行的。对此，我们必须抱有十分谨慎的态度。我们只希望政策能有利于推动这一过程而不是阻碍这一过程。

土地家庭承包制将作为中国农村、农业的一项根本制度长期维持下去。"后退"到集体化是没有出路的，"前进"到私有化或更危险。至于承包期限，不应由中央做出统一规定。最好将重新调整耕地的年限交给**村民大会**，或**乡镇人民代表大会**去决定，政府不必横加干涉。既然土地家庭承包制符合中国农民的根本要求，且中央也一再重申长期维持此项土地制度，那么我们必须研究如此分散、狭小的小农经济与市场经济同现代化农业的关系问题。**问题的核心在于，千百万纯农户能否通过那一小块耕地与庭院达到更多的产出与更高的收益**，以过上温饱有余且安全的小康生活呢？

有人据下述三大理由对上述问题予以否定：1. 单位产量在一定时期内总有个极限；2. 农户耕地面积无法扩张，且随人口增长更趋减少；3. 农业比较效益偏低，全世界皆然。有人对上述问题持肯定态度。理由：1. 一小块耕地与庭院（主要指家庭饲养业）仍有增加诸种产出的巨大潜力，只要市场有这个需求；2. 只要减少农副产品的流通成本，并将农副产品的加工业所得利润返还部分给农户，就可达到上述目标。上述两种观点都有各自的经济事实和支持，皆持之有故，言之成理。

就我而言，宁可选择第二种态度。增加产出的任务看来主要落到农业科技的研究与推广上了。问题是，分散经营的农民如何减少市场风险，何种组织与制度安排方能使农副产品的部分加工利润与销售利润有保障地回到农户口袋里呢？有人倡导"公司加农户"，实现产供销一体化之路。但追求自身利益最大化的公司，能将加工与销售利润按比例返还农户吗？当农副产品的市场价高于公司与农户间合同价，或相反——市场价低于合同价时，这一合同对公司与农户双方有约束力吗？大量事实证明，没有这个约束力。有人倡导（如山东莱阳县）**农户走合作化的道路**来解决这个难题。由农户自己来组织吗？千百年来，只习惯于分而不善于合的广大农民有这种自愿合作的意识与能力吗？没有，或说极其稀缺。那么由政府来帮助农民实施合作吗？除少数例外，我敢断言，绝大多数官员不把这种合作社搞成官办与低效，是不会罢休的。是的，中国承包制下的小农经济**只有走联合的道路，才能减少市场风险，才能得到农副产品加工及销售利润**。但合作本身是一场革命，一场观念上、组织上、制度上，或说中国小农生存方式上的革命。然而，这是一场缺乏内在动力的革命，除非我们通过农村合作学校（这需要创办），培养出大批既懂得合作方式，又富有献身精神的人，去帮助那些深陷于"分"之习惯中的广大农民。他们得到政府的支持，但又不受政府官员的行政干预。但在此人人竞奔于自身利益的时代，能找到几个这样的人呢？

一路胡思乱想，自行车差一点翻到沟里去。

* * *

晚饭后，拜会陈留镇田书记。一见面，他就提议我明日下午给全镇党政做报告。他说："小佩、老刘都说你非常博学，又十分熟悉农村情况。听说前几年你一直在浙江农村搞调查，今年到河南来已好几个月了。我们这种小地方，哪里去找像你这样的大教授？明天下午给全镇党政干部做个报告吧，随你谈什么，主要给我们这帮闭塞的脑袋瓜子开开窍。"听得出来，小佩、老刘已把这两天的调查情况向他汇报过了。县委书记虽同意我到他的领地搞调查，或并未撤除他的警觉与提防。两天的调查过程中，与陪同人员言谈时，我一直谨记他的临行告诫，因而不仅消除了陪同人员的防范，且引起他们的好感，甚至还可以说引起一点尊重。从田书记的话中，我感到实现了预期目标。他请我做报告，是对我的充分信任，于是当即允诺。这个报告，我是通过田书记说给县委杨书记听的，目的是请他放心，我的调查绝不会影响"稳定"。

当晚，在旅舍草拟"农民、农业、农村与现代化"的演讲提纲，直至深夜 12 时。

▶ 10 月 18 日 "一票否决"下地方政府的两难处境

在开封县的 19 个乡镇中，陈留镇的工商业最为发达；在陈留镇的 29 个行政村中，城镇区域内的 3 个行政村（南街村、西街村、东北街村）的工商业名列前茅；在这 3 个行政村中，南街村的工商业排名第一。南街村拥有 5 家村集体企业，10 余家私营企业。在 5 家村集体企业中，以造纸厂的规模最大。上午，镇党办主任小佩陪同我们参观南街村的造纸厂。在厂部会客室接待我们的常厂长又是村支书（或说村支书兼造纸厂厂长），于是请常支书先介绍南街村的概况，然后逐一介绍 5 家村办集体企业，最后参观造纸厂。

南街村现有人口 2335 人，下辖 9 个村民组，有耕地 1200 亩。1983 年推行土地家庭承包制时，曾丈量过全村的耕地，共 1327 亩。在近十二三年中，耕地面积减少 127 亩的原因有三个：一是村办集体企业占用耕地，共计 80 亩；二是国家征用耕地 40 亩（主要用于道路拓宽）；三是村办小学扩建与新批村民宅基地共 7 亩（其中新批宅基地 5 亩）。

我问："600 多户的大村，在十二三年中怎么只用掉 5 亩耕地呢？"常支书说："南街村自 1988 年开始，便冻结了村民宅基地的审批工作，那 5 亩耕地是 1983 年至 1988 年批掉的。1988 年后，村民盖新房，只能拆旧屋建新楼了，让住房往高处发展。"又问："村民对此有无意见呢？"他说："人均耕地只有 0.5 亩，这是明摆着的情况。再说，大家都不占用耕地造房，干部群众一视同仁，能有什么意见？！"又问："陈留镇区内其他两个村的人均耕地也是这个情况吗？"答："差不多，但各组人均耕地并不平衡，少的只有三四分地，多的有七八分地。一般说来，镇内村民的人均耕地要比乡村少得多，各镇皆然。"

村支书说，南街村是亦城亦乡，说是"亦乡"，是因为还有耕地。耕地虽少，却是保命田。人均 0.5 亩，可以管住肚皮。说是"亦城"，因为陈留镇自古以来便是交通便利的商品集散地。**村民代代经商，以商补农。改革开放，镇里的村民捷足先登，发展工商业的势头很大。**1983年，即推行土地家庭承包制的当年，该村便创办了皮件加工厂，主要生产皮手套。这是村第一家集体企业。1988年，适应城乡建房需要，又创办建筑公司，并办了一家养殖场。1989年创办造纸厂，1991年又办了一个塑料厂。在这期间，村里办起10余家私营企业，主要从事皮件加工、铝线与翻砂等。关于私营企业的经营状况，则不甚了然。一般来说，少报、虚报、偷税、漏税现象十分普遍。据他估计，在这10余家私营企业中，经营得最好的企业，年利可达10余万元。就全村范围而言，多数村民开店设摊，从事各种商业活动。总之，居住在镇上的近2000家村民，农业已成为副业，主要提供家庭食用的粮食与蔬菜；工商业已成为主业，家庭货币收入全部来自工商业。

一、关于村皮件加工厂

常支书说，村皮件厂从1983年创立，能维持到现在，实属不易。如今有60多台缝纫机，10余台烘烤机，干部职工共120人。年产值利润的数字记不清了。皮件加工厂有一个特殊情况，那就是新招职工进厂学习一年半载，技术学到手后，便回家买台缝纫机自己干起来了，搞供销的甚至把客户关系也带走了。走了一批又招一批，皮件厂等于替本地农民进行义务技术培训。如今全镇家庭皮件加工厂有数百家之多，光一个朱清寨村就有七八十家。在朱清寨村带头开办家庭皮件厂的老板，就是该村皮件厂的首批供销员。村集体企业培养与带动起一大批生产同类产品的个体私营企业，后者往往将前者挤垮。为什么呢？一是他们没有账目，可以逃税，而集体企业的会计制度比较齐全，税收难逃。二是他们经营手段比集体企业灵活。在这种情况下，该村的皮件厂还能维持下去，真的很不容易。

二、关于村养殖场

常支书说，村养殖场是1988年与开封日报社联办的。20来个职工，主要是养鸡。饲料与小鸡全部由开封某公司提供。开始的二三年内还是赢利的，但该公司看到养鸡的人增多了，就逐年提高饲料与鸡种的价格，结果弄得村养殖场完全无利润，于是开封日报社退出合伙，村里也想把养殖场关闭了。去年县里号召养牛，说养牛能致富，指令每个乡镇政府办养牛场，并带动各农户养牛。陈留镇政府要我村带头。由于养牛是全县范围内一起推开的，所以，只能从邻县甚至邻市去购买小牛，一时把小牛的价格抬得很高。但按去年的牛肉市场价格，算下来还是有利可赚的，至少不会亏本，再说上面要我们带头总不能不给面子。去年购买的120头小牛，如今已到了出栏期，牛肉市场价格却一路往下跌。按目前这个价格销售，白辛苦一年不说，还得亏损好几万元。存在栏里吧，牛要天天消耗饲料，且不再长肉。弄得我们进退两难。这可不是一个养殖场的事，全县皆然。县里也十分着急，因为养牛致富是他们的号召，如今响应县上号召的都落得一个亏损的下场。据说，县上正派人到山东、广东去推销，还不知结果如何呢！

我想，该养殖场的两次失败，原因各异。其一败在"公司加农户"的经营模式没有处理好，其责任在于"公司"的短视，此类公司所患之病，恰恰在于短视。其二败在政府直接用行政指令干预村与农户的生产。其责任在于"政府"惯于计划经济而毫无市场经济意识。政府官员所患之病，恰恰在于对行政权力的过度迷信。

三、关于塑料厂

村集体塑料厂是1991年创办的，现有职工近100人，主要生产地膜与工业包装袋。原材料价格高，产品价格提不上去，实在无利可图，只是养活一百来名职工而已。村支书说，该塑料厂办得太晚了，要是早办二三年就好了。那时可以列入国家计划，有一定比例的平价原料供应。周口地区有一家塑料厂，是1988年创办的，因列入国家计划，每年平价供应他们5000吨原料。当时一吨平价原料与市价相差5000元，转手之间就是250万元的纯利，根本无须生产。"1991年，我到省里、到北京化工部、轻工业部去跑，没有搞到平价原料。说穿了，是没有门路，礼没有送到。"

四、关于村办造纸厂

村集体造纸厂是 1988 年创办的，现有干部职工 280 余人。选择造纸项目是因为造纸原料是麦秆，原料可以说取之不尽，用之不竭。至于生产什么纸，当时曾反复商量过，最后确定生产白光纸。这种纸张，小厂生产不了，大厂又不愿生产，因为利太薄。原设计生产能力的 1 万吨，总投资 1000 万元。第一期固定资产投资 300 万元，我们向银行贷款 330 万元，各方集资 100 万元，职工带资共 10 万元，总计 440 万元，其中 140 万元作为流动资金。如今总投资达到 1300 万元，年产值 3000 万元，毛利 300 万元，有 4 台机器，现生产能力 7000—8000 吨。该造纸厂的最大问题是废品率太高。按国家标准，废品率在 10%—15%，而这里的废品率在 40%—60%，生产出来的纸张半数或半数以上是废品，关键问题是管理跟不上。

五、关于乡村集体企业的管理问题

常厂长说，**管理差，成本高，效益低，这是陈留镇所有乡村集体企业中共同存在的问题。**职工的来源与素质是难以管理的根本原因。该村五大村办集体企业，造纸厂 280 人，塑料厂 100 人，养殖场 20 人，皮件厂 120 人，建筑公司 150 人，总共 700 来人。在这 700 来人中，绝大部分是来自外村的农民工（本村人通常从事企业管理与营销共约百余人）。他们都是临时工或合同工，年龄主要集中在 15 到 18 岁。文化程度是初中毕业，或中途退学的。（在乡镇一级如今只设初中，村设小学，县城才有高中。能升初中的最多占小学毕业生的 50%，能升入高中或职业高中的只占初中毕业生的 20%。在公社时期，每个公社都有一所高中。）这批男女小青年还不懂事，在家里不会干农活儿或不愿干农活儿，在社会上闲荡，又怕走坏道、出事情，所以父母都愿把子女送到厂里来。乡村企业嘛，月工资不过 200 来元，所以这份工作干也行，不干也行。对他们管得严格点，或他们之间自己闹起来，或怕吃苦，往往不辞而别，合同对他们毫无约束力。那些干了二三年或三四年能独立工作的女青年，一旦结婚，生了孩子，婆家一般不再让她出来工作。总之，除了企业管理层是相对稳定的以外，职工层的流动性很大，这给企业的生产与质量管理带来很大的困难。另一问题是水电浪费很大，每月光水电费支出就高达15万元。

我问："为了解决这个难题，你们想过什么办法没有呢？"常厂长说："想过。新职工入厂，进行一周的军训，加强劳动纪律教育，但根本不起作用。"我说："能否用提高工资或采用奖金制来稳定职工队伍呢？"常厂长说："奖金少，没有多大刺激作用；奖金高，我们厂就没有什么利润了。"我又提议："能否采用股份合作制，将关键技术岗位职工的利益与企业利益捆绑在一起呢？"常厂长说："股份制、股份合作制只听人说起过，但没有看到过，不知如何搞法。"于是我简要地向他介绍股份合作制的具体内容及其作用，并建议他到上海或苏、锡、常地区去参观一下，对此他表示出极大的兴趣。

该企业的企业管理与干部分配方法，大多是从国有企业那里学来的。他们没有搞承包制，厂长的月薪也只有五六百元。

访谈结束，常厂长陪同我们参观车间，四个规模不小的车间，四套造纸设备，两套设备在正常运作。职工确实十分年轻，且以姑娘为主。在车间一角，报废纸张堆积如山。另一套设备正在停工检修。

参观结束后，我问起废水处理情况。厂长说："**废水直接排入惠济河，每年上缴环保部门近10万元的排污费**。"我说："中央不是明令要坚决关闭治污不达标的企业吗？"厂长说："要关闭的是年生产能力在5000吨以下的造纸厂，我们不在此列。"随后又补充说："据我所知，就是5000吨以下的造纸厂，在检查团走后，又悄悄恢复生产了。已经投入数百上千万元的乡村企业，怎么能说关就关？设备闲置怎么办？职工下岗怎么办？银行贷款由谁归还？乡、县财政怎么办？大办乡村企业，脱贫致富，不也是中央的号召吗？"我说："淮河数百条大小支流，多半已受造纸厂与皮件厂的废水污染，如果惠济河完全成了一条地上臭水沟，这总是一个问题呀!"厂长说:"这个我们是知道的。但要我们乡镇企业自己出资建污水处理车间,据说得花几百万元,我们哪来这笔钱呢?"

看来,**中央单纯用行政指令"关厂"的办法来治理日益严重的淮河污染问题是不行的**。关键在于**污水处理的成本问题**。将污水处理成本降低到此类企业能够承受的程度,是两全其美的根本出路。或进行技术革新,或将全县范围内的同类企业合并,集中处理污水以降低成本。在黄淮平原上发展乡镇企业,必然以农副产品加工业为主。以麦秆为主的造纸厂与以猪、牛、羊皮为原料的皮革厂,是黄淮平原上的两大主要产业,然而又是污染严重的产业。中央政策的重点,不在于关厂,而在于治污染,在于企业有经济能力治理污染。我们应从税收优惠、技术革新、集中治污等几个方面多想点办法。**单纯的关厂,实是下下之策**。

*   *   *

下午2时,一个仅能容纳七八十人的镇政府二楼会议室已座无虚席。我做了题为"农民、农业、农村与现代化"的演讲。题目虽大,但内容相对集中,主要围绕三层展开:一是人均耕地面积对发展经济作物的制约作用,二是分散经营的农民对市场价格的一般反应模式,三是地方政府在经济发展中的职能与"权限"。

整个演讲历时2个半小时。与会者的理论接受与反应热烈程度,实出我意料。或许是这两天半的调查帮了我的大忙,因为我引证的事例,差不多都是他们亲历或亲闻的。**理论是朴实的,它只不过将与会者已有的感受与经验组织起来并加以条理化,从而揭示出各经验现象间的相互关系而已**。如果演讲能达此目的,这在与会者的心理上必将产生一种愉悦,在认识上达到**提高**。一旦分散、凌乱、模糊的感觉得到理论的澄清,与会者一定会发出"啊,原来如此!"的惊叹。眼睛里、脸庞上便会流露出会意的笑容。这既是一种理论确信,又是演讲者的最高回报,否则便是"对牛弹琴"。这成语本义是嘲笑"牛",其实是嘲笑不解"牛"意的弹琴者,是谓"乱弹琴"。

演讲的成功,撤除了我这个外来调查者与乡镇官员间的无形阻隔。

晚6点，田书记请我们吃饭。席间，他谈到乡镇党委书记的职责与困境。

他说，乡镇党政一把手的全部工作，便是接受并落实上级党政部门下达的各项任务，作为一级地方政府的首脑，极少有自己的独立思考与计划，无法根据本辖区内的具体情况，因地制宜地开展工作。全部精力差不多集中于应付上面的各项检查评比，整天忙得晕头转向。计划生育工作，一票否决；综合治理工程，一票否决；乡镇企业工程，一票否决。我问这"一票否决"的具体含义是什么，田书记说，所谓"一票否决"，就是该项任务没有达到上级规定的指标，就可据此而否定你在全年内的全部工作。这一项工作没有达标，其他指标完成再好，也加以全盘否定。如"一票否决"了，那么主管这项工作的人，将就地免职，或通报批评。乡镇党委书记、乡镇长也同时负有连带责任，给予"出示黄牌"的警告。"上面一手拎着你的乌纱帽，一手提着'尚方宝剑'，弄得我们整天提心吊胆，战战兢兢的。上面下达的某些指示与任务，我们明知不切实际，也不得不照样执行。上面压我们，我们压村干部，一级压一级，强行推下去。一旦出了问题，引起群众反抗，上访、上告，他们又说你工作作风简单粗暴。中国的官，越往下，权越小，责越重。作为中国最低一级的乡镇官，尤其是第一把手，实在很难。上级制定的一些不切实际的高指标及频繁的检查评比，不是逼出上访上告，就是逼出各种弄虚作假的汇报数字出来。"

我说："如果上级政府与部门不给下级政府规定任务与指标，或规定了任务与指标也不下来检查评比，下级党政官员能否按照上级一般精神与本辖区实际状况制订自己的工作规划，并有效地执行呢？"田书记说："这就因人而异了。省委书记在一次会议上曾经说过'不给你们压任务，下指标，你们就**不动**；给你们压任务，下指标，你们又**乱动**'。这种情况确实普遍存在。能按照中央精神，按照法律，按照本地区实际情况而自觉有效地工作的地方官员，当然不能说没有，但确实是极少数。"

要么**不动**，要么**乱动**，言简意赅地道出了现行政治体制下，在行政管理上的两难处境。何种制度安排，才能使各级党政部门官员既**有效**又**有序**地行动起来，是中国政治体制改革的中心议题了。

晚 8 时，散席。田书记还有一个会议。他确实很忙，相约次日上午抽空再深谈。

▶ 10 月 19 日　乡镇一级区划内的条块分割（一）

上午 8 点 30 分，如约拜访田书记。他表示，他愿开诚布公，毫无保留地回答我所提出的任何问题。下面是访谈纪要。

一、乡镇一级区划内的条块关系

关于乡镇一级区划内的条块关系，田书记说，这是一个纠缠不清的老问题。从原则上讲是"条块结合，以块为主"，实际运作起来，却是杂乱无章，尽是扯皮。一般来说，人、财、物直属乡镇政府所辖的部门有计划生育办公室、民政所、土地管理站、农技站、农机站、水利站、畜牧站、林业站、文化广播站等。业务上归上级部门（即条）所管、在理论上属于条块双重管理的部门有工商所、税务所、财政所、司法所、派出所、电力所等。但所谓双重管理，块只管到它们的党组织，至于关键的人、财、物三大权，则直属条管。对条管部门的具体业务，块上只有支持、协助的义务而没有丝毫的权利。乡镇作为一级地方政府，辖区内的行政实被条条所分割。**简单点说吧，凡是收钱的部门都抓到条的手中，凡是用钱的机构都推给块管。**举例来说，开封 19 个乡镇中，有 4 个乡镇的农技站经营状况不错，除了自己的开支，还有盈余。县农技局就动脑筋，把这 4 个乡镇的农技站收归他们管。我镇的农技站便是其中之一。

——先说财政所。乡镇财政所应该是替乡镇政府管钱的财政所。属于我们乡镇政府的钱，该怎么用，用多少，一要根据有关财政支出的规定，二要根据我们的实际需要，总要我们说了算才是，但乡镇财政所所长的任命权，却被县财政局收去了。连财政所职工的工资、奖金标准都由他们来定，我们根本管不了它。一镇的财权要县财政局派人来管，我们用自己的钱，得找他们去协商。你说我这个第一把手还有什么权。

二、工商所

田书记说，工商所完全是县工商局的一个派出机构。去年，工商所在我陈留镇收缴工商管理费近 100 万元。但他们对我们说只收 50 万元。镇工商所秉承县工商局的旨意，加上他们自己的利益驱动，使劲地收钱，加重我镇工商业的负担。陈留镇在开封 19 个乡镇中，工商业一向称发达。但正因为我们这里油水多，他们便使劲地榨，压得陈留工商业喘不过气来。除了高收费，更有随意罚款，弄得不少工商业主撤离我镇，到别处谋生。我对他们说，别竭泽而渔好不好，但他们听不进，因为他们不是属于我管的。

三、最恼火的是税务所

田书记说，镇税务所只有 5 人，但要我们镇政府给他们配置 10 余人，协助他们的征税工作，这部分人的部分工资，也要我们支付。税务所是县税务局的直属部门，当然得先完成县上的征税任务，然后才能轮到我们。税务所还认为是替我们义务征税，跟我们讨价还价，要我们有所表示，说穿了，无非是要我们请客送礼。今年，县税务局要求在县以下、乡镇以上设若干中心税务部门，其中一个就设在陈留镇，并规定要我们镇政府给他们造房子，置设备，人员却完全由县税务局安排。我真不明白，为什么要在县税务局与乡镇税务所之间再增设一个税收层次，是为了增强税收的力度吗？我镇的税源差不多要给他们抽干了，这个力度还不够吗？推测起来，增设机构的目的，大概是多安排几个人吧。在县、乡各部门中，工商、税务、电力等是最有油水的，有门道的人都把自己的亲信、子女往这些部门塞。

这时，我顺便问及县、乡两级精兵简政之事。田书记说："精兵简政，喊喊可以，做做困难。关于精兵简政，我们喊了多少年？但在事实上，机构越来越多，人员也越来越多，精兵简政，若动起真格来，得摔掉许多人的饭碗。如今，进入县、乡党政部门，挤入收入丰厚一点的县局委办，如银行、工商、税务、电力、财政、公安等部门，没有背景与门路是根本不行的。这些稳定且收入较丰厚的部门，差不多成了'父子兵'的部门了。就是正规大学生毕业分配，也得凭关系、有门路。人事关系错综复杂，精简谁都不行。全县工商系统，近300来人；电力部门足足有500—600人。按理说，人数实在太多，但哪一个都精简不掉。"

四、计划生育部门

田书记说，计划生育是国策，耕地就那么一点，不会自动长出来，人口再增长下去，不得了。这个道理谁都懂得。但要农民自觉执行一对夫妇只生一胎的政策，阻力很大，困难不少。**有权的凭权生，有钱的买着生，无权无钱的就逃着生。**乡镇党政差不多把主要精力都花在这上面了，还是搞得手忙脚乱。更要命的是还得应付上面的各种检查。每年省里要来抽查，为了应付省抽查，市里先到各县检查；县为了应付市的检查，又得先到各乡镇检查。一级压一级。为了应付每年几次的计划生育大检查，实在弄得我们喘不过气来。老实说吧，没有一个乡镇能够做到一个也不超生的，所以为了应付检查，各种手段都使出来了。再说得彻底一点吧，庞大的计划生育部门不是靠超生罚款来维持的吗？真的做到一个也不超生，不就断了计生部门的财源了吗？

五、电力部门

他们更是厉害，田书记说道。每度电收费多少由他们说了算。动辄停电，从来不与我们打招呼。有些村明明是自己集资安装变压器，自己架电线，他们也要收钱。陈留镇是个工商业比较发达的镇，全年工农业用电，估计在800万到1000万度。每度电擅自增加0.1元，他们就可以增收80万到100万元。

六、乡镇一级条强块弱的条块关系

田书记总结说，乡镇一级政府的责、权、利相当模糊，名义上条块结合，以块为主，实际上各条条把乡镇行政权分割得七零八落。作为中国农村最基层的一级政府，其基本职能只是接受上级党政与各部门下达的指令与任务，协助各条条的工作，很少有权力、有精力根据本辖区的实际情况，独立制定社会经济发展计划，并切实有效地落实它。由于**条强块弱**，各条都强调本部门的特殊利益，各顾自身，很难从本辖区的整体利益这个大局去考虑问题。各条、各部门都拥塞着过多的人员，都想方设法提高本部门职工的工资、奖金水平和其他福利水平，都想改善自己的办公条件与办公设施，都喊缺钱，都变着各种法子搞钱，块上根本无法制约它们，这是各乡镇普遍存在的大问题。如果电力部门为了自己的部门利益而擅自提高电价，这必然增加农户与企业的负担；如果税务、工商部门只为了本部门的利益，竭泽而渔，总有一天会使税源枯竭。去年，我镇全年的税收任务是297万元，今年竟一下子提高到407万元。在短短一年之内，税源并未增多，而税收竟提高了近30%，这不是掘地三尺，杀鸡取蛋吗?! 这种做法到底是促进地方经济发展，还是阻碍经济发展呢? 我看是只能阻碍地方经济的发展。

我对田书记说，地方政府的主要职能概括起来只有两个：一是维持一方安宁，二是推动社会经济的稳步发展。用中央文件的话来说，一是**稳定**，二是**发展**。从理论上说，这两大目标是相辅相成的：没有稳定的社会环境，就不可能做到经济发展；相反，没有经济发展，百姓富足，社会就难以稳定。故邓小平一方面说"稳定压倒一切"，另一方面又说"发展是硬道理"。我在河南各地考察了几个月，发现有两大问题阻碍着这两大目标的实现。

其一是内地各级党政部门机构与人员增长太快，似乎每年以某个百分比不断向上攀升。庞大冗员的官吏队伍在一部分先富者的高消费诱惑下，不断要求提高工资、奖金及其他福利待遇，对办公条件与办公设施提出"现代化"要求。简言之，一是官吏队伍不断扩大，二是消费要求（包括个人消费与集体消费）不断攀升，造成各级政府财政支出的不断增长。当正规财政不能满足行政部门需要之时，具有行政执法权力的部门便以权谋私，各部门的小金库便相当于第二政府财政。日益增长的"政府消费"，归根到底来源于农户与企业，这正是影响内地社会稳定与发展的基本原因。

其二是有相当一部分内地党政官员，对"发展经济"和"现代化"有片面的理解。他们以为建道路造宾馆，政府投资办企业就是"发展经济"，搞城镇标准化、现代化硬件建设就是"现代化"。但他们恰恰把市场经济条件下的关键因素，即**"效益"**忘掉了，或忽视掉了。豪华宾馆只是"现代建筑"，远非现代化本身。巨量投资搞城镇标准化建设，如果没有城市规模效益，则只是一种摆设，一种供人参观的"政绩"而已。这笔巨额的"政绩投资"，归根到底来自农户与企业；这种"发展经济"的政府行为，只能加重农户与企业的负担，从而无助于经济发展。

前者，涉及我们的政治体制，后者涉及地方官吏的观念。当然与我们干部选拔与考核标准也有密切关系，不单纯是个观念问题，或说，归根到底也是一个政治体制问题。既然现行政治体制已成为影响社会稳定与经济发展的一个重要原因，那么政治体制改革的任务也就迫在眉睫了。

整个访谈持续近 4 个小时。

* * *

下午走访农经站、水利站与土地管理站。

一、农经站

站长姓韩，25 岁，河南农校财会专业毕业，1992 年到陈留镇政府工作，1995 年出任站长。该站现有 4 人：站长、会计、出纳、统计各一人。1983 年取消公社体制，为统一管理村提留、乡统筹资金，专设农经站，全称"农村经济管理站"。

村提留包括三项：公积金，用于村公共建设；公益金，用于村五保户的照顾；管理费，用于村干部的工资与办公费。乡统筹包括五项：教育附加费，用于乡村教育；民兵训练费，用于民兵训练；优抚军烈属费；乡村道路建设费；计划生育费（陈留镇取消这一项收费）。1995 年，陈留镇共收村提留、乡统筹款 300 余万元，农民人均负担约 60 元，严格控制在上年农民人均纯收入的 5％之内。

另有三项代收款：农业税，去年全镇共收 87 万元；黄河用水费，每亩收 3 元，共收 18 万元多；畜牧防疫费，共收 4 万元余。三项代收款总计约 110 万元。若加上村提留、乡统筹款共 410 万元，人均 82 元。严格说来，农民负担只指村提留、乡统筹这两块，代收款不属农负，但农民都把它们称为"皇粮"。其实，"皇粮"仅指农业税。

韩站长说，农经站每年三四月份编制征收预算。预算方案经乡镇党政与人大联席会议通过生效，在夏粮征购时一次完成。陈留镇历年来在秋收后从不再征钱粮。按理，国家粮站向农民按国家定购价格（通常低于市场价格）收购定购粮，农民向农经站缴纳钱款，这是两件不同的事。但为了征收农负的方便，农经商与粮站合作办公，农负款（包括代收款）就从定购粮款中扣除。所以农民往往将定购粮与农负混同起来。

村提留款由乡农经站管理，各村使用；乡统筹款由乡镇长一支笔审批使用。

在谈到各年农负率的确定、征收与使用过程中存在的问题时，韩站长说，在确定"上年农民人均纯收入"时，存在如下几个问题。

一是以什么为单位。国务院规定以乡为单位。一个乡镇通常有二三十个村，每村的贫富差异往往很大。如陈留镇内的三个村，全部劳动力差不多转到工商业上来了，有的村依然以农为主，以打工为辅，富村与穷村之间的人均收入相差一两倍，甚至更多。若以全乡镇平均收入为准，那么这一农负率对富村而言就很轻，对贫村而言就比较重了。前几年，河南省规定以村为单位。但富村有意见，说，人均耕地一样，为什么我们要多缴？所以，该县依然以乡镇为单位。最合理的当然以户为单位，但这给统计审核工作带来极大困难。相比之下，以乡为单位，虽然最不合理，但简便可行，农负平均分摊，也较符合农民的平均主义心理。

二是农负率如何确定。分田到户后，各农户全年纯收入到底有多少，连农民自己都不清楚。农业这块收入尚可估计，非农收入这一块就说不清楚了。**有些乡镇，往往根据上年的农负率再增加几个百分点，作**

为下年的农负率。更坏的一种是，根据乡村的实际支出确定应征款额，然后分摊到各村，再分摊到各农户，由此往往超出农民合理负担的范围。今年夏粮开征，开封县有七八个乡镇的村民集体到市上访上告，就是由此事而引起的。陈留镇的农负是全县 19 乡镇中最轻的。一是镇原党委书记（杨剑峰）十分重视农民利益与农村稳定，决不增加农民负担。二是镇工商业比较发达。韩站长悄悄告诉我：县委下令，不许各乡村干部议论农民上告之事。

韩站长说，在征收过程中，也存在不少问题。如果人均农负款大于定购粮款，农民往往暗中吃亏。比如，国家定购任务人均 100 斤小麦，该年定购价每百斤 65 元，而市场价 80 元。又如农民负担（包括代收款）人均 130 元。按理，农民上缴定购粮所得 65 元，再到市场上卖掉 80 余斤小麦，得 65 元，共计 130 元，就可以交掉农负了。但许多乡镇擅自把人均定购任务再增加 100 斤小麦，致使每个农民暗亏 20 斤麦。总之，农负越重，超过定购粮越多，市价与定购价之间相差越大，农民吃亏越厉害。韩站长说，关于村提留、乡统筹款的使用，按规定是专款专用，但在实际上很难做到。

最后谈到农经站开办的农村合作基金会时，韩站长说，在全县 19 个乡镇中，只有陈留镇、朱仙镇的农经站没有设立农村合作基金会。因为陈留镇上已有 5 家银行了（包括信用社）。如今各乡镇的农业合作基金会与银行、信用社之间的矛盾很大。今年 8 月，银行把基金会的存款利率降到 1%，以此挤垮基金会。现在有一种很流行的说法：或者取消农村合作基金会，或者并入信用社。

二、水利站

站长姓刘，29 岁，河南教育学院政治教育系本科生。1993 年分到陈留镇政府工作，家住县城。水利站现有 4 人：站长 1 人，副站长兼技术员 1 人（县水利局下派人员），另有 2 名职工。站长工资由乡镇财政负担，县水利局每年下拨 6000 元，主要用于副站长的工资。其余 2 人及办公经费完全自筹解决。自筹资金的主要渠道是按"水法"收取用水费，每吨水收 0.05 元，全年可收 7000—8000 元，差不多是 2 人的工资。

水利站的主要职能：一是配合县水利局，完成由它下达的任务，二是对乡镇水利建设做出规划，如开河清淤需丈量土方并分配各村完成。农田水利建设，通常放在每年的秋收完成之后。除了开河清淤外，水利站无事可干。平时没事，被乡政府拉去干杂活儿，如每人对口联系一个村，协助村支书落实乡镇交派的任务。

我说，你们搞个打井队，不是一举两得，既可为农服务，又可自己赚钱。他说，水利站本来有一台打井机，但原站长有病，年岁又大，就把这台打井机给卖了，得 5000 元，除了治病，用来发工资。再说，前些年，陈留镇利用世界银行贷款（治理黄淮海工程贷款），每 50 亩打一井，这项工作已经结束。除了清理河道，水利站别无其他工作可做。又说，水利投入严重不足，又不能向农民摊派，各乡镇水利站差不多处于吃不饱、饿不死的状态，无钱办事。

三、土地管理站

站长姓王，高中毕业，35 岁，1979 年至 1983 年在部队当兵。

土地管理站现有 4 人：站长 1 人，职工 3 人。有事统一做，并无明确分工。会计由乡财政所兼管。该站成立于 1983 年，基本职能：一是贯彻实施农田保护条例，二是协助城镇规划所搞好城镇建设规划，三是协助村委调解农村宅基地纠纷。

站长说：在宅基地审批、核查及村落规划中存在不少问题。最普遍的问题是村民宅基地超标占用。按规定，户均宅基地 0.25 亩，实际上都在 0.5 亩左右，有的甚至达到 1 亩。去年搞过一次清理，超标罚款，但县里怕引发矛盾，中途下令停止。村落规划涉及村民的一个老习惯，即认为祖上的老宅基地是子孙所有的地产，即使空置着，也不准划分给别的农户。还有村民建房，垫基取土挖了不少塘坑。1996 年 10 月 1 日，河南省颁布《村庄集结规划条例细则》，如能得到贯彻，**大部分村庄能节省一半宅基地，至少三分之一。然而，贯彻起来难度肯定很大，村干部也不想去惹这个麻烦。**

土地管理站的工资与办公经费不仅全部自筹，每年还得上缴乡财政2000元。在谈到资金来源时，王站长说，一是审批宅基地要征收一定税款（每平方米2.35元），税务所将其中的20%返回乡镇财政，乡镇财政再返还一点给土地管理站。1995年该站得5000元。二是代土地局征收的土地管理费。其中的30%返还乡镇，1995年该站得4000元。三是违法占地罚款，也按一定比例返还。罚款数额每年不定（站长未给出具体数目）。四是出租一间土地管理所的临街房屋，每年房租2000元。五是前几年由土地管理所投资4万元，自办一家针织厂，生产绒布，供各皮件加工厂使用。每年得承包费6000元。总共全年收入3万元左右。全年支出除了工资、办公费及上缴乡财政2000元外，还有招待费（1996年招待费开支2000元左右）与报刊订购费（全年600余元）。

我问："一个小小的土地管理站怎么要用掉600元的报刊订购费？"他说，这是上面规定的，说我们站有钱，让多订几份，共有十种。（《河南日报》《开封日报》《祥符大地》《妇女生活》《司法战线》《纪检风云》《党的生活》《中国青年》《农村青年》等）。

王站长是复员军人，因此而问及复退军人在乡、村两级党政各机关部门中所占的比例。王站长说："在乡镇一级，约占40%；在村支部、村委内，约占50%。"

▶ 10 月 20 日　乡镇一级区划内的条块分割（二）

上午，走访民政所与农机站。

一、民政所

所长姓周，33 岁，高中毕业后进入乡镇政府，历任通信员、司法所干事、副所长，1993 年调任民政所，任所长。民政所现有 4 人：所长 1 人，婚姻登记员 1 人，会计 1 人，干事 1 人。内部虽有分工，但常常被乡镇党政领导所差遣，以执行其他各项任务。

周所长说，民政所承担的职能十分繁杂。扶贫救灾，婚姻登记，殡葬管理，军烈属优待，现役军人优待，残疾人优抚，五保户优抚，社会救济，社会保险，社团登记等，皆属民政所职掌范围。若要一一落实各项民政职能，需要相当的人力与财力。然而乡镇一级政府，哪有那么多人力与财力来落实 10 余项职能?!"就拿殡葬改革来说吧，喊了多少年，但农民千百年来养成的入棺土葬的习惯根深蒂固。尤其是分田到户后，农民就在自己的责任地里挖坑起坟，谁也管不了，村委管不了，我们四个人怎么去管全乡镇的殡葬改革? 再拿落实河南省民政厅制定的《五保户管理条例》来说，按文件规定，五保人员的生活水平应不低于该乡镇人均收入水平。我镇共有五保人员 63 名，其中 36 人安置在镇敬老院，27 人留在村内。光敬老院的生活费与管理费，全年精打细算，也需 10 余万元。老人多病，加上医疗费，全年需 20 来万元。而去年，由乡统筹、村提留这块内拨给我们民政所的总费用也只有 22 万元。只能用来养个敬老院。再如根据《残疾人保护法》要我们安排就业，或给予各种优免，但难以落实。陈留全镇有残疾人 500 余名，要给他们中有劳动能力的人安排工作，是做不到的。那么至少得免除他们的农业税与义务工吧，就连这点优惠都难落实。残疾人在各村的分布很不均匀。在残疾人比例较高的村，优免掉的农业税与义务工分摊到其他农户头上的粮款就比较多些，农民因此而有意见。上面制定一个法律法规是很容易的，也可以制定得很正向、很好看，但制定法律法规的部门并不出钱。出钱落实的是乡与村，归根到底是农户。一方面叫减轻农民负担，一方面又加重农民负担，弄得我们工作很难办。"

在谈到民政所资金来源时，周所长说，共有三个来源。一是乡统筹内的全部优抚五保户费及部分村提留中的公益金，去年是 22 万元。二是民政局的下拨款，每年 9.8 万元（用于军烈属、伤残军人、老复员军人的优抚金）。上述两项，专款专用。三是民政局下拨的 11 万元扶贫周转金。只能用这笔周转金的存款利息，不足 1 万元，该项计入自筹资金。上述三项共计近 33 万元。除此之外，得靠自创自筹资金，以弥补不足。自筹部分有两个来源。一是民政所办了三个福利小企业（化工厂、预制板厂、皮件厂），福利企业的免税部分及承包款，民政所与县民政局四六分成。"去年，三个小福利企业只交给我们 1 万元：其中 6000 元上缴民政局，我们得 4000 元。另出租两间小店面（房产属于民政所），年租金 3500 元。"一是罚款，如不经登记而擅自结婚者，一经查出罚款 500 元。（当我问及去年罚款总数，周所长说"说不准"。）

周所长说，前年镇政府实行改革，凡有能力自筹资金自养的部门，一律脱离乡财政负担。民政所也属自养之列。民政所 4 人，全年工资、办公经费、订报费、招待费最少得两三万元。（其中，1 万元来自扶贫周转金的利息，7500 元来自福利企业分成与房租。**我推测，缺额部分或来自罚款与服务费，**但没有就此问题进行追问。）

二、农机站

站长姓贺，37 岁，高中毕业生。1988 年至 1992 年参军，1992 年 7 月分配到陈留镇政府，先在土地管理站工作，后调任农机站站长。该农机站现有 5 人：站长 1 人，农机检查 1 人，农机车辆证件管理 1 人，会计 1 人，农机交易市场管理 1 人。另有 4 名退休人员。

从前年开始，农机站与农技站、水利站、畜牧站等站所一样被乡财政"断奶"，自筹资金自己养活自己。陈留镇农机站下属有三个"经济实体":一个农机门市部,经营农用机械及零配件;两个农机加油站,皆由私人承包,由农机站收取承包费,两个农机加油站年收承包费2万元;一个农机门市部年承包费仅1000元。这2.1万元,便是农机站的全年总收入。但这仅是承包合同上写着的收入,事实上,光一个陈留镇,便有各类农机经营部门多达10余家,竞争十分激烈,以至三个承包者无力按月上缴承包款。

贺站长说,**农机站已有5个月没有发工资了**。我问:"那你们靠什么生活呢?"他说:"家里有田地的,回家帮老婆种地去;没有地的,各人做各人的小生意,总不会等着饿死。"我又问:"那4个退休人员呢?"他说:"在职的都发不出工资,哪有钱发给他们呢?"

农机站的职能差不多市场化了,但还保留一项"行政职能",那就是:农用车辆登记办证,所收手续费(每年2000—3000元)如数上缴县农机局。我问周站长"能否取消农机站",他说:"那有什么不可以,完全可以的。但县里有个农机局,乡里一定要有个农机站。其实,农机部门的主要任务,是自己养活自己,且还养不活自己呢!"

下午,走访计划生育办公室、"以法治乡(镇)"委员会与司法所。

三、计划生育办公室

计生办主任姓刘,30岁,高中毕业。1986年至1990年参军,复员后安排在镇政府计生办工作,后任计生办主任。在乡镇政府所辖各部门中,计生办发展最快,任务最重。"计划生育工作,是乡镇党政工作之中的重中之重,"刘主任说,"1983年前后,乡政府只有1名妇女主任兼管计划生育,到1990年,计生办已有10人,如今已发展到32人,还是忙不过来。"

计生办的组织与分工如下:镇计生办下设3个计生管理组。镇计生办设主任1人,副主任3人,办公室秘书兼统计3人,出纳1人,流动人口统计与管理1人。副主任兼管理组长,每个管理组7—8人。各组分管一片。全镇29个行政村,分属3个片。

刘主任说,经过几年的努力,本镇基本达到"提倡一胎,控制二胎，杜绝三胎"的目标。1996 年，全镇超生户降低到 10 余户，低于省规定的指标。超生人数之所以能逐年下降，刘主任归因于越来越严密且严厉的孕检与罚款制度。这套制度是 1993 年后完备起来的。该制度包括：凡已婚育龄妇女必须每逢单月到乡卫生院接受孕检，误期者，罚款；全乡镇每年可怀孕者有一定指标，落实各村，计划外怀孕者，除流产外，还得罚款；全乡镇每年生育人数有一定指标，计划外生育者（这不同于超生罚款），罚款；若已生一胎，必须放环，凡不上环避孕者，罚款；如已生一胎，又不符合生第二胎规定而擅自生育者，罚款；如超生一胎，除罚款外，必须施行绝育手术，否则罚款。由于各个环节层层把关，制度设防严密，杜绝超生两胎。

维持庞大的计划生育机构，其经费来源有二：一是乡统筹内的"计划生育费"，人均 1 元，全乡镇每年 5 万余元；二是各类罚款提成（即所谓"三费一款"）。当我问及该镇这些年来计生罚款的数额及用途时，刘站长略有犹豫，但还是说了一个约数。他说："1990 年前，并不清楚。1990 年至 1992 年，每年罚款在 25 万到 30 万元。从 1993 年始，全省加强了超生罚款的力度，该年达到 70 万—80 万元。1994 年、1995 年达到 100 万—110 万元。"（请注意，1995 年陈留镇村提留、乡统筹总款项是 300 万元，该年计划生育罚款超过"合理农负"的三分之一。且农负均摊于各农户，计划生育罚款主要集中于超生户，用重罚来控制农村超生，实在是不得已而为之的下下策。因为此项重罚，所惩罚的不仅是"自愿超生"的父母，更是"被迫出生"的孩子，他们中的多数因此而生活在极度贫困的家庭之中。）

刘主任说，全年计生罚款，原则上是 20% 上缴县计生委，30% 返回行政村，50% 留给乡镇计生办使用。一般来说，留乡的这一块是有保障的，但返村的这个 20% 往往没有保障。乡镇这块的提成，由"乡收县管，财政监督"。主要用于工资与添置办公设备，还有招待费与订阅报刊等各项开支。计生办共有 32 人，全年工资总额约 14 万—15 万元。1994 年在镇政府大院内盖了一栋计生办的办公楼，用去 35 万元。1995

年购置两辆车，用去 15 万元。计生办每年订阅各类报刊（主要是各级计划生育部门办的）就要花掉 8000 元。计划生育部门的上级检查特别多，每年用于招待的费用，也要花掉好几万元。

四、司法所

所长姓陈，27 岁，河南大学法律系 1992 届专科毕业生。毕业后分配到陈留镇司法所工作。全所现有在编人员 5 人，合同聘用 2 人，共 7 人。所长 1 人，秘书兼内勤 1 人，余 5 人各"承包"5—6 个行政村，协助各村治保主任解决各类民事纠纷。

陈所长说，各乡镇司法所于 1984 年建立。1996 年 4 月前，司法所所长的工资待遇与任命权归乡政府。自 1996 年 4 月后，根据省司法厅的有关文件规定，各乡镇司法所所长的任命权收归县司法局，所长的工资亦由司法局发放。原先属"块"主管的司法所收回"条"管，目的是削弱乡镇党政对司法过程的行政干预，以保证司法的独立性与公正性。

在谈到司法所的职能时，陈所长说，一是对村民进行普法教育，二是提供各种司法服务，三是调解并处理各类民事纠纷。乡村刑事案件由派出所管辖。近些年来，农村的民事纠纷主要集中在以下五方面。

一是婚姻纠纷。1995 年，全镇闹离婚纠纷共 35 起，多数经调解重归于好，实际离婚的只有 3 起。闹离婚纠纷的年龄，大多集中在 22 岁到 30 岁。近些年来，农村离婚纠纷案件呈上升趋势，这与男女青年外出打工增多、性关系较为松弛有密切关系。

二是宅基地纠纷。1995 年发生宅基地纠纷案共 20 余起。凡闹到司法所来的宅基地纠纷，一定是闹得比较大的，一般的纠纷在村内就解决了。这些小纠纷没有计入 20 起内。

三是承包地边界与用水用电纠纷。

四是老人赡养纠纷。分田到户，兄弟成家即分家。父母一旦丧失劳动能力，就有一个赡养问题。此类纠纷通常集中在某些家庭，常年得不到解决。刚调解好了，复又引起纠纷。有严重赡养纠纷的，整个陈留镇

29 个行政村，只不过 10 来家。但"清官"很难断这类家务案。

五是各类经济纠纷，主要集中在各乡村企业之间，此类案件有逐年增多趋势。

谈到司法所的经济来源问题，陈所长说，除了其本人的工资由县司法局负责外，其余 6 名职工的工资及办公经费都需自筹。其来源一是法律服务费。司法所成立一个司法服务所，其实是一套班子，两块牌子。我们与 24 个行政村及 8 家企业签订法律服务合同，提供法律咨询，或协助处理有关案件。按合同规定，每月收取 100—300 元不等的服务费。二是公证费。三是调解费，每案件收取 50—100 元。四是代理各种经济案件，按标的大小提取一定报酬。1995 年，全所收取上述费用共 3 万余元。司法所的日子过得相当清苦，要添置一点必要的办公用品或购置一点法律书籍都不可能。

在谈到乡镇司法工作的困难时，陈所长列举了主要三条。一是经费严重不足。有些纠纷本来可用罚款来解决，但从去年起，上面不让罚，取消了所有罚款项目，收入减少。二是原先在乡镇党政领导下开展工作，受行政干预很大。如今所长由县上任命，情况或有所好转，但要司法独立，看来很难做到。再说，在乡村工作牵涉到许多亲属人情关系问题，要做到司法公正，也有困难。三是农民群众，包括乡村干部在内，对法律、对司法工作认识严重不足。对什么叫民事纠纷，什么叫刑事案件，以及用什么程序解决纠纷，没有多少人弄得清楚，等到事情闹大，知道还有个司法所可以帮他们解决问题的人实在不多。当然，这与我们司法所工作没有做好、影响不大，也有密切关系。

陈所长说，各乡镇司法所工作人员的素质，也是一个大问题。"就拿我们司法所来说，全所 7 人，只有我读过一点法律专业，其余 6 人虽然都是高中生，但没有一个受过法律教育，也没有进行过有关法律知识的培训。一批对法律缺乏专业知识的人，怎能从事法律工作呢？这真是一个大问题。乡镇司法所成立 10 余年来，上面为什么不对司法所的全体人员进行法律培训？上面一直喊以法治乡，以法治县，实际上对法律并不重视。"

陈所长还兼着"以法治乡（镇）委员会"常务副主任的职务。司法所原有两间办公室，如今让出一间，重新粉刷装潢，作为"以法治乡（镇）委员会"的办公场所。陈所长说，今年河南省新设一个名为"以法治省委员会"的机构，并要求市（地）、县、乡（镇）设立相应的机构，乡镇党委书记、副书记分别任该委员会的正副组长，乡镇政府办公室主任兼该委员会的办公室主任，司法所所长兼任常务副组长，具体工作由司法所承担。新设这一机构的目的是清楚的，但这一形同虚设的机构能否有效地推动从"人治"向"法治"的过渡，则大有疑问。

我以为有两种不同类型的法治：一种是集权（确切地说是"专制"）政治的"法治"，一种是民主政治的法治。前者是"上面"制法来治理（管束）"下面"，迫使"下面"的行为尽可能地符合上面的意志。后者是"下面"制法来约束"上面"，把掌管社会公共事务的权力约束在既定法律的范围之内，从而尽可能地避免滥用公共权力。长期以来，我们并没有将这两种不同类型的法治区分开来。当然，问题的关键并不在于理论区分，而在于中国**地方政治与社会民情的实际情况**。政治上从专制向民主的转移，应该是与**社会实际情势**中的**村民**向**公民**的转移，**人情**向**法律**的转移，**亲疏远近的差别对待关系向无差别的平等对待关系**转移相一致的。因此，要推动现代法治，首先得研究、分析"社会民情"这个客观情势，并寻找出切实有效地推进**社会民主化**的途径与方法。很可惜，很多鼓吹民主政治的知识分子极少意识到这一问题的重要性。他们光喊着要过河，但从不去造船或建桥。

▶ 10 月 21 日　访陈留镇财政所所长

今天星期六，又是一个双休日。在外调查，我常常把"星期"与"双休日"给遗忘了。幸而镇财政所所长的家就在镇政府大院内，找她座谈还算方便。

财政所所长姓黄，32 岁，河南大学财政函授班毕业，大专文凭。财政所现有 8 人，所长 1 人，预算会计 1 人，另有 6 名专管员：2 名专管税收，2 名专管预算外资金，1 名管支农周转金，1 名代管政府现金。在 8 名成员中，只有 2 名大专生（都是财政函授班），其余 6 人到省、市财政培训班进修过三四个月。在 6 人之中，"有 2 名子弟兵"——这或许是特指通过父母亲友的特权关系安置进来的。财政所的基本情况如下。

一、乡镇财政所的主要资金来源

黄所长说，乡镇财政所的资金主要有三个来源。一是由财政所自征的税收。包括农业税、农业特产税、耕地占用税与契税。1995 年，农业税 52 万元（返回乡财政部分；去年全镇农业税共 81 万元），农业特产税 7 万元。耕地占用税，分农民宅基地占用与工矿企业占用，前者每平方米 2 元多（应是 2.35 元），工矿企业占用每平方米 4 元多，1995 年共收 5 万余元。契约只限于城镇，在开封所辖 19 个镇中，只限于陈留、朱仙镇等 3 个镇，去年契税 1.2 万元。上述四项共计 65.2 万元。二是税务所征收的国税、地税返还乡财政的部分。1995 年将近 200 万元。三是自筹资金。自筹资金主要有两个来源，一是乡镇政府所办企业的利润分成或承包款，去年上缴乡财政所共 14 万元。二是乡镇政府出租的临街房，去年共收租金 3 万元。黄所长说，去年全年的乡财政收入共计约 279 万元。

二、乡镇财政所的财政支出

在谈到乡镇财政支出时，黄所长说，乡财政支出，主要由三块组成。一是教育事业费。这一块是大头，每月光是从这里领取的工资就达14万元，全年是168万元，占财政总收入的60%以上。其他如校舍维修、教学设备添置及办公经费还没有计算在内（这笔费用，她说记不得是多少了）。二是乡政府开支。每月工资4万多元，办公费、小车费1万多元，每月共计近6万元。全年是72万元。"前年乡政府实行改革，许多机构与财政'断奶'，让他们自谋生路，否则开销还要大呢。"三是民政事业费，主要用于优抚军烈属。去年用去13万元。

黄所长最后感叹地说："内地乡镇财政，中心工作是把钱搞来，给中小学教师按月发工资，政府养不活那么多部门与人员，只得让他们自谋生路，若要发展地方经济，搞点建设，实在没有钱。在县19个乡镇中，乡镇财政收入的65%—75%都用在教育教师身上。其他各县情况差不多都是如此。"

访谈结束，已是上午10时30分。

＊　＊　＊

中饭后，决定返回开封县城。

历时5天半的陈留镇调查，共走访4个行政村，8个乡镇政府部门，做了一场学术报告，与镇党委书记会谈2次。尚有若干职能部门未能走访，实是一件憾事。此次乡村两级的调查，我本想做得更深入些，更全面些，更详尽些，然而只能如此。聊以自慰的是，我确实尽了最大的努力。

在开封县19个乡镇中，陈留镇或许是治理得最好的一个乡镇：这里的农民负担比较合理；这里的乡、村工业较为发达；这里的党政比较廉洁；这里的干部、群众都怀念他们的前任镇党委书记杨剑峰（今年5月，调往朱仙镇任党委书记）。在干群关系普遍处于紧张状态的今天，能听到群众怀念表彰他们的"父母官"，实是一件稀奇之事。

但就在这样的乡镇，进行并不算深入的调查，依然能发现许多问题，这些问题一定是在各乡镇**普遍存在**，且是**制度性**的问题。

一、关于乡镇财政问题

就陈留镇而言，镇财政所 1995 年的总收入是 279 万元，镇农经站 1995 年征收的农负（仅指符合国务院征收标准的乡统筹、村提留）300 余万元，由镇计生办征收的"三费一罚"1995 年达 100 余万元。在同一个乡镇辖区内，分属三种机构都有权收取并使用"农户剩余"，实在流弊甚多。我提出以下建议。

1. 拟将这三种收入归一个部门（如财政所）统收统管，并统一使用。这样，所有行政执法职能机构的罚款权才能与罚款收益彻底分离开来，从而杜绝为追求各部门的"罚款收益"而滥用罚款权的腐败现象。

2. 将各种合理的且各农户都须承担的农民负担统一计入"农业税"，按亩计征。陈留镇有 6 万余亩耕地，1995 年的农业税 87 万元，亩均近 15 元；农负 300 万元，按亩均摊 50 元，共计 65 元，这或相当于古代的"十一税"。这既简化了征收手续，也杜绝了农村乱收费的重要根源，因为农户可按统一税率缴纳农业税。

3. 乡镇财政所每年应向乡人大与各村委公布全年财政收支状况，凡不公布者，法律规定农民有权拒缴税款。

二、乡、村两级政权的地位与乡、村干部的素质亟待提高

乡（镇）、村两级政权是**直接**面对民众，并**直接**掌管乡、村社会公共事务的政权；乡、村两级的官员（包括各职能部门的公务人员）是直接与民众打交道，并直接执行、处理、解决乡村社会公共事务的公务人员。乡镇以上各级政府所制定的方针、政策、法律、法律与任务都必须通过乡、村政权与乡村官员才能得到真正的落实。套一句古代的政治术语来说，**乡镇官是管民之官**，乡镇以上之官都是**管官之官**。既然为人民服务是设立政府、委任官吏的最高宗旨，那么**虽然在行政级别上管官之官高于管民之官，但在行政重要性上，应该说管民之官要高于管官之官**。孟子说"民为贵，社稷次之，君为轻"，我们或可从这个意义上去理解。既然民为贵（用我们的话来说"主权在民"），既然政府是为民

众服务的，那么，直接面对服务对象的乡、村两级政权，直接处理乡村社会公共事务的乡、村干部理应处于最重要的地位。然而，实际情况恰巧倒转过来。村干部其实只是一种**职级**，乡镇干部只是围绕着上级部门与官员转，而不是围绕着民众转。**乡（镇）、村政权与乡、村干部的现实处境可用六个字概括之：位卑，权轻，责重。**因而充任这两级行政机构的公务人员之素质往往很差。这里的素质一词，并不是指一般的文化素质，就文化素质而言，他们中的大多数已达高中或高中以上文化程度，且经过部队锻炼的复员军人占有很大比例。所谓素质，一是指**专业化程度**。公安、司法、税收、工商、信用、电力、财政等**专业性**很强的职能部门，充塞着大量未经专业化训练的职员。看来，定期的培训与考核应定为制度。考核不及格者应退出这些部门。二是为民众服务意识与法律意识很是淡漠。看来，应在全国各地市设立专门的行政管理学院，以推进各行政职能部门公务人员的专业化进程。当然，重点还在于加强公民权利意识与法律意识教育。

下午，辞别田书记，返回开封，下榻于祥符宾馆。与永成两访县委书记，一是向他汇报陈留调查情况，二是听取下一步调查安排，但皆不遇。征得县党办主任的同意，决定明天到黄河滩内的刘店乡去看看。一是出于好奇，黄河大堤之内，黄河滩之上，怎么能居住数万人呢？据说今年该乡遭受水灾，那么灾后村民生活如何呢？二是想亲临黄河边，看看我们民族的这条"母亲河"，社会调查似乎是一个次要任务。党办主任答应，明晨刘店乡派车来接。

* * *

晚饭后无事，永成提议我去看看他的一位家住县城的老朋友——县党校副校长。说此人十分坦诚，对县里的情况很是熟悉，往访必有收获。

县党校副校长家住一独门小院。二层小楼房，上下各三间。小小庭院内，一间厨房，使用瓶装液化气，一间卫生间兼淋浴室。院内还栽着几盆花。客厅十余平方米，两排沙发，一茶几，一台彩电，四壁有塑料护墙板，装饰得挺舒适的。永成向他的老朋友说明了我的身份及来意，朋友的朋友自然也是我（或他）的朋友，且同为教员，谈话轻松而无隔阂。

先谈县委党校状况。年近50岁的副校长说，开封县委党校共有20人，其中教员15人。县财政每月拨款8000元，全部用于20人的工资。至于校舍的维修、教学设备的添置、水电费与一辆小车的维修费，都得自筹资金，自行解决。自筹资金主要来源于两个校办工厂：一是仿瓷涂料厂，二是新型壁板厂（该厅内的护墙板便是这家小厂生产的）。这两家小厂都是四五年前创办的，两厂的职工便是全体党校教员。这样，每位教员月收入可增加200来元，每年两厂获利两三万元，弥补学校办公经费。

党校院内有数亩地，人均两三分，种菜自食。我开玩笑说："这类似于古代的职分地，以补官俸之不足。"副校长说："这样的职分地，许多县党校都有。两三分地，一家蔬菜用不着上街购买了。"永成说："开封市委党校原来也有这样的职分地，后来教师住房紧张，都用来自盖房子了。"

副校长月薪401元，加上企业收入，每月收入七八百元。妻子前几个月下岗，女儿考上天津南开大学，一喜一忧。粗略估计，大学一年至少得花5000元。谈到经济拮据，副校长直是摇头叹气。话题悄悄转入开封县各乡镇的农民负担与数乡村民集体上访、上告事件。副校长说，今年夏粮征收之时，全县19个乡镇，计有七八个乡镇发生农民集体赴市、赴省上访、上告事件。规模小者有数十人，规模大者或上百人。县上虽然组织力量多方劝阻，或设关卡堵截，仍发生七八起越级上访事件。起因或不一样，但皆集中在夏粮征收之际，大抵与过重的农民负担有关，详细情况不得而知。县委下令，干部不得参与议论此事。夏粮一次征收小麦，人均200来斤，这个负担确实太重了。开封各乡镇，人均耕地只有一亩多一点；有不少村，人均耕地不足一亩；每亩平均产量不过五六百斤，好点的七八百斤。地方政府要拿掉四分之一或二分之一，农民是很难承受的。

副校长说，河南的官员爱提口号，这些口号听起来雄心勃勃，但不切实际。某县委书记 1995 年 2 月走马上任，即提出 "**超常规、大跨度**"，"**五县争第一，创全国一流县**"，"**调整干部的力度，就是推进经济发展的强度**" 等口号，并制定 1995 年到 1998 年县财政收入大幅度增长的目标。该县 1994 年财政收入是年县财政收入大幅度增长的目标。该县 1994 年财政收入是 3400 万元，杨书记要求在 1995 年达到 5000 万元，1996 年达到 6800 万元，1997 年达到 8000 万元，1998 年达到 1 亿元。在四年任期内，县财政收入增长近 2 倍，有可能做到吗？该县工商业并不发达，总体上来说依然是个传统农业大县，农民群众刚刚达到温饱，县财政到哪里去搞那么多钱。到头来，还不是直接、间接向农民要。其实，县委书记所能做的，一是将财政指标分解到各乡镇，给下面施加压力，二是拎着他们的乌纱帽。

副校长说，用单纯的行政命令，用调干部、搬位子的办法来搞经济，流弊很大。如发展乡、村企业，上面规定 1995 年各乡镇要创办一个投资 30 万元的集体企业，各行政村要办一个投资 10 万元的村集体企业。项目、资金、技术问题都要下面自己去解决。如今的行政村，哪里有钱？搞不到贷款，要村干部带头集资。下面怕丢乌纱帽，只得硬着头皮搞企业。有些村还没有建厂，钱就被骗去了；有的村办了一年，钱用完了；有的村虽然盖起厂房，搞了设备，但生产不出产品来；有的虽然出了产品，但没有销路。真正有经济效益的村办集体企业，实在少而又少。这真是劳民伤财。又如县里号召各乡镇办养牛场，并带动各农户养牛，如今全县的牛已到了出栏时期，牛价格从每斤 3.50 元跌到 2.80元，还是销不出去。"富民工程" 成了 "害民工程"。又如组建什么"企业集团"，全县原有 8 家国有企业，其中某厂下属 5 个车间，如今将 5 个车间提升为 5 个厂，组成一个企业集团。从一个企业变成一个企业集团，唯一的变化是管理人员增加了好几倍。原来厂内招待所只有一桌酒席吃喝招待，如今的招待所，五六桌酒席，满满的。再如，开封县的国有酒厂，销路不好，亏损。县委、县政府发文件，要求县属机构、各招待所喝该厂生产的白酒，说是发扬爱县精神，又以白酒若干箱充作县财政拨款，作为各部门的"办公经费"。

在谈话中，副校长还提及发生在某县某乡计生办的一件事。据说，罗王乡计生办在1995年内花费掉100万元，其中80万元是"三费一超"的罚款，另20万元不知是向什么部门借来的。在100万元的消费中，有许多白条，不少白条开支是用来购置礼品的。县纪检与监察部门正在查处此事。该乡现有人口约2.8万，下辖10个行政村，44个自然村，在开封县19个乡镇中属小乡。1995年，留存该乡的超生罚款高达80万元（如果这个数字确切的话），那么该乡全年超生罚款总额高达160万元（因为按规定，30%上缴县计生委，20%返村），实在令人惊讶！

另谈及一件趣闻：开封县委前任书记（1993—1994年在任）曾组织全县副科以上干部参加为期半月的"跳舞培训班"，并郑重其事地列入"干部考核指标"。理由是"转变观念，提高干部的现代素质"，该书记因而获得"跳舞书记"的称号。

晚11时，回旅舍休息。

▶ 10 月 22 日　与黄河争地的刘店乡

上午 9 时，刘店乡派小车来接我们。

从开封黄河大桥往东约 30 公里便是著名的黄河东坝头（黄河至此突然折向东北）。此段黄河的南北大堤相距七八公里或十来公里，黄河主河道靠近北大堤。从主河道南岸至南大堤之间有一大片长约 30 公里，宽五六公里的黄河滩地。与南大堤相连的狭长滩地称为上滩地，近河道的狭长滩地称为下滩地，上下滩地落差在 1—2 米。在这片黄河滩地内有两个乡：西边的刘店乡属于开封县，东边的三义寨乡属于兰考县。

上午 9 时 3 刻，车上黄河大桥南端引桥，越过黄河南大堤，折而东向，沿着两排高大白杨护卫着的柏油公路行驶数公里，便是刘店乡治所所在地——刘店小集镇。乡政府大院给我的第一印象是空旷、整洁与简朴。现年 37 岁的段书记恰在他的办公室里，他对我们的到来表示欢迎，并愿为我们的调查提供一切方便。我首先请他介绍该乡的概况及今年遭受洪涝灾害的情况。

一、刘店乡概况和今年遭受的洪灾情况

该乡下辖 22 个行政村，44 个自然村，3.5 万人口，5 万余亩耕地。全乡的村落与耕地都处于黄河滩地之内，总面积近 80 平方公里，分上、下两滩，落差有 1—2 米。全乡 14 个行政村，近万亩耕地集中在上滩。黄河泛滥，通常不会漫及上滩。下滩原属黄河故道，大概在明清时期（具体在什么时间不太清楚），黄河改道，由南移到北边，下滩地得到开垦。现有 8 个行政村，16 个自然村，4 万余亩耕地集中在下滩，即黄河故道内。经常遭受洪涝之灾的是下滩地。新中国成立后，为了防止黄河汛期的洪灾，在临近黄河现河道处修筑了一条长四五公里的防洪堤坝，称为内堤。据说，设计时能防止每秒 1 万立方米流量的河水冲击。在黄河汛期，通常的流量为每秒 1 万立方米以下，但有些年份有可能超过警

戒线，最高流量可能达到每秒 2.2 万立方米。所以下滩地的村民与耕地是不甚安全的，生活在黄河滩上的农民，要与黄河争土地，经常付出很大的代价，有时是十分惨重的代价。在内堤外还有一片狭长的滩地，其实是现在黄河河道的一部分。每到黄河汛期（每年的七、八、九三个月），河水上涨，淹没这片土地。水退之后，种上冬小麦，次年汛期来临前收割。每年只有一熟，且产量极不稳定。这是每年黄河泛滥带来的泥沙分布极不均匀所造成的。有些地段以沙为主，有些地段以淤泥为主，有些地段泥、沙混合。在沙土地只能种点花生，淤泥地则能种小麦，产量倒也不低，就是内堤之内的耕地也是如此。故亩产高低不一，平均算起来，小麦亩产在四五百斤，淤泥地可达亩产 800—900 斤。黄河泛滥，向有"急沙漫淤"之说：急流冲刷过后，留下的是一片沙土；漫流之处，淤泥沉积，便是肥田沃土。

今年黄河汛期流量不大，据说每秒只有 7600 立方米，或许是黄河在此段河道内的流向发生了变化，向南冲击，冲破内堤堤坝，洪水大量浸入内堤之内，8 个行政村与数万亩耕地全被淹没。幸而人员全部撤离，没有造成伤亡，但房屋与财产损失十分严重。据统计，房屋倒塌971 间，危房 1271 间，至今仍有 7 个自然村、2.268 万亩耕地浸泡在水中。损失最惨痛的是乡、村企业。刘店乡是个黄河滩乡，以黄河滩为生，虽有一大害（即遭受洪灾），但也有一大利，那就是取之不竭、用之不尽的黄河土。所以，历届乡政府把发展乡村经济的重心放在发展乡村企业上，而乡村企业概以砖窑厂为主。窑厂为了取土方便，绝大多数建立在下滩地。今年的这场洪水冲毁了该乡大小窑厂 40 余座（全乡有窑厂 50 来座），冲毁高压电线 14 万余米。每座窑厂少则投资一二十万元，多则百余万元，如今成为废窑。总计各类经济损失高达 8140 万元。

二、该乡今年的抗洪救灾情况

谈及抗洪救灾情况时，段书记说，这次洪灾幸而没有人员伤亡，县、乡政府及时组织力量把下滩地的村民与粮食转移到岸上来。如今正在集中力量排干数万亩耕地上的积水（半均水深 1.5 米）。同时，组织青壮年外出打工自救。县民政局拨款 30 万元救灾款，主要用于购买抽水机：20 余部柴油抽水机，20 余部电动抽水机。乡党政各部门干部与各村干部日夜奋战在排洪第一线。如全部排干内堤积水，估计还得 20 余天（已经排了一个月）。县民政局下拨的 30 万元救灾款，能将全部积水排干，已算不错了。排干积水，让村民早一点播种小麦，否则明年的粮食就成大问题了。现在最成问题的是下滩地区千户村民的过冬住房问题、衣被问题与数百户缺粮问题。乡政府是无力解决这一迫在眉睫的困难的，还得发动市、县人民的募捐救灾来解决。至于如何逐步恢复被洪水冲坏的 40 余座砖窑厂，那是下一步任务了。

＊　＊　＊

谈到中午时分，段书记请我们在乡政府食堂吃便饭，同桌的还有县城管会副主任，他原是该县仇楼乡长，段书记原是仇楼乡的乡党委书记，今天专程来看望段书记的。（此刻，刘店乡的乡长、人大主席、武装部长等一干人马还在排涝抗洪第一线指挥工作。）席间，谈到乡镇一级干部的频繁调动问题。

段书记说，**乡镇一、二把手的调动过于频繁：在仇楼乡，五年内换了五任书记与乡长；在刘店乡，近五年内换了四任一、二把手。**当我问及乡镇主要干部频繁调动的原因时，他们说这个问题很复杂，一是县委班子更动，乡镇班子也跟着更动；二是一、二把手工作配合不好，闹矛盾，引起调动；三是某乡镇领导工作不力，引起调动；四是某一乡镇干部调动，牵连着引起其他乡镇的调动。

城管会副主任说："县委提出，**调整干部的力度，就是促进经济发展的速度**。这是引起近几年来乡镇干部频繁调动的重要原因。"我问："调整干部的力度是什么意思？"他说："就是新任一、二把手，尤其乡镇第一手如不能在**短期内出政绩，就地免职，另用新人**。"我又问："实践证明，这样做能否促进经济发展呢？"他说："走马灯似的换人能有什么效果。搞农村经济，怎么在短期内就能出明显的效果呢？**充其量搞些'盆景'，供领导们参观而已。不可能有长远打算与实事求是精神。**

就拿我们原来的仇楼乡来说吧，年年搞植树造林，开封、兰考、杞县一带原来是风沙之地，植树造林一向受到重视。在集体化时期，植树造林的任务容易落实。如今搞土地家庭承包制，分田到户，农户怕树荫挡住阳光，影响产量，所以，尽管种树可以搞得轰轰烈烈，种好后，领导下来一看，也是很好看，但要保住树苗，让它们成林，确实相当困难，因为农民们悄悄地把它们拔掉了。我们每任书记、乡长上任，都要种树，五任书记、乡长在原来的树坑上种了五次树，但至今风景依旧。坦率地说吧，**频繁地调动干部，老把乌纱帽拎在手上晃动，促进的不是经济发展，而是形式主义与花架子**。上面要下面做什么，下面马上跟上，唯恐落后挨批评。县委号召大力养牛，下面得赶紧养牛；上面要推行塑料大棚，下面赶紧向村干部压任务；上面说要建市场，下面赶紧拓路建房；上面说办乡、村企业，下面赶紧得办企业。至于牛养好了，蔬菜种出来了卖不出去，那就不是他们的事了。"

我想，倘若能将全县各局委办及各乡镇一、二把手近 20 年来的**任期、调动原因**做一番社会学统计就好了。问题是，我不可能获得该项研究所需的详尽资料。

*　*　*

下午，段书记指派乡党委秘书小谭陪同我们参观访问。骑车出乡政府，西行数百米，有一条柏油公路折而北上，直达黄河内堤。此段公路长约二三公里，高出两边滩地二三米。小谭说，这是一条专门为砖窑厂而修建的路。我们推车北行，只见公路两侧是茫茫一片淤泥地，低洼处尚有大片积水。在水退之处，不少农户正加紧播种小麦，或撒播或耧播（一人在后扶耧，二三人在前拉耧，麦种放在耧斗内，沿耧底小口而落进耧头犁开的小沟内）。由于水退不久，黄河泛滥期间所淤积的泥沙既深且陷，两腿深陷半米以上的淤泥之中，每向前挪动一步，都很是艰难。在稍干的地块，农民则双膝跪地，爬着播种。一眼望去，人人都成了泥菩萨。时值 10 月下旬，北方气候转冷，穿着短裤在淤泥中播种小麦，更显得十分艰辛。

此段公路之北端，与东西向的黄河内堤相连。该段内堤高出滩地二三米，宽三四米，长一二公里，外侧用石块垒砌。有数十条长约十数米、宽约三四米的挑水坝向外延伸，挑水坝的功能是减弱汛期河水对内堤大堤的冲击。我站在内堤上，望着数百米以北的黄河平静地自西向东流淌，对它七八月间所犯的大错浑然不知。不过深究起来，也怨不得黄河，因为整个的河滩地原本就是她的河床，任性的黄河本来就喜欢在宽阔的河床内左右滚动。黄河平时如此温驯，而汛期又是如此暴烈，这不正是黄河儿女，即中国农民的双重性格吗？唐太宗懂得这个奥秘，故有"贞观之治"。

在内堤以南，公路以东，有大小五六座废砖窑。因被漫过内堤的大水冲淹，如今全部处于半倒塌状态。小谭说全乡大小窑厂40余座，其中30余座毁于这次大水，最可惜的是去年投资百万元的新窑也在被毁之列，砖窑厂为本乡财政的主要支柱。（我记得段书记说全乡大小窑厂有50余座，被毁40余座，不知哪个数字更确切些。）

本想去走访几个村落，无奈公路东侧的远近几个村落都处在淤泥的包围之中，我不好意思让小谭卷起裤腿，踩着没膝的淤泥路陪我进村。村落的农舍皆为砖瓦结构的平房，房屋都建在土筑的高台上（离地面1米左右）。在离高台地面1米左右的墙壁上，清晰地留着被大水浸泡的痕迹。由此可以推见，此次黄河泛滥时的水位高出滩地2米左右。

* * *

在回程路上，碰到几位刚收工的中年农民，于是上前搭话。我问："10月下旬播种小麦是不是过了节气而会影响产量？"其中一个说："是晚了点，但今年能种上小麦已算很不错了。只是小麦种子增加了许多：原先一亩地只需15斤，如今要下百来斤。收成嘛，三四百斤总有的吧。"我故意问道："花百来斤种子，只收三四百斤，又在淤泥地播种很是麻烦，不如外出打工来得划算。"另一农民说："打工归打工，地还是要种的，**农民嘛，怎能让地荒着不种呢？再说别人都在播种小麦，你不种地，别人会说你懒！**"这后一个理由，着实使我纳闷。我分别递给他们一支香烟，小谭说："这是河南最好的香烟，每支一元五角呢。"一个农民一面拿起烟来看牌子，一面说："有那么贵的香烟?"另一个五六十岁的农民说："这有什么稀奇，前几天我的侄子送给我的一条洋烟，还要贵呢。"我问他："这条洋烟是什么牌子的?"这位老农想了一会儿，摇摇头说："忘记了。"我又问："你的侄子在哪里工作?"他很得意地说："在什么税务局里工作，他们抽的洋烟都是有人送的，用不着自己掏钱买。我侄子一个月光抽烟就抽掉上千元呢! 我侄子说，一条洋烟就要好几百元。"另外几位农民似乎很羡慕他有一位"抽洋烟不花钱"的侄儿。我想中国农民虽企盼清官，但对"官吏特权"通常却是默认的，甚至是羡慕的。

农民们要回去洗刷满身的淤泥，故只能匆匆聊上几句。

晚上，乡办公室主任小张把他的卧室让给我使用。这是一间办公室兼卧室。乡镇主要干部，尤其是乡镇一、二把手，皆非本乡镇人，平时住在乡镇府内，故办公室或兼卧室，或与卧室相连。卧室十分简朴：两张台桌，一条长凳，一张木床而已。床上垫被与被褥很薄，时值初冬，只得和衣而睡。

▶ 10 月 23 日　刘店乡的排涝工程

清晨 5 时许，不知被冻醒的，还是被此起彼伏的鸡鸣声唤醒的，不复入睡。于是披衣而起，步入政府大院。昨夜的雨早已停息，真是谢天谢地。否则一边下雨，一边排涝，真够刘店人受的。整个大院空旷而寂静，我站在黄河滩上，想看黄河、黄土及在这片广袤的黄土地上世代耕耘的农民，从古代的小农经济到人民公社集体化，再到家庭联产承包责任制，根据意识形态话语，这是伟大的历史进步。然而，古代小农，集体化之社员与今之农民到底有多大变化？诚然，技术提高，因而单位亩产增加了数倍。一旦面临水旱之灾，在古代轻则逃荒，重则转死沟壑，如今能以政府集体力量抗洪救灾，这或许是一种最真实的进步吧！

上午 8 时许，刘店乡乡长、乡人大主席、乡武装部长三人要到排涝工地去督察且勘测下一段的排涝工程，于是随他们一起前往排涝工地。小谭有事，今天不能陪我专访。

车出乡政府东行数公里，折西北行数百米，便是排涝工地。一条宽约 3 米，高约 2 米的土筑堤坝从上滩一直向北延伸到下滩，全长约四五公里。这是下滩村民出入的主要通道。在上滩高地建有一个临时指挥所，里面堆放各种排涝器械，另租借一民房，作为工地食堂。还有两个"国家民政部救灾帐篷"，作为排涝人员的休息处。这条建于 20 世纪 50 年代的南北路坝，将围积在内的黄河水分割成两个"大湖"。曾经是混浊的黄河水，经过沉淀而成为碧绿的湖水，一望无际。极目北望，若干村落犹如万顷波涛之中的孤岛。近处，40 余台抽水机排在南北大堤的南端，机声轰鸣，震耳欲聋，日夜不息地将"西湖"之水如同巨大的瀑布注入"东湖"。经过一个多月的努力，东西"两湖"的水位落差将近 1 米。

乡长对我说，洪汛高峰期间，洪水高出南北堤坝将近 1 米。洪水退却之后，大量洪水围积在黄河故道低洼处，无法自流排泄。"西湖"水面2.6万余亩，"东湖"水面5000余亩，全乡大部分耕地被淹在湖面之下。整个排涝工程分两步走：第一步是将"西湖"之水抽排到"东湖"；第二步是再将"东湖"水排入黄河。第二步工程有两个方案。第一方案是在兰考县三义寨乡（"东湖"之东与三义寨乡接壤）开挖一条河渠，直接将"东湖"水自流入黄河；第二方案是在"东湖"之北开沟，先将水引至北边的南北堤坝，再将水抽排到黄河河道。乡长说，第一方案省时省力省钱，但在早已分到各农户的承包地上开沟，协商起来相当困难，即使两县、两乡政府间能够协商成功，又奈农民何？所以，还是采用第二方案，今天便是来勘察地形，制定下一步排涝计划。又说，再用20来天的时间，"西湖"之水将被排干，争取11月中下旬让农民种上小麦，虽然按农历说已过了节气，但迟种总比不种好。东边的五六千亩耕地，看来只能种春小麦了。总之，要尽最大努力，将这次洪涝灾害减小到最低程度。

我们随乡长一行沿南北长堤北行三四公里，才真正看清刘店乡下滩地的真实地势：这方长十数公里、宽五六公里的下滩地，中间偏北之处地势较高，南北皆较低，刘店乡的3个行政村，9个自然村（并非8个行政村、16个自然村），依次坐落在这一东西狭长的高地上。据我推测，在村落高地与上滩地之间的低洼地带，在数百年前便是黄河河道，此后，黄河河道摆到村落高地带以北，于是南部滩地逐渐垦为耕地。但黄河故道的海拔高度比现黄河河道高不了多少，一旦河水漫过内堤，黄河故道成为湖泽，非人工无法排干积水。经过一月的排水，村落高地带以北的大片土地已露出水面，乡长说，再过一周，农民便可在这片地上播种小麦了。事实上，在临近村边的土地上，不少农户已在忙于下一季麦种。所见情景与昨日一样。

再往北行一二公里，便是南北长堤的北端。北端长堤西侧，便是一个村落。村落内农房的布局甚无规则，但都建在1米多高的土筑平台上。村内的道路仿佛是纵横交错的河道、沟渠，虽然没有积水，但有淤泥，非高筒雨鞋难以入内。房屋下端近 1 米处，有一条明显的水浸痕迹，可以想见当时洪水泛滥时的情景。村内间或能看到几座用巨幅油布搭建的临时住房，他们的原住房必定已遭洪水冲毁。我对乡长说："能否考虑把下滩地的村民全部搬迁到上滩去呢？"乡长说："要搬一家已很困难，何况这里有 3 个行政村，9 个自然村，千余户村民呢？再说，上滩既没有空闲地，下滩村民也未必愿意搬迁。"我决定明日请小谭陪同我们走访这里的村庄与农户。

沿南北长堤北端东行数百米（这是一条高 2 米，路面宽 1 米余的土坝），折而北上，进入一片黄河新滩地。尚有几处清浅的积水，稀落低矮的芦苇在北风中摇曳。东边的新滩地势较高，有数十位农民正在播种小麦。沿滩地北行千余米，方到黄河边。此段黄河，宽只有一二百米，浑浊的河水十分平静地西来东去，这与汛期时的喧嚣暴戾形成鲜明的对比，且"东西湖水"的清澈，竟然是如此浑浊河水的化身。黄河北岸也是一大片滩涂地，极目之处，村落与黄河北大坝依稀可辨。

我问乡长："黄河边上的这片滩地怎么没有淤泥呢？"乡长说："黄河有'紧沙慢淤'之说，洪水泛滥期间，浸过内堤的河水被围在黄河故道，泥沙沉淀后，便是厚厚一层淤泥。内堤外的这片滩地，水涨时淹没，水退时露出，只有粗沙能沉积下来，淤泥随河水冲走。"说罢，用脚踩踏滩地，不久就显出一片水渍。说："瞧，下面就是水。"又说："内堤外的数千亩土地，不列入耕地范围，农民耕种，不缴纳农业税。"我问道："《开封县志》上说刘店乡在 1988 年有耕地 4.48 万亩，昨天我听段书记说现有耕地 5 万余亩，这新增的 5000 余亩耕地是从哪里来的呢？"他说："这不太清楚。我与段书记都是今年年初才调到刘店乡来的。"

顺原路回到排水工地，步行往返 10 余公里，再乘车回到乡政府，已是下午 2 时 30 分，真是又饿又累。每人一碗米饭，一碗青椒炒肉丝，其味鲜美无比。饥饿确实是最好的调味品。

* * *

饭后，我回办公室稍事休息。乡长一行又到排水工地上去了，永成赶回开封市委党校上课，小谭一早外出未归，段书记与办公室主任小张也不知到何处去。空荡荡的政府大院，找不到一个可以谈话的人，没人陪同，也无法走访邻近的村落。办公室墙角堆着近半米高的杂志，于是取来翻阅。这堆杂志，约有二十余种，绝大部分是地方杂志与部门杂志。近十余年来，人大、政协、组织人事、计划生育、工商、税务、公安、政法、乡镇企业管理等"部门"都创办各种"部门"刊物，并通过本系统的行政力量向下摊派订阅，乡镇村委办公室的墙角往往是此类刊物的"终端"。整日忙于各种具体事务的乡、村干部，恐怕很少阅读这一大堆刊物的余暇与习惯。变相摊派，公款订阅，一是徒耗资源与精力，二是增加农民负担。不过，对于从来不知，更不读此类刊物的我来说，却有浓厚的翻阅兴趣。兹录几则。

《党的生活》（1996 年第 3 期）中，《贿赂——社会发展的毒瘤》一文引河南四大贿赂案：一是平顶山市副市长王乃斌案，二是郑州市委常委、巩义市委书记杨振海案，三是商丘县委书记刘炜东案，四是桐柏县县长王保珍案。其中引王保珍与同案的"攻守同盟"词："送礼不要紧，不要往外说就是了，头砍出来的是血，不是供词！"这一"豪言壮语"实令我感慨良多。先烈夏明瀚有言："砍头不要紧，只要主义真。"如今一切"主义"都成了"假、大、空"，唯有权力与金钱最为真实，故而"砍头不要紧，只缘金钱真"了。

《河南省情与统计》（1996 年第 8 期）中，《乡镇企业在发展中的误区》一文罗列乡镇集体企业中的五大问题：一是一家二制，公私不分；二是"伪装三资，哗众取宠"；三是"讲究排场，挥霍浪费"；四是"红色开路，黑色公关"；五是"重名轻实，统计渗水"。内引一段顺口溜："酒杯勤端，门路拓宽；怀端红包，不愁供销。"有人说："市场经济是一种法制经济。"这只说出了市场经济的"应然"状态，而非"实然"状态。世守村落的农民进入市场，必然将习惯的"人情关系"与

"礼尚往来"的村落行为方式带进市场，要使"有差别对待"的村民按"无差别的一般准则"办事，或需要一个相当长的发展过程。

《人大建设》（1996年第3期）中《正确评价选民的觉悟》一文，其中心论点是"经济市场化必然导致村民意识的民主化，这是由经济基础决定上层建筑这一规律所决定的"。用长时段内可能发生作用的"规律"，直接用来分析短时段内的问题，极其轻率地推导结论，这是国内许多食洋不化者的通病。土地家庭承包制下的小农，主要是与土地相交换，其次是与政府（国家）相交换，就此而言，古代小农与当代小农并无多大差别；再次是与市场相交换，最后是与亲友的劳务、财物的馈赠交换。诚然，市场经济的发展，小农经济活动过程（从农用物资的供应，生产中的服务，到部分产品的销售）更多地依赖市场，并逐渐缩小村民间原属非市场的人情交换范围，但从小农的现存生产方式中，不可能通过"经济市场化"而自发产生"民主"意识。孙中山说过，"政"是民众之事，"治"是管理，管理民众之事，即为政治。问题在于"谁来管理"。小农作为具有相似生存方式的社会阶层，自然具有相似的利益。但他们的生存方式恰恰使他们无法在"相似"的利益基础之上形成"共同"的利益，虽然"共同利益"是客观存在的，但缺乏对"共同利益"的认知。因而不可能通过各种自发的联合与一定的制度程序去管理并实现他们的"公共事务"。这就是说，他们无法自发地产生民主意识。他们的"共同利益"一直由"别人"来代行管理，至于真代替，还是假代替，那是另外一回事。随着市场经济的发展，我们一方面看到"现金交换"逐步侵占了原先属于"人情往还"的范围；另一方面，我们又看到"人情往还的非市场原则大量侵入经济活动，甚至政治与法律活动过程，从而导致经济低效与政治腐败的重要文化根源"。所谓"礼、贿界线不清"或"明礼暗贿"，根源盖出于此。

晚饭后，乡党政主要干部依然奋战在排涝工地，此时此刻，向他们提出座谈要求，于心有所不安，只得继续翻阅旧杂志。

《党的生活》（1996年第2期）中《农村基层干部的腐败问题》，列举了存在于农村基层干部中的八类腐败现象：一是"以权谋私，贪污贿赂"，二是"大吃大喝，挥霍浪费"，三是"腐败堕落，道德败坏"，四是"家长作风，独断专行"，五是"任人唯亲，拉帮结派"，六是"弄虚作假，欺上瞒下"，七是"政策皆空，财务混乱"，八是"作风粗暴，滥用职权"。每类之下各罗列一些例证，但没有具体的调查，更没有量的分析，对内地乡村基层政权实际状况没有提供较准确的说明。其中，"家长作风""任人唯亲"与"大吃大喝"或源于村落文化，而"以权谋私""作风粗暴""弄虚作假"或与村政权的实际授权方式与承担职能有关。

《河南工商界》（1996 年第 2 期）中《"民告官"被撤率越来越高》一文，对我国自颁布"行政诉讼法"以来，"民告官"案被撤回率越来越高的现象进行分析，结论很是尖锐："司法不能独立，法院如何能行使独立的审判权?!"问题恰恰在于，在现行行政体制之内，司法何以能够独立?! 20 世纪 80 年代曾提出"党、政分开"，在现行政体之内，党政何以能够分开?! 这些提法本身说明我们的政治观念与政治实践已经发生脱节。出路有三条：一是根据政治理念，改革我们的现行政治实践；二是根据我们的政治实际运作过程，创造与之相适应的政治理念；三是让言与行、理论与实践继续维持脱节状态。

《党的建设》（1996 年第 4 期）中《居官为何被人当狗使?》一文，引四川省简阳市大款张某酒后跟人打赌的话："在简阳，王善武（时任简阳市市长，1995 年以受贿罪被起诉）官最大，可我张某叫他什么时候到，他就像狗一样什么时候到，不信，当场试试!"果然，张一个电话，王即刻赶到。社会主义的"官"与市场经济中冒出来的"商"，确有一个谁利用谁、谁改造谁的大问题。面对市场经济的众多诱惑，如何使居官者不以权谋私，并被张某一类新生"资产阶级"分子所利用? 靠道德说教行吗? 如道德说教不足以依靠，那么靠监察纪检机关行吗? 确保绝大多数官员秉公执法廉洁从政的制度安排亟待创新。

《河南日报》（1996 年第 2 期）中有一篇借古喻今的杂文，内录南阳内乡县县衙楹联。

上联："吃百姓之饭，穿百姓之衣，莫道百姓可欺，自己也是百姓。"

下联："得一官不荣，失一官不辱，勿说一官无用，地方全靠一官。"

横批："清、勤、慎"。

《河南工商界》（1996 年第 2 期）有一篇短文，引郑板桥的一首小诗：

衙斋卧听萧萧竹，疑是民间疾苦声。
些小吾曹州县吏，一枝一叶总关情。

在中央集权专制主义的古代中国，官吏的勤政廉洁既符合帝王之私利，也符合民众的利益，故作为官吏意识形态的儒家学说的最高目标是要培养出一大批"忠君爱民"的儒官。然而，真正符合儒家理想的清官，如包公、海瑞、板桥者毕竟甚少，用"屈指可数""凤毛麟角"来形容也不为过。为了整治吏治，中国古代还发展出一整套监察制度，在明代甚至发展出一套特务监察系统，然而，官吏的以权谋私、贪赃枉法、徇私舞弊，一直是古代专制集权政体的常态。一方面，小农经济与疆土辽阔，加之通信技术的落后，使得专制集权成为古代中国唯一可能的政体选择；另一方面，这种政体无法从根本上解决吏治的腐败问题。那么，在当代中国，是否具备推行民主制的基本条件呢？即使在政治层面采用西方式的民主制，能否有效地维持社会秩序并防止官吏的腐败呢？早已实行民主制的印度，为什么官吏腐败成为他们政治生活中的沉重痼疾呢？我无法回答这一问题。所能肯定的只是：在官吏腐败问题上，犬儒主义的冷漠与愤世嫉俗的怨恨都是无济于事的。

是夜，12 时方睡，时起时伏的鸡鸣声搅得我心神不宁。

▶ 10 月 24 日　坚守排洪工地的村干部

上午 8 时，乡长一行仍到排涝工地去勘察地形，规划第二期排水工程。我与小谭搭坐他们的小车前往工地，而后沿长堤步行四五公里，来到长堤北端东侧的中王庄采访。

中王庄看上去有百余户人家，全部建在各自的土坛之上，土坛高出地面 1 米左右。相形之下，村内道路仿佛是纵横交错的沟底河床，到处是深浅不一的淤泥，有些路段还是一片水塘。村内人员稀少，许多房屋大门紧闭。离南北大堤最近的一块台地上，有一临时搭建的帆布屋，门前坐着一位老太太，正忙着什么，于是我们的采访便从这里开始。

由几根木头支架着的大帆布（七八米见方）底下，有大小两张堆放着旧棉被的简陋木床，一张矮方桌，几只椅凳，两个小缸（一个放水，另一个大概盛放粮食），一只炉子，另有一些小农具，还有一台手扶拖拉机的机头（无车斗）。现年 71 岁的老太太说，她家原有三间土坯房，一间灶屋，今年七八月间的那场大水，把她家的房屋全部冲毁了。幸而村里组织撤退得早，全村没有淹死人，粮食、衣被也都搬了出来。这块大帆布是乡政府救济她家临时用的，但在这四面透风的帆布底下过冬，看来还不行。

问及老太太家庭情况时，她说，前些年，她的老头病死了，她与儿子、儿媳及两个小孙子住在一起。儿子 33 岁，有胃病，身体不好，现在外打工挣钱；30 岁的儿媳带着两个小孩儿住到娘家去了。娘家就在刘店乡的上滩地。如今只留下她一人看家。她说，再过几天儿子、儿媳回来种麦。她一家五口，共有十七八亩承包地。我问老太太："今年秋粮绝收，家里的粮食能否接上明年的麦熟？"老太太说："接不上，还缺两三个月。"

我问老太太，从前是否遇到过今年这样的大水。老太太回忆说：

"60 年前的那场大水，与今年的差不多，村里淹死了许多人，那真是惨。大水退后，高粱地里，芦苇丛中，尸体东一具西一具的，那样子太可怕了，太惨啦！那时，全村都是土坯房，大水一冲，全部倒塌，没有淹死的人，都外出逃荒要饭。那场洪水，实在太惨了。"我想，60 年前后同样的洪水，却有着两种全然不同的结果，由此可以看出中国农村基层政权与抗洪能力的重大进步吧！

这位黄河滩上的老人不善言谈，且语音十分含混，问答之间，非经小谭"转译"，难以听懂。深入交谈既不可能，于是辞别老太太，寻找下一个采访目标。不远处一块高台地上有几位村民正在聊天，我们沿着村北的一条土筑堤坝转到高台地，小谭向他们介绍了我的"身份"（县上派来的人）与"目的"（了解灾后村民生活情况）。

这块高台地比一般农户的屋基台地高得多，也大得多：高 3 米多，直径 10 余米，略呈圆形，台地上种有数十株大碗口粗的柳树。台地西侧，有一栋坐东朝西的瓦砖平房，房屋南边放一只木床，两位中年妇女坐在床沿儿纳鞋，打毛衣，另有一位 50 余岁的男子坐在靠树的椅子上与她们聊天。我登上高台地，方知这是全村庄的"安全岛"或"避难所"，下滩地的各自然村皆有一处。生活在下滩的村民，设有三道防洪线：一是在村北修一长堤，二是把房屋建在高 1 米左右的台地上，三是全村垒一座最高的土平台。今年虽然遭受 60 年未遇的特大洪水，冲决堤坝，浸及房屋，但并未危及这块"安全岛"。

我向在座的三位村民提了一些问题，如行政村有多少人口、户数与耕地，村北堤外耕地与村南耕地各有多少，县、乡政府如何组织抗洪救灾，全村被洪水冲毁了多少房子，等等，他们的回答或各不相同，或含混不清，对全村的事务，尤其是刚发生过的洪灾似乎十分冷漠，令我着实惊讶。不知是他们对我这个"县上来人"有所顾忌，还是对洪水习以为常，以至麻木不仁，我无从判断。于是闲扯几句，便起身告辞。

* * *

离高台数十米处，有一对中年夫妇正在屋旁搭建小屋，于是找了一条可行之路，前往采访。这次总算碰到了一个明白人。原来男主人是该村的前任村主任，初中文化程度。下面是访谈纪要。

一、下滩村概况及今年遭受的洪灾情况

他说，下滩地共有3个行政村，7个自然村。这7个自然村排列在东西狭长的高地上。这一带村落的南、北地势较低。全刘店乡的主要耕地集中在下滩，但村庄与人口主要集中在上滩。下滩7个自然村之北的大片滩地，主要属于上滩各村所有，而下滩7个自然村的耕地大部分在村北堤外直到黄河边上的这片滩地。人均耕地面积算起来有三四亩或四五亩。人均耕地虽然不少，但每年通常只有一熟，另外，产量很不稳定。每年七、八、九三个月份是黄河汛期，汛期过后，村北内堤外的土地才能播种小麦，次年汛期来临前收割完毕，所以每年只能种一季小麦。堤外土地的质量每年发生变化，这要根据黄河汛期过后所沉淀下来的是沙还是泥而定。倘若是沙土，每亩产量只有一二百斤；倘若是淤泥，亩产可达五六百斤，甚至更高一些；泥沙混合的土地，每亩二三百斤或三四百斤。倘若全是淤泥地，种一季小麦，可以吃上二三年；倘若全是沙地，能接上明年的麦收已算很不错了。总之，住在黄河滩上，全看黄河给不给帮忙了。

他又说，近十几年来，黄河汛期流经此段的流量并不算大，但或许是黄河河道走势的原因，经常冲过村北堤坝。村北的这段内堤全是土筑的，又低，根本经受不住大水的冲击。大水冲入村内，村民就加高房屋的台基，以至台基地面比屋内地面高出许多。今年这场大水，为60年未遇，全村所有房屋都被浸泡在1米深的大水里，前后达10余天之久。村里的土坯房都倒塌了，另有许多旧屋成了危房。幸而这次县、乡党政干部组织抢救得及时，没有发生人员伤亡，粮食、衣被都事前搬了出来。若入冬前能排干全部积水，种上小麦，明年的口粮似乎不成大问题。当我问及全村今冬明春的生活时，他说："今年夏粮收成不太好，加上全部秋粮绝收，全村恐怕有一半人家接不上明年的夏粮。""那怎么办呢？"我问，他说："到外面去打工挣钱，以补不足。"我又问："政府

救济吗?"他说:"政府救济是有限的,县民政局给我乡救灾款 52 万元,其中 36 万元用于购抽水机、柴油,用于排涝。余下一点钱,只能用于五保户、特困户的困难补助,一般的村民得自己解决。"

二、下滩村的村落来源

问及下滩 7 个村落的来源时,他说,东面的 2 个自然村以王姓为主,中间的 2 个自然村以张姓为主,西面的 2 个自然村姓氏比较杂。听村里的老人们说,下滩 7 村的祖先原来都是黄河北边的,上滩村民原来就是黄河南边的。大概在 100 多年前,黄河改道,河道从南向北移动好几公里,原属河北的大片滩地被冲毁,而河南新增了一大片新滩地。当时家住河北滩地贯台村的王氏祖先便划船到河南来开垦荒地,种完后回到河北。据说,那时河南、河北村民为了占地,为了抢收庄稼,经常发生冲突。为了看守庄稼,河北村民就在新滩地上搭建草棚,后来逐渐定居下来,形成村落,"河北"人便成"河南"人了。

因我曾听说,这一带前几年为耕地而发生大规模的两村械斗事件,一说是上下滩的两村械斗,一说是黄河河道南北两村的械斗,于是问及此事。这位原村主任说,是下滩王、张两个村(行政村)之间的械斗,时间是 1988 年 6 月 12 日,起因是两村交界处一片耕地的所属权问题。当时双方都出动了数百上千人。村里的青壮年几乎全部出动,妇女老幼在后面助阵,张村被打死 3 人,伤 10 余人,王村只伤了 10 余人,没有人被打死。此事惊动市、县,派出大量公安干警,后来划出一条隔离带,立了村界,改组了村领导班子,此事算是平息下去。"但问题并没有得到真正解决。近几年来,张村又擅自将界线东移,说这是他们祖上的耕地。那片耕地明明是我村的,且县里已划定界线,还说是他们的。这样下去,还会闹出事来的。"这位原村主任说道。

(我在农村调查期间,有关土地引发的冲突时有所闻,如兰考县的国有林场与周边村民的土地纠纷,河北邯郸肥乡县某乡窑厂与村民的土地冲突,又如城镇扩建与开发区的"圈地运动"而引发的土地矛盾。现行的土地法规没有给予明确的界定与划分,对土地的所有权没有做出明确的规定，推行土地家庭承包制，客观上要对户与户、组与组、村与村甚至乡与乡、县与县的土地边界做出明确划分，并对土地所有权的主体做出明确规定。)

三、1932 年的洪水灾害

问及 60 年前的那场洪水灾害，这位中年村民说，那次洪灾发生在民国二十一年（1932 年），听老人们说，下滩地的绝大部分房屋被冲毁。由于夜半来水，猝不及防，死了许多人。(到底淹死多少，因无统计，说不清楚。)那是旧社会，地方政府并不管抗洪救灾的事，没有淹死的就外出逃荒，等大水退后陆续回村，白手起家重建家园，那时的艰难困苦可以想见。此次洪灾，就大不一样了。先是县、乡政府组织抗洪，后是组织撤离，如今组织排涝，尽快让村民种上冬小麦。洪水只冲毁了一些老旧土坯房，绝大部分砖瓦房虽浸了水，但安然无恙。绝大多数村民的吃、住问题是可以解决的。虽然遭受这样大的洪水灾害，但人心还是很稳定的。这一个多月来，乡、村干部们坚守排涝第一线，村里的青壮年大多外出打工挣钱。

四、下滩村村民的经济生活

在谈到下滩地村民一般的经济生活时，他说，下滩地数村主要靠夏熟，秋熟是靠不住的。人均耕地说起来有三四亩之多，但地质每年变化，收成很不稳定。好的年成，一季夏熟可吃上两年，甚至三年；差的年成，能接上来年的夏熟就不错了。由于秋收靠不住，所以下滩农户的家庭饲养业极不发达，经济收入主要靠运输与打工。该乡的乡村企业，主要是砖窑厂，农闲时，不少人到窑厂打小工，每工可赚 20 来元钱。另外，村里半数以上农户购买三轮或四轮拖拉机，农忙时用于耕地，农闲时到窑厂运土、运砖，收入比较高。近 10 来年，村里近半数农户盖起了新屋，这笔钱大部分是从窑厂赚来的。这场洪水冲毁了 30 余家窑厂，全部恢复起码得两三年，这对刘店经济是一个重大的打击。谈及他家的情况，说："还可以凑合着过日子。"这对中年夫妇，只生一子，男的今年参军入伍，乡里还有些许照顾。现住三间砖瓦平房，是 20 世纪 70 年代末盖的。虽然不大，且室内无甚家具，但收拾得挺干净的。庭院地面高出室内地面将近半米，这是为防水患不断加高平台的结果。高出地面 1.5 米的平台四周种着各色花草树木。西侧配房内，停放着一辆四轮拖拉机。家庭的饮用水来源于门前的一台手压式抽水器，在华北平原水位较浅的地区，家家户户都装有这种简易的取水设备，每台设备及安装费约三五百元。

原想到西面的张庄去看看。这位中年村民说，路很泥泞，穿鞋是走不过去的。多数村民外出打工，不少妇女带着孩子到娘家去了。找个明白人谈话也不容易，再说，要小谭跟着我吃这一段跋涉之苦，我也于心不忍，所以，辞别户主，寻路出村。

*　*　*

从中王庄返回南北长堤，已是中午 12 时 30 分。在大堤东侧千余米处，乡长一行卷着裤管，踩着没膝的淤泥在丈量，为开沟排涝分配各村组承包开挖的地段。乡长看到我们，挥手示意我们先回排涝工地吃饭去。

排涝工地食堂实行"战时供给制"。每人一大碗白菜烧肉片，一杯白酒，一个白馍（馍吃完后可以再拿），或蹲或坐，围成一圈，席地而吃。边吃边聊，方知日夜坚守在排涝工地上的数十人全是各村的村支书与村主任，除了一日三餐，每餐一杯白酒外，别无其他报酬。（原来乡政府许诺每人每天一盒香烟，但并未兑现。）我故意问道："一般群众可以外出打工，你们当干部的却要坚守岗位，不是划不来吗?"其中一个说："谁叫我们是村干部呢，又是复员军人，在这关键时刻不作出点牺牲，那怎么说得过去!"围在一起吃饭聊天的 6 名村干部中，复员军人竟有 4 名之多。他们说，村里的党员绝大部分是在部队入的党。中国的农民、军队与乡村基层干部之间，关系十分密切。

下午三四时返回乡政府，在乡政府大院碰到县民政局局长一行四人。我原以为他们是来考察抗洪救灾情况的，其实他们是"整党工作组"。每天上午乘一辆红色轿车从县城到乡政府,下午坐同一辆轿车从乡返县,如此已有两个多月,尚有20余天方能结束"整党"工作。因为县委规定各乡镇整党时间是三个月。县委派工作组进驻各乡镇整党,或在于缓和紧张的党群、干群关系,防止与平息接连不断的农村上访、上告事件。刘店乡、村干部奋战在抗洪排涝第一线,实为最好的整党活动。

我主动上前与这位西装革履、神态矜持的局长先生打招呼,他说:"你就是曹教授,从上海到我们河南来搞调查,很辛苦啊!听说你在陈留镇做了一场报告,反响很好啊!"此一说,着实令我暗自吃惊:这位民政局局长对我的调查与行踪怎么知道得这么清楚?莫非我的调查行踪处在他们的全程"监控"之中?是不是杨县长一方面碍于他"老师"的面子,允许我进入他的管辖范围,另一方面对我的调查活动处处提防?但愿是我过于敏感。幸而我一直牢记杨县委的临别告诫:"不要影响稳定!"因而在调查中,凡可能"影响稳定"的问题一概避而不问。啊!一个始终关切着民族命运与前途的学者在自己的国土上进行调查,竟像窃取国家一级机密的外国特务似的。每念及此,不觉黯然神伤!

永成在刘店乡政府已等我多时。他回开封市委党校上完课后便匆匆赶来陪同我调查。只有他(还有河大与党校的其他几位朋友)理解田野调查的艰辛与意义,心甘情愿地陪同我全程调查。知识分子以社会良知自居,或过于狂傲自负,事实上,如今有哪一位知识分子还胆敢以"社会良知"自居?但尽可能理解我们自身所处的社会变化——这或许是近百余年来最为广泛、最深刻,且最难捉摸的社会变化——应是我们这些躬逢其变的知识分子的主要职责。如果连职责也说不上的话,至少是我的兴趣所在。在这块古老的中原大地上,能在教育界、知识界碰到如程校长、李主任、孟庆琦、汤小平这样的知识分子,实是此行的最大收获之一。

我与永成商议:我决定提前结束刘店乡的调查,看到这里的乡、村干部日夜忙于抗洪排涝,而我不仅不能提供一点点帮助,反倒占用他们的精力与时间，实在于心不安。再说此次来刘店乡，主要是看看黄河，看看黄河滩，看看在黄河滩上与黄河争夺滩地的村民。从刘店乡下滩地数村村民的生存状况，或能大体上推知黄河从孟津至兰考二三百公里滩地上村民生活的大体状况，这一个目的基本上达到了。

＊　＊　＊

晚6时，我与永成搭乘便车返回开封县城。

当晚，拜会县委杨书记，一是向他汇报两乡镇的调查情况（我估计，他对我的调查情况是清楚的），二是看他的态度，决定下一步调查计划，但未遇。决定明天上午再访。

晚8时，县府办公室副主任陪着一位《河南日报》的编辑来到我们下榻的祥符宾馆，且住在我们的隔壁。听副主任（他与永成相熟）说，这位50余岁的编辑长期负责农村版面，想来对河南的农民、农村、农业问题与农村基层政权状况一定相当熟悉，于是请副主任引见，拜会这位编辑，请教一些问题。这位具有长者风度的老报人十分坦诚好客，邂逅相遇，即能开诚布公，言谈甚洽。

一、内地某些地方官员的观念与工作作风问题

老编辑说，在上者**"好大喜功，急于求成"**，在下者**"急功近利，形式主义"**，甚至**"弄虚作假"**，这是河南省某些官员的一个通病。也可以说是一个历史上的老毛病。1958年"大跃进"，河南省的牛皮吹得最大，结果遭受的祸害也最重。如今"超常规、大跨度"的口号，又不是哪个县委书记提出来的，而是省里提出来的，据说，这个口号是从张家港那里学来的。别人是沿海港口大城市，或许有条件"大跨度，超常规"，**河南是内地省份，依然以农业为主，农民刚过温饱，能稳步发展也算不错了**。"超常规、大跨度"只能导致大起大落。还没有学会常规走路，就想到"超常规"；小步走路尚且困难，谈什么"大跨度"。上面定高指标，年产值多少，财政收入多少，引进资金多少，办乡镇企业多少，层层下压，层层加码。到时候完成不了任务，只能在数字统计上做文章，大量掺假，这个老毛病一犯再犯，从来不吸取经验教训，这才

是河南经济发展中的一个大问题、老问题。

老编辑说，有不少党政干部一谈到"超常规、大跨度"，首先想到的是拆旧房，拓马路，盖宾馆。各市、县党政盖宾馆，各局委办也盖宾馆，盖那么多豪华宾馆干什么？那么多的资金投入，到底有什么经济效益？说穿了，主要是便于官员们自己消费、享用。在河南，差不多所有的县委、县府的招待所都改建成星级宾馆，内集餐厅、娱乐于一体。虽说是对外开放的，但主要是官场内部的招待与应酬。盖宾馆要花大笔钱，频繁的招待应酬、吃喝玩乐需要钱，这些钱从哪里来的？说到底是农民的血汗钱。如今农民负担沉重，中央每年要下达好几个关于减轻农民负担的文件。要真正解决农民负担问题，必须先解决引起农民负担加重的两个深层次原因：一是地方各级党政机构人员增长太快；二是各级党政官员的集体消费增得太快。看看他们的工资单，县委书记不过是个正处级，每月才三四百元，最多四五百元，并不多。但如将公款集体消费算进去，那就很惊人了。如今再穷的乡镇，一、二把手都配备桑塔纳、大哥大；再穷的县，招待所都盖成了宾馆，加上各种应酬招待，月无虚日，这些费用累计起来，不是一个很庞大的开支？如果他们有本事发展工商业、增加财源，这倒也罢了。内地工商业发展不起来，且老的国有企业日趋衰败，由上述两个原因而增加的政府开支，不是最终落到农民头上吗？但要真正解决上面两大问题，谈何容易！如不解决上述两大问题，光喊减轻农负，又有什么用？开封县许多乡镇，光一熟夏粮，农民人均就得无偿上缴 200 余斤小麦，有些乡镇秋季还要征钱。这叫农民怎么受得了！开封县只有 19 个乡镇，其中有 7 个乡镇，在今年发生农民集体上访上告事件，都是农民负担太重所致。

二、地方党政官员问题

老编辑说，让一部分人先富起来，又让手中握有权力的大小党政官员甘守清贫，廉洁用权行吗？以权谋私，权钱交易，这是一种腐败；各行政执法部门利用执法权搞名目繁多的罚款，建小金库，改善本部门集体的福利待遇与办公条件，这难道不是腐败?！在这种社会风气之下，光靠道德教育能收住人心吗？用法都治不住腐败，靠道德说教有什么用！靠一个纪律检查委员会、一个监察局能有多大作用？

三、民主与新闻舆论监督

老编辑说，各级人大、政协，从理论上讲是一个民主机构，但谁不知道它们其实作用有限。它们的其中一个作用就是安排闲置的党政官员，是党员干部离退休前的一种过渡性安置。至于新闻舆论监督作用，则有待提高。现在有一种说法，似乎社会稳定与否，关键在于舆论导向；舆论导向正确与否，关键在于新闻传媒。这样说来，新闻传媒要替社会稳定与国之安危负责。我们这些编辑、记者肩上压着这一重任，如何能揭露党政腐败现象？！所以，只能刊登些正面文章，粉饰太平了。这样的报纸杂志，没有多少人愿意自费订阅，只得靠行政命令推销，《河南日报》近千人员（包括离退休人员）主要靠这种方式维持自己的生存。有些乡镇干部对我们说，你们报上写文章要我们减轻农民负担，另又强制我们订一大堆报刊，每年得花十几万元，这不是增加农民负担吗？说的是事实，但我们有什么办法呢？！

开怀畅谈，一直聊到深夜 11 时半方告辞，其时，永成早已进入梦乡。

▶ 10月25日　村支书的五大好处

上午8时半，再到县委大楼去找杨书记，说有重要会议，无暇接待。我暗自思忖：他是否有意回避？他从主动的邀请到勉强的允诺，如今是否悔其允诺？是留是走，我不禁犹豫起来。商之于永成，永成说："杨书记或许真的很忙，我们下午再来看看。上午就在县城走访几个局委办，各局委办的头头，听过我的课，算起来也是师生；再说他们也知道我是县委的顾问，由我陪同，问题不大，何况我们只是了解一般情况，又不是刺探国家机密。"于是随永成走访县编制办与县志办。

上午9时，当我们来到县政府大楼编制办公室时，年纪三四十岁的编制办刘主任正忙着合并机构、精简人员的统计工作。永成向他道明来意，刘主任笑道："我正为此事搅得晕头转向呢。"编制办原属县政府人事局内的一个科室机构，20世纪80年代从人事局内独立出来单列一个局级机构，但编制办刘主任至今仍兼着人事副局长之职。下面是访谈纪要。

一、县级党、政、群三大块人员过多的现状

刘主任说，县级**党、政、群**（群众团体）三大块，机构多、人员多。所谓"庙多菩萨众"。我县如此，各县皆然。其实上至省市，下至乡镇，概莫能外。现行的党、政、群各机构，大部分是原来适应计划经济体制而建立起来的，如今向社会主义市场经济转轨，不少老机构的行政职能或大为削弱，或基本丧失，但机构全都保留着。为了适应新环境，解决新问题，又不断增设一些机构，或从老机构中的一个科室分化出来升格为委局，也有些原来编制不多的机构，随着任务的增加而人员不断扩充。就一县而言，如今党、政、群三块所属机构总共六七十个，人员接近一千。这还仅指县一级而言的，若加上全县19个乡镇的党、政、群人员，那就更多了。每个乡镇就算120人，19个乡镇就是2280人。他

们大致算过，如今县、乡两级党、政、群人员比 1983 年前（公社制改乡镇制在 1983 年）增加了 3 倍多。真是不算不知道，一算吓一跳。从 1983 年到 1996 年，才只有 13 年啊！

刘主任说，按照省、市编委办的要求，县党、政、群三者之间的人员比例是 15∶78∶7。这就是说，县级党、政、群总在编数为 100 的话，党委系统占 15%，政府系统占 78%，群众团体系统占 7%。按此比例，该县党委系统的八大部门（所谓"八大部门"是指：县委办、组织部、宣传部、纪检委、统战部、政法委、综合治理办、老干部局）的定额编制总共是 97 人，如今实有人数是 183 人。群众团体共九大部门（县人大、县政协、县工会、县团委、县妇联、县文联、县工商联、县科协、县残联），按定额编制只有 45 人，如今实有人数 108 人。政府系统共有 47 个机构与部门，按定额编制只允许有 503 人，但现在实有人数 700 余人。总之，按省市编制办给的额定编制指标，最多不得超过 645 人，这富余出来的人安排到什么地方去呢？这可是一个最难办、最头痛的大问题。

二、现行的精简人员的办法

"我们现在所能走的只有两条路：一是在职干部提前退休，男女都提前 5 年退休。这样能精简掉 130 余人；二是将政府有些部门转为纯事业单位，从行政这一块切除出去，并与县财政脱钩。如广电局、商业局、二轻局（第二轻工业局）、农业局、林业局、畜牧局等，这样可以精简行政编制 140 余人。但这两项加起来还不到 300 人，另外还有 150 来人怎样安排，至今还没有想出妥善的办法。"

精简机构，其实是将若干职能相近的机构合并成一个机构。刘主任说，他们计划将县委办、政研室、机要局、保密局合并在县委办之内；将知青工作办、老干部局、机关党委并入组织部；将文物办并入宣传部；将宗教司、侨务办、对台办并入统战部；将综合治理办并入政法委；将体改办、目标办（目标绩效管理办公室）、信访司、档案局、法制科等并入政府办公室；将人事局、劳动局、编制办合为人事劳动局；

将体委并入教委；将区划办并入农委；将物资局并入计建委；将技术监督局并入工商局；将土地局与房管局合为土地管理局；将环保局与城管会合为建设环保局；将爱委会并入卫生局；将招商办并入计委。如此等等。

（说实在的，作为一个大学教员，对中国的实际政治是有很大隔膜的。中国知识分子向来喜好谈政治，但他们对中国的实际政治，充其量是隔雾观花，模糊一片；中国知识分子好谈政治改革，但对改革对象的实际运作状况毫无所知。中国的全国性"群众团体"，如工会、妇联、团委是标准的党政机构，这是我所知道的，**但把"人大""政协"也列入"群众团体"，实是前所未闻。**"文革"时期，各级政府内有"知青工作办"，这我是知道的；但在"文革"结束后的20余年，还有"知青工作办"，这是我首次所闻。我实在不知道早已没有工作对象的"知青工作办"如今还干些什么，为什么不早就撤销这一机构？县级党、政、群内的每一机构，全部有它们各自所属的上级机构，有些机构直接延伸到乡镇。这种从中央到地方的条条建制，其前提条件是：**各省、市、县、乡所面临的问题与任务是一样的。这一前提忽略了各地情况的差异性。**在沿海省、市、县设立"台湾事务办公室"有它的实际需要，内地省、市、县也同样设立一个"对台办"，有这个必要吗？看来，中国的政治体制改革，必须有大思路，要动大手术，既不能囿于我们传统的政治经验，也不能盲目照搬西方的政体。这第三条路怎么走，确实是对我们民族政治智慧的一大挑战。）

三、造成机构人员过多的主要原因

刘主任说，地方各级党政机构，**合而分，分而合，各机构人员增而减，减而增。**这种精简机构与人员的办法只是一种治标不治本的老办法。关键的问题在于，地方政府，尤其县、乡两级政府，承担着就业安排的重任。我们开封县，每年需要县、乡安置的就业人员有六七百人，其中，从部队复员退伍的人员有三四百人，从大专院校毕业的也有三四百人。尤其是复员军人的安置工作，一向作为关系到社会稳定的政治任务。我们是个农业县，工商业不发达。县国有企业都在裁员下岗，你能往那里安插吗？乡镇企业、私营工商业规模小，工资低，且劳动用工权操在老板手里，政府不能直接给他们压任务。所以，只能尽量在县党政、事业部门安排。县党政机构爆满，只得向乡镇政府压指标。这是县、乡党政机构从业人员减而复增的根本原因。另一个重要原因是老同志的子女需要照顾。这些老同志为党和政府工作了一辈子，如今要替自己的子女找个位子，也是情理中的事。关于干部子女的就业问题，省里有文件说："**自己的孩子，自己抱。**"这就是说，各党政部门的干部子女，由各部门自己解决。这样一来，有许多部门，尤其是报酬相对优厚的部门几乎成了"父子兵""子弟兵"部门。公安、电力、银行、工商、税务等部门就是如此。这给党政部门的内部管理带来很多麻烦，流弊甚多。

刘主任说，这三部分人（干部子弟、复退军人、大专以上毕业生）的就业安排问题，既是县、乡各部门人员超编，又是县属国有企业人员过剩的根本原因。这三部分人多，且年年不断，县、乡政府能够安排的，无非是各党政机构与企事业单位。所以，你前面减，他后面增，实在想不出一个彻底解决的良策。开封皮鞋厂原是一家县属国有企业，在20世纪80年代中期发展势头很好，职工的工资、奖金比其他企业高。这样，人们就通过各种权力关系或其他各种关系网挤入皮鞋厂，致使该企业的就业人数在三四年内，从二三百人猛增到八百余人，既极大地增加了企业负担，又增加了企业的管理难度，结果将这家好端端的企业压垮了。

（依然以传统农业为主的内地乡村社会，农家子弟通常通过参军与升学两个途径，希冀升迁到地方党政部门或县国有企业，以获一官半职。既为吃"皇粮"，更为社会身份、地位与名誉。正是这种强烈的传统冲动，一方面维系着乡村社会的教育制度与部队的兵源，另一方面给地方政府与国有企业的就业安排带来巨大的压力。改变这一状况的根本出路，当然是发展工商业，然而，以农为主、以官为本的内地乡村社会，工商业的发展特别艰难与缓慢。）

＊　＊　＊

从县编制办出来，转到县志办采访。从家里特地赶来的杨老先生（县志办副主任，原中学教员）已在县志办公室等候我们多时了。

我曾查阅过县志办编写的《开封县志》，其内没有宗族或民俗志（如今新编县志，大部分没有氏族志），我向杨老先生请教的主要问题是开封县宗族与族谱情况。杨老先生说，他们曾考虑过编写这方面的内容，也曾派人收集过本县的家谱或族谱情况。如今对外开放，招商引资，也需要有这方面的资料，但一本也没有收集到。开封县最大的集居宗族要数段氏。段氏在晚清还出过一个县令，但他们也没有族谱。20世纪八九十年代，也从未听说起有人重修家谱，因为只有保存旧族谱的才能续修。在新中国成立前，开封县也未听说哪个大族有祠堂、祠田。至于开封县居民的来历，据各乡村农民传说，都是来自山西洪洞。

县志办在开封县境内未曾发现一部家谱或族谱，这一事实本身或表明这一著名黄泛区内近百年来（或说近数百年来）人口的高度流动状态。《开封县志》载，从金章宗明昌五年（1194年）黄河第四次改道流经开封县境，再于清咸丰五年（1855年）在兰考县境改道北上（即黄河第五次大改道），再到民国三十三年（1944年）的750年间，黄河在开封县境内决溢多达371次，平均每两年决溢一次。每次决溢，毁村落，淹耕地，民众流离失所，而后重建村落。洪水虽冲不断新建村落内的血缘联系及自古相传的生存方式，但确实可以冲淡村民关于世系传承的历史记忆。村落与家庭集居经常处于变动状态，致使这一带的族谱荡然无存。

县志办的正副主任问我调查宗族与族谱有何作用，我说，我主要关心的是推行土地家庭承包制以来的**重续族谱**现象。土地家庭承包制下的农民，一方面越来越多地参与市场交换；另一方面，各地乡村都产生重修族谱、重建祠堂的现象。按照西方社会发展理论，这两种现象是不相容的。因为市场交换本质上是两个独立主体之间的平等交换，凡在市场经济中建立起来的各种经济关系与经济组织，本质上是一种契约关系与契约组织。血缘关系虽说是人本身的自然关系，但在传统的农耕社会内，世代繁衍而形成的村落中，村民间的血缘关系差不多就是他们之间的社会关系。或说村落社会关系主要是建立在血缘关系之上的。其内讲的是亲疏远近，是人情，是礼尚往来，这套我们所熟悉的交往关系与市场关系很不一样，甚至是相对立的。按西方社会学理论，市场契约关系的发展与村落宗族血缘关系的淡化是同一过程的两个方面，此消彼长。然而，在中国乡村社会，这两种现象却同时发展，故而值得我们深入研究。开封县境未发现重修族谱现象，并不足以证明这一带血缘关系的淡化。因为黄河的经常泛滥，村落的毁而复建，宗族的散而复聚，使他们失去了祖传的家谱与墓碑，因而无所凭借以重修族谱。另外，宗族集居的村落社会与建立其上或其内的行政村到底是一种什么关系？行政村干部与有着各自宗族背景的承包制农民到底有什么关系？处于乡镇地方政府与村民之间的村委与前两者各是什么关系？当地方政府的政策与村民利益处于冲突状态时，中国农村最基层一级政权会发生何种变化？对这些问题，我们也应当做详尽深入的研究。我只是提出问题，对于如何定性定量地研究这些问题，我依然没有把握。

我不知道这一老一少是否听懂了我的这番言论。"研究农村宗族与族谱原来还有那么深的学问呀！这真是太有意思了。我们就生活在村庄里，怎么就没有想到这些呢？"从他们的惊叹声中，我觉得他们听懂了一点。

在杨老先生的办公桌上有一本河南《党建月刊》的创刊号，我随手取来翻阅，其中，河南息县组织部部长撰写的一篇题为"警惕宗族、行帮势力对农村基层政权的挑战"的短文引起了我的兴趣。其中云："有些宗族势力长期把握村务政务，甚至出现以'族规代替法规'，以'教权代替政权'的现象。有的称王称霸，横行乡里；有的与政府对抗，拒缴定购粮，抵制计划生育政策；有的不承认党委乡政府任命的干部，使得党的政治主张得不到执行。有一名乡干部到所辖村宣布支部班子成员，该村家族头目率领 20 多人，围堵乡干部，公开说乡里宣布的领导班子无效。还有的培植亲信，排斥异己，搞宗族组阁，使一些村出现清一色的'家族干部''家族党员'。这些问题，对党的基层政权已构成严重威胁……"这当然只是县委组织部部长眼里的"宗族势力"，可惜文章中没有具体材料。那么，在"宗族势力"眼里的"地方政府与官员"呢？这位组织部部长自然不会去研究这一更为深层的问题。

承包制下分散经营的农民退到宗族共同体以形成一种"组织"或"势力"，是否出于一种寻找相互保护与安全的迫切需要呢？面对着陌生且充满风险的"市场经济社会"，他们需要有一个"关系网"，面对地方政府名目繁多的杂税，他们需要有一种自我保护。但他们无法通过民主协商的方式创立一种新的组织形式，故而依习惯与传统退回到宗族"组织"，这是否是农村宗族势力复生的两大基本原因呢？**看来，中国的"市场经济"的发展，不可能在中国出现类似于西方式的"市民社会"。具体点说，不可能出现类似于西方的，以私人产权、个人主义与社会关系普遍化、契约化为中心的"市民社会"，因而也很难产生西方意义上的民主与法制。小农的生产方式，世代繁衍而形成的村落集居方式，使得血缘地缘关系及建立其上的村民行为方式将长期发挥作用。当然，这套传统的行为方式将会改变其形式以适应变化了的社会外部环境，但其内容不会发生根本性的变革。中国的市场经济活动，中国的地方政治过程，中国的法律过程，甚至中国的消费方式，都将受其影响。作为一个关切中国民主化、法治化、现代化进程的知识分子，对此必须有清醒的认识。**

*   *   *

中午，与永成在县委内部招待食堂吃"工作午餐"：一盘乳面，四碟小菜。分管组织、工业、计划生育的县委王副书记（与永成相熟）恰与我们同桌，于是边吃边聊。因副书记分管计划生育，故以此"破题"。

一、关于计划生育

我说："我在贵县跑了四个乡镇，看来经过几年的努力，本县的计划外超生问题基本得到控制。"我用肯定句替代疑问句,用"**基本得到控制**"取代"初步得到控制",完全是出于谨慎。然而,W副书记的回答却惊人地坦率:"还是这样说吧:**基本上控制在二胎之内。超生一胎还是很普遍。超生二胎确实逐年减少,但也不能说得到完全控制。只生一胎的农户,也不是很多**。农民嘛,传宗接代、养儿防老的传统观念依然十分强烈。前些年的那种搞法,拆屋牵牛,搬粮抓人,弄得党群、干群关系十分紧张,这实在是一个没有办法的办法。近两年来正规化、制度化一些了。我曾与各乡镇分管计划生育的同志讨论过这一问题,最普遍的看法是,要农民只生一胎,不太现实,工作难度极大。结果有权的凭关系超生,有钱的买个指标来生。没权、没钱、没关系的就逃着生。弄得鸡飞狗跳,问题不少。说实在的,如果中央规定'提倡一胎,只允许二胎,超生重罚',那我们的工作要好做得多。因为如今绝大多数农民会接受这一政策。你想想看,如果有百对年轻夫妇,头一胎各生50名男婴、50名女婴。生男婴的50对夫妇中,有不愿再生的那很好,要再生一胎的,也允许,这样他们就很高兴了。生女婴的50对夫妇,肯定想再生一胎,其中25对生了男孩,他们就不愿再生了。其中25对夫妇又生了女孩,让女方结扎,他们也没有话好说。再加上各种防范检查措施到位与重罚,控制二胎外超生是容易做到的。只准许生一胎,搞得干部们很苦,农民们很怨,难度太大了。"我听副书记的谈话如此坦诚,便将问题引向一个敏感问题:农民上诉、上告现象。

二、关于农民上访、上告事件

我问:"今年开封县农民的上诉、上告何以接连不断?"副书记说:"去年是县、乡政府压着,不让农民上访、上告。今年控制不住了,一乡带了个头,其他乡的农民跟着上。你白天堵,他们深夜出发;你堵这条路,他们绕着道走。如今农民有的是拖拉机,他们开起来就走,等你得到情报,追也来不及。今年全县共发生7起上访事件,有到市政府的,也有到省里的。少则十余人,多则百余人。7月份最热闹,到9月份算是平息下去了。农民上访、上告的原因主要有两个方面:一是农民负担确实过重,二是一些不切实际的任务指标,如县里向农户推广温室塑料大棚,要农民种这种那的。县里的出发点不错,但方式方法确有问题,引起农民的反感。县里为落实'富民工程'计划,我们压乡镇政府,乡镇政府压各村委,村委搞摊派压农户。市里压我们,我们有什么办法,只能往下压,定指标,派任务,搞检查。从道理上,人人都会说,这样的做法不对,但做起来又是另一回事了。全市各县要搞评比,排名次,名列前茅者受表彰;落后者挨批评,亮黄牌。乌纱帽拎在上头,谁不怕丢官去职?!高指标,高压力,评比,排名,亮黄牌,一票否决,其结果往往是'逼良为娼',这种领导方法、考核干部方法,问题实在不少。以看得见的所谓'政绩'定优势,这种办法有问题。选拔任用干部应该看德才兼备、群众拥护与否。"副书记沉吟片刻,又说:"在经济落后的内地,地方政府如何才能加快经济发展步伐,这确实是个大问题。省委书记曾说过:'不给你们压力,你们就**不做事**;给你们压力吧,你们又给我**做出事来**。'(我记得陈留镇委书记也给我引述此语,表述上略有差异,但意思差不多。)情况确实如此。"

饭后,副书记还有一会等着要开,故先行告辞,未能继续深谈。邂逅相遇,即能开诚布公,客观地评价自身的工作,这给我留下极深刻的印象。

* * *

下午1时半,再访县委杨书记,仍未遇,我与永成商议,是否就此结束开封县的调查,打道回府,永成说:"再去走访几个局委办吧。开封县各局委办的头头大多听过我的课,找上门去,接待是不成问题的,至于与你打官腔,还是说实话,就没有什么把握了。"我建议"最好找几个**当官的朋友**来聊聊,这样可以谈得深入些"。于是决定打电话把小G找来旅舍一叙。小G,41岁,现任县某部副部长。曾在乡镇长、书记任上干过十多年,十分熟悉农村基层情况。

下午3时,小G来旅舍,说是中午的一场应酬尚未散席,他是接到电话后中途退席的。因听他说曾在刘店乡干过一二年,故谈话便从刘店乡开始。

一、刘店乡的一些基本情况

小 G 说："刘店乡从 1974 年到 1996 年的 22 年间，共换了 12 任乡党委书记。现任段书记是 1974 年以来的第 12 任书记，刚上任不久就碰上了 60 年未遇的特大洪灾，算他最倒霉。我是第 10 任。刘店乡分上滩与下滩：上滩其实是古黄河岸边，下滩是黄河的河床。由于此段黄河河床南北宽 10 来公里且河道偏北，所以河道之南有一大片滩涂地。刘店乡有五分之四以上的耕地集中在下滩。在下滩的稍高地带，有 3 个行政村，辖 7 个自然村，3000 余人口。对生活在下滩地的村民来说，差不多年年有水灾，故抗洪救灾成为刘店乡历届政府的一项经常性任务。每临黄河汛期，乡、村干部都得亲临现场，身先士卒。所以，其他各乡干群关系紧张，唯独刘店乡的干群关系比较密切。"

我问小 G："既然下滩村民经常遭受水患，为什么不把他们迁到上滩来居住，或在下滩各村之北修筑一条防洪长堤呢？"他说："上滩只是狭窄的一条，空间有限，且已集中全乡十分之九以上的村民，哪有空地给下滩村民居住？至于修长堤，事实上曾修过一段石砌堤坝，但代价实在太大。黄河滩内取土筑堤，全是松散泥沙，大水一冲即垮，非得用石块水泥不可。话说回来，整个下滩本来全是黄河河床，汛期是它的道，枯水期让你耕种，谁叫你住在它的河床里？！"说得我们都笑了起来。

二、黄河河道两边新增滩地的所有权问题

小 G 说："黄河现在河道还是比较稳定的。在汛期，水位上涨，淹没河道两边的滩涂地；汛期过后，黄河回到原河道。但每年也有所变化，有时往河之北摆动，有时向河之南摆动；有时这一段滩地被冲掉，有时那一段又新增出一片滩地。关于新增滩地归谁所有，归谁耕种，从来没有明确的规定。反正乡政府对此类土地从来不计亩征粮。村民中流传着一种说法，叫作'**隔河不种地**'。这就是说，如今年在黄河河道之北冲刷掉一片土地而在河之南冲积出一片土地，河之北的村民不能过河

来耕种河之南的新滩地。不过，这也是说说而已。事实上，下滩村的村民，祖籍全部来自河之北；他们不是'隔河种地'吗？事实上是'**谁先占，谁先有；谁耕种，谁收割**'。不过所谓耕种，其实只是撒点种子而已，既不耕，又不施肥，到时去收割。然而，**谁种谁收却往往没有什么保障。一到收割季节，谁先下手就是谁的，偷割庄稼之风相沿成习，至今依然如此**。或正因为收获没有保障，所以，耕种十分原始粗放，平时也不管理。事实上，新增滩地通常离村庄较远，平时也管理不到。"（据我所知，古罗马的《查士丁尼法》与近代的《拿破仑法》，都对此类土地的所有权做出明确精细的规定，用以解决由此而引起的纠纷。对此类民事习惯的调查，可提供一个比较研究。）

三、黄河滩地引发的争夺冲突

我问："黄河滩地村民间为争夺滩地是否发生过较大规模的冲突呢？"小 G 说："有啊！怎么没有！1988 年 6 月发生过一次，1993 年 4 月又发生过一次。1988 年的那一次冲突发生在下滩村的张王两村之间（关于那次械斗情况，参见本月 24 日访谈纪要），1993 年的那一次冲突发生在黄河河道两边的村庄之间。

刘店乡下滩 3 个行政村的村民，祖上是从黄河河道北面迁徙过来的，河道以北的黄河滩地属新乡市封丘县所有。刘店下滩村民听老人们说，在河道以北有数百亩土地是他们祖上的，于是有数十家村民集了些钱，组织一些人到黄河北滩去考察认地，并认定某片土地是属于他们祖上耕种的。

1993 年 4 月，下滩各村有数十名村民过河去耕种那片土地，被当地数百村民团团围住。他们手持猎枪与木棍，还备着担架，是有组织、有指挥的围攻。当场有 10 余名下滩村民被打成重伤。

事后，下滩村民群情激愤，也组织起来，准备过河报复，幸而被乡政府及时发现，劝说阻止。几天后，河道北面的几个村的村支书带队来我们这里谈判。结果，还未谈判，就被闻讯赶来的下滩村民痛打了一顿。于是他们联名上告到省里，由省里直接派人来调解。"（我昨日上午到下滩村采访，那位前任村主任只告诉我其一而隐去其二！我实在想不出其中的缘由。）

我问小 G："共和国成立将近 50 年了，刘店下滩村民从黄河北滩迁到南滩也有近百年历史，他们怎么还会对祖上的土地提出归还耕种的要求呢？"小 G 摇摇头说："谁知道这些农民是怎么想的。"

＊ ＊ ＊

时近晚 6 点，小 G 一定要请我们吃饭。恭敬不如从命。于是小 G 在祥符宾馆的小包房设席，劝酒之际，小 G 说了一段顺口溜：

能喝四两喝半斤，这样的干部最放心。

能喝一斤喝八两，这样的干部不理想。

能喝辣酒（即高度白酒）喝啤酒，这样的干部最保守。

能喝啤酒喝饮料，这样的干部不能要。

而后，一边劝酒，一边逐句解释说："当官不论大小，都少不了应酬。小官小应酬，大官大应酬。要应酬，怎能不喝酒？喝酒，怎能没有辣酒？酒量大小不论，要紧的是喝酒的态度。能喝四两而喝半斤，表明此人以朋友的情谊为重，且能顾全大局，干起事来也能超常发挥。这样的干部，领导自然放心。明明能喝一斤，却喝八两，此人酒德如此，干起工作，执行任务，必有所保留。这样的干部，在领导心目中必不理想。能喝白酒的去喝啤酒，一怕伤身体，二怕酒后吐真言，这样的人对人对事必留有一手，思想也必然保守，没有拼搏冲杀精神。能喝啤酒的去喝饮料，作女人态，哪有一点男子汉的血气，领导怎能会提拔这样的干部呢？我们河南人交朋友，第一是看他的酒德。"经他这么一说，我只得把摊在我面前的四盅白酒一干而尽。我原以为，这段顺口溜内含讽喻，谁知小 G 全做正面解释，理直气壮，令我不胜惊讶。据说发明酒的杜康是河南人。直到今天，无论是村落农舍，还是官场、学界，皆大喝白酒，谈酒文化，劝酒的技艺可谓出神入化。整个中原大地，仿佛处于一种半醉状态，其杜康之遗风欤！

酒过数巡，已有几分醉意。借着酒意，我开门见山，向这位在乡镇任上工作过多年的基层官员提出四个问题，他的答复坦率而简洁。

1. "当村支书、村主任，除微薄月薪收入外，还有哪些好处呢?"

"概括起来，大概有五大好处：**一是在村里的政治、社会地位高于一般村民；二是能交结乡镇官员，替其子女安排一个工作；三是陪来村检查工作的乡镇干部吃喝；四是在分配宅基地、承包地时，为自己与亲友谋一点好处，在计划生育上也是如此；五是在经济上搞点搭车收费。在承办公共工程，如修路、打井、修建小学时，收受一定的回扣。**我是说，当村支书、村主任，尤其是当村支书的有此五大好处，并不是说所有村干部都是为了这些私人好处才当村干部的。但如果说当村干部的除合法的月薪收入外，不谋任何其他私利，那也是十分少见的。或说，当村支书的**可能**有此五大好处。至于捞多捞少，那看具体人而定。总之，是有好处的，否则不会有人争着当村支书、村主任了。"

2. "什么样的人，才能当上村支书、村主任呢?"

"第一，是**村里家族势力大的能当**。如今有许多政策，如征粮派款、刮宫流产与罚款等都要他们去具体执行。这些政策直接引起村民不满，没有大家族势力的支持是当不成村支书的。第二，**德才兼备、能为本村群众谋福利的人，虽独门孤姓，只要乡镇政府看中，也能当上村支书、村主任。**第三，**县党政机关中有亲戚关系的，也能当村支书。**其实，第一类和第三类往往能归为一类。除此之外，很难当上村支书；即使当上，也很难推动工作，这个位置也是坐不稳的。"

3. "既不想增加农民负担以激怒村民，又想替自己谋最大好处，这个乡党委书记将怎样行为?"

"创办乡镇集体企业。办乡镇企业，于国、于乡、于己都有利，问题是，建厂容易，真正出效益很难。"

4. "既不想搜刮村民，又想在短期内出政绩，这个乡党委书记如何行为?"

"**向银行搞贷款，用以修路、盖房、建厂。政绩归己，还贷款嘛，**

推给后任。"

"那么如何才能搞到银行贷款?"

"通过关系,搞回扣。"

＊　＊　＊

饭后已是晚9点。我提议去参观几家歌舞厅,想了解一下内地县城的夜生活情况。

小G先陪我们来到县文化局主办的歌舞厅。歌舞厅房产也是县文化局的,有内外两个大厅。外厅除三四名服务员外,空无一人。内厅装潢较好,只有七八位顾客、三四名服务员,既无坐台小姐,也无伴舞女郎。问歌舞厅经理的经营情况,说开封县有大小数十家歌舞厅,竞争激烈。这里生意十分冷清,每月收入光维持十几名职工的月薪已十分困难。路上,小G说:"这是官办的,也很正经。没有多少人愿到这里来消遣。"

一路来到温泉游泳馆,是县财政局与开封市某单位联合投资兴建的,总投资1300万元。这是一家集温水池、旅馆、餐饮、按摩、舞厅于一体的综合性娱乐场所。或时值秋冬,又是夜晚,长100米、宽50米的大型温水池内空无一人,客房、餐厅、按摩室皆处关闭状态,只有二楼的舞厅飘出卡拉OK声。信步走入舞厅,只有三四名服务员,七八名年轻顾客,似乎没有伴舞小姐,生意也十分清淡。据看门的服务员说,该娱乐场所在夏季生意好些,入秋后便趋清淡。小G说,温泉游泳馆在开张之后曾热闹过一阵子,生意很好,后传出该娱乐场所提供异性按摩与性服务消息,舆论哗然。今年年初严打期间,市公安局来人查禁,从此冷清。

小G又带我们到其"小兄弟"开办的卡拉OK舞厅。此处规模较小,但室内装潢、灯光、音响优于上述两个舞厅。老板是位30余岁的年轻人,见小G带我们进来,很客气地邀请我们入座,并请小姐替我们泡一壶茶水,说是免费的。坐定,我数了数顾客人数,厅内有二三十人,伴舞小姐七八人,对面还有二三间包房:其中两间里似有不少人。

小 G 向老板介绍了我们来此处的目的，并特地关照："曹老师是我的好朋友，你尽管放心说，不必顾虑。"

从谈话中得知，该舞厅老板原是某乡党委副书记，因仕途不顺，暂时退而经商。如今经商赚钱，莫如办娱乐业。该营业场地是从县房产开发公司租借的，租赁期为 3 年，自己投资 22 万元，用于室内装潢和音响灯光，刚开张两三个月，经营状况良好，估计一年内能收回投资。他说："经营舞厅也很艰难，一是主管部门太多。工商、税务、卫生、电力、物价、公安等七八个部门都可以来管你。凡这些部门的大小官员来此消遣，一般不能向他们收费。这样，每月得少收 5000 元左右。二是闲话太多，压力很大。若办得不好，别人说你无能；办得好，又说你肯定搞色情服务。内地县城闭塞保守，总认为这样赚来的钱不干不净。"

问及各类服务的收费标准时，他说："最低消费每位 10 元。请小姐伴舞，每小时 40 元，这 40 元全归小姐。包房，每小时 30 元，请小姐服务，也是每小时 40 元，同样归小姐所有。点歌，每首 4 元，茶水每壶 5 元，一杯咖啡 10 元，其他饮料，价格不一。我们的收费标准比其他舞厅略低。"

问及来舞厅消遣的是些什么人时，老板说："因前一阶段全省开展严打、扫黄，县党政官员很少涉足此类场所，但部门的人还是有的。我开张才两三个月，就这两三个月的情况来看，多数是两类人：一是私营企业主，他们有钱，交往也多；二是公私企业的厂长经理来此招待外地客商。一般工薪阶层，每月才二三百元，是消费不起的。"

当问及"小姐"们的情况时，他说："小姐们的来历很杂，有驻马店的，有信阳地区的，甚至有来自四川、东北的。就我所接触的小姐来看，**大多数来自贫困山区**。她们都住在开封市各宾馆内。开封本地的小姐一个都没有，怕被熟人碰见，丢面子。至于小姐们的月收入嘛，低者四五千元，多则万元以上。别看她们月收入很高，花费也是很大的。住旅馆、吃饭、买衣服、化妆品、乘小车，一月没有几千元打不下来。**她们所积攒的钱，多数按月寄回家乡**，因为她们中很多人来自贫困山区。

601

每天到这里来的小姐，少则五六名，多则十来名，随叫随到，有几个比较固定，有些并不固定。关于从事此类服务的小姐今后打算，我也曾向她们问过同样的问题，有一点是肯定的，那就是凡来自农村，尤其是来自贫困山区的，再也不愿回到农村老家了。她们的观念与生活方式全部改变了，怎能再忍受农村的贫困生活？或说，正因为她们忍受不了农村的贫困，又没有其他生财之道，凭着年轻，又有几分姿色，才走上这条路的。据她们说，她们一方面赚钱，寄回家去，解决家庭经济困难；另一方面，在物色有钱的老板结婚。问题是，这条路也不容易走。如今有钱的老板，年龄一般都在 35 岁以上，都有妻室儿女。他们在外面临时找个小姐，跳跳舞，逢场作戏，未必肯离婚再娶她们。所以，要找到有钱且离婚的老板，并不容易。当然成功的也有。我就碰到三对夫妇是这样结合的。至于他们婚后生活是否好，是否稳定，那就说不清了。一个是以钱取人，一个是以貌取人，这是双方心照不宣的。从前，我总以为'三陪'小姐是淫荡堕落的人，如今自己办舞厅，与这些人有了较多的接触，说实在的，有时还是挺同情她们的。"他叹了一口气说："如今搞市场经济，一切以金钱为中心，把所有人心都搅得乱乱的，一心想搞钱。譬如我吧，原来想从政做官，如今也涉足这一行当，无非想赚点钱。但赚了钱又干什么呢？自己也说不清楚。"

因谈得坦率，故我向他提一个更坦率的问题："这些伴舞小姐，是否提供性服务呢？"老板说："外界一般认为，这类场所往往是淫窝与赌场，是社会最隐秘阴暗之地。这不能说没有根据。去年，我县温泉游泳池娱乐场所提供异性按摩与性服务，被市公安局查禁。说实在的，提供异性按摩，他们的生意火爆，一旦取消了此类服务，他们的生意一落千丈。既然经商，不管是公家办的，还是私人办的，都是为了赚钱。这些高消费场所，赚什么人的钱呢？一是当官有权的，他们有公款消费；一是发了财的私人老板，他们有钱消费。消费到最后，不是赌，便是嫖。你办了一个娱乐场所，不允许他们赌与嫖，而别人允许，那是赚不了钱的。每个娱乐业老板都那么想的。今年四五月间，全国开展严打、扫黄活动，色情服务暂时查禁了。我这家歌舞厅是严打后才开办的。我可以保证，我这里决不提供性服务。我这里只有一个舞厅，二三间包厢，也没有性服务场地。为了赚钱，我招徕伴舞小姐。至于顾客与小姐相熟后，是否在外头有花样，我就不管了，也管不了那么多。这是实话实说。再说办舞厅，我也是不得已而为之的下策，是临时性的，我不想长期干下去。"

于是问及他今后的打算。他说："我虽开了这家舞厅，但一直犹豫未决。搞这行业，经营得好确实能赚钱，但声誉不好。内地县城保守闭塞，不像沿海城市那么开放。乡里人总把歌舞厅视同妓院，赚这样的钱，不明不白，不干不净。若重返官场，暂无机会。如有机会的话，还是想脱离商场，重入官场。**在县、乡做官，虽然收入比我现在低得多，但有政治地位、社会地位**，受人尊重。说得好听一点，做官能真正替老百姓办点实事，出点政绩，心里也是挺受用、挺踏实的。"

辞别这位身处商场而心恋官场的老板，已是深夜 11 点 30 分。

▶ 10月26日　开封市委党校的三封信函

上午八九时，请永成单独拜会县委杨书记，探其意向，以定去留。半小时后，永成回旅舍，告知：杨书记对调查一事反应十分冷淡，原先的承诺不复提起。开封调查只得中止。社会调查之难，难在"入场"。中国乡村，由家而村、由村而乡、由乡而县，皆有"围墙"，我等"闲人"未经许可，不得入内。今年七、八、九三月的开封县，恰值多事之秋，一县之主对我这个"调查者"有所提防，亦是情理中事。原定计划大半未能完成，这也是无可奈何的事。于是决定返回开封市。

驱车返程，突然想到黄河东坝头去看看。从开封黄河大桥南端，沿黄河南大堤（该大堤底宽近20米，路面宽五六米，高七八米。两边坡度十分平缓，路面两侧栽种一二排护堤树，有些坡地被村民垦为耕地）东行10余公里，便来到著名的黄河东坝头（兰考县境内）。东坝头大堤上，树着两块碑刻：一块标明"1901年、1933年黄河在此两次决口"，一块记述毛泽东1952年10月30日到此视察及嗣后该段护防工程的建设情况。1952年，毛泽东专程来河南视察黄河，先到柳国口，次到东坝头，并于此地发出"要把黄河的事情办好"的号召。东坝头护防工程始于1949年10月，全长1000余米，单位工程16个，挑水坝13道。1993年改建整修，工程坝头程高78.2米，防洪水位75.4米。

我站在东坝头沿河举目西望，方知"黄河之水天上来"非出于诗人夸张，而是实录。滔滔黄河水，自西向东，至兰考县境内东坝头，突然受朝南北倾斜且流线状之高大石坝迎头阻挡，主流急转北涌，冲向一排排坚固的挑水坝。挑水坝减弱其自西向东的冲击力，迫其改变流向，折而向北，浩浩荡荡进入北面山东境界，颇为雄伟壮观。黄河之北是一望无际的滩涂地，只有稀落的芦苇在秋风中摇曳，不见村落农舍。在东坝头数千平方米的高台地上，整齐地堆放着防洪石料。兰考段黄河河务局就设在东坝头附近的小镇上，专门负责该段的防洪抢险工程。据当地村民云，黄河自孟津而至兰考东坝头，皆为地上悬河，向有"豆腐腰"之称。黄河之险，之难防，主要在这一河段。而难中之难，险中之险，又在兰考县内的东坝头。因为自西向东的浩荡黄河，到此突然转折北去，几成直角。的确，若没有铜墙铁壁般坚固高大的防护堤坝，是无法承受黄河汛期浩荡凶猛的河水冲击的。1901年、1933年黄河两度在此决溢，兰考全境两度成为泽国，实其势所然。

返程路上，我又在思索这样的一个问题：人们常说，"黄河是中华民族的母亲河"，"中华文化其实也是黄河文化"，这两个判断到底意指什么？黄河，尤其是黄河下游，与我们中华民族，与我们中华民族的生存方式和文化特质到底有何种内在联系？**黄河下游既不通航，因而未曾给我们以舟楫通商之利。地上悬河，既不能给两岸人民以灌溉之利，相反常受其祸害。在我们祖先的观念中，对黄河向来是畏而不敬不亲，从来不像尼罗河、恒河两岸的先民把他们的河流敬若神明。在中国古代诗人的篇什中很少看到敬仰讴歌黄河的诗篇。我们凭什么说黄河是中国的母亲河呢？除非说黄河携带的泥沙造就了这片广阔的黄河下游平原，给我们民族的农耕文明创造了一块极其广阔的舞台。我想，既无通航之便，又无灌溉之利（仅指古代而言）的黄河，加之土壤与气候条件的高度一致性，或许是黄河下游平原长期处于自然经济状态的基本原因。**

＊　＊　＊

下午1时半左右，回到开封市。

晚6时，请孟、徐、李诸友来河大招待所餐厅小酌，商量下一步的调查事宜。有两个方案：一是由河大管理系教师岳梁陪同我到豫西之宜阳、洛宁、卢氏一带去调查（因岳梁的老家在卢氏县），但岳梁的课程尚未结束；一是继续由开封市委党校李永成老师陪同我到豫南之驻马店、信阳两个区去调查，但永成可能在5天后要到北京中央党校参加十四大六中全会文件学习班的学习。商议结果，先由永成陪我到驻马店，与驻马店地委党校校长及杨老师接上头，再由他们陪同我在驻马店地区调查，并由小杨负责陪同我到信阳地委党校，找党校张副校长协助我的调查工作。驻马店地委党校的杨老师与信阳地委党校的张老师都是开封市委党校廖老师在郑州大学时的同窗好友。由廖老师先挂长途通知他们，并各修书一封，由我随身带去。其实，早些时间我已与前来开封市委党校出差的杨老师相识，所谈甚洽，并热情欢迎我到驻马店去搞社会调查。老孟说，河大有位老同事与驻马店地委书记关系不错，由他请这位同事给地委书记写信，请求他的协助、支持。信由我随身带着，万一在驻马店乡村调查时遇到麻烦，可直接找地委书记去。另外，永成提议我带几份开封市委党校出具的介绍信，一是证明我为该校"特聘教授"，二是说明调查目的，请地方政府协助，或也可减少一点不必要的麻烦。朋友们对我此行的安全，考虑得可谓周详备至，令人感动。

晚9时，开封市委党校廖老师专程送来三封信函：一封给驻马店地委党校杨老师，一封给信阳地委党校副校长，一封给他的家住驻马店正阳县王勿乡黄庄村的父母兄弟。说凭此信，他的父母与弟弟一定会安排我的食宿与调查事宜。廖老师说，他之所以深夜造访，一是送信，二是想趁便和我聊聊天。

小廖说，正阳县地处淮河之北，地势平坦。乡镇企业极不发达，村级几无企业。是个传统的农业县。就其王勿乡而言，人均耕地较多，一般人均2亩左右，有些接近3亩，但土地较贫瘠。或正因为人均耕地较多，外出经商打工者甚少。村民习惯于多看左邻右舍行事，别人干什么行当挣了钱，周围的人便跟着学。别人守在家里地里，也往往是他不外出寻找机会的一个重要原因。当然，人均耕地较多，靠着土地也能图个温饱，发展乡村企业与外出打工，缺乏必要的内在压力。当地的农作物有小麦、油菜、花生、红薯与西瓜，种销西瓜是当地村民主要的货币收入来源，至于家庭饲养业，也是十分传统的。农民负担很重，苛捐杂税每年人均三四百元，甚至更多。父老乡亲每言及此，皆牢骚满腹。

郑州大学经济系毕业的小廖，很关心他的老家正在推行的"**两田制**"，提请我下村调查时留意此事。所谓"两田制"，是将现已分到各户的耕地重新收归村委（而不是组）所有。然后将全部集体耕地划分成两部分：一是口分田，人均0.8亩；二是责任地，由村各种植大户承租耕种。据乡干部们说，这是驻马店地委与政府的指示。目的有三个：**一是促成土地规模经营，提高土地利用效率；二是增加村集体的公共积累；三是村提留、乡统筹这一块由承包地的租金来承担，从而减轻一般农户**(即只有口分田，而无责任地的农户) **的负担。**

小廖说，此种制度安排听起来不错，但真正落实起来，一定是流弊无穷。"两田制"能否达到官方设计的预期目标，端赖于两个条件。一是除去口分田外的责任田的多寡。如果这部分土地很是有限，如何承受得起人均三四百元的沉重农负？将全村农负分摊到责任地，势必极大提高责任地的地租。要使承租者尚有利可图，地租率必有一个上限。二是要有一个廉洁秉公的村委班子，尤其是有一个好的村支书。在目前的社会风气之下，人人都急不可待地想捞一把，这一前提条件实是难以具备。所以，"两田制"实际推行的一个最可能出现的后果是：全村一部分耕地向村委，尤其是村支书集中，然后以低租金分配给他的亲信们，而农民负担照样以各种名义向村民们征取。这等于是一种"圈地运动"。小廖感慨地说："一项涉及所有农民的重大政策，在制定过程中必须考虑到它的落实条件。否则，一项好的政策也会造成累民害物的后果。何况，就从纯经济学的角度来说，单靠行政指令的**土地集中**，即使能提高承包者的人均产量，未必能提高亩均产出。"我完全赞同他的上述分析。

我也就他所关心的问题，谈了自己的看法。时近深夜12点，因服务员的催促，小廖方告辞。

六、豫南之行——访驻马店市、信阳市

▶ 10 月 27 日　旅途说法

今日开始我的豫南之行，预计半个月时间。此次调查，能否通过驻马店、信阳两个地委党校的私人关系，深入乡村农户去走访调查，我实在没有多大的把握。社会调查是一件相当困难的事情。因为调查者所欲获取的"社会事实"通常贮藏在参与该"社会事实"的人们的记忆中，且交织着人们的各种情绪、利益与偏见。它本身并非"价值中立"或可以"免费供给"。一旦"社会事实"关涉到地方官吏的利益并有可能影响他们的声誉和仕途，他们总千方百计将其封闭在自己的管辖范围之内，即所谓"家丑不可外扬"。改革开放后，社会流动固然增大，然而地方政治及诸种谋利活动却变得隐晦不清，这使得社会调查者常常处于受访者的猜忌与防范之中。

一早，老孟就给我送来一封由他同事写给驻马店地委书记的亲笔信。信中重点说明我是一位学者而绝非记者，绝不会对地方政府工作有所妨碍，这是他所能担保的。并请地委书记对我的调查工作给予信任与支持。这封信便是我进入驻马店乡村调查现场的"护身符"，起到"有备无患"的作用。

上午 9 时，我与永成乘班车离别开封。车上无事，一路闲聊。永成问我："你一方面喜好佛学，一方面又风尘仆仆深入中原乡村搞调查，你是怎样把出世遁空的佛学与入世精神结合起来的呢？"

我说:"佛教的创始人为释迦牟尼,释迦牟尼又称'如来'。什么叫'如来'呢?'如'即依照、遵从之意,'来'非来来去去之'来',而是'本来'之意,故所谓'如来',即以'如其本来的那个样子'去看待事物。这也是佛教所说的'客观观物'。这是一种很高的境界,一般人是很难达到的。我也是俗物一个,但努力使自己达到这一境界。那么,一般人为什么很难达到这一境界呢?这里恐怕有两个方面原因。

"一是陷溺于世俗的名利、竞比之场而不想自拔,或难以自拔。当官的攀比权势,经商的竞逐货利,知识分子争夺职称,农民呢,比谁家的住房优劣,甚至学生们也围着考分团团转。其实,世俗之所好,可以名利两字概括之。名利之场,佛之所谓'生死轮回'。人若陷入其内,何以能做到'客观事物',充其量是'此也一是非,彼也一是非'了。这是庄子的说法。若套用苏东坡的诗句,便是'不识庐山真面目,只缘身在此山中'。

"二是离所观之物太近。陷入其内,外逐物而不知返,内计较而生怨毒,固然无法做到'客观观物'。离事物太近,恰如拿着放大镜观物,也非客观。所以要做到'客观观物',一是从名利场或生死轮回中走出来,二是与世俗世界保持充分的距离。关键是跳出名利场很难,很难。扪心自问,你看到周围的熟人都跑到你前面去了,甚至你后面的人也跑到你前面去了,你能无动于衷吗?这就需要大智大勇。所以,释迦牟尼又称之为'大雄'。这个智,也称为觉,称为寂,称为空,称为净。说法不同,其实一也。皆内心摆脱名利得失计较之谓也。按照佛教的说法,人一旦去其内心之名利得失计较,便达到空寂境界。在这一境界中,纯思才可能高高升起,此即所谓'寂而能照'。

"当今学者处于多变且有众多诱惑的时代而要执行思考的职能,这是一个重要前提。从社会科学的角度来说,思维着的头脑之最高任务,不就在于理解我们自身所处的时代吗?当然,思考者也得生活,要生活就得有钱,要得到钱,必须进入职业与交换社会,这就是说,绝不可能免俗。就我本人而言,世俗生活要知足,为的是精神生活知不足。对于佛学，我仅取其一二而活用之，为的是满足我的精神兴趣，看看这个急剧变动中的生活世界。说得坦率一点，我无法忍受自己的困惑与无知状态。处于转型中的中国，社会生活这部书远比文字之书重要得多，丰富得多，所以我跑到中原乡村来搞调查。"

永成听后，深以为然。

下午2时，在许昌转车。晚6时，到达驻马店市。在车站附近找一家旅店住下，然后吃饭，洗澡，早早安寝。坐了一天车，说了一路话，实在疲劳不堪。

▶ 10 月 28 日 "两田制"

上午 8 时，匆匆赶到驻马店地委党校，先找到哲学教研室杨老师，然后由小杨陪同我们拜会分管教学科研工作的吴副校长。听取了我此行调查目的与计划的汇报后，这位四五十岁的副校长表现出极大的兴趣。他说："自改革开放以来，农村社会确实出现了许多新情况、新问题，这在干部理论学习班上也有许多反映，实非现有理论能够给予充分的解释。研究这些新情况、新问题，原本是我们地委党校的一项重要任务，然而多年来我们一直忙于教学、会议与创收，无暇顾及社会调查研究，你的到来，可以促进我们加强这方面的工作。"他请求我给党校全体老师做一两场学术报告（对此我当即允诺），同时指派杨老师陪同我们调查。对此我表示衷心的感谢。

随后小杨陪同我们到学校宿舍暂时安顿，并商讨此次调查的具体安排：永成一周后要赴北京中央党校去学习，小杨也只能抽出一周时间陪我调查（因时临期末，诸事繁多）。所以，在驻马店调查期限只有一周。驻马店地区辖一市（驻马店市）九县（西平县、遂平县、确山县、泌阳县、上蔡县、汝南县、平舆县、新蔡县、正阳县）。在一周之内，只能选二三个县，每县选一乡、一村进行"闪电式"采访。要深入村落与农户进行蹲点式的调查是不可能的。商议决定，下午 3 时起程前往正阳县，而后到新蔡县，然后经平舆县、汝南县返回驻马店地委党校。

从上午 9 时到下午 3 时，小杨要去把下周工作安排好，我利用这段时间到党校图书馆借阅正阳、平舆、新蔡三县的新编县志。

简陋的校图书馆只有《驻马店市志》与《确山县志》（图书管理员对其他八县县志是否出版并不知晓），其内有几则资料引起了我的兴趣，兹录于下。

一、新中国成立前当地雇农、贫农、中农、富农、地主五个阶层的生活状况

在"人民生活"一章记载新中国成立前当地雇农、贫农、中农、富农、地主五个阶层的生活状况，皆举实例说明。**可以作为新中国成立后近50年来农村生活变化的一个参考点。**

1. 雇农。张永青，独身，无地无房，长期当长工。吃粗粮，干重活儿，住牛棚。站起只一身，躺下只一铺。若找不到活儿，只得借住牛棚，忍饥挨饿。

2. 贫农。刘舍堂母子二人。住两间坯砖草棚，睡麦秸铺。有地1.5亩，每年打粮食300斤左右，不够全年食用。农忙时打短工，农闲上山打柴（确山县西部为丘陵山区，东部为平原），卖柴糊口。每年青黄不接之际，老母常外出乞讨。

3. 中农。张用典全家8口。共有土坯草房7间，耕地28亩，牛、驴各一头，农具较齐全，每年收粮食5000—6000斤。全年吃粗粮为主，逢年过节吃点细粮。穿自织土布。张用典本人会泥工手艺，农闲帮人盖房，取得部分劳务收入。正常年景略有积余。

4. 富农。李万福全家8口。砖瓦房10间，草坯房4间。耕地38.5亩，养牛、驴三头，牛车一辆，农具齐全。雇长工二人，每年收粮食8000斤左右。春季放青苗账（麦收前借出一斗，麦收后收取两斗，是新中国成立前确山地区常见的一种高利贷形式），此项收入每年1000—2000斤粮食。户主李万福本人常年吃细粮（即小麦），其他家人全年依然以粗粮为主。全家穿自织土布。

5. 地主。李万年全家14人。拥有两个宅院，砖瓦房14间，宅院内有土围墙与护宅沟，并建炮楼一座，家备长枪两支，夜间由长工持枪守卫，以防土匪（新中国成立前，确山一带土匪猖獗）。有耕地210亩，养驴、马各一匹，牛两头，牛车、马车各一辆，雇两名长工。土地自种一半（农忙时雇用短工），另一半出租，收租粮万余斤（地主与佃农对半分成），共有粮食3万余斤。全家农忙时吃细粮，农闲时吃粗粮，地主本人全年吃细粮，全家衣物多为细布，冬有皮袄，夏有细衫，也自织一些土布。

从上述材料可知，在新中国成立前，确山地区的全年平均亩产只有200斤左右（在新中国成立前很长的历史时期内，单位亩产很可能一直维持在这一水平）。新中国成立后，经过50年的努力，全年（包括二熟）平均亩产增加到1000斤以上（在开封麦稻产区，全年平均亩产最高可达1800斤）。**在此50年内，同一地区的人口增长1—2倍，但粮食产量增加4—6倍，甚至更多一些。这是中国内地农村近50年来所取得的最重大进展**。据此，中原农民就"吃"而言，达到了从前地富阶层才能享受的程度。就住与穿两项而言，也可以这样说。

二、《确山县志》载1958年、1959年"浮夸风"数条资料

1. 上坡城关公社陶楼大队上报1.4亩棉花，亩产达515公斤。

2. 胡庙幸福公社某大队2.7亩芝麻，亩产595.5公斤。

3. 呈桂桥公社某大队4.3亩黄豆，亩产2795.5公斤。

4. 呈桂桥公社另一大队0.32亩水稻共收3108.5公斤，亩产约9714公斤。

又引录1958年8月驻马店镇委（当时驻马店为确山县内的一个镇）提出的口号：

1. 全党总动员，千军万马把钢铁炼。

2. 铁水滚滚流，钢花飞满天；人人扛红旗，炉炉都争先。

3. 日产钢铁35吨，群群卫星飞上天。

问题在于，我们的地方党政领导并未从当年**高指标、高征购、瞎指挥、浮夸风**的"左倾"错误中吸取足够的教训。

三、关于确山县村落规模

确山县西南部为陵丘山区，属伏牛山、桐柏山之余脉，东北部为黄淮平原。《确山县志》载，丘陵山区地带的村落规模小且分布较疏：以竹沟乡为例，共有 323 个村落，平均每村落 15 户，80 来人。黄淮平原地带的村落规模较大，且分布较密：以古城乡为例，共有 118 个村落，平均每个村落 60 户，300 来人，各村村距不足千米。全县不足 10 人的小山村有 31 个，超过百户的大村落有 138 个。全县 200 余户千人以上的村落仅一个（上据 1988 年的统计）。又云，全县近 90% 的村落以姓氏命名。《确山县志》载，明崇祯九年（1636 年），确山疫病流行，田地荒芜，粮价暴涨。次年，名为"一斗米"的起义军云集数万，攻城抢粮，明总兵祖大寿率兵围剿，农民军被杀甚众，从此确山人烟稀少。至清顺治三年（1646 年），全县 2083 丁，已耕地 8.5 万亩，荒地 45 万亩。由此推断，确山地区的绝大部分村落只有 300 来年历史，这或许是这一带地区村落规模偏小的一个重要原因。

＊　　＊　　＊

中午，吴副校长在校餐厅的"雅间"设席，说是替我们接风洗尘，以尽地主之谊，盛情难却。杨老师、王老师作陪。

一、林县的红旗渠

吴副校长原籍林县，因谈及红旗渠，吴云："林县为丘陵山区（太行山东麓），向来地少水缺，以外出谋生为常态。到 20 世纪 60 年代，县委杨书记带领全县人民奋战数年，硬是在崇山峻岭之中修筑起一条数百公里（包括干渠与各支渠）的红旗渠，基本解决了全县人民的人、畜饮水与农业灌溉问题。民众至今深深怀念这位人民的好书记。红旗渠工程另有一大'副产品'：培养出一支建筑技术队伍，养成一种集体艰苦奋斗、吃苦耐劳的精神。时遇改革开放，一支又一支建筑工程队走出林县，走南闯北，承建各种建筑工程，并创办其他乡镇企业。在河南百余县中，林县经济一直走在前列。"又云："如今不少人把公社体制说得一分不值，甚至骂得一塌糊涂。其实，公社体制对农村社会管理与农田水利建设，还是起了重要作用的。如今分田到户后，要靠人民的自发热情，靠自力更生、艰苦奋斗的力量建造这样一个水利工程，那是绝对不可能的，除非国家重点投资。"

二、正阳县的"两田制"

王老师的老家在正阳县。正阳恰是我此次经访的第一个县，故席间请其介绍正阳县概况，重点谈谈"两田制"的落实情况。

他说，正阳全县70余万人，耕地210万亩，人均3亩。这在驻马店所辖九县中，人均耕地最多。不过，各村人均耕地很不平衡，少则一亩多一点，多则五六亩。如今全县推行"两田制"（这是驻马店地区的统一政策，各县皆然）。

所谓"两田制"，即以行政村为单位，全部耕地的95%为承包地，按人口均分到户，另5%为积累地，由村委直接掌握，转包给本村种田大户，并收取租金。积累地有两个作用：一是租金为村集体的积累资金，用于村的公共事务；二是用作机动田，分配给村内新增人口，以保持承包地的相对稳定（这与开封市委党校小廖说的"两田制"有很大区别，似应以王老师所说为准）。

"两田制"设计者的用意不错，但具体执行起来却有弊无利。"两田制"的具体执行者是村委，尤其是村支书、村主任、会计这几个人。这5%的积累田往往由村里少数几个干部私分了，至于他们缴不缴租金，缴多少租金，只有他们自己知道，村民是不晓得的。即使村委能得到这笔租金，是否用于村内公共事务，根本没有保障。农民的原先负担，也没有因此而有所减轻。所以，村民们对"两田制"的怨言不少。假如某村有3000亩耕地，按5%计，全村积累地150亩，如果把原先分摊到这150亩土地上的农民负担转嫁到95%的承包地上，这不反而增加农民负担吗？又假如积累地的年租金每亩150元，150亩，不就是2.25万元了吗？这笔钱很有可能被村干部们分掉或吃掉了。所以，**"两田制"的普遍推行，一是反给农民增加负担，二是给村干部提供一个腐败机会，实在有弊无利**。

又说，林县缺地少水，所以农民只得向外寻找生活出路。坏事反成了好事。正阳恰恰相反，因为人均耕地较多，专向土地讨生活的传统生活方式至今得到保存，向外谋求发展机会的压力与动力不足。近几年来，有人开始外出打工，但劳动力市场也被别人挤得满满的。赔了路费，还得回来。近十余年的唯一变化是，拥有手扶拖拉机的农户逐年增多，因为耕地较多，需要用拖拉机。说到正阳人的特点，王老师引了一段流行于正阳县的顺口溜：

泌阳能（能，指精明能干），西平奸（奸，指待客客啬，做生意赚朋友的钱），正阳实（实指耕地吃饭实在，待客慷慨厚道），平舆、新蔡憨（憨，指老实到有些无能），其他各县都一般（其他各县指遂平县、确山县、上蔡县、汝南县）。

正阳人对西平县人的吝啬，也用一则顺口溜来挖苦：

尖头模子尖头尖，关起门来吃米饭。

蝇子叨他半粒米，他把蝇子追半天。

王老师说："西平县临近漯河市，又在京广铁路线上，故历来经商者多。20世纪80年代，漯河市成为内地对外开放城市，西平人亦农亦商，或弃农经商者更多。在正阳县人看来，农民种地吃饭，最是本分。来客必好酒好菜招待，宁可平时省吃俭用。所以，他们认为自己很实在。西平多小商小贩，正阳农民认为凡商必奸，唯利是图，毫利必计较。在家吃米饭时，关起门来，怕被人撞见。苍蝇飞来叨他半粒米，也要追赶半天，从蝇口夺回半粒米，以讽刺他们的极端吝啬。**正阳人至今仍保留着传统的农耕生活方式与观念，与市场经济似乎格格不入。**"

三、关于社会风气与党政腐败现象的讨论

当话题转到目前社会风气与党政腐败现象，杨老师转述了一则流行于驻马店地区的顺口溜：

一杯酒，一斤油。（一小杯名酒，价值一斤油）

一顿饭，一头牛。（一桌酒席，值一头牛的价格）

屁股底下，一栋楼。（一辆桑塔纳，价值一栋楼房）

这首顺口溜很有可能是内地农民兄弟制作的，因为它既表达了农民对地方官吏的情绪，也表明了农民的眼界。我对诸位说："看来，我们应恢复汉唐旧制，设立一个'采风部'，专门收集流行于全国各地各阶层中的民歌民谣，因为我们可以从民歌民谣中准确地了解到社会各阶层，尤其是下层的**社会情绪**。社会情绪是一种社会事实，而且是最重要的一类社会事实。**所谓社会理论，与其说是社会事实的抽象与概括，远不如说是社会情绪的一种理性辩护**。普列日诺夫早就说过，经济基础并非直接地决定上层建筑，而是通过社会心理（社会情绪是社会心理之核心内容）的中介环节而决定上层建筑。对于上层建筑中的意识形态部分来说，尤其是这样。**没有社会情绪充溢的所谓意识形态，只是一种毫无生气、毫无内容的僵死教条。**"李、杨老师认为这一观点很"深刻"。

* * *

我等一行于下午 3 时离开驻马店地委党校，下午 5 时到达正阳县委。杨老师陪同我们拜会县委办阎主任与县政研办李主任。阎、李曾是杨的学生，"老师"陪人来访，"学生"自然是请坐、敬茶，热情接待。话入正题，阎主任先是连连称是，频频点头，但一听说我们要下乡入村搞农村社会调查，这位三四十岁的县委办主任立即警觉起来，沉默不语。过了好一会儿，阎主任说："**你们来正阳搞农村调查，有无驻马店地委的介绍信？**"

杨老师对这位学生的反应显然缺乏精神准备。在来正阳的路上，杨老师还对我夸口："驻马店所辖九县的县、乡主要官员，差不多都是我的学生，我替你鸣锣开道，保管你一路绿灯。"如今在第一个路口便亮起红灯。缺乏准备的小杨显出一脸难堪，不知如何应付。永成说："我们只有开封市委党校出具的介绍信，昨日行程匆匆，竟忘了带出，驻马店地委党校的李校长、吴副校长与杨老师都是我的朋友，此次调查是由吴校长安排的。"阎主任说："**这样的农村调查，单凭'私人关系'怎么行？就是学校的介绍信也不管用，一定得有我们上级党政部门的介绍信。**"他似乎在卜逐客令了。

我知道这只是一种冠冕堂皇的"托词",一种拒绝我入其境调查的"托词",于是我说:"我不是《焦点访谈》一类的记者,来此收集并揭露阴暗面;我也不是检察官,来此暗访乡村干部的隐秘之事。我只是一位学者,一位对中原传统文化、村落宗族状况与农业、农民一般状况感兴趣的学者,重点了解改革开放以来农村经济与社会生活方面的变化情况。且主要与县、乡、村干部座谈。如果受你们的接待而专找一些阴暗面加以报道,我怎么对得起你们,怎么对得起陪我前来调查的两位学校朋友?如果出了问题,你们可以找你们的杨老师算账。"我一边说,一边拍拍小杨的肩膀。杨老师会意,说:"我可以担保,决不会有事的。曹教授前几年在浙江农村调查,今年到我们河南来调查,主要想对沿海农村与内地农村的经济发展程度做一番比较研究。除此之外,没有其他目的,对此我以人格担保。"听此解释,阎主任的脸色开始"多云转晴"了。接着我取出我的《当代浙北乡村的社会文化变迁》一书递给他,并说:"这是我在浙北农村调查研究的成果,书内没有具体的地名与人名,只描述一般情况。"杨、李两老师也顺此做了解释:我们的农村调查,对地方工作决不会带来不良影响。

话说到这份儿上,阎主任反倒觉得不好意思起来:"问题哪有这么严重,只是我这个县委办主任,有责任问明情况,好向县委书记汇报。我是杨老师的学生,老师亲自陪来的客人,也就是我的客人,我哪有不放心的道理。时间不早了,你们远道而来,请一块去吃顿便饭。"于是阎、李两位主任陪我们三人到县委招待所餐厅的一间"雅座"入席。至此,终于亮起了"准许入境"的绿灯。

酒在河南确实有神奇的功效,数巡过后,酒酣耳热之际,以同一朋友为中介的两个原不相识的人,从初识而一下跃入相熟相知的境界。从闲聊中得知,阎在县委办主任的任上已滞留了四五个年头。在这期间,县委书记已换过两任,如今正为第三任县委书记服务。于是我对身旁的阎主任说:"县委办主任一职,劳而少功。主任担其劳而书记得其功,且'一仆数主,难以伺候'。"一听此言,阎主任立即起身向我敬酒,并说："**真不愧为大教授，看问题一针见血。**"至此，我觉得横在我与主任之间的最后一道防墙拆除了。因而我对此次河南之行的目的、意义与方法做了进一步阐述。我注意到，阎主任，尤其是政研办李主任听得十分认真。

我说："中国的政治权力，与其说集中于中央，倒不如说分散在全国二三千个县。中国政治状况的好坏，关键在于县。这是因为：第一，中央制定的各项方针、政策都得通过县级政权向下落实；第二，与乡镇一级相比，县政权具有更多独立决策的权力，在一定意义上，乡镇只是县的派出执行机构；第三，县级行政区域历来比较稳定。各县在民俗、习惯、方言、历史传统方面各具自己的特色，这在北方似乎不太明显，在中国南方各县就十分明显了。总之，无论从政治、经济还是从文化习惯上来说，县都是一个比较独立的单元。古代称县官为亲民之官，这就是说，只有县官才直接处理民众之公共事务，而县以上的市（地）、省，直到中央之官，只是管官之官，只是制定一般政策的机关。"

又说："内地各县绝大多数依然是农业县。农业大县之民，绝大多数是农民。如今的农民，是土地家庭承包制下的农民。此类农民与公社时代的社员，与新中国成立前土地私有制下的农民，就其观念与行为方式有何异同？如今大力推行市场经济，经济规模狭小且十分相似的承包制小农经济与大市场如何连接？村民聚族而居所形成的宗族关系与村干部的产生，有何关系？村干部出于本村，而县、乡主要干部皆在回避制下异地做官，这对中国乡村基层政权建设带来何种影响？这些问题，作为亲民之官，不能不做深入的研究。倘若亲民之官不深入研究所辖之民的观念、心态与行为方式之基本特点，又何能莅民治事呢？改革开放以来，有两种普遍存在的现象。其一是'向外看'，这叫作'与国际接轨'。向外看，向别人学习是必要的，但其弊在于盲目从洋。其二是'向上看'，只接受上级官员的指令。向上看是必要的，但盲目地执行上级政策而不顾本地区实际情况，同样滋生许多流弊。我此次来中原调查，主要是'向下看'，调查研究上面所述的各种问题。我以为，对内地乡村社会与地方政权的实际考察、研究，对中国现代化的可能前景的分析，具有重要作用。"

对这番即席"演说"，他们理解多少，我不知道。但可以明显感觉到，这两位主任已把我当作学者与朋友了，绝非前来"刺探阴暗面"的可疑人物。

散席后，已有几分酒意的阎主任对我说："这些年来，到我正阳县来调查的大学师生与采访的新闻记者不少。他们把县内的一些负面情况加以宣传报道，其中不少夸大其词，而对我们的成绩往往不置一词。一些事件被曝光，弄得我们十分被动，故对调查者、采访者有警戒之心。饭前对曹教授的不礼貌处，望多加见谅。"并指示李主任明日陪同我们下乡调查。他本人则要应付上级机关的各项工作检查。"时临年末，各项检查工作特别多，疲于应付，焦头烂额。"分别时，阎主任如是说。

当晚，下榻于李主任给我们安排的县委招待所。我等三人已有五六分醉意了。

▶ 10 月 29 日　新"官场现形记"

上午 9 时许，县政研办李主任陪同我们来到县城东南 27 公里处的王勿乡。占地数亩的长方形围墙内，排列着五六栋长方形平房，这便是王勿乡治所所在地。从建筑的样式与布局上就可以推知，这是 20 世纪70 年代的旧物，并说明该乡的一般经济状况。李主任告诉我们，全县20 余个乡镇，乡政府办公地差不多全是这个风格。

先召集乡党委书记、乡长与乡办公室主任开个座谈会，以了解该乡的一般情况。会前，李主任向他们说明来意，并郑重声明："此次调查出自县委办阎主任的安排，**决不会给乡党政工作带来麻烦**，请你们放心地回答我们所提的问题。"我暗自惊奇，亲自陪同我们前来调查的李主任为什么还要做此声明呢？不过，有李主任的陪同与声明，谈话自然顺利多了。下面是访谈纪要。

一、王勿乡概况

全乡 28200 人，现有耕地 5.8 万亩，人均耕地 2 亩多一点。下辖 12个行政村，152 个自然村。据乡党委书记的估计，在 152 个村落中，单姓村占 20% 左右，主姓村占 50% 左右，其余为杂姓村（按姓氏分类村落的概念是我提供的）。当问及这一带人均耕地较多、村落规模较小的原因时，他们议论说，就正阳县而言，绝大多数村落只有 100 多年的历史。现在的村民，向上追溯五代，多数是从别处迁移过来的。五代以上，正阳、平舆一带十分荒凉。若再往上追溯，村民们都说他们的祖先是从山西洪洞迁移到河南来的。正阳县南临淮河，在历史上一直是易涝易旱的重灾区，这是造成这一带村落建而复毁、毁而复建的一个基本原因。据他们猜测，100 余年前正阳地区曾发生过一场特大水灾，致使这里一片荒凉，现在的绝大部分村落便是在这场特大水灾之后陆续重建的，故而历史短、村落小，且人均耕地较多。正阳各乡人均耕地都在 2

亩以上，有不少乡的人均耕地为3亩左右。此时乡长说，王勿乡各村的人均耕地在2.5到3亩。（如此说来，全乡实有耕地大大超过现有计数，即以人均2.5亩计，高达7万余亩，但我没有就此问题往下追问。）

二、王勿乡的村办企业情况

乡党委书记说，王勿乡在推行土地家庭承包制后的很长一段时间内，只知道种田吃饭，除了种田吃饭，似乎不知道有其他赚钱谋生的手段。直到20世纪80年代末期，才有人陆续外出打工，到近两三年才形成高潮。但外出打工者基本上是男性青壮年，该乡村民至今还认为，大姑娘外出打工是件不体面的事。蔡县刚开始推行承包制时，剩余劳动力即向外寻找发展机会，外出做保姆的大姑娘多得很。一县之隔，风气如此不同，令人感到奇怪。另外，该乡的乡村企业极不发达，乡办集体企业一个都没有，确切地说，一个都没有办成功。村办的集体企业与私人企业有几个，但规模小，效益差。据去年年末的统计，小面粉加工厂有5个，职工人数少则五六人，多则十余人。砖窑厂有4个，每个窑厂有50到80人。一个碎石厂有20个职工，一家10来人的胶木板厂与一家10来人的帽厂，还有一个养殖场有7到8人。

李主任插话说："全县各乡的乡、村企业差不多就是这种状况。农民种的是麦子，吃的是面粉，所以，面粉加工厂是能一直办下去的，但你办我也办，规模上不去。如今农民有了一点积蓄，首先想到的是盖房子，盖房要砖瓦、碎石、预制板，所以这类企业已发展起来了。这种原料与销售两头在内的小企业能办起来，但发展不起来，对剩余劳动力的安置与对乡财政的贡献都是很有限的。"

乡党委书记接着说，全乡的村办企业，最多吸收三四百个劳动力。这些年到广州、东莞、深圳打工的有数百人。到北京从事建筑小工的也有些，没有统计过，也很难统计。如果要估计的话，外出打工人数最多五六百人，加上村办企业的人数，最多不会超过1000人。算起来，只占全乡剩余劳动力的一小部分。该乡绝大部分农户的经济收入还是来源于土地，依然是传统农业乡。"另有个很奇怪的现象是：我乡、我县的人到广东、江浙沿海一带去打小工，做苦力，但我县城及各集镇的服装业、家具业、理发业、油漆业差不多全被浙江人占领了。内地人流到沿海经济发达地区去从事苦力，而沿海经济发达地区的人流到内地来从事技术服务业。我们到沿海去赚他们的小钱、苦力钱，他们却跑到我们内地来赚大钱，这说明江浙人懂技术，善经营，而我们的劳动力除出卖苦力外，一无所能。如此看来，内地与沿海的经济差异，主要是劳动力素质上的差异。"

三、本乡的农业和村民的一般生活状况

在谈到本乡的农业与村民的一般生活时，这位年近 40 岁的乡党委书记说，由于本乡人均耕地较多，加上这些年来劳动条件及化肥的增加与种子的改善，单位亩产有所提高，村民的温饱问题基本上得到解决。据去年年末的统计，全乡平均 10 人拥有一台拖拉机，大部分是小三轮手扶拖拉机，少量是四轮的，主要用于耕地，农闲时也搞一些运输。有了拖拉机，劳动强度降低了，夏秋农忙时间也缩短了许多：如今，麦收最多一个月，秋忙最多一个半月就结束了。农业的种植结构还是十分传统的：夏季主要是小麦、油菜；秋收主要是玉米、花生与红薯。在种植结构上，近几年来略有些变化：种西瓜与搞蔬菜大棚的农户增多了，但由于离大市场较远，高效经济作物发展不快。小麦的平均亩产在正常年景是 500—600 斤，玉米平均亩产在 700—800 斤，花生在 500 斤左右。但自 1992 年以来，这一地区的气候一直不好，不是夏熟减产，就是秋熟减产。在村民的住房方面，20 世纪六七十年代，土坯房约占全部住房的 60%。经过近七八年的发展，土坯房基本消失，但楼房也不多，绝大部分是三间或四间砖瓦结构的平房，每间的造价在 3000 到 5000 元。总的来说，吃、穿、住的条件都得到了一定的改善。但以农业为主，且以种植业为主的乡，农民普遍感到缺钱花。

四、乡政府人员编制和财政收支情况

问及乡政府人员及乡财政收支时，乡长说，乡党政人员 110 人，其

中编制内的 30 人，编制外的 80 人。这些年乡财政收入平均每年在 70 万元左右。100 余名乡干部与 150 余名中小学教员（不计乡、村两级民办教师）的全年工资将近 100 万元。今年教师的工资发到 9 月份，乡干部的工资只发到 7 月份。我问："其他各乡的财政也这么困难吗？"他们说："都差不多。"乡财政如此拮据，实令我感到吃惊：连干部的工资都难以保障的财政，如何能行使自己的行政职能呢？

此类场景的此类访谈，是难以达到"畅所欲言"的。对一些尖锐敏感的问题，如农民负担，农民上访，计划生育，超生罚款，只得"存而不论"。谈了 2 个小时后，我提议找一个村去转一圈。乡党委书记请乡办主任陪同我们随车到马庄村去看看。以下为主要访谈纪要。

* * *

马庄村村委就在公路旁新落成的两层楼房内，小车可以直接到达。村委空无一人，乡办主任命人找来了村支部书记。支书姓袁，现年 58 岁，他说，他担任此职已有 18 个年头了。

先请袁支书介绍全村概况。他说全村 630 户，2067 人，现有耕地 4760 亩。下辖 13 个自然村，17 个村民组。在 13 个自然村中，只有 2 个单姓村，2 个杂姓村，其余皆为主姓村。在这一带乡村从未听说过谁家保存家谱、族谱，在 20 世纪八九十年代，也从未听说过重修家谱的事。村民之间的矛盾纠纷总是有的，但在他担任村支书的 18 年内，似乎从未碰到过两大宗族之间的冲突。袁支书本人家住徐庄。徐庄以徐姓为主，另有五六小姓，袁姓只有一家。单门独姓而能出任村支书 18 年，这令我感到新奇，故追问其详。他说："民国二十七年，我父母从周口地区的西华县逃荒到此，父亲在徐庄地主家当长工，母亲帮地主家做饭，带孩子。新中国成立后'土改'时，分得土地与住房，在此落户。20 世纪五六十年代，父亲一直担任大队干部，我本人先担任生产队队长，1974 年后任大队治保主任，1978 年任大队支书。我在徐庄虽单门独户，但办事公道，大家信任，所以一直做到现在。"

关于家庭联产承包责任制，袁支书说，农民对家庭联产承包责任制是满意的，只是上头前两年规定的承包期一定 30 年不变的政策很难落实。**实际上，承包期的期限我们由各村民组自己去确定，村委也不去管它。只要没有矛盾就行了。**有了矛盾，闹到村委来，我们才出面调解。承包期限各组并不一致，有二三年一调的，也有五六年一调的。多数情况是五六年大调整一次，每年只做一点小调整。各组重新调整耕地的时间，一般定在秋分时节。

袁支书说，今年 8 月，县里、乡里要他们搞"两田制"。各组提 5% 的耕地，由村委统一支配，再转包给村里的种田大户。每亩年租 170元，全村共 230 亩，这样，村委预计每年有 4 万元的集体收入。这笔经费按规定是乡管村用。

关于村办企业及其他，袁支书介绍说，该村现有两家面粉加工厂。一是 1994 年建立的，投资七八万元，其中 4 万元来自银行贷款，其余来自群众集资，属集体性质，由个人承包，每年上缴村委 2 万元。因经营情况还可以，1996 年又搞了一家股份制面粉厂，总投资 10 万元，每人出资 1 万元。他说，村里办企业，想来想去只能办面粉加工厂，别的企业很难办成功。

全村 630 户，半数以上拥有三轮拖拉机，还有少量四轮拖拉机。袁支书说，人均 2 亩以上耕地，确实需要有一辆拖拉机。在农闲时用于运输业的，全村大概只有 20 来辆。主要是拉砖、瓦与石沙，其次运粮食、西瓜，其余的拖拉机在农闲时基本闲置。我说："**如果几家农户合起来购买一辆拖拉机，不是既可省钱，又可提高利用效率吗**？"袁支书笑道："**合起来保管闹矛盾，哪有自购自用称心**？"的确，平等的合作虽然可以产生互利的效果，但更会引发内部矛盾。**消解内部矛盾而取互利的合作，需要全体村民观念与制度上的创新。**中国的农民很难跨出这关键性的一步。

* * *

时近中午 12 时，我请袁支书陪我们到邻近的村庄去转转。于是一行数人一起来到村委西边二二百米处的小亨庄村。这个仅有 20 余户人家的小村落，房屋布局十分凌乱且无围墙庭院，这与北方村落的一般布局毫无共同之处，而与南方丘陵地带的村落倒十分接近。村民的正屋都是三间砖瓦平房，结构简单，建筑粗糙，看上去只是一个房屋"毛坯"。正屋前用作厨房与猪、羊厩的配房，有些是砖瓦结构的，有些是土坯草房。从砖墙的颜色来看，该村绝大多数住房是近七八年内建造的。时值中午12点，但多数大门紧闭，袁支书说，他们还在地里干活儿，要过一会儿才收工回家。

我见有一家的大门开着，房东恰在家。我随便看看、问问，并不说明来意。房东是一对青年夫妇，见一群干部陪同前来，也不知我是何人，所问何意，略有些惊慌的神情。房东说："房子是前年结婚时盖的，造价不到1万元。"这是三间砖瓦房，内外皆无粉刷，室内是泥地。左右厢房与客厅三间并无隔离。左间堆放农具与袋装小麦、玉米，右间一桌一床，厅中间一张小方桌，若干小凳，除此之外，别无家具。室内唯一的"现代标志"是桌上的一台14英寸黑白电视机与厅内的一盏电灯。我问房东："该村有无彩电？"答曰："没有。"又问："有多少人家有黑白电视机？"答曰："七八家。"屋外简陋的配房内，停着一辆三轮拖拉机。问："拖拉机除耕地外，还派什么用途？"答："不派什么用处。"问："村里有几户拥有拖拉机？"答："大概半数人家。"屋檐下并排放着近20箱蜜蜂，这便是该户的全部副业。房东说："一箱蜜蜂，年产蜜60到70斤，每斤3元左右，全年共获毛利4000—5000元。除去各项成本费用，纯利可得3000元左右。"又补充说："养蜂挣钱，但很是辛苦，且蜂蜜价格十分不稳。1991年蜂蜜价格大跌，那年不仅一分钱没有赚到，还亏了几千元。"

本打算问农民负担情况，但乡办主任、村支书就站在旁边，只得忍而未问。这对年轻夫妇尚无小孩儿，既有四五亩土地上的收入，又有这项副业收入，他们**应有**的生活条件似应比实际所见的情况好一些，因而我推测这一带的农民负担并不轻。

见邻近有一家也开着门，便前往采访。室内一位年近30岁的少妇正在搬弄红薯藤，问其丈夫在何处，不答；又问其红薯藤派何用处，亦不答，只是神情木然地望着我这位不速之客。袁支书说："此女有些痴呆，她的丈夫还在地里干活儿，结婚已好几年了，仍无子女。"我看了看这户的家庭情况，也是三间砖瓦房，只是低矮狭小些，内外墙皆无粉刷，室内泥地，左间堆放着若干袋小麦，若干小农具。右间只有一张木板床，床上有未叠的旧被、若干衣物。客厅内堆放着一大堆红薯，上面盖着红薯藤。屋外有一大间坯墙草顶的配房，兼作灶间与猪厩，厩内有一头猪。红薯藤大概是用来喂猪的。这一家既无电视机，也无拖拉机，贫寒脏乱的状况只能说明这对夫妇"生存着"，而不是"生活着"。

走出此家，正东张西望，搜寻下一个访问目标时，见一位30来岁的男村民刚从地里收工回村，于是迎上去搭话。几句寒暄后直奔主题："你有几个孩子？"答："有四个。"我心里猜测，30来岁而有四个小孩儿，必是超生大户，且很可能先生三个女孩，后生一男孩，或四个全是女孩。便问："几男几女呢？"答："三女一男。"果不出所料。问："为什么生那么多孩子？"他用手指指自己的脑袋说："这里头有封建思想。"又问："罚了不少钱吧？"答：**"已经罚了一万多元。"** 问："还要罚多少呢？"答：**"再还几千元，我就出头了。"** 我又问："你生那么多小孩儿，能管住他们的嘴巴已够辛苦了，还能供他们读书吗？"他坚决地说："我就是累死累活，也要供他们读到初中、高中毕业！"这时，又有三四位村民从田里回来，站在一旁听我们谈话，其中一个中年妇女说："他的大女儿、二女儿已经读小学了。"

因县、乡、村三级干部陪同"入场"，我无法将"即景"访谈引向深入，我既怕引出村民的许多牢骚怪话，使地方官员感到尴尬，更怕陪同干部怀疑我的调查动机。故就此打住，匆匆辞别。

＊　＊　＊

驱车返回王勿乡政府，已是下午2时。乡党委书记、乡长已在乡政府食堂备下一席，等候我们。乡政府再穷，请客吃饭还是免不了的。席间，乡长问我到河南来调查什么，调查结果派何用处，以及为什么要选择河南等问题，我一一做了解答。不料，我的一番平实的谈话引起他们浓厚的兴趣，说："听君一席言，胜读十年书。"我说："我所谈的，大部分见于报刊或中央文件，并非我的创见，只是诸君平时忙于各种事务，无暇去看罢了。"乡党委书记感叹地说："**我们确实整天忙于各种会议、检查与诸多应酬，一天到晚没有一点空闲，常常连星期天都搭进去，哪有什么时间去搞调查、读书与思考。**"我说："各级党政与官员的忙碌有两种：一种是下级党政部门与官员围着上级党政、部门与官员而忙碌；一种是上级党政、部门与官员围着下级党政、部门与官员而忙碌，直接面对广大群众的县、乡党政、部门与官员围着老百姓而忙碌。邓小平说过：'领导就是服务'，说的就是第二种忙碌。前一种忙碌，大部分是空忙，无效之忙；后一种忙碌，才是真忙、实忙。围着各种会议、检查、应酬转，就是空忙；调查研究，切实推进农村经济发展，改善老百姓生活，促进农村社会稳定，才是真忙。如果我们的政治体制改革能使各级官员从空忙转向实忙，那中国的事情就好办多了。"县政研室主任说："上面拎着下面的乌纱帽，下面怎能不围着上面转呢？"

饭后，车回正阳县，李主任挽留我在正阳多住几天，说是陪我再跑几个乡，顺便也可向我求教。一天的接触，这位政研办主任已成了我的好朋友，只是此次行程匆匆，故婉言谢绝。于是李主任执意要把我们送到下一站——新蔡县。新蔡，即当年孔老夫子困饿"陈、蔡"的蔡国故地。

＊　＊　＊

车经息县、新蔡两县的交界处，我看到三辆豪华轿车，两辆中型面包车排在路边。旁边站着十数名衣冠楚楚的官员，像在迎候什么人的样子。我问李主任："这是些什么人？在此干什么？"他告诉我："这是息县'四大班子'的主要领导人，在此两县交界处恭候驻马店专署派出的'三优杯'检查团。"我问："什么叫'三优杯'？"李主任说："'三优杯'就是县、乡城镇的**优美环境、优良服务与优良秩序**的'三优'评比活动。这是河南全省各市（地）县开展的一项重要检查评比。先进者表彰，落后者挨批。且与社会综合治理、计划生育、教育达标等一样，实行'一票否决'制。得不得奖杯倒是其次，这一票否决可厉害了。全县工作有方方面面，其他方面做得再好，就此一项没有抓好，落在其他各县之后，便全盘否定。凡遭'一票否决'，县委书记、县长要受到黄牌警告，县主管此项任务的官员，有可能就地免职，你说厉害不厉害。"

我又问："息县'四大班子'为什么在今天，又在两县交界处恭候呢？"李主任说："这几天，'三优杯'检查团正在新蔡县检查，什么时候到哪个县去检查，这是检查团的内部机密。因此，与新蔡相邻的各县'四大班子'领导都得在各自县与新蔡交界处恭候。这些天都在交界处迎候，并不是今天一天。为什么要到两县交界处恭候呢？为什么要'四大班子'一齐出动呢？那是表示该县领导对检查的重视与对检查团的尊重。检查团在开展检查之前，先给他们一个'良好印象'，争取得到一个印象分，这是十分关键的。你想想看，这一类检查评比，绝不可能做到像批物理、数学考卷那样客观公正。所以，这个印象分很重要，难怪各县领导在这方面下大功夫。"

我说："与新蔡邻近的三县'四大班子'的其他工作不是全部要停顿下来，专门应付'三优杯'检查了吗？"李主任说："正是这样。这'一票否决'关涉到一县的政绩，尤其关系到县领导的政治前途，只能把其他工作暂搁一边了。即使你认为这样做不对，但别的县都如此，你能不积极效仿吗？如果别的县'四大班子'都在交界处迎候，唯独你待在城里，等他们来，这个印象分肯定不会有的。不仅邻近三县'四大班子'要停下其他工作，专门应付检查，就是邻县的邻县，'四大班子'分工协作，也在做各项准备工作。如专门设立一个情报组跟随检查团，将检查团的成员构成、行程、别县的接待规格等情报，随时向县'四大班子'汇报。我县的宣传部部长，如今正在新蔡县进行火力侦察呢。"

我问李主任："是否只有'三优杯'检查评比才这样兴师动众，如临大敌呢？"李主任说："凡拥有'一票否决权'的大检查都是如此。如计划生育大检查、综合治理大检查、财政大检查，等等。全县一年内的各种达标检查，大者七八次，小者十来次，每临年末，送走一批，又迎来一批，接连不断。这种形式主义大检查真是害死人。检查评比本是为了促进工作，然而具体落实起来，却是劳民伤财。此类检查评比，很难确定一个客观标准。各县差异，往往相差数分而定优劣，奖优罚劣；若得黄牌警告，一票否决，全县脸面无光，更关系到领导的政治前途。评比既缺乏客观统一的标准，那就得在**态度、人情、关系与礼数**上大做文章。你到县城外迎接，我就到县界外等候，你派党政领导出迎，我就'四大班子'全体出动。一县想出一个新招，他县纷纷仿效。手握'尚方宝剑'的'钦差大臣'到达某县，邻近各县即设立情报组进行火力侦察，看别县的接待规格档次，住什么级别的宾馆，甚至吃什么菜，喝什么酒，抽什么烟，都属侦察范围。还得看别人送什么礼品，否则，送轻了不行，送重复了也不行。如送礼金的，那么要打听清楚送给检查团主要领导是多少，一般成员是多少。这些情报都得通过内部私人关系才能搞清楚。总之，在检查团到来之前的一段时间，全县'四大班子'的各项其他工作都得替检查工作让路，一切围绕着应付检查这一中心任务。在检查团莅临期间，'四大班子'成员围着检查团转，前呼后拥，实在搞得人仰马翻，神经紧张。干部们劳命，百姓们伤财。"

李主任的一席话，听得我目瞪口呆。如果把它们配上具体情节移入李宝善的《官场现形记》，有谁会怀疑它不是古代封建官场中的故事呢？我们何必到古代典籍中去寻找传统，**"传统"不是一直"传"到现在并"统"入当代地方官吏的政治行为中去了吗？一切传统都是活的东西，因而都可以通过实证调查而获得传统。**

* * *

下午4时30分，到达新蔡县城，谢别李主任后，小杨便陪同我们到新蔡县委、县府办公大楼去找他的学生与熟人。从县委办找到县府办，没有找到一个熟人。两办的值班人员说，这几天县"四大班子"的领导成员一直忙于陪同"三优杯"检查团。于是永成建议先到县委招待所安顿下来再说。不料，偌大一个县委招待所全给"三优杯"检查团及

"四大班子"的陪同人员给包了。在大检查期间，招待所不对外开放。杨老师提议，到县委党校去借宿，党校校长是他的朋友。

从县委招待所到县委党校有一段路程，县城的主要道路及交通要道布满了警察，用"五步一岗，十步一哨"来形容或太过之，警察沿路两侧排列，神情肃穆。有些警察在人行要道来回巡逻，确给人以"如临大敌"之感。大小街道被打扫得很干净，沿街看不到一个摊贩。在"三优杯"大检查的非常时期，或因摊贩的有碍市容而被全部驱逐了。这种耗费精力制造出来的人为环境与秩序是否优良，姑且置而不论，但绝非常态。

临城北大街而建的四层楼房，便是县委党校所在地，县级党校拥有一幢四层楼，这在河南算是十分阔气的了。年近 50 岁的党校校长见杨老师带着我们来访，格外高兴。寒暄坐定，谈及"三优杯"大检查。这位校长的评价是"**兴师动众，劳民伤财**"。又说："**每临年末，省、地市机关老爷们便组织各种检查团下来检查评比，名为检查，实则吃喝打秋风**。"正说之间，安徽省阜南县党校校长带着五六人来访。说是开车到西安某党校参观学习，回途便道来此取经。

从两位县党校校长的一个多小时的谈话中我听出，这位党校校长外出所取的经，主要是**创收之经**。县财政拨款只能保住教员的基本工资，至于教员奖金的发放，办学条件的改善，教员的住房及必要的招待费，都得自己搞创收。一校之长首先得解决这些具体而紧迫的问题，否则这个校长怎么做得下去。

新蔡县党校校长告诉这位新来造访的同行："我们唯一的家当就是这栋楼房。前些年发大水，原来的两栋旧平房成了危房，上级领导这才下决心给我们拨款，盖了这幢教学楼。幸亏那场大水啊，这叫坏事变好事。我们拿出两个楼面做招待所，床、被还是通过各种关系化缘来的呢！"接着又说了一个"笑话"："前几个月，市教育局领导到我们这里来检查工作。只看到大楼前'县委党校招待所'的大幅招牌，找不到'县委党校'的牌子，后来在大楼过道内找到了这块小牌子。于是便来问我:'你们是县委党校,怎么把县委党校招待所的招牌做得那么大,把县委党校的招牌做得这么小,且挂在别人看不见的地方?'我对他说:'如今党不是以经济建设为中心吗?以经济建设为中心,当然得把招待所的牌子做大,且要挂到中心的位置上去。'这位领导听我这么一说,也就默不作声了。"果然说得一座都笑了起来。

*   *   *

我想,一级财政主要有两大作用:其一是养人,其二是做事。这个"事",是一级辖区内的"公共事务",这个"人"是办理公共事务的"公务人员"。**一级地方财政养不好甚至养不活本该由它养活、养好的公务人员,怎能指望他们去办好公共事务呢?这是一个历代统治者都知道的浅显道理,但中国历代统治者都没有解决好这一大问题,从而成为吏治败坏的一个基本原因。**

中国内地相当一部分地方政府的财政,无法养好甚至无法养活本该由它养活、养好的公务人员,这是一个十分引人注目的事实。造成这种狼狈状况的根源何在呢?一是财政收入少。缺乏工商业税收支持的农业大省、大县、大乡,财政收入是相当有限的。近3万人口的王勿乡,年财政收入只有70万元。这笔钱主要来源于农业税与农业特产税。二是需财政养活的人实在太多。尤其是乡镇政府财政,要养活庞大的中小学教员,直接承担九年制义务教育的重任。三是在高消费标准(在一定时期、一定社会风尚下形成的消费标准与消费方式,对受此影响的一切人都构成一道必须加以攀比的无形律令)的诱导下,各级官吏提高了集体消费与家庭消费的标准。四是在"超常规、大跨度、大干快上"发展战略的指导下与频繁的检查评比的督责下,各级党政部门要办的事情实在太多,且所办之事大多在于"政绩显示",而非实际经济与社会效益。

各级地方政府为了解决"入不敷出"的财政状况,一是增加财政预算外的收入,于是开启了"三乱"(乱摊派、乱收费、乱罚款)之源,这也是中央对"三乱"屡禁不止的根源之所在。二是容忍甚至鼓励各级党政机关、司法部门及教育事业单位自己去搞"创收"。这样导致"副业"转化为"正业",而"正业"本身陷入混乱与低效。如果部门集体创收不足,则导致公务人员去从事各种个人创收。绝大多数公务人员的收入结构差不多由**财政拨款、单位创收与个人创收三块组成**,且收入重心有由前者向后者移动的倾向。**一旦保证"正业"运转的"财政拨款"降到次要地位,整个社会公共事务的管理必然导致混乱与腐败,并将导致灾难性的后果**。我到河南走访数月,这可以说是我所得到的一条最重要的认识,这一认识虽从河南调查中所得到,但绝非限于河南,全国各地,概莫能外,只是程度各有不同。

诊断病因,匹夫有责。至于治疗疾病,还望肉食者谋之。

晚借宿于党校招待所,与李、杨老师商议下一步行程。

此次到新蔡原有两个目的:一是走访一乡、一村,如在正阳县所做的那样走马观花,求其大概;二是专程到新蔡县练村镇金庄村田庄去看看。外界盛传:**"毛泽东在田庄某农舍显灵。"** 因"三优杯"检查团莅临新蔡,又听李主任的那番言谈,便新增一项:调查检查过程。

杨老师说,这几天县党政领导正围着"钦差大臣"们团团转,既没有时间,也没有心思陪同我们下乡、下村去调查。所以,此行第一个项目只得取消。党校老师在县"四大班子"中虽有不少学生,但要请他们谈谈"三优杯"检查的具体过程是难以做到的。即使是朋友,也不会谈及具体细节。所以第三项目也只能取消。近几年来,前往田庄参观"圣迹"的人络绎于途,不必通过县、乡党政部门,故而决定明日一早前往田庄。

▶ 10 月 30 日　参观 "毛泽东显灵" 处

从新蔡县城乘坐私人中巴到练村镇，再从练村镇搭乘村民的小三轮到达 "毛泽东显灵" 处——田庄——已是上午 10 时 20 分。或许是田庄已成为人们前来参观的 "圣地"，停在练村镇简陋脏乱的十字街口的五六辆三轮拖拉机改装的 "客车" 主，一见我们就知道是到田庄参观的。

田庄是一个以田姓为主的自然村。全村 150 余人，40 余农户。除一户董姓外，余皆田姓。村落虽小，但村内农舍、道路布局十分凌乱，与王勿乡的小李村并无二致。近些年来新盖的砖瓦结构的平房，只有五六栋，其余 30 余栋民舍都是土坯墙，多数是瓦顶，少数茅草顶，一副贫穷破旧的样子。有些农民在家门口修地窖，准备贮藏刚从地里收上来的鲜红薯。从三轮拖拉机司机的口中得知，这一带的村庄都是这样的，只是规模有大有小，土坯房与砖瓦房的比例有高低之分。红薯依然是这一带村民的主食：新蔡县地少人多，农民上缴农负重，小麦能吃上半年、几个月已算不错了，必须依靠红薯。

司机把他的三轮车停放在村口，然后陪同我们来到 "毛泽东显灵" 之家。这是一幢十分狭小简陋的农舍：由土坯围成的围墙内，有三间陈旧低矮的土坯墙瓦顶房，在这幢坐北朝南的正屋前，东侧是一间砖砌的厨房，西侧是一间草棚。当我们入院之时，户主夫妇俩正在草棚内分拣一大堆红薯，将大而好的红薯装入麻袋内，准备藏入地窖。40 来岁的男主人见我们来访，一边起身欢迎，一边引我们入室参观，好像这是他应尽的义务。**进入客厅，果然在石灰粉刷过的正墙中间清晰地显现着毛泽东的标准像，这便是外界盛传的 "毛泽东显灵"**。在从前张贴毛泽东画像的客厅正墙中间，只有毛泽东肖像的墙影。看得出来，显现在石灰墙上的毛泽东肖像，绝不是有人故意画上去的，但原来的画像怎么会 "复印" 到墙上去呢？

客厅正墙前的长桌上，供放着七八包各种牌号的香烟，皆国产，无洋烟，还有两盘糕点与一盘水果。户主说，这都是来访者留下的，积累多了，他就把一部分香烟与水果分给乡亲们吃，否则浪费了可惜。我递给户主一支香烟，自己抽一支，只见户主像点香那样点起我递给他的香烟，并倒插在长桌上的烟缸内（烟缸是一只碗）。这时我才注意到这只香烟缸内有一碗烟蒂。毛泽东好抽烟，这是农民们所知道的。我再递给户主一支香烟，他说他本人并不抽烟。我问户主，为什么不在长桌上供放香烛？他说，这是迷信，毛主席是不喜欢迷信的。随后，我退出客厅，请户主搬来椅凳，坐在门外，并请户主给我们介绍他的家庭及毛主席"显灵"情况。

户主姓田，名树发。1974 年高中毕业，现年 43 岁，妻子 42 岁，生有两子一女。长子 21 岁，现在新疆某建筑工程队打小工；长女 18 岁，初中毕业后，辍学在家务农；幼子 15 岁，还在读初中。现住的三间土坯房是 1975 年 8 月为结婚而盖的。次年，毛主席逝世，他将大队所发的一张毛主席肖像张贴在如今毛泽东"显灵"的地方。肖像两侧还有一副对联："继承毛主席遗志，听从华主席指挥"，那是毛主席逝世后最时兴的对联。

1988 年春节，屋主打扫卫生时，发现毛主席的肖像有些破损，于是小心翼翼地将它揭下，折叠，并存放起来。当时在墙上没有发现任何影印的痕迹。农民嘛，总要在客厅墙上贴点什么。所以，"我曾到县城新华书店去买新的毛主席像，但没有。有些农民买年画来张贴，我觉得贴年画没啥意思，所以，1988 年后，墙上再也没有贴什么东西。一直到 1992 年 3 月到 4 月间，才发现有印迹，但看不出是毛主席的像。是年秋末，墙上才隐隐约约显出毛主席的像迹。直到 1993 年 3 月到 4 月间，毛主席头像的轮廓才渐渐变得分明起来。不久，消息传出，人们都说这是毛主席'显灵'。开始只是四周农民前来观看，后来越传越远，越传越奇，前来参观的人也越来越多。有时一天多达五六批人，把我这个院子挤得满满的。从此，我家大门常年开着，无论家里有人无人，一律对外开放。从 1993 年下半年开始直到如今，几乎天天有人来参观。至于前来参观的人嘛，各式各样的都有。从学生、老师到省、市、县党政机关干部，从本县、本省的到外省市的，甚至还有港台来客呢！在前来参观的人中，有些是纯粹出于好奇，但大多数参观者既有好奇，也有怀着对毛主席的崇敬心理而来的。有的一进门，看见墙上毛主席的影印，立即跪了下去，给毛主席磕头，流泪。我家穷，买不起跪垫，就用我的枕头权当跪垫。去年夏天，一位从新疆来的退休老军官，有七八十岁了，进门一见毛主席像，便"扑通"一声跪在地上，连磕三个响头。两个警卫要把他扶起，他还是跪着不起，失声痛哭起来，在场的十几人无不为之感动，都哭了起来。类似这样感人的场面，我每年都要碰到好几次。"

我问他："参观者有无留言？"他说："有呀！从 1993 年年末到现在，一共写了 16 本留言簿，其中 2 本给洛阳市某大学教员借走，至今未归还。家里还有 14 本。大多数参观者，参观过后便走了，我也不知他们是何人、来自何地，也有些参观者要问这问那，并要留言。乡政府干部看到这种情况，就给我送来几本簿子。"于是我请他取出留言簿给我看看。

一共是 14 本信用报告簿。我一本一本地翻阅，大多留言是怀念性质的，如"毛主席，中国人民永远怀念您！""伟大领袖毛主席，全国人民怀念您！""伟人犹在，万民导师！""光辉永照大地，与日月同辉！""毛泽东思想与日月同辉！"，等等。

三年间共 16 本留言簿，我粗略估计有五六百条留言。每条留言虽出诸不同人之手，实代表一批参观者。一批，少则二三人，多则十余人。平均每批以 5 人计，则三年内留言者就达 3000 来人。如未留言者是留言者人数的 5 倍，则有 1.5 万人到此参观过。就以 3 倍计，也达 1 万人次。凡留言者，通常署有各自单位、姓名与时间。从单位上看，以乡、县、市（地）、省各机关工作人员为多，且大多在河南省范围之内，也有来自广东、广西、湖南、湖北、新疆、山东等省的。户主说，中国香港、台湾地区也有人来参观，并从房内取出数张低面值的港币、台币给我看。说："本来有好几张，送给别人一些，以作留念，我留着这些东西也没有什么用。"

看到了台币、港币，我想起一件有关户主的传闻。这则传闻说：该家因收受参拜者的供品与钱款而发了大财，并盖起了楼房。该村至今没有一栋楼房，户主至今住在旧土坯房内，可见"楼房"云云纯系讹传。至于是否收受钱物，我拐弯抹角地问及此事。他说："参观者在长桌上放香烟是常有的事，但陆续分给乡亲们去抽了，我本人没有抽烟的嗜好。糕点、果品，有些是乡亲们送来的，他们中确有人把毛主席视为神仙菩萨，有些是参观者随身带来的。至于送钱，不能说一次都没有，但很少。一年难得碰上一两次或两三次。送个五十元、一百元的，但一般情况我是坚决不收的。这是不作兴的，因为毛主席不喜欢这一套。"我相信这位老实憨厚的村民所说的话。

又谈及毛主席"显灵"之事。他说："前来参观的人中间，有不少人问起此事，我也说不出一个所以然来。这墙面贴过毛主席的像，如今在墙上显示出来的主席像与从前的肖像是一样的。所以，是从前的像印上去的。但是有两个问题不好解释：一是为什么别人家的主席像没有印到墙上去呢？二是为什么1988年揭掉的像，到1992年后才逐渐显现出来呢？在参观者中，有些是大学教授，这些专家学者也回答不了这两个问题。我是1975年结婚的，那时家庭经济十分困难，只盖了三间土坯房，室内用石灰粉刷过，屋外的这间厨房与贮藏室是80年代末才盖的。在1988年前，我家的灶间就放在屋内的西间，烧的是麦秆、棉花秆，烟雾很大，又没有烟囱。这样熏了好几年，或许是将毛主席像熏印到墙上去的原因。这是有些专家的分析，我也不懂得其中的物理、化学道理。"又说："如果我在1992年前撤了老屋盖新房，也就没有这回事了。如今墙上显出毛主席像，参观的人多了，我要再盖也困难了。去年年末，驻马店地委的一位干部陪省里一位大官来此参观时说：'你的老屋成了省重点文物，要好好保存！'我今后要盖新房，只得另找宅基地了。"又指着毛主席像右下角的一个小圆圈说："外界传说，这是红太阳。这是误传，是迷信，其实是前年的一位参观者画上去的。毛主席喜欢老实人。我应该对你们说老实话。"

在曾贴过毛主席肖像的农舍石灰墙上何以显现出或复印出同样的肖像？这个问题尽可交给物理学家、化学家去回答。虽有点新奇，但并不神秘。这位具有高中文化程度的农舍主人，也非真的认为是毛泽东显灵。令我感兴趣的并不是石灰墙上复现毛泽东肖像这一事实本身，而是由此而引起的一系列**社会心理**反应：它的传播之快、传播之广，并引来持续不断、络绎于途的参观者。口头传播者的**社会心态**及数百条留言中所反映出来的社会各阶层人士的**社会情绪**（就在我们到田庄前一刻，有省计委十数人来参观。在我们离开田庄时，又碰到省妇联十数人前来参观）。日趋扩散的口头相传与络绎于途的参观人群，是否单纯地出于好奇？从参观留言与下跪磕头流泪中，我总体察到除怀念思旧外的另一种非常现实的社会情绪。这股社会情绪弥漫于中原大地，遍及社会各个阶层（主要是农民阶层），这股社会情绪，由正反两方面的情绪组成：**对毛泽东的怀念与对现实的强烈不满。**

改革开放以来，**农民们得到了土地，又得到了自由**，他们通过土地与自由第一次得到了温饱并逐渐改善了自身的居住条件，这是农民兄弟们一致认可的基本事实。但中原（其实应包括整个中西部广大地区）民众何以如此强烈地怀念毛泽东，且同样如此强烈地对改革开放后的现实状况感到不满呢？是否出于对社会大变动的不适应感？还是别有他因呢？关键的原因恐怕在于社会风气的恶化、地方党政的腐败与沉重的农民负担。

* * *

于是向户主打听当地农民负担情况，却没料到他**推辞不说**。"我常外出打工，家里村里的事并不太清楚。"以此回避搪塞我提出的问题。此时，一位30来岁的邻居端着一碗煮红薯进来。我问他："这便是中饭？"邻居说："是的。"我又问："全村人都用红薯当中饭吗？"他说："如今正是红薯收获时节，这一带农民一日三餐差不多都吃红薯。"吃的是红薯，住的是土坯房，我意识到这一带的贫困，便转而请他谈谈农民负担情况，但他也**含糊其词**。于是我转向静候一旁的司机。他倒比较坦率（或说稍微大胆）："我们这里夏粮缴麦，人均上缴 160 到 180 斤；秋收上缴钱款，人均 70 到 80 元。合起来每人每年上缴 200 到 220 元。"经他说破，户主与邻人也便认同了他的说法，并提供了一些新的情况："该村人均耕地算起来 1.3 亩，但人均 1.3 亩承包地包括宅基地与村前屋后的荒地，实际耕地人均 1 亩左右。农民负担是按人均耕地分摊的，乡里村里将宅基地、荒滩地都计算在承包地内，就可以增加农民的负担。"

他们说，这一带小麦的平均产量在 500 到 600 斤（指正常年景的平均产量），人均只有 1 亩左右耕地，除去农用成本，再上缴一二百斤，怎么够吃？本村绝大多数农户，全家小麦能吃上半年就算不错了。所以秋粮都必须种一些红薯与玉米，红薯产量比较高。将红薯、玉米与小麦配合着吃，刚能填饱肚子。另外，得外出打工。外出打工，一是可以挣几个钱，二是可以把小麦留给家里人吃。又说，如今的电价越来越贵，今年每度农用电 1.5 元（省电力局、物价局核定电价是每度电 0.45元），村里有许多农民用不起电，重新用起煤油灯。

问及 1 亩小麦的农用成本，司机说，他夫妇俩共有 1.6 亩承包地，每项投入如下（司机与户主属同一乡，但不同村。他的村组人均耕地 0.8 亩，前年生一子，但耕地未做调整，只有 2 人承包地）：

1. 种子 60 斤（自留种子要多放一些，买良种要花钱），40 元；
2. 化肥，一袋二铵 130 元，三袋碳铵 105 元，尿素 70 斤 84 元；
3. 农药，30 元。

耕地、打场、收割靠自家劳力。去冬今春，天气尚好，没有浇水。故农用成本只计上述三项，共 389 元，每亩平均 240 余元。1.6 亩小麦共收 1000 斤左右，亩产 600 余斤。去年每百斤小麦 80 余元，今年只有 70 元左右（市场价格），计 420 元，除去农用成本，每亩收入只有 180元。以 0.8 亩计，只有 144 元。但人均农负高达 200 余元。这样看来，这一带农户倘无农业外的打工收入，要维持全家温饱已很艰难，遑论改善自身的住房条件。问题是，**全乡人均200来元的上缴款项用到哪里去了呢**？问在座的三位村民，他们说被乡村干部贪污掉了，吃喝掉了。**这一回答部分是事实，但更多的是一种普遍的社会情绪。**

＊　　＊　　＊

离别田庄，已是中午 12 时 30 分。天开始下起蒙蒙细雨，给刚播下的冬小麦浇了一遍水。从练村镇返回新蔡的中巴车上，遇到一位新蔡县化肥厂的下岗职工，于是攀谈起来。这位年近 50 岁的下岗职工倾吐出来的全是牢骚怨恨。他说："新蔡化肥厂原有职工三五百人，好端端的一个企业，被一批又一批的蛀虫挖空了，吃光了。去年破产，各谋生路。幸而他原是厂里的驾驶员，如今给私人老板开车。没有技术的，那真惨了。年龄小一点的还可以设摊打工。年长且身体不好的，叫他们怎么过日子?!"问及他家的情况，说是有两子，长子念大学，每年得五六千元，次子念中专，每年也得两三千元。妻子是中学教员，有病在家，数千元医疗费无法报销。一家四口，全靠他手中的方向盘。一旦有个闪失或身体不好，两个儿子就得中断学业，每念及此，心里便焦虑烦闷。说起如今的地方官员，他便来气，骂道："他们是一种喝工人、农民血的吸血鬼，别看他们现在神气活现、花天酒地的，总有一天会有人收拾他们的!"

这一大批得到了自由但失去了安全的国有企业下岗职工，虽迫于生计在行为上努力去适应新的社会现实，但在观念上、情绪上却走向相反的道路。就中原广大农民群众而言，也可以作如是观。此类社会情绪的长期积压，完全有可能导致大规模的群众集体行动。地方大小官员们，应该居安思危啊！

＊　　＊　　＊

车到新蔡县城，细雨变得稠密起来。县城各主要街道两旁未穿雨衣的交警，五步一岗，十步一哨，神情严肃地站立在稠密的细雨中。这样的环境与秩序是否优良我不知道，但这样的环境与秩序只有在"三优杯"检查期间存在，这是检查团所有成员都应该知道的。

值此关系到地方官吏政绩与仕途的大检查时期，在这里停留等于浪费时间。我们在城里吃了中饭后，便乘上开往平舆县的公交车。

从正阳到新蔡、从新蔡到平舆，沿途凡有墙的地方，差不多都刷着各种大幅标语：

> 谁发财，谁光荣，谁贫穷，谁无能。
>
> 八仙过海显神通，致富路上当先锋。
>
> 家家上项目，户户奔小康。
>
> 十万大军搞劳务，二十万户上项目。
>
> 家家有项目，人人有活路，天天有收入。
>
> 户种两亩棉，增收两千元。
>
> 家养两头猪，致富不用愁。
>
> 实施平安工程，确保社会稳定。
>
> 我们虽是农民，也要比上城里人。

将计划、目标落实到会议桌上，落实到墙壁上，落实到报表上，确实是个轻松简便的方法。在中原大地，有两种不同类型的顺口溜：其一流行于民间，称为民谣；其二流行于墙上，称为官谣。套用《诗经》的用语来说，前为"风"，后为"雅""颂"。民谣表达的是"社会情绪"，官谣表达的是地方党政的政治经济目标。令我感到惊奇的是，官谣的制作者为什么不去追查每句口号的现实性？每家养猪两头，就能致富吗？至于"发财"与"光荣"之间、"贫穷"与"无能"之间，有必然的联系吗？只讲"发财"不论手段，只以贫富论荣辱，论能与无能，这不正是引发诸多社会问题的根源所在吗？

沿途所见村落，土坯房屋占全村住房的三分之一到二分之一，公路旁有些楼房。杨老师说："有些富裕户通过关系从村里迁到公路边，可充分利用'公路资源'。远离公路的村落，土坯房屋所占比例还要高一些。驻马店各县，乡、县间的道路差不多硬化了。因为各乡镇党政一把手差不多都配上轿车。至于乡与村、村与村之间，基本上还是原始土路。这一带的土质呈黏性，一下雨，道路泥泞得很。所以有能力、有关系的人都想迁往公路边来住。"农村经济的发展程度，通过"看"便能大体了解：一是看村民住房，二是看乡村道路。我将砖瓦平房称为新中国成立后第一代住房，楼房（或新式平房）称为第二代，别墅式楼房称为第三代。土坯草房或土坯瓦房乃是新中国成立前绝大多数村民的住房样式。就此而言，这一带的住房建设正处在向第一代住房的更新过程之中。有些乡村刚刚起动，有些乡村接近完成。由此看来，驻马店地区比开封地区经济落后很多。另外，在开封所属各县内，红薯已从村民主食中退出。从新蔡练村镇调查来看，红薯的主食地位没有发生变化。依然靠杂粮维持生计的地区，发展家庭饲养业是不可能的。这里的剩余劳动力，唯一的出路就是外出打工。

＊　＊　＊

下午 4 时半，车抵平舆县城，先找一家旅店安顿下来。杨老师到县政府去找他的学生，联系下乡村调查事宜，我与永成在旅舍休息。一小时后，杨老师回来报告联系结果：人是找到了，但面有难色。全县上下忙于应付随时可能来临的"三优杯"检查团，无暇陪同我们下乡调查。实际上，各县似有一道不成文的规定：严防记者入境调查，尤要防备中央电视台《焦点访谈》的记者。看来，凭借杨老师的私人关系无法进入"调查现场"。于是决定明晨返回驻马店。

晚饭后，请杨老师找县城里的熟人、朋友去聊天。既来平舆，一无所获，总是件憾事。他说，县供销社下属的农副产品购销公司总经理是他的朋友，可以陪同我去一访。于是冒雨前往。

该公司所在地一面临街，内有占地约半亩的院落，四周各有一排旧平房，看上去是 20 世纪五六十年代的建筑物。在一间简陋的办公室内，公司总经理正与一帮人围着打牌。见杨老师来访，便起身将我们引至他的卧室（室内只有一床、一桌、几只凳子而已。这是他在公司的临时卧室，他的家在农村），并接受我的访谈。

问及农副产品购销公司的目前状况，这位 40 余岁的经理坦率地说：

"**尚未破产，但也差不多了**"。据他介绍，该公司原有职工三四十人。如今前来上班的只有八九人，其余职工纷纷外出，各谋生路，但关系还是挂在公司。农副产品购销公司直属于县供销社领导，其职能是收购并销售农户的农副产品。如今搞市场经济，公司的业务大部分被私商挤掉了。坦率点说，几年来，该公司既不从事收购农副产品，更不销售农副产品，全县农副产品的购销市场全部被私商占领。**该公司唯一的资产便是这几排老平房，唯一的收入便是公司房产的租金。**邻街共有 4 间平房，每间月租金是 500 元。院内 12 间，每间 150 元（全公司只保留一间办公室与一间经理卧室）。月租金总共 3800 元。刚好发十来人的工资。前来上班的十来名职工，平时没有什么事可干，每天来报报到，转一圈，或打打牌，或外出做自己的事。至于职工的医疗费，那就管不了那么多了。其余二三十名职工，虽关系挂在公司，其实早与公司脱离关系了。留下的十来名职工，人均月薪 300 元多一点，这在平舆县也算马马虎虎过得去，反正吃不饱也饿不死。

我打趣地说："你们不是成了食租阶级了吗？虽然收入低，但也算是不劳而获呀！"总经理说："差不多是这样吧！现在还有房租可吃，但也吃不长了。这是一些 20 世纪 60 年代初盖的老房子，没钱维修，总有一天要塌掉的。或被县房地产公司吃掉，他们一直打我们这块地皮的主意。到那时再说了。如今还好混混，混到实在混不下去了再说。"我说："总不能坐以待毙吧，总得想点办法啊，市场经济嘛，你不挤别人，别人可来挤你们呀！"他说："有谁不想做生意发财呢？**问题在于谁都可以做生意，这个生意就难做了**。从前，农副产品收购全县就此一家，如今到处都是，这碗饭实在难吃。今年年初，我们曾做过一笔化肥生意，贷款购进 1000 吨化肥，没想到四五月份中央下文件限价。限定价格低于我们的进货价，结果我们白白亏损了二三十万元。前些年我们也想办法做各种生意，但赚得少、亏得多。这几年，就我们这个小公司，连本带利欠银行 100 多万元。你说我们还敢再做生意吗？欠银行的这百万余元，我们是还不起啦，反正虱多不痒，债多不愁，愁也没有用。今年栽在化肥限价里的，不止我们一个公司。凡从事化肥生意的全部赔了进去。县供销社下属数十公司，有十几个公司已宣告破产。据说，有的公司近几年来连续亏损二三百万元。"据他说，平舆县供销社系统原有职工二三千人。

从农业集体经济向土地家庭承包制经济、从计划经济向市场经济的转轨过程中，农村供销合作系统所受到的冲击最大，其次是县、乡政府内的各涉农机构。适应着计划经济、集体化与统购统销政策而建立起来的农村供销合作系统，名义上是"农民的合作社"，其实是一个庞大的准政府机构。改革开放以后，其他机构与私人纷纷进入农副产品的购销与农用物资、日用品的供销市场。庞大而僵化的供销合作系统被动地处于各私商的围攻、吞食与扫荡的狼狈境地。近十几年来，中央与地方对大宗农副产品（如粮、棉、茧、烟等）的收购，一时集中、一时放开，一直摇摆不定，使得这一准政府机构的改革方向难以确定。从理论上说，这一机构要执行两大目标：一是确保大宗农副产品按国家定价标准的收购任务，二是确保按国家的限价标准向农户供应主要的农业物资。当然，这一机构还得维持自己的生存。但在市场开放的条件下，这三大目标一个都无法实现。结果我们已经看到，农村供销系统与各涉农机构正日益溃败下去。**然而，分田单干的广大农民，确实需要有一个属于农民自己的供销合作组织。问题在于，这种客观的经济要求并没有上升为农民的主观要求。他们无力完成这样的合作与联合，因为他们根本没有意识到。我们也无法把现存的供销合作系统改造成为既是官办的，同时又是农民的合作供销机构。**平舆县农副产品购销公司，一部分人在食租中等待破产（按其负债情况，早该破产了），一部分人转化为私商。看来，这便是此类商业机构的一个缩影。

晚10时，辞别这位公司的"留守"经理返回旅舍。雨下得越发紧了。

▶ 10 月 31 日 "信阳事件"之反思

早上 8 时许，天又下起雨来。我们辞别平舆县党校校长，登上返回驻马店的公交车。10 时许，途经汝南县的海南寺，引起了我冒雨往访的兴趣。

据杨老师介绍，原来的海南寺早在新中国成立前便毁于兵火，被夷为平地。如今重新兴建的海南寺，占地 350 亩，总投资近 6000 万元。作为主体建筑的五大寺庙已初具规模，尚未对外开放。已建成并对游人开放的是白圣纪念馆，内有白圣的舍利塔。白圣纪念馆的建筑呈"口"字形，三层，内有池，池上有曲径。环池楼房内并无可供参观的陈列。纪念馆后有一小庭院，白圣的舍利塔建于廊院的小土丘之上。碑刻数块，从中得知，白圣者，俗姓胡，原籍湖北，为南禅临济宗第 41 世祖。其弟子汝南人，现侨居泰国，在泰国佛教界颇有声望，且颇具财力，捐资 2000 万元（地方政府出资 4000 万元），于海南寺故地重建寺庙，其意在于重振临济一脉。地方政府之意在于发展旅游业。这或许是改革开放新形势下政权与佛教的新关系。

我出庄入佛有年，知临济宗创始人为义玄，义玄嗣黄檗希运，与德山宣鉴同时，且门风相似。诃祖骂佛，是其特色。佛不在天国，不在神通，不在十二分教而在心内，此心即佛。一念心上清净光即法身佛，一念心上**无分别**光即报身佛，一念心上**无差别**光即化身佛，即其宗旨。倘若能入色界不被色惑，入声界不被声惑，入香界不被香惑，入味界不被味惑，入触界不被触惑，入法界不被法惑，即能做到出入无碍、来去自由。这也就是庄子所谓的"物物而不物于物"，"喜怒哀乐不入胸臆"之意。这是一种很通达的人生处世哲学。问题在于，人生而有欲有求，有感觉，有理性。感觉与理性的基本职能恰恰在于区别（或说分别），鼻分香臭，肤分冷热，耳分急缓，舌分甘苦，眼分美丑远近。理性史分出贵贱、贫富、寿夭、荣辱、得失等，于是人皆竞奔逐走，争名夺利，争权夺荣。古往今来，实为世之常态。人之欲求经由社会竞比风尚的放大而无所止尽。现代经济学视其为社会发展的内在动力，宗教家则视其为社会祸患及人心烦恼的总根源。这两种截然相反的观点能否统一起来呢？这既是现代经济学也是现代佛学必须加以解决的大问题。

就个人而言，不能无欲无求，但人之欲求能实现者十不一二，而不能实现者常有八九。不能通过社会认可的手段而实现的欲求，向外则为盗为窃，为诈为骗，破坏社会秩序；积压于内，则为烦为恼、为苦为忧，破坏心身健康。一切宗教的根本目的，在于消除这一部分社会欲求，或将它们引导到一个无害的方向上去。这一对外维持社会秩序、对内保持心身健康的职能，实非现代法律所能承担，也非现代医学所能解决。

中午12时，返回驻马店地委党校。

下午2时，如约给党校全体教师做题为"调查研究与治学"的学术报告。重点有二：一是只能通过社会调查的途径，才能认识处于转型过程中的乡村社会（或中国社会）；二是研究者只有"退出"社会（即多少摆脱功名利禄的追逐），才能全面、深入地研究我们身处其内的社会。报告历时两个半小时，颇受欢迎。

晚上党校党委书记与校长设席款待。席间又谈及发生在1959年的"信阳事件"。王书记是南阳唐河县人，说："唐河县1958年的人口统计是73万人，1961年的统计是62万人，减少11万人口。在这两三年间，生育几乎停止，除去正常死亡外，因饥饿而死者起码有八九万人之多。其中绝大多数是农村半劳动力。事发之后，中央下令追究责任，县委书记自杀，并令全家自杀，但妻儿自杀未遂。饥饿而造成的高死亡率，南阳所属各县也差不多如此，只是以唐河县为甚。其实，当时的湖北、安徽有些地区饥荒状况与信阳地区差不多，只不过信阳地区出了名而已。""信阳事件"已成为历史，然"信阳事件"本身依然遮掩在众多政治忌讳之中。研究这段历史，总结这一用无数生命换来的历史教训，对于我们这个既有辉煌的历史记忆，又有百年落后挨打的经历的民族来说，在确定**追赶目标、速度与方法**时，具有十分重大的意义。

散席后，我向书记、校长提议：能否派一位家住近郊的老师陪我到他老家去看看。他们不约而同地想到吕老师。说吕老师曾在某乡做过多年的乡村干部，由他陪同是再合适不过了。

* * *

晚 8 时，小杨陪吕先生来商议明日下村调查之事。

现年 55 岁的吕先生，原是中南民族学院① 1965 届政治系毕业生。如今看上去更像一位乡村老农。经过 20 余年的磨炼，这位共和国培养的知识分子，确确实实"劳动化"了。谈及自己大学毕业后的经历，他用"坎坷"一词概括之。

1965 年大学毕业，分配到河南省组织部任干事。才干了两个月，便被下放到驻马店市北的遂平县宣传部供职。不久带队到该县东风公社（今之关王庙乡）搞"四清"。"四清"结束，留任东风公社文教助理兼高中史地教员。由省而县、由县而乡，可谓每况愈下。两年后，调往文成公社任党委秘书。又两年，调回东风公社任宣传与统战干事。1979 年到 1985 年，调到县委任纪检委干事。1985 年后，又被下放到关王庙乡任乡企办副主任。直到 1988 年，才通过一位在省纪检委任职的老同学关系，调到地委党校教书，直到如今。

追忆往事，他说只有坎坷与遗憾；谈及改革开放以来的社会现状，这位老先生却有着更多的困惑与牢骚。尤其令他痛心疾首的是地方党政的腐败现象。他引一位省检察官的话说："论官位，我这个省检察长不算小；论职权，可以惩治一省范围内的贪官污吏。但说实在的，我连一个县官、乡官都检察不了。不要说没有案发的，就是把案子送到我这里来，也很难。**如今官场上下左右往往形成一个一个的关系网络。一人贪赃，往往牵动一串。上下说情，晓以利害，很难秉公执法。党政腐败，越演越烈。中央一直在抓反腐败问题，但单靠纪委、监察部门，收效甚**

---

① 中南民族学院在 2002 年经教育部批准同意，正式更名为中南民族大学。——本版编著注

微。如此下去，党的前途实堪忧虑。"

吕老先生还有一肚皮顺口溜：

1. 腐败分子进餐厅，唱歌跳舞真开心。

    好酒美食吃不尽，哪知天下有穷人。

2. 鸡叫不论更，男女分不清。

    猫狗争着养，公婆扔出门。

    （这是讥刺社会风气的，其中"鸡叫不论更"或是一种普遍现象。）

1994 年，相传驻马店市南国大酒店前路面上出现一段民谣：

1. 白天围着轮子转，中午围着盘子转，晚上围着裙子转。
2. 喝酒，三杯五杯不醉；

    跳舞，三场五场不累；

    麻将，三天五夜不睡。

（这两则顺口溜传之甚广，且甚早。）

与吕先生聊到深夜 11 点。与其约定明日一早，前往遂平县关王庙乡翟庄村调查。

▶ 11 月 1 日　访养猪专业户

遂平县的关王庙乡地处驻马店市郊与遂平县交界处，关王庙乡的翟庄村位处 107 国道西侧近 1 公里处。吕先生在关王庙乡曾工作过 10 余年，在翟庄村有他的老熟人、老朋友，故不通过乡政府而直接入村调查。上午 9 时，吕先生陪同我来到翟庄村。

雨后的乡村道路泥泞不堪，村内的道路到处是积水，幸而我们备有高筒雨鞋，否则只能赤脚入村了。吕先生说，驻马店所辖各县，从县城到各乡镇府所在地的道路大部分硬化了，但村与乡（政府）之间、村与村之间的道路，差不多依然是土路。这一带地势较低，每当下雨，各村便积满了水，村内道路成了水塘，排泄十分困难。如今分田单干，各家自顾不暇，再也没人关心排水的事。我说，在以农业为主的贫困乡县，县乡之间的道路硬化与其说是经济发展本身推动的，远不如说是县乡主要官员配备了小轿车这一事实所推动的。至于乡村之间的道路硬化，没有乡村工商经济的有力支持，单靠农业与打工积累，是很难达到这一目标的。反之，我们从乡村道路的状况，就大略估计出这一地区的乡村经济发展的程度。吕先生对我的这一说法，信以为然。

首先走访傅老先生家。傅先生现年 61 岁，原是关王庙乡中学校长，现退休在家，与其老伴一起过活。生有两儿两女，他们都在外工作。家住三间旧式砖瓦平房、两间配房（一间厨房、一间贮藏室），有简陋的围墙，整个庭院（包括住房）占地不足半亩。吕、傅是多年的老朋友，因吕先生的引见，谈话气氛格外融洽。访谈纪要如下。

一、关王庙乡的姓氏结婚、大家庭制度及宗族意识

关王庙乡现有人口 3.6 万余，耕地 7 万多亩，人均耕地 2 亩多。傅先生补充说："'土改'时，全乡人均耕地 5 亩多。"全乡共辖 17 个村委。翟庄村委有 2400 人，耕地 5000 余亩，共有 8 个自然村。问及各村

落名称与姓氏结构时，傅先生如数家珍。刘王堂村：刘姓占70%，王姓占15%，余为其他4个小姓。李楼村：张姓90%，李姓只有3户，另有二三小姓。聂楼村：聂姓占95%以上，余为二三小姓。董庄：许姓60%，杨姓30%，余为一二小姓，唯独没有董姓。翟庄村：翟姓95%以上，余为二三小姓。（傅校长家住此村。）茨院村：张、魏两姓各占一半。吴庄全部为吴姓。管楼村：管姓只有一户，余皆为杨姓。

（研究村落名称与姓氏结构，是了解中国村落社会的一项重要内容。有人说，中国村落是一个高度自给且封闭的血缘共同体，这一判断只具相对意义。从长时段看，村落社会只是家族的集合体，而非血缘共同体。同村各家族之间的经济地位既发生垂直流动，家族在各村之间也发生地域流动。投亲靠友、招女婿、做长工则是异姓入村的主要原因。这里所谈的姓氏当然仅指男性，因为村落社会本质上是个男性社会。随着核心家庭的普遍化，情况正发生变化。）

从各村落的姓氏结构谈到此地乡村新中国成立前后的大家庭制度。傅老先生说，在新中国成立前及新中国成立初期，祖孙三代同堂共灶的家庭较为普遍。通常的情况是，祖父母死，第二代兄弟各分家。最理想的情况是，祖父母死后，第二代甚至第三代兄弟依然同堂共灶。这种大家庭虽然为村民称慕，但能长期维持和睦共处的并不多见。在翟庄8个自然村内，只有二三个这样的大家庭维持到新中国成立前或20世纪50年代末。如刘王堂村的刘氏。现在已分成30余户，100多人。20世纪40年代初，该家兄弟五人，虽然各有儿孙，依然合在一起过活，直到1945年才分成五家。老大、老五当过大家庭的掌柜，自然有些积蓄，分家后增购土地，在新中国成立后"土改"时被划为富农。老二有四子，长子被划为贫农，其余三子被划为中农。为什么老二的长子被划为贫农？因为他一共生了七个男孩，老三、老四及其儿子大概都是中农。另有一家五代同堂，全家有五六十人，直到1958年才分家析产。该家的掌柜是全家辈分最高的老奶奶，在她的管辖下，全家五六十口人一直维系不散伙，等老奶奶一死，立即分家。老校长说，他的老家在南阳社旗县。在那一带，三四代同堂共灶的大家庭比遂平县多得多。

因我觉得"三级所有，队为基础"的人民公社制度与新中国成立前既作为一种现实也作为一种理想的大家庭制度有某种渊源关系，故对大家庭得以"合"的条件与必然"分"的原因甚感兴趣，于是向这位农村老知识分子讨教大家庭分合的条件与原因。

他说，农村家庭规模的大小与代数的多少，主要与两个因素有关。一是要有足够的耕地维持不断增长的家庭人口的生活。如果地少人多，要想维持大家庭生活也不可能。二是在大家庭内，要产生一个能干且公道的掌柜。一个二三十口甚至五六十口的大家庭，确实像一个生产小队。劳动力的安排，劳动产品的分配，筹办婚丧大事，没有一个能干且公道的掌柜是不行的。正因为同时满足这两个条件的家庭在农村只是少数，所以大家庭的实际比例较少。

至于大家庭很难长期维持的原因也在于此。一是做掌柜的既能干，又要一碗水端平，没有偏心，更不能"以权谋私"，实在不容易。刘家的老大、老五做过掌柜，私蓄就比其他三兄弟多些。这或许是1945年分家的一个重要原因。二是随着家庭人口的增多，土地问题、宅基地问题就突出了。在从前，光靠土地积蓄购置土地是不太容易的。三是大家庭内有若干小家庭，媳妇是从外村娶来的，各房媳妇的娘家经济状况不同，随婚带入小家庭的私蓄也各不相同。各小家庭之间虽然一起劳动，一起吃饭，但仍有一点"贫富差异"，这些差异往往会导致内部矛盾。四是大家庭内子孙多，孩子间难免发生争闹，母亲总难免袒护其子，引发妯娌间的冲突。五是作为一个生产与消费单位，谁干多、谁干少，谁用多、谁吃少，也不是一个容易解决的问题。生产队还可以用评工计分来解决，大家庭内又没有这个制度，只凭习惯与良心办事，虽然也讲忍耐与谦让，但总难免闹出矛盾来。

在谈及宗族祠堂、族谱与宗族意识时，傅老先生说，据他所知，整个遂平县在新中国成立前只有魏、王、刘氏有祠堂与族谱。在这三大宗族中，只有魏氏宗族不乱辈分，据说至今如此。这些年来，从未听人说起重修族谱的事。在此方圆百里之内，敬祖意识、宗族意识十分淡漠。年青一代更是如此。各村落内虽有大姓小姓，主姓杂姓，但很少发生两大宗族之间的冲突。"在翟庄，我是单门独户，从来没有感到来自大姓的压力。邻里之间难免有些纠纷，但与大姓小姓似乎没有什么关系。"

二、对土地家庭承包制的看法

关于土地家庭承包制，傅老先生说，**在 20 世纪 80 年代初推行土地家庭承包制时，各大队、小队态度并不一样。这主要与各大队、小队的集体经济的强弱，集体积累的多少，队长的好坏有密切关系。**就遂平县当时的情况来看，四分之一的大队、小队集体经济搞得较好，四分之一搞得较差，另有四分之二介于两者之间。集体经济搞得好的队，干部村民一般不愿分田单干；集体经济搞得不好的队，村民的多数愿意分田到户。处于中间状态的队，说分也可以，不分也可以。另外，公社时期的分配原则是"人六、劳四、外加照顾"。这是对口粮而言的，即粮食的 60% 按人口分配，40% 按劳动力分配，"照顾"是照顾鳏寡孤独及残疾者。所以，当时人口多、劳动力少的家庭及受照顾的家庭，一般反对分田单干，反之则欢迎单干。不过，一旦推行土地家庭承包制，绝大多数村民还是认为单干好。

问及当年集体积累的状况时，1975 年到 1979 年在东风公社杜庄大队任职的吕先生列数了该大队的公共积累："6 辆小手扶拖拉机，1 辆四轮车，2 部打面机，4 台面粉机，骡马共 19 匹，牛 19 头，驴 12 头，猪 36 头，房屋 18 间，其中 9 间砖瓦平房，9 间土坯瓦房。该队的集体积累在全公社属中上水平。当时下达分田到户的文件时，许多干部都想不通，村民也疑虑重重，议论纷纷。不愿分者居大半。"他补充说："如今农民对土地家庭联产承包责任制是满意的，至少没有人想回到集体化时代去。农民抱怨最多的三件事：一是地方干部的腐败，二是农民负担太重，三是社会治安太差。"

三、种植业的成本收益与农负问题

话题转向种植业的成本收益与农民负担问题。

傅老先生一家 6 口，其中 3 人有承包地，共 5.8 亩。这一带种植结构，一季小麦、一季玉米。故以他家为例，计算农用成本、收益与农民负担。

1. 一亩小麦的投入如下。

良种 25 斤，每斤 1.5 元，共计 37.5 元。化肥：一袋复合肥 74 元，尿素 40 元，共计 114 元。农药 8.5 元。机耕、机耙、机割与脱粒共计 50 元。总计 211 元。

2. 小麦亩产、价格与收入如下。

一般年景，小麦亩产 500—600 斤（好年景 600—700 斤，差年景 300—400 斤，不包括大灾之年）。小麦市价波动很大，前些年每百斤 80 到 88 元，今年下跌到 70 元左右。若以亩产 550 斤，每百斤 80 元计，总收入 440 元，除去成本得 229 元。

3. 一亩玉米的投入如下。

良种 4—5 斤，每斤 4 元，计 20 元。化肥，一袋碳铵 50 元。农药 10 元。耕耙 20 元。总计 100 元。

4. 玉米亩产、价格与收入如下。

一般年景玉米亩产 500—600 斤，近几年的市价波动小于小麦，每百斤 65—70 元。每亩以 550 斤，每百斤以 68 元，共计 374 元。除去成本 100 元，收入 274 元。

这位躬耕垄亩的乡村校长说，一亩二熟，除去农用成本，收入不过 500 元。全家近 6 亩承包地在正常年景的种植收入为 3000 元左右，人均 1000 元（以 3 人计）。这几年的人均上缴款在 150 到 160 元，尚不包括修路、盖校舍及其他各种名目的临时摊派，如果加上这些摊派，农民人均农负可达 200 元以上。至于不断攀升的教育费用与医疗费用，以及计划生育各种罚款就不计了，因为各农户差异很大。就以人均 200 元计，一家三口全年无偿上缴 600 元，占农业总收入的 20%。**就农业收入这一块而言，除去上缴，只能管一张嘴巴而已。若没有农业外的收入来源，这家的日子是很难过下去的。**

老校长说:"农民负担除了明的,还有暗的。农村用电,按国家的核定电价,每度电不到 0.5 元,但实际收 1.1 元。我家全年用电二三百度,每年多缴 100 余元。又如孩子读书,小学五六年级的全年学杂费100 多元,在我任职期间(1989 年前)才 6 元。增加了那么多,校方还说不够用。我的孩子去年大专毕业,分配到县教委。但由县教委安排工作,得花一大笔钱,而且是明码标价的。**如今,无论办什么事,都得拉关系,托人情,请客送礼。没有钱,应给办的事也办不成;有了钱,不应给办的事也能办成。**我有一个学生,成绩很差,初中还没有毕业,但他父亲有权,竟给儿子开来一张本科毕业文凭,安排到县中学教高中政治。这样的人去教学生'政治',这个'政治'能'正'得了吗?如今的社会风气,一切以金钱为中心,什么原则都不讲了。"

四、关于当今的社会风气问题

说到当今的社会风气,这位乡村老知识分子流露出强烈的愤懑与深深的无奈。他说:"我是一位老党员,做了几十年的校长。我们这代人总有个事业心,为党、为群众干点实事、好事,得到群众的支持与领导的肯定,内心也总觉得踏实。但用从前的观念与方法,根本无法对付目前的形势,真是世道大变。1989 年我退了下来,上级领导叫我再干几年,我坚持不干了。我有一个亲戚,在地委做检察长,去年我去看他,他对我说:'我们这代人只求个问心无愧,我们干了几十年,没有做过一件对不起群众、对不起党的事,良心上完全可以不受自我责备。'但如今,对得起良心,不一定对得起老婆孩子。我有四个孩子,我在教育战线干了几十年,在县、乡官场有不少熟人与朋友,但我从来没有利用自己的权力与关系替孩子在中学安排教职。我这样做虽问心无愧,但连老婆孩子都反对我。说我是个死脑筋,老顽固,跟不上形势。我的长子大专毕业,县里把他安排到一家集体企业拉板车。去年,吕老师来我家时得知此事,跑到县政府找副县长,副县长是吕先生的老熟人,后因副县长的干预,才重新被安排到乡中学教书。如今要问心无愧,安慰自己还可以,但推之一家却行不通,更何况治理一所学校。如今办学,增加教工福利待遇，这要钱；翻修校舍，更新办公条件，这要钱；接待各种检查团，吃吃喝喝，这要钱；替学校办点事，要拉关系，请客送礼，这也要钱。上拨的教学经费还不够发工资，这些钱从哪里来？只能向学生们要，向家长们要。我在任职期间，坚决顶住不增加家长的负担，这样虽对得起群众，对得起党，也对得起自己的良心，然而却对不起老师们，所以，1989年我坚决辞退不干。我不干，别人来干，学杂费一路攀升，还说不够用。"

* * *

转眼已是中午时分，老校长请我们吃便饭。每人一大碗面条，一碗大白菜烧肉块。饭后，话题转到全村经济状况。老校长说，就种植业这块而言，除了上缴只能图个温饱，农民花钱得想其他办法。关王庙乡虽临近驻马店市，但也没有像样的乡村企业。外出打工挣钱，也不是十分普遍，农民的货币收入主要是家庭养猪业。人均耕地2亩以上，年产粮食2000余斤（包括小麦与玉米），家有余粮，可以养猪。虽说养猪利薄，但达到一定规模还是有利可图的，这要比外出打工稳定些。于是请老校长陪我们去采访该村的养猪专业户。

下午1点30分，我们来到养猪专业户曹新年家。该家庭院内的正屋是三间高敞的砖瓦平房，台基很高，庭院西侧是一排猪厩，东侧两间，一间厨房，一间贮藏室。占地近半亩的院落显得很拥挤。当我们进门时，曹氏夫妇与其次子正忙于磨黄豆。机声突突，带动磨机的是一台手扶式拖拉机的柴油发动机。见我们来访，曹氏夫妇便停下手中活儿，引我们入客厅，沏茶款待。老校长向曹氏夫妇说明我们的来意，并要他们如实说随便谈，不要有什么顾虑，这位憨厚的农民连连应诺。看得出来，他十分尊重老校长，也熟悉吕老师。由于他两人的引见与说明，我很快进入调查现场。

曹氏说，翟庄村落现有330人，70余户，差不多家家养猪。每栏10头以上的"养猪专业户"有20余家。"农民嘛，总有些青饲料与剩菜剩饭，倒掉可惜，用来喂猪一举两得，积小钱为大钱，年末有一笔收入。家养一二头猪，等于一个小储蓄所。逢有婚席，也无须去买猪肉。"但把养猪视为一种产业，却是近七八年才出现的新鲜事。"我家从 1994 年开始，在全村不算早。1994 年出栏 25 头，1995 年出栏 30 头。"曹氏说道。

曹新年，现年 51 岁，中专文化程度。妻子 47 岁，小学毕业。生有二子一女。长子现年 23 岁，正在西安某私立大学求学。次子 21 岁，女儿 17 岁，皆初中毕业未能考上高中而辍学在家，未外出打工。"家里的活儿还忙不过来呢！"坐在一旁的次子插话说。

一、1995 年全家养猪的成本与收入

1. 关于饲料与小猪的价格。

混合饲料的配方是这样的：550 斤玉米（1995 年每百斤玉米市价 70 元左右）计 385 元，250 斤麦麸（每百斤 68 元）计 170 元，160 斤正大饲料公司出产的饲料（两袋，每袋 80 斤）计 252 元。总计 960 斤，807 元，平均每百斤约 84 元。小猪从购入到出栏，每头需混合饲料 400 斤左右，故每头猪的精饲料需 336 元（青饲料、粗饲料不计）。

购入的小猪每头重 30—40 斤，每斤价格在 3.3 到 3.9 元之间浮动。若平均每头小猪重 35 斤，每斤 3.5 元，共计 122.5 元。一头猪出栏所费成本 458.5 元（336 元+122.5 元）。这个成本仅指货币支出，没有计算自产自用的各种青饲料与其他饲料。

2. 生猪的市场价格与获利。

曹氏养的是瘦肉型猪。养到 160 到 200 斤即出栏。过此重量，猪吃得多，肉长得少，划不来。1995 年瘦肉型猪价每斤在 3.3 到 3.8 元之间波动。一般稳定在每斤 3.5 到 3.6 元。若每头猪以 175 斤，每斤 3.5 元计，那么每头生猪售价 612.5 元。除去成本 458.5 元，获利 154 元。全年出栏 30 头，共获利 4620 元。曹氏说，养猪利很薄，只有达到一定规模才能赚钱。关键在于降低养猪成本，这只能在饲料上动脑筋。

3. 曹氏降低饲料成本的若干办法。

曹氏说，我上面的那种算法是死算，按那种养法，养猪成本太高，利太薄，只要生猪市场稍稍往下一跌，准让你血本无归。养猪成本高在精饲料上，因此要降低成本，必须找到一种替代饲料，以减少精饲料。他在家办了一家豆制品加工厂。豆腐可以拿到市场上去买，豆渣便是很好的饲料。再说，到市里卖掉豆腐之后，顺便到各饭店拉点泔脚回来。这是一举三得。同时利用承包地多种点红薯、萝卜等其他青饲料，这样每头猪实际所用的精饲料只需 250 到 300 斤，比上面计算的减少了 100 到 150 斤，节省成本 100 余元，30 头猪就可增收 3000 元以上。他承认，去年的养猪收入达 8000 元左右，并说今年可能超过 1 万元。因为今年玉米价格跌到每百斤 50 元左右，而生猪价格上升到每百斤 430 元左右。**副校长插话说，看来，农民应该把粮食种植业与饲养业结合起来，粮价下跌，可由饲养业补上。**

二、豆制品加工业的全年收入

曹氏说，全年除去农忙及其他一些时间，有 180 到 200 天做豆腐买卖。每天上下午各做一板豆腐。每板用黄豆 17 斤，可做豆腐 46 斤，每斤豆腐 1.1 元左右，除去成本，每板可赚 20 元。一天两板，共 40 元。再除去市场管理费 5 元，卫生费 1 元，一天赚 34 元。这项收入，全年 6000 余元。

三、种植收入

曹氏全家五口，共有承包地 12 亩，另外招标承包村民组的 3 亩机动田（全组提出 5% 的耕地作为机动田。每亩每年上缴村民组 230 元，作为"公积金"，除此外，该地不再承担公粮缴纳任务）。按每亩获利 500 元计，全年种植业收入近 7000 元。

四、关于农民负担

曹氏说，今年全村人均上缴小麦（包括土地税）220 斤，按每百斤 70 元的市价计算，人均 154 元。今年乡里修路，人均集资 70 元，仅这两项，农民人均负担 224 元。全家五口共上缴 1120 元。他家因为有三项收入（农业、养猪业、豆制品加工业），这些农负是承担得住的。对于少数纯农户或只有少量饲养业的农户来说,这个负担还是挺重的。

曹氏说,对他家来说,最重的负担是供养长子读大学。因是民办大学,学杂费、住宿费收得挺贵,每年5000元,另需伙食费2000多元,还是省吃俭用的,全年得花7000到8000元。他家四人干活儿终年辛苦,才能供养一个大学生。一般经济条件的农户怎能送孩子去上大学?即使孩子聪明,考上大学也读不起。他说另外两个孩子没考上高中,但只要多花点钱也能上高中,但他实在没有这个能力了。

曹氏一家有四个正劳力,兼营三业,家庭资源可谓达到最优配置。人均收入达到5000元以上。翟庄村近公路,家靠大城市(驻马店市),得公路与城市的"溢外效益"。此地人均耕地2亩以上,自种的作物相当一部分直接转化为饲养业的原料。又值家庭生长周期的"鼎盛期",吃苦耐劳,又善于经营谋划。这种农户,凡得城市与公路之便的乡村往往而有。

翟庄可称得上是一个养猪专业村,几乎家家养猪,年出栏二三十头猪的"养猪专业户"几占全村农户的三分之一。在养猪过程中,必然会遇到许多共同的问题与困难。他们本可以自发地联合起来组成一个协会,来协商并解决这些共同遇到的难题。如饲料的购买,生猪的销售、卫生防疫、经验交流等,但这里并没有出现这样的组织。当我问到这一问题时,曹氏夫妇十分茫然,因为他们从来没有感到过组织起来的需要。从来没有"自发组织起来,增加经济效益"的任何经验,如何引导农民克服小农经济习惯所形成的天然弱点,这对农村经济进一步发展至关重要。

* * *

辞别曹氏夫妇与傅老先生,我请吕先生陪我到村里转一圈,主要是看看村民住房情况,倘若碰到吕先生的熟人,顺便聊上几句。

翟庄70来户人家,只有两栋楼房,其余皆是砖瓦平房,绝大部分农户有围墙。熟悉这一带情况的吕老师告诉我说,该村最早的砖瓦平房建于1975年,就是副校长现在居住的那一幢。在1975年以前,该村住房有两种样式：一是土坯草房，二是外砖内坯的厚墙，草顶上压瓦片。可以这样说，在整个遂平县甚至驻马店地区，20世纪五六十年代的村民住房基本上保持新中国成立前的样式。那里的楼房一定是从前的地主大院，因为在新中国成立前楼房特别稀奇，所以有些村就以"楼"命名，如李楼村、聂楼村、管楼村。这些旧式楼房，到20世纪六七十年代差不多都消失了。1975年以后盖的住房，全是砖瓦平房，三间，另加一间配房。当时有些农户还保留打土坯自烧砖的老习惯，为的是省钱。1982年实行土地家庭承包制后，兴建砖瓦平房的速度加快了。到90年代初，全村基本完成砖瓦平房的改造过程，土坯草房全部消失。外砖内坯的旧房还有三四幢，吕老师指着其中一幢说，那幢就是。一般来说，20世纪70年代到90年代初兴建的砖瓦平房，总体结构差不多，只是越往后盖的质量越好。该村的第一幢楼房是1994年盖的，第二年又出现一栋楼房。盖一栋楼房，造价起码四五万元。一般农民是很难在短时间内攀比上去的。像曹氏一家，年收入近2万元，在农村算是富裕户了，供一个孩子上大学，也就没钱造楼房了。他的次子今年21岁，已到了定亲盖新房的年龄了，也只好向后推迟，等大儿子大学毕业再说。

我问这两栋楼房的主人是谁，吕先生说："一栋是乡建筑公司总经理的，一栋是乡建筑公司财务会计的。他们自己搞建筑，建材只需象征性地付点钱，工程队自己开过来用就是了。别人造楼房得花四五万元，他们最多花一两万元，甚至更少。据我所知，关王庙乡单靠种养业而盖楼房的甚少。"

我对吕先生说，20世纪五六十年代还普遍存在的土坯草屋或外砖内坯草房（或瓦顶），也就是中国古代村民住房的基本样式。我们或可以说，中国农民的住房条件，在以往几千年内几乎没有什么大变化。这一带乡村从20世纪70年代中期到90年代初期的近20年时间内，村民陆续住进了砖瓦平房，这是一次历史性的飞跃。这个历史性飞跃，在遂平县接近完成，但在正阳、新蔡、平舆县相当多的村落尚未完成。而与此同时，更新一代的楼房建筑正在启动。单从住房条件来看，可以说明三个问题：一是内地乡村经济在近 20 年内得到了很大发展；二是与沿海相比，差距拉大了；三是同属内地，贫富差距也开始拉开了。

村内道路旁到处是水塘，深浅莫测，走路得格外小心。不少农户的猪粪池就挖在墙外，猪的粪尿与满街积水混杂在一起，十分肮脏。生活在这般肮脏环境内的村民，当地政府为什么不能组织起来处理这一共同事务呢？

吕先生陪我去敲两家熟人的大门，一户室内无人，另一户女主人在家，男主人刚从村会计升任村支书，到乡政府开会未归。该家庭院很大，整个围墙之内占地七八分。南北两排平房，西侧围墙有一排猪厩，但无一头猪。庭院内有两棵大树，中有一花坛，收拾得十分干净，与墙院外的脏乱环境形成鲜明对比。年近 40 岁的女主人将我们迎入客厅内，沏茶聊天，等村支书回来。问及养猪之事，女主人说："去年他（指其丈夫）当上村支书，整天忙着开会，我一个人地里的活儿还忙不过来，没有精力养猪了。"说话之间从房内走出一个姑娘，是她的独生女儿，初中毕业，辍学在家。视其穿着打扮与发型，与城里的时髦女郎并无二致。她一边坐下听我们闲聊，一边用一瓶指甲油涂抹指甲。视其房间，墙上贴着不少港台与西方的明星剧照。客厅内有一台黑白电视机。**这电视，这剧照，这指甲油，似乎已成为村民心目中现代都市生活的象征。**这在内地乡村绝非个别现象，至于堪喜堪忧，则是一个仁者见仁、智者见智的问题。

*　*　*

等了个把小时，仍不见村支书回来，于是起身告辞。走到村口，遇到几位正在放羊的农民，他们认出了吕老师，我便驻足与他们聊上几句：

问："现在农民生活过得怎么样？"

答："还好，比过去强多了。衣、食、住、行都不错，老人们到城里赶集，还乘小三轮呢。"说起来面有喜色。（这里人均耕地较多，又靠公路，离城市近，多数农户拥有小三轮车或小四轮拖拉机。）

问："这么说，村里人对现在的生活都挺满意的啦？"

答："哪能都满意呢？也有不满意的。"

问："你们还有哪些不满意的地方呢？"

答："如今社会风气太坏了，偷呀，抢呀，到处都有。"

问："今年上半年不是严打过一次吗，怎么这里的社会治安还那么差劲呢？"

答："这几个月好一些了，再过一阵还会冒出来的。**如今的人，想发财都快发疯了。**"

问："你们还有什么不满意的呢？"

答："乡、村干部大吃大喝，只向农民要钱，要粮。"另一农民说："农民负担太重。"

问："农民负担怎么个重法呢？"

答："我们每个农民每年要上缴 200 多斤小麦。"

我说："你们这里人均 2 亩多耕地，每亩二熟收 1000 多斤粮食，每亩摊到 100 斤。古代"皇粮"征缴亩产的十分之一，这不是与古代一样吗？并不算太重呀！"这一说，可把这几位老农说闷住了。这时又围上两位中年村民，插话说："乡、村干部还向我们要钱呢。"

问："每人要多少钱？"

答："70 多元。"另一个答："80 多元。"还有一个说："100 多元。"

问："他们收那么多钱干什么呢？"

答："今年说修路，去年说盖小学校舍，谁知道他们拿去干什么了。"

问："乡、村的财务难道不对你们公布吗？"

答："公布个屁！"

问："你们为什么不去问村会计，为什么收那么多钱粮，各派什么用处？"

答："有谁敢去问？"

这时，在村的另一头又聚起五六个村民，好像在议论着什么，我突然意识到，我到该村调查的事很可能在村内传开了。按理说，这正是深入调查、倾听村民声音的好机会。但我担心会惊动乡、村干部，从而引起麻烦。此类"微服私访"，应以不惊动地方官员为限。于是决定撤离调查现场。

在河南各地乡村，若用同样的问题问中老年农民，所得回答大体相似。一是村民衣、食、住、行等生活条件确实有所改善，若放到历史的长时段内考察，这一进步更为明显。二是当前农民普遍不满的三个问题就是：社会治安恶化、地方管理腐败与农民负担太重。核心是地方吏治问题。

晚6时，回到驻马店地委党校。

永成上午返回开封。明日由杨老师陪同我南下信阳市。不料，吕、杨晚10时来我宿舍，说是有两位已调到地委工作的老师明天上午专程来会见我，与我商讨一些重大问题。南下计划只得向后顺延一日。

▶ 11 月 2 日　几个共同关心的问题

上午 8 时许，吕先生陪同曹、郭两人来访。曹原是中央党校经济学硕士，郭是上海华东师范大学政教系硕士，毕业后分配到河南驻马店地委党校任教。前不久，曹调到地委组织部工作，郭调到地委宣传部任职。两人昨天上午回校，听说我到驻马店从事乡村调查及与地委党校全体教员做学术报告一事，于是决定前来找我"谈谈我们共同关心的问题，并听取你的看法"（曹、郭语）。1984 年至 1986 年，我曾在华东师范大学助教进修班读过两年书，说起来与郭是同校同学；我有一位朋友在中央党校任教，曹曾听过他的课。三人相会于驻马店地委党校，多少有点"他乡故友"之感，谈话自然是格外轻松坦率。以下是谈话纪要。

一、关于土地家庭承包制的利弊得失

郭说："把集体耕地的使用权按人口均分到各农户，一是提高了农民的生产责任心与积极性；二是释放了原先约束在集体组织内部并积压在有限土地上的剩余劳动力，使农户获得了支配自身劳动力的自由。人们对此没有什么疑义。但由此也引发出一系列原来未曾想到的严重问题，如土地问题、水利问题、宗族问题与迷信重新泛滥问题。"

曹说："1980 年前后推行的土地家庭承包制，在当时可能是适合时宜的。但在实行了 20 余年的农业集体化后，集体经济发展了，集体化的经验也积累了不少。有人忘记了这个重要的'时间差'，在全国范围内搞'一刀切'。无论各公社、各大队的集体积累状况如何，一概实行分田单干，流弊甚多。就拿农田水利基本建设来说吧，如今成了制约农业进一步发展的最难解决的头痛问题。从 20 世纪 60 年代中期到 70 年代中期，驻马店地区利用公社体制调集成千上万名劳动力，奋战近 10 年，建成了以板桥水库为中心的自流灌溉系统，使受益的确山县、遂平县、泌阳县、西平县、汝南县等五县的相当大区域成为水稻种植区。水稻亩

663

产高达 800—1000 斤。所以,凡受此水利系统之益的地区,基本上解决了温饱问题。1975 年,驻马店地区受百年未遇的特大洪水,冲毁了这一辛苦建成的自流灌溉系统。1976 年、1977 年,再次兴起农业学大寨高潮,集中人力物力修复这一水利工程,但未能恢复原来状态。**推行土地家庭承包制后,这一自流灌溉系统屡修屡毁。这个"毁",可不是毁于天灾,而是人祸,毁于分田单干的小生产方式及农户的自私短见。由于灌溉渠道占地很多,沿渠农户不断地与渠道争土地。冬季筑起,春季又被扒掉。冬季是渠进地退,春季是地进渠毁。一条河渠,一处开决即成废渠,何况沿渠农户把它挖得千疮百孔。所以,每年的冬季水利建设徒具形式,且浪费大量人力物力。好端端的一方高产水稻区,如今变为小麦、玉米产区。两熟不及一熟。**又如农业科技推广,分田单干后阻力甚大。各分散的农户成为独立的经济决策单元。且各农户的劳动力结构、经济状况与文化程度各不相同。这一户引用玉米良种,那一户为了省几个小钱,使用自留种。但玉米扬花,四处飘散,结果良种无效。今天这户打药除虫,虫飞到那一户的田里,明天那一户打药除虫,虫又飞回到这一户田里。再说农业机械设备的闲置与浪费,实是惊人。如今经济条件稍好且人均耕地较多的村,几乎家家购置小手扶、抽水泵。"

我问道:"能否从土地家庭承包制退回到集体耕作分配制的老路上去?"郭、曹答:**"已经不可能了!"**我又问:"为什么不可能呢?"他们说了两大理由:一是农民已经接受了新的土地制度,这一制度符合农民的传统的小农经济习惯;二是土地的重新集中,必定极大地增加乡、村干部的权力。在目前地方党政风气腐败的情况下,必然加剧乡、村干部的腐败程度。这也是农民不愿退回到集体化的一个重要原因。我于是说:**"中国农民已经接受并肯定土地家庭承包制,这便是全部问题的关键所在。介于集体耕作分配制与土地家庭私有制之间的土地家庭承包制,既不能向后退也不能向前进,而必须长期坚持下去。中国当代的政治家们,没有谁敢动这一关涉到农村经济与农村社会稳定大局的新土地制度。**诚然,土地使用权的家庭化与耕地的细碎分割,小农生产方式的重新恢复，同时引发了你们所谈到的诸多问题。但套一句官话来说，'改革过程中引发出来的新问题，只能用进一步深化改革的办法来逐步解决'，倒退是绝没有出路的。诸如农田水利建设问题，农业技术的推广问题，农业机械的闲置低效问题，还有其他一些产前、产中、产后的服务问题，**其实关涉到农民的合作协商精神与能力，以及地方政府职能的转变问题。分散经营的农户更需要协商合作。地方政府必须转变职能与工作方法以适应变化了的新环境。这两大问题若能得到逐步解决，上述问题便迎刃而解。现在的关键问题在于，这两大问题早已提出，但一直没有得到认真的研究与解决**。至于农村宗族问题，情况比较复杂。自农村改革开放以来，我们一方面看到家庭原子化、核心化已成为普遍现象，商品交换意识与实践正使农村血缘关系趋于淡化；另一方面，我们也看到许多乡村，尤其南方乡村重新建祠堂、修族谱、祭祖先，甚至村委组织重又宗法化。有的学者抓住前一趋势，有的学者抓住后一类现象，都失之偏颇。在我看来，只要村落这种族居形态不发生根本改变，血缘宗法意识总有其存在的基础，但家庭的核心化、婚姻的契约化及市场经济的发展，宗族要回到'共同体'状态是绝不可能的。我所关心的是，这一发展过程能否使中国未来乡村出现类似于近代西方的那种个人、经济与社会关系的普遍契约化现象，并在此基础上形成民主与法治的广泛基础。对此我存而不论，让未来发展本身告诉我们答案。至于**乡村迷信**，那就更复杂了。公社时代只是禁绝迷信的外在形式，而并非消除迷信本身。迷信现象似与人对不确定的未来之深切关怀有关。如今，人们充满各种欲求，且未来又难确定，这个科学无法回答的问题只能诉诸廉价的迷信活动。如今的官场、商场之内，求卜问卦者比比皆是，况论一般乡民呢？"对我的这番分析，他俩极为赞同。

二、关于地方党政官员的腐败问题

郭说："新蔡县有个乡镇党委书记，任职两年，贪污受贿50余万元。该职位是其走老婆亲戚关系的门路而获得的。一旦走马上任，大权在握，便另觅新欢，欲弃原配。结果祸起萧墙，被其老婆揭发，贪污败露。该案件曾被中央电视台《焦点访谈》曝光。这个乡镇党委书记虽然丢官在押受审，但一年过去了仍未判决，很有可能不了了之。据传，他曾给县委书记10万元，给组织部部长8万元，此案还牵涉其他许多仍在职位上的大小官员。此类贪污受贿案，败落一个，往往牵连出一大串，这种案子怎么查，怎么判?!又如汝南县某副县长，在驻马店市内及邻近好几个县内养情妇。他给驻马店的情妇造了一栋小洋房，并与其他两个情妇各生一个孩子，案发后仅做'私人生活作风'问题处理，只被免职而已。风声过后，又不知被调往何处做官了。"

郭继续说:"近些年来，地方党政的权力大了。**20世纪80年代中晚期，政治体制改革的中心是中央对地方的放权让利。但这个放到地方的权力，只受到来自上面的有限且低效的监督，而不受群众与舆论的监督**。加上'以经济建设为中心'，地方政权与经济利益密切结合，开启了权钱交易的大门。各级党政部门的官员，利用土地批租、基建承包而贪污受贿。如今，各乡镇书记与乡镇长通常在县城里有私人别墅，且县级主要官员在地市拥有自己的楼房、别墅。这不仅在驻马店各县乡如此，在整个河南也是一种极普遍的现象。若按他们的工资收入，哪有能力购房、建别墅呢?仅此住房一项，就可以看出地方党政腐败达到多么普遍的程度了。"

我问:"如今地方官吏以权搞钱，主要有哪些途径呢?"

曹说:"主要有两大途径。**一是利用土地批租与城镇基建项目。这个钱来得多、来得快且极隐蔽，还可以突显个人政绩。**前几年，遂平县关王庙乡人均摊派80元，修一条公路。该乡5万人口，人均80元，共收款400万元，只建成一条200多米长的柏油马路。其中有多少百姓的血汗钱落到乡、村干部与包工头的腰包，只有天知道了。据我所熟悉的包工头说，承包工程的回扣率通常是10%到15%，甚至高达20%。这些年来，河南各市、县甚至乡镇都在搞城镇标准化建设，硬化县、乡公路。前些年搞什么开发区，这对地方官员来说，实在是三全其美的事:一是给他们搞摊派集资提供一个名正言顺的借口;二是通过拆屋建房、修路收取大量回扣；三是借以显示自己的政绩。驻马店某县进行城市标准化建设，据说县各常委分包一段马路，名曰常委责任制，其实是心照不宣的利益均沾。**以权弄钱的第二条途径是频繁地调动干部。**驻马店地委书记刘某任职 5 年，调换过 4 次县局干部。每调换一次，官场风气败坏一次。故此 5 年来，驻马店官场风气每况愈下。县、局官员每调换一次，皆搅得人心惶惶的。有的为了保住自己的乌纱帽，有的为了求肥缺，有的为了官升一级，跑官、买官之风越刮越烈。民谣有云：**'要想富，调干部'**，并非空穴来风，而是实况实情实录。我们党校教员与地方官员接触较多，有些跑官买官者酒后对亲友吐露内情，说弄一顶乡镇书记的帽子，上下打点，得花七八万元，甚至十来万元。据说，还有贷款买官的。"

我问："买官现象在驻马店地区是否普遍呢？"

曹、郭皆云："买卖官职，事属隐蔽，难以确知。我们与县、乡官员接触多，既有师生之谊，也有朋友交情。常听他们议论，说如今不花钱，根本得不到乌纱帽；得到了，也难长保。官场风气如此。别人去跑官、买官，你自命清高不去跑，不去打点花钱，工作即使做得再好，也要被别人挤下来。在五六年前，只是偶尔听说。近五六年来经常听到他们议论此事，如今已成为公开的秘密。据我们估计，或有 80% 以上的比例。整个官场，可谓一片昏黑。"

三、关于反腐败与民主法制建设问题

郭、曹两人一致认为"纪检委、检察局受同级党委领导，是反腐败低效甚至无效的一个政治体制方面的根源"。他们建议："将这两大监察组织从同级党政内分离出来，成为一个垂直的、独立的监察系统。只有这样才能有效地执行监察职能。达到防止与消除党政官员以权谋私的目标。"

我说："对现行政治监督体制做这样的重大改革，对阻吓与抑制地方官吏的个人腐败行为或能起到一定的作用，但让监察权与党政权分立，或凌驾于同级党政权力之上，一是在中国现存的政治理论之内缺乏

根据，因为'党政领导'在实际操作过程中，主要指各级党委的领导。恰如我们的政权源于党权一样，监察权也源于党权，因此，无论从理论上还是实际操作上，各级监察权都隶属于同级党委。二是即使监察权从各级党政内独立出来，自成一个独立的、不受地方各级党委制约的监察系统，那么，监察权本身的腐败又由谁来制约呢？由同一系统的上级来制约吗？如果上级就能制约下级，那么，上级党委不同样能制约下级吗？问题恰恰在于上级未必能制约下级。其中的一个重要原因在于，从中央到地方，从省、市到县、乡、村，层级太多，制约的力量在层层传递过程中逐渐弱化。那么，是不是再设立一个新的督察机构来监察'纪检委'与'检察局'呢？如此层层设制，反贪成本必将不断攀升，这反过来又将成为新的腐败之源。"

四、关于民主与法制建设

郭、曹说："我们知识分子相聚，谈得最多的是地方党政官吏的腐败问题。日益蔓延与恶化的地方吏治腐败，有无抑制与消除的有效途径？通常有两种意见。一种观点认为，在一个以金钱为中心的社会内，地方官吏的腐败行为是难以遏制的，甚至认为，讨论这种问题已成为多余。这是悲观派。另一种观点认为，必须且能够消除令人痛恨的腐败现象，否则，这个党、这个国家是没有什么前途的。这是乐观派。乐观派内也有两种意见。在以何种方法才能有效消除腐败方面有两种不同的看法：有人认为只能采用毛泽东的老办法，发动群众反腐败。他们认为群众运动年年搞、月月搞是不行的，但废除群众运动更不行。在他们看来，内地的政治腐败已成为经济发展的阻力，已成为群众怨恨与社会不稳定的关键因素，故必须发动一场大规模的群众运动清除腐败现象。有人认为在目前情况下发动群众反腐败，必然导致天下大乱。中国的政治改革只能走民主与法制的新道路。但他们所谓的民主与法制是西方式的民主与法制，即一套政党、选举、三权分立的政治制度。"面对这些分歧意见，他们要我谈谈我的看法。

我说："近几年来，我也一直思考这一问题，但坦率地说，我一直徘徊在各种相互矛盾的观点之间而没有形成自己的一套看法。或说只有一些'否定性'、批评性的看法，而没有'肯定性'、建设性的观点。中国目前正在进行的改革开放，可以说是从1949年新中国成立以来再向上追溯，也可以说是从辛亥革命以来甚至自鸦片战争以来的最重大的一场社会结构性转型过程。这个过程刚刚开始，远未完成。我们约略知道它从何处开始，但不知它转向何方。知道'应该'转向何方，但不知道它可能转向何方。老实说，对'应该'转向何方，如今也越发模糊困惑起来了。处于方向不明的社会大变局过程之内的我们，对各种新情况、新问题难以做出判断，这大概是一种十分自然的现象。面对改革开放过程中自发产生的各种新情况、新问题，我们通常采用两种途径去观察，去处理：一是从传统经验搜寻老办法，用'群众运动'解决党政腐败问题即其典型一例；一是从发达国家的经验与理论中去搬取洋办法，主张西方民主制即是典型一例。我们能否根据新情况、新问题的挑战（这里我借用汤因比历史哲学的一个重要概念）而进行观念与制度的更新，有效地进行应战，这是放在中国知识分子面前的一个极其重大且尖锐的现实课题。对此，我只是一个困惑者与探索者。

"悲观是没有出路的，因为悲观实际上是对日益蔓延的政治腐败现实的默认，一种无可奈何的默认，并放弃思考。因而我是一个乐观派，如此而已。在目前形势下，能否发动一场群众运动来消除地方党政腐败呢？我认为不仅不可能，相反有可能造成天下大乱。各城市内积压着那么多下岗失业的工人，农村里有那么多被沉重农负压得喘不过气来的农民，一旦点燃这两堆干柴，势必烈火熊熊，在反腐败的名义上发展成为一种各种怨愤的盲目喷发，20年来的改革开放成果势必毁于一旦。推行西方式的民主制度能否达到政治廉正的目标呢？这个问题相当复杂，很难加以肯定或否定地简单回答。如说'不行'，那么肯定派问你：'没有试过，怎么就知道不行呢？西方发达国家的民主制度不是很好吗？'如说'行'，那么否定派问你：'绝大部分第三世界国家都引进西方民主制，但政治腐败现象不是比我们还厉害吗？'看来，我们对于第三世界内广泛存在的政治腐败现象及民主制度赖以有效运作的社会文化条件需要进一步的研究与认识。

"民主，向被认为是一种政治制度。确实，西方政治学一直是这样认为的。接受西方政治学理论的中国知识分子（包括绝大部分第三世界知识分子）也是这样认为的。**但我总以为，民主并不单纯是一种政治法制制度，而且还是一种生活方式。一套用以解决社会公共事务的习惯、程序与方式。**村内雨后积水，排除积水便是村内公共事务；一条人工灌溉河渠，穿越县、乡、村，占用沿途村民的耕地，却给他们带来灌溉之便，维护这条河渠便是沿途村民的公共事务；维护城市公寓大楼过道的路灯与卫生，便是全楼住民的公共事务，如此等等。所谓民主，就是各利益相关的独立主体通过平等协商，制定章程，选举执行监督机构来解决处理这些公共事务的程序与方法。我们也可将此类民主称为'**社会民主**'。如果一个民族在处理这些日常问题上，在处理直接关切到他们切身利益的问题上都不是'民主'的，或说在社会生活方式上是'不民主'的，那我们怎能指望这个民族的多数在政治问题上有效地运用民主制度呢？对于大小社会公共事务，我们经常听到的抱怨是'怎么没有人管'。在没有警察与铁栏杆的公共场所，我们都能看到混乱状态。这难道不足以说明我们缺乏社会民主的习惯与能力吗？**我们中国人，通常将每个人都遭遇到的困难与问题，仅仅视为自己的事或别人的事，很少将它们提升为'我们共同的事务'，从而通过协商途径共同组织起来去解决它。**对于许多明明可以通过合作的力量来解决的事务，我们一般的反应方式是：一是无可奈何地认命，从而发展出一套忍耐、退避的人生哲学；二是只通过私人的亲友关系网络寻找关系资源以获得单独的解决，于是发展出一套讲亲情、拉关系、开后门、通关节、请客送礼等中国人所熟悉运用的行为方式。在中国，'关系'一词具有无比丰富的社会文化内容。正是这种具有差别性、特殊性的私人关系网络及其所承担的广泛社会职能，使得我们无法有效地建立起各独立个体之间的平等且普遍的社会关系，而此种社会关系，恰恰是民主与法制赖以有效运行的最深厚的土壤。我想，如果社会生活方式本身是不民主的，那么建立于其上的'民主制度'及其官吏同样可能是腐败的。已经采用西方民主形式的第三世界内的政治腐败现象，是其明证。"

郭、曹插话说："中国的农民缺乏社会民主意识，他们的政治要求主要是希望一个清官来帮他们作主，这确实是一个事实，自古而今都是如此。但口称'为民作主'的官吏更多地替自己作主，集权政治本身更不允许老百姓替自己作主。明太祖就明确规定不许知识分子议论政治。当年孙中山提出民主政治的三部曲——由军政而训政、由训政而宪政，试图打破这一恶性循环，替中国开出一条民主政治之路。你认为这条道路是否可行呢？"

我说："由军事力量而夺取政权的政党，是否愿意通过'训政'而还政于民，这是一个问题。一个宣称除了人民利益之外别无自己特殊利益的政党，能否通过'训政'而教导整个民族学会运用自己的民主权力，并熟练运用民主程序，那是另一个问题。我现在所担心的问题是，改革开放以来，各级地方党政内腐败现象的蔓延本身，是否意味着中国已在一定范围、一定程度上形成了一个拥有政治特权的既得利益集团，这个政治既得利益集团能允许他们管辖治理下的民众表达并实现自身利益的要求吗？就我现在所关心的问题而言，我想考察并研究中国社会自改革开放以来，尤其是推行市场经济以来，社会生活本身到底发生了何种新的变化，**确切地说，社会民主意识与能力的发育情况。中国的农民、工人与其他各社会阶层的人们在面临各种小而现实的新情况、新问题时，是否正在放弃传统的方式，而采用一种新的有效的方法去解决。他们是否在相似的利益内看出了共同利益，他们用什么新程序、新方法去解决他们的共同问题。令我感到惊奇的是，近二十年来，中国的某些知识分子不断从西方输入新的观念、理论与方法，但民众实际所使用的还是老办法。**农村恢复了小农经济，各独立经济单元缺乏横向的自发的合作。面临共同问题，或者无可奈何，或者发牢骚，或者编织并利用私人关系网络。就是在城市生活中，私人关系网也正越编越大，而非缩小。针对苛捐杂税、横征暴敛而兴起的各种农民集体抗议，无论是抗议的方式还是处理方式，我们在明清两朝都能看到。**我们的政治观念、政治制度及其实际运作过程似乎是三种各自独立的系统。**当然，中国社会的变化、转型因其自身内部散发出来的力量而无法逆转。对社会转型过程中出现的新问题、新困难、新需要，我们民族一定会在各种失败的尝试中摸索到新的解决方法。现在尚未出现的应战方式，并不意味着将来不会出现，或许有些已经出现，只是我尚未看到，或看到了但尚未理解。对此，**我在社会调查过程中，反复提醒自己，一是不能单用传统经验来看目前的中国社会；二是不能单用西方理想化的理论观察中国，而应倾听来自生活本身的声音，让生活本身直接显现自己，从而以如其所是的那个样子去观察社会生活。只有直接参与社会生活的民众自己所创造的方法，才是有生命力的东西。知识分子的责任仅在于发现它、总结它并宣传推广它。我并不是社会自发势力的盲目信奉者，但我相信一个精神尚未衰老的民族一定会面对挑战而找到有效的应战方法。"**

此外，我们还讨论了小农经济与社会民主、社会民主与政治民主的相互关系问题，整个讨论延续到下午 1 时 30 分。关心政治、关心社会，这大概是中国知识分子的历史传统吧。有人说，更年青一代的知识分子只关心文凭、金钱与向上爬，我看未必。

晚，杨老师来我处商谈明日的行程。

▶ 11月3日　走访信阳地区，商改入场方法

上午 8 时 30 分，杨老师陪同我前往信阳市。河南省最南端的信阳地区，北临淮河，南处大别山区，下辖九县（信阳县、罗山县、息县、淮滨县、潢川县、光山县、固始县、商城县、新县），其中七个县为国家级贫困县，两个为省级贫困县。据说，贫困县也需"争取"。这倒不是出于什么"荣誉"，而是基于"实惠"的考虑：一旦被列入"贫困县"，尤其是"国家级贫困县"（1992 年，全国确定 300 个重点扶持的贫困县），便能得到一些政策上贷款的优惠。

中午 11 点 30 分到达信阳市。信阳市与我所经过的河南其他市县城区一样，正处于城市"标准化""现代化"的巨大努力之中。街道拓宽拉直，铺水泥、装路灯、栽绿树。沿街拆旧屋起新楼，面街墙壁一律贴长条白色瓷砖。各商店从种类、货物到装潢大同小异，各城镇原有的地方特色，迅速消失在标准化、现代化的千篇一律之中。河南大小城镇的沿街墙壁为什么都贴同样规格的长条白瓷砖呢？有人说这是省市有关部门的统一规定，有人说是从江苏张家港市学来的。

再乘出租车赶到信阳地委党校，处于信阳市西北角上的地委党校，前临河，后靠山（翻过山便是南湾水库），掩映在绿树丛中，环境优美。时值周日，我跟着小杨在空荡荡的校园内转了一圈，未找到倪副校长。倪副校长是杨老师的同班好友。此类调查必须有一个关系网，倪副校长便是信阳关系网上的一个纽结。杨老师此行的目的是将我介绍给倪副校长，接通这个纽结，然后才能通过地委党校延伸到各县乡的师生、亲友关系，进入调查现场。不料，倪副校长已搬迁到校外。回校门房打听倪的新住址与电话号码，老门房说了半天，仍没有说清楚。正在犹豫之际，一位老先生走过来对门房说："既是副校长的朋友，还不快去给他们安排食宿！"老门房随即请来校教务处长，引我们到校门口的一家小

餐厅就餐。

小餐厅内已备下一席：原是地委党校的三四位老师在此招待两位来自光山县、固始县党校的老师。于是重新排位，增杯加筷。席间得知，那位老先生是"原党校党委书记，刚退休不久，是个好人"。饭后，校教务处长请一同吃饭的程老师帮我们在校内的招待所安排住宿。

晚，闻讯赶来的倪副校长设宴款待杨老师与我，另有科室主任、教员五六人作陪。酒过数巡，划拳劝酒。此乃河南人对来客表示盛情厚意的方式，官场、学界也复如此。我不谙此道，也得入乡随俗。关于调查一事，倪副校长表示全力支持，并委派在席的马、程两位老师陪同我们调查。马老师原是郑州大学经济系本科生，现年40余岁。程老师原是郑州大学哲学系本科生。饭后，倪副校长送杨老师回驻马店，马、程两老师陪我回宿舍，商议信阳调查事宜。

我简略地向马、程两位老师通报了此行的计划、方法与目的。重点强调此种通过私人关系的观察访谈，所获资料仅供研究之用，且概不涉及具体的人名与地名，对地方党政绝无妨碍。程老师说："这二三年来，河南被新华社记者、中央电视台记者连参数本，在《内参》上披露，在《焦点访谈》上曝光，搞得地方官员胆战心惊，十分被动。故各地市皆有口头甚至明文规定，凡记者来访，学者来调查，一律经市（地）县宣传部门统一安排，否则不予接待。如经宣传部门安排，只有两种可能。一是他们派官员全程陪同，只让你到预先安排好的地方去。找安排好的人谈话，你通过调查得到的东西，其实就是他们事先商量好的东西。二是用各种借口，把你客客气气地送出境。如不通过宣传部门直接深入村落与农户，不仅有困难且危险。"

我说："正因为如此，我才通过党校系统来找你们，请你们帮忙，而不由官方途径去调查。一方面由你们陪同我去拜见在县、乡做官的学生，最好是本科毕业且有独立思考能力的官员。作为一个朋友，一个知识分子，推心置腹地谈谈我们共同关心的问题。另一方面，直接通过党校老师，到他们的乡村老家，与他们的父兄、乡亲们谈谈。通过亲友关系进入调查现场，方能听到看到内地农村最真实、最普遍的情况。官方正面的统计和报道与各种内参中的负面揭露，只能反映社会现象中的两种极端情况，这对于我们以如其所是的那个样子去分析当前农村社会的普遍实情，并无多大的益处。"

马老师说："找县、乡官员谈话，这是不成问题的。你是我们党校请来讲学的老师，加上我们的介绍与陪同，要他们不讲官话而讲实话是没问题的。都说如今干群、党群关系紧张，群众有一肚子苦水，当官的何尝没有一肚子牢骚？问题是通过亲友关系和私自入村、走访农户，县、乡官员一旦得知，准以为你是在收集他们的'劣政劣迹'。你怎么解释都没有用。就是老百姓也会认为你是中央电视台《焦点访谈》的记者或微服察访的清官。所以，即使入村调查，也得由县、乡官员陪同。由党校老师陪同直接到他们的乡村老家，弄得不好，可能会给他的亲友带来麻烦。"

商谈结果，一是走访三个县、乡，且以与县、乡官员的私人访谈为主，入村调查只能见机行事。二是调查时间暂定一周。明日，按倪副校长安排，给全校老师与部分县、乡学员做题为"承包制下的小农经济与地方政府行为"的报告。后日前往光山县。

是夜，三人一直谈到 11 时，知识分子的心是极易沟通的。

▶ 11 月 4 日　紧张的党群、干群关系

天又下起雨来，看样子还得连下几天，似乎老天爷也阻止我入村调查。

上午 8 时半，如约给信阳地委党校的教员与学员约百余人做报告。整个报告围绕三大问题展开：一是土地家庭承包制下的中国小农；二是地方行政权力的职能与范围；三是在农业与第二、第三产业，农村与城市之间往返流动的农村剩余劳动力。这一主题的报告我已讲过数场，但此次做了一点新的补充与发展。故只将要点转述如下。

一、土地家庭承包制下的当代中国农民，与古代土地私有制下的农民或土地集体耕作制下的公社社员相比，就其交换方式与行为方式而言，既有共同之处，也有新的特点

土地家庭承包制与市场经济双重制约下的当代中国小农，在交换方式与行为方式上有哪些特征？这是我们在新形势下遇到的一个极其重要的问题。必须引起地方各级官员及培养地方党政官员的学校——市地党校的高度重视，并认真加以研究。恰如了解学生才能实行有效的教育一样，地方父母官们只有理解农民才能实施有效的领导。

在我看来，土地家庭承包制下的当代中国农民，依然存在着"上下内外"四种交换方式。

所谓"向下交换"，是指农户与承包土地的交换。农户给土地投入种子、化肥、汗水与辛劳，土地回报给农户以粮食。这类古老的交换方式的新特点在于以下两点。**一是如今农户的家庭结构差不多全都趋向核心化，社会学家将父母及其子女组成的家庭称为核心家庭。**作为农业生产的基本单位，核心家庭比大家庭更为脆弱，因为在核心家庭内，只要有一个劳动力的身体发生故障，就会严重影响该农户的经济活动。**二是土地的承包性质。**承包期短，有利于维护耕地均分的原则，但不利于农

户对土地的中长期投入；承包期长，则出现相反情况。另外，兼业性农户已成为乡村农户的主体。在乡、村企业极不发达的内地乡村，农村剩余劳动力主要是外出打工，做季节性的来回流动。土地劳动投入的多寡，受到两业比较效益的拉动：农业投入产生效益与外出打工的机会与收益。当农户的经济收入重心转移到非农产业时，就有可能出现耕地粗放经营的现象。对于这一已经普遍出现的问题，我们也应加以研究，寻找一条农户能够接受的解决之道。

所谓"向上交换"，是指农户与地方政府或国家之间的"交换"。自古以来，农民认为纳税完粮是庄稼汉的一种义务，对此没有疑义。同时，农民要求地方父母官替他们"作主"。在中国农民的政治意识中，虽从来没有"民主"，但确实要求"为民作主"。虽然"为民作主"只是一种农民的希望而不是农民的权利，但我们的"父母官"必须把"为民作主""替民办事"视为自己必须承担的义务。如今农民的最大不满与怨恨，与其说是地方政府向农民索取的钱粮太多，不如说是只向农民要钱要粮而很少替农民办实事，办好事，甚至根本不办事。如果向农民群众要多一点（当然在他们所能承受的范围之内），但同时把农村社会公共事务办得多一些，好一点，我想，农民兄弟是不会有什么大意见的，更不会出现集体上访、上告事件。如果我们拿了农民的钱粮却不替他们办实事，这种不对等的"交换"关系，说得刻薄一点，就是剥削与掠夺。地方政府与农户之间若只有这种关系，一定会出大问题的。在中国历史上，此类教训实在太多了。

所谓"对内交换"，是指农户通过亲情关系网络而发生的一种非市场的物品与劳务交换体系。我们常说的"礼尚往来""请客送礼""人情往来"，指的便是这类交换行为。本来血缘亲属关系是人的一种自然关系，村民利用血缘亲情关系来承担农户间的物品与劳动交换，以解决单家独户无法解决的问题与困难。这样，血缘关系便转化为农户间的经济关系与社会关系。由此类交换关系而决定的小农行为方式，是中国小农，也可以说是全体中国人最为习惯、最为普遍的一种交换、交往方式。这种源于小农经济并适用于村落社会的交往方式，不能不渗入我们的官场，或说渗入地方政治、法律过程，带入正在发育中的市场经济过程，由此引发出许许多多的流弊。我一直认为，地方官场中许多腐败现象的更内在、更深刻、更广泛的根源，就在于此。我希望在座的父母官对官场内外的人情关系网及通过关系网而发生的各种交换关系，要引起高度重视。因为这种交换关系具有两面性：从村落文化与习俗来看，它是被人人所认可的；但从现代政治与法律来看，这往往是一种腐败行为。从习俗来看是人情，从法律来看却是贿赂。确有不少地方官员直到触犯法律还被习俗蒙在鼓里。

所谓"对外交换"，是指小农经济与大市场的关系。土地家庭承包制下的农户，土地经营面积狭小且平均，各农户的投资能力十分相近。这两个特征决定了各分散决策的农户对某一农副产品的市场价格信号做出十分相似的反应：一旦价格有利，便一哄而上；一旦价格下跌，便一哄而下。对于"赚得起，赔不起"的农民来说，这往往使他们数年内翻不了身。我们许多地方官员不明此理，反而在"逼民致富"的善良心愿下推波助澜，所得到的往往是农民对政府的怨恨与对市场的恐惧。

如何解决承包制下的小农经济与大市场的联系？有些地方创立了"公司加农户"的新体制。将无数小船连成一条大船，确能增强抗市场风浪的能力。但这里有两大问题值得注意，一是市场经济的大浪有可能将"公司加农户"的大船掀翻；二是这种组织形式的有效运行的一个重要条件是**农民的合作精神与守约意识**。问题在于，我们的农民只有通过亲情私人关系相互交往的习惯，但缺乏各平等利益主体间达到契约并守约的合作经验。如何通过典型合作事例，培养农民的契约意识与合作能力，这是地方官员必须研究的大课题。

二、直接用行政力量干预承包制下的小农经济行为，在河南各地是个普遍且突出的现象

土地家庭承包制已推行多年，但地方官员用行政命令直接干预小农经济行为的老习惯依然未变。他们设计出各种"富民工程"，定指标，下命令，层层分解任务，层层推动落实。规定农户种什么、养什么，种多少、养多少，并列为各级干部政绩的考核目标。这种地方官员身处市场经济，而头脑停留在计划经济时代。在市场经济中，农副产品的销售渠道与销售价格比生产本身更为重要。县、乡政府依靠行政命令固然能强迫农民种什么，不种什么，因为各分散的农户无力对抗有组织的行政力量。但市场价格绝非地方行政权力所能控制与支配。如今，河南不少地区流行一句民谣："党叫干啥，偏不干啥。"这并不是说农民有意与党对着干，而是从地方官员的行政干预、瞎指挥所造成的经济损失中得出来的惨痛教训。某县要求乡、村与农户养牛，提出"家养两头牛，致富不用愁"的口号。全县在同一时期养牛，一是势必引起牛犊价格迅速上涨，二是极有可能引起出栏牛价格的下跌。政府以"致富"为号召，农户以赔本而告终。类似的教训各地皆有。诚然，地方党政官员负有发展农村经济的重要责任，但在土地家庭承包制与市场经济的新条件、新形势下，地方政府的职能到底是什么？它们的位置在哪里？地方政府与农户到底是什么关系？这是一个早已提出，但至今没有得到解决的大问题。

三、农村剩余劳动力在家庭承包地与打工地之间的季节性流动问题

河南是个农业大省，但人均耕地只有 1.2 亩。这一事实本身说明农村中有大量的剩余劳动力。在乡、村企业极不发达的乡村，剩余劳动力在家庭承包地与打工地之间做季节性的来回流动。有人将这一现象称为"盲流"，将打工者称为"流民"，这是一种偏见。土地家庭承包制下的农民有一个稳定的后方，有一块安全的承包地，绝不同于古代失去耕地的流民。他们在农闲时外出，寻找各种打工赚钱的机会，农忙时回来，在承包地上辛勤耕耘与收获。土地家庭承包制下的农村剩余劳动力的大规模流动，仍是中国改革开放以来最为重要的经济发展动力。从目前情况来看，农村的纯农户只占少数，将全家迁入城市的"农户"更是极少数。大多数农户实行兼业，家庭主要劳动力在城乡之间做季节性的流

动。这种情况将在相当长的一个历史阶段内继续下去。这就是说，绝大部分农村青年男女注定只能是一个打工者，虽然他们在观念上、价值取向上已经城市化了，但生活的基地依然是他们急于脱离，但注定难以脱离的农村。农村青年男女在迈向城市化的过程中，遭遇到的各种非政府所能排除的挫折，并由此引发的怨恨，直接成为城乡社会治安状况恶化的根源之一。这个问题应引起地方各级政府的高度重视。

报告从上午 8 时 30 分持续到 11 时。地委党校梯形教室内的百余听众反响热烈，时而发出会意的笑声与掌声。这些地方官员平时埋首于各种会议与应酬，此次将他们从直接的事务中超拔出来，一视他们自己生活于其内的社会生活环境及其变迁，感到无比欣喜。

会后，信阳地区审计局的一位老同志对我说："河南最大的问题，确实是对行政权力的迷信。总想用行政权力直接干预农民的经济过程，结果往往是拔苗助长，适得其反，这种教训实在太多了。你能否去给省市领导讲一课呢？"我说："他们并没有来请我呀！"说得大家都笑了起来。

这次演讲，真正的收获是使我这个初来乍到者在信阳地委党校的教师与学员中深深地扎下了根。在我的身边迅速聚集起一批积极支持我、帮助我进行社会调查的朋友。其中以教经济学的马教授最为热心。他是经济教研室主任，党校最受学员尊重的教员。

* * *

下午，应我请求，马主任帮我请来了一位教历史的退休老教员，请他给我介绍发生在 38 年前的"信阳事件"。

这位年过花甲的历史先生对河南省的历史掌故十分熟悉：南宋岳家军在河南的抗金路线与战役，清代河南巡抚田文镜的治豫，1855 年的黄河改道，1938 年郑州花园口黄河决堤的军事后果及给河南人民带来的灾祸，1952 年原河南省与平原省合并后吴（芝圃）潘（复生）的权力之争，等等，全都贮存在他的记忆中。然而，当我将话题引向"信阳事件"的前因后果时，这位亲历过该段历史的老先生却含糊其词。

我想起霍布斯的一句名言：如果几何公理违背了人们的利益，也会被视为谬误。的确，从来就没有独立于利益与价值判断之外的"社会事实"。所谓的"历史记录"远非历史本身。要掀开各种利益与忌讳浇铸起来的沉重之盖，一睹社会事实的本来面目，谈何容易。

*   *   *

晚，马、雷、程三位教员来访。上午的演讲，使得他们的心与我的心更加贴近了。

我说："你们在地委党校任教多年，与县、乡两级官员既有师生之谊，又有工作接触，熟知他们的状况。你们的老家都在农村，与村民保持密切联系，了解他们的生活与情绪。现在我十分严肃地向你们提两大问题，望你们认真思考，坦诚相告：一是当前农村的干群关系、党群关系到底处于一种什么状况？二是接连不断的农民集体上访、上告事件是否会演化为中小股农民暴动？"三人沉默良久。

我继续说："我们都是知识分子，中国的知识分子，对全民族的前途承担着一种推卸不掉的责任。没有这份责任与关切，就不能算是知识分子。当然，知识分子也是人，也需要职业、金钱与家庭，但单纯以文凭与知识博取名利者，并不是知识分子，我们要有这份关切与责任，内以充实与崇高自己，外或能给忙于现代化的民族提供一点识见与理性帮助，决不能大变降临而茫然失措。问题虽提得尖锐一点，但望诸兄认真思考，坦诚相告，共同讨论。"经此一说，遂进入严肃认真的讨论状态。

一、当前农村的党群、干群关系现状

关于当前农村（包括城镇）的党群、干群关系，他们先引述了一首广为流传的民谣："**五六十年代是鱼水关系，八十年代是油水关系，九十年代是水火关系**。"民谣大多偏颇，但民谣的广泛流传，却反映出人们的普遍感受。地委党校的老师与乡干部接触很多（村干部的教育与培训由县党校负责）。据乡干部们说，20世纪90年代以来，他们的主要任务是"催粮派款，超生罚款"。这是上头派给他们必须完成的硬任务。出了问题，上面把责任推给他们，指斥他们"无能、粗暴"，农民骂他

们是贪官污吏，比国民党还坏。夹在中间的乡、村官员既埋怨上面，又抱怨农民，认为有些村民是"刁民泼妇"，聚众闹事，恨不能用阶级斗争的老办法去整这些"刁民泼妇"与上访上告者。就农民群众而言，以各种名义上缴到地方政府的农民负担实在太重。信阳地区南面是大别山区，北面是淮河上游平原，中间是丘陵地带，自然生态条件很差，历史上就是一个多灾的贫困地区。人均耕地 1—3 亩，且常受旱涝之灾，产量很不稳定。虽然各县、乡的农民负担轻重不一，各年情况也有变化，但总的趋势是不断加重。人均农负折成货币计，少则 200 元左右，多的高达四五百元。一亩耕地，全年所产（在正常年景）折成货币不过 500元左右（除去农用物资成本），这意味着，农户在农业上的全部收入被地方政府拿走一半左右。他们曾与家乡的父老算过一笔账，结论是：**在农业的全部产出中，农用成本占三分之一，农户自留占三分之一，政府征收三分之一**。倘使没有农业以外的收入来源，这家农户的生活是极其艰难的。这里的农民外出打工，与其说是为了寻找更好的发展机会与货币收入以提高自己的生活水平，倒不如说是被沉重的农民负担逼出去的。上面所讲的农民负担尚未包括巨额的超生罚款。就信阳地区而言，超生一胎依然很普遍，因而超生罚款的面也是很大的。据说，有些乡的全年超生罚款总额与全乡全年财政收入差不多（七八十万元或上百万元），对于承受超生罚款的农户来说，家庭农业收入这一块，差不多全交给地方政府了。

他们说，信阳地区所辖一市九县，除市县城郊的乡村有些乡村企业外，绝大部分乡村几乎没有乡村企业。各县原有的工业基础十分薄弱，加之近些年来，县属国有企业大多处于亏损与倒闭状态，所以各县、乡的财政收入主要依赖农业。在江浙沿海地区，农业是需要工、商业收入来补贴的，但在内地情况恰恰相反。有限的耕地，脆弱低效的农业，不仅要养活农民自己，还得养活日趋膨胀的地方政府官员与中小学教师。这就是越是经济落后的地区，干群、党群关系越紧张的一个基本原因，是内地农民负担欲减还增、居高难下的一个基本原因。

他们说，就"农民负担"一词而言，官方的解释与农民的理解并不一样。官方标准解释是仅指三项村提留、五项乡统筹款。农民将地方官员从他们口袋里取走的一切，都叫作农民负担，或叫"皇粮"。中央三令五申，要将农民负担降到全乡上年人均收入的5%之内，所有的乡、村在统计表上都执行了，有些地方甚至在事实上也执行了。但这里存在着一个问题，就是对"上年人均纯收入"数量如何估计。如果明明全乡人均纯收入是800元，乡、村干部却估计为1400元，那么，实际征收的是人均70元而不是40元。另一个普遍情况是"堤内损失堤外补"，即强制农民种植一定面积的经济作物，如棉花、烤烟等。信阳地处淮南，秋季多阴雨，不宜种植棉花、烤烟。出生于农村的县、乡官员岂不知道？明明知道，仍将指标分摊到名乡、各村、各农户。其实，农户种与不种，他们并不太关心，他们所需要的仅仅是棉花、烤烟的市场价与官方收购价之间的那个差价。农户种得交，不种也得交。县、乡找其他各种借口向农民派款要钱，弄得农民怨声载道。但就县、乡政府而言，要维持县、乡财政支出也实在出于无奈，并非存心是"上有政策，下有对策"。

他们说，农民最怨恨的是村干部，其次是乡干部，因为对于绝大多数村民来说，他们只能接触到村、乡两级干部。一方面，直接执行"催粮派款，超生罚款"任务的是乡、村干部；另一方面，农民直接看到乡、村干部大吃大喝，看到乡干部坐着轿车耍神气。拿了农民的钱粮又不替老百姓办实事办好事，把那么多的钱粮拿去供地方政府与官员自己消费，且所办的"实事"大多是与农民切身利益关系不大甚至毫无关系的"政绩工程"，农民自然有怨气。因此征收任务十分困难而繁重。乡、村干部的态度生硬、作风粗暴势所难免。派警车入村入户去搬粮索款，极易激化矛盾。同时在征派钱粮过程中，乡、村干部确有**搭车加派**的现象。在村级，搭车加派现象到底普遍到或严重到什么程度，我们没有做过调查研究，但从20世纪90年代以来，各村争着做村支书、村主任的现象十分普遍，说明这一得罪村民且名义上报酬极低的职位，存在着较丰厚的灰色收入，担任二三年的村支书盖起楼房是一个较普遍的现象。这也是招致农民非议与痛恨的一个原因。

二、关于农民接连不断的上访、上告问题

关于第二个问题，他们一致认为，由于上述理由，说信阳地区的干群、党群关系处于对立状态是可以成立的。农民普遍的怨恨情绪与接连不断的集体上访、上告事件，就是这种对立状态的反映。**但这种不满与对立状态还不至于酿成一县或数县范围内的农民集体抗议行为。**就目前农民集体上访、上告事件来看，也只是局限于一村或数村范围之内，且只诉诸温和的上访、上告，极少诉诸情绪化的暴力行为。农民集体上访、上告，与其说是较大规模的农民集体抗议行为的前兆，倒不如说是化解较大规模群众集体抗议行为的"安全阀"。他们对自己的这一判断提供三条理由。

1. 从历史上看，官逼民反，都是把农民的胃逼空了，农民才会揭竿而起。中国的农民绝大多数老实本分，胆小怕事，只要有个温饱生活，是不会铤而走险的。河南全省110余个县，其中国家级、省级贫困县33个（这是1992年确定的），信阳地区共9个县，其中2个省级贫困县，7个国家级贫困县。信阳地区可以说是全河南最贫困的地区。**但就最贫困的信阳地区来看，绝大多数农户的温饱问题也基本解决了。**全年吃一部分小麦（或稻米）、加一部分杂粮（玉米、红薯），填饱肚皮似乎没有什么大问题。当然不能遭受大的自然灾害。但如遭受大自然灾害，便有国家救济，如今中国的救灾能力比过去增强了很多。

2. 在内地绝大部分农民群众的观念中，普遍存在着**"中央的'好经'给地方官吏念坏了"**的观念。他们心目中的地方官吏，主要指的是村、乡两级干部，最高不超过县级。所谓农民集体上访上告，就是农民超过乡、县跑到市（地）、省甚至中央有关部门去告村、乡干部。这说明，现今的农民对市（地）以上的党政领导还是信任的，相信他们是会替民作主的。

3. 在现代信息与交通状况下，中央与省党政领导能及时发现并及时有效解决一乡或数乡群众的集体抗议行为，关键的因素是中央的威望及对地方事件直接干预的能力。政权的威信从来是民心稳定、地方安宁的守护神。无可讳言，沉重的税收、地方官吏的腐败、社会治安的恶化、贫富的分化，使得村、乡甚至县政权只有"威"而无"信"，这种情况直接、间接地损害着中央的威望。

"总之，由'催粮派款，超生罚款'，地方干部的腐败与作风粗暴等原因引发的党群、干群关系，确实处于紧张对立状态，但在近期内，还不会导致一县甚至数县范围内农民的集体抗议行为。我们允许的农民集体上访、上告，与其说是较大规模群众集体抗议行为的前兆，倒不如说是化解较大规模群众集体抗议行为的'安全阀'。"这便是三位老师对上述两大问题的基本答案。然而他们补充说，如果中央的威信继续下降，地方党政官吏的腐败势头得不到有效遏制；如果不进行地方政治改革，以便将持续增加的农民负担真正减下来；如果农民集体上访、上告的问题得不到切实有效的解决，那么，农民上访、上告行为将转化为集体抗议行动，并扩及一乡或数乡，甚至一县范围，那完全是有可能的。

他们认为，关键的问题还是"旗帜"与"信仰"问题。虽然党的十四大报告说"什么是社会主义，如何建设社会主义"这两大问题**已经**解决了，但在改革开放过程中出现了很多新情况、新问题。如今当官到底为什么？县、乡干部集中学习讨论，稍谈片刻即入两大主题：**升官**与**女人**。这并不是个别现象。把积聚私人财富作为当官目的者，也不乏其人。没有一面能将全体党员与党政干部凝聚起来的"旗帜"与"信仰"，实在是地方官吏腐败的一个更内在、更深刻的原因。然而问题在于，在市场经济条件下，追逐私人财富与享受已成为社会的普遍风尚，要求地方各级党政干部聚集到同一面"旗帜"与"信仰"之下，勤政廉政，这做得到吗？如果"旗帜"树不起来，或高高树起但很少有人跟随；"信仰"建立不起来或只建立在文件与口头上，而不是落实在大部分官员的内心与行动上，那用什么办法来监督与遏制日益蔓延的党政官吏的腐败行为呢？靠属同级党委领导的纪检委、监察局的监督会有效吗？而农民与官员除了"为民作主"的意识外，别无其他民主意识。对于这些问题，我们只有困惑而无答案。

是晚，一直讨论到深夜 12 时。室外雨下得很紧。

▶ 11 月 5 日　种不活的烟草和棉花

清晨，潇潇雨歇，天气依然阴沉，还要下雨的样子。

按昨日商定的计划，今日由马、雷两教师一起陪我先到信阳去采访一乡、一村，然后到光山县找刘县长（刘县长是马主任的学友，私交密切）谈谈我们共同感兴趣的一些问题。

信阳县①H 乡的乡长恰在地委党校学习。马主任请他陪同我们前往 H 乡，乘的便是乡长的专车（桑塔纳轿车）。路上，乡长给我介绍了该乡的概况。

H 乡地处信阳市东南 35 公里的丘陵区。全乡总面积 22.5 万亩。半是平原，半是丘陵。全乡人口 4.1 万，辖 18 个行政村，百余个自然村，耕地面积 6 万余亩。那还是 20 世纪 50 年代初"土改"时清丈确定的耕地数，以后相沿未改。若加上新中国成立后陆续开垦的坡地、山地，**实有耕地或有 10 万亩以上，但依然按 6 万亩耕地数上报**。乡长说，**在丘陵山区，耕地上报数低于实耕数，是一个较普遍现象，不独 H 乡为然**。1994 年、1995 年连续遭受干旱，1996 年幸而风调雨顺，获大丰收：全乡小麦平均亩产 506 斤，水稻平均亩产 1060 斤。不过，这个平均亩产是按 6 万亩计算的，故而实际亩产没有那么高。这一带的农业依然是靠天吃饭。受水旱之灾的影响，全乡的口粮往往不足，风调雨顺则家有余粮。由于粮食产量受气候条件的影响或低或高，很不稳定，所以，全乡的家庭饲养业不甚发达。一般年景，家养一两头猪而已，有些农户也养牛养羊。全乡的乡、村企业只有几家私营小商店，别无其他工业企业。村民农忙时务农，农闲时则纷纷外出打工。外出打工是农户货币收入的主要来源。没有这项收入的纯农户，生活确实相当清苦。该乡的财政依

---

① 1998 年撤销信阳地区，改设地级信阳市，撤销原县级信阳市和信阳县，设置县级浉河区、平桥区 2 个区，辖潢川、固始、光山、息县、罗山、淮滨、商城、新县 8 个县。

然是农业财政，单纯依靠农业的财政，只能维持教师、干部吃饭而已，再没有力量办其他事情了。

H乡治所所在地是个简陋的小集镇：一个乡政府大院，一家邮电所，一家信用社，一家供销社，五六家小商店，几十家农户，如此而已。这些年来，乡政府除"吃饭"外，确也办了一些"其他事情"。最大的工程便是修建了一条连接小集镇与107国道的柏油路，全长20余公里。新购了两辆桑塔纳轿车（乡党委书记、乡长各一辆，另有一辆旧北京吉普车，一辆客货两用车）。虽然这条新公路是新轿车的配套工程，毕竟也给村民提供了交通方便。翻建了一栋乡办公楼（二层）。乡财政再穷，这三件"事情"总是要办的。至于办这三件事的总投资，我没有追问。

*　　*　　*

乡长要回党校学习，故委派在乡政府值班的乡武装部部长陪同我们下村调查。从乡政府到各村的道路依然是土路。这一带土质黏，雨后的乡村土路被拖拉机弄得十分泥泞。乡武装部部长建议我们乘坐旧北京吉普到离乡政府最近的B庄村去看看。

路上顺便问起今年征兵情况。负责征兵工作的乡武装部部长说："今年县武装部分配给我乡的征兵名额有16名，但前来报名参军的人已有100多名。"当问及农民子弟参军积极性如此之高的原因时，他说："农民参军有许多好处：一是可以到部队去锻炼，见见世面，兴许还能在部队学到一些实用技术，这对他们退伍后谋职有帮助；二是参军者保留自留地，但免除农民负担；三是在参军期间，每年可得到一笔补助金，补助金的数额是全乡人均纯收入的70%。"

设在B庄的B庄村委所在地是一个占地近半亩的院落。方方正正的围墙内有一排旧式平房。四五间办公室内，只有一名村会计在忙于整理计划生育的统计表。武装部部长向他说明来意，他很快派人把村支书找来。村支书是位30来岁的年轻人，高中毕业生。据武装部长说，全乡18个村支书，差不多都年轻化、知识化了。担任村支书的不是高中毕业生便是复退军人。

一、B庄村概况

此类的访谈照例是从村概况、宗族结构和剩余劳动力外出状况开始，在有县、乡官员陪同的情况下更是如此。对敏感的农负与超生问题则应见机询问，且以观察为主。据村支书介绍，B庄村共有2579人，耕地3624亩，下辖11个自然村，每个自然村相当于一个村民小组。从姓氏结构来看，这11个村落都是主姓村（村落以一二大姓为主，余为若干小姓），其中B姓占3个村落，D姓占2个村落，B、D两大宗族约占全行政村人口的60%。（据此我推测，村支书、村主任极有可能出自这两大宗族，一问，果然如此：村支书B姓，村主任D姓。**中国农村最基层的村政权，其主要干部的来源，在集体化时代主要与"阶级成分"有关；自分田单干之后，大有宗族化倾向。这是不是一种普遍倾向，值得深入研究。**）

B支书说，B、D两姓，原是哥表兄弟，清初从湖北麻城迁居于此。原有族谱，新中国成立后散佚。在20世纪60年代以前，B、D两姓从不通婚。B、D两姓通婚始于20世纪70年代，八九十年代已很普遍，但同姓内仍不通婚。如今儿孙取名，仍按辈分。

二、B庄村村民外出打工情况

问及全村外出打工情况时，村支书说："村无企业，青壮年在农闲时差不多全外出打工。流向最多的是北京与深圳。其中有些人长年不归，在外面已站稳脚跟，甚至将全家迁出。"其中向北京流动的情况颇为典型。

本村有吴氏者，生有二女六男。1982年分田单干时，长女、三女已出嫁，二子、四子已成家。五子（其时15岁）、六子（12岁）、七子（9岁）、八子（6岁）在家，由母亲抚养，父亲已病故。分田单干对该户并非好事。食难果腹，生活十分艰辛。吴氏邻人魏氏有一女在新中国成立之初被政府召入北京（原因不详），并在北京读书、结婚与工作。

1982 年回家探亲，见吴家贫困状，思以救助之：携带其五子到北京，安排到一家餐馆打工，月薪 30 元。是为本村，也是本乡外出打工之始。吴氏第五子勤奋聪明，不数年由端盘刷碗而升任餐馆厨师。职业稳定，收入颇丰。随后数年，陆续将其兄弟引入北京餐饮业，只留老大与其母亲在家照料全家的承包地。村支书说，截至 1996 年，全村（加上外村）通过吴氏兄弟或先去者的关系而进入北京打工的，共计一百四五十人。真所谓"牵出一条绳，拉上一网鱼"。城内有亲有力者从乡村拉出一条线，由此线拉出一串、一网，是乡村人口向城市或沿海流动的最一般模式。这个由乡村而移入城市的亲友关系网，是这些入城打工者在陌生城市的社会安全保障体系。倘使我们能用文化人类学的方法将这一过程详细记述下来，这将是一份反映当代中国社会流动特征的典型材料（或说典型案例）。

村支书说，南下深圳打工的也有百余人。关于这支打工队伍如何进入深圳，他并不太清楚。全村还有其他百余人散处各地。全村共近 600 户，有三四百人处于季节性的往返流动：农闲外出打工，农忙、春节回家。常年在外打工者有数十人（具体情况不详），其中有十余户已迁出村，定居于城市，但保留房屋，所承包土地或归还村里或转包给亲友。没有外出打工收入的所谓纯农户，全村或有 20% 之多，不超过 30%（没有准确统计，只凭印象）。

三、B 庄村村民的住房和饮食

谈及村民的住房情况，村支书说，在 20 世纪 70 年代中期以前，全村绝大多数村民住的是土坯（也有用版筑的）草顶（也有瓦顶的）房，少数砖瓦房差不多全是新中国成立前大户人家留下的。70 年代中期后，陆续兴建砖瓦平房。分田单干后，兴盖砖瓦平房的过程加速，这与外出打工的收入密切相关。年轻男子外出打工的一个重要动力是挣钱盖房、娶亲。近二三年内，开始兴建楼房。如今，全村近 600 户人家，有 60% 到 70% 的农户住进了砖瓦平房。同样是砖瓦平房，造价相差很大：差的 1 万余元，好的要花 2 万余元。二层楼房约占 10%，最多不超过 15%。

余下的便是旧式泥墙草屋。有些农户新盖了三间砖瓦房，但保留原来的土墙草屋，用作厨房、猪厩，或堆放农具、草料。有些农户全家迁入城市，但保留着原先的草屋，不准备翻建新房，只是作为在村的一个"根"。此类草房大多空着。另有一些老人或部分没有打工收入的纯农户，依然住在老房子（指土墙草屋）内。村支书说，如今年轻人结婚，没有三四间像样的砖瓦房是根本不行的。这几年行情又变，要盖楼房了。

关于村民的饮食情况，村支书说，全村除极少数农户外，温饱问题基本解决了。年景好点，多吃一点细粮；年景差一点，多补充一点粗粮。蔬菜基本自种自给，普通农户平时很少买肉吃。

＊　＊　＊

座谈结束，请村支书带我们到邻近村落走访几户农家。

村内道路泥泞。我们穿着皮鞋不便行走，于是就近采访。该农户有一单独小院：三间砖瓦平房，一间厨房，一间猪厩，内养两头猪。一位20来岁的男青年坐在门口，端着碗吃红薯，似有病状。户主是一对中年夫妇，男的瘦弱木讷，女的倒挺会说话，见乡、村干部陪着我们入院访问，又问及他们的收成与生活，或以为我是前来考察村民生活的什么大官。我一发问，这位40来岁的农妇便冲着我发起牢骚来："你们在城里做大官当老爷，吃好的、穿好的、住好的，看看我们农民吃些什么东西，穿些什么东西。幸福都给你们这些当官的占去了，留给我们农民的都是苦。"我原打算问她"农民怎么个苦法"，但看到站在一旁的乡武装部部长、村支书一脸窘迫的神情，只得忍而未问，同时决定取消走访其他农户的计划。他们这才松了一口气。

在回村委的路上，村支书主动回答了我一直想问但又不便问的问题："**我们这里的农民负担确实很重。做村支书的本不应这么说，但这是实际情况。**"有此开头，顺势追问农民负担怎么个重法。他说："中央、省市一直下达文件，说要减轻农民负担，要将人均农负限制在上年全乡人均纯收入的5%之内。我们在农民负担的年统计表上是按这一标准制定的。就村提留、乡统筹这一块农民负担来说，也尽可能限制在5%之内。但上面却通过其他途径增加农民负担。最使老百姓反感的是强迫农民种烤烟与棉花。我们这一带从来不种烟草与棉花，因为土壤与气候条件不适宜种这两种作物，但县委、县政府就是要各乡、各村种，我们有什么办法呢？县里将种植面积分摊到各乡，各乡又把任务指标分摊到村。我们只能压农民。家家户户都得按各自承包地的一定比例种植烟草与棉花。**明明知道种不活，种不好的东西，硬叫农民种，确确实实是太过分了**。有些农户象征性地种一点，但大多数农户不种，因为明知是没有收成的。其实，县里对农民种与不种棉花与烟草并不在乎，他们在乎的是落实到各农户的交售棉花与烟草的人均指标，是棉、烟的市场价与国家征购价之间的那个差价。去年县里规定，全县农民人均上缴30斤皮棉，每斤皮棉定购价在 1.5 到 1.7 元，市场价在 3.5 到 3.8 元，每斤差价 2 元左右。30 斤皮棉差价是 60 元左右。棉花一项 60 元，烟草一项也是 60 元左右，这两项相加，人均负担是 120 元。再加上按规定征收的农民负担 80 元左右，去年的人均农负是 220 余元。这还没有包括村里盖小学、乡里修公路的摊派款。"

村支书继续说（此时乡武装部部长与马、雷老师已走到前面去了）："去年的农民负担，农民还可以对付过去，今年恐怕对付不过去了。我们乡、村干部一直为此事而发愁呢。"我惊问何故，他说："去年，县里分摊到我村的烟草种植面积是 3000 亩，今年一下子增加到 8000 亩，棉花任务也是这样。你想想看，全乡 3000 亩棉花，3000 亩烟草，人均上缴 120 元。现在分别增加到 8000 亩，一下子增加近两倍，分摊到每个农民头上，不是 350 元左右了吗?! 再加上按规定上缴的村提留、乡统筹款，这叫农民怎么承受得了！"

村支书的话，充分地说明了那位农妇怨愤的原因。

村支书随我们的吉普车返回乡政府，临乡治小镇处有一高坡，雨后路滑，加大油门的小吉普陷在原地打滑，就是开不上去，我们只得下车。村支书叫来了附近的几位村民推车上坡。车辆溅起泥浆，弄得他们满身是泥。在此期间，我走到坡旁的两家杂货店去看看小店的经营情况。这是两栋紧挨着的两层楼房：左面一栋很是简陋；右面一幢，外墙贴着瓷砖，门窗装有铝合金的茶色玻璃，在这一带的简易平房为主的乡村，显出一点"现代化"模样。我向在门前洗菜的女主人打听楼房的造价。她说，她的这幢造价二三万元，隔壁的那栋五六万元。正说话间，她的丈夫推着自行车回家，于是与他闲聊起来。

他是村小学的民办教员，月薪在 160 到 170 元。作为民办教师，村里有他的承包地，所以月薪比公办教员低得多（小学公办教师月薪三四百元）。他说，这里的农民负担很重。前几年，人均农负在 200 到 250元，今年增加到 300 多元。他全家五口，今年已缴掉各项苛捐杂税 1600余元，据说还得缴。他在小学教书的年薪，全部给地方政府拿走了。他生有二男一女，超生二胎，被罚 12000 余元，分 14 年还清，每年得上缴超生罚款近 1000 元。在如此沉重的农负与罚款的压力下，我不知道这对中年夫妇是如何养活自己的三个孩子的，更不知道他怎么还有能力盖起二三万元的楼房。我着实惊叹中国农民的生存与适应能力！

正待追问他家的收入状况时，村支书已换掉一身泥衣，前来问我是否到他家去坐坐（吉普车已推上山坡）。这时我才知道那栋装潢得有点显眼的楼房，是他去年才盖的新居：楼上卧室，楼下开店，从乡村日用百货到农药、化肥，都属经营范围。在店内经营的正是他的妻子。我心里纳闷，这位做了二三年的村支书，怎能造得起这栋五六万元的楼房呢？

* * *

我们一行数人回到乡政府，已是下午 2 点。在乡政府食堂吃过午饭，乡武装部部长派车把马、雷两位教师和我送到信阳县。我们在信阳县转车前往光山县。

东西延伸的 312 国道南侧，是地势平缓的丘陵，这片丘陵是太行山区的北麓；国道北侧，是一望无际的平原。我想，这便是黄淮大平原的最南端了。与主任说，整个信阳地区，地势从南至北呈三级阶梯状：南部是山区，中间是丘陵，北部是平原。全境分布着淮河五大支流，发源于太行山，自南向北流入淮河。山区、丘陵地区易旱，而平原地区易涝。在历史上，信阳便是一个旱涝频频的地区，经济十分落后，人民生活贫困。1958年，毛主席发出"一定要把淮河治好"的号召，信阳人苦干几年，在五大支流的上游分别建起五大水库，这对改变旱涝状况有一定作用，但就全信阳地区而言，农业靠天吃饭的局面没有根本的改观。马主任说，**主要由自然生态环境的恶劣而引起的贫困，是难以根治的贫困**。新中国成立前信阳便是一个革命老区，凡革命老区，差不多全是这种类型的贫困区。邓颖超是光山县人，许世友、李德生是新县人，东北抗日英雄杨靖宇是确山县人①。

我问这位党校经济学教授："信阳九县数百万农民脱贫致富的道路究竟在哪里呢？"

他说："在地委党校教学时，我们也经常讨论这个问题。前些年说是'无工不富'，于是大力发展乡、村企业。但我们这里搞乡镇企业，只有往里扔钱的，很少有赚钱的。即使办起一些皮革加工厂与造纸厂、酿酒厂，也是一些效益低、污染高的企业。虽然能赚点小钱，但把环境破坏了，如算总账、算长远的账，这是得不偿失的。'无工不富'的前提是承认农业不能令绝大多数农民脱贫致富。

"中国的农业有两个大问题。一是人多地少。承包制下的农户，不仅经营规模太小，且土地分割零碎，单靠人均一二亩耕地，即使单产再翻一倍，也只能改变一点贫困状态，而不能致富。二是农副产品的比较效益太低。就信阳地区而言，还有一个大问题，即旱涝灾害频繁，农业的自然生态环境太差。**此类地区的经济发展目标现实点讲，不是一个如何致富奔小康的问题，而是一个如何脱贫、维持温饱、略有积余的问题**。各级地方政府应该向农户少拿一点，多做一些实事。少拿一点可以让农民们休养生息，多做点实事就是集中精力解决制约农业稳定发展的

---

① 新中国成立后，确山县属信阳专区，1965年后改属驻马店专区。——本版编者注

两大问题：一是农田水利建设问题，二是交通问题。在我们信阳地区，这两大问题具有特别重要的意义。**丘陵山区易受旱灾，但并非没有水。**在信阳境内，由南向北有五条较大的淮河支流。**平原地区易受水灾，并不单纯是水太多，而是排涝工程设施缺乏。**至于交通，更是制约山区经济发展的基本原因。我在新县山区某乡当过两年多乡长（属于挂职锻炼），对此有深切体会。问题在于，道路与水利建设的投入十分浩大，单凭农业剩余的积累是不行的。在人民公社时代，还可以依靠人民公社体制的组织动员力量，集中大量人力与物力，加上国家的财力支持，办成几大水库及其灌溉系统，信阳部分地区至今受此恩惠。如今分田单干，很难组织实施大规模的、有效的水利建设工程。

"如今最大的问题在于，各级地方政府向农民要得太多太急，农民每年的人均负担少则二三百元，多则四五百元，差不多把农副业的全部剩余都榨干了，叫农民怎么改善自己的生产经营条件?！从农民中拿去的钱粮，不是用于改善农业的生产条件方面，而是用来养活养好自己，用来搞什么政绩工程。越是贫困地区，这个问题越是突出。在我看来，信阳的农民、农村与农业问题，一是与恶劣的自然生态环境有关，二是与日趋庞大、低效且官僚化、高消费化的地方政府有关。在这双重问题的制约下，农村、农业与农民生活能维持现状已经很不错了，遑论发展。换句话说，要发展农村经济，改善农民生活状况，首先得进行地方政治的改革。"

* * *

我对马教授的观点深表赞同。下午 5 时 30 分左右，我们一行三人匆匆赶到地处信阳地区中部的 G 县。既然入村调查有许多忌讳与麻烦，此番 G 县之行，则主要是走访马老师的朋友——在 G 县党政部门任职的朋友，尤其是县长。马老师曾给我介绍过县长的履历与性格：原河南大学 1984 届政教系毕业生，先后在湖北省政研室、河南省政研室、河南省政府办公室工作过 8 年。1993 年主动请求下县基层锻炼，由 G 县委副书记而升任县长。此人的特点是敢作敢为，善著文，能写诗（有诗集出版），虽由学而官，但官气不足，好结交有头脑的知识分子，对学者尤尊重。并说，在信阳九县的县级官场中，像他那样有思想又敢直言的官员并不多见。"有关信阳地区的农民、农业、农村与地方政权诸问题，他一定会有许多想法可供你参考。"马老师如此对我说。

有马、雷两老师的陪同，且又听说我们是专程前来拜见刘县长的，年约 30 岁的县办公室主任立即给予我们盛情的款待，说："县长今天一早到地委开会去了，明天中午或能赶回来，县长要我代行地主之谊。"一面令人帮我们提行李、安排旅舍，一面陪同我们到餐厅用餐。

饭后回宿舍休息。我建议马老师陪我去找朋友聊天，于是来到县政协办主任的家。这是一长排旧式平房，隔成四五个院落，其中一个院落便是主任的住处。女主人见马老师来访，便立即打电话叫回在外应酬的丈夫。主任现年 40 余岁，看上去像个中学教员。马老师向主任说明来意，便随意攀谈起来。谈话要点兹录于下。

一、关于 G 县乡财政与农民负担问题

他说，G 县是个拥有七八十万人口的传统农业大县，农业大县嘛，一定是个穷县。全县人均稻田不足一亩。若加上山地、坡地，也才有一亩多一点。地宽之乡，人均耕地不超过两亩，农民的温饱靠的就是这么一点耕地，且县、乡财政的主要来源，也是这么一点耕地。故而农民一方常感负担沉重；县、乡政府一方收入也不足以应付日常支出，县、乡干部的工资经常不能按月支付。县、乡财政维持吃饭尚感不足，要办点实事那就更加困难了。总之，第二、第三产业搞不上去，老百姓生活困难，县、乡政府的日子也难过。主任说，县、乡财政负担沉重，重就重在教育这一大块。一般来说，乡财政的 60% 以上，县财政的 30% 甚至 40% 以上都给教育这一块吃掉了。尽管如此，全县初高中入学率比人民公社时期还低。从前每个公社拥有一所高中，如今全县只有二三所高中。高中升学率太低，促使许多初中在校生中途退学，因为他们估计自己考不上高中，不如早点退学随父兄外出打工挣钱。

二、关于现行的行政管理体制与官场风气

主任说，如今的行政管理体制存在不少问题。一是机构人员过于庞大，效率很低。二是作风浮夸，尽搞些形式主义。农业大县第二、第三产业极不发达，加上根深蒂固的官本位思想，农家子弟通过读书或参军两大渠道纷纷涌入县、乡党政事业部门。地方官员子弟的就业安排，首先考虑的更是地方党政事业部门。前些年，哪个县国有企业的效益好，便涌向哪个企业。这几年，全县几个国有企业差不多都是亏损的，于是涌进县、乡党政事业部门占个位置，吃一份"皇粮"，虽然工资也不高，但比较安全。如能弄到个一官半职，更有不少有形或无形的好处。农业大县虽说以农业为本，但谁都清楚，搞农业收益低，辛苦，农负重，社会地位最低。外出打工，如果没有社会关系与能力，到外面赚钱也没有那么容易。从事工商业吧，一是竞争太激烈，二是县国有企业本身在裁员下岗。说来说去，有权有势有门路的子弟都往官场挤，形成党政事业部门吃"皇粮"者日益增加的局面。

他接着说，如今各县正在搞压缩编制，但能把谁精简出去呢？即使精简出党政机关，又把他们安排到什么地方去呢？县、乡虽然机构多、人员多，但大多人浮于事，真正有办事能力的人却并不多。吃"皇粮"领工资时看着有一大帮人，临到做事却没有几个人。许多人只是坐在机关里泡时间，还有不少人到外面去赚外快。行政效率实在太低。

三是县的"四大班子"（党委、政府、人大、政协）的主要成员确实很忙，忙到常常把周日休息时间全搭进去。但"四大班子"主要官员在忙些什么呢？一是忙于各种应酬，二是忙于应付省里来的、地委来的各种检察团。县、乡主要官员的精力差不多全耗在这两件事情上去了，哪还有什么精力去研究问题、发展经济呢?！我们明知这样下去是不行的，但你有什么办法呢？"人在江湖，身不由己"，人在官场，更是身不由己啊！内地上上下下都是这个风气，谁也改变不了这个局面。近年来，省、地区的各种检察团纷纷下县，都提着'一票否决'的'尚方宝剑'，哪路神仙都得罪不起。今天刚送走一批，明天又迎来一批。送往迎来，

疲于应酬，空耗精力，徒费钱财。这种形式主义实在是妨政害民啊！"

三、数乡乃至全县范围内的农民集体抗议事件，在近期内尚不可能发生

我问："在缺乏第二、第三产业支持的农业大县，地方政府与农民争食承包地上的有限农业剩余，农民负担率无论从相对还是绝对量上看，都远比沿海发达地区高得多，沉重的农民负担会不会引起一县甚至数县范围的农民集体抗议行动呢？"

这位政协办主任似乎从来没有考虑过如此尖锐的问题，过了好一会儿才反应过来，犹犹豫豫地说："不会吧？！不可能吧？！看来问题远没有闹到如此严重的地步！"

我问："你的根据何在呢？"

他想了想说："农民负担是重了些，群众有牢骚、怨恨情绪，也是事实。但就 G 县或全信阳地区而言，农民温饱问题基本解决了。农民吃得好坏是另一回事情，但一般来说，农民吃饱了肚子，会造反吗？！看来不会吧。信阳九县，各县甚至同一县内，农民人均负担各不一样，我们也没有研究统计过这一问题。一般来说，各县各乡的农民负担，低的一二百元，高的三四百元。超过四五百元的也曾听说过，但只是个别乡个别年份的事。人均农负二三百元较为普遍。就以人均年农负二三百元计，若光从农户的农副业这块收入来说，确确实实太重了些。但全县多数农户都有非农兼业，主要是外出打工。若加上兼业收入，绝大多数农户还是承受得住的。若重得农民受不了，他们可以上访、上告。上面一旦发现问题，也会及时处理的。我县就处理过好几起这样的事。社会综合治理，一票否决，对县、乡干部是有压力的。他们不敢随意加重农民负担。从目前情况来看，农民集体闹事大多限于一村范围，最多涉及数村，全乡范围的极少。要发展到数乡乃至全县范围，肯定是县、乡班子都出问题了。我看问题不会闹到如此严重的地步。"

张主任的分析与昨晚的讨论结果是相当一致的。

谈到深夜 11 时余，方告辞回县委招待所。

▶ 11月6日　一人兴邦，一人丧邦

上午，马教授约 G 县政协办主任、县委组织部副部长、县纪检委副书记与县政研室主任等四人来我旅舍开座谈会。马教授既是这四位学员尊敬的老师，又是年龄相仿的朋友，雷老师与他们也相当熟悉。有了这层关系，整个座谈会自然十分轻松，无所忌讳，虽然所谈问题并不轻松。座谈纪要如下。

一、关于地方党政腐败与监察体制问题

他们说：目前的监察体制，从形式上来看是完备的。纪检委、监察局、人大与党委集体负责制，都具有监察职能。但在实际上，这些机构与制度执行起来很难落地。从县、乡两级党政来看，一切权力集中在党委，党委的权力集中在党委书记。权力高度集中于一人之手，有好处，也有坏处。但这个关系到一县、一乡的好处与坏处，全与党委书记一人的道德品质与工作能力有关。一人可以兴邦，一人也可以丧邦。第一把手有民主作风的，决策行政找党委一班人商量商量；如没有民主作风的，一人独断专行，谁也奈何他不得。第一把手有德的，多少得替民办点实事好事，如果只图自己升官发财的，有谁能监督他？

县纪检委副书记建议："若能将纪检与监察这两大机构从同级党政内独立出来，直接受各自的上级机构垂直领导，这样就能有效地执行对同级党政官员的监督作用。"并说，在这两部门工作的同志大多有这样的想法。他们就此问题征求我的意见。我说，中央会不会采纳这一建议，本身就成问题。再说，将监察权凌驾于同级党委、政府之上，那由谁来监督这个监察机构与监察官员的腐败行为呢？

他们说，群众监督是一种最有效的监督，但他们理解的"群众监

督"就是毛泽东热衷的"群众运动"与"四大自由"①。他们说:"**群众运动不可年年搞、月月搞,但也不可以废除不搞;'四大自由'不可以滥用,但也不能废除不用。**"这种对"群众运动"与"四大自由"的折中主义议论,在河南地方干部与群众中经常可以听到,在河南知识界也不乏赞同者。

我说,群众运动或可以清除群众痛恨的贪官污吏,但无法建立起廉洁高效的地方政府,且其对社会经济与社会稳定的破坏作用,则是我们这代人所亲见的。在地方党群、干群关系高度紧张的今天,群众运动很可能导致天下大乱。

县政研室主任问我:"还有什么方法能制止与消除党政干部的腐败行为呢?"

我说:"从理论上说,只能走民主与法治的道路。中国革命的先行者孙中山先生,也是中国民主政治理论的创立者。在他看来,政治有两种类型:一是**官治**,一是**民治**。政治权力在官,则为官治;政治权力在民,则为民治。政治权力在官,则无论中央集权与地方分权,都是官治。孙中山曾经说过,官治的好坏,全看当官者。当官的贤且能,则人民或受其惠,然人亡政息;若当官的贪且愚,则人民受其祸而莫能自救。前者如婴儿之于乳母,后者犹如鱼肉之于刀俎。这与你们刚才所说的情况完全一样,故孙中山复生当今,一定会把我们的现行政治称为官治。其间虽有焦裕禄、孔繁森一类的清官、好官,但总的看来,官治流弊太大。贪污腐败、机构膨胀、形式主义是历代官治的痼疾。故孙中山希望用民治取代官治。问题在于,一代人能否自由地选择一种政治制度?数千年的官治传统是一种现实的力量,最好的官只允许自己替民作主,而不许民众自己作主;而我们的民众呢——我指的是承包制下的广

---

① 四大自由:在中国多指1949年到1978年的社会主义时代,尤其是1966年到1977年"文革"期间的"大鸣、大放、大辩论、大字报"四种公民权利。此"四大自由"曾经被写入1978年《中华人民共和国宪法》。后来,1980年五届全国人大三次会议取消了"78宪法"中的有关规定。——本版编者注

大农民——他们最大的要求就是官府不要来管他的事,遇到问题或则忍耐,或则上访找清官替小民作主,而没有合作协商、联合起来、自我作主的习惯与能力。一个不让作主,一个不会作主,这叫我们怎么办呢?这是一个自'五四'运动就提出,但至今仍未解决的大问题。虽然我一直在调查、在研究思考解决这一问题的有效途径,但我坦率承认,直到今天还没有想出来。当然,中国政治改革的方向是明确的,官治已走到了它的尽头,必须实行民主与法治,但如何实施,实无良策。"

二、关于条块结合的行政管理体制问题

他们说:"条与块的关系问题,讲了多少年了,但一直没有得到解决。说是'条块结合,相互配合',其实是相互扯皮的多,真正配合的少。有利的,条与块争着干;无利或不利的,则相互推诿。这是大致情况,具体说起来,相当复杂。"当我追问县、乡党政与各部门的具体关系及"相互扯皮"的具体内容时,他们只有一个泛泛的印象,说不出一个所以然来。看来,他们这些长期生活在这一体制内的人,对该体制的性质及其运作过程并无认真的思考。我一直想以县为单位深入地研究这一大问题,但"进入调查现场"异常困难。

我对四位县官员说,条块关系实际上涉及三大方面的问题。

第一是中央与地方的权力划分问题。条强块弱,意味着中央向地方收权。中央政权通过各条条直接干预地方事务,达到政令全国统一的目的;相反,块强条弱,则意味着中央向地方放权,许多关涉到地方的事务直接由地方政府管辖。中国太大,各地情况差异很大,块强条弱,让地方党政有更多的依据本地区特殊情况处理事务的权力。若将权力集中于中央,好处有两个:一是全国的政令统一,二是中央能集中全国的资源办若干大事。坏处也有两个:一是地方缺乏活力,甚至俨然无有生气;二是地方将统一政令推到具体情况各不相同的辖区,不是削足适履,便是搞形式主义应付。所以,必须条块结合,发挥中央与地方的两个积极性。至于实际运用过程中发生扯皮现象,或许是与中央与地方或说条与块的责权利没有划分清楚,并用法律形式固定下来有关。

第二是各级地方政府的上下级之间，权力也没有划分清楚。中国太大，地方政府就分成省、市（地）、县、乡四级，若加上村委，实有五级，行政管理的层级实在太多了。20世纪80年代中期，邓小平提出政治改革，中心任务是中央对地方的"放权让利"。但放到地方的权，在地方各级政府中如何分配，也没有明确的、有法律依据的规定。这样，凡能带来利益的权力，有可能被地方政府中的上级政府所截留自用。权利归于上，责任推于下。到了乡、村这两级，则只有义务、责任而几无权利了。在乡镇一级，许多部门（条），如公安、银行、税收、工商、电力等，只是县同类部门的直属机构，乡镇政府是管不着它们的。在某些县，甚至将一切有油水可图的部门都从乡镇政府内划出收归上面管理。留给乡镇政府的，都是要乡镇这一"块"养活的部门。

第三是条块结构的地方行政管理机构与民众的关系问题。无论中央与地方、地方上下级政府之间块与条的权力怎么划分，本质上依然是官治而非民治。中央将某些权力下放到地方，只是扩大了地方官吏的权力。这种分散到地方、分散到各部门的权力若缺乏有效的监督，便有可能形成大大小小的"专制特权"。正是这种"专制特权"，成为地方某些党政官吏腐败的根源。面对日益猖獗的党政官员的腐败现象，有人主张中央收权，有人主张把权直接放到民众中去，实行民治。前者将重蹈"收死放乱"的覆辙，后者将面临中国政治制度的重大改革。这又回到我们刚才讨论过的问题上去：做官的是否会放弃他们的特权？民众，尤其是缺乏民主传统的广大农民，能否行使自己的民主权利？

四位官员与马、雷老师都听得十分认真，或云"顿开茅塞"，或云"胜读十年书"。

持续3小时的座谈会，还讨论了其他一些问题，不复转述。

* * *

中午，从信阳市匆匆赶回的县长设席款待马、雷与我一行，出席作陪的还有其他五六名官员。如今的县委、县府招待所差不多全按星级宾馆标准改善。县长款待宾客的"雅间"，自然比一般的雅间宽大，且装潢得富丽。此间服务的小姐也更年轻美貌，殷勤周到。年仅 40 岁的刘县长，很乐意与我就我们共同关心的问题交换各自看法。不是作为一名地方官员，而是作为知识分子与朋友坦诚相见。

刘县长确实善言词，好议论，无所顾忌。说**党政腐败现象急剧蔓延，根源全在于权力过于集中，缺乏有效的民主监督，上下皆然，政体如此，要改也难。**说除政体原因外，腐败还有哲学根源，这个哲学便是唯物主义。因其语出惊人，故加追问："唯物主义何以成为腐败之源？"刘县长解释说，唯物主义，不管哲学教科书上如何解释，在如今一般人的理解中便是唯财物主义，也就是拜物主义、拜金主义。举世若狂，围着金钱转，何能独独叫有权的大小官吏守住为人民服务的信念而甘居清贫？他对舞阳县发起并推广全省的"富民工程"，评价十分简洁："纯粹是劳民伤财的穷折腾！"这位出版过一本诗集的县令，对诗与女人的见解实是新颖："没有女人，便没有诗。女人是诗人的灵感之源。女人本身就是诗，谁不懂得诗与女人之间的内在联系，谁就不懂得诗。中国之诗，以《诗经》为首，《诗》三百篇，以'关雎'开篇，实有深意也。"由此可见其议论风格。

待县长议论完毕，酒席也散了。席前所说是"就农民、农业、农村与地方政权当前状况交换各自意见"，但入席开讲，便题跑万里，其他人员只有听的份儿与惊叹、喝彩的义务。我自然不便将话题引领到我所感兴趣的问题上来。席后，我请马老师与县长另约时间长谈一次。县长说："近三五日内，忙于应付省、市的检查，焦头烂额，实在无法脱身。三四天后再约时间，到时一定向你请教。"随后匆匆告辞："还得赶去开会，失陪！"

在 G 县滞留三天，我是赔不起这个时间的。北方寒潮将临，信阳调查结束后，我还得赶到豫西地区的宜阳县进行最后一站的调查。若刘县长能支持我入其境内的村落走访，则在此停留三四天，便能一举两得。回到宿舍与马、雷商议入村调查的可能性。马说，内地县、乡官员最怕的便是记者、学者跑到农户家去，看来有一定难度。正商议间，天又下起雨来，似也阻止我们入村采访。于是决定立即返回信阳党校。找县、乡官员访谈，党校是个最便利的场所。

▶ 11 月 7 日 "找不到对症下药的法律条文"

应倪副校长、马主任的请求，下午给党校全体学员与部分教员做题为"学习十四届六中全会《中共中央关于加强社会主义精神文明建设若干重要问题的决议》"的辅导报告。上午在党校宿舍准备提纲。10 时许，G 县党校 H 老师（他也是"十四届六中全会精神学习班"的学员）叩门来访。多年的调查经历似乎令我形成一种职业嗜好：从各个接触到的人员记忆中挖掘我所感兴趣的一切资料。我将每个人的头脑都视为一个图书馆，信息的检寻与输出却比图书馆方便得多，且其资讯比图书更生动、更丰富。H 老师是 G 县人，应知 G 县事，引导其讲述家乡的过去与现在，听来饶有兴趣。

一、G 县概况

H 老师说："信阳的 G 县，为全国第一人口大县。G 县现有人口 140 余万。全河南 110 余县中，人口超百万的大县只有三个：G 县、邓州与新蔡县，而以 G 县为最。据他所知，在全国 2000 多个县中，G 县人口也堪称第一。G 县南接大别山区，北濒淮河。由北向南，地势由临淮平原而丘陵，而山区。临淮平原有 4 个乡，南部山区有 5 个乡，中间丘陵地区有 24 个乡。全县共有 33 个乡镇。全县种植结构：一季小麦，一季水稻。全年收成以水稻为主，以小麦为辅，各乡人均耕地，少则不足 1 亩，多则不超过 2 亩，但在丘陵山区，耕地的统计上报数与实际情况并不完全一致。有些地方的山地、坡地，数亩折合一亩。"（这一现象在全国各丘陵山区普遍存在，且自古而然。明清时期，或有**按产量定亩数**的习惯。中国的"亩"，是一个有充分弹性的土地计量单位。）这与胡店乡乡长的说法是一致的。

二、G 县的村落结构、村民住房与农民负担状况

关于 G 县的村落结构、村民住房及农民负担状况，H 老师说："G

县的许多村庄，四周都有护村河、护村墙，形成一个个土围子或水围子。在新中国成立前，地处安徽、河南交界处的 G 县土匪横行，盗贼出没，各村挖河筑墙以自保。其中不少土围子、水围子并非以全村庄为单位，而以家族为单位。土匪抢掠，总以地主老财为对象。只有地主家有财产需守备，且有能力雇工挖河、筑墙、设岗哨、置武备。护村河有一桥与外界相通。环形河本身则有三个作用：一是防卫，二是养鱼，三是灌溉。新中国成立后，防卫功能是不需要了，但还保存着养鱼、灌溉之利。所以，仍有一些村庄的护村河保存至今。随着村内人口增加与交通方便，更多的村庄将原来的护村河填平了。在 G 县陈集镇北 4 公里处，还有一座保存完好的土围子，原是新中国成立前李氏大地主的庄院。庄外有两圈呈"回"字形的护村河。庄内房屋、土墙保存十分完好，列为省重点文物保护对象。你若有兴趣，我可陪你去参观。"**我想进一步搞清楚的问题是，为防土匪掳掠而建立起来的土围子、水围子到底是以整个村落为主呢，还是以地主家族为主？因为这里涉及这样一个更为深层次的大问题：中国农民对共同祸患的一般反应方式，是各家族各自为政、各不相关，还是以村落为主，各家联合一致？有无超村落的联合呢？对待人类合作这一最困难，也最感需要的问题，农民们是如何解决的呢？这种反应模式是否至今到处盛行呢？**与 H 老师的谈话，引起我前往 G 县乡村调查的浓厚兴趣。

三、G 县村民的住民状况

关于 G 县各乡村民的住房状况，H 老师说："G 县历来十分贫困。在新中国成立前，除少数地主盖木结构的老式砖瓦平房甚至楼房外，绝大部分村民住房（包括富农甚至小地主）都是土墙草顶。土墙草顶样式的住房一直维持到 20 世纪 80 年代中期。此后，G 县乡村出现村民盖房高潮，但所建新居依然以土墙草顶为主，只有一小部分村民开始建砖瓦结构的新建材住房了。新盖的草屋虽然在建材方面变化甚少，但建得比从前高大宽敞一些。有些建有围墙，围墙材料或是土坯，或是版筑，与房屋墙是一样的。直到 20 世纪 90 年代初，才陆续向砖瓦结构的平房过渡。与此同时，出现了造价更高、更阔气的二层楼房。**只有极少数经商者或有权势者才有能力盖楼房，且一般建在集镇或公路两侧。**所以，到 G 县来转一圈，沿途能看到不少二层楼房，但村庄内极少，几乎看不到。就是要盖砖瓦平房，必须外出打工挣钱，且是会挣钱的，光靠农副业收入要盖砖瓦房，是有很大困难的。"据 H 老师估计："G 县 33 个乡镇，多数村民居住的至今依然是土墙草屋。各乡、村所占比例或有高低——少者占 50% 左右，多则占 80%。"G 县村民的贫困状况，由居住条件一项大体能够推见。

四、G 县贫困的原因

关于 G 县村民生活贫困的原因，H 老师列出三个。一是 G 县历来贫困，即所谓"家底薄"。二是水旱之灾频繁。尤其是临淮数乡，一下雨就遭灾。1968 年、1991 年的两次大水灾波及全县，冲毁不少民房。这一特定的生存环境，形成这一带村民重视吃、不讲究住的风尚习俗。"与其让洪水冲掉，不如吃到肚里更实惠"，这是易涝地区村民的普遍想法。冲而复建，草屋的成本要低得多。三是农民负担实在太重。信阳九县，农民都喊负担重，但 G 县尤重。据 H 老师称："G 县农民这些年来的人均农负，少则 300 元左右，多达 400 到 500 元。一亩耕地全年所产，除掉成本，大部分入官，并非虚话，而是实情。"G 县村民有能力、有条件的都外出打工。

我请他举其亲属中的一例说明：

"我的老家还有一位叔父，现年 73 岁。生有一女六男。长女嫁给一位会做生意的农民（将农户家的鸡蛋低价收购，转卖到城里，也做其他买卖），数她家有钱。1985 年盖起两间砖瓦房。积蓄 10 年后，即 1995 年，拆掉平房，翻建一栋楼房，下三间、上两间，造价大概二三万元吧。叔父的其余六子，前五个各已成家，最小的仍与父母过活，算起来分成六家。六家至今依然住在土墙草屋内。说起来，除老三单纯务农外，其余各有兼业：大儿子是个木工，二儿子会开车，老四到上海打工，老五、老六在武汉打工。除农业外，都有打工收入，但都没钱盖砖瓦房。去年我回老家过春节，问他们为什么不盖新房，他们说：'**能填饱肚子就不错了，哪来钱盖新房**！' 老人一家四口，这年总共缴掉 1700 余元。一人全年外出打工八个月，除了吃用，能拿回两三千元，算是有本事的了。我叔父一家六子，体力智商在农村都算得上中等水平，生活住房状况尚且如此，一般村民情况也就可以想见了。"

顺便谈及他的家史，他说："我祖父母是安徽人，祖父从曾祖父手里分得 40 亩耕地，家境尚可（祖父所住村庄也是一个河围子）。祖父母生有六子，我父亲是老二，G 县老家的叔父是老三。1944 年到 1945 年间，国民党在霍具抽壮丁，到处抓人。我父亲与叔父其时正值抽壮丁的年龄。为逃避被抽壮丁的厄运，请人帮他弟兄俩各搞瞎一只眼睛（用在煤油灯上烧红的针头刺眼球），谁知独眼也难逃被抽调的厄运。他弟兄俩经一位亲戚的介绍，逃到河南 G 县给一地主家当长工。新中国成立后，经"土改"分得田屋，娶妻生子，在 G 县落户生根。'土改'后，我全家四人分得 16 亩地，还有几亩水塘，一片竹林，生活过得还不错。1958 年"大跃进"，村民的生活开始急剧恶化。"

五、G 县农村宗族势力与村委干部问题

关于农村宗族势力与村委干部问题，H 老师说："县党校所培训的干部，主要是乡党政副科与副科以下干部及各村支书、村主任。我在县党校任教多年，主要与村干部们接触，熟知他们的情况。在我看来，自推行土地家庭承包制后的较长一段时间内，乡党政要在村里找一位较能干的村支书并不太容易，因为很少有人愿干这份几无薪水的苦差事。分田单干后，各家忙于自己的农活儿，做村干部也得自己种地，能得到的误工报酬极少。在 20 世纪 80 年代中晚期，村民中外出打工挣钱者渐多，有能力者更不愿守在村里去做吃力不讨好的村支书、村主任。但这种情况自 1992 年后发生了明显的变化：村里有许多人争着做这份差使。因为他们发现这份差使有不少好处。

"第一，从明的说，年薪提高到 1000 到 2000 元（各村有差异）。第二，村主要干部喝酒、抽烟几乎不用自己掏钱；乡里来人，他们陪着

吃；村里群众办婚丧，请他们吃。我粗略给他们匡算一下，光烟酒两项，全年在三五千元。第三，全村每年的计划生育指标是由乡里派定的，但把生育指标分派给谁，却是村支书的职权，从中可以得到不少好处。或有超生，他可以包庇隐瞒，从中可以接受贿赂。第四，村支书、村主任往往将他们应该承担的农负，部分或全部分摊到其他村民头上去。减少了这笔大支出，不等于得到一大笔收入吗？第五，至于其他好处，更是因人而异，因事而异，说不准了。如宅基地分配，自己可以多一点、位置好一点；自己人超生，可以免除高额罚款，如此等等。这些明的、暗的收入加起来，一年搞个二三万元，那是没有什么大问题的。贪心一点的，或能弄到更多一点。从我与他们的多年接触来看，估计**他们的年收入在 3 万元左右**。

"上述情况自 1992 年以来逐渐普遍化了。正因为他们发现这份吃力不讨好的差事有许多实实在在的好处，故积极主动地争着干。我在党校教书，一头与乡党政干部有接触，关系不错，一头与村干部有交往，故凡想钻营村支书之职的人，常来找我帮忙，疏通上层关系，所以我知道这些情况。正因为钻求此职人很多，故乡党政部门要任职者缴纳一定的**'保职费'。所谓'保职费'，其实就是卖官与买官，三五千元不等**。至于各乡'保职费'的多少及其普遍程度，上缴的'保职费'列入乡财政预算外收入，还是落进个别乡干部的私人腰包，那就说不清楚了。一是'保职费'近一两年才有，二是此类事有很大的隐秘性，我们也不好多问。

"什么样的人才能担任村支书、村主任呢？我对此没有搞过调查，凭印象说，大体上是三种人。一是有宗族势力，尤其是大宗族势力支持的人。单门独户在从前或可凭阶级成分好而当上大队干部，如今是不行了。就是让他们当上村干部，也是干不下去的。二是'朝中有人'的人，如有亲故在乡里，甚至县里做官，靠着他们的撑腰，也可放着胆子做村支书。三是确实是办事公道且能干的人。就 G 全县范围来讲，这样的村干部是有的，但很少。这种人，只求村民群众说他一声好，他的心里就感到踏实，不谋私利。但在目前的社会风气之下，他们能否继续存在下去，这倒成了个大问题。"

一直谈到中午时分，这位县党校教员给我上了一堂内容丰富而生动的课：诸如"水围子""保职费"一类的信息，实前所未闻。他所叙述的村政权状况，似乎可视为中国农村最基层政权近十几年来的一部演化简史，令我忧虑的是它的演化趋向，确切地说，它向传统复归的趋向。

*　*　*

下午2时，给信阳地委党校全体学员与部分教师做题为"学习十四届六中全会《中共中央关于加强社会主义精神文明建设若干重要问题的决议》(以下简称《决议》)"的辅导报告。

整个报告分三大部分，一是当前社会精神生活方面出现的主要问题，二是分析造成社会精神危机的主要原因，三是精神文明建设的总目标。报告重点放在第二、第三部分，要点引录如下。

一、造成社会精神危机的主要原因

关于造成社会精神危机的主要原因，《决议》提到三个方面，一是推进社会主义市场经济本身的负面效应，二是对外开放带来的负面效应，三是传统的政治意识与小生产的习惯势力。

我说，市场经济作为一种社会资源的配置手段，实践证明较计划经济有效得多，但市场经济绝不单纯是一种资源配置的手段与方法。市场经济将一切社会价值货币化，以便计量与交换，由此，金钱逐渐确立起对社会的统治地位，拜金主义因而兴起。市场经济将一切人从他们原来各自所属的群体与地域内拉出来，成为在市场中追逐自身利益的"经济人"。市场经济把机会赋予一切人的同时，也将"不安全"(风险)赋予一切人。市场经济过程的正负效应是同一过程的产物，我们可以通过政策、法令及教育手段弱化它的负面效应，但无法彻底根除它，恰如我们只要铜币的正面而不要它的反面一样，对此，我们必须有一个清醒的认识。

至于对外开放，我们要发展自己的经济，必须对外开放，这是没有异议的。问题是，在引进西方先进的技术、管理及资金的同时，东西方生活水平方面的巨大落差，引发了国内崇洋媚外的心理。这种心理使得西方消费、享乐的感官文化植入中国，使得我们这个仍需数十年艰苦奋斗的民族很快染上了西方的"富裕病"。穷国有"穷病"，富国有"富病"，相比而言治穷病易，治富病难。因为治穷病只需艰苦奋斗，发展经济便是了，但"富病"从快乐主义发展到享乐主义，最后到达纵欲主义，从而使共同信仰荡然无存，精神空虚，只能逃到摇滚乐、卡拉OK、足球赛甚至吸毒中去寻找暂时的遗忘。**更难治的是穷国患上"富裕病"**。想不通过长期的艰苦奋斗，或找到一个什么"突破口"，而一下达到高消费水平，这便是穷人所患的"富病"。如今的西方消费文化，已成为一种世界性的霸权文化，这种霸权文化通过电视广告等方式的传播，不仅改变了人们的生活观念与方式，且能改变另一个民族历史形成的感觉与审美特质，对此，我们也必须有一个清醒的认识。

二、关于传统的政治意识与小生产习惯势力

一种"势力"成为"习惯"，故强大且可怕。《决议》起草者只提出这个问题，并未深入展开论述。中国现行土地家庭承包制下的农民与古代中国的农民有何差异？这是一个尚未得到深入研究的大问题。首先，依然构成中国人口多数的农民，他们的政治意识历来在"为民作主"与"官逼民反"两极之间摆动，如何使他们成为社会主义民主与法制下自己替自己作主的农村公民，这不仅是中国政治现代化，且是中国社会主义精神文明建设的核心问题。对此，我们只有"口号"与"形式"。其次，小农经济自发建立（或说也在传统儒家文化影响下）起来的人情主义网络及其交往习惯，构成中国人最为习惯、最为普遍的社会交往原则。正是这种血缘或准血缘的人情交往原则，使我们市场经济过程中的法制精神难以建立，从而使经济活动的"成本"无比高昂，这种关系进入我们的政治、法律过程，成为"有法不依，执法不严"的文化根源。

三、社会主义精神文明建设总目标

据此，社会主义精神文明建设总目标有以下几个。一是从西方消费文化的霸权主义的奴役中解放出来，确立起我们民族的、可行的生活价值目标，这个既具民族特色又具可行性的共同生活目标，便是邓小平倡导的"小康生活"（然后，我重新阐述"小康"的社会文化含义）。在与"国际接轨"的名义下，盲目地照搬美国人的生活方式，这对一切发展中国家来说，都是一种致命的祸害，对我们这个具有五千年文化传统且十数亿人口的东方大国来说，更是如此。二是把消除传统的小生产习惯势力，提高到一个全新的高度来认识，并与社会主义民主与法制建设结合起来。这是一个需数代人的努力方能完成的历史任务，可谓任重道远。三是宣扬共产党的唯一宗旨：为人民服务。人民是活着的上帝，是不朽的存在。将有限的、速朽的"小我"投入无限的为人民服务中去，从而达到充实、崇高与不朽（举开封县陈留镇党委书记杨剑锋为例）。

此时，全场肃然感奋，掌声雷动，报告戛然而止。

会后，程副校长来我宿舍，请我明天上午到信阳电厂给全厂党员干部做同样的报告，说："在刚才听报告的学员中，有一位信阳电厂的宣传部部长。会后立即给电厂党委书记、厂长挂电话，请你到厂里去做报告。我看他十分激动，便替你答应了下来，望先生万勿推辞！"我欣然允诺。

*   *   *

晚7时，X县某乡书记（党校该期学习班的成员）如约来我宿舍座谈，该书记现年40岁有余，原是农家子弟，大专学历，做过乡、县中学教员，后调县委宣传部工作。1988年任乡长，1992年提升为乡党委书记。他现在管辖的乡处大别山区内。党校马主任在1991年到1992年间曾到X县某乡挂职锻炼，与某共过事，交谊甚厚。知某为人，善于思考，故特推荐他来与我座谈。谈话主题是"乡、村民主与法制建设问题"，但也涉及更为广泛的问题。谈话要点兹录于下。

这位乡党委书记说："这些年来国家制定了许多法律、法规，其中有不少法律、法规关涉到农村与农民，如《村民委员会自治法》《行政诉讼法》等。**这些法律、法规**超前于农村实际情况。社会主义要推行民主与法制，这个方向谁也没有疑义。问题是，推行社会主义民主与法制是一个渐进过程，要循序渐进，一步一步地来，但上头的立法者似乎总想越先进越好，实在操之过急。操之过急，非碰壁不可。1958年，我们想一步跳到共产主义，结果怎么样呢？碰到焦头烂额。这是多少人用生命换来的教训啊。**可就是有人一味地想快，越快似乎越好，越先进似乎越好。至于实际情况呢？能不能快了再快呢？那就很少有人考虑了。他们不知道，这是一辆旧车，开得太快了是要出大问题的。**1958年的教训，似乎早被忘得干干净净了。"

某书记接着说："上面立法的人，一是要考虑到**全国农村的地区性差异**，二是要考虑到**中国农民尤其是广大内地农民的实际素质状况**。如不考虑农民落后的素质状况，一味地超前，所制定的法律只是看上去好看，给外国人看看可以，说我们已如何地先进，给自己看也可以，但只是看看嘛，不管用。法律越超前越成问题。在我看来，落后的农民总体素质与超前的法律之间存在着很大的矛盾。中国农民几千年来总是受奴役、受管制的，如今说给他们民主，但他们根本不知道如何正确地行使自己的民主权利。如搞村民委员会选举，三四十岁以下的这一代人有点文化，越往上文化程度越低，许多人不识字，选谁连个名字都不会写，或者识得几个字但不会写字的，选举时叫人画字。其实，绝大多数村民对选谁并不感兴趣。故在村委选举中，个别钻营者趁机操纵选票。再有，近些年来，在农村搞了一些普法教育，有些人对法律也似略知一二了。但他们对民主的理解，基本上是'我想干啥，就干啥，别人谁也管不了我'。有些农民，只要不触及他家的那一点点看得到、摸得到的眼前利益，对什么选举、什么民主，全然无所谓。总而言之，民主对于广大农民来说，或者根本不会，或者不愿行使民主权利，或者胡乱使用民主权利，不要法律与集中。

"中国长期受封建主义的统治，在新中国成立后，又长期受极

'左'思潮影响，故在中国农民中间，尤其在内地农民中间，相当缺乏民主意识。如今，通过一些普法宣传，有些农民也会说一点什么民主呀、法律呀甚至人权呀，但在**他们心目中的民主，一是只要不触及他及其家庭的利益，谁做官、当家他并不在意；二是一旦触及他的利益，他便上诉上告；三是将民主理解为无政府主义，谁也不能管谁，谁也管不了谁。**

"举一例吧，近来报上不断宣传，说乡村干部作风简单粗暴，催粮派款，搜刮民脂民膏，欺压善良百姓，简直把我们乡、村两级干部描绘成一群贪官污吏、土匪恶霸。向老百姓征粮催款、刮宫流产，难道能和颜悦色，喜气洋洋?! 这类报道从不去分析形成目前农村干群关系严重对立的深层次原因。一方面，农村工作如今集中在'要粮、派款、刮宫流产'这三件大事上。这三件事，哪一件不是冲着农民来的。但这些事情又不是我们乡、村两级干部发明创造出来的，而是上面指派的任务。若完不成任务，达不到指标，轻则亮黄牌警告，重则遭受撤职。另一方面，农民种地，完粮纳税，自古而然，天经地义。但自从分田单干后，情况有了很大变化。当然，多数村民是能够自觉缴纳的，但有一些'钉子户'，就是不肯缴纳。我乡某村有一农民，不但不缴钱粮，还故意气你，他从口袋里掏出钱来，在你眼前扬来扬去，说：'有钱也不给你们这帮贪官污吏。'还有一农户，自 1990 年到 1996 年的六七年间，从不缴纳钱粮，借口是：'如今没有钱，等孩子长大了再缴给你们。'我们曾想用法律来处理这类事情，翻遍了各种相关法律，才找到一条有关'抗税'的规定。于是去问县检察长，检察长说：'他们有无暴力反抗行为？'我说：'还没有发展到这般严重地步。'检察长说：'没有暴力行为，不属于抗税。'我们没有法律依据，又要他们缴钱粮，村干部只有到他们家里去强行征取。对农业税还有一个法律规定，对村提留、乡统筹这一块，村民不缴纳怎么办，**我们查阅了国务院的有关文件，只有规定干部的，说'不准用暴力征收'。但对农户拒缴行为没有做出任何规定。这叫我们乡、村干部怎么办?!** 又如，国务院开征农业特产税，这一税种税源分散又小，涉及面又广，对产值的估价很难做到客观公正；若按户征收，缺乏可靠依据，做起来十分困难。

"再如，集体山林的管理与处罚，真令我们头痛。我县地处大别山区，各村都有山林。我乡有两个相邻的村（暂名甲、乙两村）：甲村山林面积大，有近万亩商品林；乙村山林面积少得多，只有二三千亩。乙村村民常到甲村去盗伐树木，有一次被甲村的护林队抓住。甲村对这类偷盗者的处罚有一套土办法：一是令被抓的偷盗者将偷砍的树木扛到甲村委；二是每盗伐一树，罚款 100 元；三是将偷盗者扣留关押，缴完罚款才放人。在山区这个土办法管用，但违反有关法律，因为只有公安局才有权抓人与关押。这一次，被抓的人恰是乙村支书的侄儿。乙村支书说：'打狗还要看主人呢！'两位村支书闹到我这里来，一个说：'偷盗违法。'一个说：'私自抓人违法。'我也断不了这个案，于是一直闹到县检察院。谁知县检察院决定把甲村支书与护林队长抓起来。我闻讯后，立即赶到县检察院，请检察长考虑山区集体山林管理的实际情况：你如果抓了甲村支书，这两个村非得对打起来不可，那时闹出人命案来，谁来负这个弥天责任。后来以检察院出面，令甲村放人，乙村缴罚款，事情算是平息下去。

"如今在农村，如果完全按法律办事，我们是干不下去的。山林管理十分困难，偷盗之风不止，集体山林完全有可能被砍光伐尽。农民想，我们辛辛苦苦种的树，让别人偷盗了，还不如自己砍伐了。有些乡村确实由于这一原因而将一片好端端的山林砍成荒山秃岭。要制止偷盗，必须抓住偷盗者，总不见得看到有人盗伐，先去报告有权抓人的公安局。拥有较多山林的村委，一般都组织护林队，制定自己的处罚偷窃的土办法，这些土办法看起来是'落后'的，但比较切合实用，而看起来先进的法律，往往迂阔疏漏，不切实用。

"曹教授，我听过你的两次讲课，觉得你是一个敢讲真话、讲实话的大知识分子，我也十分坦率地告诉你吧，**我在乡政府干了 8 年，为推行计划生育，为征粮派款，我抓过人，牵过牛，扒过房子，干过许许多**

多违法乱纪的事。按法律要判我 20 年徒刑，也不算过分。老实说，如果完全按目前法律办事，只有两个结果，一是根本办不成事；二是要认真落实上级任务，必然犯法。"

这位书记进而谈到农民负担，他说："按国务院规定，村提留、乡统筹这一块，不能超过上年全乡人均纯收入的 5%。去年，我乡核定的人均纯收入是 1030 元，人均农负应是 50 元。若某村有 800 人口，该村农负总计应是 4 万元。村提留、乡统筹各占一半，留给村委使用的全年经费只有 2 万元。全村有 6 个村干部，人均年薪 2000 元的话，这就花掉 1.2 万元。村妇女主任搞计划生育，也很辛苦，也得给点钱，全年就算给 1000 元吧。全村有 8 个村民组组长，每人每年给 300 元吧，共计 2400 元。总的算起来，全村干部的年薪就占去 1.54 万元。村委总得办点事吧，照顾若干五保户啦，干部出差，办公费啦，订阅报刊啦，必要的来往招待啦，村小学的修理啦，这余下的四五千元怎么够花？你叫村委怎么过日子？我们又没有什么村办集体企业，乡里也没有，干部吃饭、办事，只得向农民要钱，按国务院规定的标准，吃饭都很难顾上，还能办什么事呢？

"去年我乡的人均负担按乡政府的规定是 180 元，其中包括农业税（人均 10 余元），农业特产税（人均 20 余元），村提留、乡统筹 50 余元，以及盖中学、翻修乡卫生院、修柏油路加派的款项。乡政府把这一指标摊到各村，村委在实施过程中必然会增加一点：一是按规定征收的村提留实在不够用，二是确有一些连农业税都缴不起或不愿缴的农户，他们应缴的粮钱便分摊到其他农户身上，所以，各村的人均负担略有些差异。一般来说，去年全乡的人均实际农负 200 余元。

"我县是个农业贫困县，农业税、农业特产税，尤其是农业特产税占县财政收入的比重很大。县里要增加财政收入，农业税这块是早就定下来的，县里无权更动增加，但农业特产税却十分灵活，所以在这一块上打增收的主意。如前所说，农业特产税一是分散在各农户且量小，二是难统计、难估算，若真的去挨家挨户调查、统计、征收，我们根本没有这个精力。实际上，县上按财政需要定全年的征收任务与指标，然后分摊到各乡，各乡再分摊到各村，各村分摊到各农户。农业特产税转变成按人均摊的一项农民负担。1992 年，我乡的农业特产税总共只有 1 万元，以后逐年增加。今年可好，县里给我乡一下子增加到 52 万元，急得我去找县长求情，我说：'从 1992 年到 1996 年，只有 5 年时间，怎么把我们的农业特产税一下子增加到 52 万元，实在太多了，能否酌情减一点？'县长却说：'你乡原先估计得太低，一直少收，已经便宜你们了。若按实际情况征收，52 万元还没有征够呢！'我稍顶了一句：'全县的工商税恐怕没有征够征足吧！'这下县长来气了，说：'明年的农业特产税，由你们各乡去自报，我管不了。'你看，国务院把村提留、乡统筹这块农民负担管住了，但以其他名义征收的农民负担又加重了，你叫我们乡干部怎么办?! 到底依什么法律办事?!

"我任乡长、乡党委书记至今已有 8 年，感受最深的有两点：一是上面制定的许多法律、法规、政策不太符合甚至很不符合农村基层的实际情况，这样下去，我看是会闹出大问题来的；二是县、乡政权尤其是乡级政权，是农村社会的焦点——上面对着政府各部门机构，下面对着分田单干后的千家万户。这一级政权是整个地方政权的基础、基石，十分重要。然而，就是这级政权最没有权力：名为一级地方政府，几乎没有根据本乡实际情况办事的实权，只是执行上级党政部门下达的各项具体指令指标而已。如果上面党政部门制定的任务、指标、法令、政策不符合下面的实际情况，我们毫无修正更改的权力，只得往下硬性推行。有些事情上，不要说农民不理解，我们自己又何尝理解了呢？只是硬着头皮往下压，由此激起民愤，上访、上告，上面又一味地指责我们作风简单粗暴、无能，等等。乡镇干部，权小、责大、任务繁重，群众骂我们暴君贪官，上面斥我们无能粗暴，实在是猪八戒照镜子，里外不是人。

"我今年的日子实在难过极了！有好几个村的农民到市里、省里去告我，告我摊派集资，农民不堪重负。省、市将告状转到县里，县委书记把我找去训斥一顿：'为什么要摊派集资?! 净给我添乱子!'我当然如实汇报。原来，我乡卫生院还是20世纪50年代末建造的，如今已十分破烂，成了危旧房。前年，我们请省卫生厅的官员来视察，他们说：'给你们拨款8万元，你们自己想办法搞24万元。省里有规定，按1：3出资。'我说：'我们乡实在太穷了，能否多给一点?'经过一番讨价还价，总算达成按1：1出资：省卫生厅拨款15万元，我乡自筹15万元。只要我们钱到位，省里就将钱拨过来。我乡没有乡、村企业，只能向农民摊派，人均5元，全乡27000人，集资13.5万元，乡里再凑足到15万元，将乡卫生院翻造一下。另外，修路、改造旧教学楼原来就是县里的规划。前年，县里搞初中普及教育规划，乡初中三个年级共有27个班，但全部教室最多只能容纳一半学生，学生只能读半天书。县委书记在大会上要我们在两年内完成新楼舍的建设任务。县里只给我们规定任务，钱却要我们自己想办法。我们不问农民要，问谁去要? 所以全乡人均分摊三四十元。从乡到县，要搞一条柏油公路，这项高投入工程也是列入县发展计划的。县里搞发展规划，工程所需的人力物力财力呢，得由我乡来承担，分几年完成，每年人均分摊30余元。乡里修路、盖教室，明明是县里下达的任务，我们能顶住不办吗? 要办工程大事，上面又不给钱，我们又不会印人民币，只得向农民要。去年这三项工程，向农民多要了人均70余元。

"在一年内启动三项工程，确实操之过急。翻修乡卫生院一项，虽然集资了近14万元，但我也为乡里争取到了15万元，改善了村民的医疗条件。另外两项全是县里的规划、指令，我们只不过是执行他们的任务而已，出了问题反来责怪我们。真是做大官易，做小官难呀! 话说回来，乡政府只要是替农民办实事，办好事，向他们多要几个钱，绝大多数农民是会体谅的。农民痛恨的一是光要钱不办事，二是要去许多钱只办少量事，余下的钱被乡干部们私分或挥霍掉了。这两种情况确实存在，但我敢以党性与人格担保，去年全乡人均多收的七八十元，全部用到上述三个项目中去了。一下子多收70多元钱，确头是太多了点，农民有些意见，可以理解，但事情办好了，受益的还是农民，意见自可平息。但确实有几个社会渣滓，趁机聚众闹事，发泄不满。在上访人员中有一刁民，自1991年后从不缴粮纳税，霸占其弟弟的老婆，纵容其子强奸村里好几位女孩。另一刁民，其父前些年被判刑，对乡政府怀着刻骨仇恨。这几个刁民打着为民请命的旗号，纠集一帮人，找到有关农负不超过上年全乡人均纯收入5%的文件规定，说动数十户，集体到省状告乡政府几大罪状，省里责成地委行署处理此事。地委书记说这70余元集资款是非法的，并责令我们写检查。确实，按文件规定，乡政府没有集资权，所以，我们去年集资实属非法。但集资是为了办事，所办之事是县上规定的任务，且要限期完成，到时检查考核。我辛辛苦苦干了八年，竟成了一个犯法违纪者，思前想后，真想找个地方大哭一场。（说到此，他以拳击桌，十分激动。）

"如今的情况是，我们只要做事，便违法乱纪，因为想办点事，就得叫农民出钱出工，就得增加农民负担。我们是个山区贫困县，沿海发达地区说，'无工不富，无商不活'，这个道理我们岂不懂？问题是，内地山区如何发展工商业？要资金没有资金，要技术没有技术，要人才没有人才，有的只是一大群低素质的农民：他们种田，可以；外出打工，可以；但要办企业，没有这个本事。要提高农民的文化素质，就得办教育。要办教育，得改善教学条件，提高教员的工资待遇。这需要钱，很多钱。上面不给这笔钱，我们只得向农民伸手要。开发山区，要改善交通条件，在山区修建乡村公路，同样里数的公路，代价比平原地区高昂得多。上头谁给我们这笔钱？所以也只得向农民伸手要。山区农民本来很穷，多要了就不胜负担，这个道理谁都清楚，但正因为山区贫困，所以更要发展经济，要发展经济就得改善教育条件与交通通信状况，这又不得不向农民多要一点。国务院定下的5%农负率，连乡村教员与干部的人头费都维持不住，我们还能办什么事？我县县委书记在一次大会上教训我们说：'宁愿不要办事，也不要给我再惹麻烦了！'真是一讲社会稳定，便不讲发展了。稳定与发展关系，一下子摆过来，一下子又摆过去，真叫我们这些基层干部无所适从了。

"总之，上面立法，本意是以法治国，用意当然是不错的，问题在于所制定的法律及政策与农村实际情况有很大差距，这给我们的农村基层工作带来很大困难。法律不能帮助我们完成上面交付的各项任务，但又以我们完成任务的情况进行考核评比。农民没有自觉守法的习惯，更没有民主的习惯，结果法律没有把农民管住，却把我们这些乡镇干部管住了。我们动辄违法，**长此以往，中国农村最基层的一级政府总有一天会被压垮的，这可不是危言耸听啊！我再讲一句，如果乡、村两级台柱子被压垮的话，那么整个'上层建筑'也将失去支柱而垮掉**。如今有一种舆论：一是认为上头的大官都是好的，是替老百姓说话的；二是下面的百姓是最温驯、最听话的；三是认为乡、村两级干部绝大部分是贪官污吏、土豪劣绅，整天搜刮民脂民膏，鱼肉百姓。这种舆论若只发生在百姓中间尚可理解，因为'催粮派款，超生罚款'的执行者，确实是乡、村两级干部。但上层也有这个舆论，实令人匪夷所思。因为乡、村两级干部所执行的任务，全部是来自上面的啊！乡村干部中确有贪官污吏，难道县以上官场内就没有？要知道，绝大多数乡、村干部在忠心耿耿地执行上面下达的任务啊！若要检查的话，一是要检查各项指标、任务是否符合乡村的实际情况，二是检查大而无当的法律是否能帮助乡、村干部落实任务。怎么能一味地指责乡村干部呢？为什么既要我们干又对我们如此不信任呢？这真叫我百思不得其解，不仅我百思不得其解，凡我所接触过的乡、村干部，只要稍有一点思考能力的，同样想不通这一问题。有一乡干部甚至发出这样的牢骚：'反正上上下下都认为我们是些贪官污吏，我们洁身自好还有什么意思呢？'**乡、村干部也是人，既不见得比普通人更好一点，也不见得更坏一点。上下对他们的工作给予鼓励与肯定，他们有可能变得更好一点；如上下左右都过分地指责他们，不信任他们，也完全有可能变得更坏一点。这种充满了猜忌与不信任的社会舆论，本身就有逼良为娼的作用啊！**"

今晚的座谈会一直持续到深夜12时，主要听这位来自大别山区的乡干部的诉说，他谈得十分坦率、动情。我听得十分认真，记录得也较详细。其中的见解及流露出来的情绪与困惑，我以为，既是**这位**乡镇书记的，同时又是**绝大部分乡、村干部**所共有的。见解的对与不对，别有他论，我所关心的是情绪的真与不真。我相信从这位乡干部的谈话中所表达的情绪及受此情绪影响的见解，真实地传达出这一阶层官吏的普遍情绪与见解。

▶ 11 月 8 日　县长谈吏治

上午 11 时，应约前往信阳市郊的信阳发电厂，由马主任陪同。报告题目与提纲一如昨日，所引实例稍作变动，以切合国有企业实际情况。听众是全厂二三百名党员干部。整个报告历时两个半小时，反应很热烈。中午，厂党委书记、党办主任设便宴款待我们。饭后，派车把我们送到 E 县。E 县的县长是马主任的同校同班好友。此次到 E 县专程往访县长，就县、乡政权中的有关问题交换各自的看法。

从信阳电厂到 E 县城约 150 公里，驱车赶到 E 县城，已是下午 4 时有余。临淮而建的 E 县城，既得淮河之利，更受淮河之害。历年的筑堤防洪，迫使河床逐年抬高。如今，整个县城已处于淮河之下，淮河成了名副其实的"地上悬河"。时值连日的秋雨，暴涨的河水高出两岸大地数米。E 县境内的积水无法排泄，致使沿淮数乡 20 余万亩的麦苗被淹，全县正处于紧急的排涝保苗的奋战之中。此时来找县长访谈，实在是不合时宜。

果然，县长正忙得焦头烂额。会议开到 6 时结束，县长才抽空接见我们。在他的办公室里刚坐定，即有两名乡长进来请示"两乡十余万亩小麦受淹，请县里立即组织排涝"云云。县长下令通知县有关部门头头晚 8 点来县会议室商议排涝事宜。此事刚处理完，又有乡长前来请求调拨数台抽水泵。县长说："实在太忙了，请县办公室主任先给你们安排食宿，我抽空来看你们。"于是随办公室主任到县招待所（已改建成宾馆）放置行李，然后到宾馆内的"雅间"吃饭。

晚 7 时许，县长方匆匆赶来，略带酒意，说是刚才在另一席已喝了几盅，是县委组织部设宴招待省委组织部来的官员，年末的干部考核是每年的例行公事。待县长坐定，马主任即对县长说："我给你带来了一颗头脑。曹教授此番来信阳，一方面考察农民、农业、农村与地方政权的建设问题，另一方面专门来找像你这样由学而官的县太爷谈谈心里话。你们在地方从政，熟悉现行地方政体的实际运行及利弊得失，作为知识分子，又多一份分析与思考。这次我陪曹教授来 E 县，就是专程来找你谈谈的。"县长说："曹先生远道而来，理应好好谈谈。在县做官，整日忙于各种具体事务，缠于各种应酬，连读书、思考的时间都被剥夺了。有许多问题与困惑，确实想找人聊聊。然时下实在太忙，又值涝灾，排水保苗关涉到明年的夏粮收成，县长之责，莫重于此。这次只能略备薄酒，聊表求教心意，下次有空，你我三人，谈他个三天三夜。"接着频频劝酒，以尽地主之谊。

我是没有时间等"下次"了。故趁此席间与县长略谈几个问题。

我说："明末的顾炎武对地方政治有不少精辟的议论。在其《日知录》中说，宋、明县官，位卑权轻；中央、州郡之官，位高权重。由此造成的弊病，在上者权大而责小，往往瞎指挥；在下者权轻而责大，或唯上是从，或不安其位，急欲上爬。县官向有'亲民之名而无其实，且地方官都取回避制、任期制，犹如传邮，难安其位，任其责，亲其民。顾炎武建议，一是减少管官之官，用现代行政术语来说，是减少中央到县的管理层次，二是赋予县官以亲政莅民处事之权，以负其责，是谓尊亲民之官。阁下对此，有何评说?"

县长说："宋、明状况，至今亦然。如今，从中央到省市的不少中高级官员，对县、乡两级之官既轻视又不信任，认为县、乡之官，一是能力低，二是贪黩成风。弄得县、乡之官受上下责备，两头受气，无处诉说，很有怨气。这对地方政权的建设十分有害。这里牵涉到县、乡级官员的总体评价问题。全国情况我不敢说，就信阳一市九县而言，我略有一个印象。对 E 县而言，我是比较熟悉的。就以我所接触所熟悉的范围而论，说实在的，是'两头小，中间大'。一头是勤政为民，下以黎民百姓之生计为忧，上以民族国家前途为虑的清官，在现今的市、县、乡官场中实不多见，说凤毛麟角也行。一头是结党营私，以搜刮受贿为能事，以邀功、向上爬为目的的贪官也毕竟是极少的。古人说'多行不义必自毙'，劣政行于一时或可，但怎能行之长久？大量的地方官员处于中间状态，但在现行政治体制与用人体制之下，这中间状态的官员，其变化趋势实有令人忧虑之处。如今绝大多数地方官员，考虑最多的是两件事：一是保位，二是升官。依中国政制及用人制度，下级的乌纱帽全部掌握在上级少数官员手中。故下属官员为保乌纱帽，为求升迁，只得围着上面的指挥棒转，看上面的脸色，甚至揣摩上面的喜好行事。对上面下达的各项指令、指标、任务很少问或不问，甚至不敢问可行或不可行、切合实际或不切合实际，而是照单推行。在执行过程中，还得留出一个'提前量'，因此往往加码向下压，省压市、市压县、县压乡、乡压村、村压农户。省里定的指标是 100，到了农户头上往往是 150，甚至是 200。如省里核定电价，每度 0.5 元上下，到了农户那里往往 1 元左右，甚至更多。农民不堪重负，上访、上告，倒霉的还是县、乡之官。权力集中于上，且主要集中于一人，这种政体若要有效运作，必须有两个条件。一是处于上位的这一个人必须德才兼备：德，足以勤政廉洁；才，足以洞悉下情且知人善任。二是权大责也重，责权相称。但这样的人自古就少。如今推行市场经济，人人竞逐财富，贪图享乐，那就更加稀少了。如果德不足以自律，才又平庸，大权独揽，责任推给下属，那非出问题不可。

在谈到回避制时，县长说，官员回避制，有利也有弊：其利是不受地方关系网的影响；其弊是县、乡主要官员流转太快，刚一熟悉情况，就被调到他县、他乡。地方官的许多短期行为由此而产生。

话题又转回地方吏治与政体方面来。他说："在我看来，县、乡官吏中的问题，主要还是政治体制问题。个别官吏的腐败行为还比较容易解决，但一涉及地方政治体制改革，便困难重重了。经济改革，搞活发展经济，官、民都能从中受益。民得其利，官得其税，财政丰裕，什么事情都好办了。所以，搞经济，人人乐于从事。但搞政治改革，仅精简机构这一条，就得摔掉许多官员的铁饭碗。如把对上负责的政治体制改为对下负责的政治体制，那肯定会遭到来自官场内部的强烈抵制。**中国**

历来是官管民，大官管小官，皇帝统管天下的。若推行民主政治，就得全部倒转过来，说说可以，做起来就难了。从前我上大学时，也以为民主化是中国政治改革的方向，如今自己做了官，才深感中国的政治传统牢不可破。关于切实可行的政治体制改革，我实在想不出一个所以然来。

"另外，现行的财政体制也有问题。'分灶吃饭'，对沿海经济发达地区有利，对内地不利，对内地缺乏第二、第三产业的农业县、乡尤其不利。沿海发达地区，地方财政全部来源于第二、第三产业，并有余力补助农业。我们内地呢，根本做不到！就拿信阳九县来说，县、乡财政主要依赖农业。农业经济一是脆弱，至今还是靠天吃饭。我们这里下了四五天雨，还不是大雨、暴雨，全县就有三分之一小麦受淹。要投入大量人力物力排涝保苗，能保住明年的夏收已属不易了。二是比较效益低。农业歉收，刚脱贫至温饱的农户即重返贫困。老天爷帮助，农业丰收了，谷贱又伤农。今年的小麦、稻谷的市价，比去年降了二十几个百分点，差不多把农业的纯利这一块都降掉了。三是户均耕地面积太小，产出极其有限。地方财政与农民争饭吃，而不是像沿海那样，补贴农民一点。农民说农民负担重，地方政府说穷得发不出工资，上上下下日子都难过。我们信阳地区，一乡的财政百分之五六十全花在教育上；一县财政收入，百分之三四十花在教育上。这九年制义务教育的重担，压得我们喘不过气来。各县、乡往往发了教师的工资，发不出县、乡官员的工资。我们还能干些什么事？该由乡、县财政养活养好的官吏，如今养不好，要他们集中力量办公事便困难了，因为他们中有不少人去办私事去了。地方吏治的恶化，实与这一因素有密切关系。"

最后，县长说："上次马主任对我讲起'马太效应'，叫作'你有的，还要给你；你没有的，还要剥夺你'。如今沿海与内地，富裕地方与贫困地区的情况，正是这样。E是个贫困县，老天还给我们降灾。沿海富裕，资金向那里流动，政策向那里倾斜。但中国是中国，老子讲'损有余而补不足'，孔子讲'不患贫而患不均'，邓小平也讲'共同富裕'。我们内地贫困县希望中央做两件事，一是中小学教育这一块，由中央财政负责；二是加大对农业基础设施建设的投入。只有这样，我们才能一步一步地爬出贫困。"

时近 8 点，县长起身告辞。他还得再到隔壁一席应酬一下，然后赶去开会，布置明天的排涝任务。临行再三请我多住几天，待他忙完这阵子，找时间深谈。然而，我对县长的挽留只能心领意会。此次与县长的会谈是初次，或也是最末一次，所谈虽然简略，但确实起到补充与加深我对内地县、乡政权实际状况的认识。这位由学而官、处官仍思学的 E 县令，确如马主任所赞誉的那样，是信阳九县中为人正直、善于思考的县令。

▶ 11 月 9 日　访董家草棚老妇

　　E 县遭逢水患，县、乡干部与村民全部投入排涝保苗（冬小麦）的奋战。如此时找人访谈，是为干政扰民，于心何安？若在此等待，我也赔不起这个时间。上午 8 时，决计前往 G 县。据马主任说，G 县不仅是河南第一人口大县，且是全国第一人口大县。全县现有人口 140 余万。我对 G 县感兴趣，有两个原因：一是据说信阳九县，农民负担以 G 县为最重，到底怎么一个重法？在高农负重压下的村民生活与心态到底如何？当然这个问题只能"暗访"而难以"明察"。一是在 G 县境内还保留不少建于新中国成立前的土围子或水围子，那是当年为防匪患而挖建的。**这些土围子或能给我提供一些有关中国农村基层社会结构的重要信息。**这个问题只需"明察"，无须"暗访"。

　　G 县城距 E 县东南五六十公里，若从 E 大桥过淮河只需三刻钟的车程。然而，只过了一夜，滔滔的淮河又上涨了一二米，竟将大桥南端的数百米引桥全部淹没在混浊的河水下，交通为之阻塞，故而只得从息县过淮。向西绕了一大圈，到达 G 县已是中午时分。车上，我与马主任商定，此次到 G 县，不必烦扰县党政官员而直接到县党校。县党校教员既熟悉全县的乡、村干部，又熟悉村民。已经贮存在他们头脑中的有关信息，就是最好的调查资料。由他们陪同我下乡村，也可省却不少麻烦。

　　G 县党校坐落在一个小院落内。两排破旧的平房，共十余间：两间办公室，四五间教室，一间会议室，余下六七间全做教员住房之用。四五位正副校长，七八位教员。如今的县党校，若单靠县财政的固定拨款，只能处于"吃不饱、饿不死"的状况。故要提高教员福利待遇与办学条件，得想办法、搞创收。与地委党校联合举办各种大专、中专班，是地、县党校的创收主渠道。学员来自县、乡村的干部。干部的"知识化"，使得"文凭""学历"在官场的"保位"与"升迁"过程中日显重要。党校通过办班与授文凭而从学员中获得各部门的"官费",从而使得"办学经费不足"的矛盾多少得以缓解。今日,恰值党校某大专班结业,几名在县工商税务局任职的学员在紧挨着县党校的一家餐馆设席款待校长与教员。他们见马主任陪人来访,便一起邀请入席,并推为上座。看得出来,马主任很受他们的尊重。这给我的"入场"带来诸多便利。

下午3时,由县党校副校长陪同我们参观土围子。副校长说:"G县各乡土围子、水围子甚多,但完整保存至今的却不多见。新中国成立快50年了,许多水围子的河沟被填,或做宅基地或辟为农田,留下几段作为鱼塘,非复旧观。G县地处河南、安徽两省交界,历史上地方治安甚差。新中国成立前数十年,这一带土匪横行。所谓土匪,大多是本县或邻县的饥民。每临水旱、虫灾,便盗贼蜂起。凡有地有钱粮之富裕人家,便挖河沟,筑土墙,结寨自保,因为地处平原,无山河之险可资凭借。"副校长建议我们到邻近的泉河乡的董家草棚去看看。在他的印象中,这是一处保存十分完好的水围子。

先驱车到泉河乡找乡长(该乡长与校长有师生关系),再由乡长陪同我们到大坝桥村。道路状况可谓"每况愈下",从县城到乡政府所在地的路面前些年就硬化了。即便最贫困的乡镇,近些年来也都购置了一二辆或二三辆桑塔纳轿车,就是这几辆"现代化"交通工具,也得使乡、县道路"现代化"起来。马主任说:"信阳九县,各乡镇一级主要官员全部以车代步了,各乡、县之间的道路基本上硬化了。"从泉河乡到大坝桥村的道路也已按"公路"标准做了规划,但却无钱硬化。连日的阴雨,使这条泥路被各种车辆(主要是拖拉机)碾得坑坑洼洼,泥泞难行。车未开进大坝桥村而是停在这条虽"规划"但未硬化的土路的途中,因为董家草棚就在路东侧数百米处。乡长从沿路而建的农户家借得两双雨鞋,并请该家主人(一位年近60岁的老妇及其儿子)陪同我们入村。乡长与校长则在屋里等我们,因为只有两双雨鞋。

董家草棚呈"回"字形,中间的长方形"小岛"占地约二三亩。

四周环河，也呈长方形，河宽六七米。正南有一路与水寨相通。寨内有五栋房屋，西侧三排是土坯草屋，东侧一幢是三间砖瓦平房，一栋也是土坯草屋。董家草棚的女主人——现年 61 岁的董氏后裔就住在三间砖瓦屋内。当马主任向她说明来意后，这位老妇人很是乐意陪同我们参观她的旧居，并一一回答我们的提问。

据老妇人说，董家草棚是在她祖父手上建造的，时间大概在民国二三十年。那时兵荒马乱，土匪很多，这一带的大户人家或陆续迁到城里去，或在乡下筑墙、挖河，以求自保。她指着寨边依稀可辨的残垣说，这就是原来的土围墙，有一人多高。并说，在寨子的四角原来还建有土炮楼，请长工持枪防守。这四栋草棚是新中国成立前留下的，如今早已破损，只能堆放一点杂物，不能住了。她现在住的三间砖瓦房，是 20 世纪 70 年代重新翻建的。我问，你们祖上是大户人家，为什么不盖砖瓦楼房，而盖草房呢？她说，对祖上的经济情况她也不甚清楚，到她父亲这一代，差不多都通过读书考到城市去，并留在城市工作了。又说，这一带的围子，大多与董家草棚相似，建造砖瓦房的很少，楼房就更少了。除非是拥有几千亩土地的大地主。老妇人陪我们沿寨四周转了一圈，我发现寨子后面有一长排低矮的房子，那是牛、猪与鸡鸭厩，如今还养着一头猪，若干只鸡。前面有二三分地的菜园，栽种着若干种蔬菜，四周的河中还有鱼。可以想见，这样的土围子（或水围子）在从前是一个经济上充分自给的单位。

我原来以为，这一带的土围子大多以"**村落**"为单位。但据老妇人说，以整个村庄为单位的围子很是少见，绝大部分的土围子如董家草棚，是以"**家族**"为单位的。这一现象说明什么问题呢？前些日子，我在舞阳县采访时，发现不少的土围子是以"村庄"为单位的，但这种村庄大多是单姓村，或说是同一宗族居住的村庄。看来，中国的乡村社会恰如"五四"学人所指出的，是个典型的家族社会。村落及由村落构成的乡村社会很难说是德国社会学家滕尼斯意义上的"共同体"。如果村落村民具有共同体意识的话，那么面对共同的盗贼土匪的滋扰，一定会采取联合的共同行动，土围子或水围子的范围一定会扩张到全村庄。中国村民共同体意识仅限于家族成员之内，充其量扩及同村宗族。即使面临共同的防御任务，超宗族、超村落的自发联合也是罕见的。**这一现象，对于中国广大乡村的"社会关系"现代化，对于"村民自治"的实践，对于乡村社会的"民主与法治"建设，究竟意味着什么，值得我们花大力气去深入研究。**

* * *

参观董家草棚后，老妇人请我们到她屋里去喝杯茶。我顺便观看了她所居住的三间平房：中间是客厅兼灶间，西厢是卧室，其中一张大床是祖上唯一的遗物，东厢竟是佛经堂。佛经堂墙上贴着一张观世音菩萨像，桌上有两只香炉，一只木鱼，一串佛珠。我问这位年过六旬的老妇："你是吃斋念佛的?"她说："是的。"我又问："你会念哪些佛经呢?"她说："会念《心经》《阿弥陀经》《金刚经》《往生经》。"接着从抽屉里取出一本早已翻旧了的经书。我接过经书，翻到《心经》，问："你懂经文?"老妇人答道："字识一些，只会念，但不懂里面的意思。""先生，你懂佛经?"她问。当她听我说"略知一些"时，苍老的脸上突然显露出惊喜的笑容，立即请我坐下，给她讲解《心经》。

此时传来了汽车喇叭声，催促我早点返回。我看了看手表，已是下午5时3刻，阴雨之后，天色暗得很快。回程之路高低泥泞。我对老妇人说："真对不起，他们催我回去了。"但她恳求我："就讲一段经文，或者讲几句也是好的。"望着这位长年孤居草棚的老妇恳请的目光，我只得给她逐句讲解。《心经》言简意赅，一上来就讲心色关系，实非老妇所能理解。我突然看到室外盛开着的月季，于是步出房屋，先以花为喻，讲心、色之理，又以董家草棚为喻，由心色转入人生"解脱"。只见老妇神情庄严，认真谛听，若有所悟的样子。20分钟后，喇叭声又起，只得匆匆告辞。临行握手相问："先生何时能再来?"我走出董家草棚，回首看望，只见老妇依然站在门口，挥手目送，依依惜别。此时，我内心突然涌起一阵冲动，想重返草棚，把《心经》讲解完毕，然而马主任劝阻了我。

回到路边的农户家，还了雨鞋。方知这家农户的弟兄俩是草棚老妇之妹的两个儿子。四间砖头水泥结构的平顶房，兄弟结婚分家后各占两间。顺便问及他们的经济收入情况。弟弟说，他一家三口，只有两人承包地（孩子只有一岁，未分承包地），人均一亩耕地，靠这点地只能吃饱肚子。要用钱，得外出打工。这一带青年外出打工，始于 20 世纪 80 年代末 90 年代初。他最先随人到北京打工，一年有余，不曾赚到钱，但见了世面，开了眼界。后南下广州做了二三年，积赚两万余元，回家后购置一辆小面包车搞客运，也赚了一些钱。如今车子多了，竞争十分激烈，搞乡村客运已不再赚钱了。原想再盖一栋房子，把这两间留给他的哥嫂。他指着路对面的那幢只盖了一半的房屋说，还缺一半钱，盖不上去了。在他屋内有一台彩电，一部程控电话。他说，搞客运需要有一部电话机。今年他赋闲在家，暂时没有找到新的工作机会。这位现年 25 岁的初中毕业生说，单靠土地是没有出路的，守在村里也是没有出路的。

在回程路上，我留意观察路边的村落，发现有六七个类似董家草棚那样的水围子，只不过没有董家草棚保存得那样完好：有些河段已被填平，内外农舍已连在一起。我还注意到，在这一带的村落农舍中，老式的土坯房还占有一个很大比例。陪同我们的乡长说，20 世纪 70 年代以前，全乡差不多是清一色的土坯泥墙，条件好一点的盖瓦，差一些的盖稻草。到 20 世纪 70 年代中期后，陆续出现砖瓦平房。直到 90 年代才有少数经商致富者盖起二层楼房，且大多建到公路边。

回到乡政府，已是晚 7 点，乡长执意要留我们吃饭。副校长征求我的意见，我说："随便，但要十分简单，吃碗面条就行了。"谁知坐定不久，乡政府食堂的厨师接连炒了五六盘菜，拎上两瓶白酒。席间，又谈及董家草棚的事。乡长说，现住在董家草棚的董氏老姐妹，其祖上是个地主，当时拥有多少土地，他并不太清楚。董家草棚是她们祖父建造的，此类水围子内的住房大多是草棚。她的祖父生有两个男孩，大的便是她们的父亲。新中国成立前，其父亲通过读书、考试留在南京工作，并结了婚，生有二男二女。1946 年，其父亲回家，据说是回家处理分家析产之事，又有一说是回家取钱。在返回南京途中，翻船淹死了，年仅 36 岁。其母亲在南京无力养活四个孩子，只得将两个女儿送回老家。后来南京失守，她的母亲带着两个儿子跑到台湾，她两姐妹只得滞留老家，由她家的老长工照料她们的生活。后来，董家长女嫁给了长工的儿子，一直住在董家草棚。前些年，她们的两个哥哥从台湾来看望她俩。据说，给了她们不少的钱。"我曾接待过两兄弟。两兄弟都是留美博士，台湾某大学的教授，如今已退休。同是兄弟姐妹，命运的安排竟如此不同。"

当晚，我与马主任下榻于 G 县委招待所。新建的招待所有四层楼，内外装潢如同三星级宾馆，客房价格高者 310 元，低者 80 元。我与马主任开了一间中价房（150 元一晚）。马主任说，在各贫困县中，县委招待所在全县是最现代化的宾馆。的确，这多少反映了内地贫困乡、县干部对现代化的部分理解及在这种理解下的追求。

▶ 11月10日　是权钱交易还是礼尚往来?

上午在旅舍浏览明嘉靖版的《G县志》，下午与G县党校全体教员座谈。这是今日的全部安排。

把社会调查所获得的"社会事实"尽可能地放置到历史长时段内加以比较，从而加深对"现实"与"历史"的双重理解，这是我长期养成的研究偏好。这次河南之行，我重点考察的是黄淮平原的乡村社会与地方政权，着重调查的是村民的衣、食、住、行及其行为方式。恰恰是这些"社会事实"，历代正史作者是不关心、不记录的。在县志中是否能为我提供一些资料呢？昨晚，听说张校长家藏一部明嘉靖的《G县志》，即向他借阅。清晨7时，张准时给我送来。

该志只有三卷，十分简练。浏览一过，方知修志者之用意，在于借志发挥。其内虽无400余年前G县乡村社会生活的记述，但对明末县政吏治状况，往往有很精辟的见解。从明嘉靖至今，已有400余年。中国乡村的社会经济政治制度，从理论上说已发生"根本性"的变革。然县政及吏治中的各种弊病，却有很大的"历史继承性"。兹录几段修志者的议论。

> 秦置守臣，不世禄。**下视其邑为传舍而不知惧，上视其君为逆旅而不知畏**，此末世享年之促也。噫，不封建，不井田，不肉刑，而欲三代之治，难矣。

如何使"民心之好恶"的**表达方式制度化**，并由制度化的表达结果决定守令的去留？在汉唐，有所谓"采风"制度：民之好恶发为民歌民谣。朝廷派遣的"采风吏"收集民歌民谣以观地方吏治之优劣。在明清时代，允许民众"上访、上告"（当然有许多条件限制）。但这两种制度并没有得到切实的执行。根据儒家的政治理念，皇权服从天意，而天意与民心是相一致的。然而，中国古代的政治思想家从来没有再往前推进一步，将民心表达方式制度化，并由此决定地方守令的任免。**从民本主义到民主主义确实有一条难以跨越的鸿沟**。时至 20 世纪 90 年代，我们在理论上早已跨越了这条鸿沟，但在实践上依然举步维艰，即使在中国最基层的行政单位——行政村，虽然在制度安排上已是"村民自治"，然村党政一把手的任免，在绝大多数情况下依然出于上面，广大民众只能通过"民谣"与"上访"表达他们的"好恶"。

> 今也，伪增粉刷，末事繁文。凌下罔上，靡修实政。……醉饱骄盈，殃民败绩。

这是《G县志》作者对他所处时代地方吏治状况的沉痛指斥。若将上述指摘移至今日地方吏治，仍能切中时弊。古代封建专制政体内的吏治积弊，何以在今日重复出现？中国的地方吏治，在名称、制度及组织形式方面确实发生了重大的变化，却为何所表现出来的弊病，古今很少有差别？当然，我所指的是吏病的性质而非程度。在程度上，或没有古代那么严重和普遍，但其发展趋势实堪忧虑。

面对腐败的地方吏治状况，县志作者唯有感叹而已。事实上，明代对地方官吏的管制是很严格的，这在明初尤其如此。严刑酷法，御史监察，甚至特务监察手段都用上了，然而日趋无效。到明末，特务监察本身成为腐败之源。我们在各级党委内设纪检委，在各级政府内设监察局与反贪局，然而无法遏制日益蔓延的吏治腐败现象。"伪增粉刷，末事繁文，凌下罔上，靡修实政。……醉饱骄盈，殃民败绩"，都不同程度地存在于各级地方吏治中。要解决中国吏治的千年积弊，看来必须进行政治改革与政制的创新。为了使民主与法制在缺乏这一传统的中国有效运作，看来还得进行一次新文化启蒙运动。

> 三代而下，荐举行于汉，科目盛于唐。国初，稽古并建，豪杰聿兴；布衣岩穴，咸递观光。今也，下趋于制举，上略于旁求，竞奔之风

作，而恬静之俗微。呜呼，欲士之有耻，贤之无遗，难矣哉。

从理论上说，中国自秦汉后所有政府官职都是对全社会开放的。集权力、名声与财富于一体的官职，势必成为全社会内一切有抱负、有野心者的竞逐对象。战国之游说，汉之荐举，唐宋后之科目，所改变的并不是"竞逐"，而是"竞逐的方法与程序"。总的趋势是使竞逐公开化与公正化。受人痛斥的八股取士，其实也是顺着这条路子演化而来的结果。古代科举取士的一个突出优点是官职竞逐的公开化与机会均等化，其弊在于考试内容大多不切实用，而非"竞奔之风作，而恬静之俗微"。因为要士人恬静于名利与权力是做不到的。古代人做不到，现代人更加做不到了。

将政务官与事务官区分开来并非现代政治的发明。现代政治的创新在于：1. 用民主选举制选择政务官；2. 用科举考试制选拔事务官。恰恰在这个问题上，中国现行的政治观念与政治实践充满了诸多似是而非的东西。关于明代吏胥及官、吏关系，志作者说：

> 任重则权移，听信则谗入，猥陋则威衰，行弛则赂通。政刻则谤生，驭苛则怨作。苟如是，民受其害，官被其欺，一益而百损矣。

细究起来，封建专制政体主权可划分为三个层次：一是高高在上的皇权，二是各级行政官僚权，三是各级行政机构内的吏权。从理论上说，吏胥并无政治权，他们只受役于官，不过是"主籍约民，修辞致理，明罚敕法，持笔而待，抱卷而趋"而已。但由于地方各级官员皆采取回避制与任期制，故必须依赖熟悉业务的吏员来治理民众。郡县官常被称为父母官，其实直接处理地方政务的是位卑俸薄的吏胥。明清的多数政论家一致认为，政治腐败主要发生在**吏胥阶层**。的确，在封建专制政体内，政治权力的下移——由皇权而官权而吏权——既是政治腐败的原因，也是政治腐败的结果。历代政论家要求强化皇权以防止各级官员滥用职权，强化官权以防止吏胥滥用职权，为的是防止百姓直接遭受官吏们的凌辱与剥削。20 世纪 80 年代末出现的所谓"新权威主义"思潮，虽然表达的术语来源于西方，但其实质是历代皇权主义的延续。

中国自严复译出《天演论》之后，历史进化观便逐渐取代历史退化观或历史循环论。从此中国知识分子开始背对历史而面向未来，确切地说，面向西方。**我们开始被迫地或自觉地输入西方的观念与制度，但在中国缺乏输入观念的指称物与制度赖以运作的现实基础，于是迫使我们去创造这些指标物与基础。经历百余年的努力，我们曾以为"基础"已得到革命性的改造，然而，我们确确实实在历史中读到现实，并在现实中看到传统。中国凝重的传统是一种现实的力量。当我们匆忙地用新观念与新制度来改造现实时，活着的传统也在顽强地改造着引入的观念与制度。我想，每一个关注并欲理解中国现实生活的人们必须注意这一重要现象。**

＊　＊　＊

下午，与 G 县党校部分教员座谈，谈话要点兹录于下。

一、当地群众对地方党政干部的分类及分类标准

当地群众把地方党政干部分为三类：第一类，**给了钱就给办事的干部**；第二类，**收了钱也不给办事的干部**；第三类，**给钱不收，也不给事的干部**。教员们说，群众欢迎的是第一类干部，痛恨的是第二类干部，对第三类干部也不喜欢。我说，将给不给钱与办不办事作为干部分类标准，应该有第四类干部，即"不收钱也办事的干部"。某教员说：**如今是什么年月，哪里有这样好的干部。**

我想，权钱交易从现代政治学的角度来看，是典型的政治腐败，但从文化人类学的角度来看，却是中国村落文化中依然盛行的"人情关系"与"礼尚往来"在政治上的自然表现。村民们当然清楚，地方官吏的俸禄来源于村民的贡赋。但**贡赋**意识与现代意义上的**纳税**意识是两回事情。前者只是一种义务，后者除义务外，还有相应的权利。当地群众在给干部分类中恰恰"遗漏"了第四类干部，本身说明当地群众普遍缺乏现代纳税意识。一般来说，中国人将个人或家庭所遇到而又无力自己解决的问题或困难，都认为是**自家的私事，并通过私人社会关系网络来加以解决**。伴随着找熟人、托朋友、拉关系、打关节活动过程的便是**请客送礼**，习以为常。**在这种行为方式盛行的地方，要求地方官吏依法办事、公正廉洁是极其困难的。**

二、信仰危机与党政腐败

某教员说："在县、乡干部中，如今有不少人不信马列信佛教。他们到处烧香拜佛，求签问卦，求官运，问财运。去年，我曾参加过一个庙会，发现小车有数百辆之多，我估计绝大多数是本县与邻县的地方官员的。据传，那里的菩萨很灵验。如果地方官员相信的是佛法，关心的是自己的官运与财运，那么，地方政治状况能好到哪里去呢?"某副校长接着说："党政腐败越演越烈，究其深层次根源，在我看来与信仰丧失有关。让一部分人先富裕起来，有权者总会捷足先登，要有权者帮助群众致富而自己甘守清贫，对绝大多数官员来说是做不到的。他们竞逐官职的一个重要动机是为了谋求特权与私利。普遍的腐败现象成为怀疑的理由，这种怀疑情绪反过来推动腐败的进一步加剧。在这种情势下，要清除腐败现象，实在太困难了。"

＊　　＊　　＊

副校长曾在乡长、乡党委书记任上干过多年，对乡政情况十分熟悉。与教员座谈结束之后，单独采访副校长。

他说："1988 年至 1992 年间，我在 G 县某乡先后担任乡长、乡党委书记。该乡位处史河流域（史河为淮河支流），全乡人口 3 万余，耕地 2.8 万亩，人均耕地不足 1 亩（没有包括半荒滩地），在 G 县 33 个乡镇中算是小乡。直到 20 世纪 80 年代中期，该乡村民依然居住在土坯房。土坯房按其屋顶用料分为两种：一是草顶土坯房，一是瓦顶土坯房，通常是一屋三间。近五六年或七八年来，村民才陆续新建砖瓦平房。如今，砖瓦平房占全部住房的 20%—30%，因无确切统计，这只是一个估计数。全乡盖二层楼房的极少。

"这一带村民的消费程序是：一吃，二穿，三婚嫁盖房。农户一生积蓄，盖三间平房而已。这些年来，该乡村民的温饱问题应该说基本得到解决。手表、缝纫机、电扇、收音机、自行车的普及率较高，半数以上农户拥有黑白电视机。拥有彩电的甚少。关于温饱，对绝大多数村民来说，只是吃饱、穿暖而已。肉、菜消费量很低，多数农户若不逢年过节，通常不吃肉。平时很少炒菜吃，食油消费量，据我估计每户每月半斤一斤而已。总的来说，村民生活水平比分田单干前有所提高，但依然十分艰苦。人均耕地不足一亩，全年二熟，即便风调雨顺，亩均纯收入也不过五六百元，今年粮食跌价，收入就更低了。若无外出打工收入，只能填饱肚子而已。"

关于乡财政支出，他说："一乡的财政支出主要有四项。一是由乡财政支付的乡党政干部工资。以 100 人计，人均年薪 5000 元，全年共 50 万元。二是由乡财政支付的乡中小学教员工资。以 150 人计，人均年薪 5000 元，全年共 75 万元。三是乡党政全年办公经费，单是交通、通信费用就得 25 万元，如今再小再穷的乡，起码有三辆小车：党政机关一辆、计划生育办一辆、乡派出所一辆。每辆轿车的汽油费、驾驶员工资及其他各种费用，全年需 5 万元，三辆车共 15 万元。一乡党政有 5 部大哥大，每部全年费用 1.5 万元，共计 7.5 万元，加上其他差旅、通信费用 2.5 万元，总计 25 万元。四是吃喝应酬费，乡党政一级全年起码要花掉 20 万元。这四项全年总计 170 万元。我的这一估算是十分粗略的，实际支出当然要超出这个数，例如，上级各部门硬性规定的各种书报杂志订阅费，全年得花好几万元。再如教育这一块，光发点工资是远远不够的，翻建教学危旧房，添置教学设备等都得花钱。一般来说，教学经费这一块占去全乡财政收入的 60% 左右。总之，**在以农业为主的贫困乡、县，在县、乡政府这一头普遍感到财政收入不足，拖延干部工资的事经常发生。在村民群众这一头，普遍感到农民负担沉重。**"

这位前乡长、乡党委书记感叹地说："G 县 33 个乡镇政府，差不多是吃饭财政——乡的财政收入都被吃掉了，哪里还有剩余的钱来办实事呢？若要办点实事，得另外向村民摊派。这样，本来负担很重的村民，越发变得不堪重负了。乡镇党政没有钱办实事，但各种虚事着实不少。尤其是乡党政一、二把手，每天的中午与晚上两大块时间，差不多用于应付上面来的各种检查组。有时一天要接待数批人。他们都是你的顶头上司，手里都拿着'黄牌'，谁也得罪不起。开会、汇报、陪吃、陪喝，经常忙得焦头烂额，晕头转向。到年终回顾一下，连自己也不清楚到底忙出个什么名堂来。"

此时，县委组织部部长亲来党校请马主任与我到县招待所去吃晚饭。盛情难却，只得中断谈话，与张校长相约，明天上午找时间继续谈。

来 G 县前，我曾与马主任相约：不必去惊动县党政官员，只找党校老师谈谈话，最后由他们陪同我们走访一两个村落与若干农户，然后打道回府。马主任是信阳地委党校的名教授，各县党政部门官员差不多都是他的学生。老师远道而来，无论公事还是私事，学生都得尽地主之谊。组织部长不仅是马主任的学生，且是私交甚厚的朋友。他不知从何处得知马主任来 G 县的消息，于是亲来请马主任与我去赴宴。部长邀请党校正副校长们一同入席，然今晚党校的领导与教员全被县农业银行行长预请了。县农行行长及其属下数名干部刚从县党校与地委党校联合招生的大专班获得大专文凭，今晚设席答谢。我们兵分两路，各赴其宴。

* * *

前几年改造成为宾馆的县委招待所内，设有十数"雅间"，今晚各"雅间"座无虚席。其中，县委组织部就预包了三间，每间各有一席：一席是宴请马主任与我的（另有七八名陪同人员），另两席是款待地委组织部来 G 县委组织部考察干部情况的大小官员及其随从。组织部全体人员兵分三路，一主三客的王部长穿梭在三席间，轮番应酬。在地方做官，能豪饮，善应酬，确实是不可或缺的条件之一。菜上数道，酒过数巡，喝酒猜拳之声四起，很是热闹。

宴席将尽之际，县党校某教员来请马主任与我到卡拉 OK 舞厅去消遣，县农行今晚设三席宴请县党校领导与教员，饭后又在舞厅订一包房，请老师们去唱歌跳舞。我借此可以亲自感受一下内地县城的夜生活。

设在三楼的舞厅是县粮食局下属的"三产"。长方形的舞池四五十平方米，舞池两侧是两排小包房，座无虚席，另有七八间大包房。王教员把我们引至其中一包房内，里面已坐满了人。三四位党校教员（校领导与年长一点的老师宴席后便回家了），二三位农行的职员，还有五位伴舞小姐。我既不会唱歌，又不会跳舞，但他们依然"派"给我一位小姐，于是与这位小姐闲聊起来。据她说，大包房每晚 300 元，点歌不再计费；请一位小姐伴舞，每晚 60 元，其中 40 元是支付给小姐本人的。客人另给小姐小费是常有的事，但并无硬性规定，全看客人的喜欢。这个舞厅每晚的陪舞小姐少则一二十人，多则二三十人。一部分小姐比较固定，另一部分流动性很大。陪舞小姐的月收入在 1000—2000 元（该县一般职工的月薪在 300 元左右）。陪舞小姐绝大多数来自外县、外省。小姐说，她本人是安徽阜阳县人，父母务农，有一哥哥在阜阳市读大专，家里的货币收入主要来源于她的打工。她只读到初中，没有什么技术，只能干这一行，再说收入也比较高。我说："吃青春饭，没有几年好吃，你今后怎么打算呢？"她说："等哥哥大专毕业后，我再干几年，积点钱，回家乡办个小店什么的。不过，谁知道今后怎么样呢？"我又问："平时到这里来消遣的是些什么人呢？"她说："一是政府各机关的干部，二是经理商人及他们请来的朋友。没有权、没有钱的人，怎能到这种地方来消费呢？"

我与马主任回到旅舍，已是深夜 12 时。然在我的头脑中却回旋着"人情""关系""招待费""权力""农民负担"一类的问题，我总觉得这些问题之间存在着密切的关联，但又难以清晰地表达出来。

▶ 11 月 11 日　贷款缴钱

清早，我与马主任被一阵敲门声惊醒，原来是县党校校长及两名教员前来请我们去吃早饭。在内地采访，到处可以感受到浓浓的人情味。

吃早饭期间，继续昨日下午未尽的话题。有了相当的熟悉与信任之后，话锋便可直指敏感的话题了。我先请张校长谈谈 G 县近年来的**农民负担**问题，其次谈谈**乡、村两级全年吃喝应酬**支出问题。

一、关于农民负担问题

"G 全县 140 万人，为全省人口第一大县，也是全国重点贫困县，农业人口超过 120 万。全县辖 33 个乡镇，598 个行政村。在乡、村两级基本上没有像样一点的乡、村企业，村民的全年收入主要来自土地，一部分农户有些外出打工收入。有打工收入的农户，占全县农户总数的百分比到底有多高，因无确切统计，我也不太清楚。在我的印象中，估计在 30%—50% 吧。即使下决心去调查，也难弄到确切的情况。所能肯定的是，凡贫困县，一定是传统农业占主导地位的县，一定是乡、村企业极不发达的县。农户的非农收入主要是外出打工。一般农户只有种植业与养殖业这两块收入，若加上打工收入，全县农民人均年纯收入最多不过 800 元。但各乡、村的上报数，普遍超过这一估计。当我们估计一地区的农民负担轻重时，不仅要看农民全年上缴了多少，更要看上缴部分占人均纯收入的比例有多高。

"去年夏秋之际，我到某乡去考察党建问题，顺便走访几家农户，了解一下农民负担问题。在某村一个村民告诉我，他一家四口，全年共缴纳 1584 元，人均农负是 396 元。我到另一村，一村民告诉我，他全家五口，全年共缴纳 2150 元，人均农负是 430 元。这位村民还说，**这笔上缴给政府的钱是他向信用社贷的款。如到时不能缴足款项的话，他们就要强行拉走家里的口粮，还要扒房子呢**。我问他，贷款缴钱的事普

遍不普遍，他说，在他所在的村里，多数村民都和他一样。真是说者悲愤，听者震惊。

听到此，我突然想起柳宗元笔下的捕蛇者与白居易笔下的杜陵叟。于是我慨然说道："生活在 20 世纪的当代 G 县村民不是成了唐代白居易笔下的杜陵叟了吗？"校长说："农民贷款纳官租虽然比'典桑卖地纳官租'稍文明一点，但也好不了多少。再说，即使不被迫贷款缴钱，他们还会入室抢粮，甚至牵牛扒房，这与古代钩爪锯牙的豪吏有什么两样呢？当时我的心情十分沉重，返回乡政府，碰到乡党委书记与乡长。他俩曾是我的学生，且关系一向不错，所以直截了当地问：'你乡的农民负担为什么那样重？人均农负 400 元左右，农民全年的辛苦收入不是大半被地方政府取走了吗？'不料这位乡党委书记的第一个反应是否定，他说：'哪有这么重的农民负担！我乡的农负，人均控制在二三百元。'一阵沉默之后，乡长补充说：'学校要盖房子，乡里要修马路。全乡的变压器、电线都已老化，要更换都得花钱，办公共事业，总得向老百姓收点钱。'我说："好事也得慢慢办呀，在一二年内办那么多好事，可农民受不了。总得量力而行才是。秦始皇筑长城，隋炀帝挖运河未尝不是件大好事。但急用民力，民不堪重负，不是出大问题了吗？'乡长说：'问题没有那样严重吧！我们是个穷乡，与别的乡镇相比，我们已大大落后了，应该加紧赶上才是，否则上面考核起来，我们怎么交代呢？'听他们这样说话，看问题，我也实在无话可说了。"

校长说："农民负担，各县、各乡且各年间各不相同。就 G 县而论，这些年来的农民人均负担在二三百元到四五百元。相对于人均收入来说，这一负担是十分沉重的。可以这么说，农户的农业收入这一块，除了口粮外，差不多被地方政府以各种名目榨干了。但从县、乡政府来说，仍感到钱不够用。中央连年下令要减轻农民负担，但就是减不下来。究其原因，一是改革开放以来，县、乡两级吃财政饭的人数急剧增加；二是有权的人，总想利用手中的权力挤入'先富'的行列；三是越是穷县、穷乡，越想大干快上，急于追赶，公共事业办得太急太多，说得难听一点是'急敛暴征求考课'。**长此以往，是有可能把农民逼上绝路的。"**

二、关于村、乡两级的吃喝应酬问题

校长说："县党校主要与乡、村两级干部打交道，我本人在乡政府任职多年，对乡、村两级近年来的吃喝应酬费用，大体上有个估计：**村级每年的吃喝应酬费在 2 万元左右。乡级每年平均吃掉 10 万元。**G 县有 33 个乡镇，每乡每年以 10 万元计，共计吃掉 330 万元。G 县全县近 600 个行政村，每村每年以 2 万元计，共吃掉 1200 万元。两项合计 1530 万元。全县农业人口 120 万，人均负担乡、村干部的吃喝应酬费近 13 元。四口之家，就得承担 52 元，这是一笔不小的数目。至于县党政及各政府部门每年的吃喝应酬费到底有多少，这就难以估计了。"

在谈到吃喝应酬费用居高不下的原因时，这位校长说："一是用吃喝，尤其用大吃大喝来招待客人本来就是我们农村的乡风礼俗。人情往来、官场应酬利用官费，实在也是顺理成章的事。二是各种检查、考核太多太滥。检查评比本来是为了推动工作，但弄到后来检查考核成了攀比接待规格了，检查组前来考核的似乎不是工作本身，而是招待规格。此风一开，吃喝应酬费怎么降得下来？"

早饭后，我向校长提议，能否陪同我们到村落去走走看看，找些村民聊天。最好按经济发展水平的高低选择上、中、差三个村。校长一脸难色，不知如何答复。于是立即撤销提议，决定上午返回信阳。事后，校长对我做了这样的解释："你远道而来搞农村社会调查，我们理应尽地主之谊，大力支持。问题是，上头有通知，说是凡记者、学者到乡、村采访调查，一律经过县委组织部与宣传部的审批，并由他们派人陪同。陪你到村里去参观土围子、水围子，自然不成问题，如果到村里搞调查，恐怕会惹出麻烦。"这是实话实说，我是万分理解的。在中国乡村社会，社会学者所欲获取的"社会事实"与"社会情绪"全部处于地方权力的监控之内。如何获取研究乡村社会所需的"社会事实"与"社会情绪"，实在是中国学者所面临的第一大难题。

＊　＊　＊

上午 9 时许，我与马主任搭乘县党校送试卷到地委党校的小车返回信阳。从 G 县到信阳约 150 公里，天下着雨，车速不快。与送卷的县党校老师闲聊起来。他说，全县近 600 个行政村，村主任、村支书都是他的学生。这些年来，他几乎到过所有的行政村。于是向他打听该县村民住房、农民负担及乡、村吃喝应酬费用情况。

——关于 G 县村民住房状况，他说："全县近 600 个行政村，钢筋水泥结构的二层简易楼房甚少，可谓屈指可数。村民所住基本上是平房。平房分两类：一是旧式土坯墙瓦顶房（还有少量的草顶房），二是 20 世纪 80 年代中期后陆续兴盖的砖墙瓦顶房。这两种住房，各村所占比例各不相同。截至现今，旧式土坯房少则占全部住房的 30%，多则高达 80%。县北各乡的土坯房比例高于县南各乡，因县北各乡常遭涝灾。就全县乡村而言，旧式土坯房占 40%—50%。"

——关于 G 县人均农负状况。他说："信阳九县，农负以 G 县最重。人均农负历年不一，各乡也有差别。一般来说，人均农负在二三百元至四五百元。若加上超生罚款，实在不堪重负。农村干群关系十分紧张，农民上访、上告，大多起因于此。"

——关于乡、村吃喝招待费用状况，他说："一村招待费年平均 2 万元左右。据我所知，最低的一村是 5000 元，最多的高达 10 万元。B 乡 L 村在 1992 年到 1994 年间，每年招待费吃掉三四万元，群众意见甚大，群起上告。1994 年年末，32 岁的向某某接任村支书一职（向是复员军人，高中毕业，为人正直），规定凡上面来人，在村吃饭'一双筷，两个碗（一碗饭，一碗菜）'。1995 年村招待费从 4 万元降低到 5000 元。此人任村支书以来，凡农民负担只按中央规定的 5% 提交给乡政府，搞得乡里很尴尬，生怕其他村效仿，但村民十分拥护他。他曾对我说：'上面让我干，我就按中央规定的干；不让我干，我就外出打工。没什么可怕的！'年招待费最高的是县城郊某村，1995 年吃掉 10 万元，这是该村支书亲口对我说的。该村位处城郊，有些村办企业与商业，是全县富裕村，但也正因为处在城郊，县、乡干部到他村去很方便。来人多，招待费自然也高，吃得他们苦不堪言。"

中午时分，车抵信阳地委党校。下午与晚上，在宿舍整理调查资料。

▶ 11 月 12 日 "唯上" 与 "好吹"

清晨起床，依然是淅淅沥沥的雨，自入信阳以来，差不多都是这个天气。在结束信阳之行前，我还打算做两件事：一是请马主任找几个家住农村的教员，直接陪同我到他们的老家去看看，以便收集村落与农户的个案资料；二是在地委党校学员中再找几个乡党委书记或乡长聊聊天，探讨一下我们共同感兴趣的问题。

早饭时，我向马主任提出上述两项请求。他说："整个地委党校实际上已处于放假状态。学员已全部结业，前天已返回各自岗位，全校后勤人员都到长江三峡旅游去了（去年学校组织全体教员外出旅游，后勤人员颇有意见，今年算是对他们的补偿）。这样，教员也不必来上班了。"难怪整个党校空荡荡的。于是决定今日返回开封。无论公路还是铁路都没有直通开封的班车，下午 3 时，有一班火车路经信阳，开往郑州，所以决定从郑州转车返回开封。上午这段时间，马主任建议找几位教员来聊聊天，再说，他们也很想见见我。

约集前来的两位教员原是河南大学毕业生，分配来此任教已多年，不设主题的闲聊涉及广泛的问题，值得记述的是下述两条。

一、关于河南政界之特点

他们将河南政界的特点概括为两条：一是唯上，二是好吹。这两大特点密切相关。唯上，即在形式上坚决执行上级各项指示而极少顾及下面的实际情况。要完成上级制定的各项指标与任务，下级往往在时间上增加一个"**提前量**"；同时，在指标任务上增加一个"**增超量**"。这样，从省到市（地），从市（地）到县，再从县到乡镇，从乡镇到行政村，层层下达，层层加码，到了乡、村两级，一项本来或可完成的任务，便成了一项难以完成、难以执行的高指标了。再说，各乡、村的实际情况各不相同，为了执行统一的规定指标，往往削足适履。由于用行政命令来削足适履，农户们遭受乱折腾之苦；由于高指标难以完成，所以各项高指标、高任务只能写在各乡政府、各村委的墙上，只供参观之用。年末自上而下逐级检查落实情况，下面只能在统计汇报上落实故事，在接待应酬上大做文章。从上到下，一路吃喝下来；从下到上，一路吹上去。故民谣有云："村哄乡，乡哄县，一直哄到国务院。"又云："吹嘘出政绩，数字出干部。"这种情况在官场是一个公开的秘密，汇报者、检查者往往心照不宣。他们说，唯上，好吹，可以说是中国官场的一般特征，但以河南为甚，且成为强大的传统。

我说："陈云有句名言，叫作**'不唯上，不唯书，要唯实'**，确实击中官场时弊。问题在于如何做到这三条。上与下相对、名与实相对，正名之权操之于上，循名责实考核于下，这是古代集权政体施政之根本，至今犹然。在这种政体之内，势必唯上、好吹。要从根本上解决这一弊端，只能进行政治体制方面的改革，走民主与法制的道路。"

二、关于党校问题

他们说，地、县党校也有两个特点。一是官多、闲职多。地、县党校一如县人大、政协部门，成为安置地、县闲散官员的地方。副校长一职，少则三四名，多则五六名，往往不是因事设职，而是因人设职。二是后勤人员多，上课教员少。信阳地委党校共有八九十人，其中正式教员只有15人。他们说，内地盛行官本位，即在党校系统内，职位远比职称重要。职称只是职位的附属物，只要搞好相应的职位，职称也便到手了。故对党校大小职位的竞争，十分激烈。为了一个副科级职务，往往争得头破血流。大学毕业到党校工作的，凡有点才学又有点关系门路的，往往向地、县官场活动。所以党校的第三个特点，就是教员流动率很高。"学而优则仕"对内地知识分子来说，是一个牢不可破的传统。

我说："从世俗生活的角度看人生，男人之所好者，权力、财富、名声三者而已。据说在日本社会，这三种资源或说价值，分属于政界、商界与学界。因此，各人按自己各自的价值偏好有所选择。在古代中国，财富与名声的分配通常从属于政治权力。故天下读书人皆竞逐于场屋，角逐于官场。这种情况在工商业不甚发达且传统积习很深的内地，依然如此。在上海，随着对外开放与经济发展，新辟出下海经商与出国两途，'学而优则仕'的传统便相对松弛下来。"对我的这一分析，诸位皆以为然。

中午，我设便宴答谢党校诸友。下午 2 时，与他们辞别。马主任专程送我到车站，对于这位情深义重的马老师，实非语言所能表达我的感激之情。下午 3 时，离开信阳。是晚，下榻于郑州车站附近的银河宾馆。

七、豫西之行——访洛阳市

▶ 11月13日　郑州车站上的一段小插曲

上午9时30分乘上郑州发往开封的班车，中午11时30分便到达开封。给老孟挂电话，邀请他到河大招待所食堂吃午饭，商议拟议中的最后一站中原之行：沿洛河走访M、N与K三县。M县位于洛河上游，是河大老师岳梁的老家，自有不少社会关系可资利用。N县县委书记是老孟大学时代的同窗好友，M县的副书记及一位副县长也是老孟的好友，通过这层关系，自可在N县和M县畅行无阻。洛、伊两河交汇于洛阳而从巩义县注入黄河，在中华文化的发展史上，洛伊河的地位与泾渭河、汾河具有同等重要的意义。在某种意义上，我们可以这样说，所谓黄河文化，就是这三大支流哺育的文化。沿洛河考察三县，实有一番文化溯源的意味。

老孟给我带来了两个坏消息：一是岳梁无法提前结束教学任务，因此不能脱身前往K县；二是N县县委书记前几天到郑州省委党校去脱产学习，学期半年，无法在N县接待我。所幸的是，到M县调查事宜已替我安排妥当。"我已把你的情况及调查要求向他们做了详细介绍。调查期间的宿、食及交通问题一并由他们安排。我与某副书记的交情非同一般，他肯定会热情接待并满足你的调查要求。"老孟对我如是说。

下午，我赶到开封市委党校，想请李老师或汤老师陪我同行，不料李老师前几天就到北京中央党校学习十四届六中全会《中共中央关于加强社会主义精神文明建设若干重要问题的决议》去了，半月方能回来。汤老师被张校长派去搞创收，正忙得焦头烂额。热情的程副校长与科研处田处长帮我找了几个老师，皆有事抽不出空。看来我只能单独而行了。

上午9时许，我在郑州车站遭遇的一段小插曲，值得记述。

郑州公交站候车大厅门前，有一排擦皮鞋的小摊。"老板，擦皮鞋，1元钱擦一双，很便宜的。"这是他们招揽生意的单调用语。我脚下的皮鞋随我奔波数月，从未上油擦过。买好开往开封的车票，离发车尚有半小时，于是坐下擦鞋，也可消磨一点时间。在我的记忆中，这是第一次请人擦皮鞋。

摊主是个男孩，约十六七岁，看上去是初中未毕业来城擦鞋赚钱的农家子弟。"半途辍学，外出谋生，怪可怜的，1元一双，也太便宜了些。擦完后，不妨多给他一点。"他一边擦，我一边想。只过了三四分钟，他便说擦好了。并说："昨天给一位小姐擦鞋，她付给我38元。给鞋上油、上蜡，蜡是很贵的。"显然，他是在暗示我多付给他一点钱，于是将口袋里的全部零钱掏给了他，共计8元，开价1元，我付8元。原以为足够有余，他会高兴致谢的。不料脸色突然阴沉的他，断然拒收："这点钱怎么行！上蜡的钱都不止这些！"我惊愕了，然还是耐着性子问："你到底要多少？"他说："你看着办吧！"我实在不知如何办才好。这不是钱的问题，而是眼前这位欺诈宰客的小摊主与我刚才心目中的他实在无法协调起来。本来还充满怜悯之心的我，突然沦落到被欺诈愚弄的境地，我确实没有反应过来。此时，不知从何处窜出一个十四五岁的男孩，前来助威："起码得给20元！"此刻，我突然意识到，他们不是一个人或两个人，而是一帮人。他们不只是值得同情的农家子弟，更是一群街角小流氓。只身在外，多一事不如少一事，决不要为这点小钱而惹麻烦，于是如数照付：20元。

我是一位教师或有好教训孩子的积习；我是一位社会调查者，也想趁机做一点街角调查。开价1元，索价20元。通常情况下，总有一番争执。我如数照付，毫无怨言，这下轮到他们惊诧了。他接过我的 20 元钱，还没有反应过来，我即请他们坐下，于是他们顺从地坐了下来。我笑着对他们说："你们开价 1 元，索价 20 元，三五分钟内怎么涨了 20 倍，这种做法不是形同敲诈吗?!"给我擦皮鞋的男孩说："**这种做法，确实不太好**。但我也没有办法呀，家里母亲病重，没钱治疗，只得如此。"我还是笑着说："这恐怕是个借口吧!"这时他沉默不语，一脸尴尬。我又问："你初中毕业了没有?"他说："没有毕业，学费太贵，交不起，不读了。"又问另一位小男孩："你大概只有小学毕业吧?"他答道："是的，初中读不起。"我说："读不起书也是一个借口吧，主要是不想读，读不进吧?"这时他俩都认真起来了。他们说，不想读书，读不进书，给你说准了。但学费越来越贵，读不起书，也是一个事实，绝没有骗你。他俩说，他们老家离郑州 20 余公里，人均只有 8 分地，农民负担很重。像他们这样年龄的男孩凡成绩差一点的都不读书了。问他们农民负担怎么个重法，大一点的男孩说：今年秋粮，每人要上缴 128 斤小麦，另有各种集资摊派款，每年每人要上缴 200 余元。农业收入全被乡、村干部抢走了。不出来打工，连饭都吃不上，还怎么去上学? 又说，乡、村干部都是些贪官污吏。

他一面说，一面东张西望。我知道，他想招呼新的顾客。于是又给他 5 元钱，说："这是给你的误工费。"同时递给他一支烟。他下意识地乱摸左右口袋，可能是找火柴，我又送给他一只打火机。这两个初涉江湖的男孩显然为我的"慷慨"所感动了。那个年龄稍小的男孩此时突然压低声音对我说："老板，你是位好人。车站这一带，宰客的人很多，千万要小心!"他还提醒我，一不要到车站附近的录像馆去看录像，二不要去住私人旅馆。这两种地方，宰客坑人可厉害啦! 我问他们是怎样宰客、坑人的，他俩面面相觑，避而不答。我疑心，车站前的擦皮鞋摊主与那两种地方关系密切。

开车时间已近，匆匆与他们告辞。临行对他们说："你们年纪还小，靠这样的办法搞钱是解决不了问题的。必须去读书，才是真正的出路。"

我知道，这种规劝对他们来说实在太迂阔了。

中国实行改革开放，整个社会加速流动起来，总的趋势是乡村人口向城镇流动。在全国各城镇的车站、码头似乎有一个隐秘的社会正在滋生发育。在这川流不息的陌生人洪流中，到处潜伏着窥伺诸色猎物的狼，专门捕获那些无知者、爱贪小便宜者，尤其是那些在陌生人世界内寻找低劣情欲的发泄者。在各大城市的近郊，会形成一圈新"贫民窟"。这既是大批农民进城的中转站，也是藏污纳垢之地。社会，确实开始如其本来的那个样子展现其自身了。

▶ 11 月 14 日　最后一站
——洛河之行

上午，孟、汤、徐诸友前来送行，他们为不能亲自陪同我前往 M 县而深表歉意。中原人士依然是一副古道热肠。

下午 4 时许到达洛阳市，从洛阳转车赶到 M 县，已是傍晚 5 时半。我冒着零星小雨赶到 M 县委办公大楼的大厅已是一片昏暗，整栋大楼只有数间亮着灯。县委办空无一人，于是折到县府办公大楼去找 D 副县长。县府办的一名值班人员建议我到县委招待所餐厅去找他。又冒雨赶到招待所，果然他正在吃饭。于是添碗加菜，邀我一同入席。

D 副县长说，关于我的调查，老孟已与他联系过数次，今天下午他一直在办公室等我。W 副书记这几天陪省市计划生育检查团到各个乡检查工作，明天中午才能来见我。具体的调查行程，与 W 副书记商定。今晚的住宿由他来安排，明日上午可以休息，也可由他的秘书陪同我到各处转转。听得出来，W 与 D 对我的来访十分重视，这当然全仗老孟的交情与面子。

晚，就宿于县委招待所。旅馆独处，想起了妻子、女儿。立即给上海拨电话，报行程，告平安。

▶ 11 月 15 日　如何确定 "人均年纯收入"

又是一个阴雨天气，随身携带的两件绒衣似乎已难御北方初冬的寒气。上午 9 时，D 副县长委派他的秘书小张陪同我走访县志办。年近 60 岁的县志办主任原是位中学教员，博学且好客。当我说明来访目的之后，他便兴致勃勃地谈论起来。

——M 县城东靠山，西临洛河。该城最早建于北魏年间，至今已有 1500 多年历史。发源于秦岭的洛河自西向东横贯县境。全县有川地（即水浇地）、丘陵与山区三种地形。川地常遭山洪之害，而丘陵、山区常受旱灾之苦。据统计，从 1950 年到 1990 年的 40 年间，全县旱灾 39 次，山洪 33 次，几乎年年遭灾，往往旱、洪并发。两害相比，山洪危害较小，旱灾危害甚大。近三年来差不多全是旱灾。由于自然灾害十分频繁，M 县至今仍是国家级贫困县。处于伊、洛两河的各县情况差不多都是如此。一遇稍严重一点的旱灾，丘陵山区的人、畜饮水都发生困难。1991 年，我到某乡搞社教，恰逢大旱，我带领村民到十数里外的水库去运水，定量分配人、畜用水。不久连水库的水都用完，只得到更远的地方去取水。丘陵山区几无植被，无论沟地、坡地，还是巴掌大的平地、台地，全部开垦为耕地。遇雨即成山洪，水土流失十分严重，遇旱即成灾。**生态环境的恶化，天旱缺水，是制约伊洛流域数县经济发展的关键因素**。要解决这个问题，一是要搞大型水利设施，但巨量的投入从何处而来？二是丘陵山区的许多土地要退耕还林，但大量人口往哪儿迁移？

——关于 M 县人的来源，据村民传说，是明初时从山西省洪洞县迁移而来的。我们为了编撰县志，曾到各乡收集族谱家谱。共收集到十余部，大体证实了这一传说。我还到山西洪洞县做过考察，传闻中的那棵人槐树，如今已是第三代了。据查询，明初在山西洪洞县设人口迁移总办事处，迁移范围涉及 3 州、5 府、52 个县，迁入范围波及河南全境。由于年代久远，如今村民只知其祖上从洪洞县大槐树下迁出。

查清代 M 县志，所载人口一直维持在十六七万或十七八万，直到民国才突破 20 万。古代人口统计是否可信，实在说不清楚。修志嘛，只得凭借旧志资料，如今 M 县人口已超过 50 万。

——M 县共划分 19 个乡镇，350 余个行政村，约有一千七八百个自然村。由于全县有河谷川地、丘陵与山区三种地形，故而村落规模大小悬殊。小到所谓"三家村"，大到 6000 人口的大村落。一般来说，山区村落规模最小，丘陵次之，川地最大。

关于各村落的姓氏结构，全村落只有一姓一族的所谓"单姓村"并不多，且主要分布在山区、丘陵的小村落内；"杂姓村"也不多见；绝大部分是"主姓村"：全村落有一二大姓，加上其他小姓杂姓。村里的大姓或主姓通常是该村最古老的姓氏，迁祖可以追溯到明初，但也有不少例外。子孙繁衍，有昌与不昌。小姓升为大姓、大姓降为小姓的情况也是有的。至于主姓村内各杂姓来源，大体有四种情况：一是投亲靠友，落户于此；二是上门女婿，后复归本姓；三是外面来的手艺人（理发师、缝纫师、铁木匠等）与小买卖者定居村内；四是新中国成立前地主家的长工、雇工，新中国成立后"土改"分得田地，定居下来。还有一种情况是，新中国成立后大搞水利建设，库区移民分散于各村，成为村内异姓一大来源（计划经济时代建成的水利设施，如今大多老化，利用效率逐年降低）。

——关于 M 县村民吃、住状况，县志办主任说，M 县（包括伊洛流域各县）是全国重点贫困县。对于吃，有吃得饱与吃得好两个层次问题。对于我县绝大多数村民来说，只是一个吃得饱还是吃不饱的问题，也就是一个粮食问题。他有三句话：1. 绝大多数农户，全年所产够吃一年，少数略有余粮，另有少数农户口粮不足；2. 风调雨顺之年，夏秋两熟丰稔，则口粮充足，一遇水旱之灾，一熟歉收，则粮食紧缺，如一熟基本绝收，一熟歉收，则非由政府救济不可；3. 川地村民基本解决口粮问题，山区、丘陵村民并未解决。另外，川地村民的全年主粮是**小麦**，而丘陵、山区村民的全年主粮是**红薯**，基本上是"一熟红薯半年粮"。

关于住房条件，川地村民与山地村民也有很大差别。他说："在洛河川地，你所说的第一代住房（砖瓦结构的平房）起于20世纪70年代末，到80年代进入建设高潮。如今，这一过程基本结束。当然，在川地各村，还能看到一些土坯房，但除少数老人居住外，一般移作他用：或做畜厩，或做柴草杂物间。自90年代初，开始出现少量楼房，即你所说的二代房。在川地，楼房通常沿公路而建，兼作商店或其他经营场所。在山区、丘陵地带，平房建造要晚一些。如今，近半数村民住进了砖瓦平房，另有半数依然住老式土坯瓦房，还有一些村民住在窑洞里。光靠农业这块收入，要改善居住条件是极其困难的，或说几乎是不可能的。要盖砖瓦房，得有外出打工收入。至于盖楼房，通常是办厂经商者。普通二层楼房，造价起码三四万元。"

——关于M县种植结构情况，他说，夏收是小麦，秋收是红薯与玉米。这种种植结构相传或有数百年之久。直到1986年，某县委书记入主M县，方开始大力推行**烟草与苹果**，尤其是烟草，乡乡推广，村村种植。由县党政规定的种植面积落实到乡村，分摊到农户。动机或许是不错的，因为一般想来，烟草与苹果的经济效益远高于传统作物，县、乡政府可以从中得到农业特产税，增加财政收入，于民于政府皆有利。问题是，一方面大家都种植苹果，苹果的价格就下跌。今年最好的苹果只卖到0.4—0.5元一斤，差一点的还没有人要。农民无利可图，又占着有限的承包地，听说有许多农民忍痛砍掉果树当柴烧。烟草的种植与烟叶的焙烤既费劳力又需一定的技术，缺乏劳力与技术的农户，烟叶质量达不到收购标准，卖不出价，赔累不少。另一方面，烟草的播种面积与税收指标同时下达到各乡、各村，无论农户种与不种、种多种少，卖得起价或卖不起价，一律按摊派的面积与税额征收钱款，村民叫苦不迭。富农的政策成了害农，这些年农民上访、上告，相当一部分根源于此。

此次初访 M 县，就能遇上这么一位有杜甫、白居易心肠的长老，实令我感动不已。他对本县状况的熟悉与坦诚，使我确信他的全部陈述都是真实的，从中我可以推知伊洛流域生态环境、村民生活与地方政府的大体状态。这块中华文明的发祥地曾经哺育出伟大的都市洛阳，如今经过数千年的开发利用，整个自然生态环境处于严重的退化之中。此类地区如何脱贫致富？这是一个十分严峻的问题。

中饭时，W 副书记在招待所餐厅找到了我。刚一见面，即连声道歉，说是这几天忙于应付市计生办检查团，实在无法脱身。我向他简述了此行目的及调查计划，并重点强调我的调查只供学术研究之用，对 M 县及其本人绝无不利影响。他笑道："你是老孟介绍来的朋友，他在电话里多次称赞你的为人与学问。老孟的朋友也就是我的朋友，我哪有什么不放心的呢？"在调查期间，他把他的专车交给我使用，并委派他的秘书 C 科长陪同我全程采访，并说："遇到什么困难，随时找我联系。"年近 50 岁的 W 副书记，看上去十分朴实。

＊　＊　＊

下午 1 时，由 C 科长、司机陪同我访 L 镇。C 科长，年 30 岁，文科大专生，豪爽健谈。司机，40 来岁，复员军人，为人也十分爽快。L 镇位于县城西十几公里的洛河川地内，河川之南北为丘陵台地。雨后川地小麦长势良好。下午 2 时半，车到 L 镇。镇委书记下村检查计划生育工作去了，分管农业的镇长接待了我。谈话之初，如同下级对上级的工作汇报。然而，我很快将"官场汇报"转入推心置腹的讨论。

一、L 镇概况

全镇管辖 29 个行政村，126 个自然村，人口共计 52819 人，12020 户。从人口上讲是全县第二大镇。现有耕地 68470 亩，其中水浇地 15600 亩，其余为"靠天吃饭"的山坡台地（每个村落平均 95 户，约 400 人，全镇人均耕地 1.3 亩，户均人口 4.4 人）。镇长强调，川地与山地亩产相差很多。在正常年景，一亩川地产小麦 700 斤左右，山地一亩只有 300 来斤；一亩川地产玉米可达 800 斤，而山地只有 400 来斤。这就是说，一亩水浇地相当于两亩山地。

二、关于村民的人均年纯收入

他说："全镇村民人均年收入，今年我乡上报到县的数目是 792 元。"我插话问："我在河南各乡村采访，据他们说，各村上报到乡、各乡上报到县的人均纯收入数，通常都有一定的水分。你们乡镇有无这种情况呢？"镇长沉默一会儿，说："**水分嘛，总是难免的**。"我又问："你是分管农业的镇长，对农业情况一定是很熟悉的，那么在你看来，全镇村民实际人均年纯收入是多少呢？"他说："要准确统计全镇村民的人均年纯收入是十分困难的。分田到户后，各家分散经营。种植结构也有些许差异。打工、经商收入实难估计。据我的粗略估计，就农业这一块而言，全镇村民人均年纯收入在 400—500 元。我镇近三年来连遭旱灾。三年六熟，有五熟不同程度地歉收，其中二熟歉收严重。全镇村民的人均年纯收入，恐怕在 400 元左右。这是实话实说。外出打工这块收入，各农户之间差异很大，山地村民与川地村民的情况也很不一样。山地村民交通相对闭塞，世代守着土地，只知向土地上投放劳力，外界可以利用的亲友关系甚少，故外出打工者的比例远比交通比较便利的川地村民低。至于办小厂与经商的村民，全镇毕竟是极少数。这一块收入极难估算。所以，**人均年纯收入是个随意性很大的数字**。"我追问道："那么你们今年上报的 792 元是依据什么来确定的呢？"镇长说："**主要的依据是去年上报的数目，再增加一个百分比，便是今年的上报数**。"听闻此言，我着实吃惊。于是又问："地不增产，且不加宽，而上报数年年递增，为什么要这样弄虚作假呢？"他苦笑一下说："问题很简单，我镇五六年来，镇党委书记换了三位，如今已是第四位。差不多一两年换一任。每任调离时，上报的人均年纯收入数总不见得与接任时完全一样啊！再说，辛辛苦苦干了一两年，总有点成绩吧。这个成绩表现在哪里呢？主要就是这个人均年纯收入增长量。五六年前，我镇上报的人均年纯收入大概是 500 元多一点。每年增长 8% 或 10%，五六年卜米，不是增加到

800 来元了吗？实际情况是，由于连续三年的旱情，人均年纯收入还有所下降，这二年仅有 400 元左右。"

我继续问道："人为地提高人均年纯收入的数量，是否还与增加村提留、乡统筹这块乡村收入有关呢？"镇长说："主要原因还是在于显示政绩。你所说的原因也确实存在。因为国务院文件规定，正常农负率不得超过上年人均年纯收入的 5%。人均年纯收入估计得高一点，自然可以多征收一点。全镇人口以 5 万计，如人均年纯收入 500 元，全年只能征收 125 万元；若按 800 元计，则能征收 200 万元。多增收 75 万元，这对我们这个穷乡镇来说，确是一笔很大的款项。"

镇长还谈了他对农负征收方法的看法："按全镇人均年纯收入的 5% 来提取各农户的农负，看似合理，其实很不合理。为什么这样说呢？因为如今农村已出现贫富分化。粗略划分起来，有三类农户：一是纯农户，二是亦农亦工或亦工亦农户，三是少数工商户。这三类农户之间的年纯收入相差很大，一、三类相比就更突出了。即使我们能较准确地统计出全镇人均年纯收入，这个数目必然高于第一类农户而远低于第三类农户。相对而言，穷人负担就重，富人负担反轻。这当然不合理。"我说："若按各农户的实际年纯收入分别征收，前提条件是每年要到各农户去统计他们各自的年纯收入，且估产员、征收员必须公正无私，这实际上很难做到。合理的未必可行，可行的不一定合理。社会生活就是那样复杂。"镇长点头同意我的看法。

三、关于 M 县山地村民的饮食情况

镇长说："丘陵山地村民，一日三餐的饮食状况大体如此：

早餐：玉米糊加红薯片，或玉米糊加小米，或有萝卜咸菜。
中餐：糊涂面条，掺萝卜丝或其他蔬菜，一般不再吃炒菜。
晚餐：白面糊糊或玉米糊糊，加馍馍，很少吃炒菜。

M 县山地也种植油菜，油菜籽大多出售，只留一小部分用来换食油。因平时节俭，不吃炒菜，故食油消费量很低。逢年过节，或招待来

客，买点猪肉，平时一般不吃猪肉。四口之家，全年猪肉消费 10—15 斤。农户通常养鸡下蛋，蛋或售或用于待客，平时不吃。总之，山地村民只求填饱肚子，谈不上吃好的问题。自分田到户以来，山地村民的饮食结构无明显改善。如有改善的话，农户全年小麦消费量有所增加，晚上一餐多数有白馍吃。M 县有句老话，叫作"穷要穷得有志气"。意思是说，宁可在家吃得差一点，也要穿得整洁一点，住得好一点。农民终年辛劳，全年积蓄差不多都花在住房与结婚之上。"

四、关于村民住房情况

镇长说："如今三间砖瓦平房的造价在 1.2 万—1.5 万元，婚仪（包括聘礼与酒席）在 1 万—1.5 万元，两项相加需 2 万—3 万元。农民间也相互攀比，比什么？比房子，比婚仪排场。这给许多村民造成无形的压力。在丘陵、山区，只有少数村民盖得起土砖瓦平房，大部分村民居住的依然是窑洞或土坯房。相比之下，川地村民要好得多，沿川各村至少有三分之一农户住进了砖瓦房，有不少村庄的砖瓦房比例或超过二分之一。有少数先富起来的人，沿川地公路盖起了小楼房，楼房造价起码 2.5 万元或 3 万元以上，造价高的 8 万元、10 万元也有。"

他补充说："单靠农业这一块收入，是很难盖得起砖瓦房的。盖砖瓦房，得有农业外收入，如外出打工。但山地村民外出打工的人数很少，虽然近年有所增加，但比起川地村民要少得多。其原因，一是丘陵、山地村民土地较多，全镇人均耕地 1.3 亩，这只是一个统计上报数。在山区，人均耕地有二三亩，且十分分散，劳力主要集中在土地上。二是外面社会关系少，信息不灵通。守着常遭旱灾的土地，只求填饱肚子，年有余粮，已很满足了。"

五、谁先富裕起来

镇长说："单靠农业图个温饱已算不错了，外出打工也富裕不起来，这是明摆着的。川地自然条件好些，但人均耕地不足 1 亩；山地人均耕地多些，但 2 亩山地不及川地 1 亩，一遇旱灾，就歉收，甚至绝收。真正能富裕起来的是私营工商业主。我镇没有乡、村集体企业，只有一些个体、私营企业。据今年的统计，全镇有砖瓦厂 27 家，水泥预制板厂 29 家，生产硫酸的小化工厂 10 来家，面粉加工厂 20 余家，纸箱厂 2 家，骨粉厂 2 家，搞建筑承包的有数十家，另有若干小商店、小饭馆。我镇近十年来私营企业发展较快，但规模小，设备简陋，资金少，效益低，绝大多数没有会计制度，盈亏情况很难估计。有的明明亏损，硬说赢利；有的明明发了财，又说亏了钱。他们是不会老老实实告诉你盈亏情况的。粗略估计起来，年盈利在 5 万元以上的或有三五十家吧。我镇最大一家私营企业，已拥有 500 万元资产。该业主现年 56 岁，只有初小文化程度。因起步早，善经营，是闻名全县的大能人。十年前，从生产硫酸起家，规模不断扩大，且得到县上的扶持。去年上缴利税高达 100 万元，今年投资 600 万元（自筹 300 万元，贷款 300 万元），准备在本县建一发电厂，得到县、市政府与银行的积极支持。他还是乡、县、市的人大代表，市先进工作者，农民企业家。"

我问："村民对这批先富起来的人怎么评价？"他说："老百姓对发财致富的私人业主还是服气的。人家有本事，能挣钱，有什么不服气的呢？老百姓痛恨的是那些以权谋私而发财的人。"

六、关于乡镇财政与教育经费

"去年，我镇财政收入只有 114 万元，财政支出 147 万元，有 33 万元的财政赤字。在 114 万元的财政收入中，教育经费用去三分之二以上。这些年来，上面一直强调教育，一是中小学教师的工资逐年提高，二是不少民办教师转为公办教师。每转一个公办教师，乡镇财政就得每年多支付几千元。全镇中小学公办教师约 160 人，每人年薪以 4500 元计，全年在这一块支出就是 72 万元。我镇党政机关共 156 人，如全由镇财政供养的话，工资也得花 70 余万元。镇财政收入光支付干部、教师的工资都不够。为了确保教师工资，只得大力削减镇党政干部这一块。如今镇党政吃镇财政饭的只有 49 人，其余 107 人只得让他们自筹资金，自己找饭吃。再说教育经费，不仅仅是工资，还得盖校舍，增设备，省、市、县教育部门一直要求各乡镇按统一的标准化要求盖教学楼，还要配备体育室、实验室与图书馆等，把经济发达地区的一套做法，硬是搬到贫困县乡来。上头定指标，层层落实，层层检查，我们有什么办法。财政拿不出钱，只得搞摊派集资。今年，县里规定，凡国家机关干部，每人集资教育经费 150 元，非国家干部人均上缴 10 元。我与我的儿子算是国家干部，共上缴 300 元；我一家 6 口户口全在农村，每人 10 元，又是 60 元。我与儿子交了双份，因为有双重身份。今年全家就教育经费摊派 360 元，等于我一月的工资。扩建乡县公路，也是搞摊派、集资。贫困地区办教育、修公路及其他各种公共建设，也得因地制宜、量力而行。如今一切向富裕地区、发达地区看齐，向高标准看齐，没有钱就搞各种名目的集资、摊派，实在不堪重负。"

七、关于形式主义、浮夸风

镇长说："关于农田水利基本建设，应该搞。水旱之灾频繁，是制约我县经济发展的重要因素。要提高抗水旱灾的能力，必须加强农田水利基本建设，这是一个简单而重要的道理。这些年来，每到冬季农闲，县、乡党政便组织村民，不是下河滩，就是上山。但形式主义十分严重，这里挖渠，那里开沟，往往劳民伤财，没有效益，村民对此颇多怨言。上报时，说今年出了多少劳动力，完成多少土石方，以此作为各乡镇的干部政绩，然而很少有什么经济实效。这种形式主义、浮夸风流弊无穷。"

"造成形式主义泛滥的原因何在呢？"我问。镇长说："原因很复杂。一是与干部的考核方法有关，二是与上面制定的高指标有关，三是与县、乡镇主要负责干部的频繁调动有关。我们的党政干部，只对上负责，整年跟着上面的指标、任务与检查转，落实时层层向下摊派任务。完不成任务，只得向上虚报。干部调动频繁，一是各人有各人的主张，无法保持计划的持续性；二是根本不可能根据各乡镇具体情况制定中长期发展目标。私下里说起来，谁都知道搞形式主义不对，但陷在官场之内，谁都得这样做。"

八、关于农村中的不满情绪

马镇长动情地说："我从来没有碰到过来农村基层搞社会调查的学者。你肯对我们讲实话，也能耐心地听我们基层干部的实话，我把心里的担忧都告诉你吧。**如今农村中存在着普遍的不满怨恨情绪**，其中有两类人的不满情绪应特别加以注意与重视：**一是历年来的复退军人，二是历年来落榜的初高中生。**"接着他告诉我这么一件事：前不久他去参加一个复退军人自发组织的"复退军人联谊会"。有二三十人，都是近年来从部队复退回乡的。镇长本人参过军，又与联谊会发起人关系不错，所以也应邀参加会议。与会者情绪激动，言辞十分激烈，各种牢骚怨愤的言论都有。我问："有哪些言论呢？"他说："**不好说出来。**"于是我转而用我的分析来替代直接的追问。

我分析说，一方面，由于复退军人是从部队重返农村的人，他们在部队接受的教育、所形成的观念与目前农村变化着的现实情况形成过大的反差。另一方面，由于县、乡机关已人满为患，县国有企业普遍不景气，乡镇集体企业不发展，阻塞了他们希望通过参军而脱离农业与农民身份的通路。农民，一是农业比较效益最低，多劳而少获；二是直接承担各种苛捐杂税，因此，农家子弟通过**参军**与**读书**来改变自己的社会身份与脱离农业的冲动一直是十分强烈的。越是贫困地区，这种欲望越是强烈。然而，也正因为经济落后，能满足这些要求的机会也越少。再说，这两部分人，有较多的知识与分析能力，有较广泛的社会联系与组织能力，他们能自发地组织起来表达自己的不满，提出自己的要求。其中或潜藏着令人忧虑的政治倾向。我从镇长的倾听与赞同中，似乎觉察到了他"不好说出来"的内容。

两人谈到晚6时，在外等候的秘书与司机一再催促我返回县城。我建议今晚就住在镇长处与他长谈一宵，明天请镇长邀集几位复退军人与高考落榜生开一个座谈会，下午再访问两个村落。镇长应诺，但秘书说："W书记几次来电，要我们赶回去吃饭。你有兴趣，明天再来。"于是只得向镇长告辞。临行，镇长握住我的手说："你是一位深入农村基层并能听取实话的学者。"并希望与我保持经常性的联系。

我想，在中国农村基层政权之内，经常可以遇到头脑清醒的干部，但处在整个行政体制内的他们，却不得不按照其所不满的规律办事。一方面，他们清醒地意识到这种行为不对；另一方面，又无条件地按着不对的方式行事，这种思与行的分裂说明了什么问题呢？这是否表明我们现行的行政管理体制本身必须做一番重大的改革呢？我想是的。

＊　　＊　　＊

我们三人赶回县委招待所时，W 副书记已陪市交通局局长一行吃完了饭，我们在餐厅吃完便饭后，便回旅舍休息。送走市交通局局长后，W 副书记来宿舍看我，说："时近年末，整天忙于应付各种检查、评比，实在抽不出空来陪你下乡调查。按理说，调查并非仅是你们学者的事，更是我们这些人的事，然而我们整天被这些例行公事搅得晕头转向。"

我趁便向 W 副书记询问了一些市、县情况，他说："洛阳市所辖九县，共有人口 610 万。洛阳南部数县都是贫困县。M 县去年人均收入 790 元，但山区人均只有 400 元左右。M 县向有'三山六丘一分川'之说，这些年又连遭旱灾，许多乡村连温饱问题都没有解决。贫困县大多自然生态环境险恶，脱贫不易，即使脱了贫，稍遇水旱，立即返贫。这些年来，县、乡党政工作的重点是解决全县村民的温饱问题。要解决这一问题，关键在于农田水利基本建设。这几年，我们年年兴修水利，但效果很差。**分田到户后，如何搞农田水利建设，至今没有找到一个有效办法**。如今稍大一点的水利工程，还是集体化时代留下来的。农业集体化，有人说束缚了农民生产积极性，但对集中力量搞跨乡、跨县的大型水利工程，我看还是很有效的。如今土地都分掉了，劳动力都分散了。各农户、各村、各乡都有自己的特殊利益，再要组织起来搞中大型农田水利，确实十分困难。这不仅我县如此，其他各县皆如此。"

▶ 11 月 16 日　一位丘陵山区村民的生活

上午 8 时 30 分，冒着纷飞的雨雪驱车往访 L 乡，仍由秘书陪同。9
时 45 分，车抵乡政府。乡长与乡人大主席接受了我的采访。访谈纪要
如下。

一、L 乡的基本情况

L 乡下辖 16 个行政村，48 个村落；其中位于河谷川地的村落 11
个，位于丘陵、山地的村落 37 个。全乡人口 2.6 万，耕地 3.3 万亩。其
中能利用洛水灌溉的川地只有 0.9 万亩。

全乡年人均纯收入，去年上报是 700 元，实际上不足 600 元。乡长
说："每年都要向县里上报人均年纯收入数，这是件很麻烦头痛的事。
上报的数目普遍有水分，各乡镇皆然，这是一个公开的秘密。"

全乡没有乡村两级集体企业，只有若干规模小、效益差的私营、个
体企业，如小面粉加工厂。村民收入主要集中在传统农业与家庭饲养
业。在风调雨顺的正常年景，山地、丘陵农户的年收入与川地农户差不
多。前者亩产低，但人均亩数较多；后者亩产高，但人均亩数少。在川
地，人均耕地不足 1 亩，最少的村组人均耕地仅 0.6 亩，最高的也只有
1.2 亩，且还包括部分丘坡地。一般来说，山地、丘陵的村民比川地村
民贫困些，因为稍遇水旱之灾山地必然歉收，遇到严重一点的旱灾差不
多会绝收，但对川地的影响要小得多。无论是山地还是川地，单靠农业
这一块收入，每年按一个百分比增产增收，这是不现实的。虽然谁都知
道这个道理，上报时却是另一回事了。

二、分田单干给全乡农田水利建设带来的困难

"村民们都说，如今种田吃饭靠的还是集体化时代，尤其是'农业
学大寨'时期留下来的那点本钱。在'农业学大寨'时期，每年投入

大量人力物力，在山区、丘陵、川地建设许多'三保田'（指抗旱涝能力较强的田）。当时，上上下下的指导思想比较明确，土地与劳力都是集体化的，便于组织与统一利用。农民的积极性比较高，干部的作风也比较踏实。十一届三中全会之后，推行家庭联产承包责任制。这一制度对于提高农民生产积极性，释放积压在土地上的剩余劳动力当然有其不可低估的作用，但也引发了一个重要的问题：大块耕地的分割与频繁的调动。有的村组三五年一调整，有的村组六七年一调整，以便适应农户家庭人口经常变动这一实际情况。在丘陵、山区，耕地分为三种类型：**梁地、坡地与沟平地**。其中最好的耕地是沟平地，其次是梁地，最差的是坡地。所谓'沟平地'，就是位于沟底的平地，沿沟制成一块块梯田，这是山区村民的'保命田'。山区最怕的是旱灾，沟平地的抗旱能力要比梁地、坡地强得多。但沟平地因位于沟底，便有一个天然的弱点：怕洪水冲刷。由于分田单干，这三类耕地必须按人口均分。这样，同一垄沟平地分散于数十百家，且三五年或七八年调整一次。分田单干的农户不愿投劳力与物力于抗洪设施建设，当然，抗洪保地的工作也远非单家独户所能胜任。山洪一来，一垄的沟平地皆被冲毁。自从分田单干以来，全乡的许多'保命田'就这样被冲毁了，其他各乡莫不如此。

"虽然中央与省市一再要求我们延长土地的承包期限，前些年说是一定30年不动。这一政策的动机是好的，但执行起来十分困难。由于婚嫁、生育、死亡等诸多原因，家家人口及一村的户数处于经常的变动之中，每隔五六年或七八年，这个变动就很大了。那些新增人口的家庭要求增配土地，一旦这种家庭在村组内占有一定的比例，尤其是村组干部家庭新增人口，那就必须进行一次耕地调整。我们乡政府对这种自发调整行为是无力干预的。

"分田单干与耕地每隔几年在村组各农户间调整一次，这给农田水利基本建设带来了极大的困难。旱涝之灾是制约我县农业发展的关键因素，要提高抗旱洪之灾的能力，必须加强农田水利建设，这个道理全县上下都是清楚的。县里规定，每个劳动力每年必须提供 30 个义务工，用于农田水利建设。同时县乡每年冬季集中劳动力进行农田水利建设。但效果怎样呢？说句实在话，效益极差。说得难听一点，是劳民伤财。这虽有农民方面的问题，但更有地方党政工作作风方面的问题。每年冬天，或以乡为单位，或以县为单位，集中力量搞大会战，把东乡人调到西乡，把南乡人调到北乡。在报表上似乎很好看，今年投入多少劳力，完成多少土石方，但看看实际情况呢，绝大部分工程毫无效益。县乡主要领导换了一茬又一茬，规划出台一个又一个，大会战年年搞，成绩年年报，但农业生态环境并无明显改善，有些地方反而更糟。这是党政领导方面的原因。至于农民，他们只看到他的村，他的组，甚至只看到他的那块地的利益，如果这个水利工程于他的土地无益，他就没有什么积极性。如果这个工程要占用他的耕地，他们还会暗中反对，甚至加以破坏。有些工程建后不久即废弛，这是一个重要原因。

"如何在分田单干的条件下，提高农民对土地投入的自觉性与积极性，这在生态环境恶劣的丘陵、山区是个亟待解决的大问题。有人曾建议我们把全部耕地分为口粮田与机动田两部分。前者一次分定，30年维持不变；后者随人口变化而增减。这个办法在人均耕地较多的乡村或可推行，但我乡人均耕地只有1亩多一点，全部用于口粮田还难以维持全年温饱，哪有余田划出来做机动呢？总之，旱洪频繁，人多地少使得我县绝大多数村民在温饱线上下徘徊，不知道脱贫致富奔小康之路到底在哪里。"

三、地方政府对农民经营自主权的干预与侵犯

谈话的气氛激烈而坦诚。这一方是虚心求教的学生，那一方是在不知不觉中摆脱了官场禁忌与应付的老师。访者与受访者的界限在相互信任之中消失，出现的是两个一见如故的朋友，会晤一室以探讨他们共同感兴趣的问题：

"我们这一带的种植结构历来以粮食为主：夏熟是小麦，秋熟是玉米与红薯。光从市场经济的角度来说，经济效益是很低的；但从维持一家温饱的角度来说，传统的种植结构自有它的道理。我们不能把它归咎

于农民的封闭、落后或缺乏经济头脑。填饱肚子总是生存的第一要义。

"上级党政为了提高农业这一块的经济效益，要求农民改变传统的种植结构，将重点从比较效益较低的粮食种植转移到比较效益较高的经济作物上来。从理论上来说，这是发展社会主义市场经济的要求，动机也是十分善意的。问题是怎么去做。这些年来，上面每年给各乡镇下达各项经济作物的种植指标。按**计划**，我乡在几年内应完成经济林5000亩（主要种植苹果），烟草5000亩，蔬菜大棚2500亩。我乡共有耕地3.3万亩，按上面下达计划要用38%的耕地种植经济作物，我们怎么办呢？只得将这三项指标分摊到各村组，各村组将各自分得的指标分摊到各农户。农民不愿意怎么办，用行政指令去'逼'，按照我省'富民工程'的说法，叫作'逼民致富'。然而，这么一'逼'，逼出不少怨言与适得其反的后果。

"先拿苹果种植来说吧。用粮田种苹果，三四年内只有投入，没有收益。在这三四年内，农民全家的口粮怎么办？上缴公粮又怎么办？就那么一点耕地，全部用来种粮，稍遇旱洪便有缺粮的危险。所以，绝大多数农民不愿种，逼一逼，也种了些。这一二年，苹果开花结果了，然而苹果的市价逐年下跌，今年最好的苹果一斤只有0.4元左右，差一些的0.1元一斤都没人收购。苹果又不能当饭吃，不少农户一气之下砍了果树当柴烧，挨骂的自然是我们乡、村干部。

"再说种烟草。历史上，我们县乡没有种植烟草的习惯，当然也没有种烟与焙烤烟叶的技术经验。改种烟草还有另外两个问题，也是原来没有想到的：一是种烟的土地，肥力递减很快，头年不错，次年便差许多，第三年便不能种了；二是烟草的病虫害怎么也治不住，这令农民叫苦不迭。

"再说搞蔬菜大棚，这要投资多，技术高，且要灌溉条件好。在我乡能同时满足这三个条件的土地与农户实在不多。再说，种植蔬菜要及时卖掉，这需要交通便利，靠近城市才是。

"上述情况，我们在基层工作的人哪有不知道的，但上面指令如此，我们下级能怎么办呢？你向他们反映情况，他们说你**保守**。还说，不改变不合理的种植结构，怎么能带动农民奔小康，一句话把你打发回去了。上面逼我们，我们只能逼下面。下面怨声载道，一旦越级上访，上头又责怪我们无能，工作作风简单粗暴，什么好事都被我们办砸了。"

我问："县里大力推行经济作物，除了提高农民收益这一主观动机外，是否与增加财政收入有关？"乡长说："当然有关。"原来的农业税定得比较低，由于我县工商业不发达，这块税收也不多。如今财政支出逐年增多，所以就得在烟叶税、农业特产税方面多下功夫。县财政收入结构我不清楚，就我乡而论，去年财政收入 110 万元，其中农业税 25 万元，工商及其他地方税 29 万元，烟叶税 56 万元。光烟叶一项，占全乡财政收入的 50% 以上，其余各乡情况相似。前几天，县税务局一位朋友来说，县教育经费这一块主要靠烟叶税来支付，由此可见县财政对烟叶的依赖了。不瞒你说，我乡党政机关已有 3 个月没有发工资了。因为今年的烟叶税至今只收到 15 万元，还有 50 万元没有收上来。收不上来的原因，一是种烟叶的农户实际上没有什么经济效益，有许多农民说，这两年连本钱都收不回来；二是有许多农民并没有种烟叶。5000 亩的种植面积大部分还写在计划书上，没有落实到农田。如果强行征收，逼着农民上访、上告，如今省市又在抓综合治理，出了问题，挨批评的还是我们，但不去征收，我们这里就揭不开锅了，实在左右为难。"

上午访谈到此结束，中午吃过便餐后，继续与乡长、乡人大主席座谈。

四、入不敷出的乡财政

"今年，乡财政计划内这一块收入只收到 70.8 万元，其中农业税 25.8 万元，工商税（包括一些农业特产税）30 万元，烟叶税 15 万元（今年的烟叶税计划收 65 万元，只完成 15 万元），而全年维持中小学的教育经费得花 88 万元。这就是说，如把今年收到的钱全部给教育，尚有一个大缺口。各级教育由各级政府财政来支付，等于将最沉重的中小学教育压到乡政府身上。对我们贫困乡来说，最大的负担莫过于此了。

"为了减轻乡镇财政压力，我们只得把乡党政机关人员尽可能地分流到预算外收入这一块去。一是将涉农部门转变为经济实体，让他们自谋出路。前年已将乡企业办、畜牧站、司法所转移出去，让他自创、自收、自食。今明两年再将农机站、农技站、水利站转出乡财政。二是将部分人员分流到乡**计划生育办与土地管理站**，这两个部门有罚款权，可以靠罚款来吃饭。这两个部门不仅可以养活较多的人，还可以向乡财政上缴点钱，每年 6 万元用来养乡党政的两辆小车（书记一辆北京 203，乡长一辆北京吉普，另外，乡计划生育办与土地管理站各有一辆北京吉普，全乡共四辆小车）。另外，每年的乡党政招待费，也只能向计生办与土地管理站要一点。"

我说："这样看来，你们乡财政收入在计划内这一块主要依靠烟叶；在计划外这一块主要依赖罚款，尤其是超生罚款。倘若要办点实事，如修路、建校舍、水利等只得向农民额外集资与摊派了。"他们说："情况就是如此，其他各个镇也如此。"

五、乡政府机构设置、人员及经费来源

1. 农机站 3 人、农技站 2 人、农经站 2 人、林业站 3 人、水利站 4 人、文化广播站 1 人、财政所 3 人，上述站所共 18 人，工资及办公经费由乡财政支付。明年起，除财政所外，上述 6 站将与乡财政"断奶"，自谋生计。

2. 畜牧站 3 人，该站每年由乡财政拨款 1200 元，其余自理，明年起与乡财政"断奶"。农电站 6 人，派出所 8 人。农电站受县电力局直属领导，人员、工资、经费由县电力局统一负责。派出所由县公安局垂直领导，人员、工资、经费由县公安局统一负责。司法所兼综合治理办 2 人，经费自理。

3. 计划生育指导站 19 人，去年各类超生、超孕罚款 46 万元。其中 30% 上缴县计划生育办，乡留有 35 万元（按规定 46 万元中的 20% 返村，但未执行），其中 3 万元缴乡财政，乡计划生育办自留 32 万元。土地管理所 8 人，年均罚款 10 余万元，其中 3 万元缴乡财政，其余自用。

4. 乡卫生院 24 人，经费、工资大部分自理，小部分由乡财政拨款，每年款项并不固定。乡中小学教育由县教育局垂直领导，但教育经费由乡财政负担。公办教员（包括离退休教师）192 人，民办教师 40 余人（民办教师月薪 150 元左右，其中 90 元由乡财政支付，60 元由村委支付）。全年乡财政支出 88 万元，主要是教师工资。

5. 日常工作办公室 16 人，由乡党委书记、正副乡长、乡人大主席、秘书、通信员、会计、驾驶员组成。工资与经费由乡财政支出。另有蔬菜办 3 人（负责推广塑料大棚与技术辅导），乡企办 3 人，皆自筹资金。

六、名目繁多的检查，流弊甚多

"各种检查名目繁多。一年中最重要的例行检查有六项：一是计划生育大检查，二是双基达标大检查（**基本**实现九年义务教育，**基本**消灭青壮年文盲，是谓'双基'），三是灭荒大检查（消灭荒山秃岭），四是综合治理大检查，五是农业技术达标大检查，六是'三优杯'大检查。

"上级政府给下级政府规定各项发展目标、任务与指标，下级政府执行、贯彻与落实。上级政府派人来检查落实情况，奖优罚劣，这是我们习惯的行政方式。然而这种行政方式的三大环节都有可能出问题。就名目繁多的大检查而论，往往流于形式。上面兴师动众，下面疲于汇报与应酬，搞得劳民伤财。尤其是计划生育大检查，每年起码有五次之多：省里派人来检查一次，市里两次，县里两次。下级政府为应付上级检查，先得自检。说实在的，一乡的计划生育工作，无论怎样抓紧，总难达到省市规定的标准。上面来人直接进村检查，总能查出几个超生户。这是实话实说。所以，各县、乡为了应付省市的生育大检查，往往在接待规格与方式上下功夫。一个检查组到乡检查一次，少说也得花 2 万元；省检查团到县里来检查一次，用掉 10 来万元并不稀奇。检查团手持'尚方宝剑'，个个是'钦差大臣'，你都得照应好，谁也得罪不起。

"名目繁多的大检查，年年搞，流弊甚多，举其大者有三：一是下级政府官员疲于应付，极大地妨碍日常的政务、事务工作；二是弄虚作假风气盛行，上面指标定得高，无法件件落实，只得虚应故事；三是增加下级政府财政负担，对我们这样的穷乡、县，更是雪上加霜。"

＊　　＊　　＊

现年 40 余岁的乡人大主席是本乡人，家住山区，妻子务农，他本人在农忙时回家帮忙，故以他家作为个案，了解丘陵、山地村民的生产及一般生活情况。

一、主任一家概况

"全家五口，老母现年 77 岁，我本人 43 岁，妻子 40 岁，长子 18 岁，初中毕业后在家随母务农，次子 17 岁，在读初中。全家两个劳动力（我本人农忙回家），承包 7 亩耕地。其中沟平地只有 0.7 亩，其余为梁地、坡地。不足全村耕地十分之一的沟平地，按户抓阄儿分配。我的运气好，抓到较大一块沟平地。"

二、土地、产量及自然灾害

"在正常年景，一亩山梁地或山坡地的小麦能收三四百斤；沟平地能收五六百斤，甚至六七百斤。一亩梁坡地能收玉米 400 来斤，红薯一二千斤；一亩沟平地玉米五六百斤，红薯 2000 斤以上。今年夏熟，我家 6 亩小麦，平均亩产 350 斤，共收 2000 余斤。人均上缴公粮 60 斤（农负的夏熟部分），全家五口共缴 300 斤。所以，在正常年景下，一熟小麦基本上能维持全家一年口粮。今年秋，种 1 亩玉米，1 亩红薯，4 亩黄豆。因遭洪灾，1 亩玉米绝收，4 亩黄豆只收回点种子，幸而 1 亩红薯收 1500 斤。

"1990 年气候正常，可以说风调雨顺。1991 年也还可以，只是秋熟稍受水、虫之灾，秋粮减产 20% 左右。1992 年也还过得去。从 1993 年到 1995 年，我县连续三年遭受旱灾，尤以 1995 年为甚。1995 年，我家 6 亩小麦仅收五六百斤。秋季的 4 亩黄豆、2 亩玉米，几乎颗粒无归，只收到近千斤红薯。今年倒是风调雨顺，夏秋产量比 1990 年还高些。

这与今年全乡统一更换良种也有密切关系。

"总的说来，如遇正常年景，一熟小麦基本能维持全年口粮，秋熟可以卖钱。若稍遇水旱之灾，夏秋二熟能保全家口粮已属幸运。倘遇较严重的自然灾害，只得靠政府救济或自己另谋其他生存之道了。"

三、普通村民的一日三餐

"早饭：面汤加红薯，农忙时节加馍。通常无菜肴，或有一点自制咸菜（萝卜、白菜）。中饭：面条。面条分两类：一是红薯粉制的面条，一是小麦粉制的面条。农闲吃红薯面条加馍，农忙吃小麦面条，不再加馍，在蔬菜淡季不吃菜。此地农民只种萝卜、白菜两种蔬菜，主要用于腌制咸菜。晚饭与早饭相似。面汤用料有玉米粉、小麦粉两种。总之，一年365日，每日三餐，小麦、玉米、红薯配合着吃。农户家吃得好坏，主要取决于小麦所占比例的高低，其次是吃炒菜的次数。炒菜也只是炒萝卜或白菜。村民没有买菜习惯。

"关于食油。这一带也种油菜，但仅极少农户种，因为产量太低。我一家五口，全年消费食油不过10来斤，且包括猪油在内。我是乡干部，有工资收入，尚且如此。这10余斤食油，主要用于逢年过节或招待来客，此时总要炒几个菜，炸点油饼。至于肉类，五口之家，全年消费20—40斤，大半集中在春节。平时，不来客，不吃肉。"

四、关于穿衣与居住状况

"自推行土地家庭承包制以来，村民生活的衣、食、住三项，变化最快的是衣，其次是住，一日三餐的饮食结构几无变化，只是小麦消费有些提高。直到20世纪70年代，我们这一带农户纺纱织布还比较普遍。纺纱、织布、做衣、制鞋、补衣、补鞋还是农妇主要的家务活计。分田单干后，这些活计迅速减少，到90年代，我们村里只残留几台老式织布机了。如今只有少数农家闺女出嫁，自己织布做被单。这仅是一种传统习俗。绝大多数农民穿衣，如城里人一样购买成衣：一是牢，二是便宜。再说农闲时，不少男子外出打工挣钱，家务及田间管理都落到妇女身上，她们也没有时间纺纱织布了。

"直到20世纪70年代，我乡村民绝大多数住在土坯房内，砖瓦结构的平房是从80年代中期启动的。经过了10年的发展，约半数以上的农户陆续盖起了砖瓦平房，另不足半数的农户依然住土坯房。三间砖瓦平房，造价在1万—1.2万元，若再加上配房与围墙，共1.5万—2万元。为了省钱，有不少农户利用旧土坯房做配房，围墙也就不建了。在农村，绝大多数农户盖新屋是为了替儿子娶亲。如今婚礼行情看涨，结个婚起码得花1万元，加上盖房需2万元以上，逼着农民非得外出打工挣钱不可。"

五、农户收入状况

"农户的收入主要由三块构成：一是种植业，二是饲养业，三是外出打工。关于种植业，如前所说，在风调雨顺的好年景，除去上缴地方政府的，只能填饱全家的肚子而已。家庭饲养业主要是养猪。一般农户一年出栏一头猪，不多养几头主要是粮食问题。如有余粮，当然可多养几头。如有余钱，还可以购买饲料养猪，穷乡农民，哪有余粮余钱呢？饲养方法也十分传统，以粗饲料（如薯叶）为主，精饲料很少使用，故一年才能出栏。购进一头小猪15—20斤（每斤4.2元上下），到年末卖掉，可得500—700元，这是农户的重要货币收入。农民虽说养猪不赚钱，但相当于一个家庭小银行，把平时小钱积起来，到年末获得一整笔钱。

"山区丘陵地带的村民，还有养牛的习惯。养牛主要用于耕地，梁地坡地，零星小块地，还非得使用牛耕不可呢。所以对绝大多数农民来说，牛只是一种生产工具而不是饲养业。只有少数农户，养母牛生小牛出售。农户最普遍的是养鸡，或三五只或七八只，尤其是山区，来客买肉不易，故以鸡蛋招待客人。许多农户油盐酱醋钱也是出于鸡或鸡蛋。

"外出打工近几年来逐渐增多。相比之下，川地农民外出打工的比例远比山区农民高。山区闭塞，外面亲友关系少，所以外出打工启动较迟。远的跑到洛阳、西安，近的就在附近县城、乡镇。多半从事建筑，做泥水小工，也有搞运输的。外出打工以男性青壮年为主；姑娘外出，父母不放心，除非有可靠的亲友介绍。农闲外出打工，农忙一般赶回来。在外打工半年或七八个月，一般能挣回1500—2000元，农村的住房建设，主要来源于这笔打工收入。"

＊　＊　＊

一直谈到下午5时，秘书、司机催促我返回县城，于是起身与乡长、人大主席告辞。乡人大主席坚持要送我至门口，送行途中，他说："你不辞劳苦来到我们这个穷乡僻壤搞调查，这种精神令我敬佩。"接着，他悄悄地向我"泄露"一些"计划生育大检查"的"内幕"情况："每临省市计划生育检查团来我县检查计划生育，县'四大班子'全线出动，组成专门的接待办公室：下设**情报组、生活组、汇报组与礼品组**。情报组负责打听'行情'（每次'行情'不一样），包括该次检查团的人员名单、行程及其他各县接待规格。生活组负责安排检查团的食宿与娱乐事项。汇报组负责各种汇报材料。礼品组负责采办食品、高级烟酒及准备礼品、礼金。近几年来，接待规格的'行情'逐年看涨，因为各县相互攀比。从礼品发展到礼金，这是近两三年的事。县里送多少，我不太清楚。省、市检查团来县一次，得花掉10来万元。乡镇级检查，每次得花2万余元。省到县每年一次，市到县每年两次，总共三次。落到乡镇级检查，每年四五次。光计划生育检查，县、乡额外支出就高得惊人。再加上其他各种大检查，实在令县、乡不胜重负。检查评比本来是为了推动工作，如今变成接待规格大评比。党政腐败到这等地步，实在令人痛心。问题更在于，谁都知道这样做不好，但陷在里面的人都不得不这样做。谁不这样做，谁就准被'亮黄牌'。我心里犹豫很久，想来还得把此事告诉你。但你写调查报告时，千万不要说是我提供的情况。"临别，我紧紧地握着他的双手，表示："千万请放心，我有责任保护每一个受访者。再次谢谢，谢谢你的真诚与支持！"

小车疾驰在雨雪交加的回程路上，我的心纷然如飘雪，久久难以平静。我震惊于这个故事，更震惊于故事陈述者的惊恐忧虑的神情，虽然这个故事已不陌生。

这片曾经灿烂过的土地上，如今差不多成了穷山恶水。在这片贫瘠多灾的大地上，挤压着过多的人口。在这群为温饱而奋斗的村民头上，顶着一个高能耗低效率且日趋庞大的四级地方机构。这个机构犹如陷入泥坑的车，虽然在各种指令与检查的督责下高速运转，但只是徒损器件与徒耗汽油而已，并未向前迈出有效的一步。

▶ 11 月 17 日　难以应付的达标检查

雨停日出，这是 M 县之行的第一个好天气。仍由秘书、司机陪我往访 S 乡。S 乡位处洛河三条支流的交汇处，此段川谷特别开阔。南北两山相距或有二三公里或三四公里。S 乡是 M 县最西（略偏南）边的乡镇，距县城约三四十公里。再往西便是 N 县境了。在这块三川汇聚的谷地上，唐代曾诞生一位大诗人——李贺。

上午 10 时许，S 乡党委副书记在他的办公室里接受了我的专访。现年 30 余岁的副书记，大专毕业后分配到县某中学任教，后调到县政府办工作 7 年。今年元月到此处任乡党委副书记。历时 5 小时的访谈，纪要如下。

一、S 乡的概况

S 乡是三川交汇处。郑（郑州）卢（卢氏县）公路穿越全乡，交通便利。有三条支流汇入洛河，水利条件优于他乡。全乡人口 3 万余，耕地面积 4.5 万亩，其中川地 1.8 万亩，占 40%；梁地、坡地、沟地占 60%，2.7 万亩。全乡辖 27 个行政村，其中 21 个行政村在川地，6 个在丘陵山区。自然村落 80 余个，最小村落只有七八户，最大的村落有五六百户，自成一个行政村。

全乡以农业为主。夏熟以小麦为主，秋熟以玉米、红薯为主。烟草、大蒜、苹果等经济作物是近些年才引进、推广的，是属于省、市、县“富民工程”的一部分。工业基础十分薄弱。各私营、个体、合伙小企业只有 10 来家，主要从事制纸箱、纺织、木材加工与小化工，规模小而简陋。家庭作坊，谈不上什么管理。全乡的乡、村两级没有集体企业。

二、关于乡财政状况

乡财政预算内收入通常由四部分组成：一是农业税，二是烟叶税，三是农业特产税，四是工商税。从 1993 年到 1995 年，我县遭受连续三年的旱灾，秋熟歉收尤为严重。去年全乡预算内财政收入只有 70 多万元，因为烟叶税与农业特产税基本上收不上来；去年财政支出 150 万元，赤字高达 80 万元。乡财政支出，重头是中小学教员的工资，全年光教师工资就高达 114 万元。乡党政机关人员每月 2.5 万元，乡党政机关人员全年是 30 万元（乡政府内许多部门自筹资金，自谋出路，与乡财政脱钩）。养活教师与乡党政干部，全年就得支出 144 万元。

今年风调雨顺，算是个丰收年景，乡财政预算内收入可望完成。今年预算收入是 151 万元：农业税 56 万元，工商税 30 万元，烟叶税 40 万元，农业特产税 25 万元。其中，工商税只约占全部财政预算内收入的20%，80% 来自农业。

三、关于各种达标任务与检查评比

"上级政府给下级政府下达各种达标任务，并定期检查下级政府的执行与落实情况，并以此考核下级党政官员的政绩，以定赏罚、升降，这从理论上说是对的。问题出在哪里呢？一是达标任务往往定得太高，脱离下面的实际情况。二是检查过程中存在不正之风。达标任务为什么定得太高？在我看来有两方面的原因：一是**落后地区要追赶发达地区。如今，上面恰恰要我们这些跑不快甚至走不动的贫困乡、县，比先进地区跑得更快，以便追赶，全部问题就出在这里**。二是任务、目标层层下达，每向下传达一次，都增加一个提前量。为什么呢？要确保超额完成啊！超额完成，才能显示政绩啊！因此，**下级政府的一切任务、指标都是根据上级政府的要求制定的，根据追赶要求制定的，根据评比政绩要求制定的，而不是根据下面的实际情况制定的，这怎能不脱离实际情况呢？**我在县政府办工作过 7 年，对此有很深的体会。中央一再要求我们实事求是，因地制宜，实际执行起来，全然不是这么一回事。

"今年，县委、县委宣传部下达给我乡的党报党刊征订任务是 3 万元。这个指标应该说不算太高。问题是乡党委与政府的各部门都有各自的上级部门。如今，差不多每个条上的部门都有各自的机关刊物。有公开发行的，也有内部发行的，都要求下级机构订阅。县委下达文件说，除了县委、宣传部规定的党刊党报必须订阅外，乡里有权抵制其他各行业各部门的报纸杂志。县里自己顶不住来自各上级部门的压力，要我们乡去顶，能顶得住吗？一个计划生育部门，就得订五六种刊物，如《人口日报》《中国人口报》《洛阳人口报》《人生杂志》《新家庭》等，有中央办的，也有省、市办的，都说很重要，都得订阅，并列入考核范围。全年光花在这方面的费用就将近1.5万元。我们是一个人口仅有3万的落后贫困小乡，每年花在五六十种报刊上的经费高达12万余元。

"说句老实话，这一大堆报刊的利用效率非常低，一是没有时间看，二是绝大多数文章不值得看，内容大同小异，信息量很少。再说，许多报刊并不能按时到乡村。上面收了钱，也就完成他们的任务了。县委下达给我们的征订指标是3万元，但我们实际用去12万余元。小乡12万元，大乡15万元以上。每乡镇就以12万元计，全县19个乡镇，全年光这一级党政花在报刊上的费用就是228万元，如加上县级党政机关，恐怕得超过300万元。说到底，这笔钱最终还是落在老百姓头上。报上常写文章，要求我们减轻农民负担，但名目繁多的报纸、杂志本身，却加重了农民负担。农民不胜重负而上访、上告，报上又骂我们基层干部作风粗暴，以权谋私，这真是件大怪事！

"再说教育双基达标。发展经济，重在提高农民素质；提高农民素质，关键在于教育。此话当然不错，但在经济落后的穷乡，要乡政府单独背起这双基任务，是否背得动呢？**上面只喊口号，根本不考虑这个实实在在的问题。**我乡去年受灾，乡财政预算内收入只有70万元，但中小学教员的全年工资高达114万元，我们已是负债办教育了。但双基达标还规定许多办学的硬件标准，如中小学校舍标准，设备、仪器标准。今年为了应付省、市的双基大检查，我乡只得抽出30万元来盖新校舍、添置新设备。这笔钱从何而来？只能从预算外收入中去想办法，说穿了，只有向农民要。农民负担不就加重了吗？！

"还有'灭荒达标''社会综合治理达标''农田水利建设达标''计

划生育达标'，等等。在构成乡镇全年工作重心的若干'达标'中，最重要的莫过于'计划生育达标'了。我县人均耕地只有1亩多一点，在全部耕地中，贫瘠易旱的梁地、坡地占三分之二以上。现有耕地养一方人口已十分困难。计划生育的道理人人都懂，但问题是，越是贫困落后地区的农民，越是想多生孩子，尤其是必须生一个男孩。宣传教育无法扫除根深蒂固的传统生育观念。拆房牵牛似乎过于严厉（前些年用过这种严厉手段，这两年差不多禁绝了），余下的手段就是行政罚款。但超生罚款一是无明文规定的法律依据；二是许多农民并不怕罚款，越重越不怕。因为他们穷得家徒四壁，只有一点口粮，你总不见得罚掉养家活命的口粮吧，所以越是贫困落后的山村，超生现象也越严重。我们有什么办法呢？能用的手段都使出来了呀！当然，各乡镇对计划生育工作抓得紧与不紧，措施得力不得力，对一乡的超生率是有直接影响的，但要达到省、市规定的指标，实际上是做不到的。这样，当检查团来县、来乡检查时，只能在隐瞒与接待规格上下苦功夫了。在每年的各种达标检查中，次数最多的就是计划生育。省里每年一次，每县抽查若干乡，但各乡都得做好准备；市里每年两次，每县每乡都检查到；县里每年两次，每乡每村都检查到。这五次大检查每年有固定时间，制度化了。另外还有一些不定期的、不打招呼的突击性抽查。

"每年10月、11月，可以说是各种达标大检查月。县'四大班子'，各乡镇主要干部整天应付纷至沓来的各种检查团，牵制的精力且不说，接待的费用就不胜负担。真是劳民伤财，疲于应付。"

四、分田到户后的乡村社会管理问题

"分田到户以后，在农村社会的管理方面出现了许多新情况、新问题。其中**最突出、最尖锐，也令我们农村基层干部最忧虑的问题，是地方党政权威大为削弱，管理控制能力日趋弱化。长此以往，党在农村的统治基础就会动摇。**

"说实在的，乡、村两级政权是农村社会管理的两块基石。这两块基石一旦发生问题，整个政治上层建筑势必发生动摇。在行政村一级，

如今有才、有德的人，不愿担任村支书、村主任职务。有能力赚钱的人，可以自己办厂经商，也可以跑到外面去打工。当然，不能说现在的村干部都是些坏人，也有好人，愿为村民百姓干点实事的好人，但通过这个职位以权谋私的人确实不少。乡镇一级而言，问题也不少。乡镇政府主要是贯彻落实上级政府与部门下达的各项指标与应付各种达标检查。这些指标，或定得过高，或不切实际，单是计划生育一项工作，就占去我们大半精力。

"分田单干以后，乡、村两级的集体经济全然丧失。乡、村两级没有自己集体收入的来源，办点公共事务都得向村民集资、摊派，这怎能不得罪老百姓?！我们曾到沿海发达地区参观学习过（县、乡主要干部大多到沿海去参观过），他们把土地分掉之后，集中力量发展乡、村两级的集体企业。有了新的集体收入，乡、村两级不仅不向村民要钱要粮，反而可以'以工补农'，农民能从乡、村集体企业中得到好处，干群关系自然就密切了。我们失掉了农业这一块集体经济，又无法像江浙沿海农村那样，创办乡、村集体企业。前些年，市、县要求我们大力创建乡、村集体企业，但都失败了。内地农村，没有江浙农村的那个条件。我们没有集体经济这个基础，吃饭办事都得向农民要钱，要粮。即使不向农民要，农民全部自种自食，也只能维持个温饱。乡镇政府，如单凭一点农业税与少量的工商税，连教育这一块都维持不住。要增加乡镇政府收入，维持开支，只得向农民多要一点，干群关系因此而紧张。有人建议把现行的土地家庭承包制变为'两田制'：一部分是口粮田，按人均分给村民；一部分是承包地，控制在村集体手里，其承包费作为村集体收入。有了这一块收入，村干部就有了积极性，也能替村民办点实事了，且无须老向农民伸手要钱粮了。我看这倒是一个好办法。

"如今上面制定的法律实在太多。依法办事，从道理上说没有错，问题在于**有许多事情，依法是办不了的。**计划生育规定一对夫妇只生一胎，如果生了二胎怎么办，法律没有规定。文件是有规定的，说是可以罚款。但罚款不缴怎么办，法律没有规定，文件上也没有规定，我们只得强制征收罚款，但强制征收是法律所禁止的。这叫我们怎么办?! 再说，征收乡统筹、村提留款，多数人是缴纳的，但少数刁民泼妇就是不缴，怎么办? 法律没有规定，文件上也没有规定。总之，法律制定一个又一个，但对有些该做出具体规定的，反而没有规定。

"分田单干以后，农民有了土地，有人身自由，可以外出打工挣钱，他们可以不依靠政府而活。地方政府对农民、农业与农村的行政控制能力自然大为削弱。有句顺口溜，很能说明问题：'有吃有喝不求你，出了问题就找你，处理不公就骂你。' 如今报上有些文章把农民描写成温驯的绵羊，而把乡、村干部描绘成鱼肉百姓的酷吏。其实这只是一面之词。从前，我在县政府机关工作，也很同情上访、上告的农民，痛恨横行乡里的'村霸'。现在到乡里工作了10个月，才深切地感受到如今的农民并不温驯，刁民泼妇确实不少。乡、村政府在农民心目中没有什么权威。

"乡镇一级的干部回避制、任期制与考核制也存在不少问题。就拿我乡来说吧，11 年之内、调换了 9 任书记、8 任乡长。乡镇一、二把手频繁调动，这是一个很普遍的现象。任期按规定是 4 年，但极少有期满调任的。工作推动不力，调人；书记与乡长关系不好，调人；临时工作需要，调人；县党政班子调整换，更是调人。而且，说调就调，很少与下面商议。新来的书记有自己的一套计划：前任推行苹果种植，后任说种植蔬菜更好。一个将军一个令，受折腾之苦的还是农民。干部考核，一看政绩，二看关系。让上面一眼就看得到的政绩，大多是些花架子，表面文章。

"关键在于乡镇财政。一要吃饭，二要办事，这需要钱。我到 L 乡工作了 10 个月，只休息了 4 天。用'又苦又累'来形容，实不为过，但报酬呢，实在少得可怜，每月只有三四百元，且有 3 个月没有发工资了。一级政府连吃饭都顾不上，哪有余力办实事呢? 整年忙碌，全在应付各种达标检查。"

*　*　*

陈书记派人请来一位老先生陪我参观。这位 60 岁开外的忠厚长者，原是乡中学语文教员，曾在乡文化站工作多年，如今退休在家以书法自娱，且对李贺生平及其诗歌颇有研究。由其陪同参观自然是再合适不过的了。

据老先生介绍，李贺（790—816）是福昌县昌谷人。福昌县城故址如今已成为百余农户的村落。村内唯存一座"福昌阁"。昌谷，即廉昌江下游十数里的谷地。该谷地现有七八个村落。李贺故里到底在哪一个村落，有各种说法，多系猜测。一般认为在廉昌江与洛河交汇处东北角的西柏坡村。因为李贺有些诗句谈及他的故乡，与西柏坡村的地形、地貌略相符。李贺家境清贫，英年早逝，只做过奉礼、协律郎一类的小官，亦无子嗣。故其庐墓在宋代已荡然无存。

老先生陪同我参观两处：一处是李贺纪念亭，一处是西柏坡小学内的李贺雕像。这两处纪念物都是老先生提议修建的。1990 年，在洛阳召开全国性的李贺诗词研究会。会议期间，与会者提议参观李贺故里。为了不使参观者扫兴，也"为了我乡的脸面"，县、乡政府拨款修亭建雕像。碑刻文字，皆出自老先生之手。

李贺其人凄苦窘迫，英年早逝；其诗呕心沥血，鬼斧神工。千百年来，其诗流播，可谓不朽。至于其庐墓之或存或否，原址在此处或他处，则不得而知。

5 时半，返回县城。

▶ 11 月 18 日 "南霸天"

原打算再走访三个村（一个川地村，一个丘陵村，一个山区村），商之于赵秘书，似有为难之意。他说："前些时一直下雨，乡村道路泥泞，小车开不进去。"要求陪同人员弃车徒步，跟着我一路滑进村落，这或有些苛求了。不过，他提出了一个替代办法：叫村支书、村主任到旅舍来，接受采访。他说："各村大同小异，只要调查一个村就够了。你是 W 副书记请来的朋友，我是 W 副书记的秘书，只要一个电话，保管叫他们准时到达，你问什么问题，他们答什么问题，一定会老老实实地答复的。"不得已，只能求其次了。

上午，我在旅舍整理调查笔记。下午 2 时，秘书、司机带来了 4 个人。他们是 L 乡某村的村支书、村主任与村会计，还有一个乡电站人员。采访概要如下。

一、关于农民负担问题

村主任说："农民负担，老百姓都称之为'皇粮'。'皇粮'分夏秋两季缴纳。今年我村的夏粮人均上缴小麦 100 多斤；秋粮缴玉米，人均也是 100 多斤。"我问："农民上缴粮食，粮站给不给钱?"村主任答："这是'皇粮'，怎么给钱? 从不给钱的。"又问："在上缴的夏秋粮中，各包括哪几项农民负担，各项目各缴付多少?"村主任、村支书与村会计议论了将近 10 分钟，还是没有说清楚。作为村支书、村主任与村会计，对农业税、三项村提留、五项乡统筹似乎没有明确的概念。

我问："除了上缴'皇粮'外，村民还要缴钱吗?"他们想了一会儿，说："还要缴纳'**不种烟**'的钱，每人 20 元。"原来，该村人口 2500 人，耕地 2000 余亩，另有 1500 亩旱坡地，1500 亩河滩地（河滩地只能栽种柳树，不能种庄稼）。全村人均耕地（川地）只有 0.8 亩，只能种粮，没有余地种植烟草。但乡政府分摊给该村的烟草种植面积有

400 亩，每亩缴纳烟叶税 120 元。绝大多数农户不种烟草，但必须承担烟叶税：全村烟叶税共 5 万元，分摊到个人，每人 20 元。村主任说，其他各村情况也是这样。我问："村民对此有无意见？"村会计说："怎么会没有意见？！老百姓骂我们，我们骂谁去？！真是'哑巴吃饺子——肚里有数'。"

谈到农村电价。他们说："市里核定电价是 0.49 元，但通常每度实收 1 元左右，有时收到 1.5 元以上，最高时达到 1.8 元一度电。"我问电站管理员："为什么实收价比市核定价高出一两倍，甚至两三倍？"村电员支支吾吾，说不清楚。司机对我说："你问问他一个月工资有多少？"他答："300 多一点。"司机朝他冷笑道："听他说鬼话，工资加奖金，月收入起码六七百元。还有到各村去白吃白喝呢！"秘书说："县电力部门是全县油水最足的一个部门。全局三四百人，工资、奖金、吃喝及各项福利全都出在这个差价里。"

二、关于乡村宗族、家族势力与村政权问题

村支书说："村委的工作主要是执行乡政府派下来的任务。光有职位是没有用的，还得有权有势。这就是说，得有家族势力的支持。我这个村支书，可以说是有职无权的，做什么事，还得看别人的脸色。"我问："你是村支书，在村里还要看谁的脸色行事呢？"司机替他做了回答："他们村有个'南霸天'，他得看'南霸天'的脸色。他虽然当了村支书，可还是怕'南霸天'。"

所谓"南霸天"，即该村前任村支书，姓 Z，有兄弟四人。一人有权，三人有"拳"，"权拳"结合，形成一股势力，横行村里达 10 余年。两年前，方被新上任的乡党委书记罢免。人虽下台，但村里依然没有人敢惹他，因为他们兄弟四人抱成一团，"拳势"依旧，再说，乡里、县里还有他们的亲信故旧。

我问现任村支书，Z 氏家族怎么个霸道法？他们议论了一会儿，罗列四条罪状。一是贪污 2 万余元"耕地占用费"。1996 年，卢郑公路扩建，占用村里 10 余亩耕地。国家给村里一笔"耕地占用费"，其中 2.4

万元被"南霸天"占用。二是他们兄弟四人占宅基地近 4 亩,共超标 2.5 亩,且是全村最好的地段。三是欺男霸女。在其任村支书的 10 余年内,全村有 10 余名妇女被他奸污过,夫妇们至今不敢吭声。四是作风粗暴,征粮派款,稍有怠慢,即挥拳打人。

我对村支书说:"在村委中,主要是村支书、村主任、村会计三人。如今,村支书、村会计同姓,村主任虽是 Z 姓,但很配合你的工作。加上平时受'南霸天'欺负的那么多村民,你们联合起来,难道对付不了一个'南霸天'?"(该村有 500 余户、2500 人,既是一个自然村,也是一个行政村。该村有 C、Z 两大姓,余为五六小姓。前任村委,村支书、村会计由 Z 姓担任,村主任 C 姓。现任村委,村主任由 Z 姓担任,村支书、村会计由 C 姓担任。)C 支书叹了口气说:"**村里人的毛病,就是人心不齐啊!不要说各姓之间隔肚皮,就是同宗同姓也没有用。除非自家兄弟,有问题才肯出来相助。**不信,你问问他们两个(指村会计与村主任),能不能联合起来对付'南霸天'?"村主任、村会计面面相觑,没有说话。

谈到晚 6 时,秘书请我们去吃饭。他在县委招待所的"雅间"设下一席,上菜、喝酒、猜拳,7 人一直喝到晚 9 时,村支书四人已是酩酊大醉。秘书只得把他们打发到我隔壁的房间去睡觉,然后独自回到我的宿舍继续聊天。他说:"这些村干部水平实在太低,只会吃喝,不动脑筋。与他们这些人讨论不出个名堂来。我在县委办公室工作了七八年,对乡、村两级情况比较熟悉,还是由我来回答你的问题吧!"显然,三天来的朝夕相处,他已把我当成他的朋友与师长了。是晚一直聊到凌晨 3 点。

三、关于村民的"自治"还是"被治"

秘书说:"村委设立的出发点是村民自治,但实际上农民群众感觉自己是被治的。对于农民群众来说,最好是上面少管他们的事,越少越好。我们在乡政府之下设立村委,是要求村委贯彻落实乡政府下达的各项任务。对丁农民来说,孩子最好多生几个,粮款最好少缴纳一点;对于地方政府来说，孩子只能生一胎，钱粮最好多出一点。所以，农民群众要求与政府设立村委的行政意图不一致。这就使得村民民主选举成为一种形式。再说，即使真的让村民民主选举，他们选出的人未必肯干，因为这份差使劳而少酬，且得罪人。"

四、关于乡、村干部与村民的对立情绪

秘书说："在农村，群众与乡、村干部互不信任，情绪十分对立。我在县里工作，经常看到村民来告发他们的村或乡干部。截止到今年9月，我县村民到县到市集体上访、上告的事件，已累计29起，远远超过上访指标（上访次数也有指标，这是我第一次听说，全年指标是5起）。所告的问题，最集中的是村财务，再次是宅基地分配不公，其次是计划生育中的问题。还有一些其他问题，如乡、村干部强迫农民改变种植结构，等等。

"这些年来，农民群众普遍感到不满的是两件事：一是农民负担太重，二是社会治安太坏。至于计划生育嘛，这倒比较复杂。人均只有那么一点耕地，多增一人，就得多一份口粮田与宅基地。人口若不严加控制，要不了几年，准得全村挨饿。这个道理农民知道得比我们还清楚。超生罚款，他们也认为合情合理。农民对计划生育的不满，主要针对乡、村干部在执行计划生育过程中的问题而言的。一是有权的，凭关系超生的可不罚款。二是罚款太重，征款太急，作风粗暴。对计划生育本身，农民知道是项国策，没有谁反对的。只是临到自己头上，头胎生了个女孩，总希望再生个男孩。这里既有传统观念上的问题，也有切实的需要，这与城里人是不相同的。

"再回过头来说社会治安与农民负担问题。农村社会治安，总的趋势是越来越坏，而不是越来越好。今年年初，中央组织了一次全国性的严打。我县也抓了一批，判了十几个，情况确实有所好转，但近一两个月，偷窃、抢劫案件又开始上升。严打，只是一种治标不治本的办法。什么是治本？加强教育宣传吗？现在谁来听你这一套空论。如今，一头是贫困，一头是花花世界，各种享乐、诱惑多得很，连许多党政干部都

抵御不住，有权的以权谋私，无权有胆的想不劳而获，快速致富，往往走向偷抢一路。

"农民负担方面，中央年年下文件，要求减轻农民负担，实际情况是年年在增。我县是个贫困县，是国家重点贫困县之一。农民温饱问题还没有彻底解决。风调雨顺可以图个温饱，一遇稍大一点的旱洪之灾，连温饱都达不到。县里的几家国有企业大多亏损，各乡、村基本上没有集体企业，私营工商业也极不发达。所以，县、乡两级财政主要落到农业这一块。农民本来就穷，问他们要一点钱粮，他们都会叫起来，何况要得越来越多？至于县、乡财政，开支又越来越大，光是教育这一块，就占去各乡镇财政收入的 60% 至 70%，甚至更多。县财政收入的 30% 以上也是用于教育。教育已成了贫困乡县最为沉重的财政包袱。县、乡行政这一块，机构庞大，人员过多。且办公条件与发达地区攀比，纷纷追求现代化。再穷的乡，总得配备二三辆小车，主要干部还得配备手机、BP 机。这些设备的购置费且不说，每年的使用费就得增加 8 万到 10 万元。一乡如此，全县 19 个镇，加上县党政各部门的，这一笔费用就很惊人。还有县、乡、村三级每年应付各种检查的请客、招待费用，县、乡新官上任，总得办点实事、搞点政绩吧，这又得花钱。如前所说，如按正常的财政收入，不足以维持县、乡两级的教师与行政人员的工资，这个巨大的财政缺口，如何弥补呢？只能到财政预算外去动脑筋了。于是强令农民种植烟草，各种集资、摊派，各种罚款都冒出来了。单靠中央文件就能禁止得了吗？"

我插话说："财政无非是两件事，一是收钱，二是花钱。这里有两种截然对立的财政原则：一是量出为入，即根据花掉多少钱去征收多少钱；二是量入为出，即根据能征收多少钱来确定办多少事，养多少人。从理论上说，一切财政必须执行第二种原则，但在实际上，我们却在执行第一种原则。贫困县、乡的当务之急，是要从根本上扭转这种局面，坚决采取第二种正确的财政原则。"秘书笑道："这是关起门来书生议政。如按有多少钱、办多少事、养多少人的原则办事，首先得精兵简政，其次得廉政勤政。关于精兵简政，我们叫了多少年，也精简过几次，政越简越多，光是每年的各项达标检查就忙得'不亦乐乎'。兵呢，越精越多。每年派给我县的大中专生就有 500 余人，复退军人三四百人，都得安排。再说，精简一兵，摔掉一人饭碗；精简一个部门，摔掉一批人饭碗。他们一定会跟你拼老命的。如今，哪个当官的肯干这种虽于政有益，但于己绝对有害的事情呢?! 再说，那些现代交通、通信设备及各种招待应酬费能节省得了吗? 俗话说，由俭入奢易，由奢入俭难啊。"一席话，说得我无言以对。其实，我又何尝不知其中的难处呢? **这个完全有可能导致中国政治与社会危机的大难题，看来必须由中央来下决心，下大决心来加以解决。这就是说，经历若干年的经济改革之后，政治改革的任务已迫在眉睫，刻不容缓了。**

五、县、乡主要官员调动过于频繁及买官之风

"县、乡党政主要官员，从理论上说有规定的任期，其实，说调就调、无规则的频繁调动造成许多短期行为，无法制定一县、一乡的长期发展计划，制定了也无法延续。一个将军一个令，一朝天子一朝臣，下面跟着变过来、变过去瞎折腾。干部频繁调动的原因是多种多样的，但其中有一个原因在近几年内变得突出起来，那就是**跑官、买官现象**。有句顺口溜如今很是流行：'**要想富，调干部。**'还有一句是：'**光研究，不宣布。**'官职有大小之分、肥瘦之别，在官场里混的人总想得到大一点、肥一点的官职。这也是人之常情，问题是凭什么获得这些肥缺。从前是凭学历，凭政绩，凭关系，凭运气，如今开始凭交易了。为什么'光研究，不宣布'呢? 火到猪头烂嘛。钱送到，就宣布了。至于利用婚丧或春节拜访之际送重礼的，更是一种普遍现象。少则三五千元，多则万把元。一是联络情谊，二是到时有肥缺收获。"我请他举些实例，他却顾左右而言他。

谈到凌晨 3 时方睡，早上 8 时起床。秘书起床后的第一句话是："**昨晚所谈，出于我口，入于你耳，到此为止。千万不要向领导汇报。这几天相处，我是把你当成我的可信赖的朋友与可尊敬的师长。**"

▶ 11 月 19 日　贫困县要争也要瞒

上午 9 时，秘书陪同我走访县扶贫办。

现年 52 岁的扶贫办主任在此任上已干了 6 个年头。他当过兵，做过供销社营业员，历任公社武装部干事、副部长与部长。1988 年升任乡党委书记，不过数月而调到县水利局任局长。两年后调到县扶贫办任主任。这对一个农家子弟来说，算得上"仕途通达"了。(拥有五六十万人口的 M 县，县、乡级副科以上干部约 600 余名，其主要来源一是复退军人，二是大中专毕业生。) 热情的主任在他的办公室里接受了我的采访。

一、关于贫困县的确定与扶贫办的设立

"1989 年，我县被河南省确定为**省贫困照顾县**。省贫困县与省贫困照顾县的区别在于，后者已接近但未达到省制定的贫困县各项标准，因而只能部分享受省政府给予贫困县的各项政策优惠。是年，县政府增设扶贫办，正局级，先由民政局局长兼任扶贫办主任。1990 年，我调到县扶贫办做主任。县扶贫办共七人。在各乡镇不设下属机构，但有兼职。乡长或副乡长兼扶贫工作。

"1994 年，我县从省贫困照顾县直升为国家级贫困县。这是由于我县在 1992 年、1993 年连续遭受大旱，农民返贫率很高。是年，洛阳市辖九县中，还有一县（伊川县）定为国家级贫困县。在九县中，有两个国家级贫困县，五个省级贫困县。河南全省 110 个县，其中约 30 个为贫困县，基本上集中在豫西、豫南两个地区。"

二、确定为国家级贫困县的好处

"确定为国家级贫困县约有两大好处。一是可以得到 1200 万元低息贷款，用于扶持本县的种养业、采矿业与加工业。按规定，有贷有还，

还后再贷，最长贷款期5年，实际上要求3年收回贷款。二是可以得到省、市财政拨款，每年80万元，专款专用，主要是项目开发或以工代赈，用于修路、吃水工程或水电工程。还有一些政策优惠，如减免税收等。但这些政策从未落实过。"

三、M县实有贫困乡数与"上报"的贫困乡数

"全县19个乡镇，300余个行政村。其中列入贫困乡、贫困村的，实有13乡，73村。某县确定为贫困县，并非该县所有乡镇皆属贫困；同样道理，某乡镇为贫困乡镇，也并非该乡镇所辖所有各村都是贫困村。**衡量贫困的标准是：年人均收入530元以下**。截止到今年，我县实有贫困乡13个，贫困村73个，共计26110个贫困户，11.6万贫困人口，但去年县委规定我们只能上报8个贫困乡。"

贫困乡实有13个，但上报8个，这个被"上报"隐瞒的差数引起了我的兴趣，故问："乡、县在逐级上报贫困程度时，通常是增多一点呢，还是减少一点？"主任说："一般来说，讲得越穷越好。贫困乡、县是要花力气去争的，因为定为贫困乡、县，上头便会给些优惠。""那么，你们县明明有13个贫困乡，县委为什么只允许上报8个呢？"他答："**县委、县政府辛辛苦苦干了几年，贫困状况一点也没有改变，或改变很少，总说不过去的。减少一些贫困乡数，可以说明政绩呀！**"我说："这样说来，两种矛盾心态同时具备了。"赵主任默而未答。（我曾看过一本论述现代管理的书，其导言中有一句话："所谓管理的现代化即管理的数字化或数字化管理。"因其言简意赅而印入我的大脑。数字化管理的前提条件是**准确的统计**，但我们的统计数字往往不是来自事实，而是根据各级官吏的政绩仕途之需而随意更改。这与其说是一个管理问题，远不如说是个政治问题。）

四、贫困山区村民的生活现状

"我县地形分三类：一是川地、二是丘陵、三是山区，所谓'三山六丘一分川'。川地的耕地较肥沃，抗旱能力强，且交通较便利，故川

地村民比较富裕。相反，丘陵、山地的土地较贫瘠，抗旱洪能力差，且交通不便，全县的贫困乡、村基本上集中在山丘地带。上月，我曾到某乡做过调查。以该乡的某村为例，说明山区村民的实际贫困状况。

"该村离洛河川地约 20 公里，天晴时，小三轮、小吉普车勉强能进入该村。该行政村下辖六七个自然村，共 200 余户，五六百人。两年前，这六七个自然村属于另一个行政村，因村支书、村主任都是其他自然村人，他们的利益屡遭侵犯，故闹着分家。经县、乡政府同意，他们单独建村。在山区，自然村规模很小，一个行政村往往下辖七八个甚至十余个村落，村支书往往出在其中较大的村落。村干部的袒护行为往往成为分村的原因。

"该村 200 农户，90% 以上依然居住在窑洞里。窑洞通常宽三米左右，深四五米或七八米不等。里面十分昏暗，前些年才通了电。各农户使用的家具大多自制，自制家具包括长木凳、小靠椅、木床、矮方桌（用于吃饭）、板箱（贮放衣物）、小书桌（供小孩儿写字之用）。除了电灯外，基本上没有其他家用电器。窑洞外有灶间，灶台用土坯垒制，大小两铁锅。窑洞外有一平地，宽狭不一，大部分农户有土围墙。通常，一家老小住在同一窑洞内，并无间隔。闺女长大，另置一床。

"早饭：玉米糊加红薯片。该村缺水，基本无法种菜。天不旱，在沟底有些积水；天稍旱，即干枯，但还有些许井水，仅够人、畜饮用。若大旱，连水井也干枯，必须每天到数里外的小水库去挑水吃。贫困山区，最缺的就是水。中饭：稀面米或糊涂面条，有时加点蔬菜。在沟底，有些地块能种点蔬菜。喝上两碗，塞饱了事。晚饭吃小米汤或玉米汤，另加馍。馍有三种：红薯粉做的叫黑馍，玉米粉制的叫黄馍，小麦粉做的叫白馍。当然，更多的是混合制成的馍。小麦、玉米、红薯、小米是山区村民的主粮。村民间生活条件的差异，主要表现在全年食用小麦所占比例的高低。在山区，小麦占全年口粮的 35%—40%，而在川地，村民常年能吃上白面、白馍，玉米、红薯等杂粮基本上用于调节口味。当然，这是指正常年景而言的。一年两熟，小麦一般不会绝收；秋季玉米如遇大旱，往往颗粒无归；但红薯特别耐旱，如遇旱灾，山区村民主要靠红薯度荒年了。

"五口之家，全年食油在10—20斤，通常用于逢年过节或招待亲友之用。山区村民平时不吃炒菜。逢年过节，方赶集割肉：小节1至2斤；春节每户或五六斤，或十来斤。每户皆养鸡。鸡蛋主要用于招待客人，给老人滋补养身的。"

五、山区农户货币收入的来源

"山区村民的货币收入，通常有三个来源。一是出售经济作物，如花生、黄豆、红薯或烟草。烟草是近几年来推广种植的，但效果并不理想。二是家庭饲养业。据我估计，山区60%—70%农户养猪。由于村民无钱购买猪饲料，也无多余的粮食给猪吃，村民养猪以粗饲料为主，全年出栏一头猪。养猪并不赚钱，只是积钱。年末出售一头猪，可获四五百元，这对贫困山区的农户来说，是一笔重要的现金来源。60%—70%的农户养牛，主要用于耕地，养小牛出售的只是少数农户。三是外出打工，近七八年来逐渐增多。如今外出打工已十分普遍。山区半数以上农户有此项收入。打工方向以本市、本县为主，也有到西安一带的，到沿海打工的甚少。打工内容基本上是建筑小工。农闲外出，农忙回家。打工时间之长短及收入，各人之间差别很大，很难做出一般估计。我们对此没有做过专项调查。"

六、山区的农田水利建设问题

"扶贫关键，在于加大对农业水利基本建设的投入。我县的贫困乡、贫困村，绝大部分集中在山区。贫就贫在农田水利条件太差。雨水一多，冲毁沟底的良田、保命田；一旱，梁地、坡地有绝收之可能。温饱问题都得不到解决。我县的脱贫致富，关键在于脱贫，脱贫的实质在于解决温饱问题。如果连温饱都解决不了，还谈什么脱贫，更谈不上什么致富。要真正解决温饱，解决脱贫，并有效地制止脱贫后的返贫问题，只有一条路可走，即大力加强农田水利基本建设。说实在的，我县现有的一些水利设施，多数是集体化时代的产物。农业集体化虽然有许多毛病，但在集中力量搞农田水利建设方面，确实是有效果的。如今分田单干，这方面的问题日益突出。

"在农田水利建设方面，存在两大问题：一是投入实在太少。我县这些年的扶贫贷款，大部分用于**修建公路与办乡镇企业**了。只有很少一部分钱用于农田水利方面，且仅限于人、畜饮水工程，或用于农村用电工程。县党政领导对有限的扶贫贷款做这样的安排，或有他们的道理。问题是，单靠行政命令在条件不具备的乡村推行乡镇集体企业，绝大部分是失败的。我县在这方面花掉的冤枉钱实在太多了。二是效益太差。我县每年冬季各乡都搞农田水利建设，县里规定每个农村劳力每年出 30个义务工，主要用于农田水利建设。但这些工程用于应付检查的多，实际发挥作用的少。在乡镇干部方面，是为了应付上级检查、考核；在村民方面，也是敷衍了事。**分田单干后，人人只顾自己，凡一项水利工程，对他的村、他的地没有直接好处的，他们就没有积极性。总之，分田之后，再集中起来搞农田水利建设，难度确实很大。这里绝不单纯是个投入多少的问题。**然而，这个问题不彻底解决，单是靠天吃饭，一遇旱洪之灾全县立即大面积返贫。我县如此，洛阳其他各县，情况也好不到哪里去。"

访谈结束，已是中午 12 时。

*　　*　　*

下午 1 时半，秘书、县保密局局长及两位司机陪同我拜谒程园。位处伊川县城西侧白虎山下的程园，是程珦和其子程颢、程颐的墓地。此行的另一个重要动因是想看看伊河、伊川及夹在伊、洛两川之间的丘陵山区。该山区属于豫西熊耳山脉的一部分。

从 M 县城出发，沿洛川西（偏南）行三四十里，便到达卢、郑与渑（池）、伊（川）公路交会处，而后沿渑伊公路东行，便进入洛、伊之间的山区。沿途没有众峰叠嶂，没有青山碧水，而此乃南方山区的一般景观。满目所见，山梁、山坡、山沟，举凡一切有土的地方皆辟为梁地、坡地与沟地。只有在沿途的村庄内，方能见到几株稀落的树木。如今已是初冬时分，播种在形状各异、大小不一的坡地或梯田里的小麦已长出青苗，使得满目荒凉的黄土地略有一点生气。沿途仍不时见到在地里收红薯的农民，他们把刚出土的红薯切成片，摊在地上晒干。

陪同人员告诉我，洛河流域有卢氏、洛宁、宜阳三县；伊河流域有伊川、嵩县两县。夹于两川之间的熊耳山区分属这五县。五县的贫困乡村大多集中于此。熊耳山区可用"荒山秃岭、沟壑交错"八个字形容。若遇大雨，沟平地被山洪冲毁；若遇大旱，秋粮绝收。伊洛山区村民依然靠天吃饭。一般来说，夏粮可能歉收，但不大可能绝收；秋粮玉米有可能绝收，红薯不大可能绝收。山地村民主要靠小麦、红薯苦熬日子，或外出打工以补不足。

在这片贫瘠干旱的土地上居住着数百万农民，仅为维持温饱而终年辛勤。他们把这片本该长树、长草的山地犁成耕地，这一过程是何时完成的呢？要知道，在伊、洛两河交汇处的一大块冲积平原及伊、洛两川数百里谷地，曾经是中国农耕文化的发祥地之一，是造成古代都市——洛阳——文化的基础。在我的推想中，伊、洛川谷及其冲积平原是古代农耕的理想场所；两河的坡地、丘陵是长满青草的牧地，两河之间的山区则为森林所覆盖。只有这样的自然生态环境才能造就古都洛阳的繁荣。这样良好的农耕生态环境何时开始遭到破坏的呢？

我想，以洛阳为中心的都市文明之发展，恰恰成为这一地域文明衰落的原因。城市的**建材**、**燃料**与**殡葬棺木**皆仰仗于伊、洛山区森林的木材。这正是伊、洛山区森林渐遭毁灭的原因。明代中、晚叶之后，玉米、红薯的引种，更使得这片山地具有了耕种价值。日趋增长的人口，凭着小麦、玉米、红薯，能在这块贫瘠干旱的土地上生存下来，同时也是世代守着这块土地的农民陷入贫困的原因。想到此，我突然感到一阵揪心的疼痛。看着窗外这片没有树木的荒山秃岭，仿佛看到了这方被古代文明所遗弃的土地。我们能否通过大规模的农田水利建设，将这片饱受旱洪之苦的土地变为旱洪保收的肥田沃土？看来很难很难。那么是否应该**退地还林**？但这数百万农民迁移到何处去？据说，中国尚有 6000 万人口生活在绝对贫困线下（人均年收入 530 元以下），他们的贫困主要是生态型的——由穷山恶水造成的贫困，是最难摆脱的。

下午三四时，穿越四五十公里的山路，进入伊川之畔的伊川县城。赵秘书请来县文化局局长老杨做我们的导游，一同驱车前往程园。程园前有一段数百米长的土路，坑坑洼洼，极难行驶。老杨说："我们向县财政局打了好几年报告，要拨款修这段路，都说没有钱。不过平时到此参观者甚少，只有程家后裔每年来此祭扫。程氏后裔中有钱的倒不少，但他们谁也不肯出这个钱。"地方政府无钱修路，有钱的程氏后裔们不肯出钱修路，曾经统治过中国思想界的程朱理学似乎彻底地被人遗忘了。

程园位于伊川县城西侧白虎山下。所谓"白虎山"，只是一平缓坡地。杨局长帮我们叫开紧闭的大门，领我们一路参观一路解说。该园原址有 1200 余亩，如今围墙内仅存 50 亩，其余皆辟为耕地。进入山门，前行数百步便是墓地：程珦居中，程颢、程颐分处两侧。墓冢圆形，有 1 米高的青砖围护，墓顶高 3 米，径约 10 米。东行数十步，是"二程"的三位叔父——程璠、程琉、程琦之墓。园东北角还有三座小坟，是程颢的一子二女，皆夭折：一为 2 岁，一为 6 岁，一为 24 岁。杨局长说，程园的柏树很有名，现存 537 棵，有宋元时期的，也有明清时期的。初冬时节，依然苍翠浓郁，漫步林下，有肃穆之感。

园内有石雕、石刻数十件，皆凌乱放处。墓祠、祠院两侧还有不少历代碑刻，未经细读。祠堂有一副楹联："自古汉唐无双仕，于今伊洛第一家。""无双仕"或言过其实，但在中国儒学发展史上，"伊洛第一"或是确评。

"二程"创立的理学，经闽北朱熹的发扬光大而成为明清官方意识形态。孔子说了一番做人做官的道理，孟子说这个道理源于人心，董仲舒说源于天。"二程"说，这个道理既在天，也在于人性。中国从未创造出一个类似西方的宗教，原因何在？

795

古代中国只有家与国两种组织形态，所有中国人首先生活在家内，其次生活在国内。故一切道德、伦理、法律的基本职能，便是维护这两类组织的内部秩序，这便是三纲五常。尤其是三纲：二纲维持家内秩序，一纲维持国之秩序。中国人一直生活在世代相沿的家内及周期性更新的国内，故只需伦理（辅以法律），无须超越家、国的上帝与宗教。从孔孟直到程朱，家、国结构未变，维系家、国内部秩序的"道理"未变，所变的只是论证方式。至程、朱，完成精致化、哲学化的论证工作。

若要理解儒家传统的当代意义，不应从儒学经典的释读中去寻找，而应从近百年来，尤其是近50年来，近而言之，从近20年来中国的家与国的演变过程中去寻找。这个演变过程分两个方面，**一是观念上的，二是生活世界内实际发生的。**就观念方面而言，也须分两个方面；一是接受西学影响的知识分子头脑中的观念，二是普通百姓的观念。就生活世界方面而言，也应将城市与乡村、沿海与内地做出区分。这一分析因其过于复杂，需另撰文加以阐述。要而言之，中国的家与国，皆处于变化之中，近20年来这个变化过程加速了。就家而言，似乎朝着核心化、平等化（这两个过程差不多已经完成）与契约化方向发展，个人的独立化过程似乎正全面展开。就国而言，形式变化较大，而内容变化较小。总的结论是，随着伦理性的家、国向契约性的家、国的历史性演变，儒学的伦理核心将失去其现实意义。

值得一提的是，在国之下家之上（之外），中国一向缺乏社会中间组织。宗教、学社、会馆、秘密社会一类的超家族组织，其实是模拟家族伦理原则构建起来的。按传统，家之内的事务，由家长主管；国之政务，由君主及其官僚主管。**非家所能单独办理的事务，通常通过私人亲友关系并按礼尚往来原则加以处理与解决，而不是由各家按平等协商，建立一个组织，制定一个章程，选举一个领导的民主化办法来解决的。**这两大传统（按家族伦理组建起家族组织，利用亲友关系解决非家所能承办的事务），随着近现代工商业的发展，随着社会交往的日趋扩大，并没有发生质的变化，相反朝着量的扩张方向发展。我们在人们的经济活动、社会交往、政治过程、司法过程中，都能看到编织复杂的私人关系网络。**随着家国传统职能的萎缩，私人关系网络及准家族组织越发活跃起来了。**理性知识分子预期的个人化、平等化、契约化的民主过程似乎并未出现。**这一现象应引起每一个关切中国现代化实际进程的人们的高度重视。**

离别程园，杨局长建议我去参观范仲淹墓地，在伊川县彭婆乡许营村。没想到这位"先天下之忧而忧，后天下之乐而乐"的宋代政治家也葬于伊川县。可惜时间已晚，只得与我所仰慕的先贤失之交臂了。

返回 M 县，已是晚六七点钟。

与陪同的诸人共进晚餐。席间闲谈，获两段顺口溜值得记录。

1. 工资基本不动，生活基本靠供。住房基本靠送，老婆基本不用。

（据他们说，对于乡、县执有实权的官员来说，前三句基本属实，并非夸张。第四句有两种解释：一是讽刺某些党政官员在外养情妇，此类情况是有的，但毕竟是极少数；二是县、乡主要官员因回避制而常与老婆分居。）

2. 超常规，大跨度，发不了工资发尿素。

（1995 年，M 县直机关数月发不了工资，每人发数袋尿素代替俸禄。这段顺口溜便是讥讽此事。）

▶ 11 月 20 日 "干部交流，浪费汽油"

结束 M 县调查，返回开封。

上午 8 时，W 副书记、D 副县长前来送别。临别之际，W 副书记特别关照我："你写调查报告时，凡引用我县的调查材料时，千万不能具体指明出于 M 县，以免引起不必要的麻烦。"我连连应诺，并重申：调查材料只供学术研究之用，决不向上报告。且具体的地名与人名，在书中一概隐去。决不会给 M 县及所有受访者带来任何麻烦。

秘书与两位司机执意要开车送我到洛阳。经过数日相处，我与他们已成朋友，就是他们的家庭秘事也向我和盘托出，以征求我的处理意见。他们把我视为"无所不知的大教授"，一个"平易近人的上级"，一个"为人诚恳的良师益友"，他们为能遇上我这样一个朋友而"感到一生的幸运"。我相信这些话并非出于恭维，因为他们没有必要奉承我这个行程匆匆的上海人。

路上，谈及县、乡党政主要官员的回避制与频繁调动问题。他们说："M 县有 12 个常委，其中 10 个是外县人。副县长有 8 人，其中 4 个是外县人。洛阳市其他各县情况大概与此相似。外县人在本县做官，又随时可能被调动，一般都把本县看成是客栈。他们到本县任职、干事，也主要是为了显示自己的政绩，做给上面看，很少替本县经济发展尽心尽责。县党政主要干部在全市的几个县调来调去，妻子儿女总不见得跟着搬来搬去，所以，他们的家庭生活极不正常。许多县党政官员想方设法把家属安排到市里，并希望有朝一日调到市里去做官。同样，乡镇党政主要官员在一县各乡调来调去，也想有朝一日调到县城来，故把家庭安置在县城。有句顺口溜，叫作'**干部交流，浪费汽油**'。如今的干部都比较年轻，人在外县外乡工作，能不老往县里、市里的家跑吗？这些党政干部现在都配备专车，所以干部交流，不是在浪费汽油吗？我俩都是县委小车队的，替来来往往的各任县党政官员开了十几年的车，这种情况我们再清楚不过了。"

我问："乡镇官员在县城的房子，县党政官员在市里的房子，是政府出资购买的还是他们自己想办法的呢？"他们说："是他们自己想办法解决的。"我有意追问："乡镇一、二把手，不过正科级，县党政要员最高正处级，月薪或三四百元，或五六百元，凭这点收入能在县城、市里买房或盖房吗？"他们说："不是有句顺口溜吗：'工资基本不动，生活基本靠供。住房基本靠送，老婆基本不用。'除最后一句有些夸张外，其余三句都是实话实说。全县 19 个乡镇的主要官员，绝大部分在县城有安乐窝。他们可以通过关系在县城搞到几分地。各乡镇都有砖瓦厂与建筑工程队，要他们帮忙盖一栋小别墅很容易。他们只要有这个意思，自有人替他们操办妥当，当然他们也象征性地出点钱，意思意思而已。"我相信，这决非 M 县的个别现象，而是遍及全国县、乡的普遍现象。

司机年近 50 岁，参过军，在部队入了党，是个有二三十年党龄的老党员。他一路说话不多，但所说之言，似乎都经过深思熟虑，是个很有头脑的人。他说："给县委领导们开车，在别人看来是一份美差，但实实在在难得很。因为让你看到的事情实在太多太多了。所以我一直对自己说，**既然给领导开车，就得做一个瞎子、聋子和哑巴。**看见的事，当作没看见；听到的事，当作没听到。更重要的是，千万不能对别人说，甚至对老婆孩子都不能说。"

听闻此言，我暗自吃惊，问："问题有那么严重吗？"他说："问题就有那么严重，我与他在县里开了十几年的小车，除中央大官没有见到过外，下到乡村、上至省市，哪一级官员没有见到过。有许多事情别人不知，我们这些替他们开小车、当秘书的人能不知道吗？我这辈子真是看够了，不想再看下去了，但又逼着你非看下去不可。我们就干这个职业，以此谋生，有什么办法呢？"我继续问道："中央近几年来不是一直在抓反腐败吗？难道没有一点效果？"他说："如今社会风气如此，官场风气如此，人人都这样做。你能把他们统统抓起来吗？反腐败，只能反到那些闹得实在不像话，又是内部捅出来的人。有许多问题已经暴露的，还反不下去呢！官官相护呀！"

对地方党政腐败的无奈，对反腐败的悲观，对腐败结果的危机感，在河南各社会阶层都存在。从这些愤激的语言中，我不仅感受到内心的震惊，也预感到若隐若现的政治危机。

车到洛阳市，他们坚持要陪我游览龙门石窟、关林与白马寺。于是匆匆转了一圈，算是"到此一游"。中午，我找了一家饭店，设席酬谢。下午，乘坐洛开高速公路的客车，返回开封。抵达开封市委党校，已是晚上8时许。

▶ 11 月 21 日　中原之行圆满结束

　　中原之行到此结束。今日设席酬谢河大、开封市委党校诸友，兼作告别。我以私人身份"察访"中原大地，全赖河大、党校诸友的竭诚相助。社会调查的关键是"**进入调查现场**"，而后根据调查目的获取所需的"**社会事实**"。在中国，"调查现场"差不多是大小"封侯"的"封邑"，而"社会事实"远非以"价值中立"的形态对调查者敞开，相反，它们被"社会事实"参与者的利益、情感与忌讳所层层遮蔽与扭曲。通过官方身份及自上而下的权力系统或能启开大小封邑的大门，但很难获取"社会事实"。在中国，亲友人情关系是得到高度认同的，凭着亲友人情关系的网络之路，能较便利地进入调查现场。至于能否触摸到"社会事实"，这是一种调查艺术。这种调查方法有其固有的缺陷：一是有限的私人关系资源无法确保你进入想进的调查现场，且无法获得全面系统的调查资料；二是私自闯入"禁地"必须适可而止，否则会给自己、给陪同者、给受访者都带来意料中的麻烦。然而，以私人身份进入调查现场，这或许是唯一可行的方法。

　　上午八九时，开封市委党校程、李、汤、田、陈等诸友前来与我话别。他们一致请我谈谈此次中原之行最大的观感与体会，于是有以下一番言论。

　　社会科学的最高任务是尽可能深入地理解我们身处其内的社会变化及其发展方向。我们应该把当代中国社会的变革放到传统向现代化转轨的总趋势内加以审察。这一审察有两个截然对立但又相辅相成或互为补充的视点：一是**从外向内、从上向下的审察**，一是**从内向外、从下向上的审察**。

　　所谓"从外向内"的审察，是指借用西方社会的现代化经验及西方学者从他们现代化过程中提炼出来的现代化理论，来考察中国现代化的实际进程。近世以来，西学东渐，源于西方的社会科学已成为中国主流知识分子的共同话语，他们不仅用这一话语体系来考察中国的诸多社会问题，且作为推动中国现代化的目标设置。在西方，现代化理论产生于现代化实践之后，而在中国（包括一切非西方国家），现代化理论产生于现代化实践之前，**不是实践决定理论，而是理论决定实践，中国知识界的激进主义倾向即根源于此。**尤其当实践过程背离或偏离原先的理论期待时，激进主义倾向便演变为激进主义思潮，甚至诉诸激进的政治行为。倘若没有这种激进情绪，改革便缺乏内在动力。倘若因改革受阻而激发更为激烈的政治行动，也会造成政治灾祸。"从外向内"看，给我们民族的未来提供了一个大方向，但如果单纯用西方观念来看中国社会，也有可能迷失在西方观念的丛林里而误解中国的社会历史与现实。

所谓"从上向下"看，即从中央看地方。西方各国的现代化可谓是**"自发型""内生型"**的现代化。政治与观念基本上是作为自变量"经济基础"的两个"应变量"。但对中国这类"外铄型"发展中国家来说，马克思主义的经典命题（即经济基础决定上层建筑），只有颠倒过来才能获得其真实的意义。中国的现代化始于观念，终于政治制度的变革，然后通过政权力量自上而下推动现代化过程。

如果我们单纯地从这一视角，即"从外向内""从上向下"地看中国近百年现代化的艰辛历程，可以发现，中国知识分子与政治家的观念差不多"现代化"了，至少在话语方面差不多是如此。如果我们重新进入百年前的经史语言，确有隔世之感了。在政治制度与法律制度方面，尤其在政治体制的形式方面与法律原则和条款方面，也差不多现代化了。至于在物质器具方面，相当一部分早已与"国际接轨"了。从这一视角看问题，我们似乎已远离传统而接近现代化了。尤其是近 20 年的改革开放所取得重大进展，以至乐观的人们似乎看到现代化的目标已经站在下世纪初的某个时点，伸开双臂在向我们民族招手致意了。

正是对这种乐观主义的深刻隐忧，驱动着我从另一个视角来观察中国社会变革的同一过程。这就是我所谓的"从内向外"与"从下向上"

看中国的现代化实际进程。如果说"从外向内""从上向下"看，更多地强调"**中国应该如何**"的话，那么，"从内向外""从下向上"看的侧重点便转移到"**中国是如何的**"考察上来。

"从内向外"看就是从内地看沿海、从乡村看城市、从传统看现代化的实际过程。我们知道，作为一个从"外铄后发型"而走上现代化之路的中国，现代化的实际进程是从观念到实践、从中央到地方、从沿江沿海向内地辐射的。由于中国疆域广袤，人口众多，沿海与内地、城市与乡村的现代化速率是大不相同的。这种差异并不单纯表现在人均产出与人均收入上，更重要地表现在观念、态度与行为方式上。"从外向内"看，或可看到中国离现代化目标尚有多近。"从内向外"看，可以提示我们中国离原初的出发点并无多远。有人把"先进"的沿海与城市、"落后"的内地与乡村看成是两个生活世界，这或许过于夸大，但从内地与乡村来看中国的现代化，确实可以发现，现代化大多停留在口头上或写在墙上，而实际进程可用"步履艰难"来形容。

"从下向上"看，是从中国现代化进程最艰难、最缓慢的内地与乡村来看中央与地方各级政府推动现代化的一切努力。中国的现代化目标，尤其是经济现代化目标，是通过中央高层领导的"观念"而进入各项方针、政策与法令的，并通过行政力量逐级向下贯彻的。但积淀在乡村社会及地方官员中的传统观念与行为方式，作为一种活生生的强大力量，自下而上地、不自觉地渗入社会生活的经济、政治与法律过程，从而使实际过程"偏离"现代化改革设计者的目标。"从下向上"看，就是要研究这些"偏离"现象，而不是单纯地指责与愤怒。因为正是这些"偏离"，指示出生活实际运动的过程与方向。

中原大地仍是"从内向外"看、"从下向上"看的理想场所。这也就是我此次中原之行的一个主因。

＊　＊　＊

历时数月的中原之行，观感甚多。其中我思考得最多的是两大问题：一是**土地承包制下的中国小农问题**，二是**地方政府与农民关系问题**。

一、土地家庭承包制下的中国小农问题

中国小农的最大特点是"**善分不善合**"。"善分不善合"是农民的一般特征还是中国农民的特殊性，我没有做过比较研究，难以判断。毛泽东时代的农业合作化、公社化是通过自上而下的行政强力才将农民组合起来的，绝非中国农民的自愿合作。土地家庭承包制，既非改革设计者们对"农业集体化"实现形式的一个新创举，也非农民的一个创新，仅是中国农民希望家庭占有耕地，并以家庭组织农业生产这一传统习惯的表现，并无新的内容可言。自从分田单干以来，在各自独立的农户间**客观上存在着超家庭联合的必要性。因为在生产、供销、农田水利建设及对付地方官吏的侵权诸多方面，唯有自发地联合起来才能解决问题。**

仍以血缘、亲情关系为纽带的传统村落内，农户之间确实存在着某些传统的合作方式。这些传统的合作范围十分狭窄，主要集中在农忙时的换工、婚丧时的帮忙及借贷方面。但**这种私谊性的、临时性的人情往来从未达到契约性的、永久性的平等联合的高度。事实上，传统的亲情关系网络远非现代意义上的合作与联合。**土地家庭承包制下的小农们共同面临着变化无常的气候条件，共同面临着价格波动且信息不灵的大市场，共同面临着地方政府与部门官吏的超规定索求，甚至欺压。单靠传统的亲情私谊非但解决不了问题，反而会使问题恶化。**他们唯一的出路是形成共同利益的认识，并在此基础上组成不同的联合。这种联合需要平等的协商，需要制定规则（这就是立法），需要选举一个领导，建立一个组织实施共同决议（这就是行政），并需要对实施过程与结果进行评估与监督（这就是监督与裁决）。**这类契约性合作对于缔约者来说具有制度创新性质。确实，这可以被概括为自治社会与共同体组成的基本要素。在某种意义上，我们甚至可以说，这是中国农村现代化的核心因素，是中国小农的观念及人与人互助关系的现代化。倘如没有这个现代化，中国的农民与农村就无法走出传统的篱墙。

我在河南乡村考察，十分留意寻找此类农民的自发组织及通过自组织表现出来的自治力量。因为我将此类自组织与自治力量视为中国小农

通过联合而走向互助与发展之路的关键所在。然而，采访的结果令我极度失望。我在河南乡村所看到的互助合作并没有超出传统的范围。即使出现更大的合作或更新的合作之迫切需要，小农们依然按照传统的方式行事：或恢复家属间的联合，或恢复宗族组织形式，或将家属原则引入私营的或集体性质的企业内部，或指望出现一个清官或能人来解决他们的公共事务。梁漱溟先生说过，中国小农最大的缺陷是缺乏平等协商精神与能力，这是千真万确的。

但是，这个问题必须得到解决。囿于传统习惯的中国小农，单靠自身的经验与力量，看来无法走向自发的契约联合。这就必须从外部将新的合作组织与原则导入农村与农民中间去，问题是谁去做这一伟大而艰巨的事务呢？由地方政府与官员直接去做吗？这种合作运动我们已做过一次，实践证明是失败的。梁漱溟指望一批热心于农民与农村事务的知识分子志愿者。在当今时代，我们能找到这样一大批合作运动的志愿者吗？

看来，我们得换一个角度来思考问题。我们必须假定：1. 中国小农不能自发走向自组织之路，并不等于他们不需要这样的合作组织或不能接受这样的组织原则；2. 计划经济时代的合作化的失败，并不意味着土地家庭承包制下的新型合作组织不能成功；3. 以推动中国现代化为己任的中国共产党有能力、有义务推动中国农村新的合作化过程。我建议：1. 一切关心中国现代化进程，尤其关心农村与农民现代化进程的知识分子，必须从理论上充分认识到承包制下小农重新联合起来的极端重要性；2. 中央与各省创办培养农村合作人才的大专院校；3. 在农村进行合作试点，用典型来教育农民；4. 负责推动农村合作的领导机构，只接受地方财政的资助，但不必接受其行政指令；5. 创办一份全国性的合作刊物；6. 新合作运动的宗旨是**"把小农扶上合作之路，但坚决让他们自己走路"**。

诸位或许会认为我在痴人说梦，但上述思考与建议是我长久思考的结果。我敢断言，只要中国小农没有学会自组织并通过各种自组织表现出自治能力，那么，中国的小农依然是历史上的传统小农。即使他们住进楼房，穿上西装，情况也是如此。如果他们不能用组织与联合的办法来解决单家独户无法解决的诸种问题，那么，作为一个社会阶层，一个中国人口最多的社会阶层，将无法摆脱经济落后、社会地位低下的处境。至于中国乡村的民主化、法治化也只是一句空话，中国农民与农村的现代化也永远是句空洞的口号而已。可以这样断言：通过平等协商建立起来的契约组织，是承包制下的独立小农得以最终摆脱贫困落后，摆脱自然灾害的侵扰，摆脱地方贪官污吏的剥削与压迫，减少市场风险的最有效、最强大的手段。这种新的结合方式是一种新的生活方式，将是中国农村迄今为止最为深刻的一场革命，它需要辅之以一场新的文化启蒙运动。

二、关于地方政府问题

我仅以一名学者的身份，且仅通过私人关系，要对地方各级党政的实际运作状况及其存在问题做较为深入的调查研究，其困难程度有如登天。事实上，此次河南之行，对地方政权的调查重点放在乡、村两级，旁及县党政。至于省、市两级，只能"仰望"而已。就调查所及的范围而言，我深感改革开放后的地方政权发生了重大的变化。其变化的内容和方向与理性设计的中国现代化过程和方向并不一致。其中有几个问题，理应引起关注中国政治现代化的人们的充分重视。

（一）**最令我担忧的问题是：各级地方政权存在着日益脱离社会，且凌驾于社会之上的强大趋势。**

用现代通行的政治术语来说，就是官僚化与特权化的强大驱动力。官吏的以权谋私等权力腐败现象，仅仅是上述趋势的一种外在表现而已。河南民间流传着一句顺口溜："五六十年代是鱼水关系，80 年代是油水关系，90 年代是水火关系。"说的是近半个世纪来干群关系（其实是地方党政与群众的关系）的历史演变过程。从"鱼水"到"油水"再到"水火"的关系，形象地说明了地方政权逐渐脱离社会并凌驾于社会之上的发展过程。

有人将上述趋向归咎于地方干部的个人素质问题，说他们放松思想警惕，从而受到西方个人主义与享乐主义的侵袭，走向腐败之路。有人说是"政治体制"的问题，说缺乏有效权力监督的集权体制应对上述倾向负全部责任。在我看来，上述分析皆为表面、肤浅之词。地方政权脱离社会且凌驾社会之上的强大趋势，或有更为深刻的根源。在我看来，**一个政权的经济基础若以第一产业为主导，或说以农业，尤其是小农经济为主导，那么，这个政权便有可能是一个脱离并凌驾于社会之上的专制集权性质的。倘使一个政权的经济基础以第二、三产业为主导，那么这个政权有可能采取民主与法制的政体。**只有当一个社会的经济基础从第一产业向第二、第三产业转移时，政治上层建筑方有可能从专制转向民主。关于中国，我们可以下两个判断：一是中国依然处于从传统的小农经济向工商业为主导的现代经济转移过程之中，这个过程远没有完成；二是中国内地的农业经济比重远远高于沿海经济发达地区。**这就是说，中国的政治权力，尤其是内地农业社会的政治权力，存在着脱离并凌驾社会之上的经济基础方面的客观原因。**

我们能否找到一条切实有效的途径或方法来防止或抑制公共权力自发地脱离社会并凌驾于社会之上的强大趋势？这对我们民族的政治智慧构成了重大的挑战。中国传统的政治制度安排恰恰是以官僚化、特权化为基础的。儒家学说中的"民本思想"与"为民作主"的思想只指望高高在上的皇权给它们治下的百姓施洒一点阳光与雨露。毛泽东凭借其个人权威与群众运动的力量，虽然暂时将浮出水面的"气球"揿入水中，但"文革"十年的实践证明，社会为此支付了过于高昂的代价。全盘引进西方的民主制行不行？这种随着西方近代工商业的发展而建立起来的政治民主制，虽然能较为有效地防止公共权力的特权化倾向，但在一个有着数千年封建传统且依然以小农经济为主的中国社会内能否有效地运行并达到预期的目标，这是大有问题的。绝大多数第三世界国家先后引进了西方民主制，但其公共权力的特权化与腐败一如既往，并没有得到真止的改善。除了毛泽东的"群众运动"与西方的"民主制"之外，是否能找到第三条道路或方法以解决公共权力的"脱离"与"凌驾"问题，这是一切关注中国政治现代化的思维头脑共同探寻的重大问题。

（二）地方政府的财政收入与财政支出：不胜重压的农民负担问题。

任何一级地方财政，总得解决三个问题：一是养活养好各职能部门的公务人员，二是办公，三是办事。"养人"的目的是"办公"；"办公"的目的是"办事"；"办事"的目的是促进地方经济发展，保持社会稳定，增进社会福利。这个浅显明了的真理在实践过程中往往误入歧途：一级财政收入不能养活养好一级的公务人员；提高办公条件（盖办公大楼、宾馆，购置轿车、大哥大等）是为了炫耀与攀比；办事只是为了突显个人政绩以求升迁。这是全国性的普遍现象，不独以内地为然。但在内地所显示出来的经济、社会与政治后果较沿海地区严重得多。因为在经济较为发达的沿海地区（包括少数工商业较发达的内地），一级财政的来源主要是工商业而非传统农业。农业这块效益低、增长慢的老蛋糕，差不多全部让给农户自产自食了。在工商业极不发达的内地政府，逐年增加的财政支出差不多直接或间接地落到土地和农户身上，形成地方政府与农户分食农业这块老蛋糕的对抗局面。一边是分散无组织的承包制小农，一边是管理社会的有组织、有合法权力的地方政府；一边是农产品的生产者，一边是农业剩余的征收者；一边是成本高、风险大、效益低且难以再做大的老蛋糕，一边是逐年增加的政府集体支出，并按支出的需要操刀分割老蛋糕。征税不足就征费，费款不足，便用罚款。征税成了地方政府的第一财政收入，名目繁多的费成了地方政府的第二财政收入，至于罚款（尤其是计划生育罚款），差不多成了第三财政之源。此起彼伏的集体上访、上告，甚至发展到小股农民骚动，差不多皆根源于此。一个对发展地方经济、保持社会稳定、增进社会福利负有重大责任的地方政府，完全有可能走向它的反面。

任何一级政府，必须把"量入为出"作为该级政府财政的最高原则。为了防止地方政府（包括村委会）对农民的农业剩余的过度征索，切实保护农民利益，我们可以采取两条措施：一是将各种**税费**归为单一的**土地税**，计亩征收，税率定为十分之一，长期保持不变；二是超过十一率的征索，农户有权拒缴。这两条以国家法律形式固定下来。"量入"既已确定，而后在各级政府内按比例进行分配税款。这样迫使各级政府按"收多少钱，办多少事，养多少人"的原则，进行行政体制改革：一是将各级党政机构与人员切实地精简下来，最好精简三分之二人员，起码得精简二分之一，中小学教员及后勤也需精简；二是大力减少办公费用，尤其是吃喝招待费用，把名目繁多的"达标检查"降低到最低限度；三是改革干部选拔、考核、升迁制度。在乡、村两级，可直接给村民以选举权与罢免权。在县级，至少要把评议权、罢免权赋予每一个公民。

*　*　*

时至中午，我结束"演说"，请诸友到校门右侧的酒店去吃饭，算是"答谢"与"辞行"。饭后已是下午 2 时，原计划是赶到河南大学与河大诸友会面与辞别，但党校诸友谈兴未尽，乃拖着我到校长办公室再开谈局。

下午的座谈，他们一下子向我提出三大问题：一是公有制如何与市场经济结合，二是民主法制建设问题，三是中国到底向何处去。并说，在党校的教学过程中，经常碰到这三大问题，但依现行理论根本无法给出令人信服的回答，因而希望我谈谈自己的看法。

我承认，我无力解决当代中国所提出的最尖锐、最重大的这三大问题。如果作为指导中国改革大局的现行理论都无法解答这些问题，一介书生的我如何能提供有效的解释呢？我的"老祖宗"曹刿有胆量说"肉食者鄙，未能远谋"，我从来就没有这个自信。黑格尔有句名言"密纳发的猫头鹰要到黄昏才起飞"，是说，对一个大的社会过程的认识，要等到这个过程差不多完成之后才开始。我怎么能迫使猫头鹰清晨就起飞呢？说一个大的社会运动可以在一种"正确"的理论指导下完成，我总怀疑这种说法的正确性。人人都说，中国正处于"社会转型"的过程之中，但对中国原处何地，现在何方，将欲何往，谁能说得清楚呢？我姑妄言之，诸君姑妄听之。

我从下午 3 时讲到下午 5 时，整整谈了两个小时，由于所谈观点十分不成熟，故不加引录。总之，谈到许多业已暴露出来的社会问题，但无法给予统一的解释；对各种问题给予一些诊断，但开不出药方。以其昏昏，何能使人聪聪？与开封市委党校诸友辞别之际，我说出了此次中原之行后的最大隐忧：中国分三步走的现代化**追赶战略**，如今只走了第一步，但由此而引发的经济、政治、社会及意识形态问题比我们业已解决的问题广泛得多，也深刻得多。**改革的"红利"似已取尽，延后支付的成本却高昂得连利息都难以支付。且"红利"与"成本"在社会各阶层中的分配极不均匀，因而潜伏着普遍的怨恨与社会冲突。**从内地来看，所谓"超常规、大跨度"的战略已走到尽头，再也走不动了。第二步、第三步怎么个走法，令人担忧。看来，现在应回过头来重新审查我们的以西方发达国家为追赶目标的发展战略：我们追得上还是追不上？我们应不应该去追赶？我们能不能根据我们的历史传统、现实国情及绝大多数中国人最迫切的实际需要，制定一条切实可行的现代化发展之路？现行的追赶战略一到内地几乎成为各项劳民伤财的达标战略，明明连温饱都没有彻底解决的穷人却拼命攀比西方富人的高消费，这种普遍的社会心态总有一天会酿成极大的社会灾祸。

晚 6 时，赶到河南大学，设席与河大诸友话别。晚 11 时，徐兄送我至开封火车站，乘坐 160 次列车返回上海。河南之行到此虽画一句号，但它留给我的依然是一个问号。

附 录

土地制度与"三农"问题①

今天，我主要汇报三个问题。第一个问题与《黄河边的中国》有关，主要谈一谈 20 世纪 90 年代的"三农"问题，算是这本书的写作背景；第二个问题是《黄河边的中国》一书所反映的"三农"问题是如何一步步得以缓解的，也就是国家解决"三农"问题的历程；第三个问题是我们现在所面临的新"三农"问题，主要讲土地问题和农民工问题。接下来，我将围绕这三个问题分析这二十几年来中国"三农"问题的发展变化，粗略地梳理出一条线索，为大家理解当下的"三农"情势提供参考。

一、20 世纪 90 年代的"三农"问题

首先，我谈谈第一个问题，即 20 世纪 90 年代的"三农"问题。大家应该都记得，湖北省监利县乡党委书记李昌平上书朱镕基总理时说的话吧：**"农民真苦，农村真穷，农业真危险。"**这句话当时非常具有震撼力。但"三农"问题到底严重到什么程度，大家似乎并不是非常了解。

《黄河边的中国》是在 2000 年 12 月出版的，到次年开"两会"时，有很多代表都反映了"三农"问题。正巧，书中的内容比较恰准地反映

---

① 本文系作者 2013 年 12 月 21 日在新华·知本读书会所做演讲，文载 2014 年 5 月号《书城》杂志。

了当时中西部农村的一些问题，由此一下子就击中了公众的情绪，这本书也算是出名了。

1996 年，受汪道涵老先生的委托，我去中部地区调研"三农"问题。同时，他还让我组织全国"三农"问题的专家来沪开专题座谈会，讨论该问题到底严重到什么程度。我向汪老建议，邀请学者不如邀请农民，因为后者更真切地了解农村。最后，我请来了湖北省沙洋县的一个村会计兼县人大代表，他把"三农"问题的现状讲得特别清楚。

在那次会议上，他用三句话概括了其中的问题。第一句话是："**80年代，农民的日子最好过。**"这句话是有背景的，因为中央在 20 世纪 80年代第一次对农民做出了巨大的让步。从 1978 年到 1980 年持续提高粮食的收购价格，提高了 50%—100%，而城市的供给价格一分都没有动。这等于是国家第一次对农民进行了财政转移支付，当时每年都会转移200 多亿元。那时，在东南沿海及中部地区的城乡接合部，大量农民投身于乡镇集体企业，农民也因此获得了一部分工商业的收入。所以在 20世纪 80 年代，农民都盖起房子来了。

他的第二句话是："**到了 90 年代，农民的日子一年比一年难过。**"这里主要指的是 1992 年邓小平南方谈话以来，尤其是 1994 年以后——大家应该都知道——1994 年，朱镕基启动了国税、地税分开的政策，主要想解决整个 20 世纪 80 年代以来总财政占 GDP 的比重逐年下降的问题，以及中央财政占总财政的比重逐年下降的困境。20 世纪 80 年代，总财政占 GDP 的 30%，到 1994 年时已经下降到了 13%，1995 年最低的时候只有 12%。到目前为止，从来没有一个国家在总财政占 GDP 如此微小比例的情况下，还能够维持政府的开支和中央的权威，但中国做到了。**分税制以后，一些好的、易收的税种被国家拿去，剩下的劣质、难收的税种留给了地方。如此一来，地方政府财政吃紧，农民负担加重。这是农民日子难过的第一个原因。**

第二个原因就是计划生育政策。 1979 年中国开始提倡一夫一妻一孩制，这个影响是极为深远的。在 1978 年时，中央就已经开始把物质资料的生产和再生产由计划逐渐转化为市场的分散决策了。同时，中央政府把人类另外一个原先由家庭分散所做的决策变成了中央决策，即计划生育政策。这个政策丝毫不亚于物质资料的计划。到了 1985 年、1986 年，农村也开始全面强化落实计划生育政策。1989—1990 年时，基本的行政处罚已经开始，有些计划生育部门可以拿走农民家里的物产。当时最著名的一句话就是"吃药给瓶，上吊给绳，宁要家破，不可国亡"。可想而知，那时的农村抓计划生育真的是一点都不含糊，搞得轰轰烈烈，现在甚至觉得有点不堪回首。到了 1993 年、1994 年的时候，政府不再采取这种直接的暴力手段，而是采取罚款的方式，把那些超生的农民罚得家徒四壁。在我所调查的中部地区的农村，计划生育的罚款算是乡镇财政的第二财政，计划生育办是乡镇的第二大部门。

第三个原因与人民公社的解体有关。**公社制下，农民的教育和医疗这两大公共物品是靠集体经济来维持的，那时农村有赤脚医生制度和九年义务教育制度。公社一解体，原来的集体福利没有了，农民需要自己承担公共物品的开支，造成农民负担加重。**比如，为了实现所谓的教育现代化，教育部门提出农村学校的硬件要达标，要有标准校舍、操场，等等。这些硬件的建造需要很大的资金投入，而政府又没有多少配套资金，最终都转化为农民身上沉重的负担。

第四个原因，就是当时地方政府机构扩张得太快，旧机构的职能随着改革开放日渐萎缩，却没有被撤掉；但新的问题的出现，又需要创设新的机构加以应对。这样一来，整个地方政府机构的人员数量就空前膨胀了。例如，为了防止农民在承包地上乱盖房子，就成立了一个新的部门来监督管理，由国土资源部一级一级地向下延伸到乡镇。养活如此庞大的公务人员需要相当的经费，最后只能转嫁到农民头上。**20 世纪 90 年代，工业不发达的中部农村，到处可以看到农民的怨愤，这已经是个很普遍的现象了。**

这个村会计的第三句话是："**再这样下去，农民要活不成了。**"这句话着实把江道涵吓住了。因为与土地相关联的公社体制解体后，土地变成了村集体所有制农户承包，当时与之相关的一个词是"土地家庭联产承包责任制"，这里的每个字都有特定的含义：把土地交给农民的同时，把责任也一并交给了农民。农民对国家承担责任，这里指的是农业税；农民对集体也承担责任，虽然公社解体了，但对乡镇政府还存在着责任；生产队虽然解体了，但对这个村还承担着责任。除此之外，附着在土地上的还有一个"三提五统"。"三提"指"三项提留"，包括公积金、公益金、管理费，主要是给村集体的；"五统"指"五项统筹"，包括教育附加费、计划生育费、民兵训练费、民政优抚费、民办交通费，这些是交给乡镇的。另外，农民还要出"义务工"。因为农村的农田水利等基础设施建设需要直接的劳动力投入。各地对"义务工"的规定不一样，最少的一年十二个工，最多的一年要出三十来个工。不出工的就要出钱，于是，这又成为地方政府向农民要钱的一个重要理由。

正是由于"三农"问题的严重性，1996年我决定打点行囊，只身前往中部农村调研。当时，"接轨"一词在中国甚为流行，都说要与国际接轨，其实就是与西方接轨，对此我是心存疑虑的。**我写《黄河边的中国》，就是要告诉那些一心想与国际接轨的知识分子和官员，你们两眼望着美国的时候，千万不要忘记身后的广袤乡村和数量庞大的农民兄弟，以及他们的现实生存处境。拥有五千年历史文明、九百六十余万平方公里土地、十几亿人口的巨型国家，要完成现代化，这对世界来说是第一次，它不可能完全复制西方国家的现代化模式。一味地强调与国际接轨而忘记我们自己的国情，最终可能造成与"国内脱轨"。**《黄河边的中国》里面一个个真实的、典型的农村故事，算是为那些急切的"赶超者"开一针镇静剂。

二、21世纪以来"三农"问题的缓解

第二个问题主要讲21世纪以来"三农"问题是如何得以缓解的。

第一个原因就是农民负担的减轻。1999年，朱镕基收到李昌平的信后，据说指派了五人工作组到湖北省监利县去调查，之后他们向朱镕基汇报："信中所反映的情况，基本属实；有的地方，还有过之而无不

及。"所以，**朱镕基就开始想办法减轻农民负担，主要是撤费，把包括
"三提五统"在内的九项费用撤除。**那时农业税只占农民纯收入的 4.5%
左右，当时的政策是把"费"并到"税"里面。理论上这些税费只占
农民全年收入的 8.5%，差不多恢复到了古代的什一税。但问题是"口
子"还在，还是挡不住，朱镕基的这个改革还不是非常彻底。

2000 年的时候，我国 GDP 的总规模已经达到 9.8 万亿元，财政规
模将近 2 万亿元，有学者估计，全国农民（8 亿多农民，2 亿多农户）
的总负担是 1500 亿到 1600 亿元①。但如果减免这笔费用，就等于中央
要向地方财政转移这笔钱，来维持中西部地区县和乡的运转。**直到 2004
年，温家宝在《政府工作报告》中提到，从今年开始，逐年降低一个百
分点的农业税税率，五年内完全取消。**结果意想不到的是，计划五年内
取消的农业税，竟然只用了两到三年就全部取消了，只有一项"烟叶
税"在云南等地还保留着。但农业税取消以后，中西部地区的政府日子
比较难过，因为财政有缺口，直到 2008 年以后，中央财政才把缺口补
上。东部沿海发达地区，教育经费全部由地方财政承担；中部地区，由
中央承担 60%，地方财政承担 40%；西部地区，由中央承担 80%，地方
财政承担 20%。大家都知道，县、乡的主要财政支出是供养九年义务教
育，到目前为止，2/3 是供给教育的，1/3 是供养行政官员的。举个例
子，一个县里面如果公务员有 500 名的话，教师大概就要有 1000 名，
基本上就是这个比例。

为何中央下定决心要全部取消农负呢？2003 年国内出现了一次粮食
小危机，10 月份粮食价格开始上涨——那年粮食产量只有 8700 多亿斤，
而我国的粮食产量在 1995 年和 1996 年高产时曾达一万多亿斤。当时城
里人就开始恐慌了，中央也一直在开会讨论。到了 2004 年，中央就下
定决心一定要向农民让步，于是宣布给农民逐年降低一个百分点的农业
税税率，五年内完全取消，同时还给农民种粮直补。直到现在，每年的

---

① 张晓山：《农村政策调整的几个难点问题》，《新视野》2003 年第 003 期。

中央一号文件都是涉农文件。**2004 年的中央文件里说，中国的经济已经开始步入第二个阶段了，第一个阶段是以农补工——从农业提取剩余来支持国家的工业化建设；现在是以工补农——以工业来引领农业发展的时代来临了。**从那时起，中央一直都在减轻农民负担，并提出新农村建设、城乡一体化建设战略。当时提出的口号就是"多予、少取、放活"。

另外一个缓解的原因是农民生育的观念城市化了，计划生育变成了农民比较自觉的行为。而且这些年我们对农村的生育政策也放宽了一些。原来计划生育的时候有些规定是可以稍微放宽的，但后来因为各种原因没有对农民开放，而现在正式实行了。如今，计划生育在中西部地区的情况是比较好的，当年官民对立的情况已经基本消失了。

三、土地制度的变化与新的农民工问题

土地制度方面，2007 年国家发布了《物权法》，第一次把农民的承包地变成一种物权，也就相当于是一种债权。按规定，农民有四块土地：第一块是林地，第二块是耕地，第三块是宅基地，第四块是属于村集体的非农建设用地。1982 年以后，按照土地家庭联产承包责任制把大部分耕地都分掉了，但还留下一块集体的耕地；在 1998 年时，这块仅剩的集体耕地也全部被分掉了。所以，耕地里面就几乎没有集体耕地了，都包给了农户，全国现在大概有十八亿两千多万亩耕地。1982 年，林地也开始被分但没有分完，因为其中有个问题：防盗、防火怎么防？当时，有的林地被分掉以后就开始有人偷；被偷还不够，还要自己砍，很多地方农民都把原来的树林砍成了荒山秃岭。所以大部分林地就没有被分掉。全国有四十亿亩林地，其中二十八亿亩是由农民接替的，其余归为林产。

从 2007 年开始，这二十八亿亩林地就开始被分了，次年，全国范围内这些林地几乎都被分掉了。名义上，这次分林地是为了增加农民的收入；实际上，全国的林地平均每年亩产出才 100 元，根本增加不了农民多少收入。而且按规定，林地的产权期限 70 年不变，十七届三中全会还赋予林地抵押权。**承包权是允许农民自愿、有偿流转的，其中包含**

了流转权和经营权，现在把这个权又分开了。**第一次分把所有权和承包权分开，第二次分把承包权和经营权分开。**十七届三中全会规定林地可以抵押，但增加了新内容，即农民耕地除了可以流转经营权外，还可以用来抵押。这样问题就来了。抵押权应该也是属于所有权的，文件里说的不是承包权抵押，而是农户的承包权不变，流转的只是经营权，也就是土地的经营权可以用来抵押。"土地承包经营权"这样的文字一出现，大家对其的解释就产生了分歧。

土地制度的微小变动，会引起整个社会及利益分配的变动。第一，原来那么多小产权房是不是就可以直接上市了？第二，是不是允许农民和村集体来开发村集体土地和农民的宅基地？如果允许的话，那就意味着，由于城市的扩张、基础设施的建设、工业资本的引入而引起的土地有争议的那部分不再属于地方政府所有，而应该是属于农民所有了。也就是说，在城乡接合部的农民可以一夜暴富，他们可以成为地主而富起来。这个问题很严重，所以在讲宅地问题时再加上一句：**现行试点，谨慎稳妥。**因为土地是不可再生资源，人类可以创造一切，唯独不能创造土地和空间，就像不能创造时间一样。

为什么这些年土地制度好像在突破？目的有两个。**第一，千方百计地增加农民的收入**，这是 2008 年时中央承诺给农民的。这些年的中央文件一般都是定性表述的，唯独对农民收入的表述是定量而且明确的。以 2008 年全国农民人均收入 4100 元为基准，到了 2020 年（全面建成小康社会那一年）全国农民的收入是要翻一番的，这叫倍增计划。**据统计，农民收入分四块：第一小块为土地收入，第二块为打工收入，第三块为财产性收入，第四块为转移支付收入。**先说土地收入，农民种粮食永远不可能种出黄金。按照一年两季计算，一亩地纯产出在 500—1000元。一般来说，人均一亩三分，户均不超过十亩，江浙这一带还没有这么大规模，人均只有几分地。所以，农民依靠土地而获得的收入是极其有限的。第二块打工的收入是由市场决定的，这样的话，把农民的最低收入翻一番有可能吗？那样劳动力经营产业就受不了。孟加拉一个月的劳动工资换算成人民币也就 500—600 元，而我们的农民工工资可是要上升到 1500—2500 元，甚至可能到 3000 元的。随着中国农民工工资的上涨，现在有些劳动密集型产业已经开始向东南亚国家转移了。所以，为了产业发展，农民务工的收入增长也是有限度的。

还有一个可能就是转移支付了，这需要城里人为高价农产品买单。粮食一斤就要卖到 15—20 元，而现在我们的大米一斤大约 3 元。大家想想为什么粮食一斤 3 元左右？与改革开放前的粮价相比，现在的粮价也只提高了 20 倍，猪肉价格也就提高了 20 倍，而青菜的价格提高了 100 倍。**这是因为国家把农民的粮食收购价格压低，然后对农民进行补贴，让他们有种粮积极性，再以低价向城市供给，以维持城市中下层人的生活。**如果把粮食的价格放开，城里人受得了吗？

所以通过转移支付提高农民收入看来也是做不到的，提高农民工的工资也做不到，那如何提高农民的财产性收入呢？让土地和房子变成农民的财产性收入来源？好像也不太靠谱。如果住房可以作为财产，城乡接合部的农民肯定是有收益的，因为他们的房子可以出租产生租金，但偏远地区的房子谁去租呢？那里的农民能指望房子去增加他们的财产性收入吗？很多地方农村的房子盖得很好，但春节一过 80% 是空的，没人去住。**因此，通过土地和房子开启农民增收的引擎，对大部分农民来说是不现实的。**

土地从来就不是一个纯经济的要素，就像人从来也不是一个纯粹的经济要素一样。人是有尊严的，人不能像物一样有用就拿来用，没用就抛掉。所以，在所有的要素当中，土地和人既是要素又不是要素。而且土地背后是人为的一个自然界。自然界是有生命的，如果要以纯经济的要素来处理问题，那污染就不可避免。因此，关于土地制度的问题现在引起了大量的争论。但 2020 年全面建成小康社会的承诺是不能落空的，其中有个经济指标——要在 2008 年的基础上翻一番。可是凭什么翻一番呢？拿什么翻一番呢？我前面说的农民小块土地，流转出去以后拿到的租金其实没有多少钱，因为规模太小。**有人开始从土地制度上想办**

法，提出维持村集体的所有权，农户承包权长期不变，并要给农民的土地确权。像 1950 年那样发土地证、承包权证，一户农户有几块土地，在哪个方位，实际有几亩，都要写清楚，把证发给农民，就等于在时点上确认这几块地是属于你的，而且是永远赋予你的，生不增死不减。名义上是土地承包，实质上是向土地私有化靠拢。出主意的人认为，土地确权了，农民就放心了，土地流转就加快了，而且可以成规模地流转。其实，从 1992 年开始中央就在鼓励土地流转，因为大量农民出来打工以后，为防止土地抛荒，就需要土地流转。据统计，现在全国有 26% 的土地发生了流转，其中绝大部分是自发流转，主要发生在亲戚、朋友、邻里之间，租金比较低，甚至免费。

但这种自发流转也有问题。因为原来分地的时候，为公平起见，以"插花"的方式将土地好坏搭配，分给不同的农户。这样，一个农户就有四五块地，甚至七八块，土地的分布相当分散。加之中国分家析产的原则是诸子均分，土地的细碎化程度就更严重了。由此，土地的耕作成本比较高，机械化难以推广。此外，农田水利建设也不易协调。在分户承包经营的情况下，你修渠占农户的土地，几乎是不可能的事情。可以这样说，这 30 年来我们基本上没有搞过农田水利建设，都在吃公社时期的老本。

正是在这一背景下，中央提出土地要适度规模经营，以此来解决大规模青壮年农村劳动力进城以后谁来种地的问题。目前，中央设定了四类农业新型经营主体，分别是种粮大户、家庭农场、农业合作社、农业企业。现在争论最多的就是资本下乡从事农业，如果资本下乡从事农业，可能另有所图，比如圈地。因为资本从事农业通常是没有多少利润的。农业是个弱质产业，就连美国这样的发达国家，农业的发展也依靠政府的高额补贴。不要忘记，中国的小农是精耕细作，在不计劳动力成本的情况下，才换来单产的提高。资本去从事农业，显然无法以小农那种方式去经营，更何况要向农民支付较高的地租，管理的成本也很高，所以获利的空间实在有限。那么资本流转到土地去干吗呢？有人把地圈下来，象征性地种植一些经济作物，然后等待政府的规划，一旦所圈的土地被纳入政府的规划范围，地价自然就上涨，他便可以获得大笔的补偿。还有人把地圈起来搞农家乐，在农家乐里面盖上房子甚至别墅，等于把不能转为非农使用的土地进行了非农使用，经营房地产事业。总而言之，有各种各样的背景。当然，并不排除有人去承包大片的荒地，把原来的荒山野岭变成了沃野千里，那种资本还是值得肯定的。

最后一个问题就是，这两亿六千万的农民工怎么办？ 所谓新型城镇化，叫得很响，都是城里人叫出来的。城里人特别同情商人，也很同情农民，所以多少年来一直叫着要废除户籍制，给农民公平的待遇，让他们赶紧市民化。这些声音我觉得都是好的，但实际上有些事情是做不到的。有些经济学家还提出荒唐的理由来加快城市化建设，说今后 20 年的动力是城市化，每年增加一个百分点的城市化率就可以增加多少 GDP 和多少就业岗位。**但其实城市化是结果，工业化才是原因。有多少工业才有多少就业岗位，才有多少人集聚，才有多少人进城，城市化只是工业化的附属现象。** 可是上面的说法竟然还有人信，说中国城市化率只要达到 52%，就会怎么样，带来多少经济效益。其中的 16%—17% 是"伪城市化"，真正的城市化只有 35%—36%。所以，两亿多的农民工怎么城市化，是个大问题。

现在中央提出新型城镇化战略，这是个趋势。 因为我国只有 600 多个城市，其中分为：第一县级市、第二地级市、第三副省级市、第四直辖市。另外还有几万个乡镇。新型城镇化指的就是把镇作为容纳未来数以亿计农民的空间，减缓大城市的压力。同时还规定对大城市（比如北上广）人口增长控制得更加严格。中等城市可以稍微控制，适当放开，中小城镇一律放开，鼓励农民进城。中小城市鼓励农民进城，就可以让农民把户籍报上去，但实际情况是：鼓励进入的城市没有稳定就业，而受限制的城市是有稳定就业的。所以说，制度的设计和现实情况是分离的，只能通过农民自发的力量去突破这些限制。现在的情况是，农民的子女有本事考上大学的就可以进城，之后变成研究生、博士生，再给他们廉租房住。还有些人进城办厂经商，这部分人不叫农民工，而是农民中的精英，是自动转入城市的。但是农民工是要完全靠劳动力生存的，他们可以进城打工，但是依靠自己的力量无法完成城市化。如果依靠政府的财政完成城市化，就要提供住房和就业保障，还有一些其他的保障。而这些都是要通过两级来保护的：第一靠企业来保护，给他们缴纳各种保障金，但我们的企业是无法承担那么多的；第二靠财政来承担。大城市完成一个农民的城市化，企业和国家要花一百多万元。要完成众多农民工的城市化，财政是出不起的。

我个人认为，农民工还是会成为一个长期的现象。如果城市化仅仅为了获得农民房子下面的那块宅基地，把农民赶上楼，显然会增加他们的生活成本，这是需要警惕的。因为，如果这么多农民准备进城打工而不能获得城市的保障，那么户籍背后就不是一个统计问题而是保障问题。**如果不能将农民纳入城市的社会保障体系，那么政府就有保护农民的土地和住房的必要。因此，土地不能够抵押，房子也不能抵押，更不能够买卖，这对农民来说虽然是一种束缚，但更是一种保护。**有人说，如果农民没有财产，那么整个农村的经济就搞不活了，因为没有东西可以抵押；我说，农民通过抵押而流失土地，自古以来都是一个极大的问题。因为时间关系我没有办法展开，但是我提醒大家，对市面上流行的关于城市化的各种论说要有鉴别能力。一句话，**维持现有的土地制度安排，让农村成为农民进退的"据点"，这对尚未完成现代化任务的中国具有重要的战略意义。**

从《黄河边的中国》到乡村振兴①

今年（2019 年）2 月，我已经辞去所有的头衔，现在只是一名退休的老师。在我年轻的时候，我有一个抱负，我一直以为是要把"理解变化中的当代中国"作为自己的学术突破口。当我有这个抱负的时候，我还比较无知；在我无知的时候，我确实写了不少东西。而如今随着年岁和知识的增长，面对着中国乃至世界变化的幅度和广度，面对着无限的复杂性，我心生敬畏。所以，这几年面对如此境况，我无法下判断，也没有能力下判断，于是我选择沉默。当我想沉默的时候，又被不少朋友拉去做一些所谓的报告，今天又被何慧丽先生拉到这里来，"强迫"我做一个报告（笑）。

我曾经想理解中国，但从来没有想过把自己的理解付诸实践，这次跟着何慧丽先生一路调研，她以"知行合一"为己任，即在理解并在有可能的范围内，在自己的家乡做实践，这种品格是我不具备的。所以这次跟随她调研，到她各种合作的地方参观，我也非常感动，回去我还有个消化的任务。

此次调研，我有两点感受或者说感动。我是 8 月 3 号来到这里的，看到这么多知识分子为着共同的目标聚到这里，还有那么大的一股思潮和力量，在关注着农业、农村、农民，也关注着农民合作和中华民族的未来，这让我感动；在有那么多农村人才出去以后，在灵宝还有那么多人才和"能人"流动，还有那么多基层干部为了农村发展和父老乡亲的未来兢兢业业地工作，这也让我感动。如果说我以前对农村还略有点悲观，现在已经高度乐观起来了。

上面算是开场白和一些感想，下面是正式的、奉何慧丽先生之命所

① 2019 年中国农业大学教授何慧丽带领学生到河南进行"黄河边的中国"暑期联合调研，本文为调研期间作者曹锦清的一次内部发言。

做的所谓的报告。内容是在上海准备的，但和三天跟随调研团队走下来的气氛似乎不是很协调，但我又不能重新拟稿，只能对照这个来讲，不知会不会对在座的各位有所帮助。

原来我想的题目是"从《黄河边的中国》到乡村振兴"，我也给它拟了三个小标题：第一个是关于我的那本书《黄河边的中国》；第二个想讲讲从 1996 年到 2019 年这 20 多年来，我以为的中国"三农"问题发生的极为重要的变化，由于这些变化在我们眼皮底下发生，我们可能对它的历史意义有所忽略；第三个我想谈谈目前的"乡村振兴"。

关于那次河南之行，正式的调研时间是在 1996 年，之后在 1998 年成书，2000 年年末出版。这本书出版后引起的反响大大出乎我的意料。我想过这个问题，也看过大量的评论，后来我发现不是这本书成功了，因为我之前写过好几本书也没有大的影响，之前的那几本书就像小石子扔到草丛里面去了，石子周边的小草稍微动几下就悄无声息了；而《黄河边的中国》这本书也是一块小石头，只是它一不小心被扔到的是池塘里而不是草丛里，它引起的涟漪和波浪到底是石头的功劳还是水的功劳呢？那应该主要是水的功劳，是很多评论者借我书中的内容来表达他们自己心中的想法，也因此引起了各种议论，有些甚至超出我的意料。但不管怎么样，我是在书中反映了当时中国中部地区"三农"的一些情况，到现在 2019 年，其间发生了几点很大的变化。

从 1996 年到现在到底发生了什么？我把它概括为三个历史转折。

第一个重大的历史转折是农民税负全部且彻底地取消，这是一件大事，它的意义你怎么评估都不会过高。一直到 2004 年中共十六届四中全会，中央文件中明确说明中国的第一个发展阶段即农业支持工业、乡村支持城市的时期基本结束了，所以中国发展进入了第二个阶段，即工业反哺农业，城市引领农村。原本这个过渡期，也就是 2004 年以后准备用 5 年的时间，每年取消农民负担的 1 个百分点，但由于各省领导积极响应中央号召，最终只花了两年时间就把全国农民的税务负担全部取消了，不过仍保留了农民的营业税。

中国自夏、商、周到晚清一直是农耕社会，传统的农业和农民主要是养官吏和城镇，以及一支冷兵器时代的传统军队。近代以来，由于西方的入侵，中国不得已提出"师夷长技以制夷"的对策，对于我们民族来讲，要么就工业化，要么就死亡。所以从洋务运动开始，我们就进入了工业化的阶段，而工业化的大量投入依然要从农业和农村来。新中国成立后的前 30 年发展，工业原始积累也来自农业、农村和农民，这是大家都清楚的。打土豪、分田地之后，中央又开始进行合作化运动和人民公社化运动，虽然出于种种原因，但其中一个重要的原因是要把农民组织起来，便于从农村征收农业剩余。除了征收农业税之外，还有一个隐蔽的手段来征收农业剩余，那就是"统购统销"，即用低价的农产品换取高价的工业品，这就导致农业剩余大量向城市和工业流动。通过这样的方式，中国完成了工业化的原始积累。当然，农民付出了主要代价，城里的工人、官员和知识分子也付出了代价，因为他们的工资也比较低。我讲这些是想说明，近代以来，由于农业要养工业、城市和一支现代化的军队，农民负担较之过去不断加重。但幸运的是，随着工商业的发展，国家税收不再主要依靠农业而转到了工商业。因而国家在 2004 年宣布农业支持工业的时代过去了，这也使得长久以来国家和农民的矛盾，因为农业税的取消而得到大大缓解。国家也就是在那个时候提出工业反哺农业、城市引领农村的，并且提出了新农村建设的战略。所以我现在说的是后税费时代的"三农"问题，不能和之前的"三农"问题混在一起或者相提并论，这是两个截然不同的历史阶段。

有些学者讲，中国终于消除了 2600 年的农民税费负担，我说这个判断错。因为有些学者的根据是《春秋》里的"初税亩"，那是春秋末期田税制的一种改革，大概是在公元前 600 年（公元前 594 年鲁国实行，是私有土地合法化的开始）。那么春秋之前的夏、商、周时期，也有通过赋税制度提取农业剩余的。新中国成立以后，伴随生产资料公有制的实行，国家也同样大规模地提取农业剩余，以用于我们的工业化建设，这个过程到 2004—2006 年大体完成。这次进行的税费改革是发生在我们眼皮底下的一个重大的历史变动，所以，过去和现在的"三农"问题在性质上有高度不同，不能相提并论。

第二个历史性转折发生在 1999 年，标志性的事件是那一年国家开始试点实行"退耕还林、退耕还草、退耕还湖"，不要低估这个重大的历史事件。中华民族自近代以来为了生存，向森林、湖泊、草原要地要粮，这个历史性的过程在 1999 年终止了。

首先，随着人口的繁衍，人们要开垦更多的土地，而向湖泊要地起源很早，可以追溯到距今 1000 多年前的北宋时期，那个时候开始了围湖造田，洞庭湖、鄱阳湖、洪湖、巢湖、太湖等都在围垦之列。在那时，中国从越南引入了一种早稻，这个早稻生长期是 100 天，我们把它缩短到 60 天，这样一年一熟可以变成一年两熟，加上育种作物，它可以变成一年三熟，这样土地的使用效率就提高了，围湖的动机也就增加了。据估计，宋朝的人口高峰达到了 1 亿左右[①]。

其次，明代中晚期，我们与葡萄牙、西班牙等国也已经开始进行货物贸易了。贸易为中国带来了白银，中国也由此进入"白银资本"的时代，把白银作为货币。一直到 1935 年，白银才被国民党废除，取而代之的是法币。从明朝末年到清朝，中国又陆续引进中美洲高寒山地地带培养的农作物，从新疆、云南几路进入我国，并被种植于中国的高寒山地、丘陵地带。其中，最大宗的作物是玉米，其次是土豆，再次是红薯、南瓜，此外还有西红柿、辣椒、烟叶等。明朝时期，中国的耕地大概在 8 亿多亩；而清朝时期，由于美洲作物的引进，不少原本无法种植传统作物的土地被开垦出来，耕地亩数达到了 16 亿亩。增加的近 8 亿亩土地来自哪里？那就是靠围湖、围林、围草得来的，还有梯田。这样，随着可耕土地和粮食的增加，人口也不断繁衍。

汉民族农民带来的南美作物的种子，沿着整个汉水流域和长江各大支流进入整个西南山区，把少数民族往山上甚至国外引，所以西南的主

---

① 葛剑雄：《中国人口发展史》，福建人民出版社 1991 年版。

要河湖地区、坝区基本上都被农耕化了。而不少山区、草原由于过度垦殖已经不适合人类居住了，所以中华民族的人口也就到了有史以来最困难的时候，近代以来的几次革命主要就是因为吃饭问题没有解决而爆发的。

新中国成立以来，国家也很想解决吃饭问题，继续走了传统的道路，即不断开垦耕地的道路，海南岛、北大荒等地都是那时开垦的。经过 30 年的开垦，我国大概增加了 6000 万亩土地。其中，在中原地区，人们向死人要地大概也要了 1000 多万亩。即使增加了这么多土地，以及走合作化道路，粮食短缺问题依然未能解决。当然，共产党做出了巨大的努力，因为 1949 年总的粮食产量是 2370 亿斤，新中国成立前，粮食最好的产量在 1935—1936 年，达到了 3000 亿斤；到 1950 年前后恢复到历史最高产量，自此我们的粮食产量也开始慢慢向上增长，并与人口增长的速度基本保持同步，因为人均口粮几乎没有变化。一直到 1959—1961 年，粮食的产量因为我国与苏联关系恶化开始下降，继而发生了饥荒；到 1962 年又开始逐步恢复，到毛泽东过世那年（1976 年），粮食产量达到了 5900 亿斤。从历史上来讲，这个数字是个了不起的成果，粮食产量几乎翻一番。而组织起来的公社利用这个力量大搞农田水利建设，扩大灌溉面，这是提高粮食产量的一个主要途径。即使这样，我们的粮食总产量也只能达到将近 6000 亿斤，而人均口粮和新中国成立之初时的没有多大变化。也就是说，我们人口中的相当一部分还有饥饿问题发生。

直到 20 世纪 70 年代初，国家领导人才明白，靠传统方式增加粮食产量的道路已经走不下去了，所以 1972 年尼克松访华的时候，中国拿出 13 亿美元购买了已经向我们开放的西方市场（主要是日本、美国，还有一些欧洲国家）的 26 套生产化肥化纤的设备，上海的金山石化就是那个时候从日本引进的。随着 1974 年化肥的投产，化肥与粮食产量开始同步增长，到 1984 年粮食产量已经提高到 8000 亿斤。因为化纤化肥，我们民族才最终解决了穿衣吃饭问题，国家也在 1993 年废除了粮票。

那个时候，全国人民认为吃饱了，但还没有吃好。我举这些例子是为了说明，为了养活众多的人口，很多土地都是超载的，不少不该开垦的土地也被悉数开垦，这个历史过程到 1999 年终于结束了。退耕政策顺利实行的前提是单位亩产的提高，所以中国粮食产量的继续提高靠科学、靠袁隆平、靠种子改良，当然还有靠化肥。但是一般认为土地在使用化肥 30 年后地力会大减，基本就不能使用了，农药的副作用也是显而易见的，所以靠化肥、农药支撑的高产农业即将发展到尽头，现在要靠有机农业、种子改良来保护我们的耕地。

退耕还林、还湖、还草大概还了 1 亿多亩，但效益是明显的，我们的很多荒山又开始绿起来了。截至 2013 年，中央累计投入 3542 亿元，全国累计完成退耕还林任务 4.47 亿亩，其中包括退耕地造林 1.39 亿亩、荒山荒地造林和封山育林 3.08 亿亩，直接惠及 3200 万农户、1.24 亿农民。[①] 这是个德政工程，也说明用中国土地养活中国人民主要靠提高单位亩产。

第三个转折点发生在 2003—2005 年，用学术术语来讲就是中国经历了"刘易斯拐点"，即劳动力从过剩到短缺的转折点。这是在工业化过程中，农村富余劳动力向非农产业不断转移逐渐达到瓶颈的状态。1992 年，我国成为"世界工厂"，西方发达国家就把全球大部分低端产业转移到中国，大量农村富余劳动力开始向沿海、城市、工业转移，当时还有一个词形容这种现象，叫"盲流"。但随着劳动力由过剩转变为短缺，农民工工资就因为市场供给关系的变化上涨了。

从 1992 年到 2003 年，农民工的工资几乎没有涨，我当时忧心忡忡。因为这是一个劳动密集型和劳动力无限供给的阶段，也是民族工业最难熬的阶段，因为它面对着劳资矛盾的强化。那个时候，按照马克思的理解，工资并不是劳动力的市场价格，而是能勉强维持工人生存的生

---

① 王庶、岳希明：《退耕还林、非农就业与农民增收——基于 21 省面板数据的双重差分分析》，中国经济学人网，2019 年 1 月 4 日。

活资料品的价格总和。工资不是由市场来定价的，而是用基本生存资料来定价，那是"刘易斯拐点"之前的事情；这个阶段的劳资关系尤为紧张，尤其是共产党领导下的劳资关系冲突——共产党站在哪一边呢？那是个政治问题了。好在我们熬过去了，2003年劳动力价格出现上涨。

改革开放初期最令人担忧的问题是什么呢？人口问题。到1979年的时候，我国逐步把物质资料生产市场化，与此同时，中央把另一类生产即人自身的生产计划化，也即计划生育政策。农村的计划生育政策在实际过程中实行得没那么严格，城里更为严格一点。如果城乡都实行严格的计划生育，我们现在的劳动力早就短缺了，但不实行计划生育也是不行的。2003年后，农民工工资随市场行情上涨，农民工在拿到了更多工资的同时，同时也拥有了更多自主选择权，劳资关系得到极大缓和。

除了以上三个历史转折，我还想再讲两个转折点，它们也在我们的眼皮子底下发生，同样是具有重要历史意义的转折点。**第一个是城乡人口的比重在2010—2011年突破了50%，城市常住人口的比重占总人口的比重超过50%，这是一个重要的转折点。**这一比重到2018年已经达到了将近60%，新中国成立之初大概是10%。在农耕社会，城市人口一般不超过6%，如果这一比例超过10%一定会出问题，因为农民养不活10%以上的非农人口。这里说的城市常住人口包括城市户籍人口和在城市打工半年以上的人口。那么，游走于城乡之间打工的农民工有多少呢？就全国范围而言，有2.88亿。如果把这部分人口去掉，城市化率还要减少大约18%。

就目前而言，农民工作为一个阶层，还将在相当长的时间内存在，由于城市无法或者无心让这一阶层城市化，所以国家要保护农民工的宅基地和田地。农民的孩子要完成城市化，一个比较有效的方法就是高考，通过教育改变命运，但这一部分人口也面临着城市房价居高不下的问题，因而往往也无法在城市落户，这一现象我估计在今后5—10年还将存在。什么时候会消失呢？这就关系到目前的中美贸易摩擦了。如果中国的产业可以顺利向中高端升级，那么可以再吸纳一部分中高端知识分子就业，从而稀释城市的房价。如果大学乃至更高学历的毕业生都不能完成城市化，那我们的政策是有问题的。

　　第二个补充的转折点，我把它叫作第一产业就业人口升降的拐点，这个拐点出现在 1992 年邓小平同志的南方谈话中。1978 年刚改革开放时，中国的总劳动力约为 4 亿，其中，第一产业（农林牧副渔）约占 2.8 亿；到了 1991 年，总劳动力上升到约 6.5 亿，其中，第一产业约有 3.9 亿。那是我们近代以来农村土地承载的最多的劳动力数量，人均耕地在理论上也缩到最小。1991 年后，这一数字开始出现下降，1992 年下降到 3.87 亿，到了 2016 年下降到 2.6 亿，这是一个重要的参数，表明中国的农业劳动力上升到 1991 年就开始下降，今后还要继续下降。**农村人口大量向城市转移是一个大的历史趋势，不可阻挡，农村很多宅基地将会被长时间空置，**有些只是人们春节回家时会使用一下。如果一个宅基地空置了三年没人住的话，基本可以说明户主已经城市化了，这是需要我们高度关注的问题。如果被空置的房子在城乡接合部，那么它还有价值；如果在远郊和山区，则毫无价值。这种在农村被废弃的房子会越来越多，不管我们这些"三农"研究者对此有多少乡愁和忧虑，这也是一个不可逆转的历史过程。

　　大量的劳动力流到城市以后，我们如何来理解农业、农村和合作建设？最后我想讲讲这个问题——乡村振兴。乡村振兴战略是中央在 2017 年提出来的，和 2005 年 10 月十六届五中全会提出的新农村建设政策大同小异，其核心依然是产业振兴。农业何以作为一个产业而振兴？这些年我也去过很多地方参观考察，发现很多农业扶贫项目其实仅供参观之用，所以，当前政府力推的农业项目扶贫有没有持续的效益还值得我们研究。

　　这次过来参加调研，看到了何慧丽先生在这里推行的新合作化运动。我也重读了一些历史，最后想对目前农村新型合作化运动讲两句话。第一句话是：**分散的农民最需要合作，分散的农业也最难合作。**原因就是农业的合作要看合作起来之后经济是否有·个明显的且稳定的增量。如果没有这个前提,合作起来也会散。第二句话我想讲的是:**合作除了要有一个经济的增量以外,更要有合作的精神。**合作精神是要教育和灌输的,没有合作精神的合作是不可能的。所以何慧丽和她的弘农书院是值得表扬的。分田到户以后各家各自为政,各谋其利,如何使由于市场化而分散的人心通过文化建设重新聚集起来成为一个共同体,这是合作社成败的关键。这两条缺一不可,否则合作是搞不起来的。

《黄河边的中国》前后的故事①

徐杰舜（以下简称徐）：曹教授，非常高兴能在武义，在您的祖籍地跟您有这样一个对话的机会。我最早认识您，是通过您的《黄河边的中国》一书，当时就想着赶快把它买来，买了之后马上认真拜读。而且，我夫人也非常仔细地看了。后来我们也用您的方法到新疆去调查，走民间路线，我们几乎跑遍了新疆。

曹锦清（以下简称曹）：在新疆你跑南疆了吧，跑了哪几个县？

徐：南疆走了和田、喀什、阿克苏，北疆跑了伊犁、阿勒泰，然后也去了哈密。所以新疆那边我们走了很多地方，前后去了三次。特别是第三次，我们走了民间路线，因为他们不同意我们进去。

我这次很惊奇地了解到您的祖籍是武义，但大家在网上查到的是您是龙游人，武义县政府办公室副主任高济敖听说您是武义人后也觉得奇怪。我跟他说，您父亲是武义人，他听了之后很高兴。而且您的父亲是武义泉溪人，我的丈母娘也是泉溪人。所以，他们知道您是武义人后，都高兴得不得了。您这次能来，我真是非常高兴。尤其是能跟《黄河边的中国》的作者坐在一起说话，更觉得非常荣幸！今天听他们讲，武义人做人类学研究的还挺多。在浙江来讲，实际上，您用社会学的方法分析农村，对我们理解中国农村问题起了很大的作用。这不是过奖，认识您以前我早有耳闻，认识您以后就更加觉得是这样。曹教授，在全国来说，您是一个非常有名的公众人物，我想请您把自己的情况在这里给大家介绍一下，就从您的祖籍地讲起吧。

曹：1995 年前，我对祖籍地的信息了解得很残缺，当时保留信息最多的是我的一个姑妈，就是你的那个学生赵桂英的母亲。我来得太晚

---

① 本文是徐杰舜对作者的一次采访，内容已经整理，收入荣仕星、徐杰舜编：《人类学世纪真言》，中央民族大学出版社 2009 年版。

了，这是我一生中很遗憾的一件事。我一直到 1995 年才第一次到武义来，那个时候我的姑妈已经去世了，而且从她女儿那里知道她一直等着我来，最后她等不及了，所以这是我最大的遗憾。那些关于我祖上的信息，她已经"带走"了。我从我母亲那里获得的信息是非常残缺的，她后来改嫁了，不愿意多谈这些事情，即便是谈起，信息也是非常不全的。而我外婆在世时，我还没有收集信息的意识。

我们家族是在哪个朝代迁到武义来的就不知道了。我曾问过我的母亲，她说武义曹氏一支是从徽州府的歙县迁移来的，那是曹家的一个大本营，然后不知哪一代就迁到武义来了，在武义已经生活了好多代。到我父亲那一代，就是抗战时期，那时家族已经开始衰败。我父亲后来就迁到龙游那里去做生意，之后又迁到兰溪，我 1949 年在兰溪出生。1953 年公私合营的时候，我父亲经营的柴行破产了，他带着我的姐姐回到了武义，因为在武义他还有一个女儿，是他前妻生的，前妻在抗战时就死了。死因有几个版本，真实的死因我也无从考证，总之是死于战乱。她生有一女，即我同父异母的姐姐，刚刚在这里的那个人就是她的儿子，她有两个儿子两个女儿。当然，我知道我的父亲是武义人，这个我很早就知道了。我 5 岁离开兰溪后，父亲带着我的姐姐回到了武义，我的母亲带着我和我的妹妹回到她的娘家龙游。在我 7 岁那年，父亲就过世了，死于肺病，年仅 43 岁。到了我 8 岁那一年，我的舅舅到武义来，把我的姐姐带回龙游。第二年，姐姐患肺病吐血而死，年仅 12 岁，当时的场景还历历在目。那时我 9 岁，她常常吐血，小脸盆吐了半盆。我在旁边看着，那个情景我永远都不会忘记。

我 10 岁那年，即 1958 年年末，离开龙游到了上海。那时，我的母亲在上海已组成新的家庭。我外婆写信给我母亲，说家乡闹饥荒，养不活你的儿子。于是舅舅送我到了上海。之后我舅舅也去世了，那时我还没有收集武义方面信息的意识。他过世以后，武义这边的信息也断了。后来非常凑巧的是，1976 年我在上海的蓬莱中学教书时有一个援藏任务，是支援西藏教育的任务，当时我报名了。报酬是出国的待遇，每个月多增加 36 元，我自己在上海又有 40 元，这个待遇在当时是非常高的。因为政审严格，所以遇到一个问题，就是我的成分问题，那个时候是很讲成分的。我继父的成分是工人，到底是按我继父的成分算，还是按我生父的成分算？他们认为我是 10 岁到上海来的，应该按我的生父算，所以重点是要调查我的生父，结果他们动用了官方的各种资源去调查，这个过程我当时都不知道。最后把我的亲属都调查清楚了，但那时他们并没有告诉我，只是对我说我的政审合格，告诉我的父亲是小业主，不是资产阶级，所以就批准我到西藏去了。

徐：去了几年西藏？

曹：整整两年，在西藏拉萨交通局职工子弟学校教书。那两年是我工作生涯当中最努力的两年，因为在那里除了教语文课程外，其他课程也都是我教的。我原来是教历史的，后来又教外语。因为对数学、物理、化学这些科目的教学都不太满意，学生们就要我给他们补课。补课过程中，学生们又一致要求我给他们上课，并向校长提出意见。我当仁不让，就把化学、物理、数学都接过来了，结果把我累得够呛。那时，拉萨的交通局职工子弟学校从来没有高中，我把学生从初三带到了高一。高一一年，我就把整个高中的课程教完了。上完以后，高一就有学生参加了高考。当时班上一共就三十几个学生，我推荐了七个人去考，最终有四个人考上，其中一个竟然考上了合肥的中国科技大学。

徐：那您很不简单了，两年时间把他们从初三带到高一就去参加高考。

曹：之后我就回上海了。1977 年恢复高考，我 1978 年 6 月底回来赴考。1977 年他们不让我回来，因为原定两年的教学任务没完成。

徐：那您也有少数民族地区的工作经历了。

曹：我 1978 年回来参加高考，之前我已在华东师范大学历史系学习过两年，那是 1972 年到 1974 年。后来有同事告诉我，在我援藏期间，武义的亲戚花了很多时间查询我的情况，好不容易把那些信息调查清楚，然后再告诉我地址、人员等相关信息。之后，我逐步跟家乡的人通信往来。那时没有电话，交流不多，到了 1995 年才第一次回去，那时姑妈已经过世了，我真的应该早点来。特别是我姑妈，她一直都牵挂着我，因为我是曹家一脉的单传。回去后去给我父亲上坟，我第一次感觉到男孩的重要。我有一个女儿，城里人原来没有这个意识，感觉生男生女都一样，但那次回去后突然有了这种意识，觉得自己有一个男孩该多好啊，现在我们家单传到我这里就断了。至少姑妈认为我是单传，对我就特别重视，一直在寻找我的下落。我是从她女儿那里知道这个信息的，自然就会唤起我那种传统的传宗接代的责任感。

徐：您姑妈的女儿赵桂英是我的学生，她初二的时候我当她的班主任。

曹：我 5 岁到 10 岁这段时间是外婆养的，所以在潜意识中外婆就是我的母亲，龙游就是我的故乡。所以我填写籍贯一栏时常填龙游，就是有点纪念我外婆的意思。有时我填我的出生地为兰溪，而武义呢，因为没有在这里生活过，所以就没有填过。实际上，正宗的祖籍应该是武义，但是现在籍贯这个词显得不是很重要了。自明清以来，一直到新中国成立后，表格里都还有籍贯这一栏。但籍贯这一栏实际上已经没有什么意义了，籍贯是表示自己父亲生活的地方还是自己出生的地方，或者是别的意思，现在都没有明确的界定。现在的人空间流动太频繁，如果要追根溯源是十分困难的，但中国人又非常讲究一个人的出处，来龙去脉。古人讲的不是报三代家门，而是十几代家门，你看明清以前的那些人，报十几代家门并不稀奇。先秦的那些人一报家门就报到三皇五帝去了。到后来能报三代就不错了，我们现在连三代都快搞不清楚了。

徐：但是，曹教授，您知道吗？这次县里人知道您是武义人，马上就有种兴奋感——武义又多了一个名人。他们知道您是武义人后，都很希望您能来。后来，您明确答复说能来，他们真是非常高兴。今天高济敖陪着您操办这件事情，他也非常高兴。

曹：非常感谢武义的父母官。

徐：这些父母官知道曹教授是武义人都非常高兴，包括《金华日报》的那些人，都说武义人搞人类学的有好几个了，您是正宗武义祖籍的；还有浙江师范大学的陈华文，中央民族大学的兰林友，他们是这个地方土生土长的人。我虽然不是在武义出生的，但我是这里的女婿，他们说我是这里的姑爷。所以今天我们能在这个地方交流，我真是非常高兴。那么，第二个问题我想请曹教授介绍您研究的第一阶段：浙江北部的农村问题。但相关书籍现在很难买到，我想请您将这部分的研究情况给我们做一个介绍。

曹：1988 年，我调到了华东理工大学，那时的校长叫陈敏恒。我从复旦大学毕业后先是想留校，但后来由于种种原因没有留成，说起来那有一段长长的故事。

没有留成之后，我就到同济大学的分校教书。在教书过程中，也就是 1984—1986 年这段时间里，我又回到了华东师范大学读书，读硕士生课程读了两年。到 1988 年的时候，华东理工大学要向综合性的大学转型，这是 1987 年学校定的一个教改方针，原来这所大学是国家唯一一所化工类的专科学校。学校要转化成综合性大学，第一步就是要引进理科和文科的人才，理科就是要引进数、理、化的人才，因为原来学校开设的专业是以化工类为主的，所以数、理科相对弱一点，人文学科也比较弱。当然，人文学科不是按照老的传统来建设，因为时代已经变了，而主要是按照经济研究所、政治研究所、文化研究所来分类。当时第一个建立的是经济研究所，现在已经变成了商学院，是我们学校很庞大、很有实力的一个院系。政治研究所也有一段渊源，但最终没有建立起来。政治研究所原来确定的所长是南京大学的一个教师，后来这个人介入了 1989 年的政治风波，犯了一个错误，就没有过来。文化研究所是从复旦大学和全国其他一些高校里引进一些人才成立的，大概有十几个，因为我原来也是从复旦大学出来的，所以我也就从同济分校那里转到华东理工大学来了，进了文化研究所。

1988 年的时候，当时学术界所谓的自由主义和反自由主义的斗争比较激烈，是"文化大革命"以后的一代青年学子回归大学，对这一段历史重新反思的一个阶段，我们都经历过那个时段。这场反思当然是很必要的，大量的西方学说，如存在主义等传入中国的一个时代，是各种思想十分活跃、激昂的一个时代，但它的一个缺陷是一种激进改革的情绪占上风，它对中国的改革只说应该如何如何，很少对中国的历史和现实是什么进行追问。

当时我们所里的大部分成员感觉到学术这样走下去是不行的，这样过浓的意识形态取向是不行的，因为你首先要问中国是什么和为什么如其所是，这就是社会科学所要回答的问题。所以，当时我们提出一个口号，就是要**"返回国情，返回历史，返回实证"**。"返回国情"就是事实是什么，"返回历史"就是这个事实如何而来的，"返回实证"就是用什么方法去研究这个过程。这三个口号至今看来还是正确的，这样就说明我们文化研究所不是研究"虚"的。因为文化这个概念被说得过于普遍，现在在满天飞的都是"文化"，但谈得多的东西恰恰是人们最无知的东西。为什么人们那么广泛地谈文化？因为"无知"，所以每个人都将各自杂乱含混的东西加到文化这个大框架里面去，好像一谈文化就显得比较高雅，比较时髦。

而我们1988年的文化研究所确实对文化进行了研究，发现它的定义的多义性太复杂，有一百五六十个定义。我们文化所的"文化研究"，当然不能从杂多且歧义的"文化"概念出发，也不能从观念、概念出发。事实上，在人文社科领域，一切核心概念差不多都是从西方转释而来的，它们在中国经验的指向往往是模棱两可、含混不清的。并且，**许多来自西方的科学概念，一进入中国便执行起意识形态的职能，它不是认识中国的工具，而是改造中国的工具**。我们成立文化研究所的一个主要动机恰恰是为了"认识中国"，所以提出"返回国情，返回历史，返回实证"的三大口号。这样文化研究就变成中国实证研究了。

我们分了四个研究组：一个是研究农村社会，1988年就定下来了；一个是研究小城镇，当时费孝通强调"小城镇大问题"，我们一直都觉得很重要；第三个研究国企改革，1985年农村包产到户以后，国家认为粮食问题解决了，然后就开始进入城市改革，城市的国企改革已经提到议事日程上来；第四个就是文化比较，就是各国的文化比较，不同的国家、不同的历史前提进入社会转型的，他们有什么共同点，有什么不同点，尤其是发达国家早期社会转型。

我们非常关注 19 世纪西方的社会转型，我们不是同 20 世纪以后的西方国家相比，尤其不是后现代的西方国家，他们由农业社会向工业社会转轨的过程中，与我们国家从农业社会向工业社会转轨的时期有哪些可比，哪些不可比。当然，我们也可以和日本、德国、俄国等第二类的国家比比看，与他们有什么异同。最后和我们第三类的印度等一些国家来比。在当时我们有一个很庞大的现代社会转型比较研究计划。

徐：后来实施得怎么样？

曹：我们文化所在 1988 年制定了一个雄心勃勃的研究计划，没想到 1989 年就遭遇到一个很大的坎。结果一些研究人员跑到美国去了，一些人沉默了。到了 1992 年，一些人干脆"下海"经商去了，只留下我们这个农村研究组。我不愿出国，我祖上经商的细胞一个都没能留给我，故我也不会经商，只能继续从事农村研究。我们农村研究组只有两三个人，且无调研经费，中国农村又那么广袤，一口如何能吞下大象呢？所以，我们只能选一个点，一个我们所熟悉的村落，当时备选的只有两个点：一个是我的家乡龙游，一个是张乐平的老家海宁盐官。张乐平在老家盐官有 10 年回乡插队的经历，有发达的人脉关系，且离上海较近，故而选择海宁盐官。

这就是说，我们走费孝通的乡村社区研究之路。费老的研究后来很遭人批评：他调查的只是一个村，讲的却是全中国的农村。凭什么仅从一个村来说明全中国的农村？全国有无数个这样的农村实体，而且从差异的角度来看是千差万别的；但是从同一角度来看，他们又差不多是一样的。所以费老要回答这个问题也真是不容易。后来他还是到云南去，他说他就研究三类不同农村：农业的，有点工业的，然后是工业的。可是别人又问了，他凭什么找到这三类？他已经先验地按照发展观来主观地排三村的序列了。他凭什么说工业化的村就是还没有工业化的村未来的前途？事实上这些都是"致死"的攻击，就等于我们现在问：凭什么来判定，东部地区现在的乡村工业化、小城镇化之路，就是未来中西部地区的发展之路呢？的确，我们凭什么从一个"点"上的调查材料推断"面"上的一般结论呢？当然，一个方便的解释是，这个调查点不是特例，而是某区域乡村（如浙北）的"典型"。而所调查典型，即在"个别之内包含着丰富的一般"。但问题又来了，你凭什么将你调查的点判定为典型呢？这一问题一直困扰着我们，也正因为如此，我们利用各种方面来弱化社区研究中的这一"天然"缺陷。

因此，**我们把人类学的方法、社会学的方法和历史学的方法结合起来。** 第一，我们采用人类学方法。所谓人类学方法，我们是选一个社区进行一年的参与式田野调查，这是人类学的一个基本方法。由于第三者的出现有可能破坏这个现场，而参与式田野调查的一个突出优点就在于尽可能地保存这个现场；另外，人类学方法的另一信条是"他者的眼光"，我们是用"自者的眼光"，但是你必须有一个理论范式，这个范式其实也是西方提供的，从这个意义上来说，这也是一个"他者的眼光"，就等于老百姓不可能提供一个对自己生活的理论反思。就像所有的风景点都不是风景区的任何一个人能发现的，因为他生活在里边，他不可能成为风景区的发现者，所有的风景点都是外来者发现的，是"他者的眼光"发现了这个地方。这个风景区被发现的事和我们农村再研究的事是一样的道理。虽然都是中国人，但还是要运用"他者的眼光"，这是人类学的一个方法。

不过，运用"自者的眼光"，即研究者研究他曾生活其内的熟悉的乡村世界，"熟悉"恰恰不是优势，而往往是"障碍"。因为"熟悉"，故习以为常，大大弱化了因"好奇"所激发的"追问"能力。故而我们在整个调查过程中始终保持着对"熟悉"的高度警觉。我们所做的调查，原来定的是一年的时间，结果我们花了四年的时间，其中包括写作的两年，实际调查的时间为两年。

　　第二，我们运用了史学的方法，因为一般的人类学方法都比较静态。我本人受过历史专业的训练，故而会将当下的、直接的经验事实，都置入"历史过程"加以考察，恰如《当代浙北乡村的社会文化变迁》一书名所表明的，我们既突出浙北乡村所展开的现实，又关注"何以如此"，即"变迁过程"。恰好那个地方有一个大队会计，完整地保留了它的账目及他的日记，把他的大队的历史记录得很好。在全国来说，很少有保存得这么精细的档案材料，是我们发现了这个材料。甚至是1950年"土改"时的分配情况都贴在墙上，分多少地，分多少东西都清清楚楚。后来我们把这些都写到了书上。

　　第三，我们将重点研究的"点"（大队、村）放置到"面"（公社、乡镇）和县内加以研究。后来我才慢慢体悟到，**社区研究的最有效"单位"不是村落，而是县。无论从人类学、社会学，还是从政治学的实证研究来说，县才是一个相对独立自足的、有意义的研究单位。**为了使判断更谨慎一点，我们又把调查的空间向沿海地区延伸，最北我们延伸到山东，最南我们延伸到海南岛，虽然那些内容都没有进入我们的书，但是已经进入我们的思想中。这就是说，我们在下判断时更为谨慎，对点的调查更具一般性意义，至少在浙北范围是这样。

　　徐：现在这些材料都还没有形成成果吗？

　　曹：有的成果已经以其他方式发表了，因为我们当年是代表国家民族委员会到海南岛那边去做调查，趁那个机会，我们在村里住了一段时间，等于是在调查一个村落，一个黎族村。这个过程也很有趣，在那里发现了很多现象。

　　徐：看来在您的经历当中，黎族地区跟您的研究也是有关系的。

　　曹：是很有关系的，包括费孝通所讲的两类交换方式：一类是村落互惠的交换方式，一类是市场一次性的交换方式。一种是人情交往，一种是市场交易，这两种都是交换，但这两种交换是两种完全不同的原则。

　　人情交换是相互欠来欠去的，都是你欠了我，我又欠了你，所以就没完没了的，即"来而不往，非礼也"。如果是翻脸不认人了，我就要跟你结账，跟你算账。在中国，算账算是最严重的一件事了，所以中国人就永不算账。不算账，感情就深，跟兄弟一样，这是一；永不结清，永远相互来来往往，这样就构成一个互惠的网络，这是二。互惠当中并不是完全价值对等的。你穷一点，当你要盖房子时我就多帮一点；如果轮到我粮食不够，你就能给我一点，这是农耕社会维持农村社区的小农经济思想。在这个过程当中，自身不能解决的问题，还要依靠村落庞大的人情网络来维系。在婚嫁事宜中，尤其是单个小农，他能够聚集起资源来解决这个问题，大家都是有力出力，有钱出钱。当然，还有其他的人情网络来承担其他的责任，这是多功能的。

市场一次性结清的交换，它是认物不认人；而人情网络里是先认人后认物，故叫"礼物"，是把礼放在前面，先认礼后认物。认礼是认我们两个人之间的关系，然后产生我们之间的物质和劳务的往来。这个物质和劳务不能用市场价格来评价，我们叫"礼轻情义重"。不能完全按市场价格来评价，今天你送我一百元，我以后又送你一百元，这样就相当于还给你了，就是市场的作用已经介入我们的交换当中了，市场在向这里面浸透。

但是，作为理想的范式，我们必须先把这两者区分开来——当然也有相同的地方，然后再看看它们渗透的地方。市场交换是一次性完成的，它是认物不认人，如果你跟熟人发生市场交换关系，那是很尴尬的。比如说我到农贸市场去，看到熟人我就避开。如果我要买只鸡，20元，卖方是陌生人，那我付给他钱就完了；但如果是熟人，他可能不要我的钱，他要送给我，完全有可能发生这种情况，这样就发生了"熟人的尴尬"，两种原则交叉到了一起。

我们到海南去就发现了这个问题。在那里，市场经济已经搞起来了，但很多开饭店的都是汕头人。我问当地人为什么不去开饭店呢？他们说他们怎么能去开饭店呢？村里人都来吃，不好搞的。后来我到那个村里住，就亲身经历了这样的事。我们带了很多肉和蔬菜——那里是不种蔬菜的，到一当地人家里住。刚好他的几个亲戚也住在他家，结果，我们准备的一个星期的蔬菜，两天就被吃完了。后来，我问主人这是怎么回事，他讲他们这里就是这个习惯，谁有东西谁就来吃，大家不种菜也不买菜。

在海南黎族乡镇发现这个社会事实后，再来读费孝通《乡土中国》中的有关分析，就有了新的感觉，而后我也对浙北乡村的调查有了一个新的感悟。在我们蹲点调查的盐官陈村旁边的那些店都是外来者开的，所以商业一定是在人情村落边上发生的，不可能在里边发生。如果在里边有代销店，证明这种商品经济已经进入这种原始的交往关系。这就是我们解释20年来的变化很重要的人类学思路，我们不做价值判断。为什么原来的这种人情交往关系可能承载市场交往的某种功能，它们交融在一起，成为浙江人、温州人活动的一种主要方式。它的功能在哪里，它的缺陷又在哪里？它的活力在哪里？这些问题都非常值得研究，这两类交换重叠起来，也有对立的一面，但它们竟然能够有效地合作。

徐：我也发现这点，特别是温州商人做得特别好。

曹：虽然中国人有"亲兄弟明算账"的说法，但在什么时候可以亲兄弟明算账，什么时候可以不必算账？**中国人把商业变成了一种艺术，既然把商业变成了一种艺术，那在商业上法律占据什么样的位置就非常值得研究。**比如说，市场经济社会就是一个法制社会，市场经济没有法就不能运行，这种说法也对，也不完全对。因为这里确实有很复杂的情况，"有法不依"依然是我们当代基本的法律现象，"执法不严"更是如此，无法可依吗？那不是，现在是有法不依和执法不严。那么是法律不好，还是老百姓意识还没有达到法律的境界？是法律去适应生活，还是生活去适应法律？这就是当代法律社会学要解决的问题。所以我对浙北的研究，就是把几种方法结合起来：人类学的方法、史学的方法和社会学的方法。那本书是不是达到这个目的我不知道，但基本上是按照学术规范来写的。这本书的背景大概就是这样。原计划一年写成，后来调查空间扩大了就增加到两年，写作的时间也是两年。

徐：《当代浙北乡村的社会文化变迁》这本书的第一版出版是在哪

一年？

曹：出版被耽搁了一段时间，因为 1992 年以后中国就快速地市场化了。出版社怕此类学术著作赔钱，想赖账，原来约好是作为国家重点出版项目来出版的，因为 20 世纪 80 年代还是文化热时期。可到了 1992 年之后，他们就想赖账，这样就耽搁下来了。我们是 1992 年完成写作的，结果到 1995 年才出版，整整拖了三年。

1992 年以后，他们找到我叫我去经商，但我没去；还有人叫我出国，我也没去。我不断地问自己，我出去干什么？为什么要出去？无外乎有这么几个理由：赚钱或学习救国救民的道理。我对赚钱没有动力，因为赚钱的动力在"文化大革命"中已经被斗得差不多了，没有这个动力了。出国学习救国救民的道理，我就想，美国还有什么可以教导我们的呢？"五四"时期人们可能还是认为有，但现在已经过了这么多年了，我觉得已经没有什么可以教导我们这个民族的了，**中国的知识分子该自己担负起理解和研究自己国家的重任了**。我想出国留学对我来讲就没有意义了，但我并不排斥出国对别人的意义，也不妨碍我继续看西方人的著作。**于我来说，更为重要的是想向生活本身学习，向我们民族的历史学习，这才是当下我们知识分子最主要的老师。**"下海"也是这样，我也明明知道这个时代是经济生活占主导地位的时代，金钱和货币的作用将取代以往政治和权力的作用。当时我就明确判断，以私人财富的多寡来判定社会地位的时代就要到来了，而且是不可避免地到来。你如果想在未来的社会中占据中上位置，那么除了占据私人财富以外，没有其他途径。学术是不足以自我证明的。但即便如此，别人叫我"下海"，我还是没有这个动力，我只能延续自己的生活方式，去品味生活，看看世界，读点书，写点东西。

徐：再一个就是往乡下跑。

曹：我原本就是在乡下长大的，对农村本来就有一种偏爱。农村对我们而言，对观察者而言，它自身会敞开自己，不像城市那样隐蔽着自己，把自己的各种愿望和激情都隐藏在高楼深院里边，然后对外宣传一套东西，这套东西可能完全是另外一种东西。城市对研究者来讲是隐讳不清的，隐蔽的，要研究权力者会有那么容易？研究富裕者会那么容易？研究他的第一桶金怎么得来的，他会告诉你？你问他怎么消费的，他会告诉你？当然，城市对研究者不会将自己置于研究者的研究对象地位，他是不能屈从这个地位的；而农村的农民群众，只要一个教授肯下去，他就敞开他的一切，他也无法隐蔽，这也是人类学家老往农村跑的一个基本原因。

徐： 现在城市人的家谁能进得去呢？而农村老乡的家里，谁都能进得去。

曹： 是是是，我想用专门的术语讲就是：在农村，你能畅通地"入场"，而城市"入场"很艰难，不是说完全不能，很艰难。另外一个就是农村事实的敞开度比较高，而城市各种各样的事实在各种遮蔽之下，调研起来比较难。有朋友说，你研究中国社会的现代化进程，重点得研究城市，因为工业化、现代化的中心在城市。我当然知道权力和财富的中心在城市，欲望与消费的中心也都在城市。然而，围绕着权力和财富旋转的各种欲望所构筑起来的高墙，严守着尊严与秘密，将一切研究者排斥在外，不得"入场"。出于这个原因，我还是继续从事乡村研究。

徐： 那就是继续走农村研究的路，从浙北转到黄河边去了。我很想了解您是怎样转到黄河边去的？

曹： 黄河边上的调研是和第一本书有关系的。第一本书是以点为主地带面。中国非常庞大，因此我在调研时尽量注意采取不同地方的样本。我是想研究农村社会的整体，光去研究浙北的某个地方，就说对浙江农村社会了解了，这个不好说；说对中国广大乡村了解了，就更不好说了。我绝对没有费孝通的那种自信，因为我知道别人对费孝通的批评及费孝通自己的回答。他的回答当然有一定的道理，但经常是软弱无力的。事实上，费孝通研究过苏南乡村，也研究过云南乡村，他的《乡土中国》是对中国乡村社会一般特质的概括，他所想的是乡土中国向现代中国转型的切实可行之路。

《当代浙北乡村的社会文化变迁》一书完成之后，我便想着把乡村研究向中国的中部和西部推进。但一时没有找到一个"入场口"。前面讲到，1988 年，我们文化所设置了四个课题组，其中一个是国企改革课题组，这个课题组进行了一年，搞不下去了，一个重要原因是，利用人类学的实证方法去调查国有企业的改革状况，几乎是不可能的。第一，人家没有时间接受你的采访；第二，人家不大可能对你敞开信息，尤其各个部门之间向你敞开信息。因此，我就把这个课题换成了抽象研究，就是从理论层面上去研究。我把所有的国有企业称为一个"单位"，把人民公社也称为一个"单位"，在这个基础上，把计划经济看成是一个单位制的社会，所有人都聚集在各个单位里面，所在单位都属于国家。这样，"社会"就被单位所吸纳，单位被国家所吸纳，由此形成计划—公有制这样一个总的形式。我就专门研究这个单位制，研究单位制的形成，单位制的特点，单位制内部的张力，单位制解体的过程，等等。

徐：这个研究有成果了吗？出版了吗？

曹：有，已经出版了。

徐：叫什么名字？

曹：就叫作《中国单位现象研究》，后来把这本书当时在海天出版社出版了，印了两三千册吧，在学术小圈子内有一些影响。

徐：但是在国内我倒是没见到。

曹：在国内，有些大学里在用，这本书在学术界并没有引起讨论。上次我在访美的时候有人专门找到我——你知道国外有一些学者是很高傲的，看不起中国学者——他找到我后很恭维我，他说因为看了这本书，对中国社会学的看法改变了。这当然是最大的恭维了，是吧。他专门跑来找我，还专门把这本书推荐给广东的中山大学，说给中山大学的历史系和社会学系都赠了这本书。这是我从国外得到的消息。

徐：在 20 世纪 90 年代初，您研究单位制这个问题应该是相当超前的。

曹：我是研究得比较早的。现在研究这个问题的有五六种专著了吧，其中有一部叫《单位中国》，有五六十万字，是一位名叫刘建军的学者撰写的，其中谈到了我的这本书。

徐：后来中央电视台做了一个有关单位的纪录片，讲的是单位的问题，片中说单位是中国的围墙。

曹：这是一种形象说法。单位制既取消了劳动者的择业自由，同时也是一种保护；取消单位制，劳动者得到择业自由的同时，也失去了安全。看来，自由与安全很难兼得。

我花了两年（1993 年、1994 年）时间来写这本书。这个研究完成了以后，我又回到了农村，我想向中部推进，到中部农村去研究；另外还有个计划——向西部推进，写三本书，方法都不一样。东部是以点为主，以面为辅，有历史纵深的这样一个研究，这个研究是按学术体例来的，我其实也不太满意。不满意的地方就是，它把现实的人和我自己都抽象化了，都变成了一个理论框架，好像一个课题在那里干巴巴地叙述，我也不见了，被研究者也不见了。

转向中部的研究——到河南，倒是有一点巧合。如果是中部其他省份，有机会我也会去，例如湖北或者湖南。正好我有去中部研究的设想，但怎样找人进去呢？在想的过程中，天助我也，就是我有一个同学在河南大学教书，他带了一个河大的朋友来拜访我。拜访我其实是为了其他一些问题，但后面就谈起来我的这个想法，便问他能不能帮帮忙，给我一点关系。他说没问题，好得很！找的那个人叫孟庆琦，他的家族原来是河南的一个大族，他本人又是河大的领导、教授，门生故友很多，给我铺平道路是没问题的。有了他们的承诺，我就如鱼得水了。当时我就决定到河南去调查，而且河南更是一个典型的"中部"地区，位于黄河流域。出于这个原因，我就跑到那里去了。

另外，经费问题的解决也很巧。当时汪道涵老先生找我有事情，谈起调查的事情时，我说我想到河南去。他说到河南去好啊，当年他也被下放到河南，还一直想到河南信阳一带去看看，但人老了，走不动了，叫我代他去看看。他还问我有什么困难吗？他既然主动问我，我就说了缺钱。他说要多少钱，我说大概要五万元，他说没问题。他说没问题时，我倒有点紧张了。他说没问题，我后面还有问题呢。我说我没办法报销的，我没有发票的。我住农民家里，看谁穷点我就多给点，富的我就不给了，这也有可能。他说没问题，这个不要你报销一分钱。我说我对你承诺，我的工资放在家里，调查发生的费用就用这个钱，不够我就问你再要一点，多了我就还给你。最终五万元我用了三万元，一万五千元用在农户家里，也包括捐助；另外的差旅费，还有其他一些费用也差不多用了一万五千元。经费就是汪老帮我解决了。这个就是机缘巧合，凑齐了就下去调查了。

真正开始调查时，调查方式是不能运用老方法的。只能是我一个人加上一个陪同人员，一起深入调查现场。并且也不可能在一个地方长期待下去。为什么呢？第一，一个地方长期待下去，我做不了；第二，我是要做在"面"的层次上、在一个省的范围内的广泛调查，广泛调查就是要东、西、南、北、中各个地域都跑到，在每个地域都要选一个县，县里再选三个乡，每个乡里边再选几个村，就计划这样跑。当然，实际情况是，假如你选了某个 A 乡，但 A 乡没人，你就必须另找一个 B 乡，这从社会问卷调查来讲是不合规则的。这种以面为主、以点为辅的调查方法，定点很重要，但你选定的点往往找不到"入场"的带路人，故需随缘应变。

1996 年 5 月，我第一站就到了开封的河南大学，河大学生处处长孟庆琦安排我给学校学生做一场学校演讲，不少老师来听。这样，通过报告，老孟帮我找来了不少带我进入乡村的朋友。后来，报告的影响扩大到开封市委党校。次日，党校副校长带了三四个老师前来拜访我，说他们正在筹划一个农村调查的课题，请我帮忙，还邀请我到开封市委党校做几场党校报告。这令我大喜过望：进入河南乡村的大门因此对我这个"外来者"洞开了。一场报告，一场酒席，朋友的朋友都成了我的朋友，知识分子本来就有"一点灵犀"，共同的情怀，学术相通，酒酣耳热实成知己。这样，我通过河大、党校这两个据点，获得了进入河南各地乡村的入场券，因为已成为朋友的老师们来自河南各地。更重要的是，县、乡两级政府的官员大多是市党校教员的学生。老师陪着我入住农户家，等乡村干部反应过来，我的调查差不多完成了。

徐： 所以您那时是用了**快速调查法**。

曹： 是的。

徐： 我还想问一个技术问题，您当时的访谈是做笔记还是录音？

曹： 不做录音。关于是否做笔记，要视情况而定。

徐： 那就是听、看，然后回来就写吗？

曹： 回来补记。当然，笔记、录音和录像从保存信息的角度来说，自然一个比一个好；但用什么方式记录调查资料，一定要视调查表、调查问题及调查对象而定。入村调查"计划生育状况"这类地方官员与农民共同忌防的问题，连记录都不可能，更别谈录音与录像了，甚至只能观察而不能问。对第一次接触录音和录像工具的农民来说，他们一定会被这些工具弄得不知所措。2001年，即《黄河边的中国》出版的次年，香港地区某家电台说要给我很多钱，要我陪他们沿我调查过的老路走一圈，带个摄像机去，要把那些拍下来，这样可以使我的文字图像化，我说扯淡。真要这样，地方都不会让你进去，老百姓也不会对你说实话。

有的情况下他们是不忌讳的，如调查农户的全年投入和产出，可以拿出笔记本来与他们一起算账。我每次入农户家，与他们一起算投入—产出、收入—支出的明细账，看到算出的结果他们都很吃惊。说实在的，我对他们的"吃惊"本身深感"吃惊"，因为其中有几个农民还具有高中文化程度呢。

不过，我从"吃惊"中突然发现了小农经济下小农的行为特征。**小农经济与工商经济有一个显著的不同特征，即小农对自己的劳动力投入是不计入"生产成本"的。**当然，在不雇用外部劳动力的小企业，小商小贩也是如此的。劳动力不计入"生产成本"，第一，意味着他没有发现劳动的价格；第二，意味着小农经营他的小农场与企业家经营他的企业是很不一样的，后者必须对他的企业进行理性的经济核算。

既然劳动的价格不可能从小农经济活动本身发现，那么他们从何处

发现劳动的价格呢？答案是从他们的外出打工活动中发现的。通过外出打工而发现自身的劳动力价格，这一现象具有十分重大的经济、社会意义。首先，劳动力价格一旦被计入成本，他们就会把家族小农场当作"企业"来经营，即将每日的劳动投入计入"生产成本"，从而准确估计全年的农业利润，并据利的高低与有无决定他的行为选择。由此小农的农业行为转化为一种理性行为。其次，只有理性化的小农经济才有可能与市场化的大机械作业有效地结合起来。在20世纪50年代，我们一直认为小农经济与大机械化是不相容的，只有集体化才能机械化。如今我们看到，如果小农认为机械替代劳动是合算的，那么农民们会选择外出打工，而让农业生产过程交付给市场。这也说明，**中国农村剩余劳动力是个动态过程。外出打工推动了农业机械化，农业机械化又释放出更多的农村剩余劳动力。这一双方推进过程，有可能在土地家庭承包制上生长出全新的农业合作新形式。**在我看来，正是外出打工使农民发现了劳动力价格，才使得小农经济与机械化实现有效结合。20世纪90年代前后，我在江浙一带的乡村调查，很多农民给我计算一亩地投入多少劳动力最合算；1996年在河南调查，不少农户第一次看到全年的投入—产出、收入—支出的结果，大为惊讶，因为那里的农民外出打工才刚刚启动。我的"新发现"对经济学家来说，很可能是个"常理"，但对我理解小农的经济行为及其社会后果确实很重要。

徐：所以这个就是中国小农思想转变的一个基本转折。

曹：20世纪50年代的时候，基本上都是小农思想，所有人都是这样的，因为当时没有劳动力市场这个概念。

徐：所以从中国的角度来看，我们的合作组织搞得太快了。

曹：这个话怎么说呢？我前面一段所讲的意思只有两个：一是说，在存在一个广泛的劳动市场的条件下，农民有可能像经营企业一样，经营他的家庭农业经济；二是说，小农经济与机械化并不是排斥的，在一定程度上是可以兼容的。我没有从此得出结论说，我们的农业集体化之路走错了。相反，我认为农业集体化既扩大了农田水利建设规模，又推动了现代农业技术推广，对于在一个十分落后的中国实现农村教育普及、合作医疗及防疫都是有重大意义的。承包制小农经济，不是对传统小农经济的简单恢复，而是经历集体化后的进一步发展。如今，在农村劳动力不断减少与农业市场化程度不断提高的情况下，在承包制基础上寻找一种新的农村合作形式，具有十分重要的意义。

徐：让我们转入下一个主题。曹教授，您从黄河边上走出来以后，《黄河边的中国》对国人认识和了解中国的"三农"问题影响非常大，您能否具体谈谈这本书的写作及在这以后您的研究？

曹：但我还是得强调一下，我对《当代浙北乡村的社会文化变迁》这本书不是很满意。学术界认为这本书的写法很规范，但我在写作过程中总觉得遗漏了什么。当时写这本书时，我对它的表现形式没有把握，遗漏了很重要的东西，把活生生的、具体的人抽象化、数字化、概念化了。**在社会研究当中，人们的情绪、意愿、希望、评价，即人的主观方面，或说普遍的社会心理是一个重要的社会事实**，这是我第二次调查得出的很重要的结论。

徐：所以《黄河边的中国》中既有了您，也有了您的对象。

曹：总之，我想通过《黄河边的中国》寻找一种新的表达方式，一种不同于通常学术惯例的表达方式。按实证研究的学术惯例，学者"入场"只是为了获得第一手材料，而被调查者只是提供研究者事先设定的所需资料。学者"入场"返回书斋，学者从调查者转化为写作者，将从各处所获的材料进行分类、归章，将"多余"的材料割弃。这样，材料经概念化甚至数字化处理之后，活生生的个人，即在调查过程中"在场"的那些具体的个人，都消失了。我认为，被学术规范，如框架、章节、概念、数字处理掉的那些内容，尤其是那些在场感受到的希望、忧虑、意愿、评价，即普通民众的社会心理，都有权得到表述。调查者在"场景"中的所思所虑也应"随场呈现"。由此，访谈日记本身就能很好地执行这一任务，无须再进行所谓的学术加工了。

徐：这样说来，学术理论与报告文学不是没有区别了吗？

曹：这个问题提得好。我也为这一问题苦恼了好长一段时间。在英美学术界，通常将社会科学与人文学科划为两类，界线分明。但在德国社会学传统中却将它们打通。在我看来，无论是社会科学还是人文学科，都得处理两对矛盾：一是人的主观性与外部世界客观性之间的矛盾，二是一般与个别的关系。人的社会行为是一种可观察到的"社会事实"，但人赋予自身行为的主观意义对研究者来说，是另一类更重要的"社会事实"。德国的狄尔泰、韦伯都是这样认为的，我也深表赞同。**关于"一般与个别"，科学与人文处理的方法是有区别的，我把科学方法概括为"通过个别而获得一般"**。如在自由落体公式 $h = 1/2gt^2$ 中，研究者、个别实验及实验过程都消失了。**我把人文方法概括为"在个别中直接呈现一般"。这种直接呈现一般的个别，我称之为"典型"。这样，我们就有理由将人文方法也称为科学，因为它也回答了"一般"**。如果上述说法有道理，那么，我们有理由将《红楼梦》《阿Q正传》既视为伟大的文学作品，又可看作重要的社会科学巨著，因为阿Q这个"典型"，正是国民性的"一般"特征。《红楼梦》正是封建大家庭兴衰的"一般"过程。我的上述说法或许有点玄，有人或不能接受上述观点，但我要在此郑重声明，正是我的上述观点，使我有勇气将《黄河边的中国》一书奉献给读者，或说有勇气将此文出版。因为我预先知道，学术界的一些朋友会指责这部著作，既不符合学术规范，又没有什么"理论"，只不过是一堆杂乱的访谈素材。事实上，确实有人撰文批评该书没有完成"从经济材料理论建构"的"惊人一跳"。

徐：反正我觉得《黄河边的中国》就是一个非常好的人类学的典范。您想，斯特劳斯写的《忧郁的热带》不也是文学作品吗？但它也是人类学中的经典。

曹：我没有读过斯特劳斯的这部经典之作，也不敢将自己的著作与经典大师的作品相提并论。我写这部书的一个主要目的是想告诉那些一心想与国际接轨的知识分子与官员，你们两眼望着美国的时候，千万不能忘记身后的广大乡村和数量庞大的农民兄弟及他们的实际生存处境。

在与国际接轨时，小心与国内脱轨。

不过，**这种写作方法确实有自身的弱点，说缺陷也可以。一个十分关键的问题在于：你如何确信你书中描述的具体案例绝非"特例"，而是"典型"，即在个别、在具体中直接呈现了一般。我自以为它是的，但我无法证明，故而只能诉诸读者的判断了。**我在河南调查，尽可能将调查范围扩大到全省，东、西、南、北、中都去跑跑、看看。在不同空间的不同农户、村和乡镇的三级调查中经常问同一些问题，写在书中，便给读者"重复"的感觉。出版社的编辑曾建议我把重复的内容删除，我说，**我用这种表白上的"重复"来弥补此类表达方式的内在缺陷。我想用不同区域同类调查结果的一致性来解决"通过具体案例直接呈现一般"的这一难题。**我通过个案调查所引申出的普遍结论，至少适用于河南全省，甚至适用于整个中部地区。所以后来我得出这样一个结论，"所谓'三农'问题主要是个中部地区问题"，至于东部地区，尤其是苏南、浙北地区，在 20 世纪 80 年代初已完成了两大转移：一是农户经济收入重心已从农业转向工商业；二是地方财政收入重心也从农业转向工商业。事实上，在乡村集体企业发达的地区早已进入"以工业反哺农业，以城镇带动乡村"的新发展阶段。

徐：那个时候，商业经济在苏南、浙北是比较发达的，农民是受益的。但是在武义这个地方，在浙南山区的农民就没有受益，所以它完全是后发的。像我的老家余姚，老早就工业化了。

曹：前面我说，在东部地区，尤其是苏南、浙北地区在 80 年代初已实现了工业化，"三农"问题其实主要是中西部问题。这两个判断并不排除中西部的某些地区在 80 年代初已向工业化转型，也不排除浙江、福建、广东的某些山区依然停留在前工业化阶段。**社会科学所下的一般判断总会有大量的"例外"，这是与自然科学十分不同的地方，**如浙江武义县直到 20 世纪 90 年代中晚期，尤其是近些年才受到东部工业发达县市的辐射作用，大量外县市工厂的迁入，加快了武义县工业化、城市化的步伐。这样，武义县可以将近 400 个山区村落整体搬迁到平原乡镇，并使农村剩余劳动力经过培训后而转入工商业，这对山区村落、村民来说，完成了跨越式发展。

徐：再转下一个话题，请你谈谈《黄河边的中国》出版后的影响。

曹：书一出版，便成了脱离作者而存在的独立文本了。署上名字表示文责由作者负责，我在书的前言中写了。这本书的真正作者不是我，而是许许多多的受访者，我只是一个代理执笔者。当然，里面也有我的所感、所虑、所思。这本书的影响之大，实超出我的预料。我原来估计可销6000册左右，孰料不断加印已十四次，正版已销5万余册，还有不少盗版的。至于各种书评，我也看了些，但没有去收集，我也不上网。大量的书评能否归在该书的"影响"之下，我是有清醒认识的。所谓书评，不过是书评者借我的书说出他们心里早想说的事罢了，这叫作"借题发挥"，恐怕算不上是我的书引发的"影响"。这使我想起"一石激起千层浪"这句话，石头与千层浪之间到底是什么关系呢？是否是单线因果关联呢？我说不是。如果同样的"石头"扔进草丛呢？只有几棵小草摆动几下便悄无声息了。扔进早已起浪的江河湖海呢？更是没有影响。恰巧扔进了平静的水塘，于是起了千层浪，这是石之功还是水之功呢？我说石头只是个外部因素，内因在水本身。水塘的预先存在是"一石激起千层浪"的先决条件，如将"千层浪"归于"石子"是错误的。

徐：但是没有石头也不可能有浪。

曹：我还是那句话，石头是外因，水塘是内因。这绝非自谦之词，而是自知之明。有人用"好评如潮"来恭维我和这本书，我从不敢沾沾自喜，再说"三农"问题如此严重，何喜之有！我因报忧而得些名利，总觉得自己滑稽可笑。

徐：您所谓的"水塘"是否指"三农"问题呢？

曹：是啊！就是指"三农"问题。事实上，"三农"问题有一个积累的过程。**1978年到1984年是新中国成立后农民日子最好过的时期。那几年，国家大幅度提高粮食和其他农副产品的收购价格，农民增收很快。1982年后推行土地家庭承包制，农民获得劳动力和农副产品销售的**

两项自由，乡村集体企业的发展给大量的农村剩余劳动力提供了新的机会。 就在 20 世纪 80 年代初，中华民族经过了 30 年的艰苦奋斗，终于解决了温饱问题，那时的农村可以用"喜气洋洋，欣欣向荣"来形容。那时全国上下都以为"三农"问题解决了，全党的工作重点可以从农村转移到城市了。正是这一长久的忽视，为"三农"问题的重新积累打开了缺口。你看看 1987 年制定的《土地管理法》，整个动因就在于低成本地、快速地推动工业化和城市化。**所谓低成本，首先主要是失地农民的补偿标准过低，其次是确保农副产品与农村剩余劳动力对工业化和城市化的低价供给。** 从 1988 年到 2004 年，国家共低价占有了农民的 1 亿亩耕地（现仅有 18.5 亿亩耕地）用于工业和城市扩张，以及公路、铁路等基础设施建设。1990 年前后，数年强制性的计划生育政策把整个农村搞得鸡飞狗跳，伴随着的超生罚款，更是使农民家徒四壁。1994 年的国地税务分置使得县、乡两级财政逐步萎缩；不断膨胀的县、乡政府和所谓的九年义务教育制达标评比，促使县、乡两级财政支出不断扩大，于是地方政府操刀切割农村的大部分农业剩余。1994 年和 1995 年粮食收购的再次提价，使得 1996 年和 1997 年全国粮食总产量达到有史以来的最高点，即超过一万亿斤；但 1997 年到 2003 年的 6 年间，粮价一路走低，从 1996 年的每斤（稻谷、小麦）0.8 元以上跌到 0.4—0.5 元，国家的保护价也起不了保护作用。农民种田已无利可图，这一重（农民负担持续加重）一低（农副产品价格走低），加上"圈地运动"的加剧，促使 1999 年李昌平上书朱镕基，表示"三农"问题已严重到极限了。

我的《黄河边的中国》一书是 2000 年 12 月出版的。2001 年年初，已强烈感觉到"三农"问题严重性的两会代表看到了这本书；与此同时，凤凰卫视的资深节目主持人曹学行也多次拿着《黄河边的中国》分析中国"三农"问题的困境。所以我说，评论者们只是拿着李昌平的信和我的书来表达早已存在且被他们感受到的"三农"问题而已。

　　徐： 关于《黄河边的中国》一书，我们今天就谈这些，关于"三农"问题的研究，您今后还有哪些打算呢？这是我和我的朋友们都很关心的问题。

曹：谢谢你的关爱。坦率地说，我有不少想法，但从没有持之以恒的所谓的"研究计划"，我数十年来的全部思考和阅读，包括一些田野调查，其实都指向一个中心，即我内心的困惑。所困惑的问题随时而变动，思考的问题也随之发生变化。你看我近 20 年来出版的六七部书，除了《当代浙北乡村的社会文化变迁》与《黄河边的中国》有内在关联外，其余各部著作的学术关联甚少。我是因"困"而思，为"困"而思，大部分写在我的日记中，为了解自己的"惑"。如果说我的思考还有点一以贯之的指向，那就是两个相互关联的问题，一是努力去理解我们身处其内的大变动的时代，二是人生的意义。我在好多年前就已经知道，所谓"人生意义"是一切形而上学问题中最具形而上学意义的问题，即它是一个永无"正确"答案的问题。我也明明知道，用理性去理解如此复杂变动的经验世界，或说将如此庞大、纷乱、变动的经验世界装进一个人为的概念体系中是完全不可能的。用庄子的话来说，以有涯去追逐无涯，那是没有出路的。但我总不能放弃思考去睡觉啊。我年近六十，思已成习，说得好听一点，思考已成为我的一种活着的方式。说实在的，"三农"问题只是我的困惑之一，只是我试图理解我们时代变化的一个方面。我不知你是否注意到《黄河边的中国》最后的一句话："河南之行到此虽已画一句号，但它留给我的依然是一个问号。"

徐：借用您的话来说，关于"三农"问题，或说农村研究，您今后向哪些方向追问呢？

曹：你硬要我说出研究计划，实在使我为难。我一听到什么学术研究呀，规范呀，计划呀，课题呀，评审呀，心里就发毛。坦率点说，心生厌烦。尽管如此，我愿意说说自己的一些想法，供有志于研究中国乡村社会的朋友们参考。

首先，"三农"研究或说农村研究，通常使用人类学的田野调查方法。它的缺陷如优点一样明显，优点我就不说了，缺点就是费孝通批评者说的那个问题，你从一个社区调查中得出的结论何能指涉中国农村社会？**自人民公社制度废除之后，区域差异在持续扩大之中，一个有效的方法是将全国分成若干区域，按经济、文化、语言、风格等标准划分成若干文化生态区域，每个区域选择一个具有典型意义的县，而后选点，按同一调查提纲进行深入调研。**1992 年，我写完《当代浙北乡村的社会文化变迁》一书时就有这一设想。那年，黄宗智来沪，我曾与他谈起这一计划，他说很好，但因缺乏经费而未能落实。去年还是前年，我到武汉华中科技大学开会，与贺雪峰的研究团队及来参加"三农"会议的与会者重提这一设想，在全国乡村选择百来个"社区"，逐步推进。我说，"三农"问题是伴随着中国现代化全过程的大问题。对于我们这个在前现代阶段，因南美作物的过早输入而在农村，尤其山区积存大量农村剩余劳动力的东方大国来说，城乡关系在五大关系中不能不占极其重要的地位。如今，学术已成谋名利之工具，大势如此，然以华中科技大学贺雪峰团队为中心而厚集起来的一批"三农"问题研究者依然怀有"稻粱"之外的精神诉求，但愿他们能将这一计划付诸实践。

徐：您的意思是将分散的研究整合起来，形成全国性的、有计划的分区域研究。这样才能形成关于中国农村、中国城乡关系的一般判断。

曹：我说的正是这个意思。其次，**"三农"研究必须向历史的纵深延伸。**当然，土地家庭承包制下的小农与合作化时期的社员不同，与新中国成立前土地私有制下的小农经济也有极大的差别。如果考虑到当代中国工业化、城市化还有全球化的重大影响，古今的差异就更大了。当然，从"异"者观之，古今农村可谓天差地别，制度变革可谓天翻地覆；然从"同"者观之，历史发展的稳定性就显现出来了。据说，中国有三四百万个自然村落，绝大部分村落具有数百年甚至更长的历史，中国的绝大部分是有千年以上的历史的。农户与土地的关系，农户与村落、与市场的关系，广大农户与地方政府的关系，诚然制度屡变，但依然可以看出其中的历史沿革。诚然当代承包制小农与土地私有制小农有很大差异，但高分散、小规模经营的特征，古今差别很小。

一盘散沙的小农带来了一个大问题：如何合作？而缺乏合作势必带

来三大问题：一是乡村内部的必要公共品如何提供；二是如何应付变化中的市场，尤其是有利于小农的城乡交流；三是如何抵御地方官员的各种侵权行为。 在当代中国，还有一个地方政府如何有效地服务于高分散的乡村问题。用高分散、合作和公共品这三个现代概念来看 20 世纪二三十年代的那场新乡村建设，梁漱溟、晏阳初等先辈们的全部努力，不就是要解决这些问题吗？

我们再往前追溯历史，至少在宋代，农村的高分散局面就已经形成了。我们在"土改"时用来划分农村阶级的几个概念，如雇农、佃农、贫下中农、中农、富农、地主等，在宋代都能找到相对应的阶层。经历唐五代，世家大族已退出历史舞台，中国农村社会向扁平化方向发展，土地在各家族中的流转加快了，各农户间在财产地位上的重点流动及空间流动加快了，"富不过三代""三十年河东，三十年河西"的谚语开始流行了。商品经济的发展，使得唐、宋之间的城市建制发生了有史以来第一次重大变化。我们现在从《清明上河图》上看到的破墙开店、商业繁华的景象，在唐及唐以前的城市中是看不到的。**土地流转及家族贫富分化的加剧促使宋儒们思考"乡村社会"重建的问题。** 王安石创立的保甲法，究其实质是为了让农民组织起来共同防御人口的社会流动而引发的犯罪问题；范仲淹创设族田、义田是相对于同族内各农户的私田而言的，目的是用族田的地租，即共同收入来解决贫困族人的教育、医疗、求助等公共品的供给问题。关于张载首创的宗族制，后来新的宗族制演变为三项基本制度：一是祠堂，二是族谱，三是族田。族田可以视为同族集体的经济建设；祠堂制，即社会组织建设；而族谱、祭祀活动，其实是宗族的文化建设，即促成了分散各户对同宗的文化认同，使之具有相互救济和扶助的共同意识。在宋以前，一般平民百姓不允许建独立的祠堂，建祠堂、修族谱都是官僚士大夫的事，即所谓"礼不下庶人"。到了宋代，高分散、高分化的乡村社会只能允许"礼下庶人"了。另外，在宋以前，历次农民起义很少打"官逼民反"的口号，而宋代及以后历代，"官逼民反"成为农民起义的主要动员口号，这证明社会的高分散与政府拿权走着同一条道路，这种情况至今依然。关于这一问题，我还有许多话可说，但今天已拉扯得太远了。我的意思只有一个，要理解当代的"三农"问题，必须把它放到更长的历史时段去考察。**"五四"以来，激进知识分子以为与历史割断了联系，可以自由地与西方接轨了。殊不知，仅在观念上割断历史是不行的，因为一切历史都延伸到当代。传统绝不会因批判而断裂。**

徐：人类学或许还有社会学对历时性研究注重不够，往往偏重于共时性研究。

曹：确实如此。其实，东、西、南、北、中不同区域的"三农"问题研究，可称为共时性研究，而将改革开放近30年放置到共和国近60年历史中去研究，将近60年放到鸦片战争后160年中去研究，再追溯到1500年或更早的宋代去研究，再远不必追溯了。这是历时性研究，要将这两个研究结合起来，才能更好地理解当代中国。如果只为撰写硕士或博士论文，到一个点上去收集点资料，塞入一个洋框架，再加上点自己也没有弄明白的西方理论与概念，这样的研究在学术上是无效的。很令人痛心的是，这恰恰是我们当下的"学术规范"。

徐：关于"三农"研究，您还有哪些建议呢？

曹：除了上面所说的区域布点、历史延伸外，我的最后一个建议是要开展国际比较，如今各学科的国际比较很盛行，但都与美国比较，我说研究"三农"问题的，无法与美国比。如今美国人口3亿，耕地28亿亩之多，农业人口已降至2%，农业产值占GDP的1%，每个农场面积数千顷，高度机械化，还有政府大量的农业补贴。这怎么比？硬要比，也只具有相反的意义。**我所谓的国际比较，首先要与我们的邻居印度比。**无论从历史、人口规模、耕地、新中国成立后的"三步走"政策等来说，可比性较强。很可惜，我们对印度的"三农"情况很不熟悉，评著之少，令人感叹。而我们对欧洲的历史已达到如数家珍的地步了，当然，我们对欧洲各大国工业化早期的城乡主义、土地制度、农村人口往城市的迁移，农民工、城市贫民窟的形成史等也缺乏研究，这段历史对欧洲学者来说早已过时，他们关注的是从工业社会向后工业社会的转型问题了。我曾想组织人员翻译一套丛书，全部取材于欧洲各大国工业化前期的城乡问题，这对于我们理解当代中国或有一点参考价值。

徐：您的上述建议是不是就是您未来的研究计划呢？

曹：徐教授，我在此声明，这只是对那些有志于研究中国"三农"问题——大而言之，是中国现代化问题的朋友的一点建议，绝不是我的研究计划。即使有些宏图，也非我能够完成。我年近六十，已老眼昏花，旋踵即逝，即使心有余，也力不足了。**中国知识分子的思维有一大特点，即喜欢将"中国"作为思考的对象，这或许是儒家"家国、天下"情怀的历史遗存吧，或也是近代中国贫穷积弱、落后挨打而激发出来的追赶情怀吧。**将"中国"作为思考对象，一切思维的头脑都会遭遇到三大难以逾越的挑战：一是中国历史甚长，悠悠浩瀚；二是中国甚大，区域差异使你不敢下一般判断；三是近代以来，尤其是改革开放以来，变化太快。我在 20 世纪 90 年代中期就将这一令人目眩的变化称为"千年未有之大变局"。当然，中国自近代以来，各代知识分子都认为国已处于"剧变"之中。这些年来，我内心反复浮起庄子的警告："吾生也有涯，而知也无涯，以有涯随无涯，殆已。"**而中国新生代学人，尤其是通过各专业出来的博士生们，已抛弃了我们这代人的"宏远迂阔"的想法，不可逾越的专业化迫使他们在各自狭窄的专业内寻找突破。这样，作为思考对象的整体性、历史性的"中国"将被专业化而割裂成各自的研究对象。其结果就是，各部分、各细节的清晰化将有可能导致整体与历史成为难以理解的模糊怪影。**这是令人忧虑但又无奈的事。至于我本人，既无力思考"中国"，又不顾"专业化"，在我的身体尚能支持大脑的往后岁月，大部分时间凭着古人的典籍治着古今之事，来回涉步，与先贤对话，共商当下。较长时间的田野研究可能要终止了。我能做的只是利用各种会议的机会到各地农村走走、看看。

徐：好吧！已经十一点了，明天您还要上山考察，今晚就谈到这里，非常感谢您在武义接受我的采访。